U0946901

国家社科基金社科学术社团主题学术活动资助
华东政法大学习近平法治思想研究中心资助

BLUE BOOK OF CHINESE CRIME GOVERNANCE
ANNUAL RESEARCH REPORT ON CRIME TRENDS（2021）

中国犯罪治理蓝皮书

犯罪态势与研究报告

（2021）

中国犯罪学学会　组织编纂

主　　编：万　春
执行主编：应培礼
副 主 编：王永全　徐　然　虞　浔

上海人民出版社

编　委　会

序　言

2022年7月，在省部级主要领导干部专题研讨班开班式上，习近平总书记发表重要讲话强调，拥有马克思主义科学理论指导是我们党鲜明的政治品格和强大的政治优势。实践告诉我们，中国共产党为什么能，中国特色社会主义为什么好，归根到底是马克思主义行。党的十八大以来，国内外形势新变化和实践新发展，迫切需要我们深入回答一系列重大理论和实践问题。我们坚持把马克思主义基本原理同中国具体实际相结合、同中华优秀传统文化相结合，形成了新时代中国特色社会主义思想，实现了马克思主义中国化新的飞跃。全党要把握好新时代中国特色社会主义思想的世界观和方法论，坚持好、运用好贯穿其中的立场观点方法，在新时代伟大实践中不断开辟马克思主义中国化时代化新境界。应当说，犯罪治理的中国化是马克思主义中国化在犯罪学研究与惩治犯罪实践领域的题中之义，观察本国典型犯罪现象及其类型，总结本国主要犯罪态势及其规律，形成本国基本刑事政策及其方案，才能实现对本国犯罪问题的有效治理。

从治罪到治理，一字之差，折射的是犯罪治理理念的巨大跃迁——将犯罪问题纳入社会治理的视域之中，体现的是对犯罪问题的溯源思考——从定罪量刑的准确延展至对犯罪原因与对策的追问，治罪仅仅是对一桩桩刑事个案的事后评价，而治理则需要对各种刑事类案加强事前防控。因此，对于犯罪治理而言，有赖于对主要犯罪数据和典型犯罪案例的科学收集和有效分析，这是犯罪治理得以中国化的实证基础和研究前提。最高人民检察院高度重视犯罪数据，特别是办案数据对社会治理现代化的“检察预警”作用，不仅在去年两会上首次报告了1999年至2019年20年间犯罪形态、趋势变化的数据，而且自2019年10月起按季度定期发布主要检察办案数据,为社会各界了解把握犯罪动态、分析研判犯罪趋势、制定执行犯罪对策提供了重要的数据支撑。张军检察长也曾多次强调,各级检察机关都要通过业务数据会商研判,注重从两个方面强化“检察自觉”:涉及检察工作自身发展的,要思考如何以切实举措改进提升;涉及社会面治理的,要充分发挥检察职能,结合典型案例发出“检察预警”,为国家治理体系和治理能力现代化贡献检察智慧。无论是“检察自觉”还是“检察预警”,都体现了刑事政策的核心要义和犯罪学研究的基本规律。

自2019年起,中国犯罪学学会决定每年定期出版《中国犯罪治理蓝皮书》(以下简称《蓝皮书》),通过收集汇总上一年度公开犯罪数据,聚焦中国犯罪学的学术热点、引导中国犯罪学的研究方向、展现中国犯罪学的年度状况,为犯罪学研究提供权威科学的参考资料,促进中国犯罪学的研究范式不断进化,推动中国犯罪学观照现实、履行社会责任,提升中国犯罪学研究的科学化、现代化和社会影响力,推进中国犯罪学研究的新时代转型,更好更优地为国家和社会提供犯罪学产品。本年度《蓝皮书》基本延续了前三期《蓝皮书》的框架格局,通过“犯罪治理之刑事立法与刑事司法”“2021年度中国犯罪态势分析”“2021年度犯罪治理典型案例的犯罪学分析”“2021年度中国犯罪学学科发展动态”等内容的呈现,从宏观到具体、从犯罪问题到学科发展,对我国年度犯罪学作了全面回顾与总结。同时,本期《蓝皮书》重点聚焦了“电子商务平台网络反欺诈研究”与“中国企业犯罪治理的本土化探索:企业合规”两项重要议题,既反映了过去一年中国犯罪治理的实践动向和理论亮点,也体现了“重重轻轻”“宽严相济”的刑事政策理念。应当说,本期《蓝皮书》力求科学客观、详略得当、有主有次,在完成年度犯罪数据收集、整理、分析的“基本动作”外,还因应网络电信诈骗形态的升级异化及企业产权保护的法治需求,将电商平台和企业合规领域的犯罪治理研究作为本年度的“自选动作”,体现了犯罪学研究的问题意识和本土关切。

具体言之,组织编写和定期出版《蓝皮书》,主要有以下三点意义:

一是坚持我国犯罪数据全面统计研究之道路,为犯罪学研究、政府决策提供相对完整的数据。“时代是思想之母,实践是理论之源”,《蓝皮书》是我国第一部全面统计犯罪数据及梳理犯罪学发展的文献,为我国犯罪学研究人员提供了相对完整的数据,结束了我国犯罪学研究缺少数据的历史,为我国犯罪学研究奠定了坚实的基础。本期《蓝皮书》延续了前三期《蓝皮书》的数据收集体例与标准,我们希望通过定期编纂、积累数据的方式，推动我国犯罪学研究的实证性发展，展现全国和部分地区犯罪年度状况、发展态势。

二是推进我国犯罪学研究向智库成果的转换，引导中国犯罪学的研究方向。"理论的生命力在于不断创新"，《蓝皮书》以观照现实、履行社会责任为目标，在收集犯罪数据、扎根犯罪治理本土现实的基础上，开展典型案件的犯罪学评析与报告撰写，分析挖掘犯罪治理中的问题和困难，汇聚总结我国犯罪学研究者集体智慧的结晶，从而把犯罪学研究的着眼点聚焦到解决重大现实问题上，使犯罪学的研究以理论联系实际、学以致用为导向，不断增进犯罪治理的原则性、系统性、预见性和创造性，进而推进犯罪学研究成果向智库成果的转换，增强国家有关部门和全社会对犯罪治理意义的认识，为国家层面制定刑事政策提供客观的理论依据，为更高水平的平安中国、法治中国建设建言献策。

三是引导社会对犯罪学学科建设和青年人才发展状况的关注，培育犯罪学青年队伍成长的沃土。"致天下之治者在人才"，《蓝皮书》是中国犯罪学同人的集体智慧结晶，是学界共同努力的结果。《蓝皮书》的持续发布、中国犯罪学的持续发展需要犯罪学青年人才队伍的培养。本书尤其关注各高校科研机构对犯罪学学科建设和人才培养情况的分析与评估，引导社会对我国犯罪学青年人才的关注。要加快形成有利于犯罪学人才成长的培养机制、有利于人尽其才的使用机制、有利于各展其能的激励机制、有利于人才脱颖而出的竞争机制，培植好人才成长的沃土，让犯罪学人才根系更加发达，从而开创中国犯罪学智慧闪光、人才辈出的新局面。

本书不同于陈述一己之学术，贵在叙述准确、介绍客观，旨在全面反映我国犯罪形势与犯罪治理的最新发展，并展示本土犯罪治理的经验。作为国内目前系统研究犯罪治理的成果，如能对相关理论发展和实践进步有所推动和促进，我们将倍感欣慰和鼓舞。同时，由于属于开创性尝试，受数据来源较少、引入指标不多的限制，以及在模型建构上还存在一定局限性，我们提出的"犯罪治理指数模型"客观上存在着实践应用不足，因而在评价一个地区犯罪治理水平时尚不能精确，甚至可能与真实情况出现较大偏差。对其中的不足之处，衷心欢迎读者批评指正，以便日后进一步改进与完善。

万春

2022 年 10 月 20 日

目　录
Contents

序　言　001

第一章 / Chapter 1
犯罪治理之刑事立法与刑事司法

第一节　刑事立法与司法解释　001
一、颁布《反有组织犯罪法》　001
二、相关司法解释　003
第二节　刑事司法　013
一、公安机关开展多项专项行动打击多发犯罪　013
二、检察机关充分发挥职能保社会安全、促司法改革　018
三、人民法院力推刑事审判工作高质量发展　022
四、社区矫正工作持续深入开展　025

第二章 / Chapter 2
2021 年度中国犯罪态势分析

第一节　全国犯罪状况统计与分析　028
一、侦查机关犯罪数据　031
二、检察机关犯罪数据　037
三、审判机关犯罪数据　038
第二节　省级区域状况统计与分析　039
一、华北地区犯罪数据统计及分析　040
二、东北地区犯罪数据统计及分析　048
三、华东地区犯罪数据统计及分析　053
四、华南地区犯罪数据统计及分析　068
五、华中地区犯罪数据统计及分析　073
六、西南地区犯罪数据统计及分析　081
七、西北地区犯罪数据统计及分析　091
第三节　中国犯罪治理指数模型　097
一、犯罪治理形势评价体系的构建思路　097

二、中国犯罪治理指数模型 099
三、全国犯罪状况年度评估总报告 103

第四节 基于大数据的犯罪分析与预测 106
一、2021 年犯罪预测文献量化分析 106
二、2021 年犯罪预测主要模型 119
三、犯罪预测 122
四、犯罪预测风险和规制 129

第三章 / Chapter 3
2021 年度犯罪治理典型案例的犯罪学分析

第一节 利用社交网络危害国家安全典型案例研究报告:陈某某为境外刺探、非法提供国家秘密案 135
一、案情简介 135
二、入选理由 136
三、利用社交网络危害国家安全犯罪的发展趋势 138
四、利用社交网络危害国家安全犯罪的特点分析 140
五、利用社交网络危害国家安全犯罪的原因分析 143
六、基于犯罪学角度的治理对策 146

第二节 企业合规典型案例研究报告:王某某、林某某、刘某乙对非国家工作人员行贿案 149
一、案情简介 149
二、入选理由 150
三、我国企业合规的原因 152
四、我国企业合规的发展趋势特点 155
五、我国现行企业合规存在的问题 157
六、企业合规完善对策 160

第三节 涉税犯罪典型案例研究报告:田某文虚开增值税专用发票、骗取出口退税案 161
一、案情简介 161
二、入选理由 162
三、涉税犯罪的发展趋势 164
四、涉税犯罪的特点分析 166

五、涉税犯罪的原因分析　170
六、基于犯罪学角度的治理对策　173
第四节　侵犯知识产权犯罪典型案例研究报告:韦某升等三人销售假冒注册商标的商品案　176
一、案情简介　176
二、入选理由　177
三、该类犯罪的发展趋势　179
四、该类犯罪的特点分析　182
五、该类犯罪的原因分析　184
六、基于犯罪学角度的治理对策　186
第五节　性侵未成年人犯罪典型案例研究报告.百香果女童被害案　188
一、案情简介　188
二、入选理由　189
三、该类犯罪的发展趋势　193
四、该类犯罪的特点分析　194
五、该类犯罪的原因分析　200
六、基于犯罪学角度的治理对策　203
第六节　拐卖妇女儿童犯罪典型案例研究报告:孙某、符某某被拐案　206
一、案情简介　206
二、入选理由　207
三、拐卖妇女儿童犯罪的变化趋势　208
四、拐卖妇女儿童犯罪特点分析　212
五、拐卖妇女儿童犯罪原因分析　216
六、基于犯罪学角度的治理对策　219
第七节　医疗保险骗保犯罪典型案例研究报告:曾某某诈骗案　222
一、案情简介　222
二、入选理由　223
三、医保骗保案件的变化趋势　225

四、医保骗保案件的特点分析 226
五、医保骗保案件的原因分析 229
六、基于犯罪学角度的治理对策 231

第八节 电信网络诈骗犯罪典型案例研究报告:罗某杰诈骗案 234

一、案情简介 234
二、入选理由 235
三、该类犯罪的发展趋势 237
四、该类犯罪的特点分析 239
五、该类犯罪的原因分析 241
六、基于犯罪学角度的治理对策 244

第九节 在校学生涉“帮信”犯罪典型案例研究报告:涂某某、万某某帮助信息网络犯罪活动案 247

一、案情简介 247
二、入选理由 247
三、在校学生涉“帮信”犯罪的发展趋势 249
四、在校学生涉“帮信”犯罪的特点分析 253
五、在校学生涉“帮信”犯罪的原因分析 254
六、基于犯罪学角度的治理对策 257

第十节 涉黑组织利用“套路贷”实施犯罪典型案例研究报告:林某某组织、领导黑社会性质组织案 259

一、案情简介 259
二、入选理由 260
三、黑社会性质组织犯罪的变化趋势 262
四、黑社会性质组织犯罪的特点分析 264
五、涉黑组织利用“套路贷”实施犯罪的原因分析 267
六、基于犯罪学角度的治理对策 268

第十一节 网络赌博犯罪典型案例研究报告:刘某某、曾某某等11人开设赌场案 270

一、案情简介 270
二、入选理由 271
三、该类犯罪的发展趋势 273

四、该类犯罪的特点分析 275
五、该类犯罪的原因分析 277
六、基于犯罪学角度的治理对策 279

第十二节 新型制毒犯罪典型案例研究报告:王某贩卖、制造毒品案 281
一、案情简介 281
二、入选理由 282
三、制毒犯罪发展趋势 284
四、制毒犯罪特征分析 286
五、制毒犯罪原因分析 290
六、基于犯罪学角度的治理对策 293

第十三节 金融领域职务犯罪典型案例研究报告:赖某某受贿、贪污、重婚案 297
一、案情简介 297
二、入选理由 298
三、金融领域职务犯罪特点分析 300
四、基于犯罪学角度的原因分析 307
五、基于犯罪学角度的预防治理对策 310

第四章 / Chapter 4
2021年度中国犯罪学学科发展动态

第一节 主要学术活动 313
一、主要学术活动概述 313
二、主要学术活动列表 315

第二节 重大科研项目 317
一、重大科研项目概述 317
二、重大科研项目列表 318

第三节 代表性专著 323
一、代表性专著概述 323
二、代表性学术专著、教材列表 324

第四节 代表性论文 339
一、代表性论文概述 339

二、代表性论文列表 340

第五节　科研机构和人才培养 362

一、代表性科研机构、学术平台 362

二、犯罪学人才培养简况 367

第五章 / Chapter 5
电子商务平台网络反欺诈研究

第一节　网络欺诈犯罪的总体特征 396

一、网络欺诈的定义 396

二、网络欺诈的现状与趋势 397

第二节　网络欺诈犯罪的行为分析 400

一、交易前环节的网络欺诈 400

二、交易中环节的网络欺诈 417

三、交易后环节的网络欺诈 423

第三节　网络欺诈犯罪的综合治理 429

一、反欺诈的综合治理新格局 429

二、公共部门反欺诈的犯罪场控制 431

三、平台企业反欺诈的数智监测预防 436

第六章 / Chapter 6
中国企业犯罪治理的本土化探索:企业合规

第一节　企业合规改革试点 443

一、企业合规改革试点的背景 443

二、企业合规改革试点的内容 447

三、企业合规改革试点取得的成绩 450

第二节　企业合规理论探索 451

一、企业合规理论探索的基本情况 452

二、企业合规理论探索的主要内容 456

第三节　企业合规典型案例 466

第四节　企业合规全面展开 491

一、正确理解和把握适用企业合规案件的类型及适用企业的范围 491

二、进一步明确企业合规刑事案件适用条件　491
三、高度重视涉案企业合规整改的有效性　493
四、积极推动企业合规立法，推动建立中国特色现代企业规制司法制度　495
五、涉案企业合规改革试点的未来走向　496

后　记　498

第一章 / Chapter 1

犯罪治理之刑事立法与刑事司法

第一节 刑事立法与司法解释

2021年,全国人大常委会通过了《中华人民共和国反有组织犯罪法》(以下简称《反有组织犯罪法》)。该法结合中国有组织犯罪实际情况,总结了扫黑除恶专项行动的经验,为我国有效预防、打击有组织犯罪提供了坚实的法律基础。最高人民法院、最高人民检察院围绕刑事司法中的难点、重点问题及时发布司法解释,聚焦《中华人民共和国刑事诉讼法》(以下简称《刑事诉讼法》)的适用、网络犯罪治理、监察执法与刑事司法衔接以及量刑、减刑、假释等工作,保障刑事司法机关正确适用法律、有效打击犯罪。

一、颁布《反有组织犯罪法》

2021年12月24日,中华人民共和国第十三届全国人大常委会第三十二次会议通过《反有组织犯罪法》,共计九章七十七条,内容包括总则、有组织犯罪的预防和治理、案件办理、涉案财产的认定和处置、国家工作人员涉有组织犯罪的处理、国际合作、保障措施、法律责任以及附则,于2022年5月1日起正式施行。《反有组织犯罪法》是一部关于预防和惩治有组织犯罪的专门性、综合性法律,[①]是对扫黑除恶专项斗争成果的总结与巩固,为扫黑除恶常态化推进提供强有力的法律保障,对平安中国、法治中国的建设具有重大意义。

长期以来,有组织犯罪严重影响社会经济发展和人民群众生活,危害国内安全、破坏国际和平,为严厉打击有组织犯罪、清扫黑恶势力,我国立法、司法机关以《中华人民共和国刑法》为中心,多次进行立法修改,颁布一系列司法解释,为惩处有组织犯罪提供了操作性强的规范依据。从总体上看,我国现有反有组织犯罪的法律制度虽具备一定规模,但仍比较分散、未成体系,部分文件效力位阶低,防范、治理和保障等相关法律规定比较缺乏;[②]同时,随着信息时代的快速发展,有组织犯罪不拘泥于传统的犯罪手段,同时呈现出新的犯罪特点:跨国、跨境犯罪较为多发,法律的滞后性使得有组织犯罪有空可钻。因此,有必要在现有法律规定基础上,制定一部专门的《反有组织犯罪法》。《反有组织犯罪法》的颁布使得有组织犯罪在理论研究上有所突破,同时为司法实践提供有效指导。

首先,《反有组织犯罪法》进一步明确有组织犯罪、恶势力组织等的定义和法律适用问题。有组织犯罪的界定是有效打击和惩治有组织犯罪的前提条件。一直以来,我国学界对有组织犯罪的定义众说纷纭,基本从刑法学和犯罪学两方面界定,司法实践中往往以《刑法》第 294 条依据。同样,《反有组织犯罪法》所称的有组织犯罪,是指《刑法》第 294 条规定的组织、领导、参加黑社会性质组织犯罪,以及黑社会性质组织、恶势力组织实施的犯罪。除此之外,本法明确规定恶势力组织是指经常纠集在一起,以暴力、威胁或者其他手段,在一定区域或者行业领域内多次实施违法犯罪活动,为非作恶,欺压群众,扰乱社会秩序、经济秩序,造成较为恶劣的社会影响,但尚未形成黑社会性质组织的犯罪组织。本法提升了精准打击黑恶势力违法犯罪活动的能力水平,依法追捕“漏网之鱼”,做到天网恢恢,疏而不漏。同时,规定境外的黑社会组织在境外对中华人民共和国国家或者公民犯罪,也将适用本法,是对《刑法》第 294 条中有组织犯罪的补充。

除此之外,《反有组织犯罪法》的亮点还在于加强惩治涉未成年人有组织犯

① 常汝、王传宗:《在法治轨道上常态化推进反有组织犯罪工作》,载《人民公安报》2022 年 4 月 29 日,第 4 版。

② 孙梦爽:《反有组织犯罪法:为扫黑除恶铸牢法治后盾》,载《中国人大》2022 年第 1 期。

罪,将预防和治理有组织犯罪的聚焦点扩大,防止有组织犯罪向未成年群体渗透、蔓延。近年来,黑恶势力的触角已经伸向了未成年群体,一方面,诱骗、威胁未成年人加入恶势力组织,参与违法犯罪活动,另一方面,针对未成年人实施有组织犯罪,严重侵害未成年人的身心健康、财产安全,使其成为有组织犯罪的受害者。根据《反有组织犯罪法》第 11 条规定,教育行政部门、学校以及其他有关部门应加快建立有组织犯罪侵害校园工作的有效防范机制,加强对未成年群体反有组织犯罪的宣传教育,在未成年人主动抵制有组织犯罪的同时,学校应积极履行报告义务,防止学生受到有组织犯罪的侵害。法律不会放过任何一个作恶者,针对以上两种涉未成年有组织犯罪的情况,本法第 67 条规定依法从重追究刑事责任,即发展未成年人参加黑社会性质组织、境外的黑社会组织,教唆、诱骗未成年人实施有组织犯罪,或者实施有组织犯罪侵害未成年人合法权益。

反有组织犯罪应坚持综合治理原则,专门工作与群众路线相结合,坚持与反腐败、加强基层组织建设相结合的原则,法治原则,全面参与原则,实现良好的政治效果、法律效果、社会效果。2022 年 4 月 28 日,时任中央政法委秘书长、全国扫黑办主任陈一新在第三次扫黑除恶常态化推进会上强调,全国各地要贯彻落实《反有组织犯罪法》,领会重点焦点内容,依法严惩黑恶势力的违法犯罪活动;提升依法、准确、及时打击黑恶势力违法犯罪的能力水平,确保每一起案件都经得起法律、历史和人民的检验。①

二、相关司法解释

(一)《最高人民法院关于适用〈中华人民共和国刑事诉讼法〉的解释》

2021 年 2 月 4 日,最高人民法院召开新闻发布会,发布《最高人民法院关于适用〈中华人民共和国刑事诉讼法〉的解释》(以下简称《新刑诉法解释》),共计二十七章六百五十五条,是最高人民法院有史以来发布的条文数量最多的司法解释,也是内容最为丰富、最为重要的司法解释之一,于 2021 年 3 月 1 日起正式施行。《刑事诉讼法》最近一次修改是在 2018 年,本次《新刑诉法解释》的修改是对前者的细

① 鲍静:《深入宣传贯彻〈反有组织犯罪法〉推动常态化扫黑除恶沿着法治轨道走深走实》,载《法治日报》2022 年 4 月 29 日,第 1 版。

化与完善,促进《刑事诉讼法》的有效实施。同时,与2012年刑事诉讼法解释相比,《新刑诉法解释》实质性修改的条文超过二百条。

在习近平法治思想的指导下,《新刑诉法解释》的修订坚持四大原则。第一,坚持法治思维,遵循立法精神。司法解释是对法律漏洞的填补,也是对法律具体应用的解释,对其进行修订仍要在法律框架内进行,同时对社会关切问题作出回应。第二,尊重和保障人权,强化诉权保障。司法机关通过刑事诉讼程序惩罚犯罪的同时,注重保障犯罪嫌疑人、被告人和被害人的合法权益,使其充分实现诉权。第三,坚持以审判为中心,有效维护司法公正。随着以审判为中心的诉讼制度改革的深入推进,《新刑诉法解释》的制定同样以此为重心,在证据审查判断、非法证据排除等方面作出具体规定。第四,坚持问题导向,荟萃审判经验与理论成果。《新刑诉法解释》是对理论研究新成果和司法实践新问题的糅合,是学界和实务界集体智慧的结晶,回应了社会关切问题,完善了旧法不足之处,以适应新的实践需要。

《新刑诉法解释》作为保障程序正义的法律依据之一,对于司法机关依法履行审判职责,规范案件审理程序,实现惩罚犯罪与保障人权的有机统一具有重要意义。第一,专章规定认罪认罚从宽制度。认罪认罚从宽制度是2018年《刑事诉讼法》修改确立的重要法律制度,也是《新刑诉法解释》的重要内容,对认罪认罚从宽案件的审理作出明确规定,细化办案程序与要求,对量刑建议明显不当的判断标准和处理作出指引性规定,明确不能因被告人认罪认罚就降低证明标准。此次《新刑诉法解释》对认罪认罚案件审理增设专章规定,更有助于人民法院及时惩罚犯罪,加强人权司法保障,持续推动刑事案件繁简分流,具有重要意义。①第二,加大对贪腐案件的打击力度。党的十八大以来,以习近平同志为核心的党中央坚持无禁区、全覆盖、零容忍,坚持重遏制、强高压、长震慑,坚持受贿行贿一起查,坚持有案必查、有腐必惩,②出台《中华人民共和国监察法》(以下简称《监察法》),持续开展“天网行动”“猎狐行动”,对境外出逃人员实施国际追逃追赃措施。《新刑诉法解释》做好监察法与刑事诉讼法的衔接,保持反腐败高压态势,根据第24章、第25章

① 许博威:《注意!今天实施的〈新刑诉法解释〉要关注这6大亮点》,载平谷区人民法院网2021年2月28日,https://pgqfy.chinacourt.gov.cn/article/detail/2021/03/id/5827621.shtml。

② 曹溢:《全会观察|反腐败永无止境》,载中央纪委国家监委网站2022年1月21日,https://www.ccdi.gov.cn/yaowenn/202201/t20220121-166152.html。

规定，对于贪污贿赂犯罪案件，以及需要及时进行审判，经最高人民检察院核准的严重危害国家安全犯罪、恐怖活动犯罪案件，犯罪嫌疑人、被告人在境外的，可以适用缺席审判程序依法作出判决，并对违法所得及其他涉案财产作出处理，细化缺席审判程序，更是为实现国家监察全面覆盖，深入开展反腐败工作提供了强有力的司法保障。第三，强化未成年人合法权益保障。近年来，国家从各方面加强对未成年人的特殊保护，《中华人民共和国刑法修正案（十一）》《中华人民共和国未成年人保护法》《中华人民共和国预防未成年人犯罪法》的相继修订，为实现涉未成年人案件实体公正作出巨大贡献，《新刑诉法解释》设立专章（第22章），细化未成年人刑事案件诉讼程序，为实现程序正义提供新的法律依据，规定加强与有关部门配合，对遭受性侵害或者暴力伤害的未成年被害人及其家庭实施必要的心理干预、经济救助、法律援助、转学安置等保护措施，减轻对未成年人的二次伤害，加强对未成年人的特殊保护。

（二）持续推进网络犯罪治理

随着信息时代的快速发展，网络成为了犯罪分子新的犯罪手段、犯罪途径，甚至是犯罪地，受害群体逐渐扩大，老年人和年轻人容易成为网络犯罪受害对象。网络犯罪，包括利用网络和利用电信实施的犯罪及其上下游关联犯罪，其中，电信网络诈骗、网络赌博成为当前网络犯罪的主要类型。为推进网络空间法治化建设，净化网络环境，严惩网络犯罪，2021年1月22日，最高人民检察院颁布《人民检察院办理网络犯罪案件规定》；同年6月17日，最高人民法院、最高人民检察院、公安部联合颁布《最高人民法院、最高人民检察院、公安部关于办理电信网络诈骗等刑事案件适用法律若干问题的意见（二）》，持续推进网络犯罪治理，维护网络安全，营造风清气正的网络空间。

1.《人民检察院办理网络犯罪案件规定》

网络犯罪的滋生导致传统的犯罪行为地、结果地有所改变，用于犯罪活动的互联网账号的销售地、登陆地等都有可能成为犯罪地，并且犯罪证据多是电子数据，其收集、固定等无疑增加了检察机关的办案难度。针对司法实践中产生的新问题，2021年1月22日，最高人民检察院发布《人民检察院办理网络犯罪案件规定》，共七章六十五条，主要包括一般规定、引导取证和案件审查、电子数据的审查、出庭支持公诉、跨区域协作办案、跨国（边）境司法协作、附则。

第一,《人民检察院办理网络犯罪案件规定》明确了网络犯罪的定义,是指针对信息网络实施的犯罪,利用信息网络实施的犯罪,以及其他上下游关联犯罪;并对信息网络作出解释,信息网络包括以计算机、电视机、固定电话机、移动电话机等电子设备为终端的计算机互联网、广播电视网、固定通信网、移动通信网等信息网络,以及局域网络。对网络犯罪的再定义,重点在于上下游关联犯罪,从实践来看,网络犯罪不仅包括一种犯罪,其已经形成了一条产业链,围绕信息网络会产生和引发其他犯罪活动,将类罪囊括进去,扩大了网络犯罪的范围,同时也是加大打击力度的体现,解决了以往此类案件没有明确法律定义、法律界限模糊的问题,为司法实践提供了指引。第二,《人民检察院办理网络犯罪案件规定》细化电子数据的形式与审查规则。检察机关作为法律监督机关,其对侦查机关所提交的证据具有全面审查的义务,网络犯罪中的证据多以电子数据形式存在,尤其随着大数据技术的运用与发展,电子数据的取证、固证难度越来越大,《人民检察院办理网络犯罪案件规定》指出,检察机关对电子数据的审查依然要把握证据的客观性、合法性和关联性,同时注重审查电子数据的完整性,提高运用证据控犯罪的综合能力,防止证据不足的案件进行审判环节。第三,《人民检察院办理网络犯罪案件规定》指出,人民检察院办理网络犯罪案件应当坚持惩治犯罪与预防犯罪并举,建立捕、诉、监、防一体的办案机制,加强以案释法,发挥检察建议的作用,促进有关部门、行业组织、企业等加强网络犯罪预防和治理,净化网络空间。①

2.《最高人民法院、最高人民检察院、公安部关于办理电信网络诈骗等刑事案件适用法律若干问题的意见(二)》

电信网络诈骗已经成为严重损害人民利益的刑事犯罪,仅 2020 年,全国电信网络诈骗案件涉及财产损失达 353.7 亿元,②长期以来,电信网络诈骗对社会秩序和人民群众日常生活、财产安全产生极大的不利影响,公安部积极开展“断卡行动”“云剑行动”,打击治理电信网络新型违法犯罪,遏制案件高发势头。但是,在信息网络快速发展的时代背景下,电信网络诈骗的作案方式逐步由电信诈骗向网络诈骗转变,作案窝点由境内向境外转移,技术手段不断演变升级,面对新形势新

---

① 最高人民检察院:《人民检察院办理网络犯罪案件规定》,载《检察日报》2021 年 1 月 26 日,第 3 版。

② 魏哲哲:《斩断电信网络诈骗犯罪链条(金台锐评)》,载《人民日报》2021 年 8 月 5 日,第 19 版。

变化,2016 年 12 月,最高人民法院、最高人民检察院、公安部联合颁布的《最高人民法院、最高人民检察院、公安部关于办理电信网络诈骗等刑事案件适用法律若干问题的意见》(以下简称《电信网络诈骗意见》),已难以完全适应当前打击治理的需要。[①]为此,2021 年 6 月,最高人民法院、最高人民检察院、公安部联合颁布《最高人民法院、最高人民检察院、公安部关于办理电信网络诈骗等刑事案件适用法律若干问题的意见(二)》(以下简称《电信网络诈骗意见(二)》)。

《电信网络诈骗意见(二)》主要包括六个方面的内容:第一,完善电信网络诈骗犯罪案件的管辖规定,除《电信网络诈骗意见》规定的犯罪行为发生地和结果发生地外,以列举式提出用于犯罪活动的手机卡、流量卡、物联网卡的开立地、销售地、转移地、藏匿地等其他犯罪地,将电信网络诈骗犯罪的上下游关联犯罪一并纳入其中,并对关联案件并案处理作出具体规定。第二,明确境外电信网络诈骗案件的法律适用问题。电信网络诈骗犯罪的打击要坚持境内境外一起打,境外人员针对境内居民实施的违法犯罪活动,同样要得到法律的惩罚。《电信网络诈骗意见(二)》进一步完善了参加境外诈骗犯罪团伙但犯罪数额难以查证的行为人的刑事责任追究问题,对境外取证的证据效力相关问题作出规定,对境外羁押期限折抵刑期问题予以明确。第三,进一步明确其他关联犯罪的法律适用,包括非法持有他人信用卡、非法获取公民个人信息实施电信诈骗、伪造身份证的行为以及其他三种为电信网络诈骗犯罪掩饰、隐瞒犯罪所得的常见行为方式,其中前三者属于上游关联犯罪,后者是下游关联犯罪。第四,明确"两卡"案件的法律适用问题。相关规定集中在《电信网络诈骗意见(二)》第 7 条至第 10 条,细化帮助信息网络犯罪活动罪的帮助行为、其他情节等。第五,坚持贯彻宽严相济的刑事政策。电信网络诈骗犯罪多是团伙犯罪,《电信网络诈骗意见(二)》指出,在刑事诉讼过程中,应当全面收集证据、准确甄别犯罪嫌疑人、被告人在共同犯罪中的层级地位及作用大小,结合其认罪态度和悔罪表现,区别对待,宽严并用,科学量刑,确保罚当其罪。第六,《电信网络诈骗意见(二)》还对公安机关通过信息化系统异地调取证据采信问题、涉案财物的追缴和返回作出规定,多方面健全电信网络诈骗犯罪活动的惩罚机制。

---

① 刘太宗、赵玮、刘涛:《"两高一部"〈关于办理电信网络诈骗等刑事案件适用法律若干问题的意见(二)〉解读》,载《人民检察》2021 年第 13 期。

(三)《关于加强和完善监察执法与刑事司法衔接机制的意见(试行)》

国家监察体制改革是事关全局的重大政治改革,是国家监察制度的顶层设计,2016年,中共中央办公厅印发《关于在北京市、山西省、浙江省开展国家监察体制改革试点方案》,部署在三省市设立各级监察委员会,从体制机制、制度建设上先行先试、探索实践,为在全国推开积累经验。第二年,全国人大常委会就通过了在全国各地推开国家监察体制改革试点工作的决定,监察体制改革试点工作开始。随着反腐败斗争的深入推进,2018年3月,《监察法》应运而生,加强对所有行使公权力的公职人员的监督,实现国家监察全面覆盖,深入开展反腐败工作,推进国家治理体系和治理能力现代化,该法颁布使得检察机关的一部分职权向国家监察委员会转移。同年10月,最高人民法院修订《刑事诉讼法》,促进两法衔接,其中多数问题在实务工作中已经达成共识,但不乏争议问题的存在,如证据、移送起诉等方面的衔接,为满足新的工作需要,进一步推进法法衔接工作规范化、法治化,2021年1月,国家监察委员会与最高人民法院、最高人民检察院、公安部联合印发了《关于加强和完善监察执法与刑事司法衔接机制的意见(试行)》(以下简称《监察执法与刑事司法衔接机制意见》)。《监察执法与刑事司法衔接机制意见》共九部分六十九条,涉及管辖、证据留置与刑事强制措施、移送起诉、审查起诉、审判处罚、涉案财物等方面的问题,聚焦了国家监察体制改革新问题,是落实《监察法》《刑事诉讼法》和《刑法》的新举措;要求监察机关、司法机关、执法机关三者互相配合,互相制约,进一步提升职务犯罪办案水平,坚持党对反腐败工作的统一领导,巩固反腐败工作新成果,推动新时代纪委监察工作高质量发展。

(四)《关于常见犯罪的量刑指导意见(试行)》

罪刑相适应原则是刑事法制的基本原则,是实现惩罚犯罪和保障人权的基础。刑法针对不同的犯罪,规定了不同轻重的法定刑,同一犯罪行为根据具体情节、社会危害性等因素也存在量刑差异。我国量刑规范化改革已十年有余,最高人民法院、最高人民检察院出台多部司法解释,从量刑程序、量刑主体等方面促进量刑工作制度化、规范化,合理限制法官、检察官的自由裁量权,提高量刑建议水平,保障量刑工作质量。

2021年7月,为进一步规范量刑和量刑建议工作,落实宽严相济刑事政策和认罪认罚从宽制度,增强量刑公开性,实现量刑公正,最高人民法院、最高人民检察院研究制定了《关于常见犯罪的量刑指导意见(试行)》(以下简称《量刑指导意见》),同时废止《关于实施修订后的〈关于常见犯罪的量刑指导意见〉的通知》。《量刑指导意见》明确了量刑的指导原则、量刑的基本方法、常见量刑情节的适用和常见犯罪的量刑,将交通肇事罪、危险驾驶罪、故意伤害罪、强奸罪、抢劫罪等23种常见犯罪判处有期徒刑的案件纳入规范范围,同时规范罚金、缓刑的适用。①为了进一步贯彻落实《量刑指导意见》,增强其可操作性,各高级人民法院、省级人民检察院结合各地司法实践状况,共同研究制定《量刑指导意见》实施细则,细化相关规定。《量刑指导意见》的颁布,是量刑规范化改革的新成果,同时是新起点,各级人民法院、人民检察院要充分认识量刑规范化的重要意义,结合工作实际,认真组织学习培训,正确理解规定内容,做到该宽则宽,当严则严,努力实现政治效果、法律效果、社会效果的统一,努力让人民群众在每一个司法案件中感受到公平正义。

(五)《关于加强减刑、假释案件实质化审理的意见》

减刑和假释是我国刑罚执行制度的重要组成部分,是对犯罪人的激励,激励其积极改造,认真悔罪,进而早日回归社会。减刑和假释的作出需要具备一定的条件、经过一定的程序,但是在司法实践中,往往存在官犯勾结、纸面服刑的现象,部分犯罪人不知悔改、继续挑战法律权威,执法、司法人员罔顾法律、知法犯法,导致违法减刑、假释的操作一步步成功,司法公正得到严重破坏。2021年12月1日,为严格规范减刑、假释工作,进一步加强减刑、假释案件实质化审理,确保案件审理公平、公正,最高人民法院、最高人民检察院、公安部、司法部共同制定了《关于加强减刑、假释案件实质化审理的意见》(以下简称《减刑、假释实质化审理意见》),进一步规范减刑、假释的实质审理机制。

《减刑、假释实质化审理意见》的主体内容分为三个部分:减刑、假释案件实质化审理的基本要求,严格审查减刑、假释案件的实体条件,减刑、假释案件办理程序机制的强化。根据法律规定,减刑、假释只适用于确有悔改表现的犯罪人,因此,确有悔改表现是减刑和假释案件审查的核心,《减刑、假释实质化审理意见》指出,要坚持全面依法审查,既要严格审查书面材料,又要结合犯罪人的改造表现;既要注

① 史兆琨:《"两高"联合制定常见犯罪量刑指导意见》,载《检察日报》2021年7月7日,第4版。

重劳动改造等客观改造,又要注重思想改造等主观改造,综合犯罪行为的具体情节、社会危害程度等因素,贯彻落实宽严相济的刑事政策,作出公平裁定。《减刑、假释实质化审理意见》第 5 条至第 10 条则具体规定了罪犯是否确有悔改表现、具有立功或者重大立功表现的认定标准,以及材料审查的实体条件。实现减刑、假释实质化审理,要严格此类案件的办理机制,充分发挥庭审功能,《减刑、假释实质化审理意见》强调,要认真进行法庭调查,有效行使庭外调查核实权,健全证人出庭作证制度,多方面完善减刑假释案件的审理程序,法院、检察院、刑罚执行机关互相配合、积极沟通,接受监察部门、人民代表大会等的监督,共同实现公平正义。

(六)正确把握和理解部分刑事案件法律适用

1.《最高人民法院关于审理掩饰、隐瞒犯罪所得、犯罪所得收益刑事案件适用法律若干问题的解释》

2021 年 4 月 15 日,最高人民法院新修订的《最高人民法院关于审理掩饰、隐瞒犯罪所得、犯罪所得收益刑事案件适用法律若干问题的解释》(以下简称《审理掩饰、隐瞒犯罪所得、犯罪所得收益刑事案件解释》)正式施行。根据审判实践需要,《审理掩饰、隐瞒犯罪所得、犯罪所得收益刑事案件解释》删除了掩饰、隐瞒犯罪所得、犯罪所得收益罪的数额标准,即此后对该罪没有门槛限制,只要实施掩饰、隐瞒犯罪所得、犯罪所得收益行为就可以入罪;同时指出掩饰、隐瞒犯罪所得、犯罪所得收益罪作为下游犯罪,人民法院在审理时应综合考虑上游犯罪的性质,掩饰、隐瞒犯罪所得及其收益的情节、后果及社会危害程度等,依法定罪处罚。掩饰、隐瞒犯罪所得、犯罪所得收益行为不仅仅侵害公民财产权,而且严重妨害司法机关正常追诉活动,影响对上游犯罪调查取证等司法活动的效率。此次修改是对《刑法》第 312 条的细化与补充,有利于贯彻落实罪刑相适应原则,是司法实践发展的必然要求,加大了对公民财产权的保护力度。

2.《最高人民法院、最高人民检察院关于办理窝藏、包庇刑事案件适用法律若干问题的解释》

窝藏、包庇是一种常见的犯罪行为,往往是伴随其他犯罪而产生的。长年以来,多有因窝藏、包庇行为导致警方无法锁定犯罪嫌疑人并将其抓捕归案的情况,窝藏、包庇行为不仅使实施者本人陷入了犯罪的境地,同时严重危害国家司法机关对犯罪进行刑事追诉、刑事执行的正常活动，损害司法机关的公信力，对被害人造成二次伤害。因此，及时打击窝藏、包庇的犯罪行为极为重要，不能放任犯罪人逃之夭夭，同时应让窝藏、包庇行为的实施者得到应有的惩罚。

《刑法》第310条规定，明知是犯罪的人而为其提供隐藏处所、财物，帮助其逃匿或者作假证明包庇的，处三年以下有期徒刑、拘役或者管制；情节严重的，处三年以上十年以下有期徒刑，为惩处窝藏罪和包庇罪提供法律依据。但是，在司法实践中，司法工作人员对该条规定理解各异，导致法律适用不一，类案审判结果差异较大。为进一步统一法律适用标准，2021年8月9日最高人民法院、最高人民检察院颁布《最高人民法院、最高人民检察院关于办理窝藏、包庇刑事案件适用法律若干问题的解释》（以下简称《办理窝藏、包庇刑事案件解释》），这是第一部关于窝藏、包庇罪的系统性司法解释。《办理窝藏、包庇刑事案件解释》以习近平法治思想为指导，结合司法实际，作出了较为科学的规定，规定了窝藏、包庇行为的成立前提、具体形态、保证人的作为义务、情节严重的认定标准、明知的判断等内容；详细阐释了窝藏、包庇罪构成要件的认定标准，对共同犯罪、罪数形态的认定规则也作了明确规定，①在打击犯罪的同时，发挥预防作用，侧面鼓励人民群众要勇于与犯罪作斗争，为国家犯罪治理贡献一份力量。

3. 修订《最高人民法院、最高人民检察院关于办理危害食品安全刑事案件适用法律若干问题的解释》

食品安全事关人民群众的身体健康和生命安全，是重大的民生问题。②一直以来，我国对食品安全犯罪坚持从严打击的刑事政策。刑事立法扩张趋势明显。2013年5月，最高人民法院、最高人民检察院联合颁布《最高人民法院、最高人民检察院关于办理危害食品安全刑事案件适用法律若干问题的解释》（以下简称《2013解释》），为依法严惩食品安全犯罪，守护人民群众美好生活发挥重要作用，食品安全形势有所好转，但是，不乏新的问题出现。

随着互联网时代的到来，食品销售模式从传统的实体销售转向了网络销售，人们在网购过程中无法确定食品质量好坏，仅通过其他已购客户的评价进行了解，网

---

① 付琛杰：《司法解释路径下窝藏、包庇罪的实践立场建构》，载《北京警察学院学报》2022年6月14日。

② 徐日丹：《全链条打击危害食品安全犯罪，更实维护人民群众“舌尖上的安全”》，载《检察日报》2022年1月1日，第2版。

红假劣食品案件时有发生。同时,新的销售模式导致食品类诈骗案件发生,新型犯罪层出不穷。为解决食品安全领域的突出问题,保障人民群众身体健康、生命安全,2021 年 12 月 31 日,最高人民法院、最高人民检察院联合颁布《最高人民法院、最高人民检察院关于办理危害食品安全刑事案件适用法律若干问题的解释》(以下简称《2021 解释》),同时废止《2013 解释》,之前发布的司法解释与本解释不一致的,以本解释为准。《2021 解释》共计二十六条,从修改内容来看,对食品安全犯罪中影响量刑的时间点予以明确,完善了危害食品安全相关犯罪的定罪量刑标准,如第 3 条第 2 项"生产、销售不符合食品安全标准的食品,具有下列情形之一的……销售持续时间较长的"改为"持续时间六个月以上的";加强对未成年人、老年人等受害群体的特殊保护,如第 3 条和第 7 条分别将"专供婴幼儿的主辅食品""在中小学校园、托幼机构、养老机构及周边面向未成年人、老年人销售的"作为加重处罚情节;通过修改危害食品安全犯罪"其他严重情节"的认定标准,加大对有前科记录犯罪人的处罚力度,进一步严密依法惩治危害食品安全犯罪的刑事法网,切实维护人民群众"舌尖上的安全"。

4.《关于打击粤港澳海上跨境走私犯罪适用法律若干问题的指导意见》

改革开放以来,香港、澳门相继回到祖国怀抱,一国两制方针下,港澳地区持续稳定发展,并且,随着全球经济一体化发展,更具开放性与包容性的经济体制、通信技术以及物流发展,港澳两地不断加强与内地交流合作,粤港澳大湾区经济实力、区域竞争力显著增强,珠三角逐步走向一体化。2019 年,以习近平同志为核心的党中央作出重大决策,进一步推进粤港澳大湾区建设,三年以来,粤港澳大湾区不断取得新进展、新成效,但是随着粤港澳密切联系,在某种程度上,为跨境犯罪提供了便利条件,扩大了犯罪的空间范围,跨境走私犯罪日益突出。近来,粤港澳海上跨境走私、冻品等犯罪频发,严重破坏了海关监管秩序和正常贸易秩序,同时,走私犯罪分子为抗拒抓捕暴力驾驶船舶、高速冲撞等行为严重威胁海上正常航行。

为准确适用法律,严厉打击粤港澳海上跨境走私,最高人民法院、最高人民检察院、海关总署、公安部、中国海警局联合制定《关于打击粤港澳海上跨境走私犯罪适用法律若干问题的指导意见》(以下简称《打击粤港澳海上跨境走私犯罪指导意见》),服务、保障、支持、促进粤港澳大湾区建设。《打击粤港澳海上跨境走私犯罪指导意见》以《刑法》为依据,结合《最高人民法院、最高人民检察院关于办理走私刑事案件适用法律若干问题的解释》,对相关犯罪作出指导。第一,罪名适用调整,量刑空间增大,《打击粤港澳海上跨境走私犯罪指导意见》第1条明确非疫区冻品也属于"国家禁止进口的货物",不再将来源是否系疫区作为定罪依据,在事实上扩张了《刑法》第155条第2款的适用范围。第二,破解执法疑难问题,严肃查处暴力抗法案件,《打击粤港澳海上跨境走私犯罪指导意见》规定以暴力、威胁方法抗拒缉私执法,以走私罪和袭警罪或者妨害公务罪数罪并罚。第三,财产处置标准明晰,从严处置涉案财物,比如犯罪工具予以没收、走私的冻品无害化处理。[①]第四,粤港澳三方公安机关应继续加强警务协作、资源共享,持续严厉打击海上跨境走私犯罪,巩固和扩大行动成果,为粤港澳大湾区建设创造平安稳定的社会环境。

第二节　刑事司法

刑事司法系统是一个国家应对刑事犯罪的正式控制系统,在我国指由以公安机关为主的侦查机关、检察机关、审判机关和执行机关构成的系统。刑事司法系统运行状况不仅决定了犯罪预防、打击的成效,更直接影响公众对于社会正义是否得以实现的判断。刑事司法系统在打击涉疫犯罪的同时,保持对其他危害社会安全、公民权利的犯罪行为的常规处理能力,并且稳步推进刑事司法制度改革进程,努力实现保护社会安全与保障个体权利并重、效率性与可靠性兼顾。

一、公安机关开展多项专项行动打击多发犯罪

2021年全国扫黑办开启扫黑除恶常态化工作,依法严厉打击毒品犯罪、电信网络诈骗等违法犯罪活动,取得显著成效,全力以赴维护国家政治安全和社会稳定。

(一)常态化扫黑除恶第一年

2020年,在公安部带领下,全国公安机关打赢扫黑除恶专项收官决胜之战,社

---

① 徐海波、杨磊:《粤港澳海上跨境走私犯罪新规速解》,载微信公众号"靖予霖律师事务所",2021年12月16日。

会风气焕然一新,人民群众安全感稳步提高,经济发展得到大力保障,为期三年的扫黑除恶专项斗争取得重大胜利,同时迎来新的起点。2021 年,常态化扫黑除恶工作开启,公安机关充分发挥扫黑除恶主力军作用,牢牢把握“八个坚持”,抓好六项机制,依法严厉打击黑恶势力犯罪,加强源头治理,铲除黑恶势力滋生的土壤,开展追捕“漏网之鱼”行动,全力缉捕在逃人员,成效显著。据统计,2021 年,全国公安机关共侦办黑社会性质组织案件 195 起、恶势力犯罪集团案件 1086 起,破获各类刑事案件 1.88 万起,抓获犯罪嫌疑人 1.66 万名。①

2021 年 3 月 5 日,李克强在政府工作报告中提出:“常态化开展扫黑除恶斗争”,全国各地公安机关及有关部门积极响应,把扫黑除恶与加强基层组织建设、行业领域整治结合起来,全面打击黑恶势力违法犯罪活动。加强基层组织建设,是铲除黑恶势力滋生土壤的根本和关键。乡霸、村霸,黑社会性质社会团伙的产生与发展与基层政府不作为、政府“保护伞”密切相关,甚至部分基层干部利用自身职权与地位,带头实施违法犯罪活动,进行行业垄断、自然资源垄断,基层治理乱象层出。为此,中央办公厅、国务院办公厅印发《关于夯实筑牢农村基层党组织战斗堡垒防范整治“村霸”问题的意见》,不断健全完善防范整治“村霸”的制度机制,持续整治“村霸”等黑恶势力干扰侵蚀基层政权等问题。过去一年,全国公安机关以打开路、以打促防,开展打击整治“沙霸”“矿霸”等自然资源领域黑恶犯罪专项行动,打掉涉黑涉恶团伙 150 余个,破获案件 2400 余起;严打“乡霸”“村霸”,打掉农村地区黑社会性质组织 30 余个、恶势力犯罪集团 180 余个。②公安部部署全国公安机关在加强源头治理的同时,始终保持高压追逃态势,持续深入推进追捕“漏网之鱼”专项行动。截至 2022 年 1 月 19 日,各地公安机关共抓获目标在逃人员 615 名,抓获率 90.4%。③

(二)依法严厉打击拐卖儿童犯罪

2021 年初,公安部部署开展以侦破拐卖儿童积案、查找失踪被拐儿童为主要内容的“团圆”行动,全力侦破拐卖儿童积案、全力缉捕拐卖儿童犯罪嫌疑人、全面查找失踪被拐儿童,成功侦破一批重大拐卖儿童积案,找回一大批历年失踪被拐儿

---

① 邵磊:《常态化扫黑除恶斗争取得显著成效》,载《人民公安报》2022 年 3 月 2 日,第 2 版。
② 同上。
③ 同上。

童,切实维护儿童合法权益,专项行动取得重大战果。截至 2021 年 12 月,共侦破拐卖儿童积案 350 余起,抓获拐卖犯罪嫌疑人 890 名,开展认亲活动 2900 余场;累计找回 10932 名历年失踪被拐儿童,失踪被拐人员与亲人分离时间最长达 74 年。①

近年来,未成年人保护工作受到社会各界的高度重视。作为严重侵害未成年人合法权益和危害社会安定的犯罪活动,我国一直对拐卖儿童行为采取高压严打的态度,相关案发数有所下降。而未得以破获的积案,很大程度上受制于技术条件,随着科学技术的发达,侦查手段、刑事技术得到更新,过去因为案情自身的复杂性、侦查技术落后等未能破获的拐卖儿童案件,现在得以攻破,犯罪嫌疑人被抓捕归案,实现公平正义。第一,查找失踪被拐人员的技术手段不断丰富。我国 DNA 检验技术与数据库建设处于世界先进水平,"团圆"行动紧紧依托"全国打拐 DNA 系统"和儿童失踪信息紧急发布平台"团圆系统",深入开展排查和 DNA 信息采集工作,DNA 提取、检验技术不断提升;同时还利用短视频等新媒体向社会公众发布涉拐相关人员信息,将搜集到的信息及时反馈给公安机关,通过数据库、信息库进行比对,完成相应的匹配。第二,完善侦查组织,建立经验丰富的专门队伍。公安部通过开展命案积案攻坚行动,积累了一批经验丰富、业务精通、甘于奉献的专家人才,②公安部从全国抽调 170 余名刑事技术专家开展"团圆"行动刑事技术集中比对会战,集中优势资源力量。第三,广泛宣传发动社会各界支持参与。各地公安机关通过举办"团圆"认亲活动,利用互联网、快递包裹等多渠道发布涉拐人员信息,积极鼓励社会民众积极支持参与"团圆"行动,为相关案件提供线索。同时,公安部设立 3000 多个免费采血点,方便群众就近快速联系公安机关免费采血,截至 12 月已有 1.9 万人主动到公安机关接受免费采血。③

(三) 深入开展"断卡""断流"等专项行动

电信网络诈骗已经成为当前严重损害人民利益的刑事犯。仅 2020 年,全国电

① 人民公安报社:《"团圆"行动这一年:找回历年失踪被拐儿童 10932 名》,载中华人民共和国公安部官网 2021 年 12 月 31 日,https://app.mps.gov.cn/gdnps/pc/content.jsp?id=8294698。

② 公安部:《公安部新闻发布会通报开展"团圆"行动举措及成效等情况》,载中华人民共和国公安部官网 2021 年 6 月 1 日,https://www.mps.gov.cn/n2253534/n2253535/c7908853/content.html。

③ 同上。

信网络诈骗案件涉及财产损失达353.7亿元。①长期以来,电信网络诈骗对社会秩序和人民群众日常生活、财产安全产生极大的不利影响,公安部积极开展"断卡行动""断流行动",打击治理电信网络新型违法犯罪,遏制案件高发势头。2021年6月至9月,发案数连续4个月实现同比下降。②截至2021年9月,全国公安机关共破获电信网络诈骗案件26.2万起,抓获犯罪嫌疑人37.3万名,同比分别上升41.1%和116.4%;共紧急止付涉案资金2770亿元。

自2020年10月全国"断卡"行动开展以来,公安机关持续深入打击各类非法开办贩卖"两卡"犯罪团伙,公安部指挥各地公安机关先后开展六轮集中收网行动,向非法开办贩卖电话卡、银行卡违法犯罪发起凌厉攻势,截断非法贩运"两卡"犯罪通道,斩断电信网络诈骗资金链条,电信网络诈骗团伙获取"两卡"的寄递贩卖通道受阻,从源头上遏制电信网络诈骗犯罪的上升势头。截至2021年10月,全国公安机关坚持摧网络、打团伙、断通道,累计打掉涉"两卡"违法犯罪团伙2.7万个,查处违法犯罪嫌疑人45万名,查处金融机构和通信企业内部人员1000余名,有力打击了"两卡"犯罪分子的嚣张气焰。③

同年5月21日,公安部结合党史学习教育和公安队伍教育整顿,始终把人民放在心中最高位置,扎实开展"我为群众办实事"实践活动,部署全国公安机关开展"断流"专案行动。在信息网络快速发展的时代背景下,电信网络诈骗的作案方式逐步由电信诈骗向网络诈骗转变,作案窝点由境内向境外转移,大部分赴境外参与电信网络诈骗的人员都以非法越境的形式出境,技术手段不断演变升级,公安部成立"断流"专案行动指挥部,统筹协调指挥专案行动各项工作,加强与铁路、民航等有关出入境相关部门合作,积极发挥各自职能,依法严厉打击治理跨境电信网络诈骗犯罪。截至10月底,全国公安机关共打掉"3人以上结伙"非法出境团伙9419个,破获刑事案件4160起,抓获犯罪嫌疑人33860名,其中,组织招募者931名,运

① 魏哲哲:《斩断电信网络诈骗犯罪链条(金台锐评)》,载《人民日报》2021年8月5日,第19版。

② 刘鹏坤:《公安部:"断流"专案行动共打掉非法出境团伙9419个 抓获嫌疑人33860名》,载中国长安网2021年10月27日,http://www.chinapeace.gov.cn/chinapeace/c100007/2021-10/27/content_12552700.shtml。

③ 公安部:《打击整治非法开办贩卖电话卡银行卡犯罪"断卡"行动成效显著 全国电信网络诈骗犯罪发案连续3个月同比下降》,载中华人民共和国公安部官网2021年10月11日,https://www.mps.gov.cn/n2254314/n6409334/c8161855/content.html。

送接应者等黑灰产人员913名，非法出境人员32016名，串并破获电诈案件1021起，挖出境外电诈窝点100个、金主82名。①

（四）加强打击跨境毒品犯罪

2021年1月，国家禁毒委员会召开“净边2021”专项行动部署视频会议。时任国家禁毒委员会副主任、公安部副部长的杜航伟指出，我国现阶段毒品的主要特征之一是毒品主要来自境外，绝大多数来自缅北各地区，各部门要紧抓金三角毒品问题，以云南为主战场，大力实施“清源断流”禁毒战略，深化净边专项行动。2021年全年公安机关共破获毒品犯罪案件5.4万起，抓获犯罪嫌疑人7.7万名，缴获毒品27吨，查处吸毒人员32.6万人次，同比分别下降16.3%、16.7%、51.4%和23.6%。②

目前，在毒品形势持续向好的背景下，跨境毒品犯罪问题依然突出，“互联网+寄递”已成为日益突出的贩毒方式，毒品跨区流通，扩大危害。一方面，境外毒品作为我国毒品犯罪主要来源，公安机关加强源头治理，严查出入境货物，加大毒品缉查力度，严密毒品缉查网络，严防境外毒品入境内流；另一方面，公安部、国家邮政局、国家禁毒办联合开展“寄递渠道禁毒百日攻坚行动”，公安部与国家邮政局联合成立寄递渠道禁毒百日攻坚领导小组，在其指挥下，各地公安机关及有关部门积极响应，有效利用大数据平台，强化情报交流、信息互通，及时对流通中的毒品实施管控，通过邮件流出地、收货地等信息，溯源追查，进一步抓获犯罪嫌疑人。过去一年，共破获寄递渠道毒品犯罪案件1709起，抓获犯罪嫌疑人3802名，缴获毒品4.3吨，较上年同期分别上升60%、110%和740%。③

同时，跨境毒品犯罪的解决，仅仅依靠国家自己的力量是远远不够的，更需要其他国家和相关国际组织的协助和配合。过去一年，我国积极与缅甸、泰国、老挝、越南等东南亚国家展开合作，在毒情分析、数据分享、情报交流、执法合作、培训援助等方面相互支持，提高地区整体执法能力，严厉打击跨境毒品犯罪。除此之外，2021年1月22日，首次中欧禁毒对话成功举行，中欧就共同打击毒品犯罪

---

① 刘鹏坤：《公安部：“断流”专案行动共打掉非法出境团伙9419个　抓获嫌疑人33860名》，载中国长安网2021年10月27日，http://www.chinapeace.gov.cn/chinapeace/c100007/2021-10/27/content_12552700.shtml。

② 公安部：《二〇二一年中国毒情形势报告》，载《中国禁毒报》2022年6月28日，第3版。

③ 陈硕：《2021年全国破获毒品犯罪案件5.4万起，缴毒27吨》，载中国禁毒网2022年1月19日，http://www.nncc626.com/2022-01/19/c_1211535291.htm。

开拓新的合作领域,这对打击互联网涉毒犯罪、推动全球毒品问题共治具有重要意义。

二、检察机关充分发挥职能保社会安全、促司法改革

新冠疫情发生以来,检察机关在保障疫情防控的同时,继续有效推进刑事检察工作,积极履行检察职能、发挥检察监督作用,不断提高检察工作质量,着力营造安商惠企法治化营商环境,为新阶段经济社会高质量发展保驾护航。同时,各地检察机关积极配合公安机关等相关部门,开展常态化扫黑除恶工作,贯彻落实《新刑诉法解释》、新出台的《人民检察院办理网络犯罪案件规定》《量刑指导意见》,有效开展未成年人检察工作,加大对未成年人的保护力度,实现打击犯罪与保障人权相统一。2021 年,全国检察机关共办理各类案件 363.7 万件,同比上升 20.9%,最高人民检察院制定司法解释 19 件,制发指导性案例 8 批 37 件、典型案例 76 批 563 件。①

(一)服务保障新发展阶段经济社会高质量发展

2021 年是中国共产党成立 100 周年、人民检察制度创立 90 周年。1 月 10 日,第 15 次全国检察工作会议在北京召开。会议指出,检察机关在两个 100 年奋斗目标的历史交汇期,在中华民族伟大复兴的历史坐标系上,在习近平法治思想的引领下,开启新的征程,服务新发展阶段,社会经济高质量发展。2021 年,全国检察机关共批准和决定逮捕各类犯罪嫌疑人 86.8 万人,同比上升 12.7%;不捕 38.5 万人,同比上升 65%,不捕率 31.2%,同比增加 7.9 个百分点。共决定起诉 174.9 万人,同比上升 11.2%;决定不起诉 34.8 万人,同比上升 39.4%,不起诉率 16.6%,同比增加 2.9 个百分点。②

检察机关自身高质量发展是服务保障性发展阶段,社会经济高质量发展的关键,时任最高人民检察院党组成员、副检察长的杨春雷强调,要深入贯彻落实习近平法治思想,积极融入和服务新发展格局,加强政治建设、业务建设、队伍建设,以检察工作自身高质量发展助力国家治理体系和治理能力现代化。③2021 年,全国检

① 最高人民检察院:《2021 年全国检察机关主要办案数据》,载《检察日报》2022 年 3 月 9 日,第 8 版。
② 同上。
③ 卢金增:《以检察工作高质量发展助力国家治理现代化》,载《检察日报》2021 年 5 月 30 日,第 1 版。

察机关针对侦查活动违法行为，提出纠正7.5万件，同比上升48.4%；已纠正7.3万件，监督采纳率97.5%，同比增加5.9个百分点，①积极引导侦查机关合法调查取证，充分发挥检察建议的作用；贯彻落实"少捕、慎诉、慎押"的刑事政策，推进认罪认罚从宽制度；根据案件事实和法律依据，提出合理、公正的量刑建议，检察人员量刑建议精准化程度提高。同时，随着政法队伍教育整顿的深入开展，检察机关在履行法律监督职能的同时，时刻进行自查自纠，锻造忠诚、干净、担当的检察铁军，为服务保障经济社会高质量发展提供强有力的队伍保障。

（二）将扫黑除恶作为检察机关工作重点部署

2021年，检察机关常态化开展扫黑除恶斗争，坚持打早打小、促进常治长效，把三年专项斗争始终坚守的"是黑恶犯罪一个不放过、不是黑恶犯罪一个不凑数"融入检察日常，专项斗争荡涤效果凸显，社会治安秩序持续向好。②全国检察机关共对涉黑恶犯罪决定起诉2.1万人，同比下降70.5%；对黑恶势力"保护伞"决定起诉近500人。③一方面，检察机关坚持打早打小，露头就打，真正落实"一个不放过，一个不凑数"的办案原则，从源头上提升办案质量，积极总结经验教训，不断巩固扫黑除恶专项斗争重大成果；另一方面，检察机关提高政治站位，深刻认识到扫黑除恶的政治性，将反腐败斗争与扫黑除恶斗争相结合，切实履行立案查办司法工作人员相关职务犯罪职责，将"打伞破网"贯穿司法办案全过程，铲除黑恶势力滋长的土壤，深挖黑恶势力的政治支撑。近年来，"纸面服刑""提'钱'出狱"的现象层出不穷，犯罪人挑战法律权威，执法、司法人员知法犯法，司法实践滋生腐败，司法公正遭到破坏。检察机关作为法律监督机关，扎实履行检察职责，强化办案意识，注意发现违规违法案件中的不规范、不合法行为，将巡回检察与查办职务犯罪相结合，深入贯彻落实巡回检察制度，依法全面审查案件相关材料，严防犯罪人违法逃避法律惩罚，严肃查处检察工作中工作人员失职渎职案件，维护法治尊严和权威。2021年，全国检察机关对"减刑、假释、暂予监外执行"不当提出纠正5.8万人，同比上升10.5%；对刑事执行活动违法行为提出纠正5.8万件，同比上升72.5%；对监外

---

① 最高人民检察院：《2021年全国检察机关主要办案数据》，载《检察日报》2022年3月9日，第8版。

② 最高人民检察院：《最高人民检察院工作报告》，载《中华人民共和国全国人民代表大会常务委员会公报》2022年第2期。

③ 最高人民检察院：《2021年全国检察机关主要办案数据》，载《检察日报》2022年3月9日，第8版。

执行活动违法行为提出纠正7万余人,同比上升16.9%。①

(三)依法开展涉案企业合规改革试点

开展企业合规改革试点工作,是指检察机关对于办理的涉企刑事案件,在依法作出不批准逮捕、不起诉决定或者根据认罪认罚从宽制度提出轻缓量刑建议等的同时,针对企业涉嫌具体犯罪,结合办案实际,督促涉案企业作出合规承诺并积极整改落实,促进企业合规守法经营,减少和预防企业犯罪。检察机关开展企业合规改革试点,旨在加大对民营经济的平等保护,更好落实依法不捕不诉不提出判实刑量刑建议等司法政策,既给涉案企业以深刻警醒和教育,防范今后可能再发生违法犯罪,也给相关行业企业合规经营提供样板和借鉴。②

早在2020年3月,最高人民检察院便在上海浦东、金山,江苏张家港,山东郯城,广东深圳南山、宝安等6家基层检察院开展企业合规改革第一期试点工作;2021年4月,最高人民检察院启动第二期企业合规改革试点工作,涉及北京、辽宁、上海、江苏、浙江、福建、山东、湖北、湖南、广东等10个省市,改革试点范围较第一期有所扩大,企业合规试点改革工作有序推进。针对涉企刑事案件,一方面,检察机关走访企业,了解经营情况、纳税情况以及容纳就业情况等,从多方面考察涉案企业是否具有合规可行性、合规接受度和执行力如何,从而依法、合理作出不捕、不诉决定,涉企等单位犯罪不起诉率38%,同比增加5.9个百分点;③另一方面,对承诺合规管理的企业,检察机关不是简单一放了之,而是积极上门回访,充分利用检察建议,督促涉案企业建立合规制度,履行合规承诺,根据其合规建设情况、案件具体情况,依法作出相应处理。同时,最高人民检察院发布《关于开展企业合规改革试点方案》,进一步明确企业合规改革的方向、要求以及实施路径。为避免合规整改流于形式,滋生合规腐败,《关于开展企业合规改革试点方案》指出,强化检察机关主导责任,加强与第三方机制的合作,真正做到既依法惩处企业刑事犯罪,又促进合规守法经营,预防和减少企业违法犯罪,实现司法办案政治效果、法律效果、社会效果的有机统一。

---

① 最高人民检察院:《2021年全国检察机关主要办案数据》,载《检察日报》2022年3月9日,第8版。

② 最高人民检察院:《最高检启动第二期企业合规改革试点》,载《人民日报》2021年4月9日,第10版。

③ 最高人民检察院:《最高人民检察院工作报告》,载《中华人民共和国全国人民代表大会常务委员会公报》2022年第2期。

（四）有效开展未成年人检察工作

2021年，《中华人民共和国未成年人保护法》《中华人民共和国预防未成年人犯罪法》正式施行，这为未成年人刑事检察工作的推进提供了新的法律依据。全国各级检察机关深入贯彻学习“两法”，依法强化未成年人检察保护和监督职责，以司法保护融入家庭、学校、社会、网络和政府保护，形成保护合力，织密保护网，实现“1+5>6”，全面提升未成年人刑事检察工作水平。2021年，全国检察机关共受理审查逮捕未成年犯罪嫌疑人55379人，受理审查起诉73998人，共批准逮捕侵害未成年人犯罪45827人，提起公诉60553人。①

2021年5月，最高人民检察院决定在全国开展“检爱同行　共赴未来”未成年人保护法律监督专项行动。保护未成年人是社会共同责任。其中，司法是未成年人的特殊守护者，检察机关担起更重的政治责任、法律责任、监督责任。检察机关以“一号检察建议”为抓手，助力发挥家庭保护基础作用，督促完善学校保护工作机制，促进提升社会保护成效，推动净化未成年人网络环境，促推形成协同合力。

双向保护，既是未成年人司法应有的理念，也是未成年人检察办案必须遵循的基本规律。②在过去的一年，对于涉罪未成年人的处罚，检察机关积极贯彻“教育、感化、挽救”方针和“教育为主，惩罚为辅”的原则，健全罪错未成年人分级干预制度，根据刑事责任年龄的划分以及犯罪情节的轻重，对涉嫌轻微犯罪的未成年人，坚持少捕慎诉慎押，落实认罪认罚从宽制度。2021年，全国检察机关不批准逮捕27673人，不起诉22585人（含附条件不起诉考验期满后不起诉人数），附条件不起诉19783人，不捕率、不诉率、附条件不起诉率分别为50.4%、39.1%、29.7%。③对犯罪性质和危害后果特别严重，犯罪手段特别残忍，社会影响特别恶劣的，依法从严追诉，贯彻落实宽严相济的刑事政策。

同时，严厉打击侵害未成年人犯罪，关爱救助未成年被害人，加大对未成年人的保护力度。一方面，检察机关依法打击侵害未成年人犯罪，积极贯彻落实侵害未成年人案件强制报告制度，加强性侵未成年人犯罪源头预防；对监护侵害未成年人犯罪依法严厉打击和处理，针对监护人侵害行为，支持起诉、建议撤销监护人资格

---

① 最高人民检察院：《未成年人检察工作白皮书（2021）》，载《检察日报》2022年6月2日，第6版。
② 同上。
③ 同上。

758件,同比上升47.8%,针对严重监护失职,发出督促监护令1.9万份。①另一方面,落实关于性侵害、暴力伤害未成年人案件特殊办理的规定,建设用好"一站式"询问、救助办案区,重视未成年被害人的心理健康,加大对其保护,切实维护未成年被害人的合法权益。

三、人民法院力推刑事审判工作高质量发展

(一)严惩一系列危害国家安全、社会安全和涉黑涉恶案件

2021年,最高人民法院审结案件28720件。地方各级法院审结、执结案件3010.4万件,结案标的额8.3万亿元。②人民法院贯彻总体国家安全观,为维护国家安全和社会稳定,严惩危害国家安全和社会治安犯罪,常态化开展扫黑除恶斗争,依法惩治毒品犯罪、腐败犯罪等各类犯罪。

2021年3月,全国扫黑除恶专项斗争总结表彰大会在京举行。大会充分肯定专项斗争的成效,饱含着对政法机关在常态化开展扫黑除恶斗争中再立新功的殷切期盼。会议对全国各级人民法院开展常态化扫黑除恶斗争提出明确要求:各级法院应立足审判执行工作实际,依法严惩黑恶势力"保护伞"。

人民法院首先是政治机关,刑事审判必须旗帜鲜明讲政治,常态化开展扫黑除恶斗争必须始终坚持党的领导,发挥党统揽全局、协调各方的作用。③全国各级法院将政治建设放在首位,自觉、主动承担政治责任,深化思想认识,健全队伍机制,做到思想和行动统一于党中央决策部署。同时,随着扫黑除恶常态化工作开启,公安机关、检察机关加大对黑恶势力犯罪的打击力度,案件数量增多,各级法院加强"存量"和"增量"案件办理,全面落实《关于常态化开展扫黑除恶斗争巩固专项斗争成果的意见》,坚持以事实为依据,以法律为准绳,严格执行刑法、刑事诉讼法及相关司法解释规定,加快案件清结,提升案件办理质量,保证审判效果。

2021年,全国各级法院积极推动扫黑除恶长效常治,共审结涉黑涉恶犯罪案

---

① 最高人民检察院:《最高人民检察院工作报告》,载《中华人民共和国全国人民代表大会常务委员会公报》2022年第2期。

② 最高人民法院:《最高人民法院工作报告》,载《人民日报》2022年3月16日,第2版。

③ 李勇:《推进扫黑除恶斗争常态化 建设更高水平平安中国》,载《人民法院报》2021年10月28日,第5版。

件3409件、18360人；健全常态化扫黑除恶机制，防止黑恶势力“死灰复燃”。推进黑财清底，执行到位财产刑及追缴、没收违法所得405.7亿元，坚决摧毁黑恶势力经济基础；推进专项整治，发出相关司法建议3816份；巩固整治“村霸”“沙霸”“菜霸”等成果，促进基层社会治理。①

（二）加强未成年人司法保护工作

未成年人是国家的未来，民族的希望。近年来，随着经济社会发展，未成年人成长环境发生变化，未成年人犯罪出现新的特点。涉未成年人案件越来越多地出现在大众视野之内。社会各界对未成年人身心健康发展、未成年人保护的重视程度只增不减。同时，《中华人民共和国未成年人保护法》和《中华人民共和国预防未成年人犯罪法》的修订，更是对未成年人刑事审判工作提出新的要求，新时代未成年人刑事审判工作只能加强，不能削弱。

1984年上海市长宁区法院建立第一个专门审理未成年人刑事案件的合议庭，人民法院从此开启了一项意义重大的专门审判事业，30多年来，少年法庭已成为人民法院的重要审判机构，为保护未成年人合法权益、预防未成年人犯罪作出了积极贡献。②2021年3月，最高人民法院举行少年法庭工作办公室成立大会，设立最高人民法院少年法庭工作办公室，并在最高人民法院六个巡回法庭分别设立“最高人民法院少年巡回审判点”，全国法院共设立2181个少年法庭。③少年法庭的设立具有重要意义。首先，作为审理未成年人案件的专门机构，少年法庭在审判刑事上与普通法庭有所区别，圆桌审判等方式为未成年人案件审判创造相对轻松的环境，有利于减轻未成年犯罪人被害人的审判压力，符合未成年人身心健康发展规律和特点。其次，少年法庭作为人民法院的重要审判机构，最高人民法院高度重视其审判专业化建设，通过整合少年法庭优质力量，优化资源配置，建立政治觉悟高、专业能力强、经验丰富的少年审判队伍，提升未成年人案件审判质量。同时，涉未成年人案件的审判离不开家庭、学校、社会的帮助，少年法庭加强与有关机构和社会力量协作，形成司法保护、行政保护与社会保护密切衔接，加大对未成年人的保护

① 最高人民法院：《最高人民法院工作报告》，载《人民日报》2022年3月16日，第2版。

② 最高人民法院：《〈最高人民法院关于加强新时代未成年人审判工作的意见〉新闻发布会》，载最高人民法院网2021年1月20日，https://www.court.gov.cn/zixun-xiangqing-284991.html。

③ 最高人民法院：《最高人民法院工作报告》，载《人民日报》2022年3月16日，第2版。

力度。

(三)依法维护疫情防控秩序

犯罪往往伴随着社会的发展变化而衍生出新的特点和样态。在全国新型冠状病毒疫情防控工作推进过程中,编造并故意传播虚假疫情信息、拒不执行防疫措施、妨害公务、袭警、伪造核酸检测报告、制作虚假核酸检测报告对外销售等妨害疫情防控违法犯罪时有发生。对此,在公安机关、检察机关开展疫情防控犯罪侦查、起诉工作的同时,人民法院充分发挥审判职能,投入妨害疫情防控犯罪的治理工作中,严惩涉疫犯罪行为,妥善处理因疫情引发的劳资用工、购销合同、商铺租赁等纠纷,为坚决打赢常态化疫情防控这场攻坚战持久战、保障疫情防控期间的经济平稳发展提供有力司法保障。如江西省高级人民法院制定下发《关于在疫情防控期间做好刑事审判工作的通知》,①杭州市中级人民法院官方微信公众号"杭州中院"转发该市钱塘区法院官方微信公众号"钱塘法院"推文,警示在疫情形势严峻的当下,哪些行为是犯罪等。

最高人民法院还会同海关总署等部门发布打击海上跨境走私犯罪意见,严惩走私冻品犯罪,防范疫情传播风险。2021 年,全国人民法院共审结涉疫犯罪案件 9653 件。②

(四)全面深化智慧法院建设

2021 年 5 月,时任最高人民法院党组书记、院长的周强主持召开最高人民法院网络安全和信息化领导小组 2021 年第一次全体会议。周强指出,2021 年是"十四五"开局之年,也是全面建设社会主义现代化国家新征程开启之年,智慧法院建设面临前所未有的重大历史机遇,人民法院要全面深化智慧法院建设,以司法数据中台、智慧法院大脑、在线法院建设为牵引,推进人民法院信息化 4.0 版建设,促进审判体系和审判能力现代化,推动新时代人民法院工作高质量发展。

过去一年,在以习近平同志为核心的党中央坚强领导下,2021 年智慧法院建设取得显著进展。2021 年 3 月,广东省广州市中级人民法院举办广州 5G 智慧法院实验室启用暨 2021 年成果发布活动,首次发布了 5G 智传笔、5G 随身云盒、5G

---

① 喻亮:《从严惩处涉疫情防控犯罪》,载江西法制网 2021 年 3 月 24 日,http://www.jxlaw.com.cn/system/2020/02/08/030070836.shtml。

② 最高人民法院:《最高人民法院工作报告》,载《人民日报》2022 年 3 月 16 日,第 2 版。

庭审本和 5G-LIM 系统等创新成果，利用 5G 新技术，实现线上庭审随时传输，创新物证储存形式、送达方式等，不断提升法院审判执行工作效率。上海市深入贯彻落实“我为群众办实事”实践活动，全力推出全流程网上办案体系 2.0 版，上海市高级人民法院制定出台《关于完善全流程网上办案体系促进审判高质量发展的指导意见》，为智慧法院建设提供司法保障。贵州法院携手贵州邮政建立“法邮网上立案平台”，成立法院立案邮政服务便民中心 1683 个，通过邮政网点辅助群众网上立案、网上庭审等，为人民群众提供精准普惠的电子诉讼服务，进一步提升人民群众的获得感。①智慧法院创新成果在国家“十三五”科技创新成就展全方位展示，加强智慧法院建设进入国家“十四五”规划纲要，科技赋能司法展现广阔前景。②

面对疫情，智慧法院大显身手，全国法院在线立案 1143.9 万件，在线开庭 127.5 万场；司法区块链上链存证 17.1 亿条，电子证据、电子送达存验证防篡改效果明显；知识服务平台涵盖类案推送、信用评价、庭审巡查等业务场景，为全国法院提供智能服务 1.4 亿次。③智慧法院建设在提高庭审效率，促进国家治理体系、国家治理能力现代化的同时，促进“节能降碳，绿色发展”。传统诉讼方式人员、文件往来频繁，耗费大量出行成本、印制成本，电子诉讼方式减少了纸质文书印刷以及司法、执法人员驾车往来，节约纸张，减少碳排放量，实现绿色可持续发展。

四、社区矫正工作持续深入开展

2021 年是《中华人民共和国社区矫正法》（以下简称《社区矫正法》）实施一周年。在过去的一年，全国各地司法行政机关在《社区矫正法》的引导下，社区矫正工作取得新进展。社区矫正期间犯罪率一直处于 0.2%的较低水平，④各地抓住机遇、顺势而为，做实做深以规范化、精细化、信息化为核心的“三化”工作，推进《社区矫正法》落地见效，保持社区矫正持续安全稳定。

---

① 杨然：《年终总结|2021 年，贵州智慧法院建设做了这些事儿》，载微信公众号“智慧法院进行时”，2022 年 1 月 25 日。

② 最高人民法院：《最高人民法院工作报告》，载《人民日报》2022 年 3 月 16 日，第 2 版。

③ 同上。

④ 朱剑：《学习贯彻习近平总书记“七一”重要讲话精神　深入推进社区矫正工作规范化精细化智能化》，载中国政府法制信息网 2021 年 8 月 26 日，http://www.moj.gov.cn/pub/sfbgw/fzgz/fzgzqt/fzgzdjgz/202108/t20210826_436141.html。

第一,各地创新机制规范化。2021年3月,为认真贯彻落实《社区矫正法》,辽宁省司法厅会同省高级人民法院、省人民检察院、省公安厅制定出台《辽宁省社区矫正实施细则》,着力解决该省社区矫正工作中存在的部门配合不力、工作衔接不紧密、执法行为不规范等问题,使社区矫正执行程序更规范,提高社区矫正工作规范化水平。2021年6月23日,山西省司法厅颁布新修订的《山西省社区矫正实施细则》,对社区矫正工作进行全面细化和规范,包括社区矫正统筹协调、部门衔接、业务流程以及监督保障等事项,提高《社区矫正法》的实用性和可操作性。2021年8月30日,广东省司法厅联合省高级人民法院、省人民检察院、省公安厅制定《广东省社区矫正实施细则》,立足社区矫正工作实际,使社区矫正工作中职责更加明确,程序更加规范,健全社区矫正制度体系。

第二,社区矫正对象监管精细化。根据《社区矫正法》规定,社区矫正对象在社区矫正期间应当遵守国务院司法行政部门关于报告、会客、外出、迁居、保外就医等监督管理规定,服从社区矫正机构的管理,不具有完全的人身自由。以上海市为例,社区矫正对象前往外省需要提前提交申请书,经过社区矫正管理局以及司法所的审批,方可外出,在申请时间内按时回市,单位派出的需要单位派出证明,利用手机实现对社区矫正对象的定位,实时掌握其动态轨迹。但是,社区矫正工作实际中,存在社区矫正对象违规脱逃监管的现象,尤其在双休日、法定节假日等社区矫正监管薄弱环节。一方面,社区矫正机构应当因地制宜,完善相应的配套保障机制,加强对社区矫正对象监管的精细化,最大限度防范社区矫正对象脱管失联等现象。另一方面,社区矫正机构应当根据裁判内容和社区矫正对象的性别、年龄、心理特点、健康状况、犯罪原因、犯罪类型、犯罪情节、悔罪表现等情况,制定有针对性的矫正方案,实现分类管理、个别化矫正,实现精细化管理。

第三,提高社区矫正信息化水平。2021年6月,福建省福鼎市司法局大力推动现代信息技术和社区矫正工作深度融合,扎实推进“智慧矫正”建设,建成社区矫正中心,设置监管指挥室、机要档案室等功能区,配套社区矫正一体化监管指挥平台,实现中心调度指挥、终端定位监管,累计投入资金500余万元,其中信息化设备投入375万元。2021年7月,浙江省丽水市庆元县司法局主动对接监狱系统、心理健康测评管理系统、“四个平台”,实现了县乡之间的数据交换、数据共享,与监狱之间假释调查信息的高效协同;与县公安局、县检察院、县法院建立了针对社区矫正工作的联动机制,通过信息互联互通,打破了信息壁垒,以信息化推动社区矫正执法规范化和高效化。①2021年8月,云南省红河哈尼族彝族自治州泸西县建立"智慧矫正中心",坚持以社区矫正工作数字化、网络化、智能化发展为主线,以构建"数据一体化、管理智能化、移动互联化、指挥可视化"的工作模式为目标,深化智慧应用,提升管理教育效能,推动社区矫正工作信息化发展。②

在《社区矫正法》的指引下,通过全国各地司法行政机关的共同努力,社区矫正工作规定明确、效率提升。社区矫正工作人员更加注重社区矫正的改造性,加强对社区矫正对象的权利保障,帮助其摆脱社区矫正对象"标签"的影响,实现再社会化。2021社区矫正工作上升到新的高度。

---

① 丽水司法网:《浙江省丽水市庆元县以数字化改革撬动智慧矫正建设》,载社区矫正宣传网2021年7月28日,http://chjzxc.com/index/index/page.html?id=16963。

② 泸西司法行政:《云南省红河哈尼族彝族自治州泸西县"智慧矫正中心"成功通过司法部专家组现场考核验收》,载社区矫正宣传网2021年8月4日,http://chjzxc.com/index/index/page.html?id=17004。

第二章 / Chapter 2

2021 年度中国犯罪态势分析

第一节 全国犯罪状况统计与分析①

我国犯罪案件总量较上年度有所下降，符合近年来逐年下降的整体态势。从立案情况看，盗窃和诈骗两类财产犯罪仍然是我国最为高发的两类犯罪。值得注意的是，盗窃罪的立案数量较上年度下降接近 12%，而诈骗罪立案数量已经超过盗窃罪成为最高发的犯罪，立案数量占比超过 40%，这与当前互联网技术不断发展，电信网络诈骗犯罪呈现高发态势相关。杀人、伤害、抢劫等暴力犯罪发案数与占比持续下降，侧面说明我国社会安全治理水平进一步提高。此外，除诈骗罪数量有所上升之外，“其他”类型犯罪数量延续 2016 年以来态势持续上升，这也表明科技是把双刃剑，在带来社会生活上的便利的同时，也会助长犯罪的火苗。

在互联网深度嵌入社会的今天，犯罪活动从物理空间向网络空间转移的趋势不断增强。2021 年 6 月，《中华人民共和国数据安全法》正式颁布，这表明，数据作为一种新型的、独立的保护对象已经获得立法上的认可。《中华人民共和国数据安全法》的颁布将有效遏制数据的滥用，进而对防控网络犯罪起到积极作用。此外，伴随新一代信息通

① 截至本书完稿时，部分省、直辖市、自治区及其他有关单位未公布 2021 年度犯罪数据，故撰写本节时采纳的数据为 2020 年度数据或更早版本。

信技术在更广范围、更深层次、更高水平与社会生活进行融合，人们在享受数据信息带来便利的同时，也面临着个人信息被窃取、被贩卖的风险。侵犯公民个人信息犯罪不仅严重危害公民信息安全，其背后的买卖产业链也会引发电信诈骗，甚至会与敲诈勒索或绑架等犯罪活动相结合，危害社会安全。2021 年 8 月 20 日，第十三届全国人大常委会第三十次会议表决通过《中华人民共和国个人信息保护法》，自 2021 年 11 月 1 日起正式施行，这展示了中国对于个人信息保护的法律立场，充分尊重和保护个人信息，对防控与个人信息相关的犯罪有显著作用。

本章继续沿用去年《中国犯罪治理蓝皮书》提出的犯罪指数模型对犯罪治理情况进行分析。依照去年的分类方法，按照公安司法机关查处违法犯罪的情况数据和已有的全国部分省市和地区的犯罪相关资料数据，对犯罪治理情况进行统计分析。

从上述各个渠道收集到的数据来看，近两年我国的犯罪情况总体呈现出如下趋势：

1. 犯罪率持续降低，社会治安秩序持续向好

2021 年，各级法院审结一审刑事案件 125.6 万件，判处罪犯 171.5 万人。八类主要刑事犯罪案件持续处于低位，占全部刑事案件比重持续稳步下降。根据最高人民检察院数据统计，与 2020 年相比，起诉涉黑涉恶犯罪下降 70.5%，杀人、抢劫、绑架犯罪下降 6.6%，聚众斗殴、寻衅滋事犯罪下降 20.9%，毒品犯罪下降 18%。2000 年至 2021 年，检察机关起诉拐卖妇女儿童犯罪从 14458 人降至 1135 人，年均下降 11.4%；起诉收买被拐卖的妇女儿童犯罪由 155 人增至 328 人。起诉涉疫犯罪 4078 人，同比下降 63.7%。在疫情防控常态化大背景下，我国治安状况持续向好，犯罪率不断降低。

2. 新型犯罪数量持续增长

从 2020 年公安机关立案的刑事案件及构成情况来看，“其他”类案件仍然呈现增长态势，占比达到 22.31%，仅次于两大传统犯罪盗窃和诈骗，其中很大一部分是涉网新型犯罪。科技是一把双刃剑，在给社会生活带来便利的同时也会为犯罪提供滋生的土壤。可以推测的是，伴随着人工智能、区块链等科学技术的进一步成熟，新型犯罪数量在未来一段时间可能会进一步增长。

3. 网络犯罪层出不穷,专项治理效果显著

近年来,各类传统犯罪加速向互联网蔓延,网络犯罪已成为危害我国数据安全、经济安全、社会安全的重大风险之一。2021 年,公安部党委连续第 4 年在全国部署开展“净网”专项行动。全年共侦办案件 6.2 万余起,同比增长 10.7%;抓获犯罪嫌疑人 10.3 万余名,同比增长 28.7%,有力维护了网络空间安全和网上秩序稳定,有效增强了人民群众的网上安全感、获得感和幸福感。

依法严厉打击侵犯公民个人信息犯罪。近年来,大数据、云计算等技术在推动网络互联互通、汇聚融合的同时,也加大了信息泄露的风险。对此,我国颁布了《中华人民共和国数据安全法》《中华人民共和国个人信息保护法》,对保护个人信息安全提供了强大法律支撑。始终保持对侵犯公民个人信息犯罪的高压严打态势,聚焦网上贩卖公民个人信息犯罪新动向,紧盯“暗网”等隐秘部位全力开展侦查攻坚,2021 年共侦办侵犯公民个人信息案件 9800 余起,抓获犯罪嫌疑人 1.7 万余名。

依法严厉惩治黑客攻击犯罪。近年来,受高额利益驱使,一些人员通过实施智能化、隐蔽化攻击活动,窃取数据牟利,威胁企业、个人数据安全,甚至威胁关键信息基础设施安全。2021 年共抓获实施黑客攻击活动及为其提供工具、洗钱等服务的人员 3309 名,铲除制售木马病毒、开发攻击软件平台团伙 341 个,有力保障了重要信息系统和网络安全,也有力保护了公民个人信息。

依法严厉打击窃听窃照犯罪。近年来,一些不法分子非法生产窃听窃照专用器材,在网上售卖、传播,人民群众深恶痛绝。2021 年共抓获私装窃听窃照设备偷拍的犯罪嫌疑人 783 名,捣毁制售窃听窃照专用器材窝点 13 个,查获相关器材及零部件 4100 余件,在电商平台下架非法窃听窃照商品 3.4 万余件。

尽管当前打击网络犯罪成效显著,但由于网络技术自身特点,犯罪滋生土壤仍然存在且难以清除,网络犯罪情况依旧严峻,任重而道远。

4. 持续严打黑恶势力犯罪成效显著

2021 年,全国公安机关坚决贯彻落实党中央关于常态化开展扫黑除恶斗争的决策部署,充分发挥主力军作用,始终保持对黑恶势力犯罪的严打高压态势,取得显著成效。截至 2021 年 11 月 30 日,各地共打掉涉黑组织 160 余个、恶势力犯罪集团 1000 余个,破获各类刑事案件 1.5 万起,抓获违法犯罪嫌疑人 1.4 万余名。依

法严厉打击“村霸”等农村黑恶势力,共打掉农村涉黑组织38个、恶势力犯罪集团180余个。深入推进追捕“漏网之鱼”行动,截至2021年12月30日,680名目标在逃人员已抓获610名,公安部A级通缉令公开通缉的8名重大涉黑涉恶在逃人员已到案6人。针对垄断工程建设以及非法采石挖沙、破坏自然资源等背后的黑恶势力,持续开展打击整治“沙霸”“矿霸”等黑恶犯罪专项行动,共打掉自然资源领域黑恶团伙120余个,破获案件2000余起。持续深化新型网络犯罪整治,依法严厉打击利用信息网络实施黑恶势力犯罪,累计打掉“套路贷”犯罪团伙360余个,破获“裸聊”敲诈案件8000余起。综上可以表明常态化开展扫黑除恶斗争取得显著成效。

5. 打击拐卖儿童犯罪专项行动战果重大

2021年,拐卖妇女儿童案件比2013年下降86.2%,其中备受群众关注的盗抢儿童案件立案不到20起,且均基本实现快速侦破。全国公安机关深入开展“团圆”行动,全力侦破拐卖儿童积案、全力缉捕拐卖儿童犯罪嫌疑人、全面查找失踪被拐儿童,成功侦破一批重大拐卖儿童积案,找回一大批历年失踪被拐儿童,专项行动取得重大战果。截至2021年12月,共侦破拐卖儿童积案350余起,抓获拐卖犯罪嫌疑人890名,开展认亲活动2900余场。累计找回10932名历年失踪被拐儿童,其中,失踪20年至30年的有2538名,失踪30年至40年的有1812名,失踪40年至50年的有371名,失踪50年至60年的有190名,失踪60年以上的有110名,失踪被拐人员与亲人分离时间最长达74年。以上统计数据足以看出打击拐卖儿童犯罪的成效显著。

一、侦查机关犯罪数据①

(一)公安机关立案的刑事案件和构成情况(2020年)

刑事案件是指犯罪嫌疑人或者被告人被控涉嫌侵犯了《刑法》所保护的社会关系,国家为了追究犯罪嫌疑人或者被告人的刑事责任而进行立案侦查、审判并给予刑事制裁(如罚金、有期徒刑、死刑、剥夺政治权利等)的案件。

---

① 本部分因大部分省、直辖市、自治区未单独公布监察机关犯罪数据,经研究该部分数据已被合并入检察机关和审判机关的犯罪数据中,故不再另外展示。下同。本部分数据除特别注明外,均来自《中国统计年鉴2021》,http://www.stats.gov.cn/tjsj/ndsj/2021/indexch.htm, 2022年5月20日最后访问。

1. 刑事案件情况综述(2017—2020 年)

2017 年,公安机关共立案刑事案件 5482570 件;2018 年,公安机关共立案刑事案件 5069242 件;2019 年,公安机关共立案刑事案件 4862443 件;2020 年,公安机关共立案刑事案件 4780624 件。2018 年公安机关共立案刑事案件数量相较于 2017 年下降 7.54%;2019 年公安机关共立案刑事案件数量相较于 2018 年下降 4.08%;2019 年公安机关共立案刑事案件数量相较于 2017 年下降 11.31%;2020 年公安机关共立案刑事案件数量相较于 2019 年下降 1.68%;2020 年公安机关共立案刑事案件数量相较于 2018 年下降 5.69%;2020 年公安机关共立案刑事案件数量相较于 2017 年下降 12.80%。

2017 年,公安机关共立案刑事案件中,按照案件类别以及在当年刑事案件中的份额,具体排名和份额如下:第一,盗窃,63.1%;第二,诈骗,16.92%;第三,其他,16.37%;第四,伤害,2.03%;第五,抢劫,0.72%;第六,强奸,0.50%;第七,杀人,0.15%;第八,拐卖妇女儿童,0.12%;第九,走私,0.06%;第十,伪造、变造货币,出售、购买、运输、持有、使用假币,0.03%。

2018 年,公安机关共立案刑事案件中,按照案件类别以及在当年刑事案件中的份额,具体排名和份额如下:第一,盗窃,54.97%;第二,诈骗,22.81%;第三,其他,18.85%;第四,伤害,1.92%;第五,强奸,0.59%;第六,抢劫,0.50%;第七,杀人,0.15%;第八,拐卖妇女儿童,0.11%;第九,走私,0.08%;第十,伪造、变造货币,出售、购买、运输、持有、使用假币,0.02%。

2019 年,公安机关共立案刑事案件中,按照案件类别以及在当年刑事案件中的份额,具体排名和份额如下:第一,盗窃,46.44%;第二,诈骗,29.49%;第三,其他,20.90%;第四,伤害,1.75%;第五,强奸,0.70%;第六,抢劫,0.35%;第七,杀人,0.15%;第八,拐卖妇女儿童,0.10%;第九,走私,0.10%;第十,伪造、变造货币,出售、购买、运输、持有、使用假币,0.02%。

2020 年,公安机关共立案刑事案件中,按照案件类别以及在当年刑事案件中的份额,具体排名和份额如下:第一,诈骗,40.07%;第二,盗窃,34.69%;第三,其他,22.30%;第四,伤害,1.67%;第五,强奸,0.70%;第六,抢劫,0.24%;第七,杀人,0.15%;第八,走私,0.10%;第九,拐卖妇女儿童,0.06%;第十,伪造、变造货币,出售、购买、运输、持有、使用假币,0.02%。(见图 2-1)

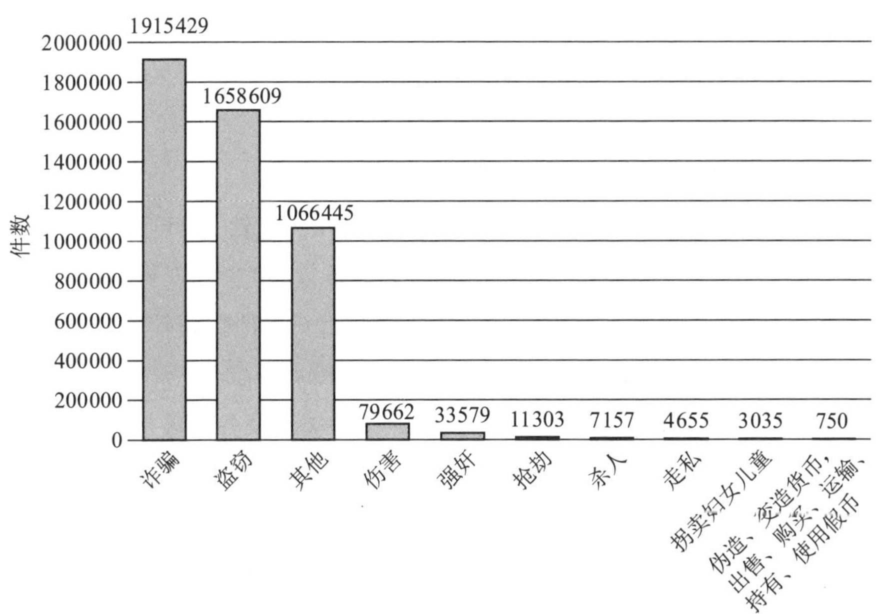

数据来源:《中国统计年鉴 2021》。

图 2-1　2020 年全国公安机关刑事立案情况

2. 刑事案件情况分述(2019—2020 年)

杀人案件,2020 年相较于 2019 年减少 222 件,下降幅度达 3.01%。

伤害案件,2020 年相较于 2019 年减少 5564 件,下降幅度达 6.53%。

抢劫案件,2020 年相较于 2019 年减少 5803 件,下降幅度达 33.92%。

强奸案件,2020 年相较于 2019 年减少 248 件,下降幅度达 0.73%。

拐卖妇女儿童案件,2020 年相较于 2019 年减少 1536 件,下降幅度达 33.60%。

盗窃案件,2020 年相较于 2019 年减少 599627 件,下降幅度达 26.55%。

诈骗案件,2020 年相较于 2019 年增加 481598 件,上升幅度达 33.59%。

走私案件,2020 年相较于 2019 年减少 211 件,下降幅度达 4.34%。

伪造、变造货币,出售、购买、运输、持有、使用假币案件,2020 年相较于 2019 年减少 244 件,下降幅度达 24.55%。

其他案件,2020 年相较于 2019 年增加 50038 件,上升幅度达 4.92%。

(二)公安机关受理和查处治安案件(2020 年)

治安案件是指违反治安管理行为构成的案件。根据《中华人民共和国治安管理处罚法》之规定，违反治安管理的行为必须是：(1)情节轻微，尚不够刑事处罚。如果情节严重，已经触犯了刑律并够刑事处罚的，则按刑法处理。(2)依照条例应当受到处罚的行为。

1. 治安案件犯罪情况综述(2020 年)

2020 年，公安机关合计受理治安案件 8628053 起，查处 7723930 起，查处率为 89.52%，每万人口受理案件数为 61.1 起(见图 2-2)；2020 年公安机关合计受理治安案件数相较于 2019 年下降 10.36%，合计查处治安案件数相较于 2019 年下降 11.41%，每万人口受理案件数相较于 2019 年下降 10.41%。

2020 年公安机关合计受理治安案件，按照案件类别及各自数量、占比，具体排名如下：第一，其他，2197509 起，25.47%；第二，盗窃，2119503 起，24.57%；第三，殴打他人，2063483 起，23.92%；第四，诈骗，716115 起，8.30%；第五，毒品违法活动，324301 起，3.76%；第六，赌博，249655 起，2.89%；第七，扰乱公共场所秩序，196380 起，2.28%；第八，违反房屋出租管理，137772 起，1.60%；第九，故意伤害，132073 起，1.53%；第十，寻衅滋事，103192 起，1.20%；第十一，卖淫、嫖娼，103148 起，1.20%；第十二，违反旅馆业管理，60850 起，0.71%；第十三，敲诈勒索，53859 起，0.62%；第十四，扰乱单位秩序，45151 起，0.52%；第十五，阻碍执行职务，39179 起，0.45%；第十六，违反危险物质管理规定，38289 起，0.44%；第十七，非法携带枪支、弹药、管制工具，24796 起，0.29%；第十八，盗窃、损毁公共设施，13473 起，0.16%；第十九，抢夺，6221 起，0.07%；第二十，伪造、变造、倒卖有价票证、凭证，3104 起，0.04%。

2020 年公安机关合计查处治安案件，按照案件类别和查处率为标准，排名如下：第一，卖淫、嫖娼，98.63%；第二，扰乱公共场所秩序，98.40%；第三，毒品违法活动，97.99%；第四，违反旅馆业管理，97.98%；第五，违反房屋出租管理，97.93%；第六，赌博，97.65%；第七，违反危险物质管理规定，97.35%；第八，非法携带枪支、弹药、管制工具，96.89%；第九，阻碍执行职务，96.68%；第十，扰乱单位秩序，94.14%；第十一，寻衅滋事，93.55%；第十二，殴打他人，93.21%；第十三，伪造、变造、倒卖有价票证、凭证，92.43%；第十四，其他，91.14%；第十五，故意伤害，89.03%；第十六，敲诈勒索，85.17%；第十七，盗窃，82.15%；第十八，诈骗，81.72%；第十九，盗窃、损毁公共设施，80.87%；第二十，抢夺，78.30%。

2. 治安案件情况分述

扰乱单位秩序，2020年较2019年，受理案件减少7683件，下降幅度达14.54%；查处案件减少8370件，下降幅度达16.45%。

扰乱公共场所秩序，2020年较2019年，受理案件减少103005件，下降幅度达34.41%；查处案件减少104354件，下降幅度达35.07%。

寻衅滋事，2020年较2019年，受理案件减少25053件，下降幅度达19.54%；查处案件减少24850件，下降幅度达20.47%。

阻碍执行职务，2020年较2019年，受理案件减少6014件，下降幅度达13.31%；查处案件减少6197件，下降幅度达14.06%。

非法携带枪支、弹药、管制工具，2020年较2019年，受理案件减少28015件，下降幅度达53.05%；查处案件减少27849件，下降幅度达53.69%。

违反危险物质管理规定，2020年较2019年，受理案件减少7487件，下降幅度达16.36%；查处案件减少7714件，下降幅度达17.15%。

殴打他人，2020年较2019年，受理案件减少189412件，下降幅度达8.41%；查处案件减少196219件，下降幅度达9.26%。

故意伤害，2020年较2019年，受理案件减少24017件，下降幅度达15.39%；查处案件减少25993件，下降幅度达18.10%。

盗窃，2020年较2019年，受理案件减少177571件，下降幅度达7.73%；查处案件减少114258件，下降幅度达6.16%。

敲诈勒索，2020年较2019年，受理案件增加41267件，上升幅度达327.72%；查处案件增加35067件，上升幅度达324.51%。

抢夺，2020年较2019年，受理案件减少1687件，下降幅度达21.33%；查处案件减少1179件，下降幅度达19.49%。

盗窃、损毁公共设施，2020年较2019年，受理案件减少1952件，下降幅度达12.65%；查处案件减少2321件，下降幅度达17.56%。

伪造、变造、倒卖有价票证、凭证，2020年较2019年，受理案件减少2250件，下降幅度达42.02%；查处案件减少2199件，下降幅度达43.39%。

违反旅馆业管理，2020年较2019年，受理案件减少28296件，下降幅度达31.74%；查处案件减少27996件，下降幅度达31.95%。

违反房屋出租管理,2020 年较 2019 年,受理案件减少 8224 件,下降幅度达 5.63%;查处案件减少 10585 件,下降幅度达 7.27%。

诈骗,2020 年较 2019 年,受理案件增加 168023 件,上升幅度达 30.66%;查处案件增加 145619 件,上升幅度达 33.13%。

卖淫、嫖娼,2020 年较 2019 年,受理案件减少 12556 件,下降幅度达 10.85%;查处案件减少 12911 件,下降幅度达 11.26%。

赌博,2020 年较 2019 年,受理案件减少 15790 件,下降幅度达 5.95%;查处案件减少 17111 件,下降幅度达 6.56%。

毒品违法活动,2020 年较 2019 年,受理案件减少 126787 件,下降幅度达 28.11%;查处案件减少 127811 件,下降幅度达 28.68%。

其他,2020 年较 2019 年,受理案件减少 440319 件,下降幅度达 16.69%;查处案件减少 457655 件,下降幅度达 18.60%。

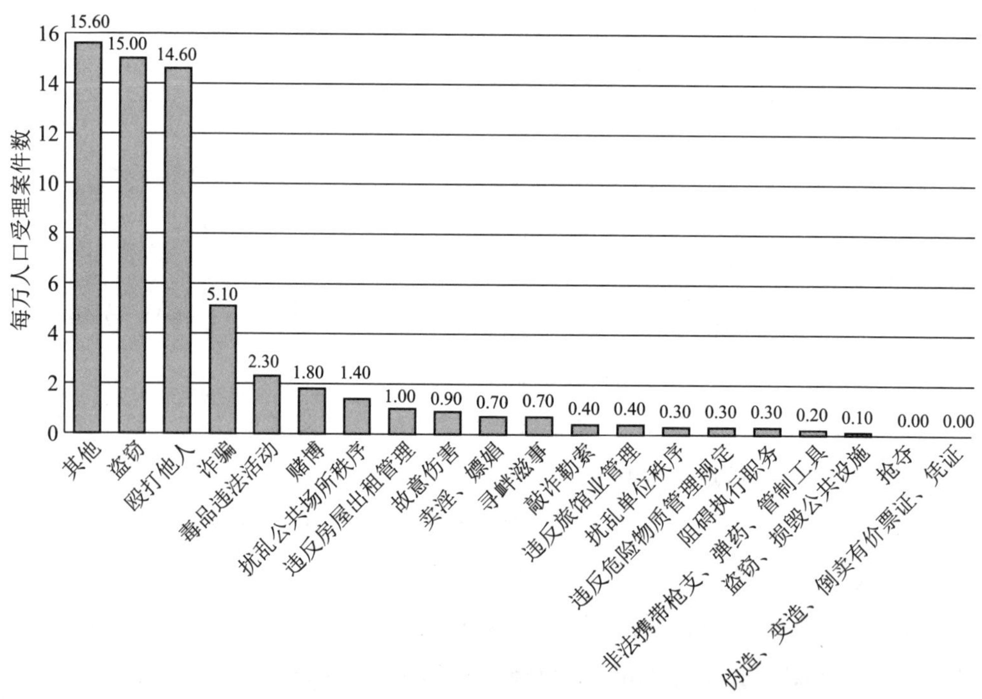

数据来源:《中国统计年鉴 2021》。

图 2-2　2020 年全国公安治安案件每万人口受理案件数

二、检察机关犯罪数据①

（一）2020年全国人民检察院审查逮捕、审查起诉情况

2020年全国人民检察院共批捕和决定逮捕刑事案件524855件、770561人，决定起诉1092162件、1572971人。2020年全国人民检察院共批捕和决定逮捕、决定起诉各类案件人数情况见图2-3。其中，危害公共安全案，批捕和决定逮捕28118件、34770人，决定起诉365412件、377060人；破坏社会主义市场经济秩序案，批捕和决定逮捕39059件、68033人，决定起诉64996件、134157人；侵犯公民人身、民主权利案，批捕和决定逮捕89362件、107475人，决定起诉130812件、167040人；侵犯财产案，批捕和决定逮捕186935件、250325人，决定起诉269951件、385137人；妨害社会管理秩序案，批捕和决定逮捕173219件、301372人，决定起诉248306件、493850人；贪污贿赂案，批捕和决定逮捕6530件、6665人，决定起诉10525件、12674人；渎职侵权案，批捕和决定逮捕944件、1010人，决

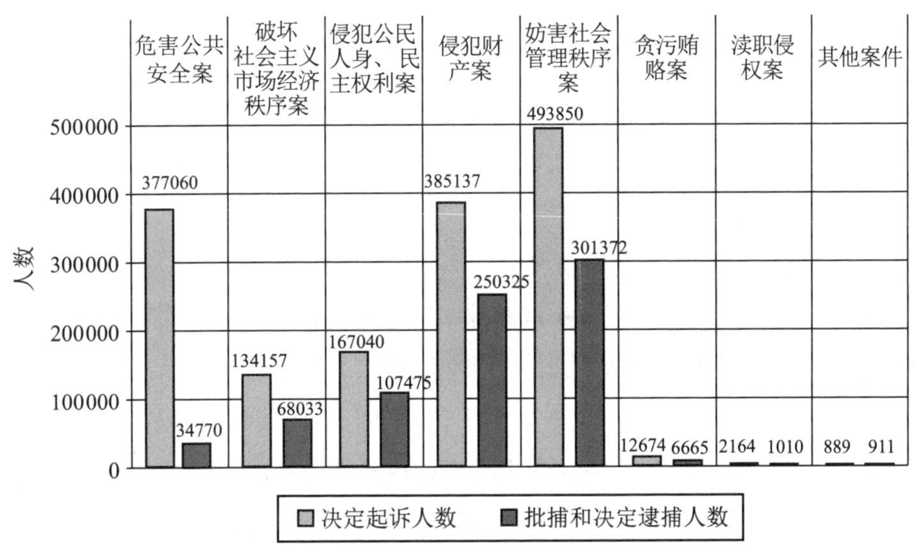

图2-3　2020年全国检察院共批捕、决定逮捕、决定起诉各类案件人数

① 本部分数据除特别注明外，均来自《中国统计年鉴2021》，载国家统计局网，http://www.stats.gov.cn/tjsj/ndsj/2021/indexch.htm，2022年5月20日最后访问。

定起诉1646件、2164人;其他案件,批捕和决定逮捕688件、911人,决定起诉514件、889人。

(二)2020年全国人民检察院办理刑事抗诉案件情况

2020年全国人民检察院提出抗诉8903件,其中贪污贿赂案件357件,渎职侵权案件79件,其他刑事案件8467件。

三、审判机关犯罪数据①

(一)2020全国人民法院审理刑事一审案件收结案情况

2020年,人民法院审理刑事一审案件收案共计1107610件,结案共计1115890件。较2019年人民法院收案减少186301件,下降率约为14.40%;结案减少181301件,下降率为13.98%。

1. 人民法院刑事一审收案情况

2020年人民法院审理刑事一审案件收案情况依据刑法犯罪类别和数量排序如下:第一,危害公共安全罪,收案365228件;第二,侵犯财产罪,收案274666件;第三,妨害社会管理秩序罪,收案250895件;第四,侵犯公民人身权利、民主权利罪,收案136289件;第五,破坏社会主义市场经济秩序罪,收案67090件;第六,贪污贿赂罪,收案10840件;第七,渎职罪,收案1788件;第八,危害国防利益罪,收案397件;第九,其他案件,收案417件。

2. 人民法院刑事一审结案情况

2020年人民法院审理刑事一审案件结案情况依据刑法犯罪类别和数量排序如下:第一,危害公共安全罪,结案365364件;第二,侵犯财产罪,结案276541件;第三,妨害社会管理秩序罪,结案254925件;第四,侵犯公民人身权利、民主权利罪,结案137324件;第五,破坏社会主义市场经济秩序罪,结案67369件;第六,贪污贿赂罪,结案11606件;第七,渎职罪,结案1958件;第八,危害国防利益罪,结案421件;第九,其他案件,结案382件。2020年全国人民法院审理刑事一审案件收结案情况见图2-4。

① 本部分数据除特别注明外,均来自《中国统计年鉴2021》,载国家统计局网,http://www.stats.gov.cn/tjsj/ndsj/2021/indexch.htm,2022年5月20日最后访问。

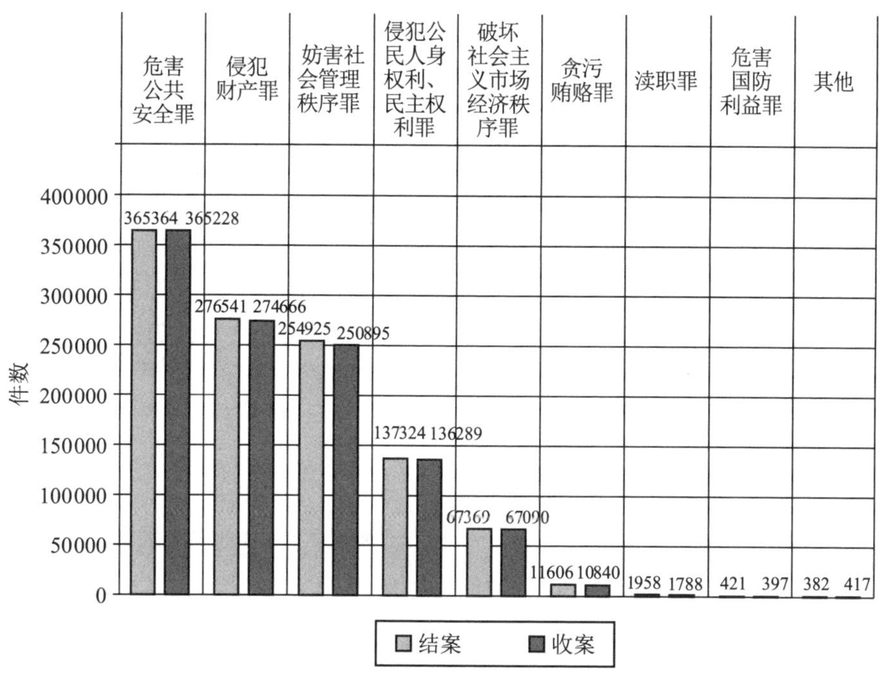

图2-4 2020年全国人民法院一审刑事案件收结案情况

（二）人民法院审理刑事案件罪犯年龄情况

2020年，人民法院审理刑事案件罪犯总数为1526811人，较2019年减少132739人。其中青少年罪犯245074人，青少年罪犯占刑事罪犯比重为16.05%，比2019年下降0.93%。青少年罪犯中，不满18岁的共33768人，18至25岁的共211306人。

第二节　省级区域状况统计与分析①

全国不同区域、各省市在地理条件、人口数量、经济发展水平、基础设施、司法环境等方面存在较大差异，犯罪治理基础不统一，不同区域治理难易程度不同，但

① 部分省、直辖市、自治区及其他有关单位未公布2021年度犯罪数据，故撰写本节时采纳的数据为2020年度数据或更早版本。

从治理指数看全国各地治理水平总体较好,从具体犯罪类型上来看,各地由于发展水平、特色产业等差异,也呈现出不同的特点,例如,华东地区由于经济相对较为发达,因此经济类犯罪和财产类犯罪居多,同时由于华东地区犯罪社会控制的投入相对较高,一些涉及信息技术的犯罪,如电信诈骗等犯罪的侦破率不断上升,整体的诉讼效率也在不断提升;而西南、华南地区受区位影响毒品案件从数量和占比来说都相对较高,广西、云南的跨境犯罪数量高居不下。所以不同区域间犯罪治理水平的横向对比具有一定难度和偏差,从时间角度纵向对比来看,全国各地犯罪治理水平正在不断提高。

一、华北地区犯罪数据统计及分析

华北地区的总体犯罪数据呈现下降趋势,但河北省与山西省犯罪数据呈现反弹,说明两省犯罪打击力度有所增强;但总体来看,大多数类型犯罪呈现下降趋势,危害公共安全犯罪与侵犯财产犯罪数量居高不下。

(一)北京市犯罪数据构成及统计分析(2020年)①

2020年北京市公安机关共立案137728起,相比2019年立案数量基本持平,破案80559起,侦破率达58.49%,也基本与2019年保持持平。

2020年北京市检察机关审查逮捕案件14525件、21409人;批准逮捕案件9404起、12972人,分别较去年减少29.22%、26.82%;不批准逮捕5103件、8414人;决定起诉15675件、20314人;不起诉2579件、4018人,附条件不起诉43件、60人。

2020年北京市人民法院收案刑事案件共16440件,结案15796件,分别较2019年减少19.1%、19.33%。2020年北京市人民法院收结案各类刑事案件情况按刑法犯罪类别数量排名如下:第一,侵犯财产罪,收案4945件,结案4759件;第二,危害公共安全罪,收案4330件,结案4380件;第三,妨害社会主义管理秩序罪,收案2819件,结案2737件;第四,侵犯公民人身权利、民主权利罪,收案2310件,结案2261件;第五,破坏社会主义市场经济秩序罪,收案1814件,结案1482件;第六、贪污贿赂罪,收案178件,结案136件;第七,危害国防利益罪,收案19件,结案

---

① 载北京市统计局网,http://nj.tjj.beijing.gov.cn/nj/main/2021-tjnj/zk/indexch.htm,2022年5月22日最后访问。

20件;第八,渎职罪,收案14件,结案17件。各类别排名先后与2019年一致。2020年北京市人民法院收案刑事案件构成如图2-5所示。

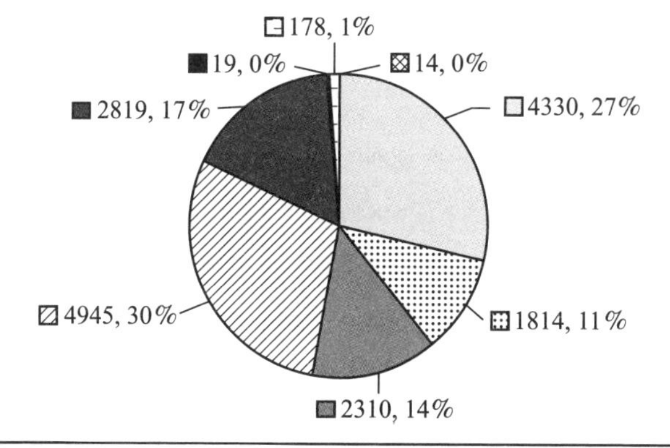

图2-5　2020年北京市人民法院刑事案件收案情况

2020年北京市青少年罪犯人数为2283人,较2019年下降19.44%,青少年刑事案犯占全部刑事案犯11.7%,较2019年下降0.5%。2019年、2020年北京市青少年罪犯构成情况如图2-6所示。2020年青少年罪犯中14周岁以上不满16周岁的罪犯人数为9人,较2019年20人有所下降,16周岁以上不满18周岁的罪犯人数为157人,较2019年下降25.94%,不满18周岁的罪犯人数在七个少年罪犯中占比

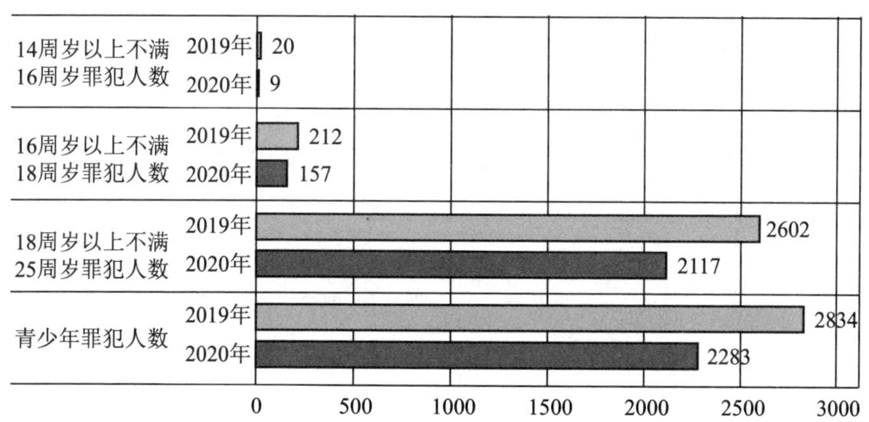

图2-6　2019年、2020年北京市青少年罪犯构成情况

7.27%,也较2019年有所下降。18周岁以上不满25周岁的罪犯人数为2117人,较2019年下降18.64%。

(二)天津市犯罪数据构成及统计分析(2020—2021年)

2020年天津市监察机关立案违纪违法案件5606件,较2019年下降5.02%;被调查人数为5640人,较2019年下降5.27%。①

2021年天津市检察机关受理审查逮捕各类刑事犯罪嫌疑人12841人,实际批准逮捕8144人,逮捕人数较去年增长25.84%;受理审查起诉25274人,实际提起公诉19118人,较去年增长16.11%。其中,提起公诉故意杀人、抢劫等严重刑事犯罪477人;盗窃、诈骗等侵犯财产犯罪的3795人,突出惩治网络犯罪,提起公诉电信网络诈骗及关联犯罪1945人;提起公诉侵犯知识产权犯罪118人;提起公诉非法吸收公众存款、集资诈骗等涉众型经济犯罪797人;提起公诉金融诈骗、破坏金融管理秩序犯罪995人;提起公诉洗钱犯罪21人;办理影响非公经济发展刑事案件提起公诉238人;提起危害公共安全犯罪6059人;提起公诉涉疫犯罪47人,提起公诉职务犯罪254人;提起公诉性侵、拐卖等侵害未成年人犯罪448人。扫黑除恶专项斗争常态化推进,提起公诉涉黑犯罪109人。

2021年天津市检察机关不批捕4844人、不起诉3452人,同比分别上升65.3%、45%;监督立案403件,同比上涨72.2%,撤案303件,纠正漏捕53人、漏诉61人。此外,对侦查、审判活动的违法情形提出纠正意见,对认为确有错误的刑事裁判提出抗诉210件,同比上升57.9%。②

2021年天津市人民法院审结一审刑事案件14954件,判处罪犯20038人。其中,判处涉黑恶罪犯63人;判处危险驾驶、高空抛物等危害公共安全犯罪6109件;审结贪污、贿赂、渎职等职务犯罪案件199件,判处罪犯226人;审结杀人、抢劫等严重暴力犯罪495件;非法吸收公众存款、集资诈骗、跨境网络诈骗等涉众型犯罪判处罪犯3852人。③

---

① 载天津市统计局网,http://stats.tj.gov.cn/nianjian/2021nj/zk/indexch.htm,2022年5月21日最后访问。

② 载天津市人民检察院网,http://www.tj.jcy.gov.cn/jwgk/gzbg/202202/t20220215_3552911.shtml,2022年5月21日最后访问。

③ 载天津市人民法院网,https://tjfy.chinacourt.gov.cn/article/detail/2022/02/id/6523707.shtml,2022年5月22日最后访问。

（三）河北省犯罪数据构成及统计分析（2021 年）

2021 年，河北省检察机关共审查逮捕案件 32028 件、44546 人；批准和决定逮捕各类犯罪嫌疑人 31645 人，同比下降 4.7%；不捕 13108 人，同比上升 43.7%，不捕率 29.4%，同比增加 7.8 个百分点。全省检察机关审查起诉案件 71782 件、93496 人，共决定起诉 74450 人，同比上升 9.3%；决定不起诉 18798 人，同比上升 73.3%，不起诉率 20.2%，同比增加 6.4 个百分点。各罪名起诉人数排名前五的分别是：第一，危险驾驶罪，共起诉 18990 人，同比上升 18.2%；第二，盗窃罪 6123 人，同比上升 3.5%；第三，故意伤害罪，共起诉 5882 人，同比下降 5.8%；第四，帮助信息网络犯罪活动罪，共起诉 4605 人，同比上升 13 倍；第五，交通肇事罪，共起诉 4328 人，同比上升 18.6%。①

2021 年河北省检察机关共立案侦查司法工作人员刑讯逼供、徇私枉法等相关职务犯罪案件 101 人，同比上涨 14.8 个百分点，与监察机关相配合，依法合力反腐共起诉 554 人。河北省全省共批准逮捕未成年犯罪嫌疑人 978 人，同比上升 22%；不捕 999 人，不捕率为 50.5%，同比增长 11.2 个百分点，高于总体刑事犯罪不捕率 21.2%。同期对侵害未成年人犯罪批准逮捕 1668 人，同比上升 2%。检察机关对未成年犯罪嫌疑人决定起诉 1267 人，不起诉 912 人，不起诉率 41.9%，同比上升 15%，高于总体刑事犯罪不起诉率 21.7 个百分点。审结时，作出附条件不起诉决定 738 人，同比上升 61.8%，占审结数的 30.3%，同比增长 6 个百分点。同期，对侵害未成年人犯罪决定起诉 2417 人，同比上升 7.1%。起诉破坏社会主义市场经济秩序罪 6868 人，同比上升 1.2%；审慎办理涉企案件，不捕 245 人，不诉 452 人，起诉 362 人；依法打击破坏金融管理秩序犯罪，起诉集资诈骗、非法吸收公众存款等涉众型犯罪 1803 人；起诉电信网络诈骗以及关联犯罪 6903 人；起诉侵犯知识产权犯罪嫌疑人 487 人，同比上升 15.7%。起诉涉及的主要罪名为假冒注册商标罪和销售假冒注册商标的商品罪，分别为 233 人和 163 人，二者合占起诉总数的 81.3%。起诉故意伤害、盗窃、诈骗、毁坏财物、侵犯公民个人信息等犯罪 16695 人；起诉危害食品药品安全犯罪 1102 人；起诉恶意欠薪犯罪 96 人；起诉危害国家安全、社会

---

① 载河北省人民检察院网，http://www.he.jcy.gov.cn/jcxw/qwfb/202203/t20220325_3597650.shtml，2022 年 5 月 22 日最后访问。

稳定犯罪33891人;起诉故意杀人、抢劫等严重暴力犯罪3119人;常态化推进扫黑除恶,共批准逮捕和决定逮捕涉黑恶犯罪360人,同比下降70.9%;决定起诉1418人,同比下降62%;对黑恶势力"保护伞"起诉18人;起诉制造传播散布谣言、扰乱医疗秩序和防疫秩序、伪造核酸检测报告等涉疫情犯罪案件146人。①

2021年河北省检察机关对公安机关开展立案(撤案)监督合计1991件,同比上升28.5%;监督后公安机关已立案(撤案)1763件,占监督数的88.5%,同比增加10.7个百分点;对侦查活动违法行为提出纠正6507件,同比上升88.4%,已纠正6416件,监督采纳率98.6%,同比增加13.1%;共提出刑事抗诉576件,同比上升22%;法院改判和发回重审277件,占审结总数58.8%,同比增长31.5个百分点。

2021年河北省人民法院共审结刑事案件5.74万件、8.87万人。其中,审结故意杀人、抢劫等严重暴力犯罪以及涉枪涉爆、涉毒涉黄犯罪案件5349件;一审审结涉黑案件68件、718人,涉恶案件218件、1074人;审结重大责任事故、危险驾驶等危害公共安全案件2.48万件;审结毒品犯罪578件;审结妨碍疫情防控等涉疫案件67件、95人;审结危害食品药品安全犯罪726件;审结涉金融、集资诈骗等涉众型犯罪938件;审结电信网络诈骗案件300件;审结侵犯公民个人信息犯罪案件143件;审结贪污贿赂等职务犯罪案件500件、699人;依法审理涉民生领域"微腐败"48件、67人;甄别纠正涉产权冤错案件,1人被宣告无罪。②

(四)山西省犯罪数据构成及统计分析(2021年)

2021年,山西省检察机关共受理审查逮捕各类犯罪18345件、25666人,同比分别上升29.2%和18.7%,较2019年同期分别下降5.4%和10.4%。共批准逮捕15005件、20612人,同比分别上升21.4%和11.6%,较2019年同期分别下降7.3%和11.8%。从案件所涉罪名看,逮捕人数排在前五位的分别为帮助信息网络犯罪活动罪,盗窃罪,诈骗罪,走私、贩卖、运输、制造毒品罪,故意伤害罪。其中帮助信息网络犯罪活动罪批捕3917人,同比上升4倍,占逮捕总数的19%;盗窃罪2880人,同比上升10.9%,占逮捕总数的14%;诈骗罪2149人,同比下降12.7%,占逮捕

① 载河北省人民检察院网,http://www.he.jcy.gov.cn/jwgk/gzbg/202202/t20220221_3560060.shtml,2022年5月22日最后访问。

② 载河北省人民法院网,http://www.hebeicourt.gov.cn/article/detail/2022/01/id/6491344.shtml,2022年5月22日最后访问。

总数的10.4%。山西省检察机关2021年共受理审查起诉各类犯罪35446件、49228人，同比分别上升18.9%和11.1%，较2019年同期分别上升15%和5.1%。共决定起诉26647件、38175人，同比分别上升14%和11.6%，较2019年同期分别上升0.3%和下降6.7%。从起诉罪名来看，起诉人数排在第一位的是危险驾驶罪，共起诉6089人，占全部刑事案件起诉人数的16%。排在前列的还有帮助信息网络犯罪活动罪4012人，同比上升9.5倍；盗窃罪3856人，同比上升7.4%；诈骗罪3080人，同比下降3.3%；走私、贩卖、运输、制造毒品罪2386人，同比下降11%。全省检察机关受理监委移送职务犯罪765人，起诉775人，自行补充侦查166件；共立案侦查司法工作人员相关职务犯罪案件63人，同比上升75%，罪名涉及人数较多的有：玩忽职守罪24人，滥用职权罪17人。此外，检察机关对破坏金融管理秩序犯罪批捕403人，起诉877人，起诉人数上升38.1%；对金融诈骗犯罪批捕70人，起诉166人，起诉人数上升3.8%。对“套路贷”“校园贷”“以非法手段催收民间借贷”批捕9人，起诉82人。起诉破坏社会主义市场经济秩序犯罪2954人，惩治侵犯企业和企业家人身、财产权利刑事犯罪325人；对涉案民营企业家依法不捕73人、不诉115人，变更强制措施11人。对破坏环境资源保护类犯罪批捕136人，起诉234人，同比分别上升2.3%和30.7%；共起诉涉及土壤污染犯罪113人，涉及水污染犯罪15人，涉及大气污染犯罪9人。共批准和决定逮捕黑恶犯罪128件、279人，起诉黑恶犯罪200件、1302人。共批捕黑恶势力保护伞5人，起诉16人。起诉食药领域违法犯罪274人。持续依法抗疫，起诉涉疫犯罪48人。起诉侵犯知识产权犯罪194人。起诉破坏军事设施、破坏军婚等涉军犯罪43人，起诉文物犯罪275人。针对未成年人，全省共批捕未成年犯罪嫌疑人375人，同比上升62.3%；不捕276人，同比上升1.4倍。共起诉未成年犯罪嫌疑人537人，同比上升43.2%。对未成年人犯罪嫌疑人作出附条件不起诉342人，同比上升75.4%，附条件不起诉率达到36.5%。零容忍态度起诉侵害未成年人犯罪1119人，其中性侵害未成年人犯罪共批捕380人，同比上升40.2%；起诉442人，同比上升39%。①

2021年，检察机关监督公安机关立案842件，同比上升41.28%；监督公安机关

① 载山西省人民检察院网，http://www.sx.jcy.gov.cn/jwgklm/basjgk/202203/t20220318_3588171.shtml，2022年5月22日最后访问。

撤案 610 件,同比上升 65.31%。全省检察机关针对公安机关侦查活动违法提出纠正 2826 件次,同比上升 49.34%,已纠正 2901 件次。全省检察机关共提出抗诉 614 件,同比上升 12.66%,法院同期改判和发回重审 249 件,占法院审结数的 59.83%。

2021 年,山西省人民法院审结一审涉黑恶案件 178 件,审结二审案件 77 件。其中审理颠覆国家政权、间谍以及邪教等危害国家安全的犯罪案件 69 件;审结故意杀人、故意伤害、强奸等危害社会治安的严重暴力犯罪案件 2647 件;审结非法集资、电信网络诈骗犯罪案件等涉众型案件 1431 件;审结盗抢骗、黄赌毒等多发犯罪案件 8216 件;依法审结贪污贿赂等职务犯罪案件 551 件,审结危害国防利益犯罪案件 28 件;审结国家赔偿案件 198 件,并决定赔偿数额 911.86 万元。①

(五)内蒙古自治区犯罪数据构成及统计分析(2020 年)②

2020 年内蒙古自治区公安机关刑事立案 67236 起,刑事立案情况和占比排名如下:第一,诈骗案件 24199 件,占比 35.99%;第二,盗窃案件 22091 件,占比 32.85%;第三,其他案件 18595 件,占比 27.66%;第四,伤害案件 1236 件,占比 1.84%;第五,强奸案件 703 件,占比 1.05%;第六,杀人案件 226 件,占比 0.33%;第七,抢劫案件 159 件,占比 0.24%;第八,伪造、变造货币,购买、运输、持有、使用假币案件 15 件,占比 0.02%;第九,拐卖妇女、儿童案件 12 件,占比 0.02%。如图 2-7 所示。

2020 年,内蒙古自治区人民检察院批捕和决定逮捕 8738 件,决定起诉 25295 件。其中,危害公共安全案件,批捕和决定逮捕 777 件,决定起诉 12235 件;破坏社会主义市场经济秩序案件,批捕和决定逮捕 695 件,决定起诉 1096 件;侵犯公民人身、民主权利案件,批捕和决定逮捕 1961 件,决定起诉 2991 件;侵犯财产案件,批捕和决定逮捕 2902 件,决定起诉 4253 件;妨害社会管理秩序案件,批捕和决定逮捕 2308 件,决定起诉 4252 件;危害国防利益案件,决定起诉 2 件;贪污贿赂案件,批捕和决定逮捕 70 件,决定起诉 408 件;渎职侵权案件,批捕和决定逮捕 17 件,决定起诉 57 件;其他案件,批捕和决定逮捕 8 件,决定起诉 1 件。具体数据见图 2-8。

---

① 载山西新闻网,http://news.sxrb.com/GB/314060/9811934.html,2022 年 5 月 22 日最后访问。

② 载内蒙古自治区统计局网,http://tj.nmg.gov.cn/files_pub/content/PAGEPACK/83e5521da4e94d50ab45483b45483b58e5fa7e/zk/indexch.htm,2022 年 5 月 23 日最后访问。

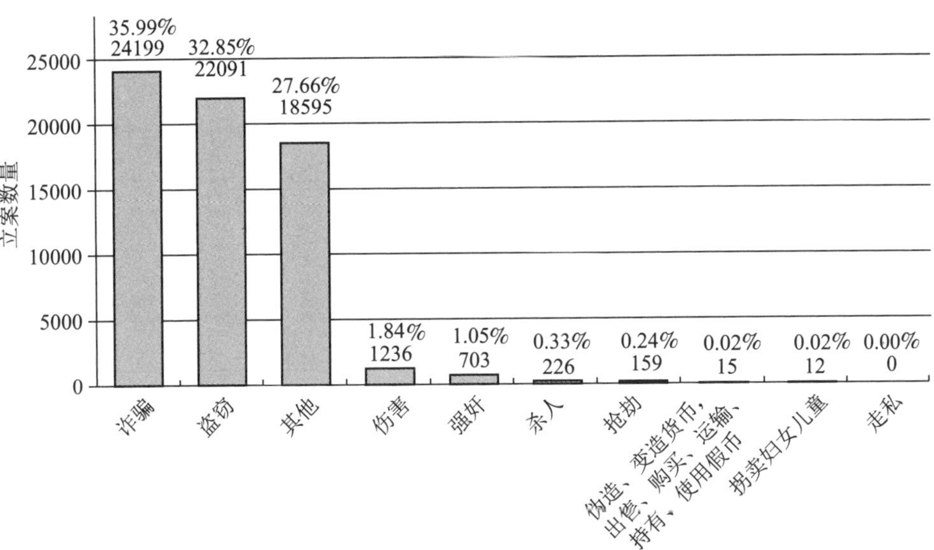

数据来源:《内蒙古统计年鉴 2021》。

图 2-7　内蒙古自治区 2020 年公安机关刑事案件立案情况构成

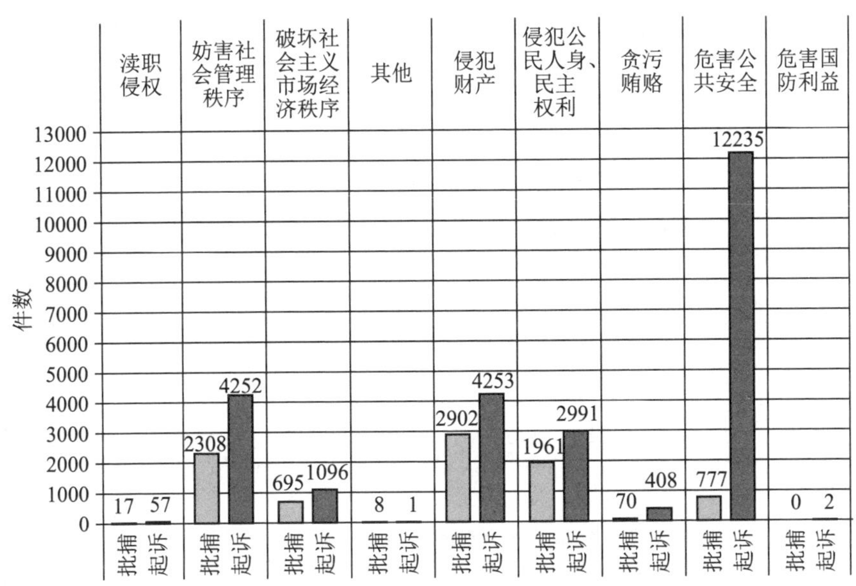

图 2-8　内蒙古自治区人民检察院 2020 年批捕、起诉对比

2020 年内蒙古自治区人民法院一审刑事案件共收案 26044 件,结案 26235 件。其中,危害公共安全罪,收案 12369 件,结案 12407 件;破坏社会主义市场经济秩序罪,收案1153件,结案1124件;侵犯公民人身、民主权利罪,收案3151件,结案3159件;侵犯财产罪,收案4428件,结案4423件;妨害社会管理秩序罪,收案4434件,结案4606件;危害国防利益罪,收案6件,结案6件;贪污贿赂罪,收案419件,结案423件;渎职罪,收案78件,结案87件。如下图2-9所示。

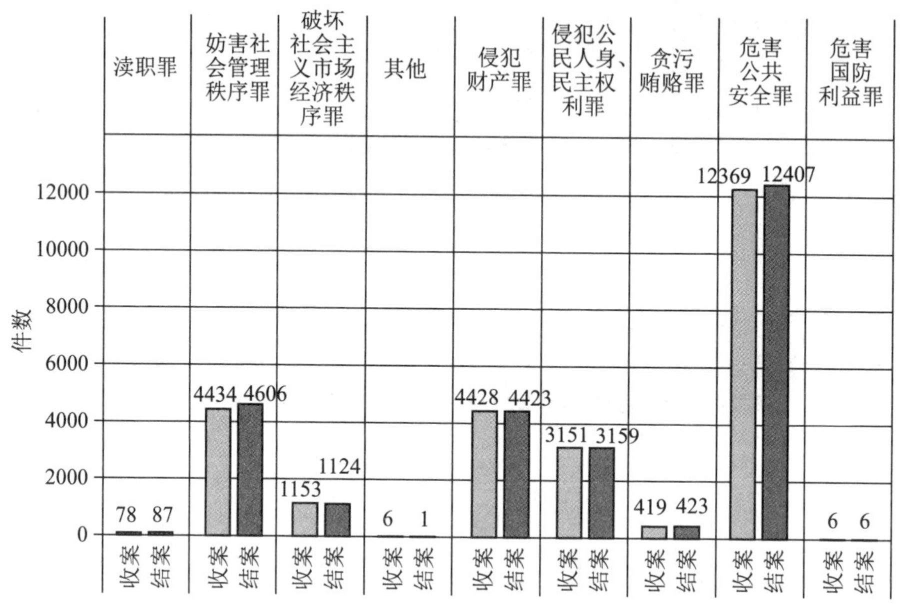

数据来源:《内蒙古统计年鉴2021》。

图2-9　内蒙古自治区人民法院刑事一审收结案情况

二、东北地区犯罪数据统计及分析

东北地区总体犯罪数据较2020年有一定上升,可推知东北三省加大对犯罪的打击力度;但涉黑恶犯罪数量逐年下降,可见扫黑除恶常态化工作推进效果显著。

(一)辽宁省犯罪数据构成及统计分析(2021年)

2021年辽宁省全省检察机关共批准逮捕各类犯罪嫌疑人21430人,提起公诉43877人。其中,起诉故意杀人、抢劫等严重暴力犯罪1189件、1364人;受理监察机关移送审查起诉案件548件、657人,提起公诉526件、654人;起诉侵害军人军属权益犯罪10件、10人;与侦查机关协同配合,清理侦查、起诉环节长期未结的涉民营企业“挂案”419件；起诉涉黑涉恶犯罪120件、551人；共立案查办司法工作人员涉嫌徇私枉法等职务犯罪134件、160人，其中为黑恶势力充当“保护伞”28人；自身立案查办检察人员徇私枉法等职务犯罪6件、6人；审查起诉轻伤害案件2209件；批捕侵害未成年人权益犯罪784人，起诉1005人；针对涉企案件，依法不批捕447人，不起诉367人；配合纪委监委办理民营企业行贿案件21件、25人；立案侦查司法工作人员以刑事手段介入经济纠纷案件13件、14人；打击侵犯知识产权和制售假冒伪劣商品犯罪，起诉381件、797人；严厉打击金融诈骗、破坏金融管理秩序犯罪，起诉758件、1442人。此外，2021年辽宁省全省检察院共监督立案1324件、监督撤案1045件，监督纠正侦查活动违法情形1679件(次)，追诉1162人，提出刑事抗诉426件。①

2021年辽宁省人民法院受理案件1356515件，结案率97.4%。审结各类刑事犯罪案件，其中，审结故意杀人、抢劫、绑架等严重暴力犯罪1315件、毒品犯罪2183件；常态化推进扫黑除恶斗争，审结案件198件，执行到位“黑财”129.7亿元，审结充当涉黑涉恶“保护伞”犯罪14件、17人；审结贪污、贿赂、渎职等犯罪750件、1065人；严惩电信网络诈骗、非法吸收公众存款等犯罪1084件；严厉打击非法占用农用地犯罪106件；审结虚假诉讼犯罪案件56件；严惩危害食品药品安全犯罪236件。依法纠正涉产权刑事冤错案件5件、7人；依法宣告68名公诉案件被告人和27名自诉案件被告人无罪；按照审判监督程序再审改判刑事案件108件；审结国家赔偿案件663件。②

（二）吉林省犯罪数据构成及统计分析(2018—2021年)③

2018年吉林省人民法院刑事一审案件共收案26042件，结案24182件，其中自诉案件，收案240件，结案204件。刑事一审案件收结案数据按照案件类别和数量排名如下：第一，危害公共安全罪，收案8419件，结案8098件；第二，侵犯财产罪，收案6522件，结案6070件；第三，妨害社会管理秩序罪，收案5388件，结案4847件；第四，侵犯公民人身权利、民主权利罪，收案3753件，结案3448件；第五，破坏

① 数据来源于辽宁省高级人民检察院工作报告，载大连市人民政府网，https://www.dl.gov.cn/art/2022/2/8/art_3933_2001210.html，2022年5月23日最后访问。

② 数据来源：辽宁省高级人民法院工作报告，载中国法院网，https://www.chinacourt.org/article/detail/2022/01/id/6499687.shtml，2022年5月23日最后访问。

③ 本部分除特殊标注外，数据均来源于《吉林统计年鉴2021》，载吉林省统计局网，http://tjj.jl.gov.cn/tjsj/tjnj/2021/ml/indexc.htm，2022年5月22日最后访问。

社会主义市场经济秩序罪,收案 1388 件,结案 1252 件;第六,贪污贿赂罪,收案 484 件,结案 361 件;第七,渎职罪,收案 71 件,结案 90 件;第八,危害国防利益罪,收案 17 件,结案 16 件。

2019 年吉林省人民法院刑事一审案件共收案 24683 件,结案 25823 件,其中自诉案件,收案 154 件,结案 144 件。刑事一审案件收结案数据按照案件类别和数量排名如下:第一,危害公共安全罪,收案 8043 件,结案 8351 件;第二,侵犯财产罪,收案 5972 件,结案 6294 件;第三,妨害社会管理秩序罪,收案 5402 件,结案 5717 件;第四,侵犯公民人身权利、民主权利罪,收案 3218 件,结案 3446 件;第五,破坏社会主义市场经济秩序罪,收案 1365 件,结案 1310 件;第六,贪污贿赂罪,收案 569 件,结案 600 件;第七,渎职罪,收案 92 件,结案 86 件;第八,危害国防利益罪,收案 19 件,结案 19 件。第九,其他,收案 3 件,结案 0 件。

2020 年吉林省人民法院刑事一审案件共收案 21408 件,结案 21737 件,其中自诉案件,收案 101 件,结案 94 件。刑事一审案件收结案数据按照案件类别和数量排名如下:第一,危害公共安全罪,收案 7167 件,结案 7209 件;第二,侵犯财产罪,收案 5195 件,结案 5284 件;第三,妨害社会管理秩序罪,收案 4673 件,结案 4785 件;第四,侵犯公民人身、民主权利罪,收案 2580 件,收案 2629 件;第五,破坏社会主义市场经济秩序罪,收案 1368 件,结案 1369 件;第六,贪污贿赂罪,收案 351 件,结案 414 件;第七,渎职罪,收案 57 件,结案 65 件;第八,危害国防利益罪,收案 16 件,结案 16 件;第九,其他,收案 1 件,结案 2 件。吉林省 2018 年、2019 年、2020 年法院刑事一审收结案情况对比如图 2-10、图 2-11 所示。

2021 年,吉林省人民检察院共办理各类案件 105120 件,同比上升 5.7%。其中依法批捕各类刑事犯罪 13754 人,依法起诉各类刑事犯罪 35387 人。2021 年,吉林省人民法院共审结一审刑事案件 24121 件,判处罪犯 32778 人。其中,涉企案件审结案件 82 件,从宽处理 47 人,其中宣告无罪 3 人、定罪免处 8 人、适用缓刑 36 人;纠正涉产权冤错案件,对 3 件刑事案件再审减轻处罚;审结破坏黑土地刑事案件 287 件;审结严重危害社会治安犯罪 2813 件、3266 人,涉枪涉爆和涉毒涉黄犯罪 681 件、1312 人;审结制售假药劣药、有毒有害食品犯罪 512 件、882 人;审结电信网络诈骗等犯罪 2309 件、5673 人;审结国家工作人员贪污贿赂犯罪 335 件、386 人;审结醉驾型危险驾驶犯罪案件 6224 件;涉疫案件进行专项管理,55 件涉疫案件全

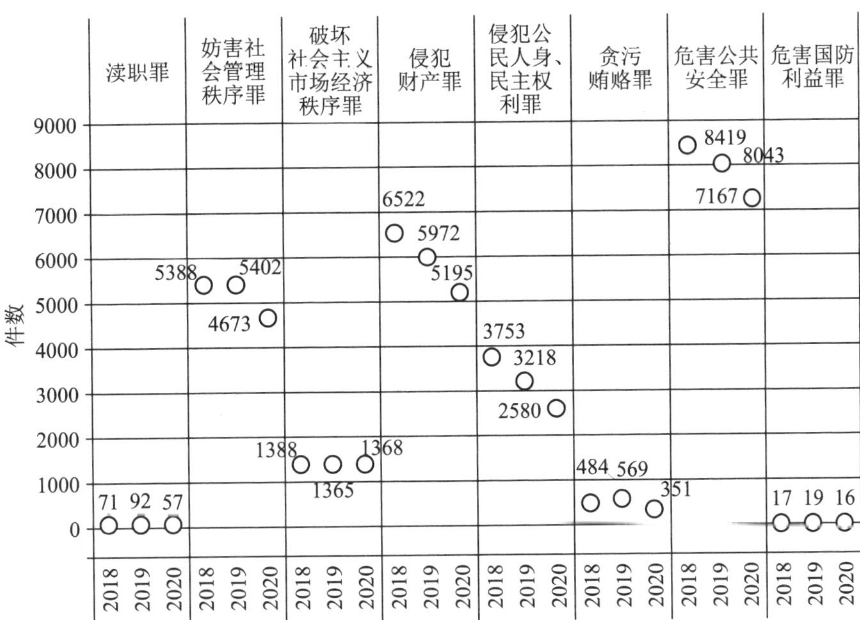

数据来源:《吉林统计年鉴2021》。

图2-10　吉林省人民法院2018年、2019年、2020年刑事一审收案对比
(注:3年共同数据比较,不涉及其他案件)

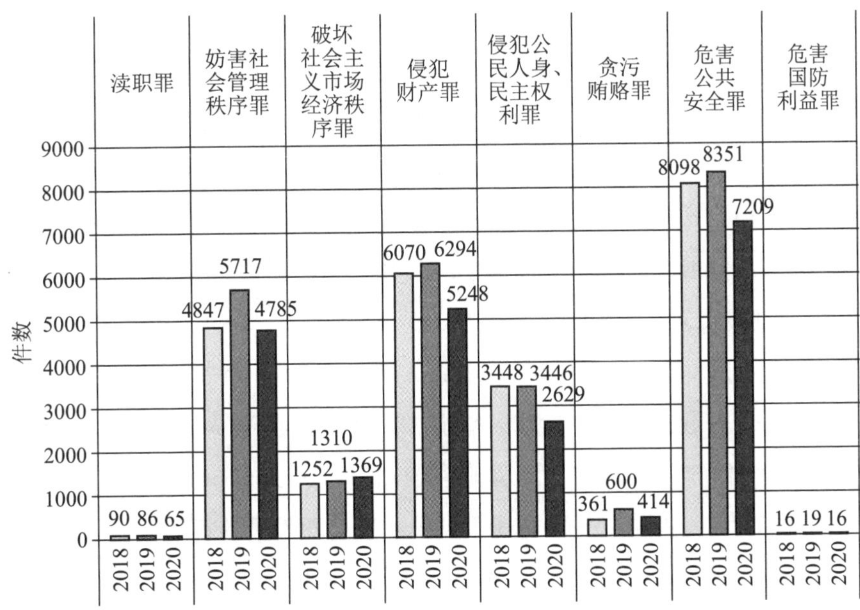

数据来源:《吉林统计年鉴2021》。

图2-11　吉林省人民法院2018年、2019年、2020年刑事一审结案对比
(注:3年共同数据比较,不涉及其他案件)

部审结;审结金融纠纷案件31809件,判处金融诈骗、非法集资等犯罪685件、1464人;严惩恶意欠薪行为,对18名被告人定罪处刑。①

(三)黑龙江省犯罪数据构成及统计分析(2021年)

2021年黑龙江省检察机关共办理各类案件118790件,同比上升20.5%,受理的审查逮捕、审查起诉案件同比分别上升14.25%和15.52%。其中批捕13420人,不批捕6376人,不批捕率32.2%;起诉33603人,不起诉5396人,不起诉率13.84%;诉前羁押率降低至41.8%。其中涉罪未成年人不批捕、不起诉率分别为47.71%和31.47%,高于全省平均水平15.5个和17.63个百分点。针对近年来刑事犯罪特点,黑龙江省检察机关将打击锋芒始终对准危害国家安全犯罪,涉外、涉邪教犯罪,涉枪涉爆、黄赌毒、盗抢骗等犯罪。全省检察机关全年重罪犯罪批捕1449人,起诉2389人;介入涉疫案件103件,批捕62人,起诉163人;批捕黑恶犯罪162人,起诉410人;严惩危害粮食安全犯罪,批捕95人,起诉459人;介入侦查盗采泥炭黑土案件20件,批捕42人,起诉43人;集中监督整治了一批破坏、污染黑土地和危害农业资金安全问题,立案1872件,移送违法违规、犯罪线索238件、323人;依法批捕破坏市场经济秩序犯罪1166人,起诉2786人;批捕金融犯罪473人,起诉1178人;坚持上游犯罪和洗钱犯罪同步审查,批捕18人,起诉24人;严惩生产销售伪劣商品、侵犯知识产权犯罪,起诉492人;严惩食药及医疗器械领域犯罪,批捕98人,起诉309人;严惩生态环境和资源保护领域犯罪,批捕372人,起诉1811人;针对涉企案件,不批捕非国有公司企业人员342人,不起诉330人,提出适用缓刑建议49人;持续开展涉民营企业刑事诉讼"挂案"专项清理,与省公安厅合力清理"挂案"78件;批捕侵害未成年人权益案件578件,起诉1103人;协调监察机关进一步规范监察执法与刑事司法衔接机制,提前介入职务犯罪案件299件,占受理案件数44.89%。依法审查起诉职务犯罪708人,其中副厅级以上28人、涉黑恶腐败和"保护伞"31人,挂牌督办影响国家惠民政策落实农村"两委"人员职务犯罪案件19件;对办案中发现的46件、49人党员涉嫌违犯党纪或者公职人员涉嫌职务违法、职务犯罪线索,及时移送纪检监察机关处理。依法审查认定正当防卫15人。监督公安机关立

---

① 载彩练新闻网,http://www.cailianxinwen.com/manage/homePage/getNewsDetail?newsid=309278,2022年5月23日最后访问。

案535件、撤案793件；对重大疑难复杂案件自行补充侦查3391件，占受理审查起诉案件的11.52%，同比增长65.5倍。提出、提请抗诉227件，同比上升24.73%。①

2021年黑龙江省人民法院收、结案均达到历史新高，首次突破百万大关，增量、增幅均居全国第二，收案106.9万件，比上年多收42.9万件，增长67%；结案103.5万件，比上年多结37.5万件，增长56.9%。其中，审结一审刑事案件2.6万件，判处罪犯3.6万人，同比分别上升20%、22.2%。审结间谍、暴力恐怖、邪教犯罪案件113件、160人；依法严惩危害社会治安犯罪，审结杀人、抢劫、强奸等严重暴力犯罪案件2885件、3391人；审结诈骗等多发性侵财犯罪案件5946件、8331人；严惩电信网络诈骗及上下游犯罪937件、3069人；常态化开展扫黑除恶斗争，审结涉黑恶及“保护伞”案件74件、248人，执行黑恶财产142.1亿元，到位率90.2%；审结诈骗、盗窃、妨害公务、寻衅滋事等涉疫犯罪243件、310人；审结环境资源案件2.5万件；依法严惩虚假诉讼犯罪33件、61人；审理于某、赵某、张某某等职务犯罪案件611件、803人，追缴职务犯罪赃款3.4亿元。②

三、华东地区犯罪数据统计及分析

华东地区总体犯罪数据相对稳定，横向对比来看，治安环境相对较好，社会管控和司法效率总体较高。同时，由于华东地区犯罪社会控制的投入相对较高一些，涉及信息技术的犯罪，如电信诈骗等犯罪的侦破率不断上升，整体的诉讼效率也在不断提升。

（一）上海市犯罪数据构成及统计分析（2019—2020年）③

2020年上海市公安机关刑事案件立案101579件，较2019年，同比下降34.08%。2020年上海市公安机关刑事立案数据按照案件类别和数量排名如下：第一，诈骗，立案52543件；第二，其他，立案29331件；第三，盗窃，立案17508件；第四，伤害，立案1544件；第五，强奸，立案461件；第六，杀人，立案120件；第七，抢劫，立案72件。（见图2-12）相较于2019年相关数据，除其他类案件数量同比上升145.76%，

---

① 数据来源：黑龙江省人民检察院工作报告，载龙剑网，http://www.hl.jcy.gov.cn/html/12382.html，2022年5月22日最后访问。

② 数据来源：黑龙江省人民法院工作报告，载东北网，https://heilongjiang.dbw.cn/system/2022/02/14/058824132.shtml，2022年5月22日最后访问。

③ 本部分数据除特别标注外，均来自上海市统计局：《上海统计年鉴2021》（中国统计出版社）。

呈明显上升趋势,其余各类案件数据均呈下降趋势,其中盗窃类案件立案数同比下降70%,有明显下降的趋势。

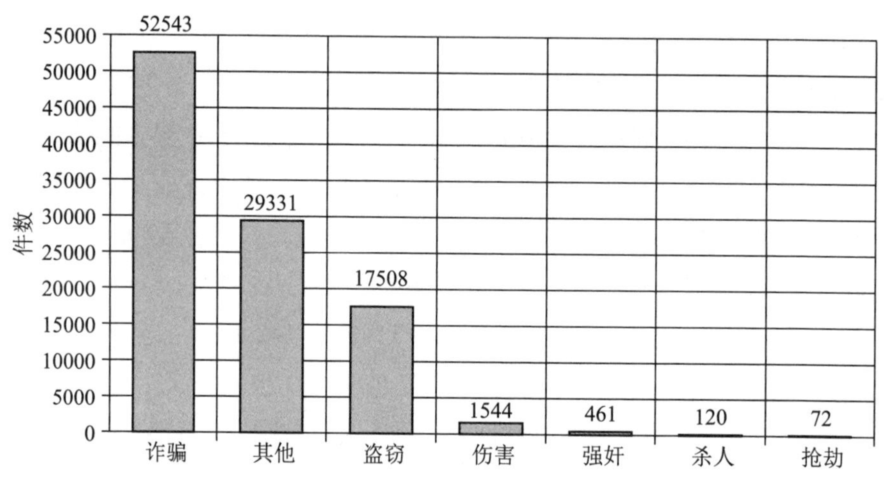

数据来源:《上海统计年鉴2021》。

图2-12　2020年上海市公安机关刑事立案数

2019年上海市公安机关查处治安案件350189件,2020年查处229059件,同比下降34.60%,上海市治安案件数据总体呈明显下降趋势,表明当地治安形势持续向好。

从图2-13可见,2020年上海市公安治安案件数据按照案件类别和数量排名如下:第一,诈骗、抢夺、敲诈勒索财物,查处77024件;第二,殴打他人,查处39670件;第三,赌博,查处12491件;第四,扰乱公共秩序,查处9520件;第五,卖淫、嫖娼,查处6727件;第六,寻衅滋事,查处1189件;第七,阻碍国家工作人员执行职务,查处708件;第八,伪造、变造、倒卖有价票证、凭证,查处106件。

2020年上海市人民检察院批准逮捕各类犯罪嫌疑人29334人,提起公诉42063人。持续严打电信网络诈骗犯罪,批准逮捕1521人,提起公诉2122人;对严重暴力犯罪批准逮捕587人,提起公诉617人;对破坏环境资源保护犯罪批准逮捕121人,提起公诉556人;起诉道路交通安全、生产安全等领域犯罪4898人。①

① 数据来源:2021年1月26日上海市人民检察院工作报告。

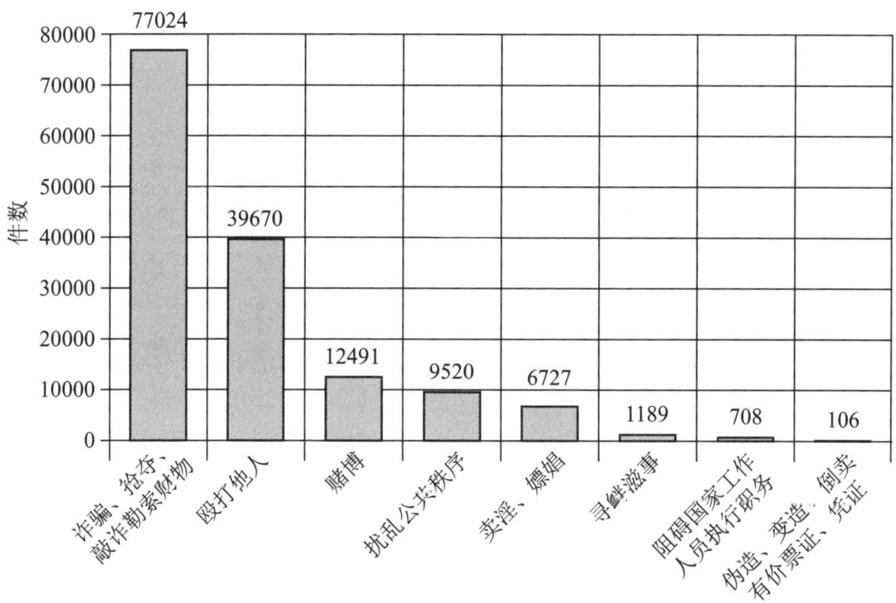

数据来源:《上海统计年鉴2021》。

图2-13　2020年上海市公安治安案件数据

2020年上海市人民法院一审刑事案件收案29358件,结案29185件。深入推进扫黑除恶专项斗争,涉黑涉恶犯罪案件513件、1961人,判处五年有期徒刑以上刑罚444人;依法审理杨浦区委政法委原书记卢某受贿、贪污、包庇、纵容黑社会性质组织案;依法审理涉疫案件,依法惩处妨害疫情防控罪入选全国法院典型案例。①

(二)江苏省犯罪数据构成及统计分析(2020年)②

2019年江苏省公安机关刑事案件立案358039件,2020年立案358672件,同比上升0.18%。2020年江苏省公安机关刑事案件立案数据按照案件类别和数量排名如下:第一,盗窃,立案165885件,占比46.25%;第二,诈骗,立案134647件,占比37.54%;第三,其他,立案49577件,占比13.82%;第四,伤害,立案3595件,占比1.00%;第五,强奸,立案1865件,占比0.52%;第六,毒品刑事犯罪,立案1749

① 数据来源:2021年1月26日上海市高级人民法院工作报告。

② 本部分数据除特别注明外,均来自江苏省统计局:《江苏统计年鉴2021》。

件,占比 0.49%;第七,信用卡诈骗,立案 455 件,占比 0.13%;第八,抢夺,立案 295 件,占比 0.08%;第九,抢劫,立案 289 件,占比 0.08%;第十,杀人,立案 269 件,占比 0.07%;第十一,伪造、变造货币,出售、购买、运输、持有、使用假币,立案 26 件,占比 0.01%;第十二,拐卖妇女、儿童,立案 18 件,占比 0.01%。第十三,走私,立案 2 件。(见图 2-14)相较于 2019 年相关数据,诈骗、强奸、其他类案件数量呈上升趋势,其中诈骗、强奸类案件同比分别上升 65.37%、18.26%,有明显上升趋势;而杀人、伤害、抢劫、拐卖妇女儿童,盗窃、伪造变造货币,出售、购买、运输、持有、使用假币,毒品刑事犯罪、抢夺、信用卡诈骗类案件数量呈下降趋势,其中信用卡诈骗类案件下降接近 60%,有明显下降趋势。

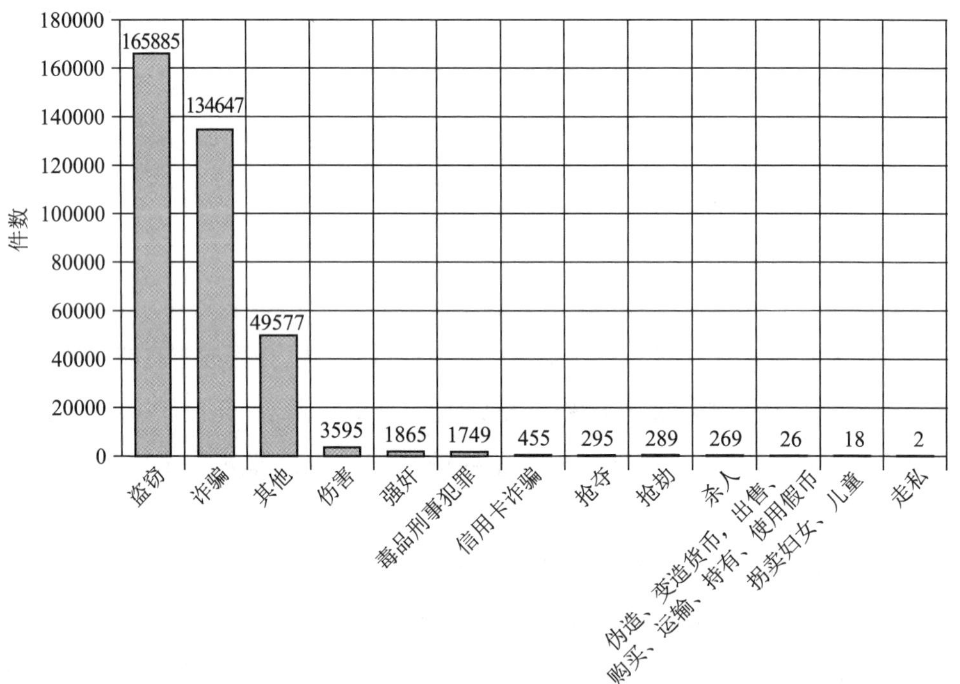

数据来源:《江苏统计年鉴 2021》。

图 2-14　2020 年江苏省公安机关刑事立案情况

2019 年江苏省公安机关治安案件受理 866616 起,查处 851408 起;2020 年受理 950640 起,查处 915757 起。江苏省治安案件呈逐年上升趋势,表明当地治安力度加大。

由图2-15可见，2020年江苏省公安治安案件数据按照案件类别和数量排名如下：第一，殴打他人，受理369467件，查处361838件；第二，其他，受理239062件，

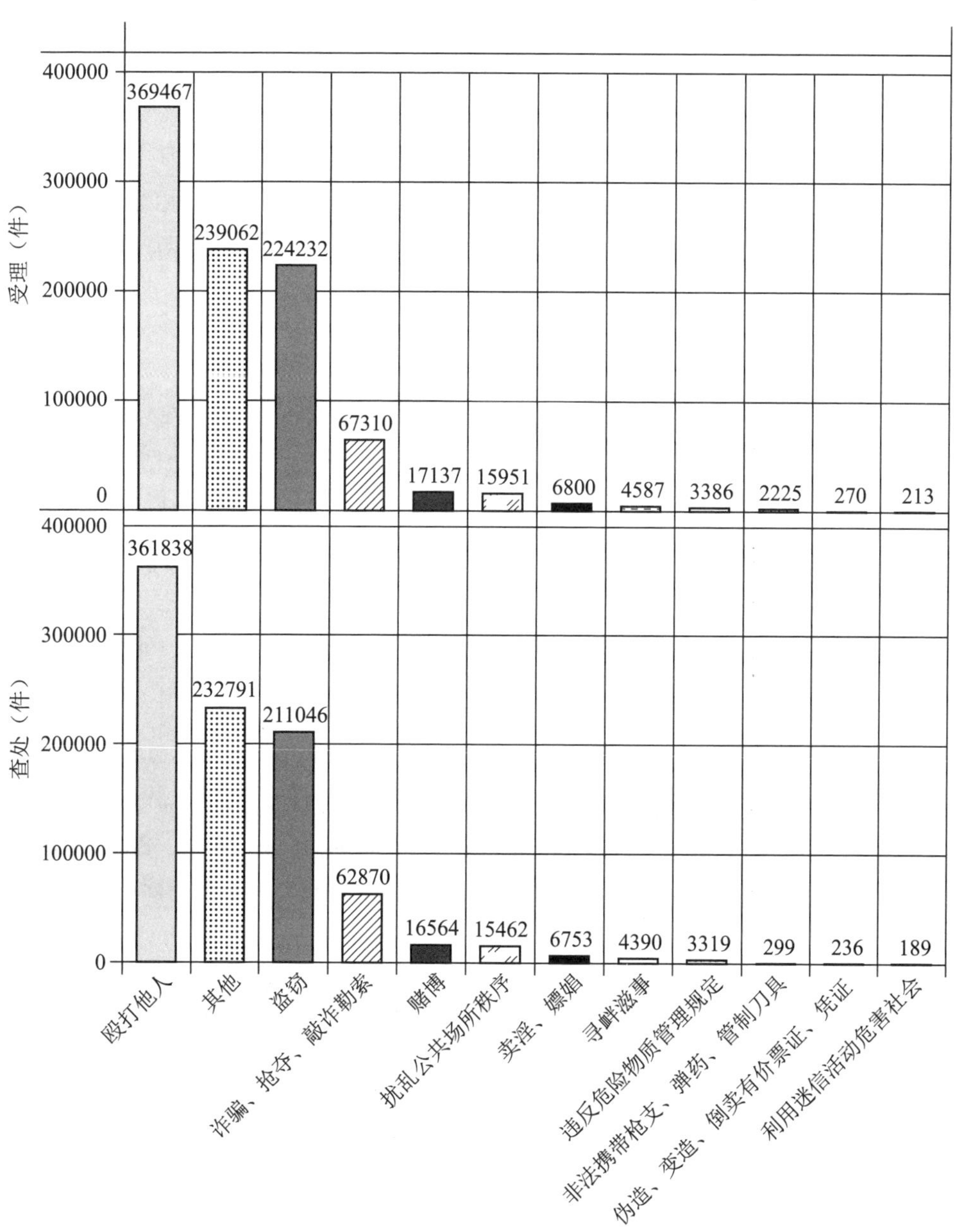

数据来源：《江苏统计年鉴2021》。

图2-15 2020年江苏省公安机关治安案件受理、查处情况

查处232791件;第三,盗窃,受理224232件,查处211046件;第四,诈骗、抢夺、敲诈勒索,受理67310件,查处62870件;第五,赌博,受理17137件,查处16564件;第六,扰乱公共场所秩序,受理15951件,查处15462件;第七,卖淫、嫖娼,受理6800件,查处6753件;第八,寻衅滋事,受理4587件,查处4390件;第九,违反危险物质管理规定,受理3386件,查处3319件;第十,非法携带枪支、弹药、管制刀具,受理2225件,查处299件;第十一,伪造、变造、倒卖有价票证、凭证,受理270件,查处236件;第十二,利用迷信活动危害社会,受理213件,查处189件。相较于2019年的数据,除扰乱公共场所秩序,寻衅滋事,非法携带枪支、弹药、管制刀具,盗窃、伪造、变造、倒卖有价票证、凭证等案件类型的数据呈现下降趋势,其余案件类型则呈现总体上升趋势。

2020年江苏省人民检察院批捕、起诉数据按照案件类别和数量排名如下:第一,侵犯财产,批捕11500人,起诉32939人;第二,妨害社会管理秩序,批捕8805人,起诉26406人;第三,侵犯公民人身、民主权利,批捕3865人,起诉8448人;第四,破坏社会主义市场经济秩序,批捕3132人,起诉12343人;第五,危害公共安全,批捕915人,起诉28681人;第六,贪污贿赂,批捕129人,起诉945人;第七,渎职,批捕12人,起诉79人;第八,危害国家安全,批捕8人,起诉6人;第九,危害国防利益,批捕8人,起诉11人。具体可见图2-16。相较于2019年相关数据,有一定波动,但总体依然为下降态势。

2018年江苏省人民法院刑事一审案件收案80328件,结案79139件;2019年收案81019件,结案80439件,同比分别上升0.86%、上升1.64%; 2020年收案77352件,结案77175件,同比分别下降4.52%、下降4.06%。江苏省刑事案件收案总体开始呈下降趋势,表明该地区整治有成效,社会治安持续好转。

2020年江苏省人民法院刑事一审案件数据按照案件类别和数量排名如下:第一,危害公共安全罪,收案27934件,结案27501件;第二,侵犯财产罪,收案23410件,结案23258件;第三,妨害社会管理秩序罪,收案13064件,收案13316件;第四,侵犯公民人身权利、民主权利罪,收案6823件,结案6931件;第五,破坏社会主义市场经济秩序罪,收案5256件,结案5295件;第六,贪污贿赂罪,收案775件,结案764件;第七,渎职罪,收案77件,结案97件;第八,其他罪,收案7件,结案7件。第九,危害国防利益罪,收案6件,结案6件。可见图2-17。

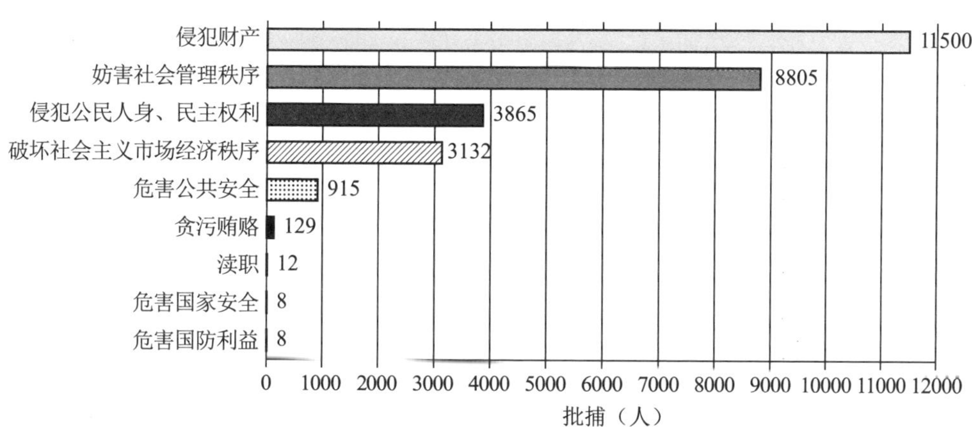

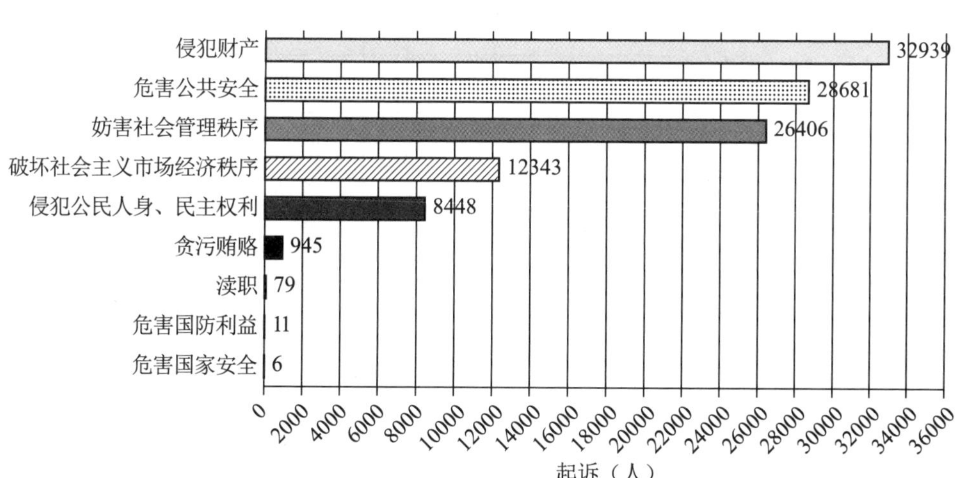

数据来源:《江苏统计年鉴 2021》。

图 2-16　2020 年江苏省人民检察院批捕、起诉情况

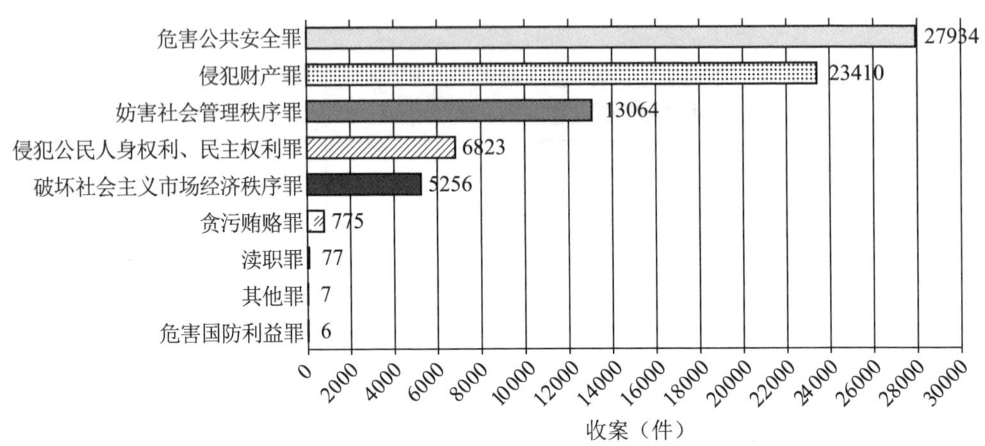

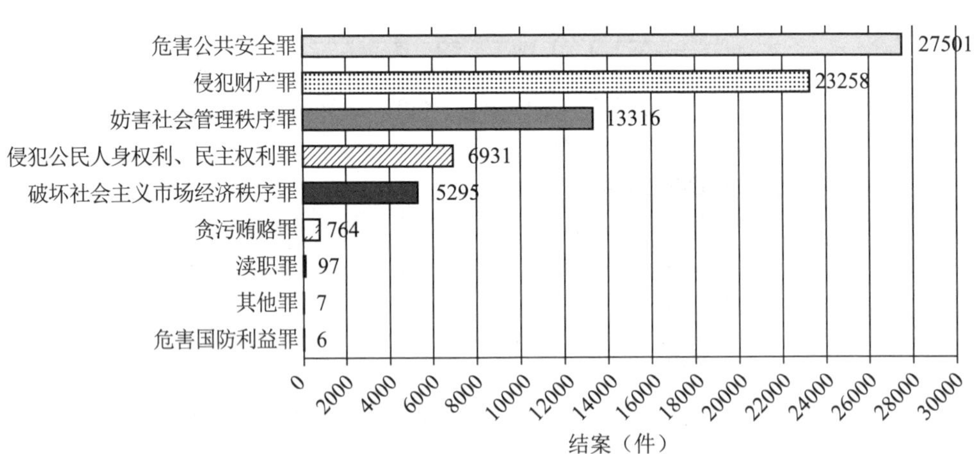

数据来源:《江苏统计年鉴 2021》。

图 2-17　2020 年江苏省人民法院一审刑事案件收结案情况

（三）浙江省犯罪数据构成及统计分析(2021 年)

2021 年浙江省检察机关批准逮捕各类刑事犯罪 34550 人，起诉 94507 人。坚持在法治轨道上常态化开展扫黑除恶斗争，起诉涉黑涉恶犯罪 1204 人、“保护伞”13 人，同比分别下降 77.1%、78.7%；追诉案发 10 年以上的命案 85 件；起诉涉疫情防控犯罪 241 人；防范化解经济金融风险，起诉破坏金融管理秩序、金融诈骗、电信网络诈骗等犯罪 7167 人；依法起诉侵犯商业秘密、商标权等知识产权犯罪 963 人。加强与监察机关办案衔接、配合制约，起诉监委移送职务犯罪 779 人，其中省部级 1 人，厅局级 17 人、县处级 51 人；持续关注群众“头顶”“脚下”“舌尖上”的安全，起诉高空抛物罪 30 人，办理安全生产领域公益诉讼案 546 件；办理公益诉讼案件 836 件，建立多跨协作机制 19 个；贯彻个人信息保护法，起诉侵犯公民个人信息罪 615 人，办理涉景区强制人脸识别认证等个人信息保护公益诉讼案 114 件；严惩性侵、虐待等侵害未成年人犯罪，起诉 2624 人；对未成年人涉嫌犯罪的，情节轻微、悔罪表现较好的依法不逮捕 974 人，不起诉 2136 人。①

2021 年浙江省各法院共新收案件 136.9 万件，办结 136.2 万件。审结一审刑事案件 6.2 万件，判处罪犯 9 万人；严惩严重暴力犯罪，审结杀人、抢劫、绑架等暴力犯罪案件 8688 件；审结黑恶案件 291 件，黑恶财产执行到位 14 亿元；依法严惩涉众型经济犯罪，审结 P2P、电信网络诈骗等案件 748 件，涉及金额 2274 亿元；始终保持惩治腐败高压态势，审结贪污、贿赂、渎职等职务犯罪案件 585 件，判处罪犯 685 人，其中原为厅局级 11 人、县处级 42 人；审结涉企案件 33.6 万件，审结破产案件 3282 件，化解金融不良债权 1255 亿元；加强涉外司法，审结涉外海商事案件 3099 件；审结各类知识产权案件 2.2 万件，加大对侵犯商业秘密等行为的刑事打击力度，对 11 人作出有罪判决，同比上升 57.1%，实刑率 72.7%；加强数据权利保护，审结涉数字经济案件 6796 件；依法合理认定平台企业与灵活就业人员劳动关系，审结相关案件 2600 余件。②

（四）安徽省犯罪数据构成及统计分析(2020 年)③

2019 年安徽省公安机关刑事案件立案 171886 件，2020 年立案 177519 件，同

① 数据来源：2022 年 1 月 19 日浙江省人民检察院工作报告。

② 数据来源：2022 年 1 月 19 日浙江省高级人民法院工作报告。

③ 本部分数据除特别注明外，均来自《安徽统计年鉴 2021》（中国统计出版社）。

比上升3.28%。由图2-18可见,2020年安徽省公安刑事案件立案数据按照案件类别和数量排名如下:第一,诈骗,立案72031件,占比40.58%;第二,盗窃,立案59050件,占比33.26%;第三,其他,立案42720件,占比24.07%;第四,伤害,立案2036件,占比1.15%;第五,强奸,立案1083件,占比0.61%;第六,杀人,立案261件,占比0.15%;第七,抢劫,立案163件,占0.09%;第八,拐卖人口,立案148件,占比0.08%;第九,伪造、变造货币,持有使用伪造货币,立案27件,占比0.02%。相较于2019年的数据,杀人、诈骗、其他类案件数量呈上升趋势,其中诈骗类案件同比上升51.49%,有明显上升趋势;而伤害、抢劫、强奸、拐卖人口,盗窃、伪造货币,出售、购买、运输假币类案件数量呈下降趋势,其中盗窃类案件下降30.25%,有明显下降趋势。

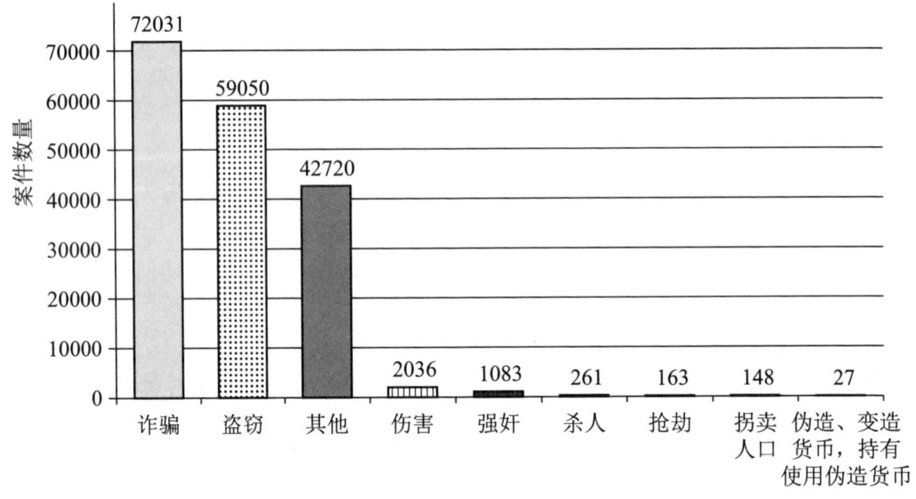

数据来源:《安徽统计年鉴2021》。

图2-18　2020年安徽省公安机关刑事立案情况

2019年安徽省公安机关治安案件受理565843件,查处548313件;2020年受理455330件,查处440438件。安徽省治安案件呈逐年下降趋势,表明当地治安状况逐年变好,当地居民的法治意识和安全意识也逐年提升。

由图2-19可见,2020年安徽省公安机关受理、查处治安案件类别和排名如下:第一,其他,受理187666件,查处183202件;第二,殴打他人,受理121488件,查处118923件;第三,盗窃,受理90032件,查处84160件;第四,诈骗、抢夺、敲诈勒索财物，受理 26602 件，查处 25045 件；第五，赌博，受理 15680 件，查处 15412 件；第六，卖淫、嫖娼，受理 3933 件，查处 3890 件；第七，寻衅滋事，受理 3437 件，查处 3385 件；第八，违反危险物质管理规定，受理 2424 件，查处 2402 件；第九，扰乱单位、公共场所秩序，受理 2181 件，查处 2141 件；第十，阻碍执行职务，受理 1535 件，查处 1523 件；第十一，非法携带枪支、弹药、管制刀具，受理 284 件，查

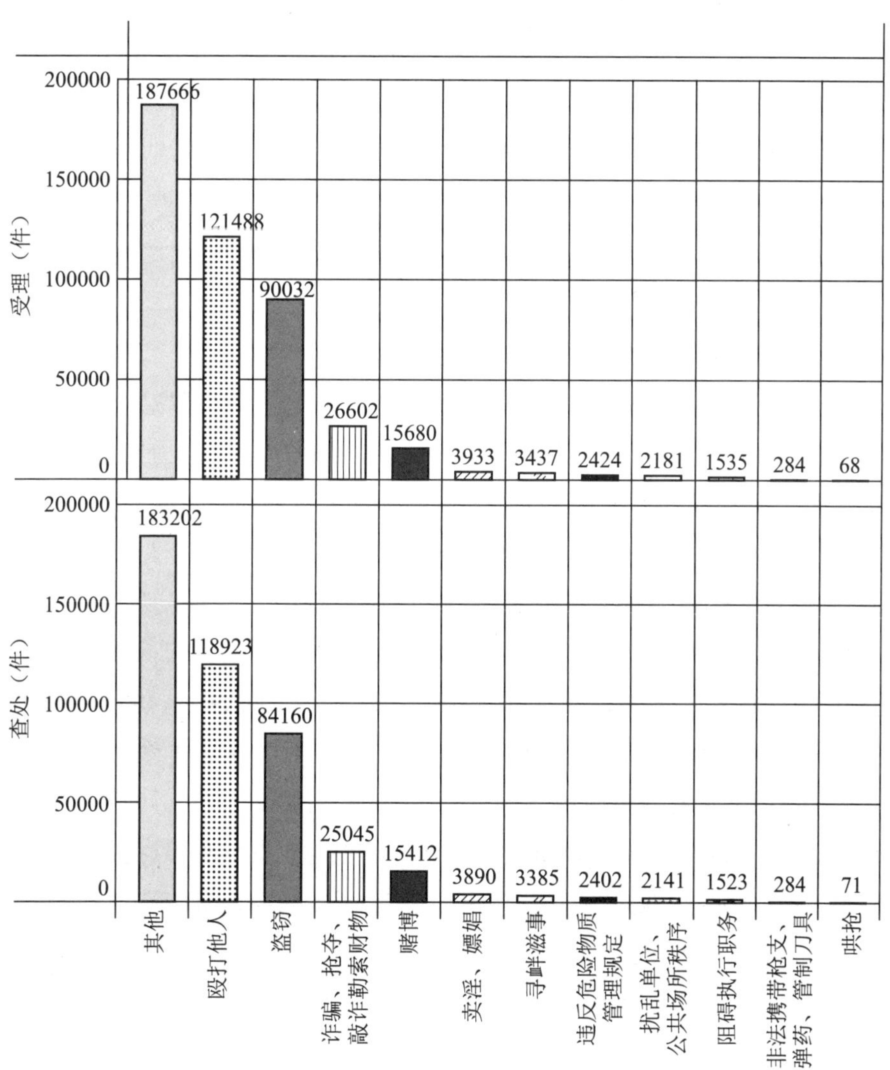

数据来源：《安徽统计年鉴 2021》。

图 2-19　2020 年安徽省公安治安案件受理、查处情况

处 284 件;第十二,哄抢,受理 68 件,查处 71 件。相较于 2019 年的相关数据,诈骗、抢夺、敲诈勒索财物、哄抢、赌博类案件的受理、查处数量有所上升,其中诈骗、抢夺、敲诈勒索财务类受理案件上升 52.00%,有明显上升趋势,而其余案件数量均有所下降。

2020 年安徽省人民法院一审刑事案件收案 43430 件,结案 41777 件,案件数据按照案件类别和数量排名如下:第一,危害公共安全罪,收案 16135 件,结案 16129 件;第二,侵犯财产罪,收案 9576 件,结案 9207 件;第三,妨碍社会管理秩序罪,收案 8833 件,结案 8386 件;第四,侵犯公民人身权利、民主权利罪,收案 5689 件,结案 5451 件;第五,破坏社会主义市场经济秩序罪,收案 2380 件,结案 2050 件;第六,贪污贿赂罪,收案 559 件,结案 489 件;第七,渎职罪,收案 66 件,结案 57 件;第八,危害国防利益罪,收案 6 件,结案 5 件;第九,其他,收案 6 件,结案 3 件。可见图 2-20。

(五)福建省犯罪数据构成及统计分析(2021 年)

2021 年福建省人民法院一审审结刑事案件 5.19 万件,判处罪犯 7.36 万人。审结毒品犯罪案件 1012 件;审结危害国家安全、公共安全、严重暴力等犯罪 4.84 万件;审结贪污、贿赂等职务犯罪案件 295 件,其中被告人原为省部级干部 1 人、省管干部 8 人;生效判决中,被判处五年以上有期徒刑直至死刑 5495 人,判处缓刑、管制等非监禁刑 2.5 万人;坚决守好公正底线,依法宣告 11 名被告人无罪。①

2021 年福建省检查机关批准逮捕各类刑事犯罪 35045 人,起诉 71500 人。常态化推进扫黑除恶斗争,提前介入涉黑涉恶犯罪案件 112 件,批捕 496 人,起诉 839 人;严惩危害生产安全犯罪,批捕 99 人,起诉 221 人;对各级监委移送的职务犯罪案件,决定逮捕 175 人,起诉 299 人,办理省管干部案件 12 人;起诉网络赌博、网络“套路贷”等利用网络实施犯罪 15505 人;严惩侵害企业权益犯罪,批捕 711 人,起诉 2035 人;持续推行“五并”海洋检察保护新模式,批捕盗采海砂等犯罪 83 人,起诉 281 人;持续做优刑事检察工作,始终把住案件质量这个根本,对不构成犯罪或证据不足的决定不批捕 5218 人,不起诉 960 人。②

---

① 数据来源:2022 年 1 月 23 日福建省高级人民法院工作报告。

② 数据来源:2022 年 1 月 23 日福建省人民检察院工作报告。

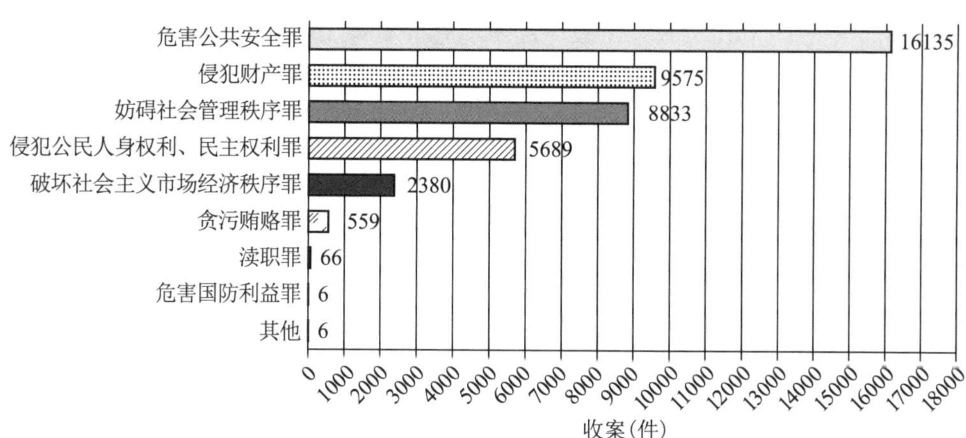

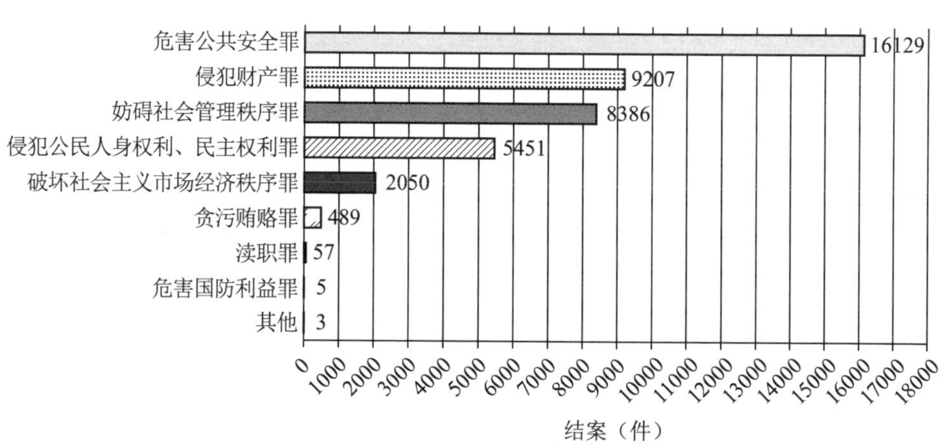

数据来源:《安徽统计年鉴 2021》。

图 2-20　2020 年安徽省法院一审刑事案件收结案情况

(六)江西省犯罪数据构成及统计分析(2021年)

2021年江西省人民检察院共批准逮捕各类刑事犯罪嫌疑人28832人、起诉50389人,同比分别上升7.00%、7.60%。严厉打击敌对势力颠覆渗透破坏活动,起诉危害国家安全、利用邪教组织破坏法律实施等案件198人;起诉妨害疫情防控、扰医伤医等犯罪184人;常态化开展扫黑除恶斗争,起诉黑恶犯罪849人、起诉黑恶势力"保护伞"21人;起诉故意杀人、抢劫等严重暴力犯罪3757人;起诉电信网络诈骗、帮助信息网络犯罪活动等犯罪8270人;起诉破坏金融管理秩序、金融诈骗等犯罪1202人;起诉危害企业生产经营犯罪645人,起诉破坏市场经济秩序犯罪3429人,起诉侵犯知识产权犯罪349人;起诉破坏生态环境资源犯罪2131人;办理生态环境和资源保护领域公益诉讼案件2268件;严厉打击"村霸"和宗族恶势力,起诉寻衅滋事、敲诈勒索、强迫交易、制售假冒伪劣农资等犯罪179人;严格耕地保护,起诉非法占用农用地犯罪146人;起诉拒不支付农民工劳动报酬犯罪39人,支持农民工起诉讨薪555件;加强农村生态环境保护,办理公益诉讼案件943件。受理各级监察委员会移送贪污贿赂等职务犯罪337人,决定逮捕210人、已起诉268人,其中起诉厅级干部10人,县处级干部39人;起诉盗抢骗、黄赌毒等多发性犯罪17814人;起诉高空抛物、妨害安全驾驶等新型犯罪243人;起诉生产、销售不安全食品以及假药、劣药等犯罪186人,办理食品药品领域公益诉讼案件1183件;对涉罪未成年人坚持教育为主、惩罚为辅,批准逮捕869人、起诉1003人,不批捕1784人、不起诉640人,附条件不起诉1246人,未成年人重新犯罪率3.7%。①

2021年江西省人民法院审结刑事案件54273件。其中,审结电信网络诈骗及关联犯罪3617件;审结杀人、绑架、抢劫、毒品等严重危害社会治安犯罪案件6748件;审结毒品犯罪案件4688件;审结非法集资等涉众型金融犯罪活动案件346件;审结网络赌博、网络传销、侵犯公民个人信息等犯罪2760件;审结职务犯罪案件267件。②

(七)山东省犯罪数据构成及统计分析(2020—2021年)③

2021年山东省人民检察院批捕各类刑事犯罪29004人,起诉103402人,同比

① 数据来源:2022年1月18日江西省人民检察院工作报告。
② 数据来源:2022年1月18日江西省高级人民法院工作报告。
③ 本部分数据来源除特别注明外,均来自山东省统计局:《山东统计年鉴2021》(中国统计出版社)。

分别上升 36.86%和 26.47%。积极参与安全生产专项整治三年行动,起诉安全生产领域犯罪 279 人;提前介入涉黑恶犯罪案件 525 件、批捕 224 人、起诉 1075 人;起诉侵犯知识产权犯罪 260 件、581 人,为权利人挽回经济损失 2578 万元;提前介入涉企刑事案件 135 件,办理涉企监督案件 140 件,依法惩处严重犯罪企业 227 家;坚持少捕慎诉慎押,对涉嫌犯罪的非公经济人士依法不捕 621 人、不诉 1355 人,不捕率 42.65%、不诉率 24.95%,分别高于刑事犯罪总体 7 个、6.2 个百分点。起诉黄河流域破坏环境资源等犯罪 1210 人,办理相关公益诉讼案件 244 件。

由图 2-21 可见,2020 年山东省人民法院一审刑事案件收案 64527 件,同比下降 26.1%; 2020 年山东省法院一审刑事案件结案 66864 件,同比下降 25.1%; 2020 年山东省人民法院二审刑事案件收案 6004 件,同比下降 20.8%; 2020 年山东省人民法院二审刑事案件结案 6261 件,同比下降 18.0%; 2020 年山东省人民法院再审刑事案件收案 279 件,同比下降 2.1%; 2020 年山东省人民法院再审刑事案件结案 303 件,同比上升 1.3%。2021 年山东省人民法院一审刑事案件收案 80119 件,同比上升 24.16%; 2021 年山东省人民法院一审刑事案件结案 78421 件,同比上升 17.28%; 2021 年山东省人民法院二审刑事案件收案 7105 件,同比上升 18.34%; 2021 年山东省人民法院二审刑事案件结案 6888 件,同比上升 10.01%; 2021 年山

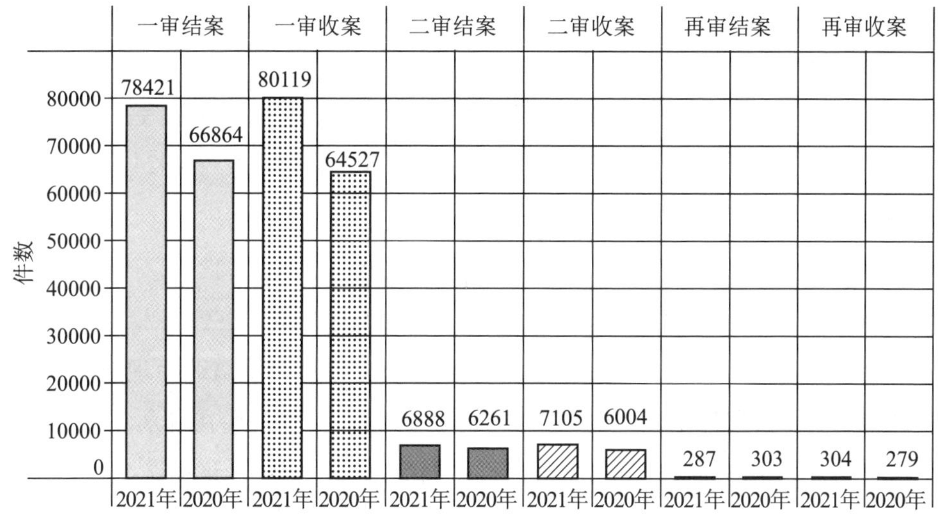

数据来源:《山东统计年鉴 2021》。

图 2-21　2020—2021 年山东省人民法院刑事案件办理情况

东省人民法院再审刑事案件收案 304 件,同比上升 8.96%;2021 年山东省人民法院再审刑事案件结案 287 件,同比下降 5.28%。

四、华南地区犯罪数据统计及分析

2020—2021 年广东省、广西省、海南省三省的犯罪数据均较 2019 年有所下降,可见 2019 年的集中整治行动对华南地区的治安状况有积极作用。横向对比来看,作为经济发展水平较高的地区,华南地区的侵犯财产类和扰乱市场秩序类犯罪的发案率处于较高水平,暴力类犯罪则相对较少。此外,在扫黑除恶的背景下,华南地区的涉黑涉恶犯罪数量有所增加。

(一) 广东省犯罪数据构成及统计分析(2021 年)①

2021 年,广东省人民法院审结刑事一审案件 12.2 万件,判处罪犯 15.9 万人。在犯罪判处方面,广东省人民法院严惩李某利危害国家安全犯罪,开展国家安全教育,筑牢政权安全、制度安全防线;严厉打击暴力恐怖、涉枪涉爆等危害公共安全犯罪;审结张某平等拐卖、伤害、虐待、性侵妇女儿童犯罪案件 7124 件;审结丁某花等制假售假、危害食品药品安全犯罪案件 2189 件;审结“云联惠”等金融犯罪案件 1171 件,坚决维护人民群众生命财产安全;严打漏网“村霸”“街霸”,审结涉黑恶案件 427 件、2887 人、涉“保护伞”案件 35 件、117 人,严惩林某泉等黑恶犯罪团伙,涉黑案件重刑率为 58.2%,涉黑恶财产执行到位 140.2 亿元;审结毒品犯罪案件 4302 件,同比下降 46.9%,巩固禁毒斗争成果;联合省检察院、省公安厅出台办理电信网络诈骗犯罪案件工作指引,审结刘某亮等电信网络诈骗犯罪案件 4924 件、跨境赌博犯罪案件 410 件,深入推进“全民反诈”。

在惩治腐败犯罪上,广东省人民法院坚持“打虎”“拍蝇”“猎狐”一体推进,审结贪污、贿赂、渎职犯罪案件 906 件、1165 人,判处原厅局级以上公职人员 37 人;审结许某凡等“红通”人员犯罪案件,扩大国际追逃追赃和跨境腐败治理成效;审结贪污扶贫资金、农资补贴等“蝇贪”案件 78 件、116 人,严惩发生在群众身边的腐败犯罪;贯彻宽严相济刑事政策。严格执行罪刑法定、疑罪从无、证据裁判,对 59 名

① 载广东法院网,http://www.gdcourts.gov.cn/index.php?v=show&cid=86&id=56544, 2022 年 6 月 7 日最后访问。

被告人依法宣告无罪;适用认罪认罚从宽制度审结刑事案件10.5万件,对3.9万名罪行较轻的被告人判处缓刑、管制或免予刑事处罚。积极开展判后社区矫正和回访帮教,未成年人犯罪案件同比下降13.3%。

2021年,广东省人民检察院批准逮捕各类刑事犯罪99029人、提起公诉160955人,罪名主要涉及五个方面。其一,在严重暴力犯罪上,起诉杀人、抢劫、绑架等危害人民群众生命财产安全重大刑事犯罪9949人,批捕涉黑恶犯罪823人、起诉1617人,起诉涉黑恶“保护伞”28人。其二,在破坏金融管理秩序等犯罪上,强化追赃挽损等工作,起诉1881人,对洗钱犯罪的七类上游犯罪案件加大同步审查力度,严惩“自洗钱”犯罪,起诉149人,占全国总数的八分之一。其三,在涉疫犯罪及侵犯公民个人信息犯罪上,立足职能为常态化疫情防控提供法治保障,起诉涉疫犯罪981人,坚决打击制售假药劣药、有毒有害食品等犯罪,起诉305人;积极参与“全民反诈”“断卡”专项行动,起诉电信网络诈骗、侵犯公民个人信息等犯罪4951人。其四,在未成年犯罪上,强化未成年人检察工作,认真执行《未成年人保护法》和《预防未成年人犯罪法》,落实侵害未成年人案件强制报告、性侵未成年人违法犯罪从业禁止、教职工入职查询等制度;批捕侵害未成年人犯罪5737人、起诉6453人;对涉嫌轻微犯罪并有悔罪表现的未成年人不批捕3404人、不起诉1801人。其五,在职务犯罪案件上,加强监检衔接,完善检察机关对职务犯罪案件提前介入、证据审查等工作机制;对监察机关移送审查的职务犯罪案件决定逮捕503人、起诉1173人;依法行使侦查权,立案侦查司法工作人员利用职权实施侵犯公民权利、损害司法公正犯罪167人。①

(二)广西壮族自治区犯罪数据构成及统计分析(2021年)

2021年,广西壮族自治区人民法院审结刑事案件42926件,判处罪犯63450人,着重表现在四类犯罪审判工作上。其一,在审判严重危害社会治安类犯罪上。审结杀人、抢劫、强奸等严重暴力犯罪案件2103件,涉黑涉恶案件152件、703人,财产刑及追缴、没收违法所得执行到位15.33亿元,是2018—2020年3年总额的4.48倍,审结毒品犯罪案件5019件,审结电信网络诈骗、集资诈骗、传销等涉众型

---

① 载广东省人民检察院网,http://www.gd.jcy.gov.cn/tjbg/jcbg/202202/t20220208_3547339.shtml,2022年6月7日最后访问。

经济犯罪案件1431件。其二,在审判涉疫犯罪上。依法维护防疫秩序,严厉打击“带疫偷渡”、妨害疫情防控等违法犯罪,审结相关案件761件、2153人,严惩“蛇头”和偷运者64人,对林某等23人妨害国(边)境管理罪案当庭公开宣判,积极配合开展“国门利剑”行动,依法严惩走私犯罪,审结案件252件、611人。其三,在惩处腐败犯罪上。审结贪污贿赂、渎职等罪案430件、487人,其中原为省部级1人,厅局级9人,县处级33人,判处追缴、罚没财产3.25亿元。其四,在侵犯公民个人信息犯罪上。加强个人信息安全保护,依法审结侵犯公民个人信息犯罪案件166件。

广西壮族自治区人民检察院在2021年批准逮捕各类犯罪嫌疑人44882人、起诉64414人,较2020年增长11.9%、23%。依法起诉妨害国(边)境管理和疫情防控犯罪2613人,上升110.4%;依法起诉涉黑涉恶犯罪669人、“保护伞”11人;严厉打击故意杀人、抢劫等严重暴力犯罪,起诉2939人;依法打击盗抢骗等多发性侵财犯罪,起诉12689人;从严惩治黄赌毒犯罪,起诉12381人;积极参与“断卡”专项行动,依法严厉打击电信网络诈骗及关联犯罪,起诉7623人;依法打击制售有毒有害食品和假药劣药等犯罪,起诉72人;依法从严打击性侵、虐待未成年人和拐卖儿童等犯罪3440人,对罪行较轻并有悔改表现的涉罪未成年人重在教育、帮扶、转化,附条件不起诉973人;依法起诉危害国防利益、侵害军人军属合法权益等犯罪37人;起诉伤医扰医犯罪6人;办理拒不支付劳动报酬刑事案件35件;起诉侵害老年人合法权益犯罪974人;依法严惩侵害妇女权益犯罪,起诉1371人。

(三)海南省犯罪数据构成及统计分析(2020年)①

2019年海南省公安机关刑事案件立案31159起,2020年立案29351起,同比下降5.8%。2020年海南省公安机关刑事案件立案数据按照案件类别和数量排名如下:第一,盗窃,立案12178件,占比41.5%;第二,诈骗,立案10137件,占比34.5%;第三,其他,立案5719件,占比19.5%;第四,伤害,立案671件,占比2.3%;第五,抢劫,立案322件,占比1.1%;第六,强奸,立案280件,占比1.0%;第七,杀人,立案41件,占比0.1%;第八,拐卖妇女、儿童,立案2件;第九,伪造货币,出售、购买、运输假币,立案1件。相较于2019年相关数据,诈骗、强奸类案件数量呈上升趋势,其中诈骗类案件同比上升23.1%,有明显上升趋势;而盗窃、杀人、伤害、抢

① 本部分数据除特别注明外,均来自海南省统计局:《海南统计年鉴2021》(中国统计出版社)。

劫类案件数量呈下降趋势，其中盗窃类案件下降 11.51%，有明显下降趋势。2019—2020 年海南省公安机关刑事案件立案对比情况见图 2-22。

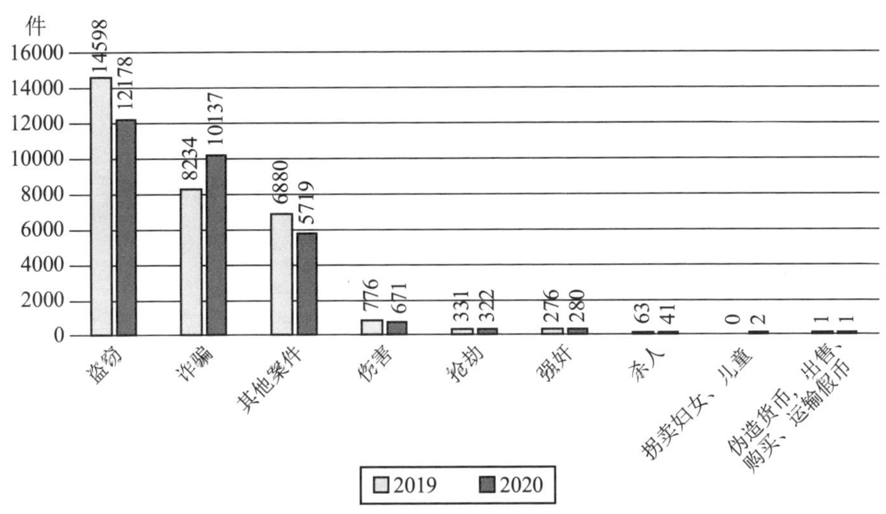

图 2-22　2019—2020 年海南省公安机关刑事案件立案对比情况

2019 年海南省公安机关治安案件共受理 46832 件，查处 45254 件，2020 年受理 42993 件，查处 40201 件；同比分别下降 8.20%、11.17%。由图 2-23 可知，2020 年海南省公安机关治安案件受理查处数据按案件类别和数量排名如下：第一，盗窃，受理 13850 件，查处 12470 件；第二，其他，受理 11336 件，查处 10821 件；第三，殴打他人，受理 9274 件，查处 8789 件；第四，赌博或为赌博提供条件，受理 3171 件，查处 3169 件；第五，诈骗、抢夺、敲诈勒索，受理 2072 件，查处 1738 件；第六，扰乱公共秩序，受理 1799 件，查处 1729 件；第七，卖淫、嫖娼，受理 849 件，查处 848 件；第八，寻衅滋事，受理 833 件，查处 818 件；第九，阻碍执行职务，受理 264 件，查处 264 件；第十，非法携带枪支弹药管制刀具，受理 161 件，查处 161 件；第十一，违反危险物质管理规定，受理 141 件，查处 141 件；第十二，伪造变造倒卖有价票证、凭证，受理 68 件，查处 68 件；第十三，哄抢，受理 8 件，查处 3 件。相较于 2019 年相关数据，除盗窃、诈骗、抢夺、敲诈勒索，卖淫、嫖娼类案件的受理、查处数量呈上升趋势以外，其余类型案件受理、查处数量均呈下降趋势，其中盗窃与诈骗、抢夺、敲诈勒索类案件同比分别上升 23.21%、13.41%，有明显上升的趋势。

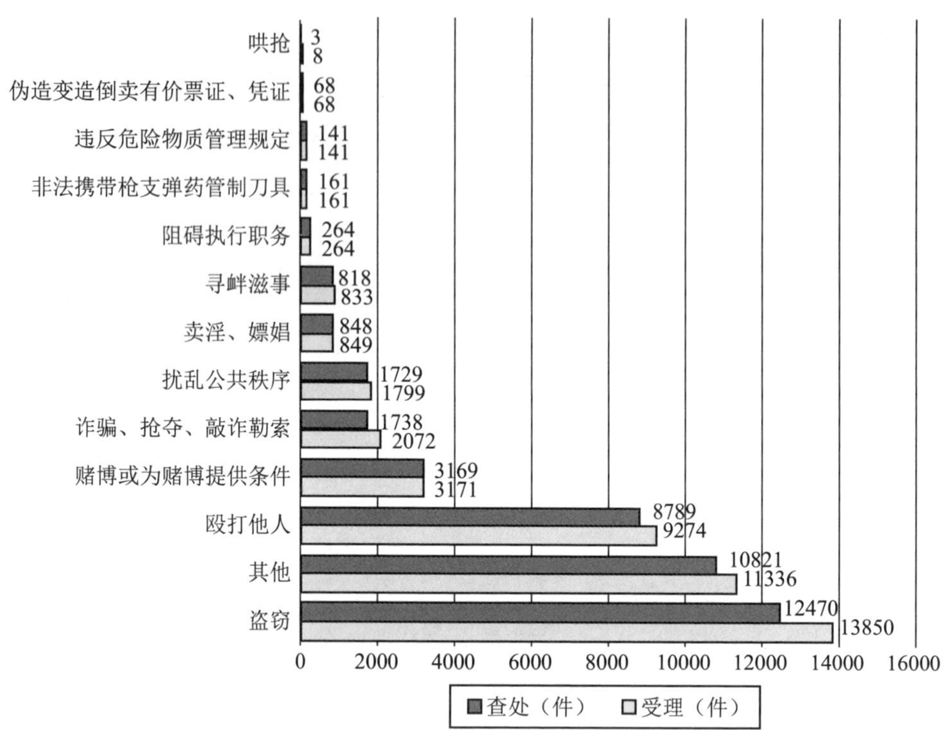

图 2-23 2020 年海南省公安治安案件受理、查处情况

2020 年海南省人民法院一审刑事案件收案 8586 件,结案 8569 件,判决 8380 件。2020 年海南省人民法院一审刑事案件数据根据案件类别和数量排名如下:第一,妨害社会管理秩序罪,收案 2400 件,结案 2417 件,判决 2354 件;第二,侵犯财产罪,收案 2388 件,结案 2375 件,判决 2346 件;第三,危害公共安全罪,收案 1919 件,结案 1920 件,判决 1918 件;第四,侵犯公民人身权利、民主权利罪,收案 1298 件,结案 1281 件,判决 1232 件;第五,破坏社会主义市场经济秩序罪,收案 395 件,结案 386 件,判决 355 件;第六,贪污贿赂罪,收案 151 件,结案 152 件,判决 141 件;第七,渎职罪,收案 27 件,结案 30 件,判决 26 件;第八,危害国防利益罪,收案 2 件,结案 2 件,判决 2 件;第九,危害国家安全罪,收案 2 件,结案 2 件,判决 2 件。具体数据可见图 2-24,相较于 2019 年相关数据,除侵犯公民人身权利、民主权利类案件数据呈下降趋势外,其余类型案件数量都呈上升趋势。

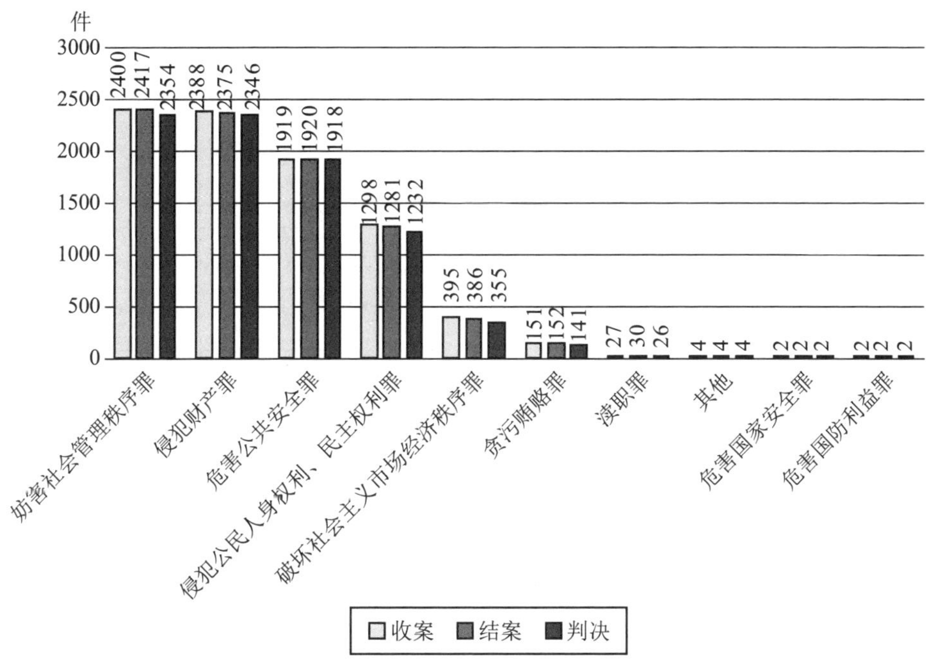

图 2-24　2020 年海南省法院一审刑事收结判案情况

2020 年海南省人民法院判处犯罪人数共 11986 人，其中青少年罪犯 2652 人，包含不满 18 岁青少年罪犯 406 人，18 岁至 25 岁青少年罪犯 2246 人，青少年罪犯在刑事罪犯中占比 22.1%，较 2019 年下降 1.5%。2016—2019 年海南省青少年罪犯数据如下：2016 年海南省人民法院审理刑事案件罪犯 9258 人，其中青少年罪犯 1726 人，青少年罪犯占比 18.6%；2017 年审理刑事案件罪犯 12914 人，其中青少年罪犯 2603 人，青少年罪犯占比 20.2%；2018 年审理刑事案件罪犯 9926 人，其中青少年罪犯 2398 人，青少年罪犯占比 24.2%；2019 年审理刑事案件罪犯 11363 人，其中青少年罪犯 2678 人，青少年罪犯占比 23.6%。2016—2020 年海南省青少年罪犯占比趋势见图 2-25。

五、华中地区犯罪数据统计及分析

由于 2019 年全国对违法犯罪行为的打击保持高压态势，2019 年华中地区犯罪数据有所回升，2020—2021 年，华中地区总体犯罪数据呈现下降趋势，整体犯罪数据回归到与 2018 年相近的水平，刑事案件中除诈骗类犯罪外，绝大多数类型的犯

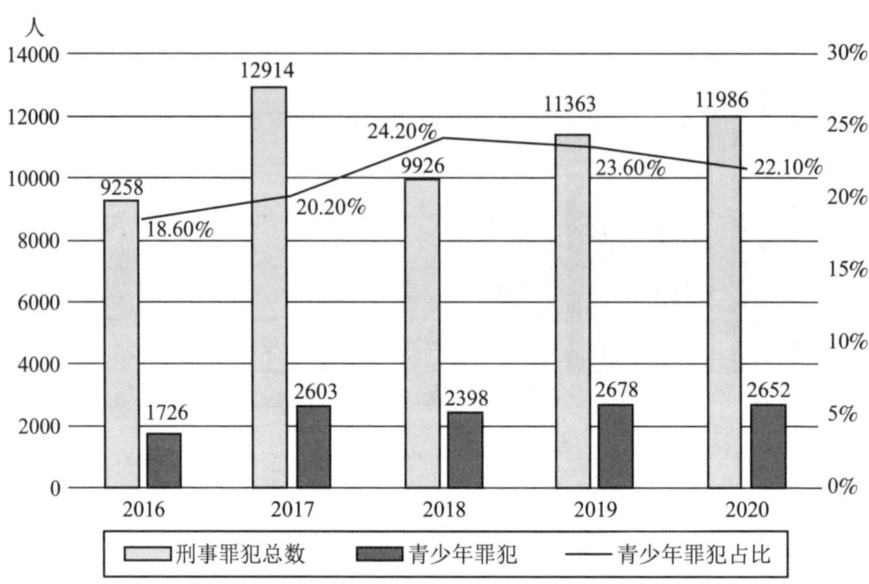

图 2-25　2016—2020 年海南省青少年罪犯占比趋势

罪都呈现下降趋势,可见华中地区犯罪治理水平在不断提高。华中地区贪污贿赂类案件在犯罪数量减少的前提下保持较高的破案率,说明华中地区在公职人员犯罪方面打击力度大。

(一) 河南省犯罪数据构成及统计分析(2020 年)①

2020 年河南省公安机关刑事立案 344080 件,较 2019 年下降 9.51%。2020 年河南省公安机关刑事立案情况按犯罪类别和占比排名如下:第一,盗窃案件 133887 起,占比 38.91%;第二,诈骗案件 122452 起,占比 35.59%;第三,伤害案件 6630 起,占比 1.93%;第四,强奸案件 2689 起,占比 0.78%;第五,抢劫案件 551 起,占比 0.16%;第六,杀人案件 523 起,占比 0.15%;第七,拐卖妇女、儿童案件 151 起,占比 0.04%;第八,伪造、变造货币,出售、购买、运输、持有、使用假币 66 起,占比 0.02%;第九,走私案件 5 起,占比 0.001%。总体而言,2020 年案件构成比例与 2019 年大致保持一致,盗窃案件占比降幅与诈骗案件占比增幅均十分明显。具体表现为,2019 年盗窃案件占比较 2018 年下降 8.3%, 2020 年盗窃案件占比在 2019 年基础上下降 12.9%; 2019 年诈骗案件占比较 2018 年上升 5.0%, 2020 年诈骗案件占比

① 载河南省统计局网:http://oss.henan.gov.cn/sbgt-wztipt/attachment/hntjj/hntj/lib/tjnj/2021nj/zk/indexch.htm, 2022 年 6 月 7 日最后访问。

在2019年基础上上升10%。从两类犯罪案件数量上可以明显看出，传统的盗窃案件在刑事案件中仍占据主导性份额，但新型诈骗犯罪的增长速度快，有赶超盗窃犯罪案件数量的趋势。2020年河南省公安机关刑事立案构成如图2-26所示。

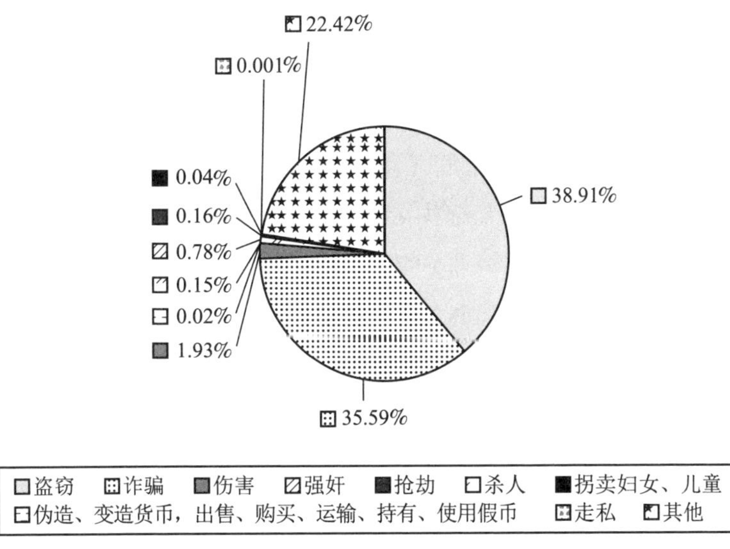

图2-26　2020年河南省公安刑事立案构成

2020年河南省公安机关共受理治安案件403290起，查处370386起，每万人口受理案件40.59起。其中，扰乱单位秩序案件受理2610起，查处2500起，每万人口受理案件0.26起；扰乱公共场所秩序案件受理1131起，查处1092起，每万人口受理案件0.11起；寻衅滋事案件受理7422起，查处7020起，每万人口受理案件0.75起；阻碍执行公务案件受理1921起，查处1837起，每万人口受理案件0.19起；非法携带枪支、弹药、管制刀具案件受理263起，查处240起，每万人口受理案件0.03起；违反危险物质管理规定案件受理5005起，查处4861起，每万人口受理案件0.50起；殴打他人案件受理109228起，查处98998起，每万人口受理案件10.99起；故意伤害案件受理11571起，查处10838起，每万人口受理案件1.16起；盗窃案件受理105032起，查处94830起，每万人口受理案件10.57起；敲诈勒索案件受理1336起，查处1220起，每万人口受理案件0.13起；抢夺案件受理159起，查处147起，每万人口受理案件0.02起；伪造、变造、倒卖有价票证、凭证案件受理87起，查处73起，每万人口受理案件0.01起；违反旅游业管理案件受理1969起，查处1856起，每万人口受理案件0.20起；违反房屋出租管理案件受理1687起，查处1614起，每万人口受理案件 0.17 起;诈骗案件受理 19707 起,查处 16915 起,每万人口受理案件 1.98 起;卖淫、嫖娼案件受理 2733 起,查处 2708 起,每万人口受理案件 0.28 起;赌博或为赌博提供条件案件受理 10032 起,查处 9841 起,每万人口受理案件 1.01 起;毒品违法活动案件受理 6506 起,查处 6378 起,每万人口受理案件 0.65 起;其他案件受理 114891 起,查处 107418 起,每万人口受理案件 11.56 起。

2020 年河南省人民检察院批捕和决定逮捕刑事案件 40177 件、60712 人,决定起诉 82606 件、119055 人。其中,危害公共安全案,批捕和决定逮捕 2843 件、3039 人,决定起诉 28755 件、29317 人;破坏社会主义市场经济秩序案,批捕和决定逮捕 3370 件、5543 人,决定起诉 5284 件、9465 人;侵犯公民人身、民主权利案,批捕和决定逮捕 7262 件、8651 人,决定起诉 10001 件、12589 人;侵犯财产案,批捕和决定逮捕 13831 件、19645 人,决定起诉 19951 件、30462 人;妨害社会管理秩序案,批捕和决定逮捕 12743 件、23676 人,决定起诉 18049 件、36469 人;贪污贿赂案,批捕和决定逮捕 75 件、86 人,决定起诉 427 件、539 人;渎职侵权案,批捕和决定逮捕 39 件、47 人,决定起诉 114 件、151 人。2020 年河南省人民检察院批捕和决定逮捕、决定起诉人数如图 2-27 所示。

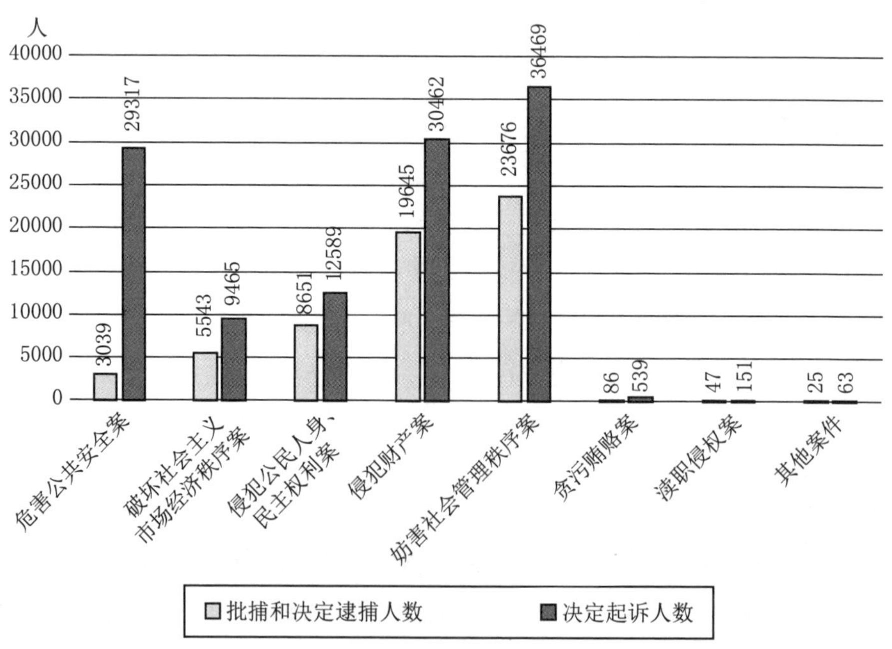

图 2-27　2020 年河南省人民检察院批捕和决定逮捕、决定起诉人数

2020年河南省人民法院审理刑事一审案件共收案82560件，较2019年降低14.9%，结案84204件，较2019年增长12.4%。2020年河南省人民法院刑事一审案件收结案情况按照刑法犯罪类别和数量排名如下：第一，危害公共安全罪，收案28379件，结案28551件；第二，侵犯财产罪，收案20401件，结案20903件；第三，妨害社会管理秩序罪，收案17630件，结案18121件；第四，侵犯公民人身权利、民主权利罪，收案10056件，结案10258件；第五，破坏社会主义市场经济秩序罪，收案5354件，结案5551件；第六，贪污贿赂罪，收案447件，结案526件；第七，渎职罪，收案126件，结案126件；第八，危害国防利益罪，收案36件，结案38件。相较于2019年，除破坏社会主义市场经济秩序罪与危害国防利益罪外，其余犯罪案件数均有所下降，下降趋势最为明显的两类案件分别是，贪污贿赂罪案件与危害公共安全罪案件，前者收案数量较上年下降39%，后者收案数量较上年下降25%。

（二）湖北省犯罪数据构成及统计分析（2020年）①

2020年湖北省人民法院审理刑事一审案件收案40325件，较2019年下降17.20%，结案40244件。2020年湖北省人民法院刑事一审案件收案结案情况按照刑法犯罪类别和数量排名如下：第一，危害公共安全罪，收案16360件，结案16318件；第二，妨害社会管理秩序罪，收案9238件，结案9294件；第三，侵犯财产罪，收案7348件，结案7299件；第四，侵害公民人身权利、民主权利罪，收案5046件，结案4965件；第五，破坏社会主义市场经济秩序罪，收案1582件，结案1575件；第六，贪污贿赂罪，收案601件，结案636件；第七，渎职罪，收案124件，结案132件；第八，危害国防利益罪，收案25件，结案24件。相较于2019年，湖北省各类犯罪案件数均有所下降，妨害社会管理秩序罪案件收案数量较上年下降30%，侵犯财产罪案件收案数量较上年下降29%。2020年湖北省人民法院审理一审刑事案件收结案情况如图2-28所示。

2020年湖北省人民检察院受理批捕案件21267件，受理批捕人数30954人，其中批准逮捕24936人，不批准逮捕人数5900人，受理审查起诉案件47062件，受理审查起诉人数64196人，其中起诉人数54557人，不起诉人数6380人。

---

① 载湖北省统计局网，http://tjj.hubei.gov.cn/tjsj/sjkscx/tjnj/qstjnj/，2022年6月7日最后访问。

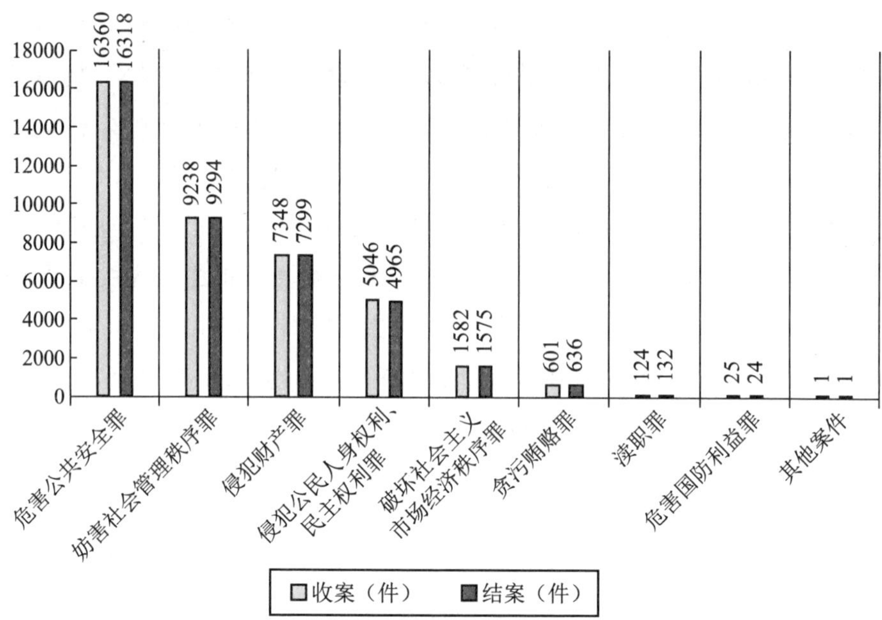

图 2-28　2020 年湖北省一审刑事案件收结案情况

2020 年湖北省刑事犯罪总数为 55275 件,其中青少年犯罪共 6143 件,占比 11.1%,较 2019 年下降 0.9%,不满 18 周岁青少年犯罪共 649 件,占比 10.56%,已满 18 周岁不满 25 周岁青少年犯罪共 5494 件,占比 89.44%。2019 年、2020 年湖北省青少年罪犯构成情况如图 2-29 所示。

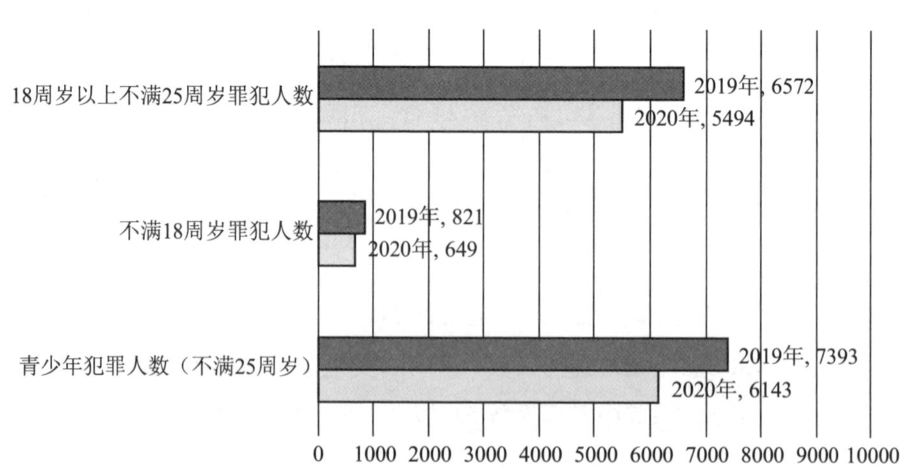

图 2-29　2019—2020 年湖北省青少年犯罪人数构成情况

2020 年湖北省刑事案件立案总数为 192201 件，较 2019 年下降 3.29%，较 2017 年下降 17.75%。2017—2020 年湖北省刑事案件总数呈递减状态分布且递减趋势不断放缓，案件数量递减状况下，湖北省刑事案件整体破案率即将下降至 25%，2020 年刑事案件破案率为 25.8%，较 2019 年下降 7.4%，较 2017 年下降 10%，可见伴随简单刑事案件数量的减少，疑难案件逐步成为侦查机关工作的重中之重。2017—2020 年湖北省刑事案件发、破案情况如图 2-30 所示。

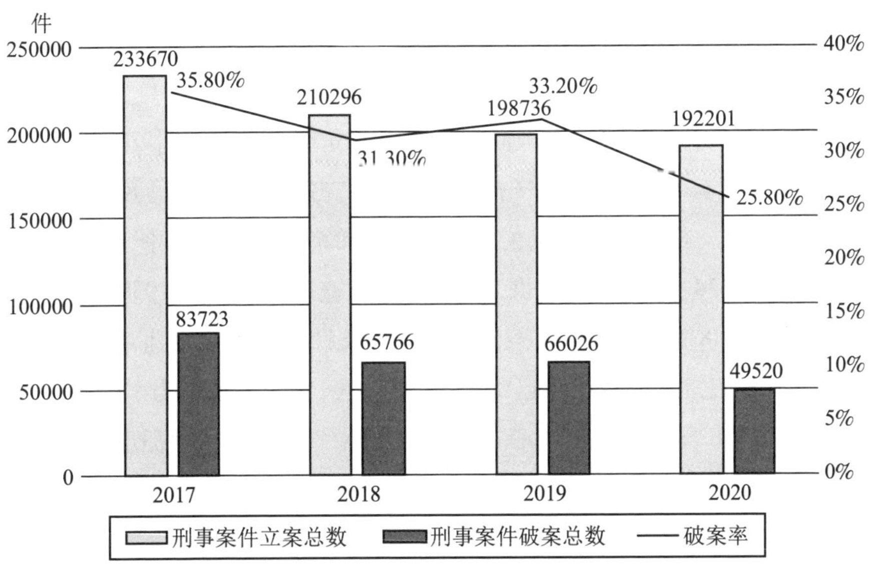

图 2-30　2017—2020 年湖北省刑事案件发、破案情况

(三) 湖南省犯罪数据构成及统计分析(2021 年)①

2021 年，湖南省检察机关共批准和决定逮捕各类犯罪嫌疑人 56127 人，同比上升 42.82%；不捕 18113 人，同比上升 82.85%，不捕率 24.4%，同比增加 4.27 个百分点。审结时起诉 89312 人，同比上升 26.9%；不起诉 17656 人，同比上升 17.3%；附条件不起诉 1260 人，同比上升 75%，不起诉率为 17.48%，同比减少 0.83 个百分点。从起诉罪名来看，排在第一位的是帮助信息网络犯罪活动罪 13129 人，同比上升 1686.3%；排在第二位的是危险驾驶罪 11103 人，同比上升 42.8%；排在第三位的是

① 载湖南省人民检察院网：https://www.hn.jcy.gov.cn/xwfb/qwfb/zt/202201/1486520606642929664.html，2022 年 6 月 7 日最后访问。

盗窃罪 10532 人,同比下降 3.5%;排在第四位的是走私、贩卖、运输、制造毒品罪 8390 人,同比上升 27.6%;排在第五位的是开设赌场罪 4718 人,同比上升 67%。从新罪名上看,《刑法修正案(十一)》新增的 17 个罪名中,已提起公诉 348 人。其中人数最多的罪名是袭警罪 285 人,其次为妨害安全驾驶罪 18 人、危险作业罪 18 人。

2021 年,湖南省检察机关已办理的审查起诉案件中,适用认罪认罚从宽制度审结 94784 人,占同期审查起诉案件审结人数的 89.62%。在适用认罪认罚从宽制度案件中,检察机关共提出量刑建议 65605 人,其中确定刑量刑建议 61209 人,占提出总数的 93.3%,同比增加 28.91 个百分点,对检察机关提出的量刑建议,法院采纳 63585 人,占同期提出量刑建议数的 96.92%,同比增加 3.84 个百分点。

2021 年,湖南省检察机关受理监督公安机关立案(撤案)合计 2089 件,同比上升 9.72%,监督后公安机关已立案(撤案)1812 件,占受理监督数的 86.74%,同比增加 3.44 个百分点。湖南省检察机关在审查逮捕和审查起诉环节中,纠正公安机关遗漏提请逮捕 1434 人,纠正公安机关遗漏移送审查起诉同案犯 1939 人,同比分别上升 15.09%、26.81%。2021 年,湖南省检察机关针对侦查活动违法行为,提出纠正 3996 件次,同比上升 57.08%,已纠正 3966 件次,监督采纳率为 99.25%,同比增加 7.03 个百分点。在刑事抗诉方面,2021 年,湖南省检察机关共提出刑事抗诉 334 件,同比下降 15.23%。法院同期审结 269 件,其中改判和发回重审 171 件,改变率 63.57%,同比增加 0.89 个百分点。与此同时,在纠正刑事审判活动违法情况上,湖南省检察机关针对刑事审判活动中违法行为,提出纠正 803 件次,同比上升 40.14%,同期审判机关已纠正 805 件次,占提出纠正数的 100.25%,同比增加 5.31 个百分点。

在司法工作人员犯罪方面上,2021 年,湖南省检察机关共立案侦查司法工作人员相关职务犯罪 127 人,同比上升 119%。其中县处级以上干部要案 5 人。侦查终结移送审查起诉 92 人,同比上升 109.09%。立案侦查的司法人员相关职务犯罪案件中,涉及罪名较多的有:徇私枉法罪 58 人,滥用职权罪 20 人,刑讯逼供罪 13 人,玩忽职守罪 11 人,徇私舞弊减刑、假释、暂予监外执行罪 11 人,五罪合计占 88.98%。

在未成年犯罪方面上,2021 年,湖南省检察机关共批准逮捕未成年犯罪嫌疑人 2113 人,同比上升 29%,不捕 1434 人,不捕率为 40.43%,同比增加 6.53 个百分点,高于总体刑事犯罪不捕率 16.03 个百分点。同期,批准逮捕侵害未成年人犯罪

2601人,同比上升18.5%。湖南省检察机关共对未成年犯罪嫌疑人决定起诉2402人,同比上升3.36%,不起诉894人,不起诉率27.12%,同比增加8.41个百分点,高于总体刑事犯罪不诉率10.15个百分点。审结时,作出附条件不起诉决定1259人,同比上升75.8%,占审结数的21.3%,同比增加7.15个百分点。同期,起诉侵害未成年人犯罪3314人,同比上升4.6%。

在涉黑涉恶犯罪方面上,2021年,湖南省检察机关在扫黑除恶工作上共批准和决定逮捕448人,同比下降67.11%;决定起诉1055人,同比下降77.4%。同期对黑恶势力"保护伞"逮捕9人,起诉46人。湖南省检察机关对影响非公经济发展的刑事犯罪逮捕395人,同比下降13.19%,起诉640人,同比下降43.16%;对影响非公经济发展的民事生效裁判提出抗诉5件,同比下降37.5%,提出再审检察建议3件,同比下降91.18%。

六、西南地区犯罪数据统计及分析

从2019—2021年的数据来看,西南地区的犯罪数据总体较为稳定,2020年因为疫情犯罪总数呈一定的下降趋势,但在2021年各省、直辖市、自治区都有不同程度的回升。

(一)重庆犯罪数据构成及统计分析(2019—2021年)①

2019年重庆市公安机关立案的刑事案件立案数131226起,2020年重庆市公安机关立案的刑事案件立案数145971起,同比上升11.24%。2019年重庆市公安机关刑事破案率34.42%, 2020年重庆市公安机关刑事破案率38.74%。

2020年重庆市检察机关批准、决定逮捕的案件10547件、13920人。按照犯罪类别和数量排名如下:第一,侵犯财产案,批准、决定逮捕4663件、5949人;第二,妨害社会管理秩序案,批准、决定逮捕4380件、6073人;第三,侵犯公民人身、民主权利案,批准、决定逮捕1067件、1201人;第四,破坏社会主义市场经济秩序案,批准、决定逮捕291件、541人;第五,危害公共安全案,批准、决定逮捕109件、114人;第六,贪污贿赂案,批准、决定逮捕31件、36人;第七,渎职案,批准、决定逮捕4件、4人;第八,危害国防利益案,批准、决定逮捕2件、2人。如图2-31所示。

① 除特别标注外,数据来源均为重庆市统计局:《重庆统计年鉴2021》。

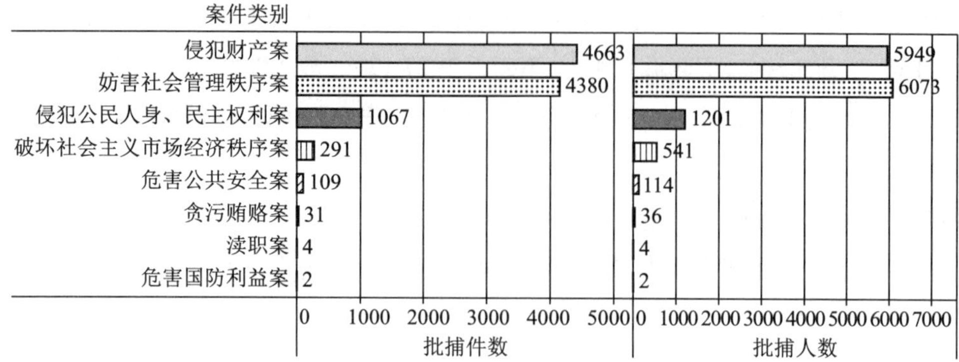

数据来源:《重庆统计年鉴 2021》。

图 2-31　重庆市 2020 年检察机关批捕情况

2020 年重庆市检察机关决定起诉的案件 23596 件,决定起诉犯罪嫌疑人 32580 人。按照犯罪类别和数量排名如下:第一,侵犯财产案,决定起诉 8080 件、12068 人;第二,妨害社会管理秩序案,决定起诉 7505 件、11648 人;第三,危害公共安全案,决定起诉 5415 件、5497 人;第四,侵犯公民人身、民主权利案,决定起诉 1610 件、1951 人;第五,破坏社会主义市场经济秩序案,决定起诉 625 件、1226 人;第六,贪污贿赂案,决定起诉 139 件、164 人;第七,渎职案,决定起诉 11 件、11 人;第八,危害国防利益案,决定起诉 10 件、10 人;第九,危害国家安全案,决定起诉 1 件、5 人。如图 2-32 所示。

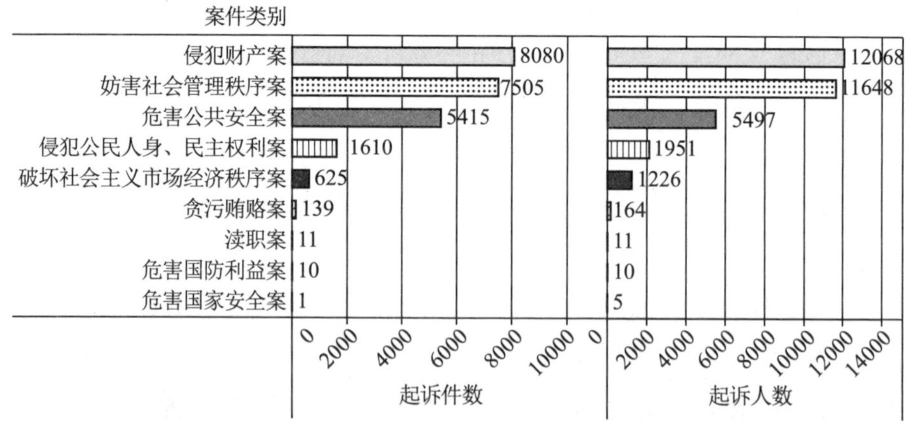

数据来源:《重庆统计年鉴 2021》。

图 2-32　重庆市 2020 年检察机关决定起诉情况

2019年重庆市人民法院刑事一审案件收案26290件，结案25058件。2020年重庆市人民法院刑事一审案件收案25443件，结案24230件。收案数同比下降3.22%，结案数同比下降3.30%。如图2-33所示，2020年重庆市人民法院刑事一审案件收结案情况按照具体犯罪类型和数量排名如下：第一，侵犯财产罪，收案9041件，结案8606件；第二，妨害社会管理秩序罪，收案7951件，结案7612件；第三，危害公共安全罪，收案5513件，结案5480件；第四，侵犯公民人身权利、民主权利罪，收案1867件，结案1693件；第五，破坏社会主义市场经济秩序罪，收案841件，结案661件；第六，贪

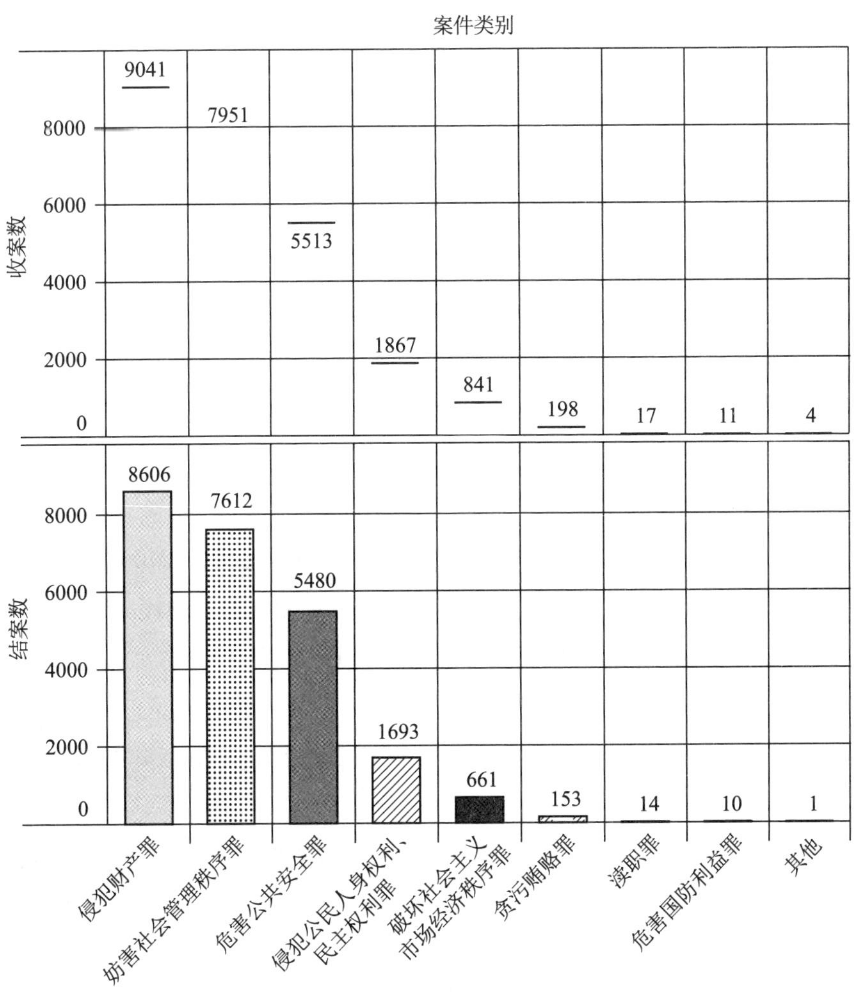

数据来源：《重庆统计年鉴2021》。

图2-33　重庆市2020年人民法院刑事一审收结案情况

污贿赂罪,收案198件,结案153件;第七,渎职罪,收案17件,结案14件;第八,危害国防利益罪,收案11件,结案10件;第九,其他案件,收案4件,结案1件。

2021年重庆市检察机关共批捕各类犯罪嫌疑人17629人,提起公诉34878人,提出刑事抗诉91件。其中,起诉涉疫犯罪24人;起诉侵害各类市场主体合法权益犯罪1441人,对犯罪情节轻微的市场主体负责人依法不批捕343人、不起诉602人;起诉破坏环境资源犯罪906人;起诉侵犯知识产权罪155人,同比上升26%;起诉涉黑涉恶犯罪69人;起诉故意杀人、抢劫等严重暴力犯罪1198人;起诉诈骗、盗窃等侵财犯罪8524人;起诉涉枪、涉爆等危害公共安全犯罪6670人;起诉电信网络诈骗犯罪1724人;起诉袭警、伤医犯罪208人。受理监委移送审查起诉职务犯罪238件、296人,退回补充侦查5人,自行补充侦查28件次,起诉292人。对不构成犯罪和事实不清、证据不足的不批捕、不起诉3290人,纠正漏捕漏诉1022人,自行补充侦查3364件;严厉打击侵害未成年人的犯罪,起诉性侵、诈骗、故意杀害未成年人等犯罪920人;起诉危害食品药品安全犯罪74人。①

2021年重庆市人民法院受理案件132.1万件,结案115.9万件,同比分别增长30.5%和24.7%。审结一审刑事案件2.5万件,判处罪犯3.5万人,同比分别增长4.17%和2.94%。严惩杀人、绑架、抢劫等严重暴力犯罪882件、1047人;严惩高空抛物、危害食品药品安全、非法集资等侵害群众切身利益犯罪177件、306人;严惩职务犯罪181件、241人,其中厅局级6人、县处级28人;依法严惩袭警犯罪184件、192人。审结涉黑恶案件17件、60人;审结电信网络诈骗及关联犯罪2106件、4902人;审结环境资源案件1367件;审结各类知识产权案件2.5万件,涉案金额10.5亿元。②

(二)四川省犯罪数据构成及统计分析(2019—2020年)③

2019年四川省治安案件发现418651起,2020年治安案件受理354543起,同比下降15.31%。2019年四川省治安案件查处296215起,2020年治安案件查处224471起,同比下降24.22%。

2020年四川省公安机关受理治安案件共354543件,查处治安案件224471件。如图2-34所示,2020年四川省公安机关将受理查处治安案件情况分为四个类别:

① 载重庆人大网,http://www.ccpc.cq.cn/article?id=308555, 2022年5月21日最后访问。
② 同上。
③ 除特别标注外,数据来源均为四川省统计局:《四川统计年鉴2020》。

第一类，扰乱公共秩序类案件，共受理11278件，查处9530件，其中包括扰乱单位秩序、扰乱公共场所秩序、扰乱公共交通工具秩序、妨碍交通工具正常行驶、扰乱大型群众性活动秩序五种情形。扰乱单位秩序，受理1673件，查处1405件；扰乱公共场所秩序，受理2270件，查处2088件；扰乱公共交通工具秩序，受理43件，查处42件；妨碍交通工具正常行驶，受理145件，查处119件；扰乱大型群众性活动秩序，受理4件，查处4件。第二类，妨害公共安全类案件，共受理3855件，查处3180件，其中包括违反危险物质管理规定非法携带枪支、弹药、管制刀和盗窃、损毁公共设施两种情形。违反危险物质管理规定非法携带枪支、弹药、管制刀，受理1586件，查处1365件；盗窃、损毁公共设施，受理522件，查处286件。第三类，侵犯他人人身权利、财产权利类案件，共受理251289件，查处131484件，其中包括强迫他人劳动、发送信息干扰正常生活、殴打他人、盗窃以及侮辱、诽谤、诬告陷害五种情形。强迫他人劳动，受理5件，查处4件；发送信息干扰正常生活，受理133件，查处88件；殴打他人，受理51419件，查处37513件；盗窃，受理100381件，查处35670件；侮辱、诽谤、诬告陷害，受理818件，查处468件。第四类，妨害社会管理类案件，共受理88121件，查处80277件，其中包括阻碍执行职务、违反旅馆业管理、毒品违法活动，以及卖淫、嫖娼四种情形。阻碍执行职务，受理2522件，查处

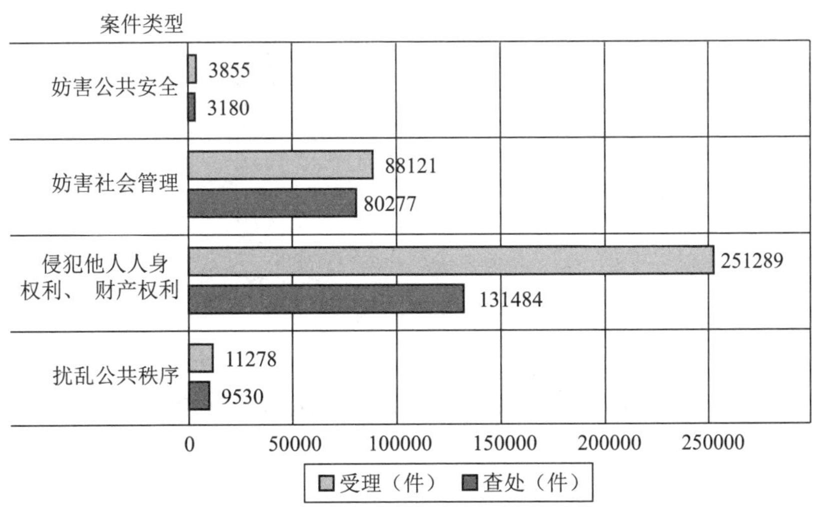

数据来源：《四川统计年鉴2021》。

图2-34　四川省2020年公安机关受理查处治安案件情况

2333 件;违反旅馆业管理,受理 2049 件,查处 1981 件;毒品违法活动,受理 38952 件,查处 37784 件;卖淫、嫖娼,受理 3978 件,查处 3986 件。

2019 年四川省检察机关批准、决定逮捕 30893 件、43147 人,2020 年批准、决定逮捕 21088 件、31616 人,同比分别下降 31.74%、26.72%。2019 年四川省检察机关决定起诉 51119 件、72274 人,2020 年决定起诉 42052 件、64322 人,同比分别下降 17.74%、11.00%。

2020 年四川省检察机关批准、决定逮捕的案件 21088 件,批准、决定逮捕犯罪嫌疑人 31616 人。2020 年四川省检察机关决定起诉的案件 42052 件,决定起诉犯罪嫌疑人 64322 人。批捕、决定逮捕的案件按照犯罪类别和数量排名如下:第一,侵犯财产案,批准、决定逮捕 8530 件、12062 人;第二,妨害社会管理秩序案,批准、决定逮捕 7427 件、12815 人;第三,侵犯公民人身、民主权利案,批准、决定逮捕 3269 件、4006 人;第四,破坏社会主义市场经济秩序案,批准、决定逮捕 853 件、1598 人;第五,危害国家安全、公共安全案,批准、决定逮捕 832 件、915 人;第六,贪污贿赂案,批准、决定逮捕 114 件、127 人;第七,渎职侵权案,批准、决定逮捕 12 件、13 人;第八,危害国防利益案,批准、决定逮捕 5 件、5 人。如图 2-35 所示。

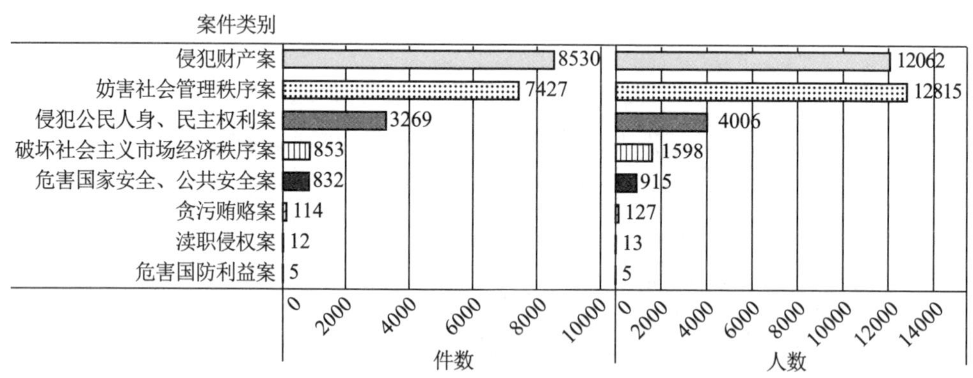

数据来源:《四川统计年鉴 2021》。

图 2-35 四川省 2020 年检察机关批捕、决定逮捕

2020 年四川省公安、安全、监狱机关提请的案件决定起诉 41310 件、63412 人,按照犯罪类别和数量排名如下:第一,侵犯财产案,决定起诉 11733 件、17637 人;第二,危害国家安全、公共安全案,决定起诉 11584 件、11922 人;第三,妨害社会管理秩序案,决定起诉11391件、23461人;第四,侵犯公民人身、民主权利案,决定起诉4622件、6038人;第五,破坏社会主义市场经济秩序案,决定起诉1973件、4347人;第六,危害国防利益案,决定起诉7件、7人。如图2-36所示。

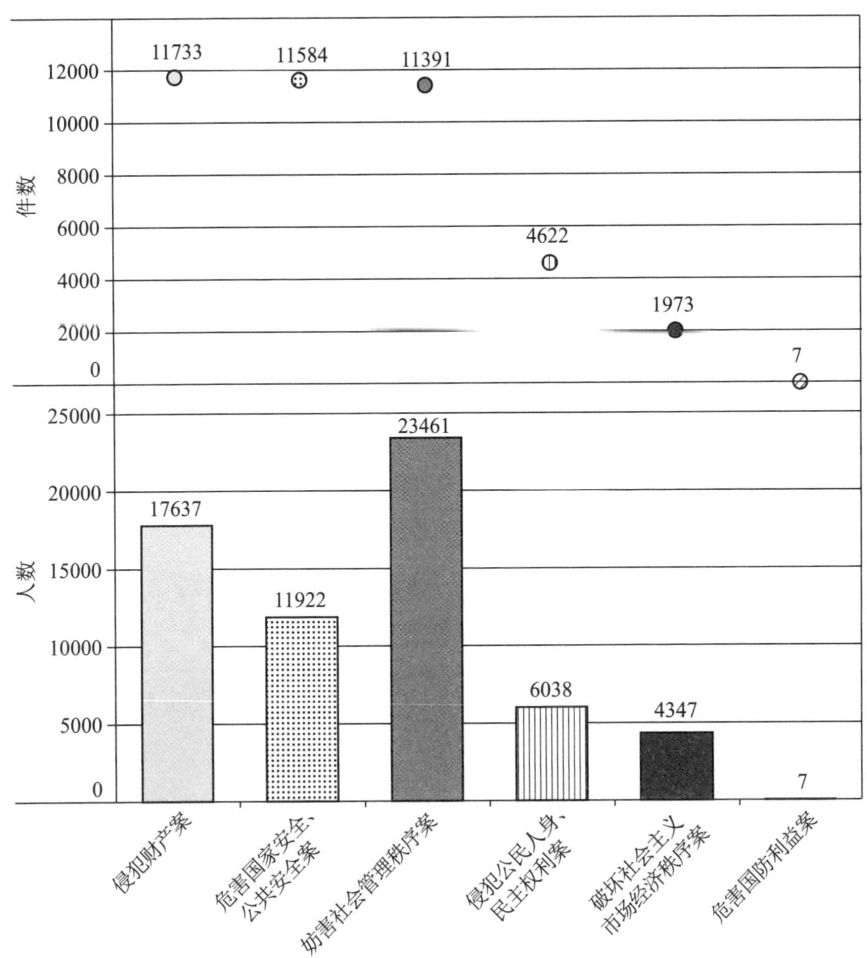

数据来源:《四川统计年鉴2021》。

图2-36　四川省2020年公安、安全、监狱机关提请案件决定起诉

2020年四川省人民法院一审刑事案件受理44499件,结案43268件。2020年四川省人民法院二审刑事案件受理5494件,结案5255件。2020年四川省人民法院审判监督刑事案件受理137件,结案124件。

2021年四川省检察机关共办理各类案件22.79万件,同比上升21.9%。其中,以诈骗罪起诉电信网络新型违法犯罪 1822 人,起诉帮助信息网络犯罪活动罪 3648 人;依法办理涉疫案件 64 件;起诉毒品犯罪 7120 人;涉黑涉恶案件,起诉 1095 人;起诉破坏环境资源犯罪 2411 人;受理三级监委移送职务犯罪案件 1095 人,提起公诉 992 人。起诉破坏军婚、危害国防利益犯罪 66 人。①

2021 年四川省法院共受理案件 161.63 万件,同比上升 20.46%;审执结 154.45 万件,同比上升 18.07%,法定审限内结案率达 99.96%。审理侵犯专利权等案件 1.92 万件。审理环境资源案件 7282 件。严惩严重暴力犯罪和涉众型犯罪,审理案件 9852 件;依法审理涉案金额逾 1.4 亿元的"5・09"特大跨境电信网络诈骗案,590 名被告人被判处刑罚;常态化开展扫黑除恶斗争,审理案件 228 件、2217 人;审理毒品犯罪案件 5350 件、7614 人;审理贪污贿赂、渎职等犯罪案件 848 件、1041 人。②

(三)贵州省犯罪数据构成及统计分析(2019—2021 年)③

2019 年贵州省人民检察院批准、决定批捕案件 2.08 万件、3.09 万人,2020 年批准、决定批捕案件 1.61 万件、2.35 万人,同比分别下降 22.60%、23.95%。2019 年贵州检察院决定起诉案件 2.67 万件、3.93 万人,2020 年决定起诉案件 2.64 万件、3.95 万人,同比分别下降 1.12%、上升 0.51%。

2019 年贵州省人民法院刑事一审案件收案 28564 件,结案 27312 件;2020 年收案 28522 件,结案 26578 件,与 2019 年同比分别下降 0.15%、2.69%。法院刑事收案、结案量逐年下降,表明当地居民法治意识逐年增强,说明贵州省当地治安形势逐渐转好。

2020 年贵州省人民法院刑事一审收结案数据按照案件类别和数量排名如下:第一,妨害社会管理秩序罪,收案 7315 件、结案 6813 件;第二,侵犯财产罪,收案 7268 件、结案 6849 件;第三,危害公共安全罪,收案 7183 件、结案 6956 件;第四,侵犯公民人身权利、民主权利罪,收案 5036 件、结案 4562 件;第五,破坏社会主义市场经济秩序罪,收案 1198 件、结案 995 件;第六,贪污贿赂罪,收案 449 件、结案 343 件;第七,渎职罪,收案 67 件、结案 57 件;第八,危害国家安全罪,收案 3 件、结案 2

① 载四川省人民检察院网,http://www.sc.jcy.gov.cn/tjzj/gzbg/202201/t20220127_3541043.shtml,2022 年 5 月 22 日最后访问。

② 载四川省情网,http://scdfz.sc.gov.cn/scdqs/scsq/sclhbg/scsfygzbg/content_85234,2022 年 5 月 23 日最后访问。

③ 除特别标注外,数据来源均为贵州省统计局:《贵州统计年鉴 2021》。

件；第九，危害国防利益罪，收案3件、结案1件。如图2-37所示。

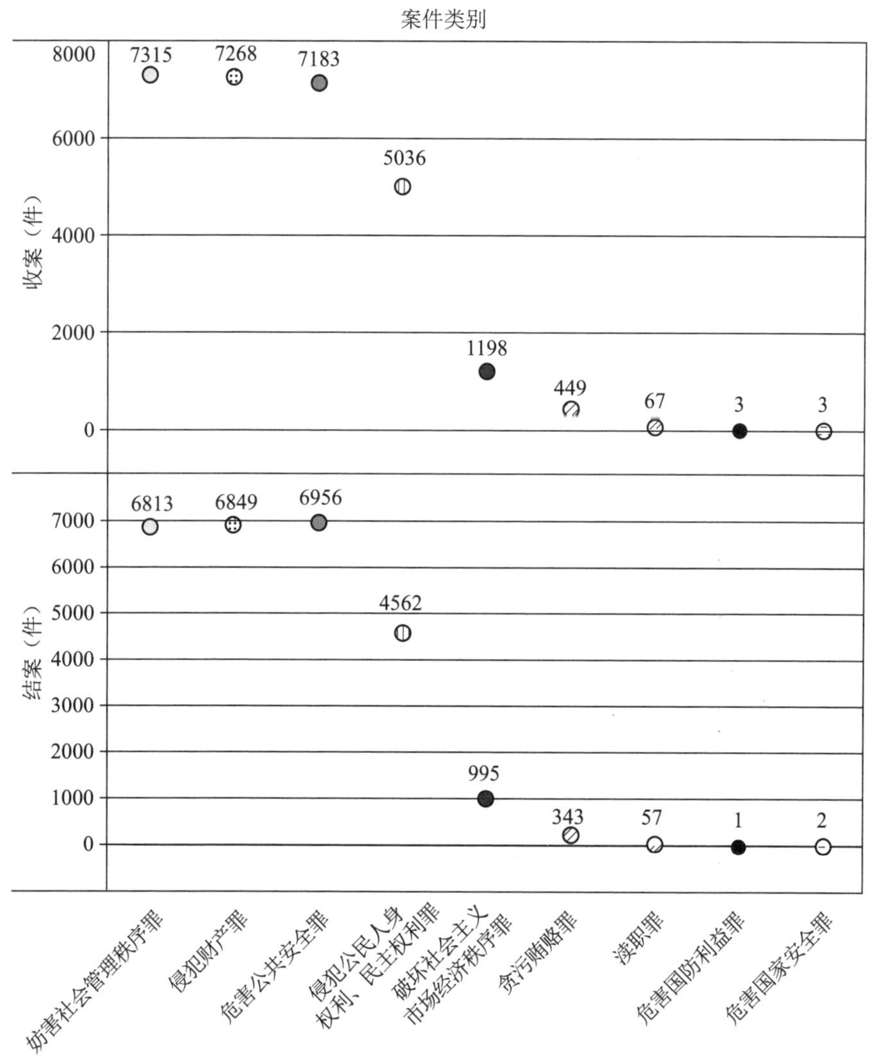

数据来源：《贵州统计年鉴2021》。

图2-37　贵州省2020年人民法院刑事一审收结案情况

2019年刑事罪犯总数39658人，其中青少年罪犯10658人，占贵州省当年刑事罪犯总数的26.9%。2020年刑事罪犯总数40377人，其中青少年罪犯9715人，占贵州省当年刑事犯罪总数的24.1%。2020年不满18周岁的青少年罪犯有1664人，同比下降21.14%，18周岁以上不满25周岁的青少年罪犯有8051人，同比下降

5.81%。数据表明,与2019年相比,贵州省青少年犯罪总数呈下降趋势。

(四)云南省犯罪数据构成及统计分析(2021年)

2021年云南省检察机关共办理各类案件310867件,同比上升6.4%,批捕47703人,起诉91609人。其中,严厉打击严重暴力犯罪,共起诉故意杀人、故意伤害、"两抢一盗"等犯罪16500人;保持打击黑恶势力犯罪高压态势,起诉936人;开展惩治电信网络诈骗犯罪专项活动,起诉444人;起诉偷越国(边)境9965人、组织或运送他人偷越国(边)境4744人,起诉跨境赌博、电信网络诈骗犯罪915人,起诉涉疫犯罪411人;起诉危害珍贵濒危野生动植物等犯罪2247人。注重以"少捕慎诉慎押"减少社会对立面,对于可捕可不捕、可诉可不诉的,不批捕14924人、不起诉10338人,通过羁押必要性审查提出并改变强制措施1847人,适用认罪认罚从宽制度87933人。①

2021年,云南省法院受理各类案件894752件,审执结807176件,同比分别上升10.45%和4.85%,法定审限内结案率97.84%。省高院受理各类案件16063件,审执结13370件,法定审限内结案率90.44%。深入贯彻总体国家安全观,依法严惩各类刑事犯罪,审结刑事案件63215件、90306人。其中,扛牢强边固防重大政治责任,保持对涉恐、走私、诈骗、偷越边境、跨境赌博等违法犯罪高压态势,共受理10841件、26158人,审结10311件、24537人,结案率95%;坚决防范境外疫情输入,审结涉疫刑事犯罪案件25件、29人;常态化开展扫黑除恶斗争,审结涉黑恶案件108件、1023人,依法严惩一批黑社会性质组织首要分子,审结"保护伞"案件21件、23人;依法严惩故意杀人、抢劫、绑架等严重暴力犯罪,审结1019件、1508人;严惩群众反映强烈的电信网络诈骗、侵犯公民隐私和个人信息等犯罪,审结1332件、1954人;审结袭警犯罪案件152人、159人;从严惩处毒品犯罪,审结3911件、4789人;严厉惩治腐败犯罪,审结职务犯罪案件752件、878人,坚持行贿受贿一起打,审结行贿案件138件、145人;加强人权司法保障,贯彻罪刑法定、证据裁判和疑罪从无原则,依照审判监督程序再审改判刑事案件119件,坚持宽严相济形势政策,依法适用非监禁刑29691人。②

---

① 《云南省人民检察院工作报告》,载云南省人民检察院网,http://www.yn.jcy.gov.cn/yjyw/202201/t20220129_3543059.shtml,2022年5月23日最后访问。

② 《云南省高级人民法院工作报告》,载云南人大网2022年1月29日,https://www.ynrd.gov.cn/html/2022/ynssrdhwhybg_0129/16687.html,2023年11月29日最后访问。

（五）西藏自治区犯罪数据构成及统计分析(2021年)

2021年，西藏自治区各检察机关全年受理、办结案件同比分别上升32.8%和14.3%。依法惩治各类刑事犯罪，批准（决定）逮捕1536人，同比增长37.3%，提起公诉3424人，同比增长35.7%；依法严惩故意伤害、寻衅滋事、聚众斗殴、强奸、抢劫等多发性暴力犯罪，起诉543人，同比增长27.2%；针对危险驾驶犯罪，起诉1143人，同比上升120.2%；针对电信网络诈骗犯罪，起诉177人，同比上升129.9%。依法打击破坏环境资源犯罪，起诉124人，同比上升42.5%。开展羁押必要性审查329人，适用认罪认罚从宽3290人；纠正侦查活动违法60件次、漏捕漏诉40人，监督立案58件、撤案47件。依法受理监委移送审查起诉职务犯罪案件121件、217人，退回补充侦查17件、21人，自行补充侦查2件、2人。①

2021年西藏自治区各人民法院全年共受理案件76197件、审执结66434件，同比分别上升51.87%、46.48%，审限内结案率99.46%，高院受理案件1103件、审执结867件。其中，持续推进扫黑除恶斗争常态化，审结刑事案件3684件、4641人；依法审结杀人、抢劫、强奸等严重暴力犯罪案件208件、287人，盗窃、诈骗等多发性侵财犯罪案件694件、961人，电信网络诈骗犯罪案件55件、146人；审结危险驾驶、交通肇事犯罪案件1228件、1243人；落实宽严相济刑事政策，积极推进认罪认罚从宽制度改革，对2名罪行轻微被告人适用非监禁刑，免予刑事处罚14人、宣告无罪11人；严格规范减刑、假释、暂予监外执行，依法减刑541人，对3.33万件“减假暂”案件进行全面自查，坚决纠正“纸面服刑”“提钱出狱”；按照审判监督程序再审改判刑事案件9件；指定辩护720余人次，充分保障被告人诉讼权利。审结职务犯罪案件65件、73人，其中原厅局级7人、县处级25人、政法干警21人。②

七、西北地区犯罪数据统计及分析

2020年西北地区的各类犯罪数量因受疫情因素影响，有较大幅度的下降，2021年部分地区的犯罪数量又呈现出不同程度的反弹，说明西北地区犯罪治理水

---

① 《2021年西藏自治区人民检察院工作报告（全文）》，载西藏自治区人民检察院网2022年1月19日，http://www.xz.jcy.gov.cn/jwgk/gzbg/202207/t20220706_3738851.shtml，2022年5月23日最后访问。

② 《西藏自治区高级人民法院工作报告》，载中国西藏网2022年1月18日，http://www.tibet.cn/cn/culture/wx/202201/t20220118_7131799.html，2022年5月23日最后访问。

平仍需进一步提高。

(一) 陕西省犯罪数据构成及统计分析(2021年)

2021年陕西省检察机关共批准和决定逮捕各类犯罪嫌疑人18664人,同比上升20.29%,不捕7683人,同比上升34.86%;不捕率29.16%,同比上升3.22%。共决定起诉34089人,同比上升4.57%,决定不起诉6614人,同比上升31.83%;不起诉率为16.25%,同比上升2.91%。起诉最多的五个罪名是:危险驾驶罪7420人,盗窃罪4694人,帮助信息网络犯罪活动罪2766人,诈骗罪2078人,故意伤害罪1964人。已办理的审查起诉案件中,适用认罪认罚从宽制度审结人数占同期审结人数的85%以上;检察机关提出确定刑量刑建议占量刑建议提出数的90%以上;对检察机关提出的量刑建议,法院采纳人数占同期提出量刑建议数的94.82%。全省检察机关按二审程序和审判监督程序共提出抗诉173件,同比下降19.53%;法院同期改判和发回重审76件,占法院审结数的66.09%,同比增加13.88个百分点。全省检察机关针对刑事审判活动中违法行为,提出纠正718件次,同比下降1.10%;同期已纠正706件次,纠正率98.33%,同比增加7.70个百分点。对不当"减刑、假释、暂予监外执行"提出纠正802人,同比下降58.29%;对刑事执行活动违法行为提出纠正1351件,同比上升16.37%;对监外执行活动违法行为提出纠正997人,同比下降12.93%;对财产刑执行履职不当提出书面纠正意见403件,同比上升16.47%。全省检察机关共立案侦查司法工作人员相关职务犯罪案件98人,同比上升58.06%。对涉黑恶犯罪决定起诉448人,同比下降73.63%。对黑恶势力"保护伞"起诉5人。①

2021年,陕西省人民法院全年受理案件106.17万件,审执结96.43万件,受结案同比分别上升37.83%和31.77%;省高级人民法院受理13159件,审执结12033件,同比分别上升40.53%和33.06%。审结一审刑事案件2.58万件,同比上升8.86%;审结非法获取国家秘密、组织利用邪教组织破坏法律实施等案件47件;审结涉黑恶案件44件、237人,判处"保护伞"9件、12人;审结杀人、绑架、抢劫等暴力犯罪案件3240件;审结涉枪涉爆、寻衅滋事、黄赌毒等案件4258件;审结电信网络犯罪案件1382件;强化人权司法保障,坚持罪刑法定、疑罪从无,协调司法行政部门为2.39

① 《2021年全省检察机关主要办案数据》,载陕西检察网2022年3月31日,http://www.sn.jcy.gov.cn/jcdt_22157/sydt/202203/t20220331_274688.html,2022年5月23日最后访问。

万名被告人指定援助律师,适用认罪认罚从宽制度判处罪犯2.74万人,依法宣告无罪89人,裁定减刑假释3628人。审结一审贪污贿赂、渎职侵权案件269件、347人,同比分别下降18.98%和11.48%;审结医疗卫生、扶贫环保、征地拆迁等民生领域腐败案件51件;坚持行贿受贿一起查,依法判处行贿者13人,同比下降64.86%。①

(二)甘肃省犯罪数据构成及统计分析(2021年)②

2021年,甘肃省检察机关共批准和决定逮捕11082人,同比上升8.96%;决定起诉(含附条件不起诉后起诉)25250人,同比上升5.65%。排名前五的起诉罪名分别为:第一,危险驾驶罪4098人;第二,帮助信息网络犯罪活动罪2832人;第三,盗窃罪2603人;第四,故意伤害罪2029人;第五,诈骗罪1825人;五罪合占53.05%。《刑法修正案(十一)》新增的17个罪名中,已提起公诉133人。涉及的罪名有:袭警罪106人,催收非法债务罪18人,危险作业罪4人,高空抛物罪2人,非法猎捕、收购、运输、出售陆生野生动罪2人,妨害安全驾驶罪1人。已办理的审查起诉案件中,适用认罪认罚从宽制度审结案29053人,适用率为89.52%,同比增加2.44个百分点。在已判决的适用认罪认罚从宽制度案件中,确定刑量刑建议提出率为90.47%,同比增加29.92个百分点,对检察机关提出量刑建议,法院采纳率为96.59%。全省检察机关共提出抗诉135件,法院审结122件,其中改判和发回重审55件,刑事抗诉采纳率为45.08%。针对刑事审判活动中违法行为,提出纠正意见183件次,法院全部采纳。对"减假暂"不当提出纠正471人,已全部纠正;对刑事执行活动违法提出纠正442件,纠正率为100%;对监外执行活动违法行为提出纠正368人,纠正率100%;对财产刑执行违法提出纠正183件,纠正率100%。立案侦查司法工作人员相关职务犯罪50人,同比下降16.67%。

(三)青海省犯罪数据构成及统计分析(2021年)

2021年,青海省检察机关批捕各类犯罪嫌疑人2608人、起诉6757人。其中,批捕抢劫、故意杀人、绑架、强奸、涉枪涉爆等严重暴力犯罪284人、起诉329人;批捕盗窃、诈骗、抢夺等多发性侵财犯罪1158人、起诉1766人;批捕毒品犯罪130

---

① 《陕西省高级人民法院工作报告》,载陕西日报新闻网2022年1月27日,https://esb.sxdaily.com.cn/pc/content/202201/27/content_775545.html,2022年5月23日最后访问。

② 《甘肃省检察院发布2021年全省检察业务主要办案数据》,载甘肃省人民检察院网2022年3月25日,http://www.jcy.gansu.gov.cn/info/1346/31985.htm,2022年5月23日最后访问。

人、起诉197人。常态化推进扫黑除恶斗争,起诉涉黑恶案件78人。认真落实认罪认罚从宽制度,对刑事犯罪5274件、6449人依法适用认罪认罚从宽程序,适用率超过85%。受理各级监委移送审查起诉案件166人,已起诉166人,其中厅局级9人,县处级26人。坚持受贿行贿一起查,起诉受贿犯罪45人,行贿犯罪63人。开展司法工作人员职务犯罪侦查百日攻坚行动,立案侦查13人,移送起诉12人,切实维护司法公正。起诉电信网络诈骗等犯罪258人、非法集资等犯罪174人。严厉打击侵害未成年人犯罪,批捕177人、起诉268人。依法监督侦查机关立案60件,撤案58件,同比分别上升172.7%、262.5%。追加漏捕14人,同比上升55.6%,追加漏诉54人。认真落实"少捕慎诉慎押"理念,不批捕902人、不起诉783人。对侦查活动违法提出纠正意见223件次,同比上升44.8%。对认为确有错误的刑事裁判提出抗诉99件,同比上升47.8%,抗诉率为2.0%。①

2021年,青海省人民法院共受理各类案件165199件,审结144131件,同比上升24.11%和16.77%。其中,省人民法院受理案件3154件,审结2589件,同比上升31.86%和32.83%。依法惩治各种刑事犯罪,审结一审刑事案件5250件,判处罪犯6285人。常态化开展扫黑除恶,审结涉黑涉恶案件5件,判处罪犯50人;严惩严重暴力、危害公共安全和常见多发侵财犯罪,审结故意杀人、抢劫、盗窃等案件955件,判处罪犯1260人;审结危险驾驶、重大责任事故案件1789件,判处罪犯1822人;积极参与禁毒斗争,审结毒品犯罪案件143件,判处罪犯185人。依法惩治贪污贿赂等职务犯罪,审结案件86件,判处罪犯108人,其中副厅级以上7人。坚持罪刑法定、疑罪从无原则,严格排除非法证据,依法宣告22名公诉案件被告人和19名自诉案件被告人无罪,对45名被告人免于刑事处罚。贯彻宽严相济刑事政策,依法判处缓刑等非监禁刑1563人,减刑、假释1520人。②

(四)宁夏回族自治区犯罪数据构成及统计分析(2021年)

2021年,宁夏回族自治区检察机关共办理各类案件23852件,同比上升25%。其中,办理审查逮捕案件3469件4975人,批捕3132人,不捕1843人;办理审查起

① 《青海省人民检察院工作报告》,载青海省人民检察院网2022年2月25日,http://www.qh.jcy.gov.cn/c/www/wwwgzbg/45422.jhtml, 2022年5月23日最后访问。

② 《青海省高级人民法院工作报告》,载青海人大网2022年2月11日,https://www.qhrd.gov.cn/qhsrd/rdhhy/qhsdssjrmdbdhdqchy/hywj_4580/202202/t20220211_199148.html,2023年11月29日最后访问。

诉案件 8602 件、11285 人,起诉 8908 人,不诉 2377 人。起诉故意杀人、故意伤害、涉枪涉爆、盗抢骗等严重影响群众安全感的刑事犯罪 3826 人。起诉黑恶犯罪 141 人,移送涉黑涉恶及“保护伞”线索 119 条。吴忠市检察院对“名门会”涉黑案 76 名被告人依法提起公诉。维护防疫秩序,起诉涉疫犯罪 6 人。起诉职务犯罪 69 人,其中原厅级干部 4 人。在严惩严重刑事犯罪的同时,认真落实“少捕慎诉慎押”刑事司法政策,通过开展羁押必要性审查专项活动,变更强制措施 226 人,诉前羁押率 32%,同比减少 3 个百分点。起诉破坏金融管理秩序、金融诈骗犯罪 185 人;起诉侵犯知识产权犯罪 20 人。监督行政执法机关移送涉嫌犯罪线索 104 件,公安机关立案 86 件。监督公安机关立案 227 件、撤案 750 件,同比分别上升 9.7%和 52.4%;纠正侦查活动违法 254 件次,同比上升 28.3%;纠正漏捕漏诉 282 人。①

2021 年,宁夏回族自治区人民法院共受理案件 30.2 万件,审执结 26.8 万件,同比分别上升 16.9%和 11.5%。其中,区高级法院共受理 4259 件,审执结 3526 件。受理专利、商标、著作权等案件 1015 件、审结 823 件。审结一审刑事案件 6838 件,判处罪犯 8395 人。常态化开展扫黑除恶斗争,审结涉黑恶案件 7 件、78 人;审结盗窃、诈骗等多发性侵财犯罪案件 1477 件,判处罪犯 1763 人;审结职务犯罪案件 51 件、59 人。②

(五)新疆维吾尔自治区犯罪数据构成及统计分析(2021 年)

2021 年,新疆维吾尔自治区检察机关共批捕各类犯罪 12901 件、26942 人,起诉 28490 件、44603 人。其中,批捕涉疫犯罪 7 人、起诉 20 人,办理涉疫公益诉讼案件 47 件;批捕安全生产领域犯罪 166 人,起诉 332 人;推动少捕慎诉慎押刑事司法政策落实,依法不捕 5865 人,不诉 8744 人,不捕、不诉率分别达到 17.9%、16.4%;批捕电信网络诈骗犯罪 254 人,起诉 391 人。监督公安机关立案和撤案同比上升 9.9%;纠正侦查活动违法同比增长 1.7 倍;强化刑事审判监督,提出抗诉 105 件,同比上升 36.4%。加大职务犯罪侦查力度,全年立案 30 件、39 人,同比分别增长 1 倍、1.4 倍。批捕侵害未成年人犯罪 984 人,起诉 1214 人。③

---

① 《宁夏回族自治区人民检察院 2021 年工作报告》,载宁夏回族自治区人民检察院网 2022 年 2 月 8 日,http://www.nx.jcy.gov.cn/QJCY/contents/JWGK/GZBG/2022/02/30243.html, 2022 年 5 月 23 日最后访问。

② 《宁夏高级人民法院工作报告》,载宁夏政法网 2022 年 1 月 30 日,http://www.nxzfw.gov.cn/ztzl/zzqzfgzhy/zfgzhyyw/202207/t20220725_575154.html,2023 年 11 月 29 日最后访问。

③ 《自治区人民检察院工作报告》,载天山网 2022 年 3 月 3 日,http://news.ts.cn/system/2022/03/03/036791355.shtml, 2022 年 5 月 23 日最后访问。

2021年,新疆维吾尔自治区人民法院共受理案件66.89万件、审结60.62万件,高院受理案件5820件、审结5271件。其中,严厉打击故意杀人、抢劫、强奸等严重暴力犯罪,社会治安持续向好,刑事新收案件连续五年呈下降态势;从严惩处高息揽储、非法集资、电信网络诈骗案件696件;审理1430件知识产权案件。①

(六)新疆生产建设兵团犯罪数据构成及统计分析(2020年)②

2020年,新疆生产建设兵团检察机关批捕、决定逮捕案件457件、585人;起诉1914件、2777人。批捕、决定逮捕案件按照案件类别和数量排名如下:第一,侵犯财产案,批捕、决定逮捕158件、205人;第二,侵犯公民人身、民主权利案,批捕、决定逮捕142件、153人;第三,妨害社会管理秩序案,批捕、决定逮捕90件、138人;第四,破坏社会主义市场经济秩序案,批捕、决定逮捕26件、45人;第五,危害公共安全案,批捕、决定逮捕22件、25人;第六,贪污贿赂案,批捕、决定逮捕18件、18人;第七,渎职侵权案,批捕、决定逮捕1件、1人。如图2-38所示。

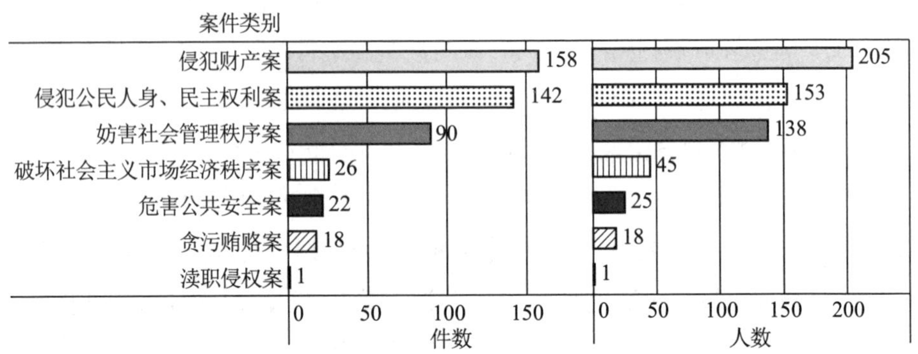

数据来源:《新疆生产建设兵团统计年鉴2021》。

图2-38 2020年新疆生产建设兵团检察机关批捕、决定逮捕情况

2020年新疆生产建设兵团检察机关起诉案件按照案件类别和数量排名如下:第一,危害公共安全案,起诉1048件、1085人;第二,侵犯财产案,起诉277件、475人;第三,妨害社会管理秩序案,起诉255件、730人;第四,侵犯公民人身、民主权利案,起诉247件、327人;第五,破坏社会主义市场经济秩序案,起诉49件、121人;

① 《自治区高级人民法院工作报告》,载天山网2022年3月3日,http://news.ts.cn/system/2022/03/03/036791310.shtml,2022年5月23日最后访问。

② 除特别标注外,数据来源均为新疆生产建设兵团统计局:《新疆生产建设兵团统计年鉴2021》。

第六，贪污贿赂案，起诉35件、36人；第七，渎职侵权案，起诉3件、3人。如图2-39所示。

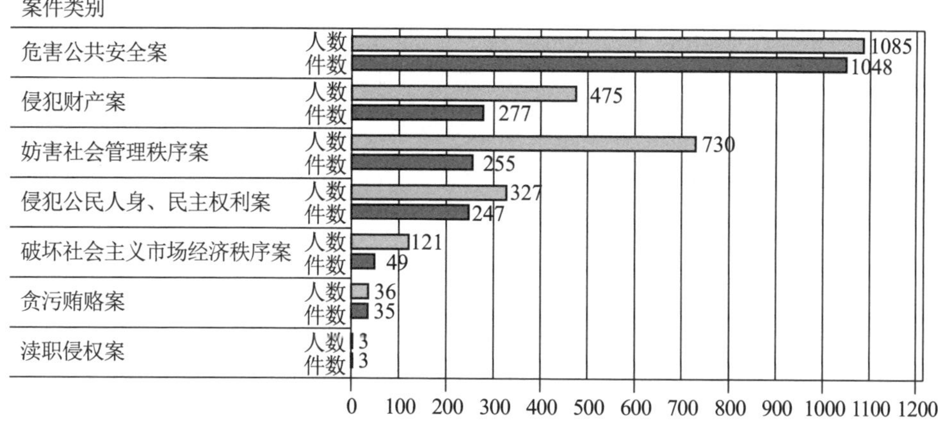

数据来源：《新疆生产建设兵团统计年鉴2021》。

图2-39　2020年新疆生产建设兵团检察机关起诉案件情况

第三节　中国犯罪治理指数模型

一、犯罪治理形势评价体系的构建思路

（一）犯罪治理形势客观评价模型的必要性

2021年是党和国家历史上具有里程碑意义的一年，是党的绝对领导下人民检察制度创立90周年，也是公安史上极不平凡的一年。这一年里，全国检察机关在以习近平同志为核心的党中央坚强领导下，坚持把习近平法治思想深度贯彻、融入检察工作，以自我革命精神开展教育整顿，以改革创新精神依法能动履职，检察事业迈出新步伐、呈现新特点：能动履职办案数量明显提升，2021年全国检察机关共办理各类案件数量同比上升20.9%；办案质量持续优化，起诉案件有罪判决率99.97%；办案手段更加多元，开展公开听证案件数量同比上升2.5倍。①据公安部新

① 《2021年全国检察机关主要办案数据》，载中华人民共和国最高人民检察院网，https://www.spp.gov.cn/spp/xwfbh/wsfbt/202203/t20220308_547904.shtml#1。

闻发布会通报,2021年,公安机关以"公安心向党 护航新征程"主题实践活动为引领,庆祝建党百年等重大安保任务万无一失,捍卫国家政治安全的防线进一步夯实,反恐怖反分裂斗争主动态势不断拓展,防范化解重大涉稳风险取得积极进展,社会治安大局长期稳定局面持续巩固,服务疫情防控和经济社会发展成效显著,公安改革实现系统性重塑和整体性变革,法治公安建设迈出新的坚实步伐,公安队伍在教育整顿中呈现崭新面貌。①从犯罪治理形势评价角度看,公安机关、检察机关的工作情况对于判断犯罪治理形势有重要的参考价值,但仅仅依据办案机关的自身评价很难客观地表现犯罪治理形势。

犯罪学作为一门理论与实践并重的综合型学科,需要在研究过程中对于犯罪现象予以准确分析。②对于犯罪治理的评价是否客观准确,关系到犯罪治理研究的实践意义。鉴于侧面评估的真实性、准确性得不到保障,一个客观、准确的犯罪治理形势评价模型十分必要。该模型以各省、自治区、直辖市的实际犯罪相关数据为参考,经过数据分析处理,反映全国各地的年度犯罪治理水平并予以等级划分,有利于各地区之间相互借鉴和学习,在后续工作中可以增强犯罪的预防和处理力度,形成更为良好的犯罪治理新局面。

(二)犯罪治理形势客观评价模型构建过程

犯罪治理成效和犯罪治理条件是反映犯罪治理形势的两大因素。犯罪治理成效采用犯罪钟和传统犯罪学领域常采用的犯罪率来反映地区犯罪治理成效。由于不同地区的经济、文化、人口等客观水平不同,犯罪发生情况以及犯罪治理水平也会相应不同,这决定了不同地区的犯罪治理难度不同。普遍来讲,一方面,经济发展水平高、人口密度大的地区易催生犯罪,绝对犯罪数量普遍较高,从而增加了犯罪治理难度,要达到与犯罪数量少的地区相同的治理成效就需要更大的犯罪治理力度。但从另一方面来说,经济发展水平不高、人口密度小的地区虽然绝对犯罪数量少,但这些地区的犯罪治理条件、环境比起经济发达地区来说也会相对较弱。因此,我们需要从多方面考虑,综合经济、人口等重要因素,构建犯罪治理形势客观评价模型来反映一个地区犯罪治理形势。

① 《公安部新闻发布会通报全国公安厅局长会议精神及2021年全力推动禁毒工作举措成效情况》,载湖北省公安厅网,http://gat.hubei.gov.cn/bmdt/gayw/202201/t20220120_3972713.shtml。

② 应培礼:《犯罪学通论》,法律出版社2016年版,第445页。

二、中国犯罪治理指数模型

(一)模型评价对象

2021 年中国犯罪治理指数模型评价对象为包含中国 22 个省、5 个自治区、4 个直辖市在内的共计 31 个省级行政区。

(二)模型指标体系解释与说明

与 2020 年中国犯罪治理指数模型相对应,2021 年中国犯罪治理指数模型的指标体系共设犯罪治理成效、犯罪治理条件两大一级指标(如表 2-1 所示)。其中,犯罪治理成效指标显示该地区犯罪实际案发情况,由犯罪钟指标、犯罪率指标两个二级指标来反映;犯罪治理条件指标显示该地区犯罪治理的难度情况,由人口密度指标、GDP 指标两个二级指标来反映。

表 2-1 2021 年中国犯罪治理指数模型指标体系

一级指标	二级指标
犯罪治理成效(20%)	犯罪钟指标(1%) 犯罪率指标(19%)
犯罪治理条件(80%)	人口密度指标(40%) GDP 指标(40%)

各二级指标解释与说明如下:

犯罪钟:即在该地区间隔多长时间有一人犯罪。本指标体系选择分钟数为时间单位,选择检察院刑事案件提起公诉人数反映犯罪情况,计算公式为:

$$犯罪钟=\frac{365\times24\times60}{检察院刑事案件提起公诉人数+认罪认罚不起诉人数}$$

犯罪率:即犯罪者所占人口比。本指标体系选择检察院刑事案件提起公诉人数来反映犯罪者数目,选择常住人口数反映人口情况。这里以检察院起诉人数作为评价依据而未直接采用案件数,目的是为了使统计具有可比性,与通常所说的犯罪率存在一定差异。计算公式为:

$$犯罪率=\frac{检察院刑事案件提起公诉人数+认罪认罚不起诉人数}{常住人口数}$$

人口密度:即单位面积对应的人口数。本指标体系选择常住人口数反映人口情况,计算公式为:

$$人口密度=\frac{常住人口数}{土地面积}$$

GDP:在本指标体系中使用地区生产总值来表示该地区的经济形势,地区生产总值数据直接来源于各省统计局。

(三)数据来源

本评价体系中所用数据及本章后文中所涉数据均来源于最高人民检察院案件管理办公室、中国统计年鉴、各省统计年鉴、各省两院工作报告、各省公安厅工作报告。以上统计年鉴、工作报告均以政府门户网站为主要获取渠道,具体如下:

最高人民检察院案件管理办公室提供的数据

国家统计局:http://www.stats.gov.cn/

北京市统计局:http://tjj.beijing.gov.cn/

天津市统计局:http://stats.tj.gov.cn/

上海市统计局:http://www.stats-sh.gov.cn/

重庆市统计局:http://tjj.cq.gov.cn/

河北省统计局:http://tjj.hebei.gov.cn/

山西省统计局:http://tjj.shanxi.gov.cn/

辽宁省统计局:http://tjj.ln.gov.cn/

吉林省统计局:http://tjj.jl.gov.cn/

黑龙江省统计局:http://www.hlj.stats.gov.cn/

江苏省统计局:http://tj.jiangsu.gov.cn/index.html

浙江省统计局:http://tjj.zj.gov.cn/

安徽省统计局:http://tjj.ah.gov.cn/tjjweb/web/index.jsp

福建省统计局:http://tjj.fujian.gov.cn/

江西省统计局:http://www.jxstj.gov.cn/Index.shtml

山东省统计局:http://www.stats-sd.gov.cn/

河南省统计局:http://www.ha.stats.gov.cn/

湖北省统计局:http://tjj.hubei.gov.cn/

湖南省统计局:http://tjj.hunan.gov.cn/

广东省统计局:http://stats.gd.gov.cn/

海南省统计局:http://stats.hainan.gov.cn/tjj/index.html

四川省统计局:http://tjj.sc.gov.cn/

贵州省统计局:http://www.gzstjj.gov.cn/

云南省统计局:http://www.stats.yn.gov.cn/

陕西省统计局:http://tjj.shaanxi.gov.cn/

甘肃省统计局:http://www.gstj.gov.cn/

青海省统计局:http://tjj.qinghai.gov.cn/

广西壮族自治区统计局:http://tjj.gxzf.gov.cn/

宁夏回族自治区统计局:http://tj.nx.gov.cn/

西藏自治区人民政府:http://www.xizang.gov.cn/

新疆维吾尔自治区统计局:http://www.xjtj.gov.cn/

内蒙古自治区统计局:http://tj.nmg.gov.cn/

山东省公安厅网:http://www.sdga.gov.cn/

山东省高级人民法院网:http://www.sdcourt.gov.cn/

山东省人民检察院网:http://www.sdjcy.gov.cn/

江苏省公安厅网:http://gat.jiangsu.gov.cn/

江苏法院网:http://www.jsfy.gov.cn/

江苏检察网:http://www.jsjc.gov.cn/

安徽省公安网:http://gat.ah.gov.cn/

安徽法院网:http://ahfy.chinacourt.gov.cn/index.shtml

安徽省人民检察院网:http://www.ah.jcy.gov.cn/

浙江省公安厅网:http://www.zjsgat.gov.cn/

浙江法院公开网:http://www.zjcourt.cn/

浙江检察网:http://www.zjjcy.gov.cn/

福建省公安厅网:http://gat.fujian.gov.cn/

福建省高级人民法院网:http://fjfy.chinacourt.gov.cn/index.shtml

福建省人民检察院网:http://www.fj.jcy.gov.cn/

上海市公安局网:https://gaj.sh.gov.cn/index.html

上海市高级人民法院网:http://www.hshfy.sh.cn/shfy/gweb2017/

上海检察:http://www.shjcy.gov.cn/

广东省公安厅网:http://gdga.gd.gov.cn/

广东省高级人民法院网:http://www.gdcourts.gov.cn/

广东省人民检察院网:http://www.gd.jcy.gov.cn/

广西壮族自治区公安厅网:http://www.gazx.gov.cn/

广西壮族自治区高级人民法院网:http://www.gdcourts.gov.cn/

广西壮族自治区人民检察院网:http://www.gx.jcy.gov.cn/

海南省公安厅网:http://ga.hainan.gov.cn/

海南省高级人民法院网:http://www.hicourt.gov.cn/

海南省人民检察院网:http://www.hi.jcy.gov.cn/index.html

(四)模型数据归一化方法

为了能够将不同量级的数据统一进行比较,需要首先对数据进行预处理。在4个二级指标中,犯罪钟、人口密度、GDP这3个二级指标与犯罪治理指数呈正相关,犯罪率这个二级指标与犯罪治理指数呈负相关,因此对数据处理的公式如下:

设犯罪钟为a,人口密度为b, GDP为c,犯罪率为d,其对应的归一化后指标分别为A、B、C、D, A_i、B_i、C_i、D_i分别代表在i省/市/自治区的A、B、C、D。

① 对于正相关指标:

$$A_i=\frac{a_i-a_{\min}}{a_{\max}-a_{\min}}\times 100$$

$$B_i=\frac{b_i-b_{\min}}{b_{\max}-b_{\min}}\times 100$$

$$C_i=\frac{c_i-c_{\min}}{c_{\max}-c_{\min}}\times 100$$

② 对于负相关指标:

$$D_i=\frac{d_{\max}-d_i}{d_{\max}-d_{\min}}\times 100$$

经过上述处理，A_i、B_i、C_i、D_i 均已处于区间[0, 100]。

(五) 犯罪治理指数模型

设犯罪治理指数为 I，I_i 为 i 省的犯罪治理指数，k 为各指标系数，则犯罪治理指数计算公式如下：

$$I_i = k_A A_i + k_B B_i + k_C C_i + k_D D_i$$

三、全国犯罪状况年度评估总报告

(一) 全国犯罪治理水平总体情况

根据犯罪治理指数模型，可将全国各省级行政区犯罪治理情况分为五个等级：治理水平很好、治理水平好、治理水平较好、治理水平一般、治理水平欠佳。将2021年中国犯罪治理指数与2020年中国犯罪治理指数进行对比，全国省级行政区犯罪治理指数排名情况整体上较为稳定，其中全国13个省级行政区犯罪

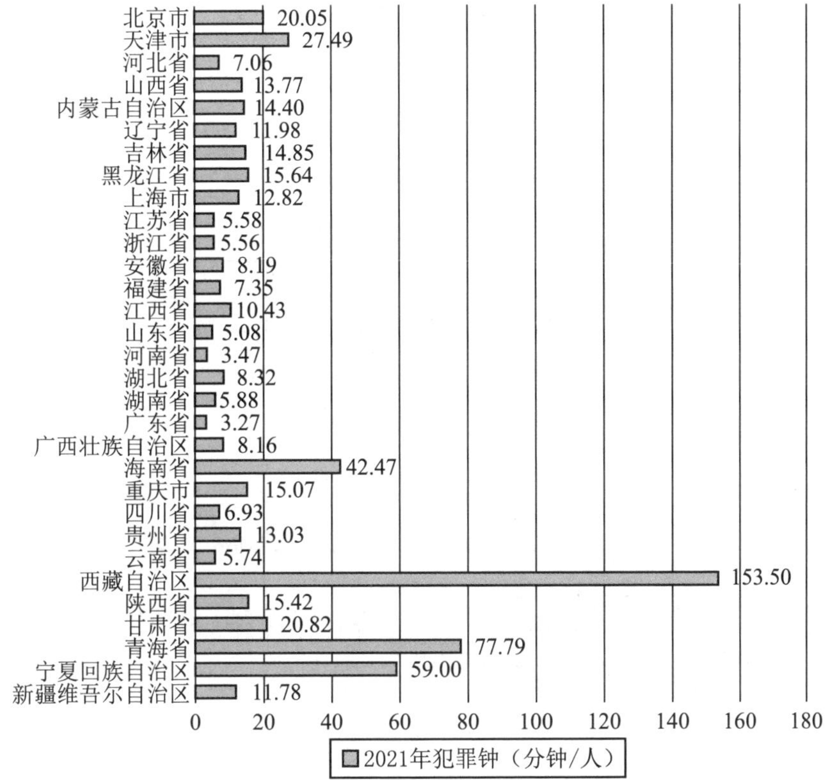

图 2-40 2021年全国省级行政区犯罪钟

治理指数排名上升,8 个省级行政区犯罪治理指数排名不变,有 10 个省级行政区犯罪治理指数排名下降,经分析,整体而言 2021 年度中国犯罪治理水平有所提升。

1. 犯罪钟情况

从犯罪钟指标看,全国省级行政区中西藏犯罪间隔时间最长,为 153.50 分钟/人,表明绝对犯罪数较少;广东犯罪时间间隔时间最短,仅 3.27 分钟/人,表明绝对犯罪数较大。全国各省级行政区的犯罪钟数据如图 2-40 所示。

2. 犯罪率情况

从犯罪率指标看,云南犯罪率最高,为 19.53 人/万常住人口,陕西犯罪率最低,仅 8.62 人/万常住人口。全国各省级行政区的犯罪率数据如图 2-41 所示。

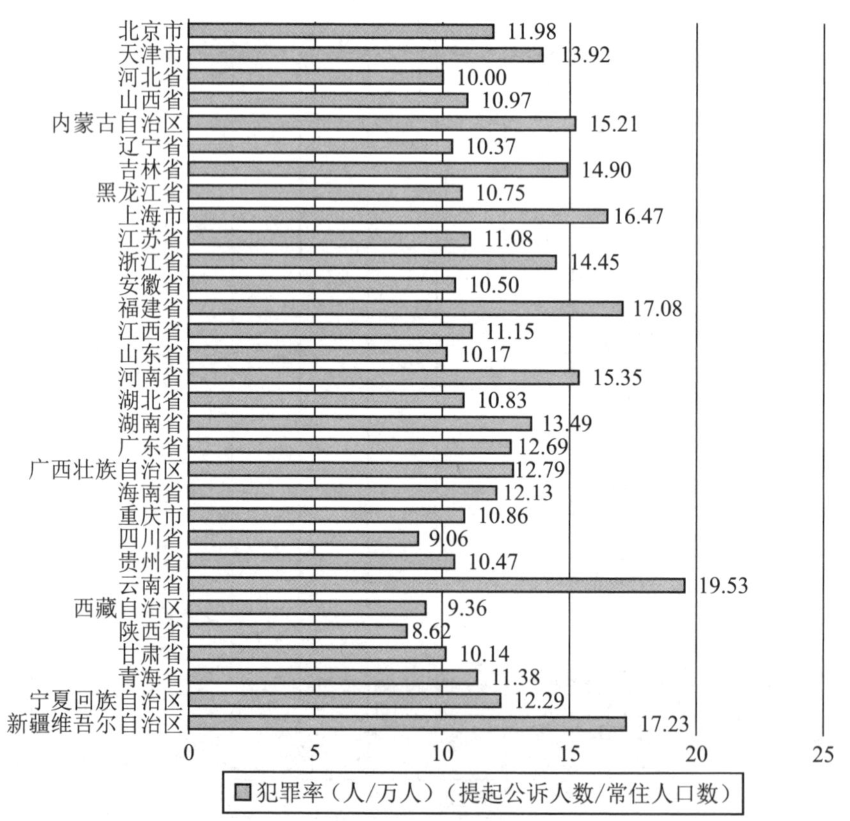

图 2-41　2021 年全国省级行政区犯罪率

3. 人口密度情况

从人口密度指标看，上海、北京、天津这三大直辖市人口密度最高，犯罪治理难度较高；西藏人口密度最低。全国各省级行政区的人口密度数据如图 2-42 所示。

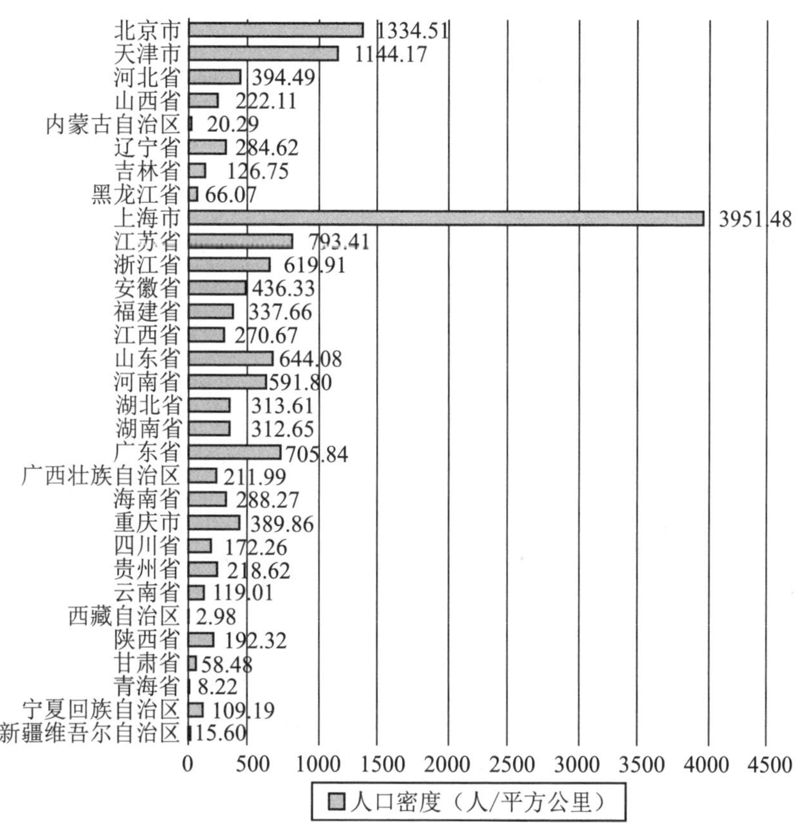

图 2-42　2021 年全国省级行政区人口密度

4. GDP 发展情况

从 GDP 发展情况看，经济水平最高的三个省级行政区依次为广东、江苏、山东，经济水平相对最不发达的为西藏。全国各省级行政区的 GDP 数据如图 2-43 所示。

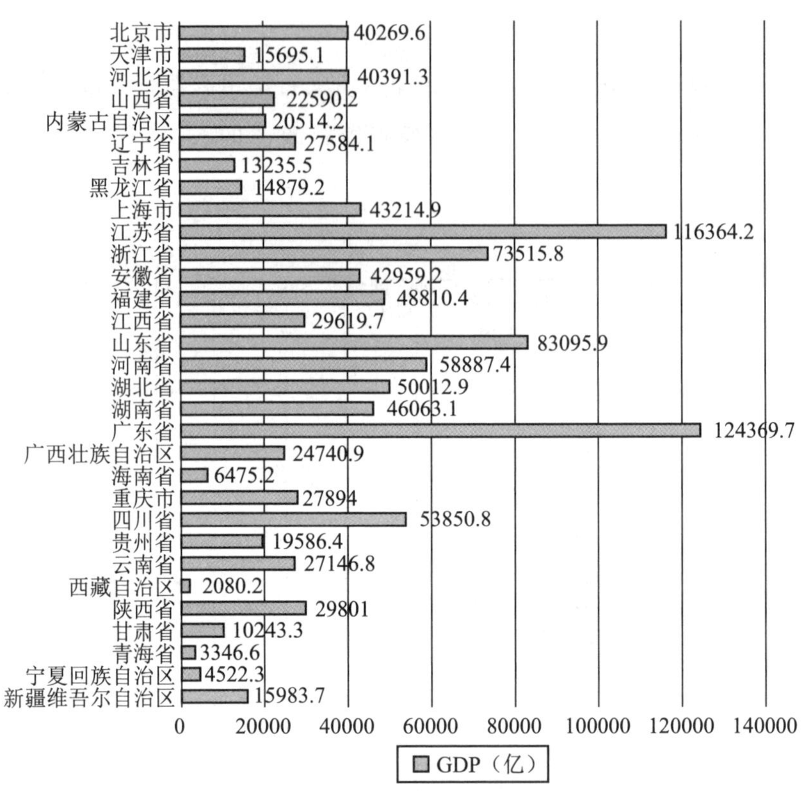

图 2-43　2021 年全国省级行政区 GDP

第四节　基于大数据的犯罪分析与预测

一、2021 年犯罪预测文献量化分析

犯罪预测是指运用科学方法,依据现有的犯罪数据和资料以及对可能影响犯罪的各种相关因素的分析、研究,对在未来特定时空范围内可能出现的犯罪现象的状况、结构、发展趋势等所作的判断,是制定犯罪预防战略和战术措施的重要科学依据。近些年,随着人工智能、大数据及相关信息技术的快速发展,大规模多维度数据收集和分析的能力大大提高,可以通过先进技术手段深入分析和理解犯罪规律,为犯罪预测研究提供新的手段和科学的研究方法。该部分通过对 2021 年我国犯罪预测研究相关文献进行量化分析,梳理我国 2021 年犯罪预测研究的现状、特

点和趋势。

文献来自中国知网 2021 年收录的国内中文文献，检索关键词为“犯罪预测”“数据警务”“预测警务”“犯罪大数据”，检索时间限定为 2021 年 1 月 1 日—2021 年 12 月 31 日，来源限制为全部期刊，文献类型为中文期刊，剔除学位论文、会议以及其他非相关内容，得到符合条件的有效文献共计 190 篇。

在研究工具选择方面，采取 Python 编写代码对所获取的期刊文献数据进行可视化分析并绘制成图表进行展示和分析，试图构建 2021 年度犯罪预测研究领域范围内的科学知识图谱，并对其中的文献数量、文献作者、所属机构以及相关热词进行针对性地分析和研究。

（一）文献数量分析

1. 月度发文量统计分析

将中国知网 2021 年度范围内与犯罪预测相关的 190 篇文献按照收录月份进行可视化分析并绘制成图 2-44，可从中大致看出 2021 年犯罪预测领域内文献刊发的趋势变化。

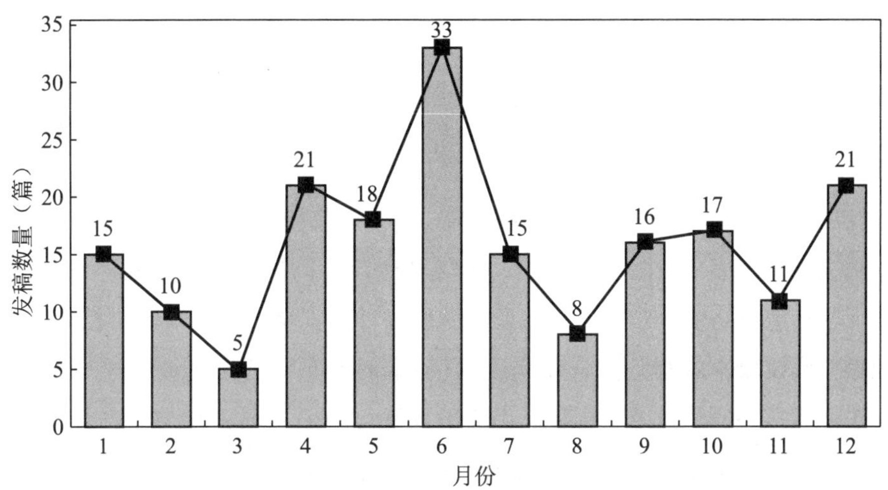

图 2-44　2021 年犯罪预测领域月度发文量分布图

按照季度划分，第一季度的发文量呈现直线下降趋势，从 1 月的 15 篇下降到 3 月的 5 篇，该季度内月平均发文数量为 10 篇，其中 3 月的发文量仅占该季度月平均量的三分之一,是全年的谷值。而第二季度则体现出攀升之势,其中 6 月的发文量高达 33 篇,是该年中月度刊发量的峰值,远超本年度月平均发刊数的两倍。除此之外,第二季度内月平均发文数量为 24 篇,与上一季度相比,环比增长 140%。第三季度的发文量总体较为平稳,季度内的月平均发文量仅为 13 篇,低于本年度范围内的月平均发文量,且出现了年度第二谷值。第四季度与第三季度相比,实现了数量上的强势增长,环比增长 25.6%。其中,该季度的月平均发文量为 16.3 篇,12 月的发文量达到了 21 篇,与 4 月的发文量并列第二。

按照月度划分,本年度的月平均发文量为 15 篇,仅有 8 个月份的发文量达到平均水平,其中,1 月和 7 月的发文量恰好为 15 篇。本年度发文量的峰值是 6 月的 33 篇,谷值是 3 月的 5 篇。众数为 15 篇,1 月和 7 月的发文量均为 15 篇。与月平均发文量持平。中位数为 15.5 篇,与平均数和众数差异较小。由此可知,2021 年度范围内,中国知网每月所刊登的犯罪预测领域相关文献的数量是合理且分布均匀的。

2. 公安院校发文量统计分析

全国 35 所公安类普通高等院校中,中国人民公安大学、中国刑事警察学院、中国人民警察大学、江苏警官学院、南京森林警察学院、浙江警察学院、福建警察学院、湖北警官学院、广东警官学院、四川警察学院、山东警察学院、上海公安学院、江西警察学院、河南警察学院、甘肃警察职业学院共 15 所公安院校参与了 2021 年度犯罪预测的研究并在中国知网上发表研究成果 77 篇。

其中,中国人民公安大学发表了 24 篇,占公安院校总发文量的 31.2%,位居榜首。除去三篇发表于《中国人民公安大学学报(社会科学版)》的文献外,中国人民公安大学信息网络安全学院的顾海硕和陈鹏与社会安全风险感知与防控大数据应用国家工程实验室的李慧波合作完成的《犯罪时空预测方法研究综述与展望》被收录于北大核心刊物以及中国科学引文数据库(CSCD),蒋占卿与沈尧合作的《大数据时代犯罪时空新认识》也被《甘肃政法大学学报》收录。

在 2021 年犯罪预测研究中,公安院校内发文量第二的是中国刑事警察学院,共计 10 篇,大多见刊于警院学报。紧随其后的中国人民警察大学在 2021 年共发表与犯罪预测相关的文献 6 篇,均发表在公安学刊物和警院学报上。文献见刊详情见表 2-2。

表2-2　2021年我国公安院校发表文献见刊详情（按照一作统计）

机　构	文献数量	期刊来源
中国人民公安大学	24	《中国人民公安大学学报（社会科学版）》 《甘肃政法大学学报》《地球信息科学学报》《福建警察学院学报》《山西警察学院学报》《湖北警官学院学报》《武警学院学报》 《安徽警官职业学院学报》 《怀化学院学报》《广西社会科学》 《长江信息通信》《税务与经济》 《网络安全技术与应用》
中国刑事警察学院	10	《北京警察学院学报》 《安徽警官职业学院学报》 《柳州职业技术学院学报》 《公安学刊（浙江警察学院学报）》 《电脑与电信》《公安教育》 《法制博览》《法制与社会》
中国人民警察大学	6	《公安教育》《公安学研究》 《武警学院学报》《广西警察学院学报》 《云南警官学院学报》
广东警官学院	5	《上海公安高等专科学校学报》 《广州市公安管理干部学院学报》 《政法学刊》《公安教育》 《贵州警察学院学报》
浙江警察学院	5	《公安学刊（浙江警察学院学报）》 《广西社会科学》《中国防伪报道》 《警察技术》
南京森林警察学院	4	《辽宁警察学院学报》《广西警察学院学报》 《野生动物学报》《法制与社会》
河南警察学院	4	《广西警察学院学报》《江苏警官学院学报》 《辽宁公安司法管理干部学院学报》 《网络空间安全》
江苏警官学院	3	《江苏警官学院学报》
湖北警官学院	3	《人民公安》《信息技术与信息化》 《法制博览》
江西警察学院	3	《广西警察学院学报》《江西警察学院学报》 《金融科技时代》
四川警察学院	3	《中国刑警学院学报》《四川警察学院学报》 《电子技术与软件工程》

续表

机　　构	文献数量	期刊来源
上海公安学院	2	《微型电脑应用》《北京警察学院学报》
山东警察学院	1	《湖南警察学院学报》
福建警察学院	1	《湖北警官学院学报》
甘肃警察职业学院	1	《湖北警官学院学报》
山西警察学院	1(合作)	《贵州警察学院学报》
贵州警察学院	1	《贵州警察学院学报》

除上文所提及的公安类院校外,我国 15 所司法类普通高等院校中也有三所高校参与了 2021 年度犯罪预测的相关分析研究,分别是中央司法警官学院、江苏省司法警官高等职业学校和黑龙江公安警官职业学院。

(二)文献作者分析

对 190 篇文献的作者进行可视化分析,见图 2-45,每个节点为一位作者,合作

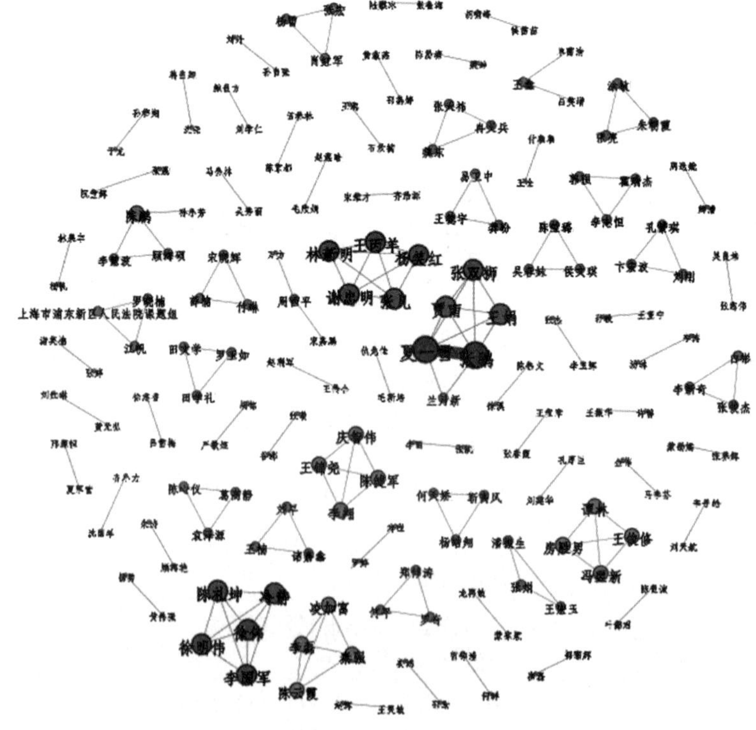

图 2-45　作者分布图

研究的作者节点间会有连线。从图中可见,大部分文献作者均为单人独作,占比高达 56.2%,其次是两人合作模式,所占比例为 11.3%,三人及三人以上合作较少,分别占总数的 28.4%和 11.3%,详情可见表 2-3。

表 2-3 2021 年度犯罪预测文献作者类型

作者类型	数量	占比
单人独作	95	56.2%
两人合作	48	28.4%
三人合作	19	11.3%
多人合作	7	4.1%
合计	169	100%

从以往文献中可知,我国犯罪预测研究领域内已经存在一部分固定合作团队,例如黄超、李继红团队,王智新、梁翠团队,段炼、党兰学团队,史伟奇、唐德权团队以及兰西梅、徐亚琼团队。①但很遗憾的是,在过去的一年中,有且仅有史伟奇、唐德权团队在犯罪情报数据集挖掘算法领域发表了一篇文章,其余团队并无新研究成果产出,但发现来自中国人民公安大学的靳高风教授自 2018 年起连续四年对我国犯罪形式进行分析和预测,并系统性地提出了犯罪治理措施。

值得注意的是,在合作模式中,常见形式为公安院校内部合作、公安机关内部合作或公安院校与公安机关联合出品,详情可见表 2-4。从表 2-4 中可知,公安院校内部对于大数据警务的关切度较高,但囿于稳定数据源的匮乏或缺失,无论是在同一院校内部或是不同院校进行合作,作者们更倾向于结合大数据时代背景,在政策理论层面进行研究分析,例如,来自中国人民公安大学和上海公安学院的作者合作的《警务大数据应用风险分析及对策研究》。与此不同的是,公安机关内部的合作则侧重于具体措施的应用和实践,作者们通常结合自身工作中所体现出的问题,在精细化的背景下试探性地提出发展或缓解的措施,并试图运用于实践中。例如,上海市公安局嘉定分局的《数据警务视阈下城市治理数字化转型的路径探索——以上海市嘉定区为例》。除了上述两种模式外,公安院校与公安机关联合研究的模

① 孙小芳、陈鹏:《我国犯罪预测研究特点与趋势分析》,载《山西警察学院学报》2021 年第 1 期。

式也是不容小觑的,虽然数量不多,但成果可观。公安机关所独有的第一手资料结合公安院校相对科学规范的研究方法和前沿的研究思路,促使双方的合作水平以及产出成果等级要远远高于单一机构的研究产物,例如,中国人民公安大学信息网络安全学院和安全防范技术与风险评估公安部重点实验室合作的《基于时间序列模型 SARIMA 的犯罪预测研究》。

表 2-4　2021 年度犯罪预测研究领域内部分作者合作模式

合作模式	文献标题	所属机构	发表期刊
公安院校内部合作	《警务大数据应用风险分析及对策研究》	中国人民公安大学 上海公安学院	《江西警察学院学报》
	《大数据时代犯罪时空新认识》	中国人民公安大学侦查学院	《甘肃政法大学学报》
	《依托大数据实现警务技能精准训练的策略分析》	黑龙江公安警官职业学院	《公安教育》
	《大数据背景下虚开增值税专用发票打防研究》	山西警察学院 中国刑事警察学院	《贵州警察学院学报》
公安机关内部合作	《数据警务视阈下城市治理数字化转型的路径探索——以上海市嘉定区为例》	上海市公安局嘉定分局	《上海公安学院学报》
	《大数据发展进程中对移动警务应用场景的思考》	福建省厦门市公安局	《警察技术》
	《轨道交通安保防控体系与警务模式研究》	北京市公安局公共交通安全保卫总队	《中国安防》
	《基于大数据的智慧警务保障平台设计与实现》	公安部第一研究所	《警察技术》
公安院校与公安机关联合出品(详尽式列举)	《基于大数据和移动设备的警务英语混合式教学实践》	浙江警察学院杭州市公安局西湖风景名胜区分局	《公安学刊(浙江警察学院学报)》
	《基于 MATLAB 的我国 18—25 周岁青年犯罪预测研究》	中国人民公安大学研究生院 贵州省黔东南州公安局	《电脑与信息技术》
	《基于时间序列模型 SARIMA 的犯罪预测研究》	中国人民公安大学信息网络安全学院 安全防范技术与风险评估公安部重点实验室	《中国人民公安大学学报(自然科学版)》

续表

合作模式	文献标题	所属机构	发表期刊
公安院校与公安机关联合出品（详尽式列举）	《犯罪预测模型在机动车盗窃案中的应用——以杭州市某区为例》	浙江警察学院国际学院 浙江省杭州市公安局	《警察技术》
	《基于大数据的现代警务指挥体系研究》	甘肃省公安厅指挥中心 南京森林警察学院信息学院	《辽宁警察学院学报》
	《经济犯罪数据资源分析与研究》	江西警察学院 云南省公安厅经侦总队	《江西警察学院学报》
	《基于 CiteSpace 知识图谱可视化分析的侦查理论研究》	南京森林警察学院 临沂市郯城县公安局南关派出所	《广西警察学报》
	《大数据技术在刑事定罪中的运用》	中南民族大学法学院 武汉市公安局洪山区分局	《湖北警官学院学报》
	《大数据技术应用于案侦的效果提升》	四川警察学院 泸州市公安局江阳区分局	《四川警察学院学报》
	《警务数据共享的创新机制研究——以粤港澳大湾区为例》	辽宁省公安厅 上海公安学院	《北京警察学院学报》

（三）机构分析

1. 2021年度犯罪预测研究机构现状分析

根据190篇犯罪预测相关文献的第一作者所属机构进行可视化分析，得出图2-46和图2-47，若为合作文献，则按照第一作者所属机构划分。从图2-46中可知，2021年度进行犯罪预测研究的主力军仍是高校，占比高达62.56%，而根据前文可知，高校当中的公安院校对该领域的关注度颇高，仅2021年一年，我国15所公安院校发表了77篇相关论文，远超其他类型的研究机构。除高校外，我国政法机关人员也对犯罪预测领域颇为上心，但很可惜的是参与度偏低，在中国知网上可查询到的文献数量有限，研究成果价值有待提高。

2. 2021年度部分高校犯罪预测研究成果分析

高校作为学术研究的主阵地，为理论与实践的发展提供了源源不断的研究成果，具体情况可见表2-5。在2021年度的犯罪预测研究中，我国公安院校作为培养打击犯罪高素质人才的摇篮，先后提供了近百篇学术成果。其中，中国人民公安大

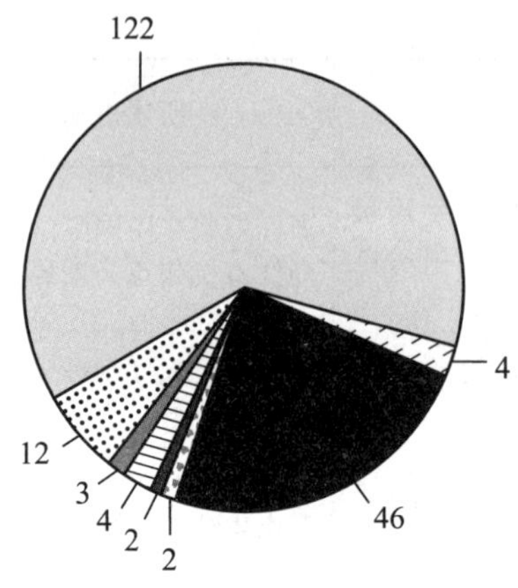

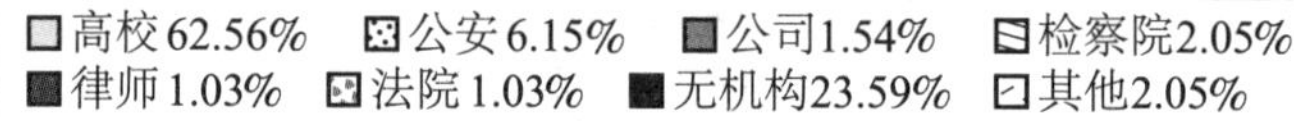

图 2-46　2021 年度犯罪预测相关文献第一作者所属机构分布图

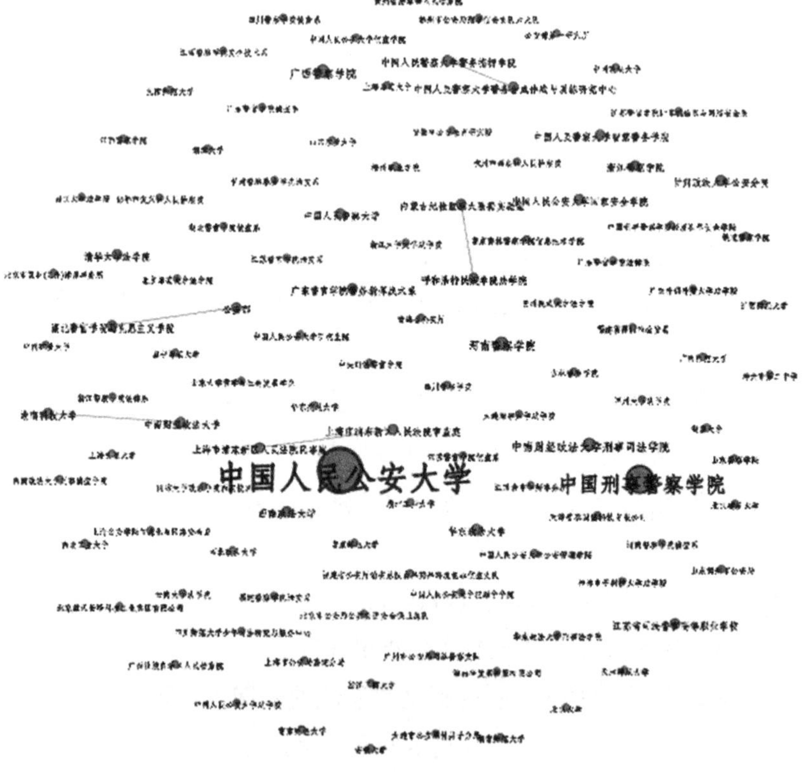

图 2-47　研究机构合作发文

学、中国刑事警察学院、中国人民警察大学、广东警官学院以及浙江警察学院对该领域较为关注,发文量也名列前茅。发文量位居第一的中国人民公安大学侧重于结合机器学习和大数据背景,对具体犯罪类型的发展趋势进行预测。中国刑事警察学院则倾向于将大数据与侦查对策相结合,试图通过对未来犯罪形势的预测而提出更恰当地打击治理措施。而中国人民警察大学则注重将大数据技术与警务创新相结合,致力于将理论应用于实践当中,打造大数据时代下智慧警务的模范样本。广东警官学院立足社会实际情况,试图将大数据和警务转型相结合,与中国人民警察大学的系列研究相比,广东警官学院的成果更具有地方特色。浙江警察学院的研究范围较广,既有大数据和警务的结合,又有警务教学实践特色和犯罪预测模式的实践应用。

表2-5 2021年度部分高校犯罪预测研究成果

来源机构	论文题目	见文期刊
中国人民公安大学	《网络涉枪犯罪侦查:现状、问题与路径》 《警务大数据应用风险分析及对策研究》 《大数据时代犯罪时空新认识》 《犯罪时空预测方法研究综述与展望》 《基于DCMM的我国警务数据管理能力成熟度评估》 《构建警务保障大数据智能化长效机制》 《警务云端数据治理成熟度评估研究》等	《中国人民公安大学学报(社会科学版)》 《甘肃政法大学学报》 《地球信息科学学报》 《云南警官学院学报》 《安徽警官职业学院学报》 《湖北警官学院学报》 《江西警察学院学报》等
中国刑事警察学院	《智慧新警务视域下公安院校本科生警务数据能力培养探索》 《公安大数据在经济犯罪侦查中的应用》 《大数据宏观战略研判在上市公司犯罪治理中的应用研究》 《大数据背景下数据导侦人才培养模式探索——以经济犯罪侦查专业为例》 《大数据背景下流动盗窃案件防控体系研究》 《打击侵犯公民个人信息犯罪研究——以黑色产业链为切入点》 《"情报主导警务"背景下电信诈骗犯罪的防控对策研究》	《北京警察学院学报》 《安徽警官职业学院学报》 《公安学刊(浙江警察学院学报)》 《公安教育》 《柳州职业技术学院学报》 《电脑与电信》

续表

来源机构	论文题目	见文期刊
中国人民警察大学	《基于大数据技术的警务实验室建设与实践研究》 《智慧警务背景下多学科交叉融合的人才培养创新发展路径研究——以智慧警务与大数据技术为例》 《大数据战略视角下警务合成作战指挥机制创新研究》 《重大疫情防控中的社区警务建设》 《新冠疫情常态化背景下中国—东盟国家警务合作新型机制探究》	《武警学院学报》 《公安教育》 《广西警察学院学报》 《云南警官学院学报》
广东警官学院	《电信网络诈骗犯罪重点地区治理路径研究——以电白、宾阳、儋州为考察对象》 《大数据环境下的警务应急指挥情报分析模型构建研究》 《大数据视野下犯罪治理模式的现代转型》 《警务大数据在“邻避”事件中的应用和对策研究——对××县6·22“邻避”事件管控的几点思考》 《粤港澳大湾区警务实战协作机制研究》	《上海公安高等专科学校学报》 《广州市公安管理干部学院学报》 《政法学刊》 《公安教育》 《贵州警察学院学报》
浙江警察学院	《大数据背景下虚拟货币传销犯罪侦防对策研究》 《治安治理政策的科学化》 《数字社会中的警务模式及警察权变革》 《基于大数据和移动设备的警务英语混合式教学实践》 《犯罪预测模型在机动车盗窃案中的应用——以杭州市某区为例》	《公安学刊(浙江警察学院学报)》 《广西社会科学》 《警察技术》 《中国防伪报道》

3. 2021 年度部分政法机关犯罪预测研究成果分析

在 2021 年的犯罪预测研究中,政法机关的参与度较低,详细情况可见表 2-6。其中来自公安机关的研究仅有 12 篇,占总数的 6.15%,侧重于对警务实践的研究探索,而来自检察机关的犯罪预测研究占总发文数量的 2.05%,只有 4 篇,其中 3 篇发表于《法制博览》,对实践发展缺乏一定借鉴价值。来自人民法院的相关研究则是最少的,只有 2 篇,其中一篇是上海市浦东新区人民法院课题组对于大数据时代背景下社会治安综合治理模式的进一步创新与优化的研究,数量虽少,但成果显著。

表 2-6　2021 年度部分政法机关犯罪预测研究成果

机关类型	所属单位	论文题目	见文期刊
公安机关	上海市公安局嘉定分局	《数据警务视阈下城市治理数字化转型的路径探索——以上海市嘉定区为例》	《上海公安学院学报》
	山东省德州市公安局	《公安机关经济犯罪侦查部门应用大数据技术的思考》	《中国防伪报道》
	青海省公安厅	《多源异构警务数据处理技术及智慧警务框架分析》	《河南科技》
	广州市公安局网络警察支队	《运用大数据资源与区块链技术办理涉数字货币犯罪的实践与构想》	《信息网络安全》
	大连市公安局甘井子分局	《建立车脸识别系统查打"遁牌黑车"犯罪研究》	《辽宁警察学院学报》
检察机关	浙江省杭州市上城区检察院 浙江省衢州市检察院	《大数据语境下检察职能介入网络金融犯罪治理的规范路径》	《第二届新时代优秀检察成果·智慧检务建设论文集》
	贵州省赫章县人民检察院	《大数据背景下侵财犯罪定性研究与思考》	《法制博览》
	广西壮族自治区人民检察院	《数据安全保护与刑法应对研究》	《法制博览》
	杭州市西湖区人民检察院	《大数据时代下网络爬虫的法律适用问题》	《法制博览》
人民法院	上海市浦东新区人民法院	《从涉网络谣言刑法规制大数据分析谈社会综合治理模式的创新与优化》	《信访与社会矛盾问题研究》

（四）共现词分析

共现词是以一定频率共现与同一语篇中的词，在信息挖掘和语言处理方面有着不可或缺的地位。共现词可能出现在每篇论文的关键词、摘要或正文当中，将关键词中出现的共现相关词权重设置为 1，摘要中出现的共现相关词权重设置为 0.6，正文当中出现的共现相关词权重设置为 0.2。与此同时，使用 Word2Vec 对共现相关词进行推测，推测词与原词的相关度除以 3 再乘以其以上权重即为推测词权重。简言之，设立相关模型，并结合模型对词语相关度进行推测并将其累计推测出权重，权重比例高低将以图形大小的表现形式体现在图谱中，权重占比高低与图

图 2-48　2021 年度犯罪预测领域高频词词云

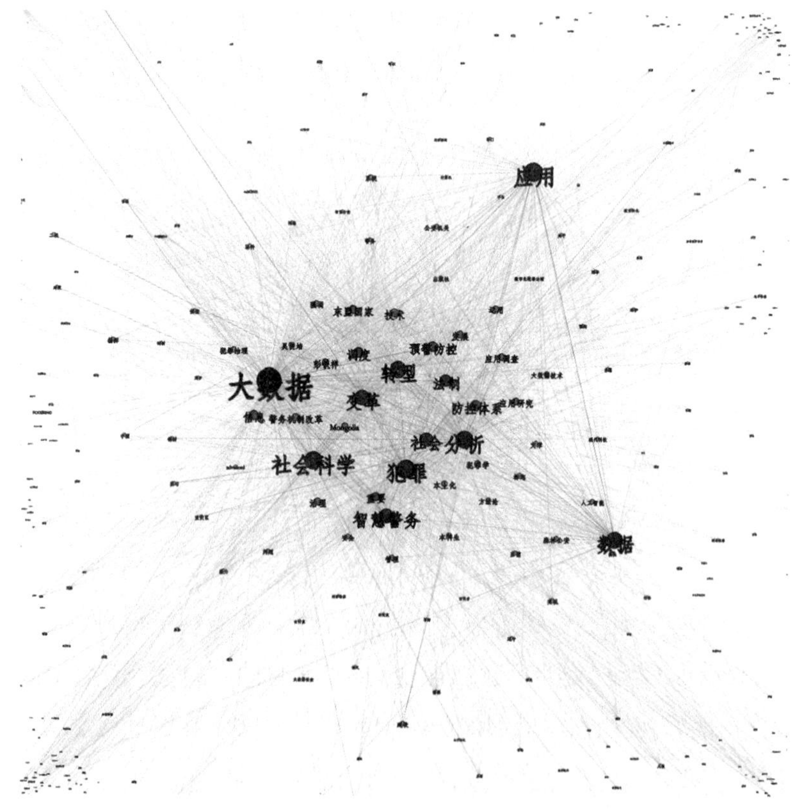

图 2-49　2021 年度犯罪预测领域共现词图谱

形大小成正比,所形成的图谱即为 2021 年度犯罪预测领域高频词词云(见图 2-48)和共现词图谱(见图 2-49),高频词、共现词在图谱中的大小代表着包含该共现词的相关文献的总数,高频词、共现词在图中占比越大,意味着与其相关的学术成果越丰硕,相关的研究数量更可观,从而体现出在 2021 年度犯罪预测领域范围内的研究热点。从图 2-49 中可知,“大数据”“犯罪”“变革”“智慧警务”“社会科学”“转型”等词语在图中较为明显,由此可见,“大数据”与“智慧警务”与 2021 年度的犯罪预测有着较为密切的关联。例如,蒋占卿和沈尧在《大数据时代犯罪时空新认识》中,通过犯罪时空研究现状分析,结合马克思主义时空观和自然科学时空理论,重点从侦查学角度论述如何在大数据时代背景下构建犯罪时空新理论、强化时空侦查新技术、创新时空融合技战法。刘志勇在《大数据战略视角下警务合成作战指挥机制创新研究》中,介绍了大数据时代下积极应对国家、社会安全形势的新型警务模式,该模式依托大数据技术,能够将实战所需警种、业务、技术等必须要素进行融合后作出合理的制度化安排。

二、2021 年犯罪预测主要模型

犯罪预测是公安机关进行犯罪预警与侦查的重要手段之一。新时代大数据背景下的犯罪预测兼具传统犯罪预测原理以及大数据分析技术的双重特色。犯罪预测的大数据化改变了现行警务的传统执法模式,提升了犯罪预测的效率与效度,确保执法过程的证据留痕与可追溯性。随着信息技术的科学发展,以量化分析为基础的犯罪预测技术得到极大成长并注重强调现代科学技术和各种研究论证方法的使用。总而言之,犯罪预测是指利用先进的科学技术,依据现有的犯罪数据和资料以及对可能影响犯罪的各种相关因素的分析、研究,对在未来特定时空范围内可能出现的犯罪现象的状况、结构、发展趋势等所作的一系列判断行为。然而,时至今日,犯罪预测所赖以维系的理论模型和实践样态并未产生根本性的改变。以 2021 年中国知网所收录的公开发表相关研究的论文成果为样本,归纳分析并汇总得出 2021 年度犯罪预测领域内的常用模型(见表 2-7)以及各模型热度分析图(见图 2-50)。

表 2-7　2021 年常用犯罪预测模型

预测目标	模　型	优　　点	数据源	精确度
犯罪地点、犯罪身份	知识图谱	建立人脸与电子信号之间的关联匹配关系,经过聚合形成全系档案,主动预警布控关注人	互联网大数据	无说明
犯罪地点、犯罪身份	知识图谱	实现以自然语言方式为用户提供更全面的信息,同时,还可以在一定程度上避免由于检索线索不明确而导致的信息获取失败的情况,辅助用户发现更多隐藏的线索	人口数据、企业数据等经济犯罪防控大数据	无说明
犯罪身份	Kmeans(K 均值聚类算法)	有效地对犯罪行为进行预测和分析,分析与预测具有较高可靠性和准确性	多元历史犯罪数据	0.75 左右
犯罪类型	决策树	有效地对犯罪行为进行预测和分析,分析与预测具有较高可靠性和准确性	多元历史犯罪数据	0.85 左右
犯罪身份	朴素贝叶斯	有效地对犯罪行为进行预测和分析,分析与预测具有较高可靠性和准确性	多元历史犯罪数据	0.8 左右
犯罪数量、犯罪地点	Kmeans(K 均值聚类算法)	通过间隔统计量方法自动确定聚类数目,克服了 Kmeans 无法确定 K 值的缺点	历史犯罪数据	无说明
犯罪地点	Knox、QPSO(量子粒子群算法)、Kmeans	论文提出的基于 Mnd-Knox 算法与 L-QPSO-DBN 网络相结合的时空犯罪数据网格化预测模型,可以有效实现所研究区域的犯罪预测,经过数据特征优化提取的 4 类案件预测模型平均绝对误差值降低了 88.56%,利用 L-QPSO 改进的深度置信网络网络模型预测准确率标准差降低了 45.17%,模型性能总体表现良好,能够达到预期目标,特别是用于分析自相关性显著的案件类型时,效果最佳	美国芝加哥市盗窃、殴打、袭击、刑事损害犯罪数据	均高于 0.99
犯罪数量	ARIMA-LSTM(差分整合移动平均自回归模型-长短期记忆网络模型)	ARIMA-LSTM 组合模型能够更好地拟合实际条件的案件变化趋势	H 市 2018—2019 年的犯罪数据	ARIME-LSTM MAPE(平均绝对百分比误差)值为 21.7%

续表

预测目标	模　型	优　　点	数据源	精确度
犯罪地点	ST-GCN（时空卷积神经网络）	ST-GCN 模型在 H 市 X 区的财产类犯罪预测上效果良好，且模型也可适用于 X 区的暴力犯罪预测	H 市 2018—2019 年的犯罪数据	STGNC RMSE（均方根误差）值为 2.68
犯罪时间、犯罪地点	LSTM（长短期记忆网络模型）	不会在长周期的案件中导致对预测有效信息的丢失，可以处理长周期案件预测的记忆问题	某市 2015—2019 年盗三车案件信息	0.73

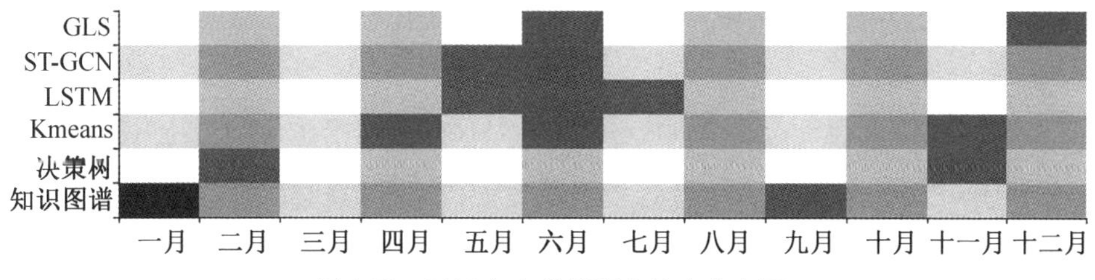

图 2-50　2021 年各模型研究热度分布图

模型简介：

知识图谱：本质上是由节点和边构成的一种语义网络，其中节点代表实体、概念，边代表概念或实体之间的语义关系。

决策树：一种预测模型，代表的是对象属性与对象值之间的一种映射关系，表现为树结构。

Kmeans（K 均值聚类算法）：将一组样本分成不相交的簇，每个簇用该簇中样本的均值来描述，这种方法通常被称为簇的“质心”。K 均值算法无需训练样本，通过无监督学习对样本作一次划分。

Knox：一种经典的传染病聚集性检验方法。

QPSO（量子粒子群算法）：一种基于群体智能的全局随机搜索算法，该算法模拟鸟群迷失过程中的迁徙和群居行为，通过群体中每个个体之间的协作和信息共享而寻找最优解。

ARIMA（差分整合移动平均自回归模型）：使用最广泛的线性模型，对于平稳时间序列和非平稳时间序列均拥有较好的适应和处理能力，优势在于时间序列中的先行部分预测有较高的预测精度。

ST-GCN（时空卷积神经网络）：由北大团队提出的新颖的学习框架，相较于传统的时空模型,该模型不受之前时间点数据预测的限制,从而可以更好捕捉变化且并行训练的消耗低。

LSTM(长短期记忆网络模型):循环神经网络的改进,该方法有效解决了循环神经网络在处理长周期数据间传递过程中造成的信息丢失问题,更适合用于处理和预测间隔和延迟比较长的时间序列事件。

三、犯罪预测

(一)犯罪率的影响因素分析

1. 数据选择

该部分的实证研究以我国刑事案件数量为例,数据来源于国家统计局和中国裁判文书网2010年至2020年各省年末常住人口、城镇登记失业人数等民生数据以及当年刑事案件数量的统计数据,通过关联分析借以研究刑事犯罪率与各因素的关系。

犯罪经济学为犯罪率的研究提供了成本、收益、惩罚三个角度,例如,司法支出在一定程度上可增加犯罪惩戒力度,促进犯罪威慑力;民生支出的增加可以提高部分犯罪的机会成本,进而抑制犯罪率;公共安全支出则可以直接抑制某些类型的犯罪率,减少犯罪的产生。在社会学领域,可从人口结构、失业、城乡收入水平、法律政策等研究方向着手对犯罪率进行研究。

故本书拟从以下8种相关因素出发,试图通过分析各因素的整体趋势与中国犯罪率的整体趋势,找出我国目前犯罪预测的重点矛盾,并提出相应解决措施。

2. 数据特征

犯罪相关因素选取了8种,分别是各省年末常住人口(万人)、城镇登记失业人数(万人)、社会保障和就业支出(亿元)、公共安全支出(亿元)、科学技术支出(亿元)、医疗卫生支出(亿元)、全体居民人均可支配收入(元)、每十万人口高等学校平均在校生数(人)。

通过对特征的筛选,上述特征可表示为Time:时间(年)、AJS:刑事案卷数(卷)、A:人口、B:失业、C:社会保障、D:公共安全、E:科技、F:医疗、G:经济和H:教育8个维度。特征之间会存在耦合及并非完全独立不相关,2011年至2021年的时间信息并不具备显著的特征信息,分析时并不将其作为特征。各特征要素关联度详情见图 2-51。

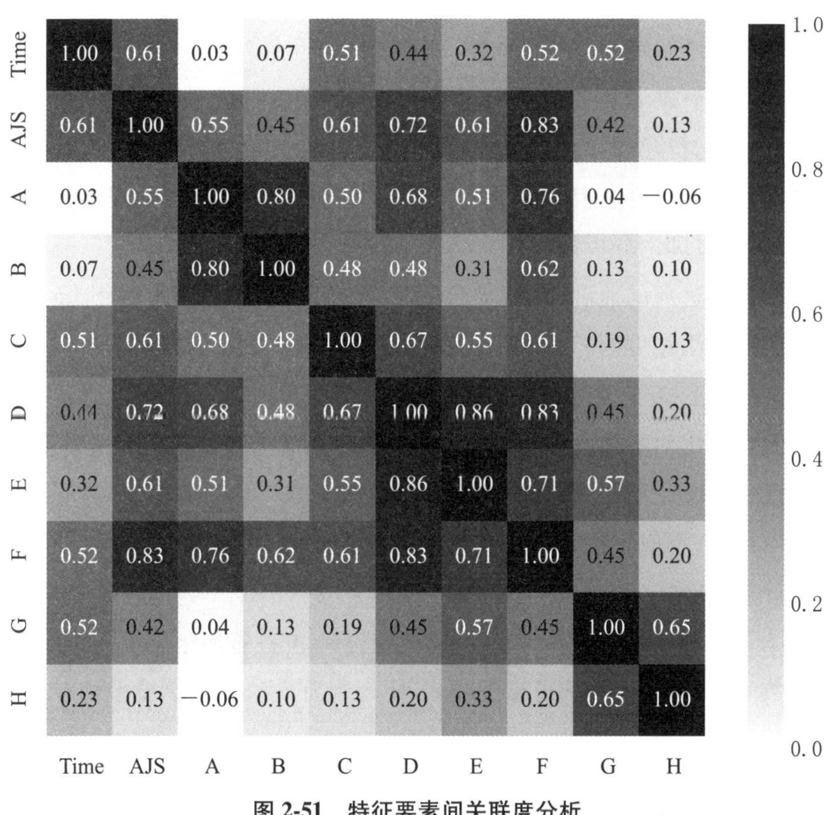

图 2-51　特征要素间关联度分析

3. 特征要素间关联度分析

从图 2-51 中可以看出与案卷数 AJS 关联度最高的要素特征依次为 F 医疗卫生支出、D 公共安全支出、C 社会保障和就业支出以及 E 科学技术支出。

国内有学者根据“理性经济人基于‘成本—收益’进行理性选择”的理论，提出并论证增加教育、医疗、社会保障与救济等“民生支出”可以提高犯罪的机会成本，从而减弱犯罪率。①此成本收益理论同样可以阐释图 2-51 的部分结果。

医疗卫生支出、社会保障和就业支出均可划分为民生支出，从前述学者研究的回归结果中也可以得到民生支出的增加对犯罪率有抑制作用，然而该学者同样提

① 毛颖：《民生支出有助于减低刑事犯罪率吗？——来自中国（1995—2008）省级面板数据的证据》，载《南开经济研究》2011 年第 4 期。

出公共安全的支出会对民生支出造成挤压,而从图 2-51 中所体现出公共安全支出关联度位居第二的结果,同样可以初步得出仅对单一变量进行观测难以从宏观上对犯罪率作出合理解释。

分散的研究有助于解释政策,却无利于制定政策,尤其是需要宏观自上而下制定方针。刘伯凡、曹建华相对于分散的研究方式提出其他研究方法,其证明了我国地区间的刑事犯罪存在相互联系。①其研究发现公共安全支出对相近犯罪率的影响不显著,其通过理论分析认为,公共安全支出对相邻地区犯罪率的影响取决于打击犯罪和犯罪者逃离的速度,并认为公共安全支出的提高对相邻省份降低犯罪率的程度取决于执法速度。

而在聚焦于公共安全支出对于犯罪率影响的研究中,国内学者通过分类研究得出公共安全支出对侵财犯罪抑制作用显著,却在暴力犯罪和经济犯罪的作用上缺乏显著性。该结论说明目前的犯罪研究,包括本书,仍缺乏对于不同犯罪类型的犯罪率横向比较,不应直接将不同犯罪类型视为一体并在数据特征提取时直接确定模型设计方向。

通过图 2-52 并结合上述关联度可以直观得到 A 各省年末常住人口、B 城镇登记失业人数、G 全体居民人均可支配收入、H 每十万人口高等学校平均在校生数在坐标系中分布较为离散。

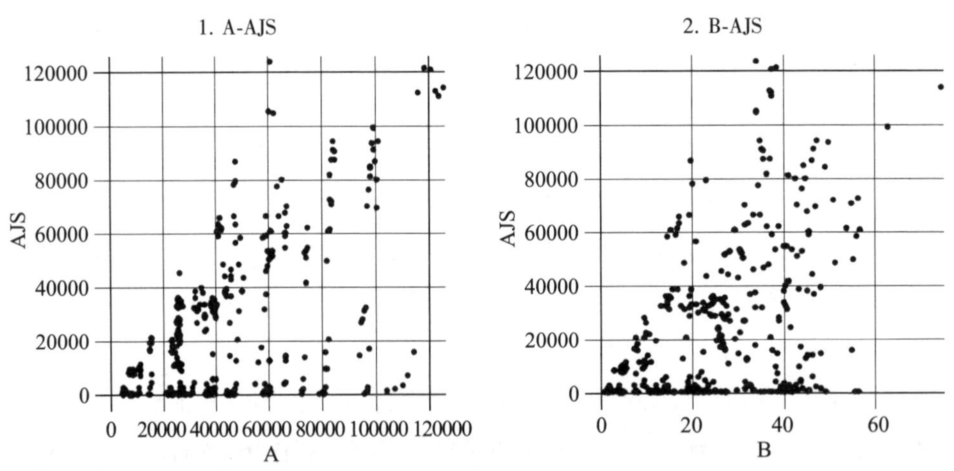

① 刘伯凡、曹建华:《我国刑事犯罪空间相关的形成机制——一种理论假说及其验证》,载《经济学动态》2016 年第 3 期。

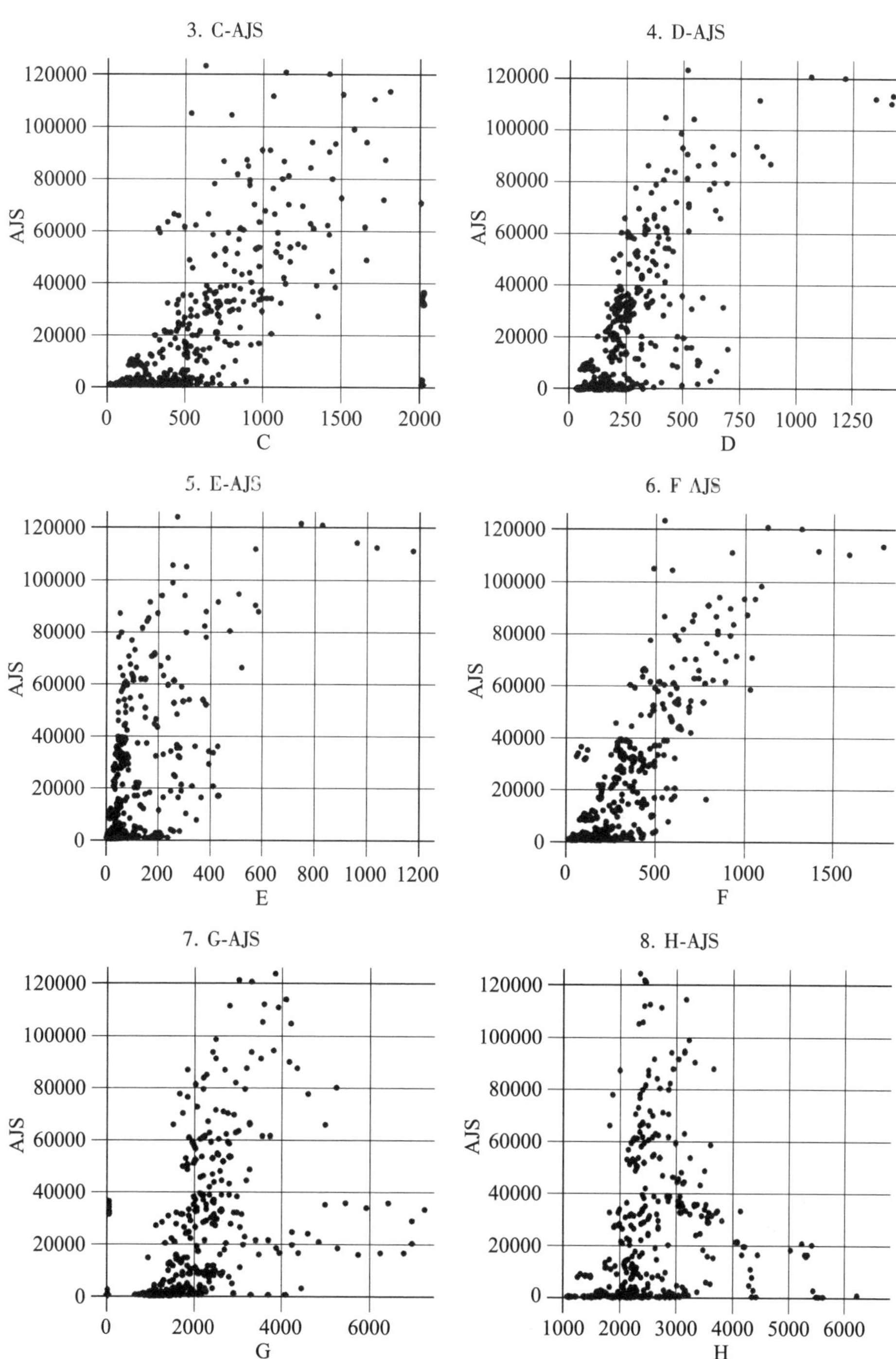

图 2-52　各要素与案件数之间的关系

由于可支配收入的分布涉及我国城乡收入分配差异,且较为离散,本书对G全体居民人均可支配收入特征进行关联性分析。

以上海、北京、广西、云南、江西10年的全体居民人均可支配收入数据进行比较,可支配收入与案卷数的关系并不十分显著,详情见图2-53。

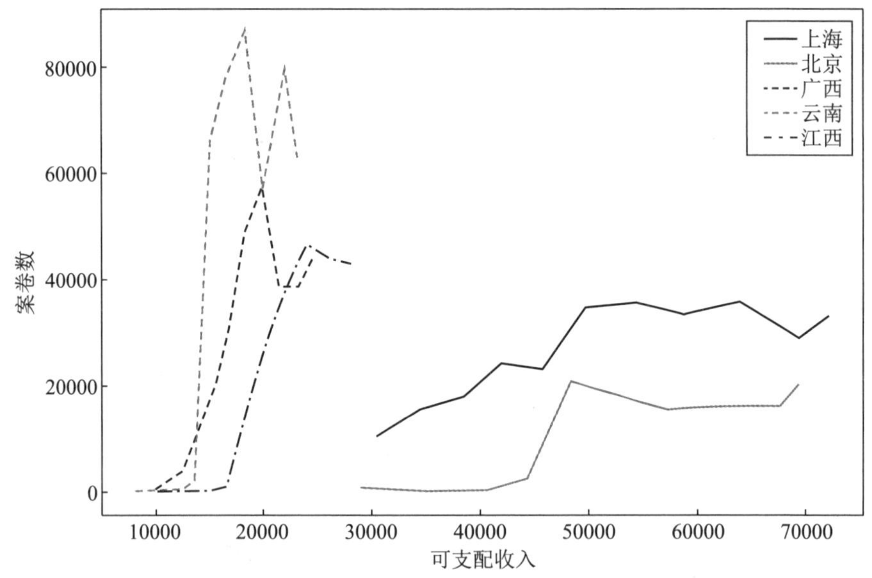

图2-53 可支配收入与案件数的关系

犯罪社会学和犯罪经济学领域内均提出,收入的不平等会造成犯罪率的上升,国内学者也对此进行相关研究,例如,中国人民公安大学的张巧基于贝克尔成本—收益模型、需求定理,对犯罪原因进行分析,得出促使犯罪人实施电信网络诈骗行为的主要原因是低廉成本和高额收益之间产生的利润差值,收入的差距促使犯罪人产生非法趋利心理,造成犯罪率的上升。①然而本书的研究数据仅为平均收入水平,因此地区内收入差距与犯罪率的局部对比,本书无法分析。

4. 皮尔逊相关系数分析

相关系数是衡量两个数据相关关系的指标。皮尔逊相关系数广泛用于度量两个变量之间的相关程度,其值介于-1与1之间,它是由卡尔·皮尔逊从弗朗西斯·高

① 张巧:《经济学视角下的电信网络诈骗犯罪对策研究——基于成本—收益模型、需求定理》,载《中州大学校学报》2021年第6期。

尔顿在 19 世纪 80 年代提出的一个相似却又稍有不同的想法演变而来的。这个相关系数也称作“皮尔逊积矩相关系数”。通过对皮尔逊系数进行计算,相关系数也较低。

由图 2-54 和表 2-8 中可以看出,相关性最高的因素是人口,其次是医疗,最不相关的因素是教育。分析其中的原因可能在于本例中用于统计的教育因素数据是每十万人口高等学校平均在校生数,不能客观反映地区人口普遍受教育程度,因此该项因素对犯罪的影响最不具有显著性。

表 2-8　各因素与犯罪数量间皮尔逊系数

皮尔逊相关系数	A 人口	B 失业	C 社会保障	D 公共安全
r	0.896750	0.697003	0.559970	0.726940
p	3.460667051970239e-69	2.970782661771572e-29	3.061069060679375e-17	7.662968525313501e-33
皮尔逊相关系数	E 科技	F 医疗	G 经济	H 教育
r	0.612482	0.833185	0.153993	0.005297
p	3.723384260054862e-21	9.060282500155817e-51	0.03295854826828908	0.9418659333567718

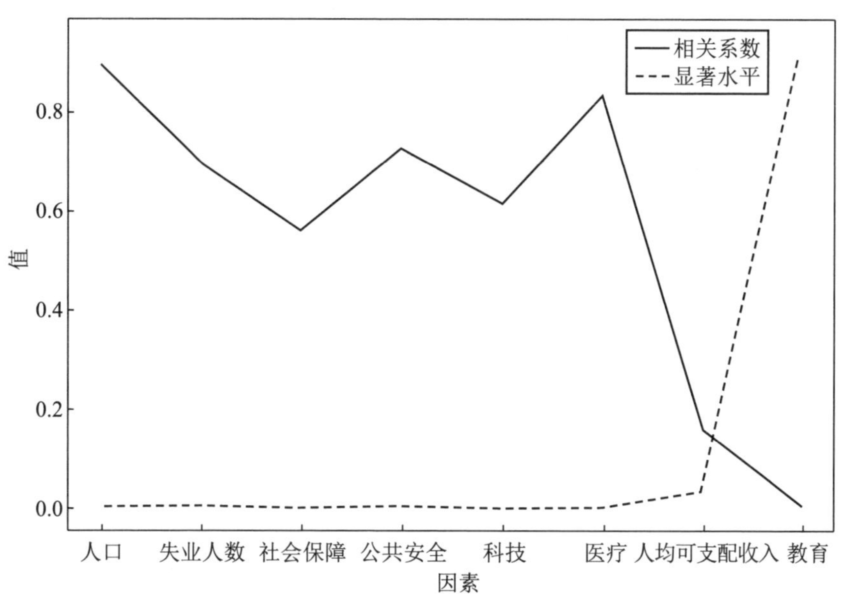

图 2-54　各因素与犯罪数量皮尔逊相关系数和显著水平

（二）常见机器学习模型的犯罪预测

本部分中,我们选取线性回归模型、LassoCV(沿着正则化路径迭代拟合的Lasso线性模型)、RidgeCV(岭回归)、ElasticNetCV(弹性网络)、决策树、随机森林和神经网络分别对犯罪率进行预测,数据特征因素为上文提到的8个维度数据,即A:人口、B:失业、C:社会保障、D:公共安全、E:科技、F:医疗、G:经济和H:教育。由于模型的训练需要一定的数据量,因此我们使用了近五年的相关数据。各个模型的效果见表2-9,可见神经网络的表现较好,准确度为0.75809。通过上文的分析可知,此部分数据中,H教育因素的相关性最小,因此去掉该因素后,对模型重新评估,发现所有模型的准确度均有所提高,其中随机森林的准确度达到了0.91678,神经网络的准确度达到了0.83807,各模型间的拟合度比较详见图2-55。

表2-9 各模型预测准确度

模　型	准确度	去掉H因素后准确度
线性回归	0.51739	0.81002
LassoCV	0.63060	0.83413
RidgeCV	0.58350	0.81176
ElasticNetCV	0.60912	0.81227
决策树	0.69532	0.89680
随机森林	0.70441	0.91678
神经网络	0.75809	0.83807

通过查阅国内学者对于犯罪预测的诸多算法与模型,不难得出对于限定了有限特征的犯罪预测需求,从较为简单的回归模型中,机器学习已能实现可信度0.7以上的预测结果,但笔者认为犯罪预测的研究方向不应是在模型准确性上进行改进。例如增加优化方案、加入更多特征等着重于模型上的研究方式,模型的可解释性仍存在很多理论问题。目前犯罪预测领域相关论文均建立在回归模型实验结果可信的基础上,而模型构建前的特征提取往往建立在假设上,造成模型训练和选择的方式会因为特征的变动而完全改变。因此犯罪预测中多样的解释并不同于当前机器学习领域实践和研究较多的自然语言处理(Natural Language Processing),后者

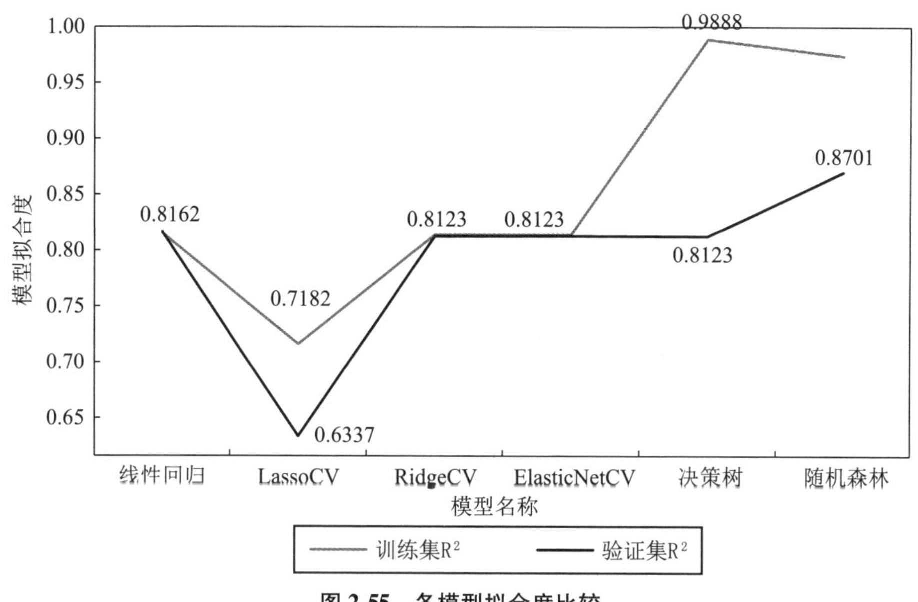

图 2-55　各模型拟合度比较

的解释更贴近于语言学与经验主义。

四、犯罪预测风险和规制

（一）犯罪预测的风险

随着信息化的发展，计算机处理器的加快以及存储数据量的增多，先前离散的数据网络得到新的发展。基于数据质量和数量对“预测警务”的重要性，警察部门和相关合作公司会积极寻求大量的数据应用于相关预测系统。由于缺乏明确的监督和制约法规，在数据的获取、运用、整合阶段都易产生相应的风险。①

1. 数据搜集——“黑数据”现象导致歧视

“黑数据”也称坏数据，指的是数据中的黑数，是犯罪预测行为所依赖的重中之重。在目前的犯罪预测项目中，数据的可靠性和公平性始终是阻止预测理想结果的重要因素。在数据搜集过程中，公安部门内部缺乏对各部门间共享数据的监督和管理体系及机制，无法对日益增长且数量庞大的相关数据进行严格审核，剔除

① 胡铭、严敏姬：《大数据视野下犯罪预测的机遇、风险与规制——以英美“预测警务”为例》，载《西南民族大学学报（人文社会科学版）》2021 年第 12 期。

不合理的“黑数据”,导致用于研究犯罪预测的数据可靠性存疑,影响预测结果的准确性。另外,数据来源渠道众多,且各渠道搜集处理信息的标准不一,导致最终汇总用于预测的系列元数据缺乏统一起点标准,在预测某些具体指标时不可避免地存在数据偏见、产生歧视现象。

2. 数据获取——过度侵犯个人隐私

犯罪预测的前提是需要获取到足够多元化的数据信息以便进行计算,公安部门也需要更多来源的信息化数据,而数据大多源于公民日常行为产出、公安机关内部对公民行为留痕以及各部门间信息流动。

在大多数情况下,公安机关对于公民日常行为以及机关内部的留痕行为所产生的数据获取,是并未经过当事人同意的,倘若执法人员未经规定许可擅自获取相关数据,则是对当事人隐私的严重侵犯。另外,在信息化时代背景下,生活智能现代化的同时也增加了公民个人信息泄露风险。例如,要求刷脸才能进入的门禁系统在无形之中采集了大量的面容信息以及其他个人信息,在安全性不足的第三方公司中保存的相关信息随时面临着泄露及侵犯个人隐私的风险。

3. 算法黑箱——预测缺乏公正、透明

在犯罪预测系统的编写和运算过程中,算法占据了独一无二的地位。公安部门通常会借助相关技术人员的帮助,利用搜集和获取到的元数据进行算法使用。但在大部分人员看来,算法也存在黑匣子,算法运行过程的非公开性和不透明性让公民产生质疑和不确定性。另外,算法信息的不公开和保密性导致某种程度的监督缺位和质疑失声,使得公众无法完全信任算法得出的预测结果。

4. 数据隔离——信息孤岛的产生

信息之间缺乏关联互动,无法共享互换或是信息数据系统之间的不兼容均可导致信息孤岛的产生,这也是公安部门在开展信息化工作中的一大困境。各部门、各区域范围内所使用的系统并非完全相同,对信息数据处理的标准也并非一致,导致各部门以及各区域所处理并获取的信息之间存在隔阂,无法进行自如的数据共享,倘若能够在全国范围内形成统一的信息处理或共享系统,便能有效地促进信息数据的流通和共享,实现数据多跑路,人员少跑腿,在某种程度上减少资源的浪费。

(二)犯罪预测的规制

现代化发展进程如日中天、势不可挡,在大数据背景下的犯罪预测研究同样面临着风险和机遇,如何规避风险,利用现有数据进行更高精度的犯罪预测行为研究,这是我们应当要予以考虑的问题。

1. 优化数据选择标准

数据是预测结果准确性的首要保证,既然无法避免“黑数据”的存在,那么在数据选择阶段就应当进行标准限制,剔除不相关的非合理性因素,以确保结果的精确度。其一,数据应当具有真实性,只有真实的数据才能如实反映目前社会层面存在的情况。其二,在保证真实性的同时,应当重视数据的多元性,尽量多平台进行数据搜集和获取,以免造成单一平台数据偏差产生歧视现象。其三,保证数据的客观性,一个客观、合理的数据来源对于数据处理和预测行为的产生具有至关重要的作用。最重要的是,确保数据的可归责性,有部分学者建议通过事后的追责程序,建立相关人员对预测数据的疏忽或滥用行为导致对犯罪嫌疑人甚至普通公民权益造成损害的系列追责制度。

2. 坚持“个人自决”与适当比例原则

正如前文所说,大数据时代下公民信息泄露的风险提高,避免个人隐私被过度侵犯的前提是从源头保护。将个人自决原则与适当比例原则相结合,保护大数据时代背景下的民众隐私。德国联邦宪法法院将信息自决权确定为公民一般人格权的体现,人人能够享有确保自己私人和家庭生活、通信受到尊重的权利。同时,在搜集和获取信息的同时,应当坚持适当比例原则,出于相对客观和有效的理由才可使用相应的与公民个人相关的隐私数据。

3. 加强算法预测透明度

算法的不透明性容易导致民众产生质疑和不信任感。在犯罪预测的过程中,应当重视加强算法的预测透明度,包括但不限于促进公民对算法及其决策的了解、明晰数据搜集和获取过程中的个人责任承担制度体系以及在许可范围内对算法预测过程进行简单公示等。首先,尝试通过对日常生活中存在的大数据监管问题以及其他相关算法决策进行普及,让民众对算法决策的科学性和普适性予以认可。其次,进一步明确在搜集、获取数据过程中的个人责任制度细则并有针对性地挑选出部分非涉密性质的算法决策过程内容进行日常公示,方便民众查看。

4. 完善数据交流互通

数据是犯罪预测的关键要点,完善数据交流平台,创造一个合法合理合规的沟通渠道是促进犯罪预测结果精确度的首要条件之一。数据可分为公共数据和私人数据,在完善的过程中,我们应当将公共数据和私人数据相分离,分门别类进行汇总后再统一导入公安部门的基础数据储存及服务平台。在该平台中,相关部门应当定时定量对其平台设备进行维护,适时调整各环节之间的标准,及时建立不同数据库便于应对犯罪预测的各种要求。另外,在自身基础服务平台建设的同时,促进政府各公共部门之间的数据共享与协作,加强数据流通与分享,打破数据壁垒,消灭信息孤岛,实现有效数据无限效用的利益最大化。

第三章 / Chapter 3

2021年度犯罪治理典型案例的犯罪学分析[①]

一、选题理由

（一）新冠疫情深刻改变社会生活，要求加强和创新社会治理

当前世界处于百年未有之大变局，而新冠疫情全球大流行使百年未有之大变局加速演进。作为新中国成立以来我国遭遇的传播速度最快、感染范围最广、防控难度最大的突发公共卫生事件，新冠疫情深刻改变了我国乃至人类社会生活。在当前疫情区域性复发、防控措施常态化的背景下，我国社会治理体系在不断完善、社会治理能力在不断提升，如何在坚持疫情防治不松懈的前提下加强对各类犯罪尤其是抗疫以来出现的新型犯罪的治理值得被关注。

（二）国家法治体系建设与犯罪类型、手段的不断翻新，要求提出新的防治对策

在积极应对新冠疫情的同时，我国法治建设的脚步也并未停歇。2021年，我国正式施行了《刑法修正案（十一）》《预防未成年人犯罪法》《未成年人保护法》《个人信息保护法》《反有组织犯罪法》等一批法律法规。在法律体系不断完善的同时，我们也应当看到犯罪类型的增加和犯罪模式、手段的翻新。以电信网络诈骗犯罪为例，新冠疫情的发生衍生

---

① 本部分由倪铁、吕婕合作完成。

出“疫苗诈骗”“阳性快递诈骗”等新型诈骗模式。在后疫情时代,如何治理、防控新型犯罪值得加以讨论。

(三) 实现国家治理体系和治理能力现代化,要求建设更高水平的平安中国

党的十九届五中全会审议通过了《中共中央关于制定国民经济和社会发展第十四个五年规划和二〇三五年远景目标的建议》,强调要坚持专群结合、群防群治,加强社会治安防控体系建设,坚决防范和打击暴力恐怖、黑恶势力、新型网络犯罪和跨国犯罪,保持社会和谐稳定。中共中央印发的《法治社会建设实施纲要(2020—2025年)》同样强调要增强社会安全感,全面提升社会治理法治化水平,推动扫黑除恶常态化,依法严厉打击和惩治暴力伤害医务人员、破坏野生动物资源、暴力恐怖、黄赌毒黑拐骗、高科技犯罪、网络犯罪等违法犯罪活动,遏制和预防严重犯罪行为的发生。在后疫情时代,我们应当统筹传统犯罪与新型犯罪的科学治理,在防治传统类型犯罪的同时强化对新型犯罪的治理,推进平安中国建设。

二、年度典型案例的选题标准

(一) 以国家法治体系建设为导向

国家安全法治建设是国家法治体系建设中的重要一项,国家安全也与公民生活息息相关,近年来危害国家安全的犯罪逐渐高发,基于此背景本书选取了国家安全相关犯罪案件进行分析,进而对危害国家安全类犯罪进行讨论研究。随着《反有组织犯罪法》的正式通过,我国对黑恶势力的打击又上新台阶,各种以“黑恶势力”为依托的犯罪行为值得我们进行关注。此外国家法治体建设还聚焦于加强民生领域立法,2021年《中华人民共和国反电信网络诈骗法(草案)》的起草与审议体现了国家对电信网络诈骗犯罪打击与治理的重视,因此本书聚焦于电信网络诈骗进行相关讨论。2022年5月5日《工业品外观设计国际注册海牙协定》对我国正式生效,我国知识产权治理逐渐与国际接轨,对我国深度参与世界知识产权组织框架下全球知识产权治理具有重要促进作用,因而侵犯知识产权相关的犯罪自然是需要关注和研究的重点。

(二) 以国家治理、社会稳定、民生保障为关注点

税收为一国经济命脉,国家的运转、政策的开展离不开税收的支持,因而涉税犯罪是维护国家治理需要关注的重点。社会稳定离不开对民生的保障,而医疗保障是民生的重要一环,当前医保骗保犯罪的频繁发生是对医疗保障制度健康发展的践踏,故本书选取了该类犯罪进行讨论研究;此外"黄赌毒"作为严重危害社会稳定、容易吸引民众参与的犯罪一直是我国高压打击与治理的对象,因此本书选取了毒品犯罪与赌博类犯罪进行探讨,与我国严厉打击相关犯罪的刑事政策相呼应。2021年6月23日,最高人民检察院联合教育部发布了在校学生涉"两卡"(手机卡、银行卡)犯罪典型案例,反映了当前许多在校学生因缺少社会阅历和法律意识而陷入电信诈骗之中,成为"帮凶"而不自知的现状,故本书选取该类犯罪进行相关研究。

三、典型案例犯罪学分析的总体框架

本章所选择案例涉及国家安全与治理、社会稳定、民生保障的典型犯罪,通过对2021年度系列犯罪进行深入分析后从而选定对特定犯罪进行研究。在内容上,成员以犯罪特点、原因分析为出发点,以点带面、以小见大,进行犯罪学角度的归纳分析。在结构安排上,遵循同样的犯罪学分析思路,其内容主要包括:

1. 犯罪简介。即对该类犯罪的概念、发展趋势、特点等进行简单介绍,使得读者对该类犯罪进行简单了解。

2. 原因分析。本部分具有承上启下的作用,通过对该类犯罪中的案件进行归纳汇总,从而对其发生的原因作出全面的、具体的归纳。这一部分也为下文探求其防控对策提供基础。

3. 防控策略。该部分主要有两个方面,一是对以往相关案件防控思路的概括和总结,二是在此基础上防控方式的拓展。通过对以往的优势之处进行借鉴,对不足之处进行改进,从而完善相应的防控对策。

第一节 利用社交网络危害国家安全典型案例研究报告:陈某某为境外刺探、非法提供国家秘密案①

一、案情简介

陈某某系某职业技术学院学生。2020年2月中旬,陈某某通过"探探"App平

① 本节由倪铁、吴烨彬合作完成。

台结识了境外人员“涵”。陈某某在明知“涵”是境外人员的情况下,为获取报酬被“涵”策反。陈某某于2020年3月至2020年7月间,按照“涵”的要求,多次前往军港等军事基地,观察、搜集、拍摄涉军装备及部队位置等信息。陈某某在明知“涵”可能系境外间谍以及拍摄内容涉密性的前提下仍通过微信、坚果云等社交软件发送给“涵”。陈某某先后收受“涵”转账的报酬共计人民币1万余元以及鱼竿、卡西欧手表等财物。经密级鉴定,陈某某发送给“涵”的照片涉及军事秘密和两项内部事项。最终,陈某某因犯为境外刺探、非法提供国家秘密罪被判处有期徒刑6年,剥夺政治权利2年,并处没收个人财产人民币1万元。①

二、入选理由

(一)中央对利用社交网络危害公共安全的间谍案件高度重视

习近平总书记曾说过,没有网络安全就没有国家安全,就没有经济社会稳定运行,广大人民群众利益也难以得到保障,②“网络犯罪已成为危害我国国家政治安全、网络安全、社会安全、经济安全等的重要风险之一”。③此外,习近平总书记亲掌网安小组,出任领导小组组长,李克强及刘云山担任副组长,兼顾国防军事、国务院系统及意识形态三个安全战略规划,④足以体现社交网络平台安全涉及政治安全、国防安全以及社会安定的问题,表现出中共中央对于类似间谍案件的高度重视。

《中华人民共和国反间谍法》(以下简称《反间谍法》)第38条规定,本法所称间谍行为,是指下列行为:(1)间谍组织及其代理人实施或者指使、资助他人实施,或者境内外机构、组织、个人与其相勾结实施的危害中华人民共和国国家安全的活动;(2)参加间谍组织或者接受间谍组织及其代理人的任务的;(3)间谍组织及其代理人以外的其他境外机构、组织、个人实施或者指使、资助他人实施,或者境内机构、组织、个人与其相勾结实施的窃取、刺探、收买或者非法提供国家秘密或者情

---

① 张昊:《检察机关依法惩治利用网络或邪教组织危害国家安全犯罪》,载《法治日报》2022年4月18日,第3版。

② 参见《习近平出席全国网络安全和信息化工作会议并发表重要讲话》,载中国政府网,https://www.gov.cn/xinwen/2018-04/21/content_5284783.htm。

③ 参见习近平于2020年11月16日在中央全面依法治国工作会议上的讲话。

④ 张凡:《习近平亲自领导网络安全小组具有划时代的意义》,载人民网2014年2月28日,http://opinion.people.com.cn/n/2014/0228/c1003-24490779.html。

报,或者策动、引诱、收买国家工作人员叛变的活动;(4)为敌人指示攻击目标的;(5)进行其他间谍活动的。利用社交网络进行的危害国家安全犯罪正属于上述间谍行为范畴。近年来,对内,社交网络作为犯罪工具与国家安全的实体要素交叉融合,成为国家安全的重要基础;对外,社交网络与网络空间和传统国域扁平交织,成为最新的国域安全。

(二)利用社交网络危害国家安全案件频发

近年来,利用社交网络危害国家安全事件时有发生。黄某某为境外刺探、非法提供国家秘密案中,被告人黄某某利用婚纱摄影师身份,在境外人员“琪姐”指示下,远景拍摄军港周边停泊的军舰,通过共用网盘、群组共享等方式发送给“琪姐”,造成多项国家机密泄露。①此外,还有利用社交网络作为犯罪工具,如轰动全国的哈工大学生、广州大学生成为境外间谍案件,他们都是在网络上被引诱和吸收成为间谍,②以及利用网络作为犯罪空间,例如中央民族大学教师的分裂国家宣传网站。③

2019 年以来,最高人民法院、最高人民检察院、国家安全部、公安部以及各省级政府发布的危害国家安全案件共 33 例,其中利用社交网络危害国家安全案件达到 22 例,占比 66.7%,可以说该犯罪类型已经成为危害国家安全犯罪中最常见的一种方式。上述只是公开的利用社交网络平台危害国家安全的案例,随着近年来社交网络不断发达以及国与国之间碰撞摩擦愈发激烈,类似案件发生频率会越来越高,唯有通过分析此类案件特点,找出犯罪原因并制定出相应策略,才能彻底瓦解损害国家安全的行为。

(三)该案件具有典型法治指导意义

此案件是由最高人民检察院以及国家安全机关发布的依法惩治危害国家安全犯罪典型案例之一,它为各级机关单位以及民众敲响警钟。对各级国家机关和单位而言,该案件警示了社交网络有作为犯罪媒介平台的潜在危险性,同时为侦查人员在同类案件侦查中提供经验,为检察人员起诉、审判人员审判提供指导。此案件

---

① 张昊:《检察机关依法惩治利用网络或邪教组织危害国家安全犯罪》,载《法治日报》2022 年 4 月 18 日,第 3 版。

② 《哈尔滨高校学生向境外出卖情报被批捕　获利 20 万元》,载财经中国网,http://finance.china.com.cn/roll/20140807/2594204.shtml。

③ 《原中央民族大学原讲师伊力哈木涉分裂国家罪被公诉》,载中国网,http://sd.china.com.cn/a/2014/shouyefazhi_0731/28442.html。

还揭示了网络监管部门的管理漏洞,为监管体制的改善提供指导方向。

对普通民众而言,该案件能够加深其对社交网络渠道危害国家安全犯罪事件的了解,从而强化普通民众的国家安全意识,提高在社交网络中与陌生网友交流的警觉性。在保障良好网络环境的同时,此类案件还能够吸引民众一起参与维护国家安全整治工作:一方面可以通过举报制度拓展侦查机关的消息来源,加快侦破进度,防止相关信息泄露,维护国家安全;另一方面也可以将民众融入法治工作中,通过案例公开、情景剧等教育方式增强民众守法意识。

三、利用社交网络危害国家安全犯罪的发展趋势

自 2019 年以来,中华人民共和国最高人民检察院、最高人民法院、公安部、国家安全委员会以及各省级政府发布的危害国家安全典型案例中利用社交网络危害国家安全犯罪案例共 22 例。通过对上述案例近年来发展趋势的分析,可得出以下结论:

(一)犯罪向非传统国家安全领域蔓延

由图 3-1 可得知,传统国家安全领域仍是利用社交网络危害国家安全的重灾区。图中的政治安全及军事安全均属传统国家安全领域,其占比高达 76%。但值得注意的是,近年来该类犯罪已经延伸至非传统国家安全领域,如网络安全、生物安全、信息安全、核安全等领域。刘某出卖国家核电资料案、①境外黑客组织“海莲花”危害网络信息安全事件②等案件的发生均表明利用社交网络危害国家安全的案件已经蔓延至非传统国家安全领域。这意味着各类国家机关要选择不同于传统的治理对策,采取更具有针对性的措施才能应对新时期在非传统国家安全领域发生的利用社交网络危害国家安全的犯罪。

---

① 河南省平顶山市某企业技术人员刘某,曾在多家招聘网站上投放了个人简历,最终被境外间谍以“兼职”名义拉拢策反。境外间谍除向刘某打听雄安新区建设情况、整体规划情况等,还要求刘某搜集指定的国内某家核电站等多家重要电站的现场施工图片以及相关图纸,最终定价 6 万元,就在双方准备交易时,平顶山市国家安全机关的办案人员将刘某抓捕归案,涉案的电脑、手机等工具也同时被扣押。

② 境外黑客组织“海莲花”是一个长期针对中国及其他东亚、东南亚国家(地区)政府、科研机构、海运企业等重要领域进行攻击的 APT 组织。其集中针对中国海事机构、海域建设部门、科研院所和航运企业展开精密组织的网络攻击,企图使用木马病毒攻陷、控制政府人员、行业专家等目标人群的电脑,达到刺探国家机密、企业数据,执行破坏性行动的目的,但及时被我国家相关部门发现和反制。

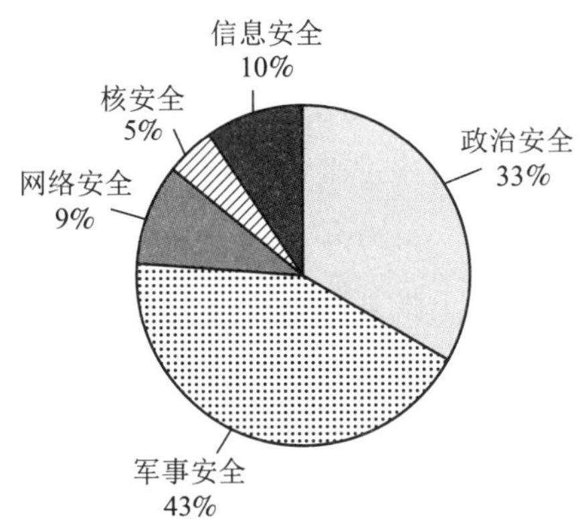

图3-1　危害国家安全犯罪案件所属领域

（二）策反对象由“素人”向专业机关内部渗透

素人，指的是平常人、外行、门外汉、业余人士，质言之即对特定领域了解甚少的人员。上述22例通过社交网络危害国家安全案例中，有18起案例是通过策反的方式获得相关情报，其中策反对象为素人的有14起案件，另4起案件策反对象为能接触到特定领域国家机密的专业领域人员。

长年以来，由于素人对于专业领域知识了解甚少，使得他们在执行相应间谍任务时能表现得更加自然，间谍行为更具隐蔽性。素人个体往往反间谍意识不强，个人觉悟不高，使得境外组织很好把握其软肋进行控制。然而近年来，随着国家不断加大对相关国家机密的保密程度，普通的素人已无法提供令境外组织满意的情报，于是它们把目光聚焦于能更进一步接触相关机密的人员。尽管该类人员相较于素人而言具有较高的国家安全意识，但一旦顶不住境外组织的“糖衣诱惑”，其所带来的后果会给国家安全造成难以估计的损害，这不是素人的“小打小摸”行为可以相比的。

具体案件如咨询公司窃取航运数据案。2021年5月，某境外咨询调查公司通过网络、电话等方式，频繁联系某大型航运企业、代理服务公司的管理人员，以高额报酬聘请行业咨询专家之名，与数十名人员建立“合作”，指使其广泛搜集提供我航运基础数据、特定船只载物信息提供给该国间谍情报机关，给我国造成了巨大损失。①

（三）自首案件数量逐年增加

在22例利用社交网络危害国家安全的案例中有5起自首案件，具体案件如张

① 何慧敏、汪童欣：《揭穿这些套路，一眼识破潜伏在你身边的伪装者》，载检察日报客户端2022年4月15日，https://www.spp.gov.cn/zdgz/tj/202204/t20220415_554273.shtml。

某某刺探国家秘密案,2019 年张某某在汕头务工期间,通过微信结识了某境外间谍情报机关人员,对方以兼职为诱饵指使他到驻汕头某部队港区进行观察记录,拍摄港区舰艇舷号的动、静态情况,通过微信发给对方。经有关部门鉴定,其提供给对方的多份资料涉及国家秘密。2020 年 4 月 21 日,张某某在父亲陪同下来到了赣州市国家安全局投案自首。鉴于张某某存在自首情节,且积极配合国家安全机关办案,依据反间谍法可从轻、减轻或者免除处罚。①

自首案件数量具体分布如图 3-2 所示,由折线图可得知自首案件数量逐年增加。这不仅是政府对国家安全教育政策积极落实的功劳,更是每一位公民国家安全意识提升的结果。然而自首案件数量在所有利用社交网络危害国家安全事件中占比不足 25%,这说明国家安全教育任重而道远,国家安全是安邦定国的重要基石,是人民美好生活的重要保障,只有全党全国人民团结一致,才能共同筑牢维护国家安全的钢铁长城。

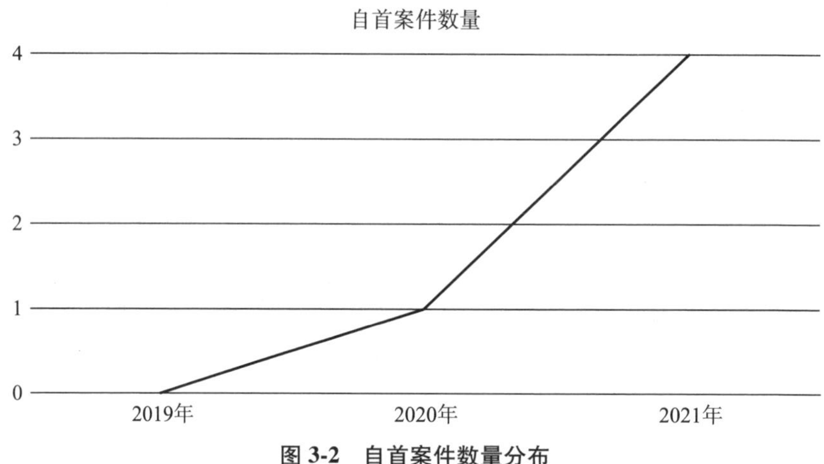

图 3-2　自首案件数量分布

四、利用社交网络危害国家安全犯罪的特点分析

(一) 犯罪主体层级结构具有隐蔽性

利用社交网络危害国家安全犯罪的层级结构可分为境外组织、社交平台以及被策反人员。该类犯罪的行为模式可具体阐述为境外组织通过各种手段策反可利

① 刘琪:《国家安全机关公布 4 起危害国家安全典型案例》,载内蒙古长安网 2022 年 4 月 15 日,http://www.nmgzf.gov.cn/zt/aqjyr/2021-04-15/45874.html。

用对象使其参加间谍组织或接受间谍组织及代理人任务，在向其交付情报后给予一定的价金作为报酬。

首先，境外组织常以某报社、科技社团、跨国公司等名义对外开展活动，暗地里寻找可策反对象伺机获取我国相关特定领域情报。由于境外组织往往有合法外衣作为掩护，不仅被策反人员很难分辨真假，侦查机关也难以在第一时间看破。如摄影爱好者窃取航空数据案，李某是一名航空爱好者，一日他看到某科技社团在网站上招募我国航空、无线电、摄影爱好者志愿者，并声称报名加入可以免费提供各国民航客机设备、共享航空信息数据。李先生报名成功后，就收到境外邮寄的一台ADS_B信号接收设备，该设备可以跟踪所有配备该系统的飞机。使用时，可以自动获取一定范围内飞机的数据信息，在设备联网状态下，还可以将这些数据实时传输到境外。该设备还能接收我国部分军事频点，并对军机型号和飞行轨迹进行探测监视，直接威胁我军事安全和航空领域安全。①

其次，整个策反、发布任务、给予价金的过程都是通过社交网络平台进行，无需线下见面。社交网络作为媒介平台为境外组织与被策反对象创造了建立联系的机会。在网络技术发达的现代社会，网络域名的易更改性以及网络代理技术的更新换代使得想要准确掌握发信人的真实地址并不容易，侦查机关将无法准确追踪证据，发信人真实身份很难查清。

最后，被策反的主要是素人，他们具备不同国籍、教育背景、宗教信仰、家庭背景，无疑增加了案件破获的难度。此外，往往这类人实施危害国家安全的行为是以其职业为掩护。如上述陈某某以学生身份作掩护进行非法拍摄案件和黄某某以婚纱摄影师身份作掩护多次刺探国家秘密案件，以职业作掩护加上本身的素人身份让这类行为主体隐蔽性大大增加，识破难度不断提升。

（二）策反手段具有多样性

分析上述18例通过社交网络策反他人危害国家安全案例中的策反手段，可得知其中金钱诱惑占10例，职位诱惑占3例，设备诱惑占2例，意识形态洗脑占2例，情感诱惑占1例，具体分布如图3-3所示。

---

① 何慧敏、汪童欣：《揭穿这些套路，一眼识破潜伏在你身边的伪装者》，载检察日报客户端2022年4月15日，https://www.spp.gov.cn/zdgz/tj/202204/t20220415_554273.shtml。

目前的国家安全愈发侧重于非传统安全领域,境外组织策反的对象也由素人逐步向专业领域内部人士发展,这意味着策反相关人员的手段也在不断更迭。尽管传统的利用金钱策反人员的方式仍占据主流,许多新兴策反手段逐步显现,策反手段显现出多样性特征,为我国的国家安全预防增添许多困难。

具体案件如赵某窃取重要军事设施信息案。2020 年 4 月,来大连务工的赵某通过求职软件找到一份兼职,为"城市规划设计师"叶某拍摄城市风景照片,辅助她完成设计任务,日薪 200 元。然而叶某要求赵某拍摄大连港口、造船厂、军舰周边照片,并记录下沿途的地理环境,甚至要求赵某找机会进入造船厂工作为其窃取重要军事设施信息。①本案便是利用职位诱惑被策反人从而窃取相关情报的典型案例。

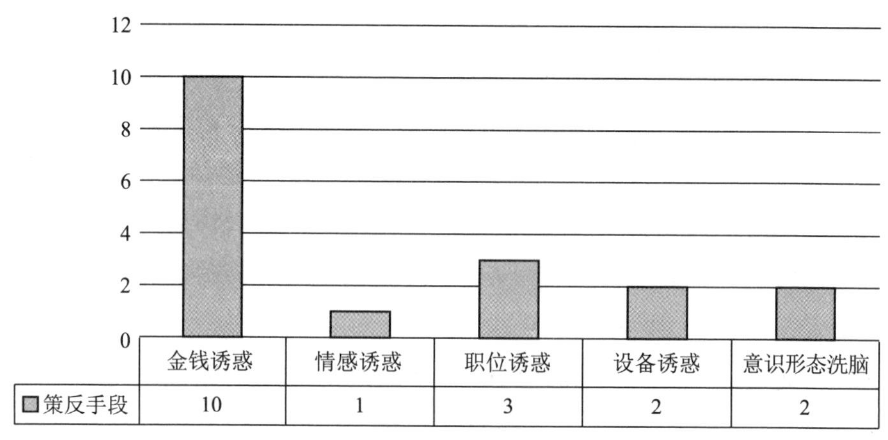

图 3-3　策反手段示意

(三)犯罪消息传播渠道多样化

22 例利用社交网络平台危害国家安全案例的社交软件类型如图 3-4 所示,其中利用常见的社交软件平台如 QQ、微信的案例共 8 例。通过招聘求职软件平台从事相关危害国家安全行为的共 4 例。此外利用木马病毒投放于网络平台、窃取云盘信息、在海外论坛鼓吹反中国论这三种危害国家安全的方式各有 2 例。通过其他交友软件策反相关人士,从事危害国家安全行为的则有 4 例。从上述综述中可

① 何慧敏、汪童欣:《揭穿这些套路,一眼识破潜伏在你身边的伪装者》,载检察日报客户端 2022 年 4 月 15 日,https://www.spp.gov.cn/zdgz/tj/202204/t20220415_554273.shtml。

得出，犯罪分子传播犯罪消息的渠道极具多样性，这也表现出我国对相关社交软件的管制仍有不足，使不法分子趁虚而入，对国家安全造成重大损害。

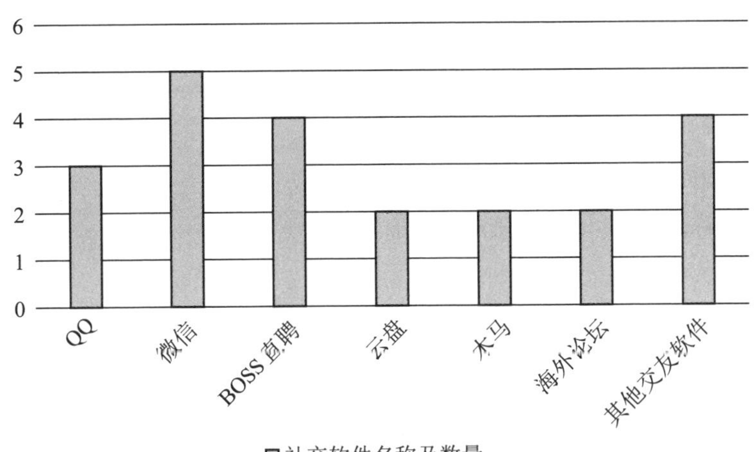

图3-4　社交软件分布

五、利用社交网络危害国家安全犯罪的原因分析

（一）基本法与专门法之间衔接不畅

作为调整罪与罚领域基本法律关系的基本法，刑法是定罪量刑的依据，必须做到与时俱进，才能精确制裁犯罪，提升其威慑力，达到预防犯罪的目的。《反间谍法》作为国家安全领域极为重要的一部专项立法，在现阶段与《刑法》就间谍罪上出现了衔接不畅的瓶颈。

1.《刑法》与《反间谍法》就间谍罪的行为描述衔接不畅

《刑法》中对于间谍罪行为的描述①与《反间谍法》有不小差异，并呈现出些许与我国现行国家政策相悖之处。例如刑法中“为敌人指示轰击目标”才算间谍行为，而《反间谍法》中“为敌人指示攻击目标”便已经算是间谍行为。前者“轰击”一词明显属于军事安全范围，后者“攻击”一次则可泛指所有对国家安全造成威胁的

---

① 《刑法》第110条：有下列间谍行为之一，危害国家安全的，处10年以上有期徒刑或者无期徒刑；情节较轻的，处3年以上10年以下有期徒刑：（1）参加间谍组织或者接受间谍组织及其代理人的任务的；（2）为敌人指示轰击目标的。

行为,超越了军事范围,延伸至生物安全领域、网络安全领域、信息安全领域、核安全领域等非传统国家安全领域,符合习近平总书记提出的“总体国家安全观”概念。

由上述例证可得知《刑法》中关于间谍罪的内涵还停留在传统国家安全领域,已经无法跟上习总书记提出的“总体国家安全观”概念。若司法机关一味固守传统“间谍行为”的行为方式,不及时更新间谍罪的内涵,会导致许多危害国家安全分子逃脱法律制裁,这不仅会形成司法上的漏洞,也会威胁社会稳定以及机密信息的保护。综上,《刑法》中对于间谍罪的描述已经无法满足构建国家安全体系的要求,基本法与专门法之间的衔接不顺会使更多犯罪分子逃脱法网,对国家安全造成威胁。

2.《刑法》与《反间谍法》就间谍罪的打击对象衔接不畅

《刑法》与《反间谍法》就打击对象上也有不一致,《刑法》打击对象的偏移造成了其自身威慑力不足,导致许多罪犯逃脱法网追究。

《刑法》中反间谍罪的打击对象为“参加间谍组织或者接受间谍组织及其代理人任务的”;而《反间谍法》的打击对象则为“间谍组织及其代理人实施或者指使、资助他人实施,或者境内外机构、组织、个人与其相勾结实施的危害中华人民共和国国家安全活动”以及“参加间谍组织或者接受间谍组织及其代理人任务的”。由此可见,《刑法》针对更为源发性的“间谍组织、境内外机构组织以及该类组织的代理人”缺乏规制,诚然实际作出危害行为的人是被策反人员,但他们却是事实上的始作俑者。刑法打击对象的偏移可谓是治标不治本,无法从源头解决间谍组织及其代理人的渗透。

有观点认为碍于国际间“双重犯罪原则”,本国法律无法对国际上的犯罪过多规制,但根据我国《刑法》的属地原则以及属人原则,只要在我国发生的国际性犯罪,或是我国公民成为被害人或犯罪人,我国《刑法》都有对犯罪人处置的权利。而现行法律对于境外组织及其代理人规制的缺乏将会导致法律的威慑力不足,境外组织及其代理人将有恃无恐,甚至变本加厉,策反对象从普通公民向机关内部人员渗透,国家安全将遭受更加严峻的威胁。

(二)平台反间谍意识与监管能力薄弱

1. 反间谍工作积极性欠缺

进入21世纪以来,我国于军事、科技方面已位列世界一流,整体国家实力显著提升,然而情报泄露事件时有发生,国家安全受到严重威胁,这与人们缺乏反间谍工作的自觉性有很大关联。

目前我国单位缺乏对于反间谍安全工作的积极性,其重点仍聚焦于科技技术,致力于新技术的开发和引进,却忽略了潜在的信息与技术泄露风险,单位意识形态的治理缺乏事前预防预警机制和事中控制疏导机制,仅仅是停留在事后补救状态中,这种治理机制不可避免地具有滞后性,面对外部威胁国家安全的事件只能展现出被动性。

这种积极性的缺乏究其原因在于对反间谍工作激励机制与追责机制落实不到位。激励机制指的是对反间谍工作中有出色成绩的单位及个人给予奖励,增加单位及员工的积极性,继续在反间谍工作上投入大量精力和热情;追责机制指对在反间谍工作中不出力、与境外组织相互勾结,危害国家安全的单位及个人追究责任,惩罚方法从罚款、拘留到判刑不等,此外对个人还能课以从业禁止的惩罚,对单位可以通过列入黑名单的方式予以惩戒。我国激励机制与追责机制的落后导致单位及个人缺乏反间谍工作的积极性和自觉性,致使各类案件不断滋生。

2. 监督管理能力薄弱

近年来通过社交网络从事恐怖活动犯罪进而威胁国家安全的事件屡有发生,这与我国网络信息的监管能力薄弱息息相关,其具体指网络管理人员不仅在数量上有所欠缺,同时缺乏丰富的经验以及专业的技术水平,还欠缺敏感的危机意识,这导致整体的网络监督管理处于一种真空的状态。在我国网络技术愈发成熟之际,缺少能与该技术能力相匹配的优秀管理人才导致执法水平迟迟无法提升,除了在极端情况下特定区域内采取物理隔绝等方式强行断网之外,网络的无中心和无边界性将会导致技术层面的控制越来越困难,预防通过网络危害国家安全的能力也无法提升。

(三)公民个体素养有待提高

1. 义利观念异化

根据马斯洛需求层次理论,①人需要动力实现某些需要,有些需求优先于其他

① 马斯洛的需求层次结构是心理学中的激励理论,包括人类需求的五级模型,通常被描绘成金字塔内的等级。从层次结构的底部向上,需求分别为:生理(食物和衣服)、安全(工作保障)、社交需要(友谊)、尊重和自我实现。这种五阶段模式可分为不足需求和增长需求。前四个级别通常称为缺陷需求(D需求),而最高级别称为增长需求(B需求)。

需求。人的能力有限但是欲望无限,当所需求之物处于自己力所能及范围之外,个人观念会发生异化,开始谋求以不正当方式去达成目标。在上述案例中,不少犯罪人已经意识到联系自己的境外组织可能是间谍组织,自己所实施的行为可能危害国家安全,但由于受到金钱、情感等各种利益的诱惑,最终仍旧继续实施犯罪。

当代人责任意识薄弱,缺乏居安思危主动性和国家安全防范意识。他们把自己的学习生活、个人发展以及经济需求看成头等大事,为达成目的穷尽一切方法,拥有这种心态的人往往最易成为被策反的对象。正是个人观念的异化给了境外分子渗透的可乘之机,将他们发展成了间谍分子,最终不仅使国家安全遭受威胁,自己也要遭受牢狱之灾。

2. 国家安全意识淡薄

中国互联网络信息中心的统计显示,截至 2021 年 12 月,我国网民人数的总规模达到 10.32 亿,互联网在我国的普及率达 73%。其中 10—19 岁、20—29 岁、30—39 岁、40—49 岁网民占比分别为 13.3%、17.3%、19.9%和 18.4%。[①]可见青年群体占据网民中的绝大多数,他们通常自认为不会被策反,但于潜移默化之间被境外组织渗透。

根据边沁的幸福计算理论,当惩罚带来的痛苦大于犯罪带来的快乐,人们便不会犯罪。而上述群体不顾法律对危害国家安全行为的惩罚也要进行犯罪,其原因一方面是法律威慑力不足,另一方面是当事人法律意识淡薄。

六、基于犯罪学角度的治理对策

(一)加强国家安全立法衔接

1. 调整《刑法》间谍罪行为范围

对于《刑法》与《反间谍法》中由于间谍罪行为类型不一致导致的司法漏洞,建议修改《刑法》中间谍罪条文,使其与《反间谍法》中的相关内容保持一致。扩展间谍罪的范围更有利于打击危害国家安全的间谍行为,也更有利于在罪刑法定原则

---

① 参见《2021 年中国互联网络发展状况统计调查》,载中国互联网信息中心(CNNIC)2021 年 8 月 27 日,http://www.cnnic.net.cn/hlwfzyj/hlwxzbg/hlwtjbg/202202/P020220407403488048001.pdf。

的基础上达成两法间的衔接。此外,修改间谍罪行为后的《刑法》可以更好地适用于网络、生物、信息等非传统国家安全领域,不仅符合现代社会发展趋势,同时也与习近平总书记提出的"总体国家安全观"概念以及《国家安全法》中的相关理念相符。

2. 调整《刑法》打击对象

对于境外分子通过社交网络发展国内间谍分子来危害国家安全的行为,应当将其纳入《刑法》的属地管辖范围,①属地管辖范畴可分为行为地以及结果地两部分。前者指境外分子寻找可策反对象时两者的所在地,强调从源头打击间谍组织及其代理人,借此获得更多证据,为日后预防潜在的威胁国家安全因素作准备。后者旨在着重打击"交付""盗窃"行为,从而在第一时间把握犯罪证据,减少国家损失,达成打击犯罪与保障国家利益的双重目标。此外,调整《刑法》打击对象也更有利于事中预防,增强法律威慑力,避免亡羊补牢式的窘境。

(二)落实网络平台监管责任

1. 严格落实奖惩机制

首先,要严格落实国家安全部于2017年发布的《反间谍安全防范工作规定》,要有明确的奖励制度,激发单位积极性。具体而言即在反间谍安全防范工作中有重大创新或成效特别显著的;或是及时消除本单位涉及国家安全的重大风险隐患或现实危害,挽回重大损失的;抑或是根据单位性质、所属行业、涉密等级、涉外程度以及是否发生过危害国家安全事件等因素,制定和定期调整反间谍安全模范重点单位名录,国家安全机关可以给予有关部门、单位奖励。

其次,要明确追责机制,强化单位防范的义务性。如对于落实反间谍安全防范责任存在问题的单位,国家安全机关可以依法责令限期整改;若机关团体单位未按规定履行反间谍安全防范责任和义务,造成不良后果或影响的,国家安全机关可按照管理权限对领导人员和直接责任人员依规依纪依法予以处理,构成犯罪的,依法追究刑事责任。②同时,重点单位在履行一般单位责任基础上,还应当承担重点

---

① 于志刚:《"信息化跨国犯罪"时代与欧洲〈网络犯罪公约〉的中国取舍》,载《法学论坛》2013年第2期。

② 秦安:《国家安全部公布2021年第1号令反间谍工作进入高质量发展新阶段》,载《安全与保密》2021年第5期。

责任。

2. 加强网络监督管理

首先,要扩充网络执法队伍,提高网络监管人员素质,加强网络监管的强度,对各种虚拟网络平台诸如网络直播、网络聊天平台的信息发布、消息传递都要强化监管。为此应当完善网络信息风险管理平台,对QQ、微信、云盘、求职软件等虚拟平台实施监管,对可能涉及国家安全信息的内容第一时间进行屏蔽,防止泄露造成更大损失。

其次,监管部门还应吸取国外网络信息管控的经验教训,批判性地进行吸收和改良,要将中国网络信息监管视为保卫国家信息安全的重要一环。在与他国分享交流经验时,充分召纳各信息服务提供商广泛积极地加入其中,构建涵盖法律法规、制度监管、技术维护等内容的综合防控体系。①

(三)厚植民众国家安全意识

1. 加强个人道德建设

民众应当坚持社会主义核心价值观,树立良好品行道德,多参加社会实践,避免被激进主义思想和物质利益蛊惑。同时也要提高网络个人道德的建设,严禁上传暴力恐怖性质的图片和视频,更不能在社交平台上发表反动言论,网络道德的建设也是个人道德建设中的重要一环。

民众还应做到慎独自律、省察克己。前者要求即使在个人独处时,也要坚持自己的道德信念和道德操守,后者要求在道德修养过程中自我反思,发现自身缺陷并凭借意志去克服。只有这样民众才不会被外界物质利益诱惑或被分裂国家言论洗脑,才能有足够的国家安全防范意识,占据国家安全意识形态的主导权,免疫来自心理情绪操纵、思维发展引导的干扰。

2. 提高法治意识

在当前法治时代,既有给单位警示的必要性,也有给民众普法的必要性。前者可树立单位警戒意识,防止相关秘密信息泄露,后者可提高民众法治意识,避免被境外分子策反,实行危害国家安全行为。

---

① 程新:《网络恐怖主义犯罪行为及防范对策研究》,西北大学2010年硕士学位论文。

我国于2015年首次设立了“国家安全日”,在每年的4月15日展开国家安全教育主题活动。此外,最高人民法院、最高人民检察院、国家安全部等也会定期发布危害国家安全典型案例。这些法治工作已经初见成效,但还远远未达到预定目标。我们要将国家安全教育深入社区,深入每一位民众内心,使国家安全意识厚植于人们心中,自发为维护国家安全贡献自己的力量。

政府可以通过演绎相关情景剧,披露相关最新案件或是让当事人亲自诉说案情等方式加深民众安全意识,以此防范境外组织的渗透。只有不断提高人们遵法、守法的意识,才能促使社交网络这个变量成为防范意识形态风险的正因素,打造完善的法律安全网,[①]促进社会和谐以及国家安全。

第二节　企业合规典型案例研究报告:王某某、林某某、刘某乙对非国家工作人员行贿案[②]

一、案情简介[③]

深圳Y科技股份有限公司(以下简称Y公司)系深圳H智能技术有限公司(以下简称H公司)的音响设备供货商。Y公司业务员王某某,为了在H公司音响设备选型中获得照顾,向H公司采购员刘某甲陆续支付好处费25万元,并在刘某甲的暗示下向H公司技术总监陈某行贿24万余元。由王某某通过公司采购流程与深圳市A数码科技有限公司(以下简称A公司)签订采购合同,将资金转入至A公司账户,A公司将相关费用扣除后,将剩余的资金转入陈某指定的账户中。Y公司副总裁刘某乙、财务总监林某某对相关款项进行审核后,王某某从公司领取行贿款项实施行贿。

2019年10月,H公司向深圳市公安局南山分局报案,王某某、林某某、刘某乙及刘某甲、陈某相继到案。2020年3月,深圳市公安局南山分局以王某某、林某某、

① 彭均:《祛魅与超越:新时代网络意识形态风险及其防范》,载《政治与经济》2022年第1期。

② 本节由魏丽完成。

③ 王某某、林某某、刘某乙对非国家工作人员行贿案,最高人民检察院第二批企业合规改革试点典型案例之三(2021年)。

刘某乙涉嫌对非国家工作人员行贿罪,刘某甲、陈某涉嫌非国家工作人员受贿罪向深圳市南山区检察院移送审查起诉。

2020 年 4 月,检察机关对王某某依据《刑事诉讼法》第 177 条第 2 款作出不起诉决定,对林某某、刘某乙依据《刑事诉讼法》第 177 条第 1 款作出不起诉决定,以陈某、刘某甲涉嫌非国家工作人员受贿罪向深圳市南山区法院提起公诉。同月,深圳市南山区法院以非国家工作人员受贿罪判处被告人刘某甲有期徒刑 6 个月,判处被告人陈某拘役 5 个月。法院判决后,检察机关于 2020 年 7 月与 Y 公司签署合规监管协议,协助企业开展合规建设。

二、入选理由

(一)本案是我国通过合规整改防治商业贿赂犯罪的典型案例

本案系涉及对非国家工作人员行贿罪的案件,该罪属于商业贿赂犯罪的范畴。近年来,随着经济全球化的发展、商业贿赂犯罪问题愈发突出,商业贿赂犯罪成为联合国、国际银行等世界组织以及诸多国家共同打击的犯罪,为此,各组织及国家纷纷制定了相关合规要求和指南等,通过合规整改来防治商业贿赂问题。

全球贸易一体化的背景下,伴着我国企业“走出去”、国外企业“走进来”的步伐,我国也加入了合规反商业贿赂的行列中,开启了合规探索之路。本案系 2021 年 12 月最高人民检察院发布的《企业合规典型案例》之一,作为最高人民检察院将企业合规与依法适用不起诉成功结合的典型案例,具有重大现实意义和历史意义。它是企业合规体系打击商业贿赂犯罪获取的宝贵实践经验的凝练,它标志着我国在反商业贿赂合规道路的初步探索阶段取得了一定成果,合规建设从理论政策落到了实践层面,并在司法实践中初现雏形。

(二)体现了企业合规整改的优势所在

从检察机关发布的案件资料中可知,涉案的 Y 公司系深圳市南山区拟上市的重点企业,同时,该公司还是国内专业音响领域的领先企业。该公司被调查时正处于准备上市阶段,已经在开展上市前辅导,此时如果对涉案企业 Y 公司运用传统处理方式“一诉了之”,毋庸置疑将直接导致企业上市计划搁浅。同时,刑事判决带来的巨额罚金以及涉诉对企业形象等造成的不良影响,会对企业后续经营产生重大甚至是致命的打击，进而引发大量裁员，甚至是企业破产、大量员工失业，对上下游关联企业也将产生消极影响，甚至地方就业和税收在一定程度上也会受影响。各种消极影响的综合，容易对当地社会安定产生威胁。另外，“一罚了之”“一诉了之”并不能消除商业贿赂犯罪的企业内生因素，存在于企业制度建设和日常管理中的违法违规诱因累积到一定程度，犯罪便会再次发生。

而本案中，检察机关通过与Y公司签署合规监管协议，针对Y公司在制度建设和日常管理中暴露出来的问题，围绕企业内部与商业贿赂犯罪有密切联系的问题，重新调整了企业内部构架和人员，制定了企业内部反舞弊和防治商业贿赂指引等规章制度，增加合规专门人员，从而构建了一套可行、有效、健全的内部合规管理体系，弥补企业在制度建设和监督管理上的漏洞，从而使企业防范相同或者类似违法犯罪发生的机制得以建立。另外，检察机关还通过后续的回访，跟踪把握Y公司合规建设情况，并针对企业可能涉及的知识产权等合规问题进一步提出指导意见，推动企业查漏补缺并重启了上市申报程序。①

检察机关的做法充分体现了检察机关“严管厚爱”的理念，既让Y企业为违法犯罪付出代价，又尽可能地减小了涉案企业因处罚导致的一系列消极后果。既让企业吸取了教训、承担了责任，又让企业建立健全防范再犯的企业合规制度。对Y企业而言，这不仅是一次“改过”，更是一次“自新”，是提升企业竞争力的契机。

（三）引导和激励其他企业建立企业合规制度

当前，我国已经进入合规建设的“快车道”，然而我国的多数企业，特别是民营企业都尚未建立合规管理制度。要引导和激励企业建立合规管理制度，就必须要让企业看到合规带来的益处，本案将企业合规与依法适用不起诉成功结合，凸显出了企业合规是确保企业行稳致远的利器。

本案一方面体现了“事后”企业合规是化解企业刑事风险、自我营救的工具；另一方面，由于检察机关给企业的合规整改期限并不足够充分，因此，企业若要发挥合规制度在企业涉案时的营救作用，就必须尽可能在“事前”完成合

① 《严管厚爱！最高检发布企业合规改革试点典型案例》，载微信公众号“最高人民检察院”，2021年6月3日。

规制度的建立。这就倒逼企业应自觉响应国家政策,在"事前"建成有效的合规体系。而有效的事前合规体系的建立,相当于构筑合规风险防火墙,能有效预防企业违法犯罪。因此,本案对其他企业而言,不仅有警示作用,更具有示范引导作用。

三、我国企业合规的原因

(一) 企业合规建设是大势所趋

合规一词源于英文单词"compliance",原意表顺从、遵守。"合规"通常包含着三层意思:一是企业在运营过程中要遵守法律法规;二是企业要遵守商业行为守则和企业伦理规范;三是企业要遵守自身所制定的规章制度。①

合规的概念最早出自美国。1914 年,美国发布了《反托拉斯法》,随着该法相关的防止政策的推行,合规管理得到了普及。1977 年美国为禁止企业及个人向海外政府官员行贿行为,发布了《反海外腐败法》,以此为开端,反商业贿赂作为合规的一个方面,逐渐扩展成为更立体的企业合规。许多国家先后出台了建立合规体系的法律依据,用以打击商业贿赂,建立全球性合规营商环境,如意大利的《关于企业合规的第 231 号法令》、美国的《联邦公司起诉规则》和《联邦起诉商业组织原则》、英国的《反贿赂法》等。

在美国企业合规发展过程中,有两起闻名世界的案件——安然和安达信事件、②

---

① 陈瑞华:《企业合规制度的三个维度——比较法视野下的分析》,载《比较法研究》2019 年第 3 期。

② 安然和安达信事件(2001—2002 年):安然公司曾是一家美国大型能源公司,是世界最大的电力、天然气和电信公司之一,一度位列美国 500 强第 7 位,2000 年营业额 1010 亿美元,拥有员工 21000 多人。2001 年 12 月 2 日安然公司正式申请破产,破产清单所列资产 498 亿美元,成为美国历史上最大的破产企业。安然公司破产后,董事长、首席执行官、首席财务官被检察机关指控犯有骗取贷款、财务造假、证券欺诈、电邮欺诈、洗钱、内部违规交易等多项罪名,并被法院作出有罪判决。

安达信曾是全球五大会计师事务所之一,为安然公司提供内部审计和咨询服务。安然财务丑闻暴发后,美国证券交易委员会对其启动监管调查程序。安达信休斯敦事务所开始销毁有关安然公司的大量会计账册,安达信因此涉嫌妨碍司法罪而被起诉,信誉危机日趋恶化。2001 年安达信在全球 85 个国家和地区设有 390 个分支机构,雇员总数 85000 多人,年营业额 93.4 亿美元。截至 2002 年底,2300 多家上市公司客户陆续离开安达信,安达信全球分支机构相继被撤销或被收购,安达信最终被迫关闭,仅在美国当地就造成 28000 多人失业。

德国西门子事件。①两起事件中的涉案公司存在许多相似之处，例如，在案发前二者皆为世界举足轻重的国际大公司，在全球范围内都极具影响力，案件牵连范围极广，相关直接负责人都为此付出了相应的沉重代价。但两起事件也有不同之处，最大的不同之处便是事件中涉案公司的结局不同。安然和安达信事件中，安然以企业破产、主要负责人被起诉告终，安达信公司因被起诉，导致信誉危机，企业关闭，大量人员失业。然而，在德国西门子事件中，适用了合规不起诉制度，西门子虽然为此付出了高昂的代价，但也在两个方面挽回了损失：一是西门子公司没有被认定为参与了行贿行为，德国的公共出口信用机构的保险对其继续有效；二是西门子作为负责任的合同签订者，可以继续与美国政府进行相关的交易。另外，经过该事件西门子建立了当今世界著名而权威的合规管理体系。

在全球贸易一体化的背景下，“有效合规体系可以帮助企业规避风险”，“建立有效合规体系也是企业免责的前提”的理念更加深入人心，更多的国家和企业开始意识到企业合规体系建立的重要性和必要性。从我国近几年的政策可以看出，企业建立合规体系已是我国的大势所趋。

（二）企业合规弥补防治企业犯罪体制中的不足

在我国，关于企业犯罪的规制采用的是行刑交叉模式，即通过行政处罚和追究刑事责任来打击商业贿赂犯罪。近年来，我国在治理商业贿赂犯罪方面积累了较为丰富的经验，但仍存在诸多问题。例如防治体制上呈现出“重惩罚、轻预防”“重惩罚自然人，轻法人组织完善”的特点，致使防治犯罪效果不理想。

根据《刑法》第 31 条规定，单位犯罪实行两罚制。即对于涉及单位犯罪的法人判处罚金，并对其直接负责的主管人员和其他直接责任人员判处刑罚。同时，综观

---

① 德国西门子事件（2006—2007 年）：2006 年 11 月，西门子公司因涉嫌商业贿赂而受到德国慕尼黑检察机关的调查。在调查过程中，检察机关发现西门子确实在多个国家进行商业贿赂，从而获取业务订单和编织商业关系网络。随后，西门子主动向美国司法部和证券交易委员会报告了其在多个国家的行贿行为，并聘请美国德普律师事务（Debevoise Plimpton）进行了长达 2 年的内部独立调查。

美国司法部经过调查，以西门子公司以及西门子阿根廷、孟加拉、委内瑞拉分公司为共同被告人，提出了刑事起诉。美国证券交易委员会也对西门子公司提出了民事起诉，指控该公司从 2001 年 3 月至 2007 年 9 月，向外国政府官员进行了广泛而系统的行贿以获取业务。

为避免造成更为惨重的损失，西门子最终与慕尼黑检察机关、美国司法部、美国证交会达成了刑事和解。三者皆放弃对西门子起诉，条件是西门子支付总计约 8 亿美元和近 4 亿欧元的罚款。在之后的整改中，西门子的监事会主席和首席执行官相继辞职，约 200 名经理被开除，100 多名高层人员被责令配合调查。

整个企业犯罪相关法律规定体系,不难看出我国对相关犯罪的治理存在“重惩罚、轻预防”的特点。“重惩罚、轻预防”不仅使得国家在违法犯罪后的防治难度大、成本高且效果不理想,对企业简单地“一罚了之”“一诉了之”,还可能使企业因为法定代表人涉诉、巨额罚款等原因,陷入经营困难、停业停产甚至破产倒闭,继而引发大量员工被裁,上下游关联企业也难免受其影响。另外,“重惩罚自然人,轻法人组织完善”的特点,使得个人虽受到法律制裁,但促使企业违规经营的原因仍然存在,违规经营依旧会持续,当违规经营累积到一定程度,便会再次诱发犯罪。

无论行政处罚还是刑事处罚,惩罚的目的都是打击犯罪和预防犯罪。打击犯罪是直接目的,预防犯罪是最终目的。在当今充满风险的社会中,企业合规的建立就显得十分必要,不仅能够通过预警机制最大限度地减少企业面临民事索赔或行政处罚的风险,而且企业合规作为企业豁免刑事责任的条件也有积极意义。首先,对于一些涉案情节轻微的企业,企业承诺进行合规整改、引进第三方监督评估等,在企业达到合规要求后,检察院根据慎诉慎逋的原则,考察企业合规整改的结果,决定对企业不再起诉,尽可能减少了企业因涉案被处罚导致的不良社会反应。其次,引进第三方监督评估机制,通过合规整改建立起了风险防御体系,有效预防企业再次犯此类犯罪,同时也缓解司法资源和行政资源的紧张。

(三)企业合规是企业行稳致远的内在要求

随着改革开放,越来越多的中国企业走出国门。然而,某些“走出去”的中国企业往往在合规方面存在着问题,因而受到较多的批评。截至2021年初,中国193个企业和公民违反世界银行相关采购合规要求,被列入其“禁令黑名单”。截至2021年底,美商务部以所谓“违反美国国家安全或外交政策利益”为由,将我国435家实体列入出口管制“实体清单”,将我国68家实体列入“中国军工复合体企业”清单。

这些企业作为我国对外合作的先行者,作为“走出去”战略的实践者,某种程度上代表了中国形象,因此在国际社会上备受关注。由于近年来中国经济飞速发展,引来西方国家的恐慌和打压,其中一条便是加大对中国企业的监管力度,例如美国对中国企业实施“长臂管辖”。在这种情势下,“走出去”的中国企业面临合规经营风险日益严峻,一旦发生违规违法乃至犯罪行为,极易被媒体渲染,企业形象必将遭受重创,付出惨痛代价。而应对西方国家以“合规”为由打压中国,遏制中国企业发展,要以做好自身合规建设为前提,规避合规风险,以便在必要时有理、有利、有节地维护企业自身权益。

四、我国企业合规的发展趋势特点

在改革开放背景下,来华投资的外企逐渐增多,企业合规随着欧美跨国公司进入在华的合资企业。从国家政策角度来看,我国最先引入企业合规管理体系的行业是金融行业。2006年,以国家银监会制定并实施《商业银行合规风险管理指引》为开端,我国的合规管理在金融业领域率先推行开来。接着在2007年7月,证监会发布了《证券公司合规管理试行规定》,2007年9月,保监会发布了《保险公司合规管理指引》。2015年,国有资产监督管理委员会《关于全面推进法治央企建设的意见》强调,加快提升合规管理能力,探索建立法律、合规、风险内控一体化管理平台的。并选定在中国石油、中国移动、东方电气集团、招商局集团、中国中铁等5家央企开展合规管理体系建设试点。①

该阶段的合规建设表现出了被动性,并且在较长一段时间内,合规建设进展缓慢,范围囿于金融领域,2015年后也仅在央企内开展小范围试点。

2017年中兴通讯事件②为分界线,中兴通讯事件是中国企业合规管理发展中的里程碑式事件,我国从被动合规阶段进入了主动合规阶段。中兴通讯事件暴露了中国企业在合规管理体系方面存在的明显漏洞,对合规管理的重视程度不

---

① 王平亚:《合规建设是“走出去”企业的现实紧迫课题》,载《国际商务财会》2022年第5期。

② 中兴通讯案(2017—2018年):根据美国商务部网站的信息显示,自2010年1月至2016年4月间,中兴通讯在知晓美国依据《伊朗交易与制裁条例》对伊朗长期实施制裁的情况下,仍将内含美国制造的受限类配件和软件产品出口到伊朗,以获取伊朗公司的合同并参与当地庞大通信网络的供应、建设、运营及服务,这些合同数额达到数亿美元。最终美国政府对中兴通讯提出的三项指控包括了串谋非法出口、阻挠司法以及向联邦调查人员作出虚假陈述。

事实上,早在2012年美国政府就在对中兴通讯案进行调查,但直到2016年美国商务部工业与安全局(简称“BIS”)才正式将中兴通讯及其三家关联公司列入“实体名单”并采取具体管制措施。在长达4年多的时间里,中兴通讯在应对美国政府调查过程中出现了不少失误。之后美国商务部对中兴通讯进行制裁,颁布禁令。2018年6月7日,美国政府与中兴通讯达成协议,只要后者再次缴纳10亿美元罚金,并改组董事会,即可解除相关禁令。6月19日,美国参议院以85∶10的投票结果通过恢复中兴通讯销售禁令法案。7月12日美国商务部表示,已经与中国中兴公司签署协议,取消近3个月来禁止美国供应商与中兴进行商业往来的禁令,中兴通讯将能够恢复运营,禁令将在中兴通讯向美国支付4亿美元保证金之后解除。

高,缺乏对出口管控合规风险的正确评估和认识,企业合规风险管控能力的缺失。

中兴通讯事件给中国企业敲响了警钟,对于合规建设我国变得积极主动,在原有的点线推行基础上,加快步伐向全行业全面铺开企业合规建设。2017 年 5 月 23 日,召开了中央全面深化改革领导小组第三十五次会议,针对中国企业面临的合规挑战新问题,提出了规范企业海外经营行为,加强企业海外经营行为合规制度建设的要求。2017 年 12 月 6 日,国家发展和改革委员会、商务部、中国人民银行、外交部、中华全国工商业联合会联合发布《民营企业境外投资经营行为规范》。2018 年 4 月中兴通讯案再度发酵,李克强作出批示:“强化合规经营意识是企业‘走出去’的前提,既避免授人口实,又切实防范风险。”自此开始,我国进入了主动合规阶段,企业合规建设进入了快车道。同年 11 月,国有资产监督管理委员会发布《中央企业合规管理指引(试行)》,12 月发改委等七部门联合发布《企业境外经营合规管理指引》。2020 年 9 月 11 日,国务院反垄断委员会印发《经营者反垄断合规指南》。2021 年 11 月,阿里巴巴(中国)有限公司、深圳市腾讯计算机系统有限公司等数十家网络经营者提出,中国标准化协会、中国网络社会组织联合会、北京大学法治与发展研究会等数十个主体联合起草的《平台经营者反垄断合规管理规则》公开征求意见。

纵观我国企业合规的发展历程,可以看出我国企业合规发展趋势如下:

总体上看,我国企业合规从“被动合规”到“主动合规”。由于我国的企业合规起步较晚且起源自域外,因此,在发展初期我国无论从国家层面还是行业、企业层面都积极性明显不强,处于被动合规的状态。中兴通讯事件震动中国,合规体系的建设、企业合规管理的重要性得到进一步重视,合规进入主动阶段。

从合规的动力来源来看,企业合规的动力来源从外部压力逐步转为内生需求。随着经济全球化的发展,最初进行企业合规主要是为了确保全球贸易的顺畅,避免被国际组织或国家法律制裁,合规的动力更多来自企业外部压力。而随着企业经营的各项风险不断提升,企业合规的动力内化,合规成为企业为保自身利益、行稳致远的必要措施。

从合规行业范围来看,企业合规有由金融行业合规逐渐扩展至全行业各领域之势。金融行业是我国开展合规工作的首个领域,随着社会经济的发展,各行各业面临的风险不断增多，为解决这一问题，国家在中国石油、中国移动、东方电气集团、招商局集团、中国中铁等5家央企范围内展开试点，之后扩大至所有央企。合规涉及的行业领域，也从单一的金融行业向全行业全领域铺开，其他行业纷纷开始根据自身行业特点，结合已有的合规经验，积极开展合规管理体系的探索。

从合规内容来看，由专项合规转向全面合规。随着合规行业向全行业的扩展，其监管范围也在不断延伸。合规管理从传统的反贪污、反腐败等商业贿赂专项合规逐渐转向诚信合规、出口管制合规、反洗钱合规、数据保护合规、环境保护合规等领域的全面合规。

从合规主体来看，企业合规建设由国企带头试点向民营企业推广。2018年11月，《中央企业合规管理指引（试行）》的颁布，标志着企业合规建设在国有企业中有序展开。国有企业作为民营企业的风向标和引路人，在国有企业合规建设初见成效后，国家将合规推广至民营企业领域，进一步引导和鼓励民营企业效仿国有企业建立合规体系。

五、我国现行企业合规存在的问题

（一）对企业合规的认识滞后

承前所述，我国企业合规起步晚，企业合规整体发展水平较低，普及率不高。有些企业员工乃至企业领导者观念陈旧，对违规后果的严重性认识不足，心存侥幸心理，从而使得他们对合规管理的重视程度不高，缺乏对合规风险的正确评估和认识，从而不能及时作出正确的应对。以中兴通讯事件为例，比起合规建设的成本，他们并没有看到建设的必要性，另外，他们对合规的理解不够深刻和准确。例如中兴通讯事件中，在2012年美国得克萨斯州法院最先给中兴通讯在美国的子公司发出传召函，针对中兴通讯立案调查。然而，事实上早在2009年中兴通讯的法务部就预计将在出口贸易中面临风险，在2011年8月25日向公司领导层提交了《关于公司出口管制相关业务的报告》，并随之制定了《进出口管制风险规避方案》。但遗憾的是，这两份文件并没有得到落实，还落入美国政府手中，成为中兴有意规避美国出口管制政策的证据。

近年来，国内的合规理念已经得到了推广普及，但是仍旧不乏有对合规一无所知的员工和领导层存在,在此情况下,要将合规宣贯到位,对合规风险作出恰当的应对无异于天方夜谭。

(二)企业合规建设实践的问题与障碍

自2005年以来,我国企业合规初步形成了两种合规管理模式:一是日常性合规管理模式,二是合规整改模式。①二者的作用功能不同,并行不悖。下文将对这两种模式下的合规工作存在的问题进行阐述分析。

1. 日常性合规管理建设存在的问题

"日常性合规管理模式",又被称为"面向市场的合规计划",是指企业在没有违法、违规或者犯罪的情况下,根据常态化的合规风险评估结果,为防范企业潜在的合规风险,开展合规管理体系建设。②我国企业对企业合规的认识理解往往比较浅薄,很多企业并未意识到日常性合规管理与合规整改是不同的概念。不乏企业将日常性合规管理建设简单地理解为"合法合规经营"。而从目前国家已经出台的《中央企业合规管理指引(试行)》《企业境外经营合规管理指引》等来看,表面上,这些合规指引为企业日常性合规管理建设提供了参考、标准和依据,事实上,由于这些指引的防范对象几乎涵盖了所有潜在的合规风险,据此建立的合规管理体系将是一种同时覆盖多种专项合规管理领域的"大而全"的管理体系,③这种不是根据风险评估结果建立的合规体系,可能因为其针对性差而成为"纸上合规"。另外,对于中小微企业而言,建立和维护这样"大而全"、针对性差的合规管理体系本就是一件困难的事情,加上对成本等因素的考虑,必然会影响企业自主合规的积极性。

2. 合规整改存在的问题

"合规整改模式",又被称为"应对危机的合规计划",是指这样一种治理方式,即企业在面临行政执法调查、刑事追诉或者国际组织制裁的情况下,针对自身在经营模式、管理方式、决策机制等方面存在的漏洞和隐患,进行有针对性的制度修复和错误纠正。④2020年3月,最高人民检察院在上海、江苏、山东、广东等6家基层

① 陈瑞华:《有效合规管理的两种模式》,载《法制与社会发展(双月刊)》2022年第1期。
② 尹云霞、李晓霞:《中国企业合规的动力及实现路径》,载《中国法律评论》2020年第3期。
③ 陈瑞华:《企业合规不起诉制度研究》,载《中国刑事法杂志》2021年第1期。
④ 尹云霞、庄燕君、李晓霞:《企业能动性与反腐败"辐射型执法效应"》,载《交大法学》2016年第2期。

检察院开展了企业合规改革第一期试点。在该期试点中，各试点单位围绕合规监督评估机制探索形成了独立监控人监管、行政机关监管、检察机关监管等不同模式。①同年6月，最高人民检察院联合其他八个部门发布了《关于建立涉案企业合规第三方监督评估机制的指导意见（试行）》，从程序机制的层面为第三方监管机制的运行划定了基本框架。但从具体案件的实践经验来看，该机制在适用上还有一些不足之处。首先，就机制启动上，启用条件不够明确。部分试点根据企业规模对符合合规整改条件的企业进行再分类处理，处理结果大致如表3-1所示：

表3-1　企业规模及其合规整改模式

企业规模与整改要求	合规整改适用模式
规模较大、整改要求较高的企业	适用合规考察模式+启用第三方监管人机制
小微企业且整改要求较低的	适用检察建议模式（即通过向企业制发合规检察建议来提出整改方案，由检察机关监督）

这种由企业规模决定合规整改的模式以及是否启用第三方监管人的做法，显然无法保证对中小企业的监管效果，而我国的中小企业数量占我国企业总数的90%以上，对全国GDP的贡献达65%、税收贡献超过50%、出口额占比超过68%、解决了75%以上的城镇就业。故而，这种无法保证小微企业监管效果的分类处理根据的做法不符合我国合规改革的实际需要。

其次，未明确规定监管费用支付模式，现有的支付模式及其利弊如表3-2所示：

表3-2　监管费用支付模式及其利弊

企业支付	影响监管人的独立性及中立性，容易导致监管人违背职业伦理、与企业发生利益勾连。另外，当第三方监管人的费用支付落在涉案中小企业的肩上，则一定程度上更增加了企业负担。
检察机关支付	可能演化为象征性的支付模式，且有可能出现第三方监管人的费用低于甚至远低于涉案企业外聘的合规顾问费用的情形，导致监管力度不足的结果。
不向监管人支付任何费用	极容易导致对监管人的激励不足从而使监管流于形式。

① 李本灿、王嘉鑫：《论企业合规第三方监管人启用机制》，载《江西社会科学》2023年第1期。

国际上主流的支付模式是企业自行承担,但该模式对于拥有大比例中小企业的我国而言,企业一旦涉案,一方面,中小企业因实控人被采取强制措施而丧失核心领导,瞬间消亡的可能性极大;另一方面,第三方监管人的费用由企业自行支付,当合规成本高于合规收益,中小企业便无意愿通过合规整改来自救,合规不起诉制度就会被架空。

六、企业合规完善对策

对于我国企业关于合规的认识较薄弱的问题,首要的便是提高企业员工特别是管理层对企业合规的认识,普及合规文化。企业合规管理运行离不开企业的高层和员工。因此让企业中的“人”对合规文化有基本了解,才能将企业合规管理运行落实到具体的每一个人,进而形成行之有效的运行机制,强化各级合规意识,最终培育出生生不息的合规文化。这样才能通过完善的合规管理体系和深入人心的合规文化抵制合规风险,才能适应全球竞争新形式。

关于日常性合规管理方面,现行指引不具有个性化、差异化的问题,可以考虑构建一个日常合规管理体系资源共享平台,平台提供简易合规体系服务和全面合规体系服务两类,企业可以根据自身的资本实力状况进行选择。对于负担能力强的较大型企业可以选择全面合规体系服务,而对于负担能力较差的企业,则可以选择简易合规体系服务,简易合规体系即根据行业类别,为企业提示行业刑责风险系数,并从风险系数上由高而低逐一进行风险提醒,企业缴纳一定的费用即可共享合规风险提示和获取符合自身行业特性、企业特性的合规框架。另外,平台还可以提供个案合规服务,当企业遭遇具体的合规风险时,平台可以快速把握企业情况,作出恰当应对。

对于企业合规整改,首先,有必要明确第三方监管机制适用条件和启动条件。从我国涉企合规制度的孕育及发展背景来看,中小企业更常成为被合规规制的对象,因此,在制定适用条件时,应当充分考虑到中小企业,结合我国中小企业特征,保证中小企业也能平等地适用第三人监管机制。其次,关于第三方监管人的费用支付模式,考虑到不同的个案情形,从涉企合规制度的初衷出发,在第三方监管人的费用支付方面,不应采取“一刀切”的方式加以规定。换言之,当企业足以承担监管人成本时,可以考虑将该费用转嫁由涉案企业承担,同时该费用也能够发挥一定对企业进行惩罚的效用。而在无力承担监管人费用的中小型企业涉罪案件中，则可以考虑适用由检察机关独立承担监管费用或检察机关与涉案企业共同承担监管费用的模式，一方面保障监管人的工作成本，另一方面又不致给涉案企业施加其无法承受的资金负担。

第三节 涉税犯罪典型案例研究报告：田某文虚开增值税专用发票、骗取出口退税案[①]

一、案情简介[②]

2021年涉税犯罪治理已由集中打击转向常态化打击，据2021年12月30日全国税务工作会议通报，全国累计依法查处涉嫌虚开骗税企业44万户，挽回税收损失909亿元，抓获犯罪嫌疑人43459人，其中5841名犯罪嫌疑人慑于高压态势主动投案自首。[③]而在公安部的"猎狐2021"专项行动之中，抓获一大批外逃经济犯罪嫌疑人，累计追赃约14亿元。田某文案为其公布的典型案例之一，具体案件内容如下：

2013年9月至2016年6月间，犯罪嫌疑人田某文以外商投资的名义跨省、市相继成立多家空壳公司，以生产出口太阳能芯片等高科技产品为由，从江苏、江西等地购买套打"黄金票"，以及利用税收优惠政策套取增值税专用发票，后在各关联企业间进行"环开"，形成虚假税票流，为关联出口贸易企业提供用于抵扣的进项税发票，以此骗取国家出口退税款及地方政府奖励、补贴资金。至案发，累计虚开增值税专用发票金额达16.48亿元，骗取退税4000余万元以及政府补贴530万元。

安徽省池州市公安局2016年11月立案侦查。案发后，田某文潜逃至境外。

---

① 本节由倪铁、姚浩亮合作完成。

② 公安部：《公安部部署开展"猎狐2022"专项行动 全力缉捕在逃境外经济犯罪嫌疑人》，载中华人民共和国公安部官网2022年4月6日，https://www.mps.gov.cn/n2254314/n2254487/c8450233/content.html。

③ 国家税务总局办公厅：《全国税务工作会议在北京召开》，载中国政府网，http://www.gov.cn/xinwen/2021-12/31/content_5665747.htm。

2017年12月,池州市公安局以涉嫌虚开增值税专用发票、骗取出口退税罪对其批准刑事拘留。2018年4月,泰国警方将田某文抓获,因其在泰涉嫌伪造护照,被泰法院判刑十九年半。2021年6月,我方正式向泰方提出移管请求,后因泰国国内大赦,移管合作无法继续开展。在各方努力下,泰方应我请求,于2021年12月,在田某文释放后将其遣返回中国。

二、入选理由

(一)国家经济治理重心所在

税收为一国经济命脉,涉税犯罪严重侵害其正常治理,需重点打击。田某文案为公安部"猎狐"专项行动的典型案例,对维护国家治理具有重大意义。它展现了涉税犯罪对我国经济体系造成的严重影响、我国税务体制需要整改之处、跨国协作的运作模式。因此,对于侦破其他涉税犯罪案件具有指导意义,同时能够为国家涉税犯罪常态化打击提供可行的建议与策略,更好维护国家税收这一治理中的重中之重。

国家的运转、政策的开展均需要政府资金的支持,而政府的财政收入主要依靠税收来维持。就以2021年为例,一般公共预算收入为202539亿元,税收收入为172731亿元,占比85.28%。①因此对涉税犯罪的治理是国家治理的重点所在。在2021年召开的专项行动总结会上,孙谦指出,六部门常态化打击虚开骗税违法犯罪,对于落实中央决策部署,维护国家经济安全税收秩序意义重大。近年来,各级检察机关深入学习贯彻习近平法治思想,依法履行检察职能,从严打击涉税犯罪,2018年8月以来共批准逮捕8936件、14405人,起诉18117件、38707人。坚持"少捕慎诉慎押"刑事司法政策,不批捕6217人,不起诉15155人,对认罪认罚的实体经济企业依法从宽。②(参考表3-3)由此可见我国对涉税犯罪零容忍的态度,对其治理由专项行动向常态化打击的积极转变。

---

① 参见财政部:《2021年财政收支情况》,载中国政府网,http://www.gov.cn/shuju/2022-01/29/content_5671104.htm。

② 孙风娟:《全国打击虚开骗税违法犯罪两年专项行动总结暨常态化打击工作部署会召开 孙谦出席会议并讲话实政治责任维护国家税收经济安全》,载正义网2021年10月30日,http://news.jcrb.com/jsxw/2021/202110/t20211030_2332782.html。

表3-3 2018年至2021年涉税犯罪专项行动成果展示

批捕案件数/人数	起诉案件数/人数	不批捕人数	不起诉人数
8936/14405	18117/38707	6217	15155

（二）社会公众广泛关注

近年来涉税犯罪引发了极高的民众关注度，自2018年范冰冰逃税案至2022年邓伦逃税案的发生，明星逃税现象直接吸引了民众的目光，不仅成为民众茶余饭后的谈资，更是吸引了民众对公安部“猎狐”专项行动的关注。自2014年起，公安部的“猎狐”行动就已取得了极大成效。2014年仅开展4个月时间，即抓获外逃经济犯罪嫌疑人42人，而随着涉税犯罪在国内的愈演愈烈，公安部亦将其目光聚焦于此。自党的十八人以来，以习近平同志为核心的党中央高度重视税收工作，习近平总书记对税收工作发表了一系列重要论述，多次作出重要指示、批示，为税收改革发展指明了前进方向、提供了根本遵循。习近平总书记指出：“财税体制改革不是解一时之弊，而是着眼长远机制的系统性重构。”①而在体制改革之际，往往是犯罪的高发时期，涉税犯罪亦是如此。

涉税犯罪入刑后涉案金额达到数亿元的案件得到控制，但田某文案虚开金额达到16.48亿，骗取退税4000余万元以及政府补贴530万元，产生了极大的不利影响，且犯罪嫌疑人出逃在外对公安机关的抓捕行动也提出了极大的挑战。因此，此次公安部通过“猎狐”行动将其引渡回国，是我国国际侦查合作的重大成果，同时该案为涉案金额巨大的涉税犯罪，故直接吸引了民众的目光。

（三）具有典型法治引导意义

涉税犯罪涉及行刑衔接问题因而入刑不多，大都在行政层面就已解决。而田某文案能够指导我们辨析涉税犯罪中的行刑界限，使应当受到刑罚处罚的犯罪行为人受到刑事处罚，强化刑罚的威慑力。在2022年1月16日的全国高级法院院长会议之中，周强强调“要严惩涉税违法犯罪，树立依法纳税正确导向”。②刑罚的威慑力除却需要法典记载公之于众外，还需贯彻执行。

① 王军：《在新的征程上谱写税收现代化建设新篇章》，载国家税务总局官网2021年10月20日，http://www.chinatax.gov.cn/chinatax/n810219/n810724/c5169845/content.html。

② 参见孙满桃：《全国高级法院院长会议：严惩涉税违法犯罪》，载光明网，https://legal.gmw.cn/2022-01/17/content_35453836.htm。

同时,从公民教育的角度而言,通过这一典型案例能够强化公民的纳税意识、增强公民对违法行为的检举揭发意识,以此共同维护一个良好的税收环境,形成社会共治。由于该案是公安部“猎狐”专项行动的典型案例,因而后续会有更多跟进报道,进而还原案件全貌。这能够使公民对案件的经过产生认识,并对其审判流程及审判结果进行监督。一方面强化了对于司法公正的监督,另一方面通过对于典型案例的学习增强公民的守法意识及其护法能力。

三、涉税犯罪的发展趋势

(一) 犯罪发展趋势迅猛

第一,该类犯罪呈现迅猛发展趋势。随着金税工程三期的完成、金税工程四期的开始,我国税务征收体制逐渐完善,留给犯罪行为人实施犯罪的空间也逐渐缩小。自 2011 年至 2021 年,我国涉税犯罪的发展情势总体上呈现一种先升后降的趋势。就以涉税犯罪中的主要罪名“虚开增值税专用发票、用于骗取出口退税、抵扣税款发票罪”为例,依据裁判文书网所公布的判决书数量来看(如图 3-5 所示):

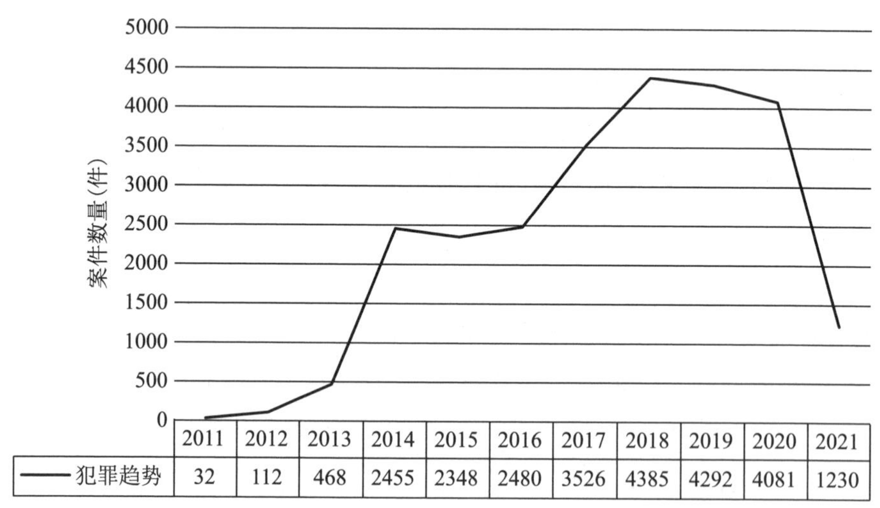

	2011	2012	2013	2014	2015	2016	2017	2018	2019	2020	2021
—— 犯罪趋势	32	112	468	2455	2348	2480	3526	4385	4292	4081	1230

图 3-5　虚开增值税专用发票刑事判决书数量变化

此类案件出现过两次波峰,分别是 2014 年与 2018 年。其主要原因在于 2014 年公安部首开“猎狐行动”,因此对于相关犯罪加大打击力度与侦查资源投入,效果显著;2018 年公安部将其工作重心置于涉税犯罪打击层面,且积极对外协作抓获外逃犯罪行为人,因此 2018 年为第二个峰值。此外,2018—2020 年三年间案件数均在 4000 件以上,而 2021 年案件数量骤降,这也间接证明了公安部行动对于涉税犯罪的有效打击。

(二)由沿海地区向内陆地区延伸

第二,涉税犯罪呈现出由沿海地区向内陆地区发展的趋势。虽然此类犯罪高发地区仍然为沿海地区,如上海市 2011 年至 2022 年,虚开增值税专用发票犯罪刑事判决书共有 3517 份,而吉林省在这段时间内仅有 211 份,但是对内陆地区的裁判文书进行调研即可发现上述趋势。①2011 年至 2021 年间,依据裁判文书网公布信息,其案发数变化趋势如图 3-6 所示:

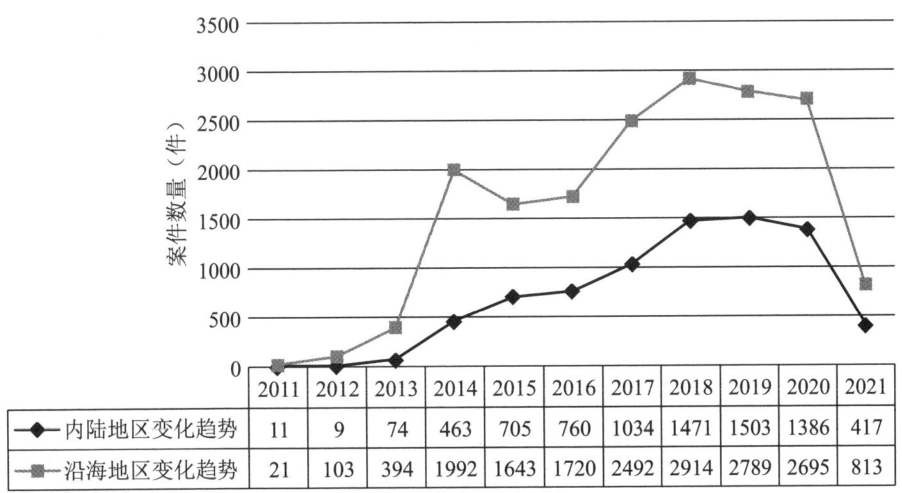

	2011	2012	2013	2014	2015	2016	2017	2018	2019	2020	2021
内陆地区变化趋势	11	9	74	463	705	760	1034	1471	1503	1386	417
沿海地区变化趋势	21	103	394	1992	1643	1720	2492	2914	2789	2695	813

图 3-6　虚开增值税专用发票犯罪内陆沿海对比

根据图 3-6 可知,沿海地区犯罪趋势自 2011 年至 2021 年间呈现阶段性的增长趋势。以 2014 年为界,在 2011 年至 2014 年此类犯罪呈现递增趋势并于 2014 年到达峰值。在峰值之后则呈现出一种先降后升再降的趋势,这受到两个因素的影响。首先,在 2014 年开展专项行动之后,对于沿海地区的打击力度增大,因此隐案被发现,在图中呈现为由 2013 年的 394 起猛增至 2014 年的 1992 起的一个急速增长趋势,而后有所下降。其次,部分沿海地区的犯罪团伙向内陆延伸。参考内陆地区变

① 数据来源:载中国裁判文书网 2022 年 5 月 13 日,https://wenshu.court.gov.cn。

化趋势犯罪曲线则可发现,以 2019 年为界,在 2019 年之前整体上呈现一种增加趋势,尤其是在 2014 年后沿海地区呈下降趋势的情况之下,内陆地区仍然稳定增加。而在 2019 年之后,由于 2018 年的专项行动增强对于涉税金融犯罪的打击治理,因此犯罪数量逐年下降,2021 年下降趋势明显,是为专项行动成果有效之展现。

总体而言,我国涉税犯罪仍然处于较为严重的态势之中,需要加强治理与监督。但是随着各项制度、设施的完善,犯罪行为人的实施空间越来越有限,我们应当乘胜追击,更好地净化税收环境。

四、涉税犯罪的特点分析

(一) 专业性色彩明显

涉税犯罪属于经济类犯罪。这类犯罪往往具有极强的专业性,例如犯罪行为人善于利用犯罪团伙的形式实施犯罪、利用政策监管漏洞实施犯罪。

1. 以犯罪团伙形式实施犯罪

在涉税犯罪之中,犯罪行为人往往会利用犯罪团伙形式实施犯罪,且内部分工明确、具有极强的组织性。这主要分为团伙内部组织性以及团伙间的组织性。

首先,从犯罪团伙内部组织性的视角而言,在一个涉税犯罪的犯罪团伙之中,不同成员分工明确,各自实施自己负责部分,最终整合成一个完整的犯罪过程。就以黄某池、林某裕、陈某杰等虚开增值税专用发票案为例,在这一案件之中黄某池首先通过陈某杰,结识林某裕,后在其辖区内开办空壳公司,并向税务机关领购增值税专用发票为他人提供骗税服务。后随着业务扩展,陈某亮、郑某亮等人相继入伙分别成立空壳公司,或是代他人运营空壳公司的形式,继续从税务机关领购增值税专用发票为他人逃税、骗税,最终以团伙形式完成犯罪实施。

其次,从犯罪团伙间组织性的视角而言,不同地域的犯罪团伙之间具有清晰的专业分工,各环节相互隔离、单线联系,通过利益紧密捆绑。①就以上海汪某良团伙危害税收征管秩序案为例。在该案中,以汪某良为首的犯罪团伙通过非法手段控制空壳公司;以詹某为首的犯罪团伙利用空壳公司进行第一层“洗票”;毛某燕为

① 雷鑫洪:《智慧税警协作下的涉税犯罪治理研究》,载《税务研究》2021 年第 1 期。

首的犯罪团伙利用空壳公司“过票”并修改品名；以勾某翼为首的犯罪团伙利用空壳公司对外虚开，形成“一条龙”犯罪链条，涉案金额达 110 余亿元，涉及空壳公司 3800 余家。①

2. 利用政策漏洞实施犯罪

相较于传统刑事犯罪而言，涉税犯罪涉及行刑边界问题。因而即使犯罪行为人实施了犯罪行为，也不一定会受到刑罚的处罚，以逃税罪为例，其具有“首罚不刑”的特征。随着近年来，中央、地方为促进经济的发展，在税收上提供了许多优惠性措施，导致犯罪行为人也发现了可乘之机。就如在新税制实施初期，犯罪行为人通过阴阳票、假发票等手段实施犯罪；在金税工程实施之后，犯罪行为人转为利用特殊商品的监管漏洞实施虚开；在金税工程三期完成之后，犯罪行为人诱惑他人成立空壳公司，暴力虚开，流窜作案；在金税工程四期启动之后，犯罪行为人仍然会利用制度漏洞实施犯罪行为。

（二）技术性手段增强

在涉税犯罪盛行初期，犯罪行为人往往是利用领购增值税发票虚开、线下联络的方式实施犯罪行为。因此，在犯罪实施之后即被侦查机关关注侦破的概率极高，相较于现在而言，犯罪黑数更少。而随着科学技术的发展、“互联网+”模式的运行，涉税犯罪也得到了科技的支撑，使其运行速度更快且更为隐蔽。

1. 通信模式由“线下”转为“线上+线下”

在涉税犯罪之中，犯罪团伙的通信方式已经由传统的“线下”模式转为“线上+线下”模式。在传统模式之中，犯罪团伙内部及团伙之间往往是依靠现实社会网络的直接联系来维持其联系。因此，犯罪信息的传播受制于社会网络的传播速度，同时可能会被侦查机关的“特情侦查”打入内部获取关键性证据而被一举击破。但近年来，基于数据时代的背景，犯罪信息可借助现实社会网络、移动通信网络和各种在线社会网络组成的混合网络环境进行高效传递。②犯罪规模突破地域、时间的限制，而犯罪层级也呈现多层化、链条式的变化特征。并且物流业、互联网金融业

---

① 熊丰：《公安部公布打击涉税犯罪十大典型案件》，载中国政府网，http://www.gov.cn/xinwen/2019-08/01/content_5417960.htm。

② 王舰、王志宏、张乐君：《复杂网络演化的舆论动力学模型及仿真分析》，载《计算机应用》2018 年第 4 期。

的高速发展也为其提供便利。犯罪活动由线下实体运营转为线上虚拟运营，侦查机关难以及时获取关键性证据。同时，“互联网+”的模式使犯罪行为人能够利用微信、邮箱等电子通信手段进行联系，通过第三方支付平台进行线上资金往来。更有犯罪行为人基于“暗网”实现电子通信以及资金链的流动，对侦查工作更是提出了重大挑战。以曹某、李某里虚开增值税专用发票案为例，在该案中，犯罪人之间通过电话、微信等现代电子通信手段进行联系，同时利用互联网在网络中招募社会闲杂人员担任其空壳公司的法定代表人，利用微信进行资金流通、交易。

2. 犯罪手段由伪造发票虚开转为利用真发票虚开

金税工程三期的实施，进一步压缩了传统涉税犯罪的空间，同时建立了一套涵盖所有税种的主要征收环节的税收管理信息系统，基于大数据进行征税、管税。并且，电子发票的推行也进一步压缩了伪造发票、虚开发票的生存空间。各部门的联合执法与信息互通完善了信息平台的建立，为犯罪打击提供强力支援。因此，犯罪行为人已经转入利用真发票进行虚开骗税的时代。最为典型且危险的即以下两种行为方式。

第一种为犯罪行为人利用技术手段侵入税务机关内部系统，调取内部数据，套打可以经过系统检验的发票，即“暴力虚开”。如 2017 年广州市海珠区人民法院判决的一起案例，在该案之中，张某研制并出售非法软件，利用该软件暴力侵入税务机构内部系统套打假发票，涉案范围达到全国 30 多个省份。①

第二种即联合税务机关内部人员或是涉税服务人员一同犯罪，由相关人员利用内部系统虚开发票，这也是最为传统的一种犯罪方式。如国家税务总局公开的典型案例之中的新疆乌鲁木齐税务部门依法查处中介涉税违法案，在该案之中，闫某平及数名独立从事涉税服务人员与虚开团伙相勾结，以税务代理为掩护，虚假注册空壳公司，违规办理实名认证、变更登记、领用发票、代理记账，违法套用疫情防控税收优惠政策并对外虚开发票，虚开发票 1.7 万份，价税合计金额 15.94 亿元。②

① 张某、刘某旭等非法经营案，广州市海珠区人民法院（2016）粤 0105 刑初 1040 号刑事判决书。

② 闫某平等虚开增值税发票案，新疆维吾尔自治区乌鲁木齐市沙依巴克区人民法院（2021）新 0103 执 5501 号执行裁定书。

（三）关联性犯罪交织

正如前所述，涉税犯罪并非单纯仅指危害征收征管类罪，其还涉及渎职罪、洗钱罪、走私罪等衍生犯罪或上下游犯罪。因此，其犯罪构成极其复杂，以至于在侦查实务之中，侦查人员往往也存在罪名辨析的困难。同时，这也表明涉税犯罪所涉及罪名之广，必须对其严格整治。

1. 危害征收征管类罪内部罪名关联性

危害征收征管类罪内部罪名之间具有极强的关联性。根据前述涉税犯罪发展趋势可以明显发现，此类犯罪在我国近几年内均有上升迹象，其中虚开增值税发票案件为此类犯罪的主要构成，以此为核心衍生出其他犯罪。犯罪行为人已经形成如下的一整条“犯罪产业链”（如图3-7所示）：

图3-7　涉税犯罪产业链

在下游“购买发票”这一环节之中，企业目的主要是为了逃税、骗税、骗取国家补贴、地方补助、银行贷款等。而在上游“伪造发票”环节之中，制造发票的犯罪呈现出企业化的特征，即在各个案件之中均可发现，虚开增值税发票犯罪团体内部分工明确，仅开票供他人使用，以一个供给商的身份参与犯罪。并且部分犯罪行为人具有前科，专职发票伪造进行出售。

2. 涉税犯罪与洗钱犯罪、渎职犯罪的关联性

涉税犯罪与洗钱犯罪、渎职犯罪存在紧密联系。犯罪行为人在虚开增值税发票的过程之中，可以利用发票隐藏账目、隐瞒真实交易、伪造交易。做到账面平衡、账面上的正当交易。因此，涉税犯罪时常与走私犯罪与洗钱犯罪相生相伴。犯罪行为人能够通过洗钱行为使其涉税犯罪所得收益正当化，亦可通过伪造发票来虚构没有发生的交易从而走私违禁物品获取利润。此外，自我国通过单行刑法规定涉税犯罪以来，不少犯罪行为人在其实施犯罪行为的过程之中往往会通过官方途径获取实施犯罪所需物品或数据。较早的典型案例，即之前所述的黄某池、林某裕、陈某杰等虚开增值税专用发票案。而近年来，此类形式的犯罪仍然存在，如

2018 年广东省揭阳市税务局局长高某利用职务便利为虚开发票提供帮助犯受贿罪及滥用职权罪而被判处刑罚。①

五、涉税犯罪的原因分析

对于犯罪原因的分析,刑事古典学派偏向基于“理性选择”,即犯罪人的主观因素进行分析,而刑事实证学派偏向基于“客观因素”,即犯罪人自身因素以外的视角进行分析。现阶段对于犯罪原因的分析是主观、客观之结合,因而更为全面。故对于涉税犯罪的犯罪原因分析,在此基于心理因素、经济因素、制度因素进行剖析。

(一) 犯罪行为人存在侥幸心理

贝卡里亚的犯罪原因论可归结为“自由意志说”,在此基础上,还受到“经济条件”和“坏的法律”的影响。②在涉税犯罪中,犯罪人的心理因素对于犯罪的发生产生了巨大的推动作用。

1. 轻刑降低刑罚威慑力

边沁在其功利主义理论之中表明,犯罪人实施犯罪行为是因为在其认知中,实施犯罪所能带来的利益大于实施犯罪所要遭受的痛苦,因而选择实施犯罪。纵观我国刑法,对于危害征收征管 14 类罪所设刑罚均较轻,且偏向于财产刑。此外,在司法实践之中还涉及行刑衔接的问题。就以逃税罪为例,有“首罚不刑”的传统。因此很多涉税犯罪在“行”这一层面已经解决,而未步入“刑”的层面。故对于犯罪行为人而言,一旦犯罪行为被侦查机关发现,仅需补税、自首即可极大程度降低刑罚所能带来的痛苦,导致刑罚的威慑力并未能展现其实际效用。

2. 制度漏洞给予犯罪行为人“安全感”

目前涉税犯罪的变化趋势也呈现出“跨区域跨行业”“利用真票虚开”“采用真单骗税”“手段变化快”等特征。因此,这对我国目前仍处于探索发展期的各机关联合执法提出巨大挑战。各机关之间的信息不能互通、地域之间设置侦查壁垒、犯罪行为人利用网络进行联系合作、暗网的存在为交易提供隐蔽性等因素,最终导致

---

① 高某敏、揭阳市安盛塑胶实业有限公司受贿、滥用职权案,广东省揭阳市中级人民法院(2018)粤 52 刑初 25 号刑事判决书。

② 应培礼主编:《犯罪学通论》,法律出版社 2016 年版,第 75 页。

大量犯罪黑数的产生。这使犯罪行为人在实施犯罪行为之时产生了一种所谓的"安全感",进而更加不惧刑罚,敢于实施犯罪。

（二）巨额经济利益催生犯罪动力

从经济因素的角度出发进行分析。涉税犯罪不仅能够使犯罪行为人逃避税款的缴纳,同时能够骗取税款、地方补助资金、政策补贴资金。因此,对于犯罪行为人而言能够产生巨大的经济利益。

近年来,涉税犯罪有从沿海城市向内陆省份延伸的趋势。①因为内陆地区出口业务相对较少且防范能力较弱,加之当地政府急于招商引资发展经济的心态,就为犯罪行为人实施犯罪、获取经济利益提供便利。犯罪行为人仅需在当地设立空壳公司进行虚开,或者是将相关省份作为其关键一环,设立虚假企业取得虚开发票即可骗税。例如,公安部发布的涉税典型案例之一四川乐山"1·29"虚开增值税发票和伪造出售假发票案。在2019年1月,四川乐山公安机关联合税务部门开展联合行动,锁定一个犯罪团伙。该团伙采取注册空壳公司、收购僵尸企业等形式,大肆骗领、虚开增值税专用发票、普通发票,涉案金额高达7.47亿元。同时,该团伙还通过非法软件套打发票,达317亿元。②

（三）制度疏漏降低犯罪预防能力

就涉税犯罪的产生原因而言,除却巨大的经济利益诱惑、犯罪人的理性选择,最主要且最为重要的因素,即制度层面的原因。如税务体制、涉税法律有待完善,机关协作缺乏信息对称基础,相关政策缺乏有力监管等。

1. 法律规定与司法实践衔接不顺

当前刑事法律对涉税犯罪的处罚相较于其他经济犯罪而言仍然较轻,故难以发挥刑罚的威慑作用。并且考虑到行为人骗税、逃税十几亿元的巨大危害,仅判处3—7年的有期徒刑并处以财产刑的刑罚方式似乎存在一定偏差。同时,部分涉税犯罪,如逃税罪,自动缴纳税款即可免于刑事处罚,仅接受行政处罚,则进一步弱化了刑罚的威慑性,且与主流的积极主义刑事立法观相悖。此外,对于涉税犯罪的证据认定要求过于严格,存在与现实脱节的问题。就以骗取出口退税罪为例,在现

---

① 参见李晓欢:《防范骗取出口退税行为的对策研究》,载《税收经济研究》2019年第2期。

② 熊丰:《公安部公布打击涉税犯罪十大典型案件》,载中国政府网,http://www.gov.cn/xinwen/2019-08/01/content_5417960.htm。

行法律与司法实践之中若要认定犯罪行为人具有犯罪行为,必须要求有证据表明其货物有虚假出口,与现在大部分犯罪行为人通过"买单""假借他人出口货物申报骗取税款"等方式不相适应。故现行法律和实践与犯罪手段之间存在脱节的问题。

2. 税务机构内部存在认定差异

税务部门内部征税、退税的工作内容与重点存在差别。基于简化退税程序的背景,税务部门每天均需面对海量的业务处理,因此在实务中关注点存在差异,有的地方以"发票核验"为其办公核心,有的地域以"货物与资金流"为其关注焦点。但相同的是,对于企业的真实生产经营状况了解较少。并且现行涉税犯罪呈现出"跨地域、跨行业"的特点,因此,税务稽查部门在办理过程之中也难以统一标准,最终导致在此地违规但在另一地合法的情形。同时,因货源地不承担退税责任,当地税务机关的关注点在于对企业的属地征纳管理。①最终导致税收管理体制出现漏洞,为犯罪行为人提供可乘之机。此外,面对日新月异的涉税犯罪新手段,我国税务稽查部门的办案技术手段仍然较为落后,并且对于跨地域的团伙作案情形,稽查部门对于外地涉案的上下游企业无管辖权,而当地税务稽查部门的配合效果也是未知数。故涉案企业一旦隐藏证据、出逃,稽查部门就会处于被动局面。

3. 各机关协作缺乏统一标准

仅以出口退税行为为例,其涉及部门就有税务、海关、外汇、银行等职能部门。而在犯罪案件发生之后,还存在着与公安机关的对接问题。就退税起始步骤而言海关与税务是两大主要部门,但是其关注焦点存在巨大差异。例如,海关办理出口其关注焦点就在于货单内容与货物内容相符,保证国际贸易的正常流通,但税务的关注点则在于发票所记载内容。两者的关注点不同就导致其监管存在割裂差异。此外,在行为人实施涉税行为之后,公安机关是否应当立案,取决于证据是否充分。但在实务之中,税务机关与公安机关之间对于证据认定标准的不同,就导致有的应当立案的案件没有立案,产生大量犯罪黑数,给犯罪预防与侦查工作均带来了不利影响。

---

① 李青、乐会、胡力:《骗取出口退税的新模式、外部因素及防控》,载《国际税收》2021年第11期。

4. 政府引资政策缺乏审查监管配套机制

为实现“以国内大循环为主体，国内国际双循环相互促进的新发展格局”①这一目标，需要各地政府的大力支持，因此我国经济发展也呈现新的面貌。在内陆地区，则体现为当地政府出台一系列免税降费、政府补贴的政策为中小微企业、新兴企业、出口企业提供便利。但是在管理层面存在偏差，最终为犯罪行为人利用漏洞实施犯罪。此外，有的地方政府为追求经济利益而急于招商引资，最终为犯罪行为人所利用，趁机成立虚假企业或虚假供货骗取税款、补贴资金。这就导致近年来涉税犯罪呈现出由沿海往内地发展的趋势。

六、基于犯罪学角度的治理对策

正如贝卡里亚在其《论犯罪与刑罚》中所述：“刑罚的目的仅仅在于：阻止罪犯再重新侵害公民，并规诫其他人不要重蹈覆辙。”②因此，就涉税犯罪而言，我们不应当仅仅依靠增加酷刑来维护刑法的威慑作用，更重要的是从犯罪心理、制度因素等角度出发寻找犯罪预防策略，从根源上预防犯罪。

（一）通过教育建立正常心理

心理因素的预防策略，重点在于让犯罪人能够进行符合社会普遍价值观的理性选择。心理的形成与教育、接触环境密切相关。因此，可以从常规教育与矫正教育两个层面出发。

1. 利用常规教育建立正常纳税心理

这一举措重点在于使孩童自小养成正确的价值观念，使公民自发形成“纳税光荣”的思想，以逃税、避税、骗税为耻。从家庭教育角度而言，赫希的社会纽带理论、索恩伯里的交互理论均提及父母与儿童之间纽带的重要性，这一纽带的联系性越强，儿童在其生命历程之中犯罪的可能性就越低。故家长必须以身作则，严格依法纳税，同时向孩子灌输依法纳税的信念；从学校教育的角度而言，传统的学校教育仅注重对于学生的学业教育而忽视其道德教育、心理健康教育、生理健康教育。因

---

① 王政淇、宋子节：《畅通国内国际双循环，习近平这样阐述“新发展格局”》，载人民网 2022 年 5 月 15 日，http://www.people.com.cn。

② ［意］切萨雷·贝卡里亚：《论犯罪与刑罚》，黄风译，北京大学出版社 2008 年版，第 29 页。

此学校应当注重全方位的教育模式,培养学生的健康身心,加强对于学生的税务教育,利用特殊纪念日、税务机构进课堂等方式加深印象;从社区教育的角度而言,社区机构应当充分利用社区资源,宣传缴纳税款的意义、重要性,逃税所需面临的处罚等内容,协助公民树立正确观念。

2. 利用矫正教育破除犯罪心理

犯罪行为人一旦被处以刑罚,势必会接受矫正,这是一个正常心理的建立过程。在监狱、看守所的矫正过程中,除了劳动矫正让犯罪行为人养成劳动技能、体会劳动成果的可贵之处;还需教育矫正使其树立正确的价值观念,防止出狱再犯。就涉税犯罪的犯罪行为人,在教育之时应当加强"依法纳税""纳税光荣"等理念的灌输,同时向其深刻阐述实施犯罪会受到何种处罚、会有何后果,甚至是犯罪附随效果的概念。破除其原先的犯罪心理,建立起正常心理重新融入社会。

(二)完善相关制度防范涉税犯罪

犯罪行为人逐利心理的产生仍然在于巨大经济利益的吸引,而这一吸引则产生于政策的漏洞、管理的空缺之中。因此,完善制度可从法律设计、税收管理设计、部门协作机制设计、政策管理设计四个层面出发进行研讨。

1. 完善法律规定构建防范体系

现行法律中涉及涉税行为的法律条款需要修改,使其便于实务机构的调查与取证以及对于案件的定性。在现行法律不能完全涵盖涉税行为之时,司法解释起到了重要的解释作用。但是,司法解释与司法实践存在偏差。在司法实践之中还需要证明货物虚假出口、发票虚开,最终形成证据链闭环。这就导致在司法实践之中,以刑事案件定论的涉税犯罪很少,大部分在行政层面就已成定论。这不仅降低了刑法的威慑作用,还降低了犯罪行为人的违法成本。因此,在法律设计层面,最重要的一点就是完善关于涉税犯罪行为的界定,例如,将出口骗税行为定义为"出口企业和个人凡是以虚假资料等欺诈手段向税务机关申报办理出口退税的,即为实施了出口骗税行为"。①这不仅能够完善行刑之间的衔接,使得轻微行为者能够出罪,防止被贴上犯罪标签,还能够使得应当入刑的犯罪行为人受到刑罚的处罚,

① 朱江涛:《运用"互联网+"思维破解出口骗税难题》,载《税务研究》2016年第5期。

体现我国刑法的威慑作用。

2. 建立征税滤网完善体制规定

从税收管理设计层面出发，首要在于完善增值税制，退税行为不仅需要考虑国内地方政策之间的衔接，对于出口退税行为更需要加强国内税制与出口环节的衔接。防止虚开发票流入市场，扰乱经济和市场秩序。因此，我们需要在现在的基础之上，完善征退管理之间的衔接。在这一点上，我们可以参考法国、泰国等国鼓励生产商自营出口的形式，鼓励采取“免抵退”方式的生产企业自营出口和委托外贸企业代理出口，再以此为基础由税务机关加强税收征管衔接。①但这同样需要有良好监管制度的保障，防止此类犯罪下降的同时，另一类犯罪高速上升发展。并且，我们可以通过征税体制的改革形成治理涉税犯罪行为的“过滤网”。第一点在于发挥分析部门职能，形成第一道网，建立国家—省—市—区/县的信息平台严密税收监控，形成信息共享；第二点在于以风险管理为导向，形成第二道网，积极发挥风险监控部门在退税中的作用，利用计算机审核内容来实现替代人工审核，提升精确性与风险分析准度；第三点在于探索税警联合的大稽查格局，形成第三道网，②这不仅能够完善不同部门之间对于涉税行为的界定要求，同时能够完善信息共享平台的建立，及时防控犯罪行为。

3. 加强部门协作树立统一标准

在实践中，税警部门即使属于同一机构，但由于地域差异，认定标准、协作方式仍然存在差异；而不同部门之间，如银行、海关、公安、税务更是隔行如隔山，其标准、认定存在更大的差异。因此，完善部门协作，首要在于建立统一标准。由于涉税行为严重侵害国家利益，进而影响国家为公民提供公共服务的能力，从而侵害公民利益，因此达到刑法中“社会危害性”的标准。故应当以公安部门为主导建立标准，再融入银行、海关、税务等金融、出口实务部门的专家完善标准，使各机关的标准有迹可循。

然后，需要建立联合办案的常设化机构。在这一点上，江西宜春的税警协作模式值得借鉴。经宜春市机构编制委员会批复，自2016年成立了警税共建的涉税犯

---

① 李青、乐会、胡力：《骗取出口退税的新模式、外部因素及防控》，载《国际税收》2021年第11期。

② 参见李晓欢：《防范骗取出口退税行为的对策研究》，载《税收经济研究》2019年第2期。

罪侦查支队(正科级),制定案件管理、联席会议等系列规范,形成"公安+税务"合成作战工作机制,实现税警协作机制的实体化运作。①此外,各机构之间应当依靠"互联网+""大数据"建立信息协作平台,在此平台之上进行信息共享、联合监督、案例研讨、工作分享等日常事务与相关办公事务,在拉近各机构之间的关系同时,使其相互了解能够更好协作。同时,完善内部监督机制,建立员工职务行为规范监督体制,以及机构执法行为的规范监督机制。

4. 强化补贴审查防范骗税骗款

犯罪行为人实施犯罪主要是利用地方政府急功近利的心态,进而钻政策漏洞进行虚报、虚开。因此,当地政府在政策制定过程之中,应当明确企业审查的规定。依照政策所规定的标准,对于申报企业的运营状况、业务、资金流等关键要素进行严格审查,对于符合标准企业给予适当补助,而对于不合标准企业可以根据程度分为不予补助或是申请税务机构对其进行审查综合研判,以此保证资金的合理运用以及对犯罪行为的遏制。同时,在对企业给予补助之后,应当定期进行复查。审查企业这一时间段内的运营状况、业务情况、资金流向,防止犯罪行为人虚造申报信息骗取补助资金、逃避缴税。

第四节　侵犯知识产权犯罪典型案例研究报告:韦某升等三人销售假冒注册商标的商品案②

一、案情简介

2021年11月,北京2022年冬奥会和冬残奥会即将盛大开幕,北京市石景山区人民检察院(以下简称石景山区检察院)作为北京冬奥组委住所地的检察机关,在履职中发现某网络平台上存在销售涉冬奥侵权产品的违法线索:2021年11月至12月间,韦某升、韦某泽、韦某飞在浙江省义乌市等地,通过网络平台销售假冒权利人"北京2022年冬奥会和冬残奥会组织委员会"(以下简称北京冬奥组委)注册

---

① 曾志翔:《警税合作新征程!江西警税合成作战指挥平台在宜春上线》,载中国江西网2022年5月15日,https://jxyc.jxnews.com.cn/system/2019/09/06/018580970.shtml。

② 本节由杨万佳完成。

商标的奥运吉祥物“冰墩墩”和“雪容融”玩偶、钥匙链等周边商品。其中,韦某升、韦某泽、韦某飞共同销售侵权商品玩偶,销售金额为人民币 9 万余元;韦某升、韦某泽共同销售侵权商品钥匙链,销售金额为人民币 2 万余元。公安机关查获待售的假冒注册商标的玩偶 369 个,货值人民币 1.4 万余元;查获待售的假冒注册商标的钥匙链 60 个,货值人民币 700 余元。

公安机关立案后,石景山区检察院适时介入侦查,列明详细侦查取证提纲,引导公安机关赴上海、浙江等地开展取证,完善证据链条。2022 年 1 月 11 日,石景山区检察院以销售假冒注册商标的商品罪对韦某升、韦某泽、韦某飞批准逮捕。审查起诉阶段,石景山区检察院引导公安机关继续深挖案件线索,根据已到案人员的网络平台销售记录、快递记录等证据,进一步查证侵权商品的上游生产者,成功将生产侵权商品的两名上游人员顾某军、顾某旗追诉到案,依法追究其刑事责任。

2022 年 1 月 14 日,石景山区检察院以销售假冒注册商标的商品罪对被告人韦某升、韦某泽、韦某飞提起公诉,三名被告人均认罪认罚。同年 1 月 25 日,北京市石景山区人民法院以销售假冒注册商标的商品罪分别判处被告人韦某升、韦某泽、韦某飞有期徒刑 6 个月至 10 个月不等,均并处罚金人民币 1 万元。三名被告人均未提出上诉,判决已生效。生产、销售侵权奥运商品的上游人员顾某军、顾某旗被另案判处刑罚。①

二、入选理由

(一)党中央高度重视知识产权

党的十八大以来,为保障创新型国家建设和全面建成小康社会目标的实现,保护知识产权一跃成为提高国家经济竞争力的重中之重,保护知识产权、严厉打击侵犯知识产权犯罪就是在为社会创新力量保驾护航。因此,以习近平同志为核心的党中央高度重视我国知识产权事业的发展,知识产权强国战略应运而生。数年以来,党中央颁布多个文件用以保护知识产权、提高知识产权理念的社会影响力、激发社会范围内的创新活力。2021 年 9 月,中共中央、国务院印发了《知识产权强国

① 参见《检察机关保护知识产权服务保障创新驱动发展典型案例》,载中华人民共和国最高人民检察院,https://www.spp.gov.cn/spp/xwfbh/wsfbt/202204/t20220425_555133.shtml#2。

建设纲要(2021—2025年)》,同年10月,国务院印发了《"十四五"国家知识产权保护和运用规划》,将保护知识产权的工作加入国家层面的部署中,此举更加彰显了党中央对知识产权的重视。

政策层面以外的领域也有新动态。社会范围内广泛发起的知识产权普及宣传主题活动络绎不绝,每年4月26日"世界知识产权日",在以微信、微博、知乎等为首的国内互联网重点平台内,以"知识产权"为关键词的话题都会引发热烈讨论。当然,2021年最引人注目的仍然是立法层面对知识产权强国战略作出的积极回应:2020年12月26日第十三届全国人大常委会第二十四次会议通过、2021年3月1日起施行的《刑法修正案(十一)》,首次对侵犯知识产权犯罪作了修改,其中作出实质性修改的条文达到7条。①《刑法修正案(十一)》中对涉知识产权犯罪作出实质性修改的,包括第213条至第219条,罪名包括:假冒注册商标罪,销售假冒注册商标的商品罪,非法制造、销售非法制造的注册商标标识罪,侵犯著作权罪,销售侵权复制品罪以及侵犯商业秘密罪,此外还增加了"商业间谍犯罪"的有关规定。

政策与法律双重维度的变动,以及社会层面的积极响应均显示出了国家和社会对于知识产权重要性的认可。

(二)涉冬奥案件社会负面影响大

冬奥会及冬残奥会期间大量网络平台在为国际赛事造势、助威的同时,"冰墩墩"和"雪容融"两个冬奥会吉祥物也随即走红,一度成为网络热门词,"一墩难求"的趋势同样引发了民众的抢购热潮。这就导致了韦氏三人销售"假墩墩""假容融"的案件较其他侵犯知识产权犯罪典型案例社会讨论度更高,售假一案甚至在网络上引发了一股"鉴墩"潮,一时间大量网友将自己买到的"冰墩墩""雪容融"玩偶、钥匙扣等拍照上传至网络平台"求鉴定",这次由假货引发的浪潮可谓是一石激起千层浪,究其根本是其轻视了民众对于国家赛事的重视,并对国际赛事背后的国家形象造成了负面影响。

(三)利用网络平台受害者范围大

以"涉冬奥知识产权""冰墩墩""知识产权犯罪"等为关键词在中国知网上进

---

① 张建、俞小海:《侵犯知识产权犯罪最新刑法修正的基本类型与司法适用》,载《上海政法学院学报(法治论)》2021年第5期。

行检索，通过研读检索结果得知，冬奥会期间全国各地均出现大量侵犯涉冬奥知识产权的行为，并且基本以网络平台作为主要贩卖场所。以韦某升、韦某飞、韦某泽售假案为线索，在公安部的协调指导下，北京市公安局先后捣毁生产、销售、储存窝点6处，现场起获假玩偶1200余个，并关闭14个网上店铺。

据悉，为加强涉冬奥知识产权保护力度，加强维护消费者合法权益并维护冬奥吉祥物市场稳定，北京警方主动与北京冬奥组委沟通对接，建立常态联络机制，严厉打击各类涉冬奥侵权假冒违法犯罪。其间，共侦破侵犯涉冬奥知识产权的刑事案件9起，刑事拘留24人，打掉涉案团伙11个，捣毁生产、销售、储存窝点14处，涉案网络店铺全部关停。①

互联网以及电商平台的快速发展使得侵权行为人能够简单通过网络店铺上架侵权产品，并面向全国范围进行销售。发达的物流系统很快就将"假墩墩""假容融"送达位于全国各地的消费者手中。网络平台加快了不法分子变现的速度，同时也拓宽了受害者的地域范围。

三、该类犯罪的发展趋势

（一）犯罪数量呈逐年上升趋势

根据《中国法院知识产权司法保护状况（2021年）》公布的数据显示，2021年，人民法院坚持依法公正高效审理各类知识产权案件，新收一审、二审、申请再审等各类知识产权案件642968件，比2020年上升22.33%。②其中刑事犯罪6276件，较2020年的5580件上升11.09%。（见图3-8）

此外，2022年4月28日，《人民法院报》发布了《各地法院晒出知识产权司法保护成绩单：服务创新驱动发展　推动构建大保护格局》一文，该"成绩单"中总结了全国多地法院，天津、河北、上海、安徽等13个省、直辖市和自治区知识产权保护状况。其中，多地法院提供的数据都体现了同一内容，即知识产权犯罪数量呈现出了逐年上升的趋势。

---

① 参见《北京警方今年已破获侵犯知识产权犯罪案190余起》，载北京市公安局，http://gaj.beijing.gov.cn/xxfb/jwbd/202204/t20220429_2698466.html。

② 参见最高人民法院知识产权审判庭编：《中国法院知识产权司法保护状况（2021年）》，人民法院出版社2021年版，第2页。

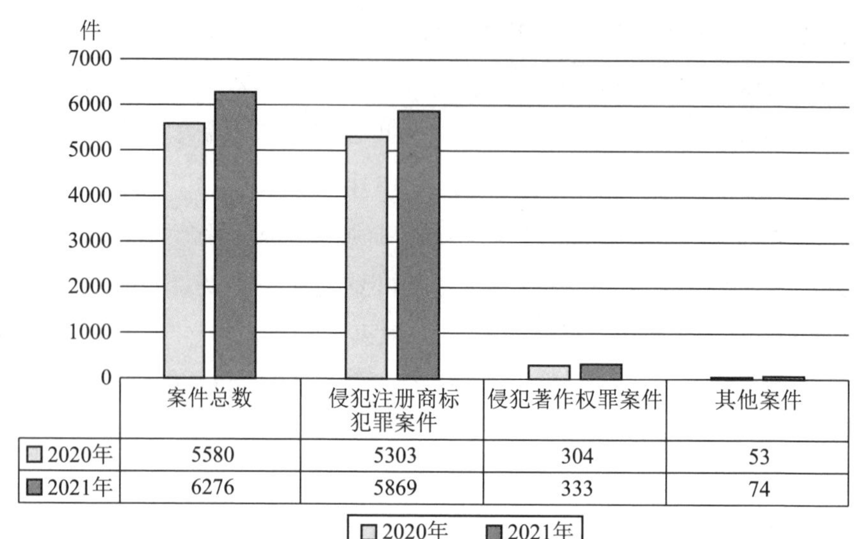

	案件总数	侵犯注册商标犯罪案件	侵犯著作权罪案件	其他案件
□2020年	5580	5303	304	53
■2021年	6276	5869	333	74

图 3-8　2020 年与 2021 年人民法院新收知识产权刑事一审案件数量对比

"2021 年,天津法院持续深入推进知识产权审判机制改革,不断提升司法保护效能,全市法院新收各类知识产权案件 13813 件,同比上升 51.97%;河北法院共新收一审各类知识产权案件 9124 件,审结 7731 件,收、结案数量再创历史新高;上海法院共受理各类知识产权案件 53279 件,审结 49100 件,同比分别增长 32.49%和 30.88%;山东法院全年新收各类知识产权民事一审案件 23275 件,审结 22558 件,分别同比增长 18%和 15%;四川法院全年共受理各类知识产权案件 23481 件,审结 21762 件,同比分别增长了 39.21%和 35.95%,受理及审结总数均显著攀升;贵州法院共受理知识产权案件 5490 件,共审结 4058 件,与 2020 年相比分别增长 104.77%和 91.77%,收、结案数均呈现大幅增长;青海全省法院共新收各类知识产权案件 482 件,审结 334 件,同比分别上升 67.9%和 68.6%,增幅明显等。"①

(二)犯罪侵权领域呈扩张趋势

创新是第一生产力,现阶段知识产权在我国社会主义现代化建设中处于核心地位。近年来,随着我国高新技术产业的高速发展,新技术、新业态、新模式为我国的经济社会赋能,提供了源源不断的动力。当前,知识产权犯罪侵犯的领域正逐渐

① 参见《各地法院晒出知识产权司法保护成绩单:服务创新驱动发展　推动构建大保护格局》,载《人民法院报》2022 年 4 月 28 日。

从“接地气”扩散到核心技术领域，随之而来的就是新的法律问题，诸如网络大数据技术、半导体技术、信息技术、生物科技以及平台经济等诸多新兴技术产业，涉新型技术案件与日俱增，形势不容刻缓。法律的相对滞后性使得相关案件在事实认定层面和法律适用层面都存有难点，特别是对于新型知识产权犯罪侵犯的法益边界以及司法裁量提出了新的挑战。

在此情况下，我国人民法院积极应对知识产权保护所提出的新要求，建立健全新产业、新模式相关领域知识产权司法保护规则。2021 年，人民法院审理的一批涉及生物医药、网络游戏、网络直播、“大数据杀熟”、共享经济、人工智能等方面新类型案件受到社会广泛关注。①

（三）犯罪空间逐渐向网络阵地转移

以本案为例，“假墩墩”的销售渠道主要借助各大电商平台和即时通信平台，当前网络的高普及率和无门槛性使得该犯罪团伙短时间内就能敛财众多，网络使得知识产权犯罪的成本大幅降低，收益却大幅增长，这也是传统的知识产权犯罪逐渐向网络阵地转移的主要原因。

传统知识产权犯罪的变现渠道比较单一，主要为线下实体销售。比如为大众熟知的“康帅傅”“雷碧”“王老古”等，这些商品依靠进入低端批发市场变现，渠道单一，变现速度慢。此外，传统的侵犯著作权犯罪，如盗版书、盗版光盘等，也以进驻实体店铺进行销售为主要的盈利方式。但侵犯著作权犯罪正在扩张其网络阵地，目前屡禁不止的游戏“外挂”、云盘网络小说等，都是其新型表现形式。

当下随着互联网经济时代的到来，如何有效防治计算机网络犯罪尤其是网络知识产权犯罪，成为社会治理面临的一个较为突出的问题。网络空间的虚拟性与知识产权的非物质性紧密结合，网络环境下原本脆弱的知识产权更加容易受到侵害，这给传统知识产权刑事保护体系带来了新的挑战。②

2021 年，杭州、北京、广州三家互联网法院共新收各类涉互联网知识产权案件 66148 件，比 2020 年增长 6.64%。总的来看，互联网案件数量逐年增长，涉及越来

---

① 参见最高人民法院知识产权审判庭编：《中国法院知识产权司法保护状况（2021 年）》，人民法院出版社 2021 年版，第 4 页。

② 王志远：《网络知识产权犯罪的挑战与应对——从知识产权犯罪的本质入手》，载《法学论坛》2020 年第 5 期。

越多的新型、复杂、疑难法律问题。互联网环境下的侵权行为更易实施、更加隐蔽、更为复杂,影响范围更为广泛,收集固定证据更加困难,权利人维权难度进一步加大。加强网络空间的治理,保护互联网领域创新创造,是人民法院知识产权司法保护工作面临的重要课题。①

四、该类犯罪的特点分析

(一)犯罪主体有组织化特征明显

通过研究多个地区法院知识产权案件整理情况不难发现,有组织化、链条化的知识产权犯罪正在成为大趋势。以韦某升等三人团伙作案为例,此次侵犯北京冬奥会知识产权犯罪的链条中,上游生产、存储、运输、产品代理、网络店铺销售等,都有专人经手,犯罪主体并不是单单实现了所谓"人多力量大"的团伙作案,更是达成了各司其职的组织化。

目前,团伙作案的知识产权侵权案件日益增多。这些团伙侵权的案件具有较明显的共同特征,即链条中不同的环节由不同的犯罪行为人(甚至是团伙)实施,人数的增长同时带动了团队智慧的提升,此外明确分工的形势更为明显。例如,上海市浦东新区假冒知名品牌化妆品注册商标系列案件,由王某某同庞某某等 10 余人形成的犯罪团伙,从偷盗香精到研制、包装、运输及销售,形成了完整的产业链条。②同时,目前电商平台与即时通信平台的共同发展更是为犯罪团伙实施侵权行为提供了巨大便利,素未谋面的陌生人也可以组成团伙,犯罪团伙甚至不需要在同一个地区工作,上下游犯罪团伙可以匿名的形式通过即时通信工具取得联系,再利用物流邮寄实物侵权产品或通过网络平台发送虚拟产品,导致团伙及跨区域作案的案件愈来愈多。

(二)犯罪行为指向具有多重属性

知识产权犯罪行为所指向的对象具有个体权益和公共权益双重受害的属性。③知识产权属于私权,它总是归属于特定的主体。但是侵犯知识产权犯罪行为

---

① 参见最高人民法院知识产权审判庭编:《中国法院知识产权司法保护状况(2021 年)》,人民法院出版社 2021 年版,第 4 页。

② 逄政、付红梅:《涉知识产权犯罪办案现状及对策分析——以浦东新区检察院工作情况为例》,载《中国检察官》2021 年第 11 期。

③ 聂洪勇:《知识产权的刑法保护》,中国方正出版社 2000 年版,第 83 页。

并不仅仅侵害了知识产权所有人的合法权益，其所指向的对象具有双重性，除所有权外，该犯罪行为也侵犯了公共权益，其中包含了国家关于知识产权保护和市场运行规制的各种行政管理制度，以及知识产权所在市场的经济秩序。

另外，“知识产权既缺乏物权所具有的天然物理边界，又缺乏债权所具有的清晰法律边界”。①相较于物权法所保护的各类物权，知识产权更加模糊且难以界定，知识产权实质上是一种信息，无实体形状。以各类无形的知识产权为保护对象的知识产权法，其各部门法保护对象的划分，在现实上经常难以区分，则非常依赖法律概念的清晰明确以进行观念上的区分。②知识产权的模糊性和多重性使同一侵权行为同时指向并侵犯两种或以上的知识产权。

（三）侵犯商标类案件占比最重

通过查阅多个地区知识产权犯罪立案统计、知识产权保护工作白皮书等，不难发现知识产权犯罪的罪名普遍集中在侵犯商标类案件。（见图3-9）

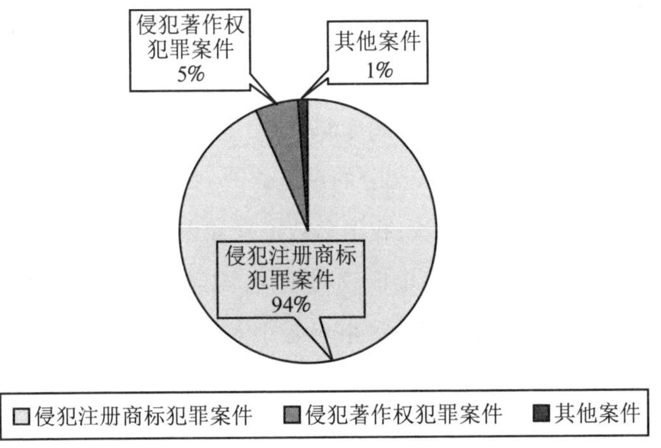

图3-9　2021年全国地方人民法院新收知识产权刑事一审案件类型与数量

《深圳检察机关知识产权刑事法律保护工作白皮书（2017—2021）》中指出：“97%以上案件与侵犯商标权有关。侵犯商标权类犯罪案件件数和人数分别占总数的97.5%和97.04%，其中58.09%涉嫌假冒注册商标罪、333%涉嫌销售假冒注册

① 王闯：《知识产权的权利边界与裁判方法》，载《人民司法（应用）》2016年第22期。

② 蓝纯杰：《知识产权客体多重保护问题研究》，华东政法大学2021年博士学位论文。

商标的商品罪;侵犯著作权类犯罪案件的件数和人数分别占总数的1.84%和1.9%;侵犯商业秘密类犯罪案件的件数和人数分别占总数的0.66%和1.06%。”①

上海市浦东新区人民检察院公布的办理知识产权案件基本情况(2018—2020)中指出:“销售假冒注册商标的商品罪占知识产权类犯罪案件比例最高,达76.25%。位居第二的是假冒注册商标罪,占比15%。与传统的摊贩式销售假冒奢侈品牌产品不同,制假售假的犯罪手段明显呈现出高技术含量与规模化、产业化。”②

此外,据H省B市2018年1月至2020年12月三年间知识产权犯罪办案情况显示,“H省B市检察机关共受理侵犯商标权类犯罪案件共计134件301人,占受理知识产权犯罪一审案件总数的85.35%。在上述134件301人中,假冒注册商标罪案件共计62件167人,销售假冒注册商标罪案件共计65件109人,非法制造、销售非法制造的注册商标标识罪共计7件25人。在上述侵犯商标权类犯罪案件中,以黑作坊生产加工知名白酒的情况最多”。③

五、该类犯罪的原因分析

(一)社会范围内知识产权观念淡薄

我国探索和逐步建立知识产权制度起步晚,虽然近年来随着多部政策的出台、《刑法修正案(十一)》中知识产权部分的重点修改,我国社会范围内知识产权保护意识得到大幅提升,但不得不承认,我国多数民众知识产权意识仍然处于比较薄弱的状态。保护知识产权意识差异化也较明显,我国经济较发达的城市与经济较落后城市、东部沿海城市与内陆城市、青年与老年人等,群体差异、经济发展程度、受教育程度甚至是行业不同都造成了认知程度的大相径庭。知识产权理念普及程度有差异,公众知识产权认识不够深入,导致常常出现侵犯他人的知识产权还不自知的窘况。

长期以来,我国盗版产业发达,低投入高回报的侵权行为成就了商家和民众的

---

① 甘晓辉、曾志雄:《深圳检察机关发布知识产权刑事法律保护工作白皮书——侵犯知识产权犯罪呈五大特点》,载《检察日报》2021年11月16日,第7版。

② 逄政、付红梅:《涉知识产权犯罪办案现状及对策分析——以浦东新区检察院工作情况为例》,载《中国检察官》2021年第11期。

③ 曹纪元:《知识产权犯罪刑法规制机能的实效及提升路径——以H省B市检察机关近三年办案情况为分析样本》,载《山西省政法管理干部学院学报》2021年第3期。

双赢局面，商家不必投入过高的沉没成本、创新成本，民众则可以通过低价买入想要的产品，享受盗版带来的性价比，这导致了过去民众不尊重原创、鼓励盗版的思想根深蒂固，一时间很难改变。此外，虽然政策层面多有出新，法律层面直到2021年才有响应，这造成了思想层面与法律层面断连的局面，更使民众丧失对保护知识产权事业的期待，逐步陷入对侵权行为麻木的状态。

（二）犯罪成本低收益高

相较于知识产权所有者在时间与经济等各个方面的高投入，知识产权违法犯罪的经济成本相对较低，窃取或直接利用他人知识产权成果在经济快餐时代显得更为便捷。此外，得益于科技手段的不断进步，知识产权犯罪的隐蔽性不断增强，侵权者的犯罪行为很难被发现，如近年来日益猖獗的网盘盗版类案件，侵权者可以将盗版软件、影视作品、文学作品等上传至云端，如为大家熟知的百度网盘、迅雷网盘等，再将这些盗版产品以极低价售卖并发送给消费者，消费者再将其下载至本地保存使用。该类知识产权犯罪通常设置了伪装程序，隐蔽性极强，许多侵权者根本不会被惩治，犯罪成本与收益对比明显。

“四多四少”的现象是指“侵犯知识产权犯罪案件实际发生的多，查处的少；行政处理的多，移送司法机关追究刑事责任的少；查处一般犯罪分子的多，追究幕后操纵主犯的少；判缓刑的多，判实刑的少”。目前，我国的知识产权司法实践中这种现象有一定程度地减少，但总体上仍较为突出。在某地检察机关办理的侵犯商标权类犯罪案件中，轻刑、缓刑的适用率相对较高，犯罪成本相对较低，客观上致使此类案件在某些区域内长期屡禁不绝。

（三）立法规制不够全面

我国出台《刑法修正案（十一）》，该修正案在知识产权犯罪问题上作出了大幅的修改，加大了对于侵犯知识产权犯罪案件的刑事制裁。例如，本节所选案例所涉罪名“销售假冒注册商标罪的商品罪”，该修正案通过将“销售金额数额”改为“违法所得数额”，降低了该罪定罪量刑的门槛，一定程度上拓宽了该罪的处罚范围，有助于司法机关精准打击该类犯罪，并且体现了我国坚持习近平法治思想，通过刑法规制，加强提升公民保护知识产权理念以及行为规范。

然而，我国的立法规制仍然不够全面，从相关数据看（详见图3-8），2020年侵犯注册商标犯罪案件数为5303件，2021年侵犯注册商标犯罪案件数为5869件。

数据表明,我国侵犯注册商标犯罪案件并没有因为《刑法修正案(十一)》的出台出现减少趋势,犯罪案件数不降反增,这是因为我国的知识产权保护法律体系构建不够完善,针对罪名进行修改有助于更好地打击该类犯罪,却没有起到应有的警示作用。犯罪行为人在通过趋利避害的比较后,仍然选择犯罪,知识产权刑法保护的警示作用并未能完全彰显。

六、基于犯罪学角度的治理对策

(一)加强社会范围内知识产权观念宣传教育

易继明在《政法论丛》指出:"中国特色知识产权发展历经了'从无到有'到'从有到大',现在已进入'从大到强'知识产权强国建设的战略转换阶段。"①目前,知识产权保护工作已经被纳入我国"十四五"规划之中,《刑法修正案(十一)》也对知识产权犯罪作出了重点修改,民众接受知识产权教育的工作迫在眉睫。

我国目前的知识产权普及教育工作仍存在许多不足之处,民众参与度低、反馈少、效果差强人意,社会层面需要推陈出新,探索更多高质量的宣传方式,建立长期且有效的宣传机制。当前,网络媒体的社会影响和价值正在不断攀升,运用好各类新媒体事半功倍,运用网络媒介宣传知识产权理念不能只注重数量的多少以及渠道的拓展,更不能只是通过媒体将枯燥的文字摆在公众面前,各媒体应该做到复盘宣传效果,总结宣传经验和不足之处,不断创新宣传方式和宣传话术。

另外,基于教育系统内部人员集中的方便性,应该增设知识产权普及课程并积极回收教育成果。据悉,2002年,广东省佛山市南海区作为全国首例在全区中小学开启知识产权授课试点工作。2004年,教育部、国家知识产权局联合发布《关于进一步加强高等学校知识产权工作的若干意见》,要求高等学校要在法律基础相关课程中加设知识产权有关内容。2008年,《国家知识产权战略纲要》明确提出"在高等学校开设知识产权相关课程,将知识产权教育纳入高校学生素质教育体系"。2009年教育部决定在理工科高校开设知识产权法学公选课。但是,政策并没有得到很好的落实,目前教育系统内部有关知识产权教育的课程仍然较少,需要提升执行力度、提高教育效果。

---

① 易继明:《新时代中国特色知识产权发展之路》,载《知识产权》2022年第2期。

（二）尽快解决知识产权犯罪数额认定难题

通过了解多地知识产权犯罪治理情况，知识产权犯罪数额认定困难已经实际影响到司法实践的顺利运行。犯罪数额认定在知识产权侵权案件中直接影响着侵权人最终定罪与量刑的情况，尽快解决知识产权犯罪数额认定难题，有助于提升司法机关判案效率，加强知识产权侵权人的打击力度，提升行为人的犯罪成本，使得更多的侵权人得到应有的惩罚。

目前司法实践中知识产权犯罪数额的认定主要存在两大困难：一是犯罪数额的认定标准模糊。针对侵犯知识产权犯罪，除相关司法解释对“非法经营数额”“销售金额”“直接经济损失”进行了明确规定以外，其余的如“销售金额”“违法所得数额”“货值金额”“直接经济损失”“损失数额”“数量”等多个认定标准仍然处于较为模糊的状态，阻碍了司法实践的高效运行。二是部分罪名过于单一的犯罪数额认定标准。如在销售侵权复制品罪中，目前刑法及相关司法解释规定了“违法所得数额”“其他严重情节”“货值金额”三种认定标准，与同为侵犯著作权类犯罪的“侵犯著作权罪”相比，缺少“侵权复制品数量”这一认定标准。[1]

根据以上两个问题，建议通过跨领域沟通学习，让更多知识产权审计方面的专家参与到知识产权犯罪数额认定标准的讨论中，制定出更为科学的标准，对刑法和司法解释没有进一步解释的标准进行修改，明确界定每个数额认定标准的具体适用范围，使得多个数额认定标准能够有序投入使用。

（三）继续完善知识产权保护法律体系

我国处于着力打造新技术、新产业、新模式社会主义经济建设的重要阶段，知识产权保护的重要性愈发重要，所以完善知识产权保护法律体系是重中之重。第一，制定统一的知识产权保护法典。我国出台有《中华人民共和国商标法》《中华人民共和国专利法》《中华人民共和国著作权法》等一系列保护知识产权的相关法律法规，但是仍然缺少一部统一的知识产权法典。这是因为知识产权法从法律部门的归属仍属于民法，但其具有明显的综合性和技术性特征，不同于其他法律，其专业性和特殊性使得知识产权法律的在社会中的普及度不高，故而制定一套完整的知识产权法典有助于提升知识产权保护在社会中的运用。第二，扩大知识产权

① 易继明：《新时代中国特色知识产权发展之路》，载《知识产权》2022年第2期。

保护的立法范围和惩戒力度。侵犯知识产权犯罪案件的高发、频发对于商标、专利持有人是一记重创,创新成果成为他人犯罪牟利的利器对于任何人来说都是无法忍受的,所以知识产权刑事立法是题中应有之义,《刑法修正案(十一)》固然在一定程度上降低了相关罪名的入罪门槛,但是仍然不够。犯罪行为人都是趋利避害主义者,较高的入罪门槛以及较低的犯罪成本都成为犯罪行为人铤而走险的原因。对于我国而言,要打破创新壁垒,刺激创新发展,提升我国的创新能力,就需要在方方面面保护知识产权。正如此,扩大立法范围、加大惩戒力度,知识产权重刑化是应对知识产权犯罪的重要手段,有着警示犯罪行为人的犯罪预防作用。第三,强化知识产权犯罪执法体系。知识产权犯罪案件的办理需要统筹相关知识产权执法机构的职责和权能,加强沟通互联,提升执法人员的办案能力,强化市场监管部门、公安机关、检察机关、法院配合,在预防监管、打击查处、办案审判等方面实现协作联合,构建知识产权保护体系。

第五节 性侵未成年人犯罪典型案例研究报告:百香果女童被害案[①]

一、案情简介

2018 年 10 月 4 日,广西钦州灵山县年仅 10 岁的被害人杨某某和往常一样,穿着粉红色的小拖鞋,拎着装满百香果的红色麻袋,离开家向村里的收购点走去。当日中午,当她怀揣着卖百香果赚得的 32 块钱,开心地走在回家的小路上时,在这段偏僻的小路上,被告人杨某毅一把拉过被害人,将她劫持到附近的山上,被害人杨某某大声呼救,杨某毅掐紧被害人的脖子,致其当场昏迷。随后,杨某毅使用折叠刀、蛇皮袋等作案工具,刺瞎被害人的双眼,捅伤其喉咙,以常人无法想象的残忍手段将 10 岁女童奸杀。[②]罪行结束后,被告人杨某毅由于担心事情败露,将被害人杨某某装入麻袋,滚下山坡,按进水坑,直到确定了被害人失去一切生命体征之后,才

① 本节由林舫舟完成。

② 《百香果女童奸杀案细节曝光:凶手多次亵女童后给封口费》,载搜狐网 2020 年 12 月 16 日,https://www.sohu.com/a/696985926_121687424。

将她抛尸荒野。

案发第二天，面对警方的询问，杨某毅拒不承认自己作案。案发第三天，杨某毅在其父亲的陪同下到灵山县公安局伯劳派出所自首。2019 年 7 月 12 日，一审法院广西钦州市中级人民法院判处杨某毅犯强奸罪，处死刑，剥夺政治权利终身，责令退赃 32 元给被害人杨某某的母亲陈某某。①杨某毅不服，提出上诉。2020 年 3 月 25 日，广西壮族自治区高级人民法院撤销一审法院的判决，改判杨某毅犯强奸罪，判处死刑，缓期 2 年执行，剥夺政治权利终身，并对杨某毅限制减刑。依据是被告人杨某毅投案自首，认罪态度较好，真诚悔过，可以依法从轻，改判死缓。②二审改判后，引起了社会的激烈讨论与谴责。在被害人母亲的申诉及舆论压力下，2020 年 5 月 10 日，最高人民法院决定对广西钦州杨某毅强奸一案调卷审查，11 月 3 日，最高人民法院指令广西高院另行组成合议庭对本案进行再审。③12 月 15 日，杨某毅一案在灵山县人民法院不公开开庭审理。2020 年 12 月 28 日，广西高院对该案公开宣判，撤销原二审判决，改判杨某毅死刑，剥夺政治权利终身，并依法报请最高人民法院核准。2021 年 2 月 2 日，广西高院依照最高人民法院的死刑核准命令依法对被告人杨某毅执行死刑。3 月 12 日，被害人母亲收到广西钦州中院发来的执行案件结案通知书及被告人杨某毅在被害人身上所劫的 32 元违法所得，至此，百香果女童被害案民事诉讼部分也告结束。

二、入选理由

（一）党中央及社会媒体的高度关注

自案发以来，百香果女童被害案受到了社会媒体甚至是党中央的高度关注。该案第一次引发大规模公众关注是在 2020 年 5 月，此时正值广西壮族自治区高级人民法院对被告杨某毅改判为死缓的二审判决公布，一时间社会群众及媒体在对百香果女孩年轻生命逝去感到惋惜的同时，对二审改判的事实也表达了强烈的不满及批评。微博、微信公众号、百度等网络媒体平台上，大肆发酵着“二审有失正

① 杨某毅强奸案，广西壮族自治区钦州市中级人民法院（2019）桂 07 刑初 34 号刑事判决书。

② 杨某毅强奸案，广西壮族自治区高级人民法院（2019）桂刑终 326 号刑事判决书。

③ 杨某毅强奸案，中华人民共和国最高人民法院（2020）最高法刑监 2 号再审审查与审判监督刑事决定书。

义”“如果恶魔被原谅,谁来保护我们的孩子?”等内容,引发社会的高度关注。在舆论压力下,最高人民法院对该案案卷进行调卷审查并作出了指令再审的决定。在百香果女童被害案再审结束后,社会公众也纷纷表示对司法正义及未成年人权益保护的信心。

此外,涉未成年人保护问题一直是党中央的工作重点,特别是党的十八大以来,一大批将魔爪伸向未成年人的罪犯被依法严惩,彰显了党推进全面依法治国的坚定决心。在百香果女童被害案发生后,国家也以此案为典型,表达了对未成年人权益保护工作的深刻反省与改进。2021 年 3 月,周强院长向第十三届全国人大第四次会议所作的最高人民法院工作报告中,将百香果女童被害案作为加强未成年人司法保护的例子专门提出。2021 年 12 月,最高人民法院与中央广播电视总台联合举办了“新时代推动法治进程 2021 年度十大案件”,从全国法院 2021 年所审结的各类案件中选出 40 个候选案例展开网络投票,共收到网民投票 1.2 亿张,综合网民投票结果和专家委员会评选,百香果女童被害案顺利入选。①

(二)未成年人安全保护的迫切需要

自 2020 年,百香果女童被害案在社交媒体上曝光后,性侵未成年人犯罪问题再度引起了社会对未成年人安全保护的沉思。性侵案件的发生,将给未成年人造成生理及心理上持续性的伤害。性侵行为大多以暴力的方式进行,轻则伤害未成年人的生殖器官,重则剥夺被害人的生命。未成年人正处于发育状态,无论是身体上的稚嫩,还是心理上对性观念的萌芽,性侵行为造成的损害是持久而残忍的,具体来说,有过被性侵经历的未成年人大多数会对外部环境丧失安全感与信任感,直接阻碍未成年人的健康成长,间接导致受侵害未成年人无法正常适应社会环境。②

未成年人是社会的希望,是未来经济发展的新生力量。涉及未成年人保护问题的讨论从未停歇,关注未成年人的健康成长自始至终都是社会发展的核心议题,从对未成年人的性侵犯延伸出的不仅是法律制度的建构探索,更牵涉到一系列社会问题,例如,未成年人性教育问题、学校保护机制问题等。若针对未成年人性侵

① 《“十大案件”讲述中国法治故事　把公平正义镌刻在判决书里行间》,载长春市长安网 2022 年 5 月 17 日,http://www.jlpeace.gov.cn/changanw/qwfb/202205/deeb2adc1e194f77be8e5fb8af977439.shtml。

② 褚宸舸:《陕西未成年人安全状况调查报告》,载《中国青年政治学院学报》2014 年第 5 期。

犯的问题没有得到有效解决，社会就无法实现真正的安定与发展，百香果女童被害案是对社会的再一次警示，也是对完善未成年人安全保护机制的迫切需要。

（三）性侵未成年人的犯罪形势严峻

根据“女童保护”对2021年度性侵儿童案例统计，2021年全年媒体公开报道的性侵儿童（18岁以下）案例223起，受害人数569人，年龄最小的为2岁。2013年至2020年，每年媒体公开报道的儿童被性侵的案例分别是125起、503起、340起、433起、378起、317起、301起、332起（其中，2013—2017年统计案例为14岁以下儿童，2018年起为18岁以下儿童）。[①]如图3-10所示。

从图3-10可以看出，2013年至2021年性侵未成年人犯罪案例的数量虽然总体上呈下降趋势，但这并不意味着该类犯罪为社会所忽视。应注意到的是，“女童保护”的这份性侵儿童犯罪数据取自于历年经媒体公开报道的案例，这意味着这份报告结论的片面性，无法涵盖2021年全国实际发生的所有性侵未成年人犯罪的数据，性侵未成年人犯罪形势依旧严峻。

此外，性侵未成年人犯罪的分布范围极为广泛。从地域上看，城市、县城、农村均有所涉及，据“女童保护”统计，2021年媒体报道的223起性侵儿童案例中，有188起表明了城乡地域分布。在188起案例中，发生在城市的110起，占比58.51%，发生在县城的56起，占比29.79%；发生在农村的22起，占比11.70%，[②]百香果女童被害案就是发生在农村中的典型例子。从犯罪场所上看，除了传统多发的学校、小区等线下场所以外，网络也逐渐发展为犯罪人性侵未成年人的温床。利用网络平台作为辅助，采用线上引诱线下性侵或线上“猥亵”未成年人的犯罪行为，无疑使传统意义上的性侵范围在虚拟空间中无限扩大，加之性侵未成年人犯罪本身所具有的高隐蔽性，更为司法机关发现侦查案件增添了难度。

（四）2021年《未成年人保护法》的专门规定

自1991年通过，历经两次修订后，由全国人大常委会根据宪法制定的《中华人民共和国未成年人保护法》于2021年6月1日起正式施行。作为保护未成年人的

① 《壹现场丨“女童保护”2021年性侵儿童案例报告发布：男童遭侵害比例明显上升》，载北青网2022年3月2日，https://t.ynet.cn/baijia/32293824.html。

② 《“女童保护”2021年性侵儿童案例统计及儿童防性侵教育调查报告》，载北京众一公益基金会2022年3月2日，http://www.all-in-one.org.cn/newsinfo/2475704.html。

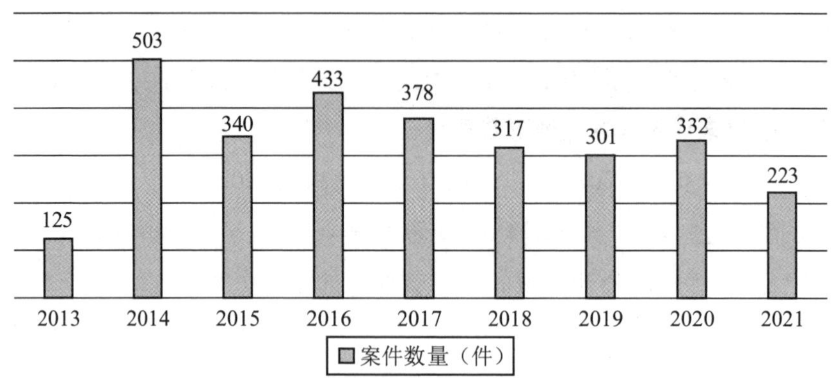

图 3-10　2013—2021 年曝光儿童性侵案例统计情况

合法权益的专门性法律,该部法律在结构上以家庭保护、学校保护、社会保护、司法保护、政府保护和网络保护为主体,在内容上明确规定了未成年人享有的合法权利与应有的法律义务,细化学校、家庭、社会等保护主体的责任,并针对网络安全、性侵害、学校欺凌等未成年人的热点议题作出了具体回应,共九章一百三十二条。其中,第 22 条、第 40 条、第 54 条等条文中均提及不同主体对未成年人性侵害问题的保护责任与惩罚机制。

《未成年人保护法》的施行顺应了时代发展的需要,同时也是国家社会对未成年人安全保护问题关注的重要表现。新修订的条文将未成年人权益受侵害时相关人员及单位的强制报告制度以及密切接触未成年人行业从业人员的准入资格制度予以明确。其中,强制报告制度又将国家机关、居民委员会、村民委员会、密切接触未成年人的单位及其工作人员等主体纳入了责任机制,明确未履行义务的惩罚措施。而准入资格制度更是直接指向违法犯罪人员的就业限制。在预防侵害未成年人犯罪的工作中,这两项机制都起到了关键性作用。值得一提的是,针对性侵未成年人犯罪,该法也相应建立了校园性侵防控制度,对学校的性教育问题以及性侵案件发生后的及时报告都设有专门的条文予以应对。

在新法施行之际,以百香果女童被害案为典型,从性侵未成年人犯罪问题入手,探析其背后的原因,以小见大,对于促进未成年人保护机制建设具有重要意义。同时,新法的实施需要司法案例的支撑,透过案例的表象反观新法的落实以反映社会问题,“新法”与“旧案”的结合是对法律精神的贯彻,更是对新法在实践中的真实检验。

三、该类犯罪的发展趋势

（一）高发趋势缓和化

2021年10月5日，法国专门调查性侵儿童的独立调查委员会公开发布了一份长达2500页的调查报告，该报告显示了自1950年至2020年规模庞大的儿童性侵案件，并且在被性侵的受害者里，未成年受害者人数竟预估有216000人之多。相较于我国，在最高人民检察院最新发布的《未成年人检察工作白皮书（2020）》中披露，2020年，检察机关起诉强奸未成年人犯罪15365人，猥亵儿童犯罪5880人，强制猥亵、侮辱未成年人犯罪1461人，同比分别上升19%、14.75%和12.21%，增幅同比明显降低。[①]从最高人民检察院的数据中可以看出，在2020年新冠疫情的影响下，虽然该类犯罪相比2019年增幅有所放缓，但有关性侵未成年人的案件仍旧有所增长。"女童保护"同样也对2013年至2021年全国媒体曝光的案件数量进行统计，总计2841件，其中2020年曝光数量为332件。

通过2020年最高人民检察院与"女童保护"的数据对比可以发现，全国人民检察院共办理性侵未成年人案件数量为22706件，而媒体曝光的只有332件，该类犯罪在社会的曝光只占1.46%。然而，最高人民检察院公布的犯罪数据仅仅是针对最终受到审查起诉的案件数量，并不能包括实际发生的所有犯罪数量。据有关学者研究发现，事实上性侵害案件未报案的受害人数比报案的多7倍到10倍，而儿童性侵害的揭发比例只占到10%以下。[②]由此可见，无论是国外还是国内，性侵未成年人案件的数量仍旧呈现高发多发趋势，但在疫情等原因的影响下总体上增长幅度有所放缓，当然，在该趋势下我们也应谨防疫情之下新型性侵犯罪手段的出现，未成年人安全保护工作仍需加强。

（二）犯罪手段网络化

性侵未成年人犯罪不再局限于传统的犯罪形式，而更多地借助于网络实施性侵行为，随着网络的普及应用，未成年人上网的频率攀升，线上与线下相结合的犯罪手段自然也将成为必然趋势。

---

① 《最高检发布〈未成年人检察工作白皮书（2020）〉》，载江西政府网2021年6月1日，https://www.jxzfw.gov.cn/2021/0601/2021060133211.html。

② 曾恺：《论惩治性侵未成年人犯罪的法律完善》，广西师范大学2016年硕士学位论文。

近年来,在性侵未成年人案件中,犯罪人通过 QQ、微信、交友软件等应用产品,线上与未成年人视频以窥视其私密部位或线上引诱线下约会等利用网络为媒介的新型性侵犯罪行为不断增多,已成为司法机关打击的重点,同时也成为未来理论研究的全新发展方向。2018 年 11 月 19 日,在最高人民检察院发布第十一批指导性案例中,检例第 43 号案件的骆某猥亵儿童案即是网络性侵未成年人犯罪的典型例子。而后,2019 年,最高人民检察院以“说案|最高检第十一批指导性案例成为两会建言线索:代表委员聚焦惩防‘网络猥亵’”为主题,表示了对网络性侵案件高发频发态势的担忧,并提出了将防性侵教育纳入义务教育常态化教育当中以及互联网企业营造安全的网络环境等意见。2021 年,中国社会科学院大学政法学院少年儿童研究所所长童小军在“政府保护与国家监护——关于儿童保护服务的基本保障”的演讲中也对网络性侵害未成年人的问题进行深入探讨,指出了网络性侵所体现出来的隐蔽性及复杂性使其对未成年人的危害程度更高,针对现阶段我国对该类犯罪研究匮乏问题,在未来无论是理论研究还是法律政策方面都应有所发展,为司法实践提供指导依据。另外,中国少年儿童文化艺术基金会女童保护基金在最新的《2021 年性侵儿童案例统计及儿童防性侵教育调查报告》中阐明,据部分地区法院统计,近年来审理的性侵儿童的案件中,有近三成是被告人利用网络聊天工具结识儿童后实施。①2021 年新施行的《未成年人保护法》更是添设“网络保护”作为专章详细规定。

以上热点及数据表明,网络性侵未成年人犯罪问题已经引起了司法界及学术界的重视,并且该类犯罪在一般性侵犯罪中占比呈上升趋势。而在未来,随着科技的不断发展,网络使用将越来越普遍,运用网络媒介的性侵犯罪无疑也将成为侵害未成年人犯罪问题中的重点及难点。

四、该类犯罪的特点分析

针对该部分内容,笔者将借助北大法宝法律数据库平台收集相关司法案例,以“猥亵儿童罪”“强奸罪”为案由,案件类型为“刑事一审”,并在全文中以“儿童”

---

① 《“女童保护”2021 年性侵儿童案例统计及儿童防性侵教育调查报告》,载北京众一公益基金会 2022 年 3 月 2 日,http://www.all-in-one.org.cn/newsinfo/2475704.html。

“未成年人”为关键词，搜索2021年1月1日至2021年12月31日的所有判决书，截至2022年5月6日，共检索到133条结果。但在133条结果中，有将近60条搜索结果为未成年人犯罪的案件而未予以公开，因此，为保证数据资料与论证结果的科学性，将在特点分析中辅之以女童保护基金会及最高人民检察院等官方数据综合讨论。

（一）犯罪总体特征

1. 未成年人司法保护工作进一步完善

性侵未成年人案件的高发频发趋势使得性侵问题已成为未成年人保护工作中的关键。2021年，我国相继修订和出台了《未成年人保护法》《预防未成年人犯罪法》《家庭教育促进法》等法律法规，特别是《未成年人保护法》还将2018年最高人民检察院向教育部发出的最高人民检察院第一号检察建议以法律的形式正式确立，对侵害未成年人强制报告等制度展开全面而详细的规定。十分令人欣慰的是，在有关未成年人保护的法律法规正式施行后，司法实践中对保障遭受性侵的未成年被害人后续民事权利也进行了落实。例如，2022年最高人民法院发布九起未成年人权益司法保护典型案例之黄某某诉某某宾馆生命权、身体权、健康权纠纷案中，法院在判定宾馆的民事责任时将2021年新施行的《未成年人保护法》第57条作为责任判定依据，审理认为，被告某某宾馆在接待未成年人黄某某入住时，未询问其父母的联系方式及入住人员的身份关系，未尽到对未成年人安全保护的法定义务，应承担一定责任。最终双方达成调解协议，被告某某宾馆同意赔偿黄某某精神损害抚慰金5000元，并当场履行完毕。①2022年4月，最高人民检察院以一起涉及未成年人隐私的民事侵权案件②为典型，也明确支持了对遭受性侵害未成年人提起精神损害赔偿诉讼的建议。当前，未成年人保护工作卓有成效但仍处于起步阶段，未成年人司法工作的实践在未来更需进一步深入探索，建设未成年人的权利保障机制任重道远。

2. 犯罪手段多样

笔者在2021年案件样本中观察到犯罪人对被害人实施性侵的行为方式多样，

① 《未成年人权益司法保护典型案例》，载最高人民法院2022年3月2日，https://www.court.gov.cn/zixun-xiangqing-347931.html。

② 沈静芳、魏巍：《检察机关支持遭受性侵害未成年人提起精神损害赔偿诉讼》，载检察日报2022年4月29日，https://www.spp.gov.cn/zdgz/202204/t20220429_555834.shtml。

以暴力、胁迫和其他手段对被害人实施性侵害的比例较高,共占调查案件总量的72%,剩余的方式均以非暴力手段进行,非暴力手段又以诱骗方式为主。在图 3-11 中可以发现,除传统的暴力行为性侵未成年人的方式外,非暴力形式的犯罪手段也在向多样化趋势发展。仅就笔者所收集到的案例中,犯罪者多数以廉价的糖果、玩具或少量金钱为诱饵,引诱并接近未成年人,在这个过程中,被害人往往意识不到自己正在被侵犯,而有些案件的犯罪人甚至在性侵行为结束后通过给予零花钱的方式让被害人"闭嘴",这也是此类犯罪难以及时被发现的重要原因。此外,利用被害人自愿而发生性行为的案件也不在少数,该类行为多发生在犯罪人与被害人的亲密关系中,被害人基于网恋、情侣、朋友等情感基础上,自愿与犯罪人进行性行为。可见,非暴力形式的犯罪行为易得逞主要依赖于未成年被害人对性观念认识不足与辨认能力的薄弱,犯罪人在行为过程中付出的成本较少,犯罪成功率较高,因而在犯罪手段的选择上也更青睐于以不同形式的哄骗、引诱的方式达到性侵的目的。

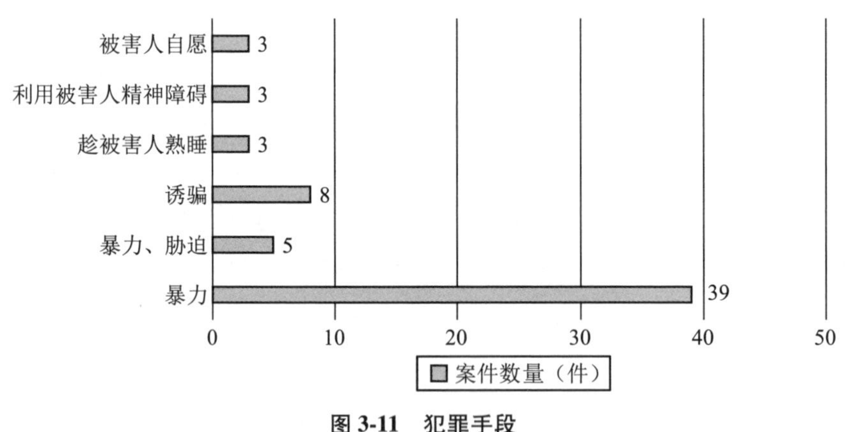

图 3-11 犯罪手段

(二)犯罪人特征

1. 未成年人犯罪增加

图 3-12 表明了 2021 年性侵未成年人案件中犯罪者的年龄分布情况,其中,犯罪人年龄在 18 岁至 75 岁区间占总数的 54%,未成年人犯罪人占比 45%,而犯罪者年龄大于 75 岁在 2021 年度该类犯罪中仅有 1 例。由此可见,18—75 岁群体为主要犯罪群体,多数表现为以暴力或诱骗的犯罪行为实施,针对该类群体的犯罪预防

与惩罚工作也相对困难。同时,未成年人犯罪者的数量仍占较大比例,这些未成年人犯罪心理的建立较早,心理防线较为薄弱,一般受家庭及学校的环境影响较大,因而,无论是未成年人犯罪问题还是未成年人被害问题,都应作为未成年人权利保护的重中之重,值得社会广泛关注。

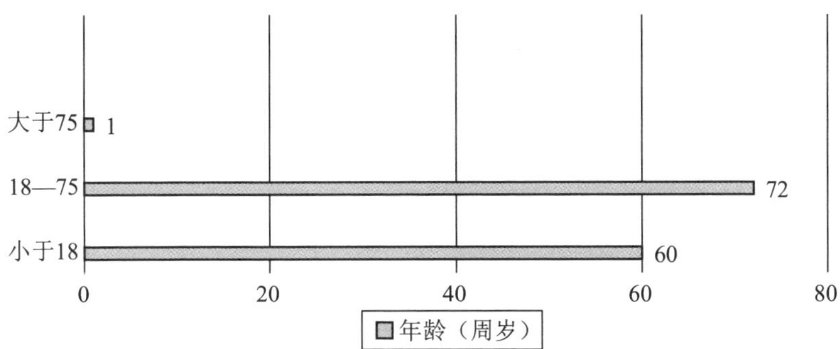

图 3-12　犯罪人年龄分布情况

2. 熟人作案占比大

熟人作案比例增加在性侵未成年人犯罪案件中已成为普遍趋势,熟人的范围一般包含邻居、亲属与近亲属、老师、朋友等,另依据《刑法修正案(十一)》第 236 条之一规定:"特殊职责人员是指对已满十四周岁不满十六周岁的未成年女性负有监护、收养、看护、教育、医疗等特殊职责的人员。"因此,图 3-13 中的老师、继父、养父、父亲即属于熟人范围内的负有特殊职责的人。仅就 2021 年度犯罪情况而言,根据图 3-13 显示,除未成年人犯罪不予以公开的案例以外,犯罪人与被害人为陌生人的情况占比 37.5%,剩余的均为熟人间的作案,总占比 62.5%,超过总案件数的一半。另外,在熟人作案的比例中,对未成年人负有监护等特殊职能的人员犯罪占 38%,其中教师犯罪群体就占了 20%。在熟人的亲密关系中,被害人对犯罪人存在或多或少的信任,加之作案空间隐蔽,不易发现,相较于其他关系,熟人作案的犯罪成功率更高,这也是近年来案件多发的主要原因。

然而,熟人作案对于未成年人而言可能被害重复性频率更高,并且导致的危害性也更大。例如,冯某某强奸继女案①中,继父冯某某利用未成年继女耿某的信任

① 冯某某强奸继女案,江苏省邳州市人民法院(2020)苏 0382 刑初 401 号刑事判决书。

与作案隐蔽性,曾于2018年7月至2019年7月,奸淫被害人耿某多达十三次。在类案中,处于劣势地位的未成年人及犯罪本身的隐蔽性使得未成年被害人在侵害行为发生时容易陷入求助无门的困境,持续性的性侵害更是让未成年被害人的生理及心理上承受极大伤害。并且,教师、父母等负有特殊职能的人员所肩负的社会责任与道德廉耻牵系着未成年人权益保障的根基,其对未成年人的权益侵犯同时也意味着社会教育机制及家庭防护体系的解体。

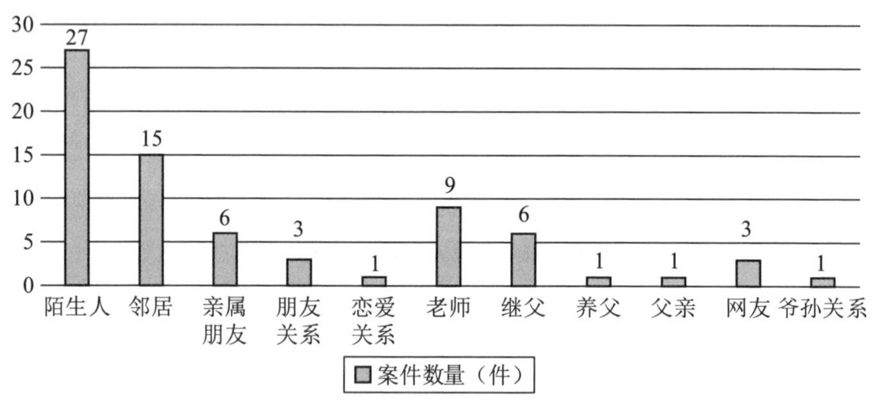

图3-13　犯罪人与被害人关系

(三)被害人特征

1. 被害低龄化特征

图3-14展现了被害人的年龄分布,笔者在调查的案件样本中将被害人的年龄以12岁与14岁为节点划分为三个层次,12岁以下的被害人占样本总数的71%,12岁至14岁年龄段占27%,而14岁以上的被害人仅占2%,在12岁以下的被害人中,小于5岁的就占8个。另依据《"女童保护"2021年性侵儿童案例统计及防性侵教育调查报告》,样本中受害者年龄小于14岁的占75.8%。12岁以下的儿童正处于学龄阶段,大部分为小学生,性观念缺失或正在萌芽,自我保护意识不强,容易受到他人的诱骗及误导而被害,从侧面也表现出我国对性教育知识普及的时间阶段有必要进行适当提前。12岁至14岁的未成年人已经开始从小学迈向初中学堂,性权益保护观念初步建立,但仍不成熟,加之其生理发育加快,部分被害人甚至因已展露出和成年人相似的体型而招致犯罪人的垂涎。

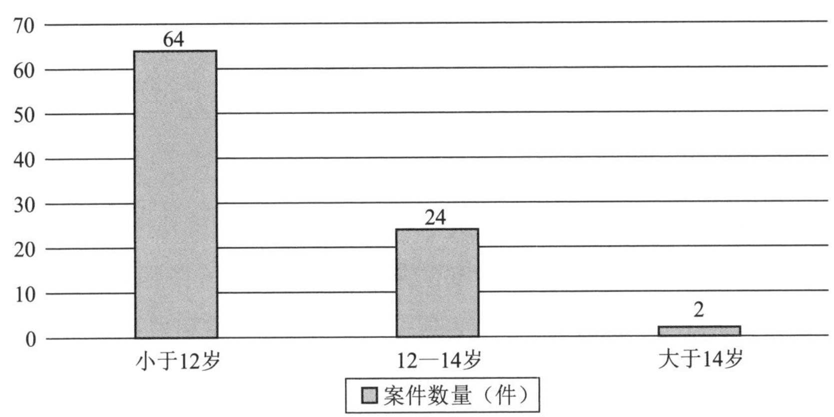

图 3-14　被害人年龄分布情况

2. 男童被害比例增加

该部分的特点主要依据媒体公布数据得出，在笔者所调查的案例数据中，绝大多数被害人仍旧是女性，仅莫某某猥亵儿童案①的被害人为男童，但相关媒体报道及官方数据显示，男童受侵害问题已经逐渐成为性侵犯罪中的新关注点。2021 年 5 月，江苏省高级人民法院公布一组性侵未成年人案件中的性别统计数据，被害女童占比 84.08%，被害男童占比 15.92%，表明女童被侵害比例远远高于男童，但值得注意的是，近两年男童被性侵人数出现较大幅度增长。②“女童保护”最新数据也指出，从案例数量来看，223 起案例中，受害人为女童的 203 起，占比 91.00%；受害人为男童的 17 起，占比 7.60%；而同时有男童女童遭受侵害的有 3 起，占比 1.30%；从受害人数量上看，569 名受害儿童中，女童 462 人，占比 81.20%；男童 107 人，占比 18.80%，与过往几年数据相比，男童遭遇侵害的比例明显呈上升趋势。③

过去，男童这一主体在传统性教育中常常被忽视，因生理结构的不同及性观念的落后，男性并不被看作性侵犯的对象，而通常被定义为性侵犯的实施者。男童遭受性侵容易被公众忽视，我国在男童权益保障方面的相关法律缺失也导致性侵男

① 莫某某猥亵儿童案，北京市朝阳区人民法院（2021）京 0105 刑初 56 号。

② 《省法院举行少年审判工作情况暨少年司法保护典型案例新闻发布会》，载江苏法院网 2021 年 5 月 25 日，http://www.jsfy.gov.cn/article/89999.html。

③ 《“女童保护”2021 年性侵儿童案例统计及儿童防性侵教育调查报告》，载北京众一公益基金会 2022 年 3 月 2 日，https://all-in-one.org.cn/newsinfo/2475704.html。

童的处罚较轻。近年来不断增加的男童性侵案例也警示着我们应当重视男童的性权益保护,在未成年人教育时应将男性与女性同等对待,性观念的革新实为必要。

五、该类犯罪的原因分析

(一) 刑法规制及威慑效果不理想

首先,我国现行《刑法》保护性权利的条文主要有第236条强奸罪及第336条之一负有照护职责人员性侵罪,第237条强制猥亵、侮辱罪和猥亵儿童罪,第358条组织卖淫罪、强迫卖淫罪和协助组织卖淫罪,第359条引诱、容留、介绍卖淫罪和引诱幼女卖淫罪。其中,强奸罪的保护对象仍旧仅限于女性群体,这就意味着男性在遭受肛交等性侵行为时,只能诉求以猥亵罪对犯罪人进行处罚。而猥亵儿童罪规定侵犯的客体是未满14周岁的男童和女童,这就意味着超过14周岁的男童的性权利无法通过该罪名进行全面保障。从当前各项实证研究的数据来看,男性未成年人遭受性侵害已然是一种事实:2021年女童保护组织统计的96名受害者中,有9名男童受到性侵,占比约10%;①另一项研究数据显示,在161件性侵未成年人的案件中,遭受侵害的男性有20名,占比超12%,且其年龄以14岁以下为主。②这些正不断攀升的数字背后反映着男性未成年人的性权利,乃至是基本人权正亟待关切,这种现实需要理应受到刑事立法者的慎重考虑。面临近年来男童被害比例增加的犯罪现象,现阶段的刑法在男童性权利保障层面仍有所欠缺。

其次,在威慑效果上,最新修订刑法条文虽然增设了负有照护职责人员性侵罪,彰显了前述对于熟人式作案增多问题的关注,并在某些罪名上加重了量刑标准,但实际上刑罚在社会上的威慑效果收效甚微。最高人民检察院2021年发布的《未成年人检察工作白皮书(2020)》显示,近年来,性侵未成年人犯罪数量呈上升态势,2020年以强奸罪、猥亵儿童罪、强制猥亵侮辱罪起诉的数量是2017年的两倍之多。③2022年第十三届全国人大第十五次会议中最高人民检察院报告指出,2021

---

① 陈伟、金晓杰:《性侵未成年人案现状、原因与对策一体化研究》,载《青少年犯罪问题》2016年第4期。

② 陈小彪、柳晔:《性侵未成年人案件的司法疑难及应对——以重庆市人民检察院某分院近两年案例为分析样本》,载《中国青年社会科学》2022年第1期。

③ 苏明月、王译萱:《性侵未成年人犯罪预防措施研究——以非刑罚角度为切入点》,载《预防青少年犯罪研究》2021年第5期。

年从严追诉性侵、虐待等侵害未成年人犯罪6.1万人,同比上升5.7%。①在预防性侵未成年人犯罪的工作中,刑法的作用十分有限,刑罚效果与犯罪数量的失衡表明了社会预防的重要性。

(二)社会性羞耻观念的影响

社会发展至今,受传统性羞耻观念的影响,人们一直排斥在公共生活空间内谈论性这一话题。而未成年人被视作国家未来发展的希望,在他们身上,人们付诸的情感总是美好而温暖。当性与未成年人相结合自然便成为社会最不愿提及和展开的话题。社会公众受传统性文化的影响对贞操的重视仍然根深蒂固,女性的贞操特别是未成年女性的贞操在社会中依然受到重视。②伴随时代的发展,未成年人男性的性贞洁感也更加突出,这也导致了未成年人遭受性侵害后选择不报案或报案不及时等问题的出现。在司法工作中,性侵未成年人案件发现难的问题便始于此。大多数案件中,未成年人在遭受性侵后,其本人或家属不会选择第一时间报案,而是选择私下协商达成和解。在邵某某猥亵儿童案③中,犯罪人邵某某作为教师在其办公室对被害人张某某进行多次性侵后致使其患有重度抑郁症状,然而在诉讼中,被害人张某某仍旧与被告人邵某某达成和解协议,对邵某某的行为给予谅解并请求司法机关予以从宽处罚。这样的处理方式并不能带给未成年人最好的保护,相反地,此类处理正是在某种程度上包庇犯罪人的犯罪行为,在一些案件里甚至使得被害人遭受性侵的时间及次数不断增多。

(三)家庭及学校教育不到位

父母是孩子的第一位老师,家庭也是孩子的第一座学校,家庭监护在儿童成长过程中的每一阶段都起着至关重要的作用。性侵未成年人犯罪的被害人年龄正呈现低龄化趋势,这一现象的出现也正警示着我们应将儿童性教育的启蒙提前,但是大多数家长或忙于工作无暇顾及,或认为教育孩子这些性知识的时间太早,即使有的家长较早对孩子进行性教育,受到传统性观念的影响,在性知识的讲解上也是模

---

① 《最高人民检察院工作报告》,载中华人民共和国最高人民检察院2022年3月8日,https://www.spp.gov.cn/ttzgjgzbg/index.shtml。

② 陈伟、金晓杰:《性侵未成年人案现状、原因与对策一体化研究》,载《青少年犯罪问题》2016年第4期。

③ 邵某某猥亵儿童案,山东省微山县人民法院(2021)鲁0826刑初64号刑事判决书。

棱两可,含糊作答,这就使得犯罪分子有了可乘之机。另外,父母本身的模范作用也至关重要。孩子往往会模仿父母的行为,若父母在孩子面前观看低级的色情艺术产品,或对自身行为没有进行良好的约束,也会在潜移默化中影响孩子的价值观及行为选择。反之,若父母能严以律己,品行端正,选择正确适当的性教育方式与内容,则既能让孩子在性启蒙阶段树立正确的价值观、保护孩子不受非法性侵害,还能使得家庭关系更加友爱和谐。因此,家庭性教育培育责任重大,父母应关注未成年人性权益问题,加强教育,提高警惕。

此外,在我国,以高考为风向标的竞争愈演愈烈,学校及老师单纯追求学生文化成绩的高低而忽视其德智体美全面发展的现象十分普遍,对性教育的忽视程度更甚。据调查显示,45.13%的教师从未对学生开展过性教育,尤其是在农村中小学地区,性安全课程的设置与实施基本一片空白;师资力量不足,学校缺乏专门的教师开展未成年人性教育,仅由其他老师兼任。代课老师缺乏必要的专业知识,也未经过系统的专业培训,不能高效、专业的传授性知识。①学校性教育的匮乏使得正处于青春期或即将迎来青春期的未成年人无法正确适应生理上的变化,在接收社会信息时难免产生不同程度的偏差。除去学校对学生的性基础知识教育以外,与性侵害紧密联系的法治教育也相对空缺,使得未成年人在遭受性侵害时,无法辨认该行为是否违法,从而无法通过及时有效的检举揭发以维护自己的合法权益。2021年新修订的《未成年人保护法》中明确学校、幼儿园应当对未成年人开展适合其年龄的性教育,但条文规定的落实程度还有赖于学校、幼儿园等本身,而学校的教育制度背后更植根于社会教育目标的转变。

(四)被害人性保护意识薄弱

被害人是在犯罪中合法权益直接遭受侵犯的对象,在性侵未成年人犯罪中,未成年人所具有的特殊心理特征及生理特征必然会对犯罪人的犯罪行为产生影响,换言之,犯罪人与被害之间存在互动性。因此,在探讨此类犯罪的原因时,也应对未成年被害人在犯罪中所表现出的行为及影响因素进行考量。

首先,性防范意识薄弱是诱导犯罪人选择未成年人作为性侵对象最主要的原因。笔者在上文提及的调查案例样本中发现,犯罪人选择的绝大多数未成年人年

---

① 余菊兰:《性侵未成年人犯罪典型案例研究》,江西财经大学2021年硕士学位论文。

龄在14周岁以下,图3-14显示超过14周岁的被害人仅2例。14周岁以下的未成年人以学习为主,无论是文化知识还是道德价值观的形成都处于萌芽,加之学校、家庭本身性教育方面的不足,未成年人对“性”的认知更加匮乏,多数未成年被害人在遭受性侵时甚至没有意识到自己正在被害。在调查的案例中,有些犯罪人通过奖励棒棒糖或玩具就能获得被害人的“性同意”,有些被害人在遭受猥亵后甚至认为是在和犯罪人“做游戏”。显然,在多数被害人视角里,性侵行为并不被视作犯罪,很多非暴力性侵的案件都是在性侵行为结束后被害人感到被侵害的身体部位难受才被发现,被害人很少在性侵行为发生时就作出强烈的反抗,这也是引诱、哄骗的犯罪手段成为犯罪人首选的原因之一。

其次,罪后被害人及其亲属对犯罪人的隐忍态度也是导致性侵犯罪增多的重要影响因素。有学者研究发现,性侵案是隐案率非常高的案件类别,在中国人民公安大学的女童性侵隐案率调查结果中显示,性侵害案件的隐案率是1∶7。其背后的原因在于多数被害人在传统观念和报案后果的权衡下选择沉默不报案或私下与犯罪人达成和解草草了事。一方面,被害人家属在得知有犯罪事实的情况下,为“保护”被害人声誉及前途,或惧怕犯罪人知晓报案人情况伺机报复,而选择默不作声。另一方面,即使案发,在被动接受侦查机关询问时,家属往往对性侵细节含糊其词,或闭口不言,给侦查工作的顺利开展造成了巨大阻力。因此,案发时被害人的“性自愿”与案发后被害家属的隐忍不告共同导致了性侵未成年人犯罪的不断增多。

六、基于犯罪学角度的治理对策

(一)刑事立法加强性别的平等保护

当前我国的刑事立法体系并未体现出对男性未成年人与女性未成年人的平等保护,在涉及广义性侵害的刑法条目中,仅有猥亵儿童罪、强制猥亵罪、聚众淫乱罪和引诱未成年人聚众淫乱罪将男性纳入了犯罪对象,而其他以强奸罪为代表的罪名却存在着明显的“性别限制”现象。

应当淡化当前刑事立法中未成年人性权益保护的“性别限制”,尊重客观事实。具体而言,在强奸罪的犯罪主体和犯罪对象问题方面,应当分别将成年女性和男童明确定位为强奸罪的正犯以及被害人,以强奸罪而非猥亵儿童罪或强制猥亵罪对司法实践中出现的女性以性交手段侵害男童,或是男性以类性交手段性侵男童的行为进行定罪处罚,笔者认为这是彰显罪刑相适应原则以及加强男性未成年人性权益保护的一项有效举措。当然,相应地,应通过司法解释等立法技术手段将"男性性侵男性未成年人"的犯罪既遂标准从传统的"接触说"或"插入说"完善为"肛交、口交、器具性交"等情况,以此贴合人体生理结构。对于成年女性与14至18周岁未成年男性发生性交的,也应当着重审查女性是否使用了足以违背未成年男性性意愿的手段,谨防在司法实践中因传统的性观念或"办案习惯"而不当限缩评价这一年龄段的未成年男性的性权益。

加强对男性未成年人的性权益保护已然是当今世界的主流趋势,在美国、法国、意大利、俄罗斯等国家的刑事立法体系中都能找到未成年男性与未成年女性受同等保护的规定。淡化我国刑事法中未成年人保护的"性别限制"不应当仅是顺应时代趋势的产物,而是体现了我国主动选择摒弃传统"重男轻女"思想转而在性观念上秉持"重女轻男"思维的决心。

(二)细化《未成年人保护法》中的强制报告制度

强制报告制度作为一项未成年人保护工作中的重要制度,历年来一直受到学术界及司法界的关注。2021年新修订施行的《未成年人保护法》对强制报告制度进行了全面、具体的规定,在报告主体上,总则第11条将"国家机关、居民委员会、村民委员会、密切接触未成年人的单位及其工作人员"等主体明确纳入,并且在家庭保护、学校保护、社会保护章节中将报告主体进一步细化为"未成年人的父母或者其他监护人""学校、幼儿园""旅馆、宾馆、酒店等住宿经营者""网络服务提供者";报告对象上,发现未成年人受到不法侵害,相关单位及个人除应当立即向公安机关报告外,还可以向民政、教育、网信等部门报告。《未成年人保护法》首次将强制报告的制度以立法的方式确立,对预防性侵未成年人犯罪工作顺利进行具有重要指导意义。

但新法刚施行之际,仍旧存在许多问题。第一,强制报告的时间限制未予以明确。例如,《未成年人保护法》第11条规定:"国家机关、居民委员会、村民委员会、密切接触未成年人的单位及其工作人员,在工作中发现未成年人身心健康受到侵害、疑似受到侵害或者面临其他危险情形的,应当立即向公安、民政、教育等有关部门报告。"这里将负有强制报告义务主体报告的时间以"立即"等词含糊概定,这给实践中有效落实报告义务造成困难。第二,针对强制报告主体的责任规定不明。

《未成年人保护法》第117条规定，“违反本法第十一条第二款规定，未履行报告义务造成严重后果的，由上级主管部门或者所在单位对直接负责的主管人员和其他直接责任人员依法给予处分”，这里的处分是行政处分，可以适用于公职人员，却忽视了其他主体如父母、老师等的法律责任。

笔者认为，《未成年人保护法》中的强制报告制度首先应限制报告的时间，例如细化“立即”的规定，认为负有强制报告义务的主体发现未成年人身心健康受到侵害、疑似受到侵害或者面临其他危险情形的，应当在12小时内向公安、民政、教育等有关部门报告，最迟不得超过24小时。其次，应对强制报告主体未及时履行义务所应承担的法律责任加以细化。主要表现在对各个责任主体的责任规定，除立法中规定的行政处分以外，对于父母、老师等非公职人员应适当添加民事责任，未履行报告义务造成严重后果的，父母、老师等其他责任主体应被处以适当罚款并承担赔偿责任。只有严格限定强制报告的时间及细化每个责任主体的法律责任，才能切实贯彻《未成年人保护法》的立法宗旨，保障未成年人的合法权益不受侵害。

（三）构建事后的被害人救助体系

被害人的救助制度构建同样也是犯罪预防措施中的重要一环，特别是遭受性侵的未成年人，大多数被害人在被害时并不能理解什么是性，以及性带来的危害，被性侵后不断发酵的社会舆论及性扭曲观念在被害人内心播下种子，而这颗罪恶的种子往往也伴随他或她一生。被害人救助也是犯罪治理措施中的关键，但在我国，儿童性侵的社会工作大多在教育预防层面，司法救助及帮助报案的例子极少，事后对被害人的救助几乎处于空白。对此，笔者认为，应加强对被害人的事后救助。被害人的精神损害救助是首要，在赔偿数额方面，由于被害人是未成年人，其对自己所遭受的身体及精神上的损害难以精准表达，司法机关应在案件处理完毕后，将被害人事后关于性侵犯罪精神损害的心理咨询、精神康复、精神治疗等费用计为实际发生的损害，作为精神损害赔偿的认定材料，为被害人及其家属获得精神损害赔偿提供可能。在具体的心理援助方面，建议发挥未检部门的辅助作用。在办理该类案件时，未检部门参与了案发到证据侦查再到最后起诉的全过程，无论是在案情的熟悉度还是对未成年人的心理知悉度上都是最了解的部门，在未成年人接受心理及精神治疗过程中，未检部门的人员应参与进来，提供案情资料，对未成年人事后的精神恢复也有一定的辅助救助作用。

第六节　拐卖妇女儿童犯罪典型案例研究报告：孙某、符某某被拐案①

一、案情简介

2007年10月10日，湖北省监利县孙某洋飞到深圳南山公安机关报警，称儿子孙某(时年4岁)前一天在幼儿园附近失踪。同年12月28日，广东省深圳市彭某英到南山公安机关报警，称儿子符某某(时年4岁)当天下午在家附近失踪。案件发生后，深圳市公安机关高度重视，先后成立专案组全力侦办此案。受限于当时的侦查手段和技术条件，该案多年来一直未取得实质性突破，但是深圳警方14年来一直坚持不懈地开展大量调查走访，对于侦查中发现的任何疑似对象及线索，逐条出差予以核实，涉及云南、贵州、四川、重庆等11个省市，行程数十余万公里。终于在公安部“团圆”行动刑事技术集中比对会战专班和广东省公安厅会战专班的努力下，于2021年9月至11月间，先后发现并确认1名山东籍男子和1名黑龙江籍男子系当年被拐的符某某和孙某。发现相关线索后，专案组迅速派员赴山东对被拐人员的养父母等人开展调查取证和询问工作。经查明，吴某龙就是当年实施拐骗儿童的主要犯罪嫌疑人。

据了解，犯罪嫌疑人吴某龙当时在深圳打工，因其二哥家里只有两个女儿，一直想要个男孩，他便萌生了拐卖男孩的想法。2007年10月9日19时许，吴某龙在白石洲将孙某洋的4岁儿子孙某拐走。在10月份拐走孙某后，吴某龙还因自己大哥家的侄子也想要男孩，在同年12月又拐走了另一个孩子符某某。

截至2022年7月22日，该犯罪嫌疑人吴某龙已被检察院批捕，帮助其藏匿孩子的同犯也正在申请批捕中，除正在生病的孙某养父，孙某的养母及另一名被拐孩子符某某的养父母，也被采取强制措施取保候审。同时，相关机关对本案中涉及的孙某、符某某违规落户的行为人等也正在调查。②

① 本节由李生婷完成。

② 戚金城：《亲爱的原型案件9名犯罪嫌疑人被抓》，载《深圳特区报》2021年12月7日，第A07版。

二、入选理由

（一）国家高度重视拐卖妇女儿童犯罪

拐卖妇女、儿童是一种非常恶劣的犯罪行为，严重侵犯妇女、儿童的人身权利，对被拐卖妇女、儿童的身心健康造成难以磨灭的伤害，也会对相关家庭造成非常沉痛的打击，并由此产生一系列社会问题，严重影响社会的和谐稳定。我国政府一贯高度重视妇女、儿童的各项权益保障工作，坚决采取各项措施，有效预防、严厉打击拐卖妇女、儿童犯罪活动，注重惩治拐卖妇女、儿童的关联犯罪，积极开展对被解救妇女、儿童的救助、安置和康复工作。相继制定和修订了《中华人民共和国刑法》《中华人民共和国妇女权益保障法》《中华人民共和国劳动法》《中华人民共和国未成年人保护法》《中华人民共和国预防未成年人犯罪法》《中华人民共和国婚姻法》《中华人民共和国收养法》等法律。国务院近期印发了《中国反对拐卖人口行动计划（2021—2030年）》、《中国妇女发展纲要（2021—2030年）》和《中国儿童发展纲要（2021—2030年）》等工作计划。各地普遍建立了政府主导、社会团体和有关单位共同参与的反对拐卖妇女、儿童行动合作机制。针对部分地区长期存在的拐卖妇女、儿童状况，公安部已先后组织多次打拐专项行动，有效打击国内拐卖犯罪势头，特别是拐卖妇女犯罪高发局面得到有效遏制。从2009年开始，公安部便决定开展全国打击拐卖儿童妇女专项行动，切实维护妇女、儿童合法权利。通过长期侦查和技术手段助力，2021年公安部组织全国公安机关开展查找被拐失踪儿童的“团圆行动”，并取得卓越成效。

（二）本案引起社会公众高度关注

2021年12月6日，公安部在深圳组织开展“团圆”行动认亲活动，其中就包括电影《亲爱的》人物原型之一本案受害者孙某一家。在热播电影的流量加持下，现场视频与相关报道刷屏网络，迅速引起社会关注。警方还原本案被拐细节、通报养母被采取强制措施、通报案件户籍情况、中纪委发声等后续进展持续引发全网热议，频频登上各大平台热搜榜单，拐卖妇女、儿童犯罪再一次引起了社会各界的广泛关注。与以往拐卖犯罪的舆论不同，本案公布后，公众除了对犯罪嫌疑人进行批判，还有更多的人关注到案件背后值得思考的问题，比如两个被拐孩子的“养父母”可能面临何种处罚？买卖行为是否应该同罪？是否应当提高《刑法》第241条关于收买被拐卖的妇女、儿童罪的刑罚？被拐妇女、儿童如何顺利落户，并“漂白”拥有合法身份，这背后是否存在公权力失职渎职？我们能从这些诸多理性的思考和讨论中感受到公众责任感、道德感和法治感的提升。

打击拐卖妇女、儿童犯罪行为需要全社会的共同努力，事前预防、事后打击、康复回归，需要全社会的共同参与。孙某、符某某案作为打击拐卖妇女、儿童犯罪案件的典型，可以让更多的人关注治理拐卖妇女、儿童问题，推动妇女、儿童合法权益的维护和保障。

（三）同类犯罪打击治理面临新挑战

近年来，通过公检法等相关部门历时多年的持续打击和治理，中国拐卖妇女、儿童犯罪问题得到有力解决，拐卖犯罪率直线下降，案件侦破率大幅上升。公安部公开数据显示，2021年，全国拐卖妇女、儿童案件与2013年相比，降幅达到88.3%，其中群众高度关注的盗抢儿童案件目前年立案不到20起。但是，受多重因素影响，当前滋生拐卖犯罪的土壤尚未完全铲除，还有一批陈年积案没有侦破，拐卖犯罪形势不容乐观，打击治理仍然面临诸多新的挑战。特别是对来历不明的流浪乞讨、智力障碍、精神疾病、聋哑残疾等妇女、儿童进行全面摸排，进一步完善“预防、打击、救助、安置”一体化工作机制，弥补打拐犯罪综合治理的短板等方面。可以看到，打击治理工作依然严峻，任重道远。

三、拐卖妇女儿童犯罪的变化趋势

（一）新发案件大幅下降

从国家统计局公布的公安机关立案的全国拐卖妇女、儿童案件数量可以看出，从1997—2020年，拐卖妇女、儿童案件的立案数量有两个最高值，一是2000年，立案23163起，占当年刑事案件立案总数的0.64%，这也是此类案件立案数量占比的峰值；二是2013年，立案20735起，占当年刑事案件立案总数的0.31%。以这两个峰值为界，在此期间拐卖妇女、儿童案件立案数量经历了一个上升下降，再上升又下降的过程。2000年经历第一个峰值后次年，全国拐卖妇女、儿童案件立案数量急剧下降，到2008年，全国仅有2566起此类案件，相当于2000年的十分之一。从2009年开始，该类案件立案数量又进入爬坡上升阶段，然后在2014年又开始大幅下降。到2018年，立案数量已经低于2009年，2020年的立案数量仅比2008年最低谷多几百起。（见表3-4和图3-15）

表3-4 全国拐卖妇女、儿童案件立案数量（1997—2020年）

年份	全国刑事案件立案总数（起）	全国拐卖妇女、儿童刑事立案数量（起）	占当年刑事立案数量比例（%）
1997	1613629	6425	0.40
1998	1986068	6513	0.33
1999	2249319	7257	0.32
2000	3637307	23163	0.64
2001	4457579	7008	0.16
2002	4337036	5684	0.13
2003	4393893	3721	0.08
2004	4718122	3343	0.07
2005	4648401	2884	0.06
2006	4653265	2565	0.06
2007	4807517	2378	0.05
2008	4884960	2566	0.05
2009	5579915	6513	0.12
2010	5969892	10082	0.17
2011	6005037	13964	0.23
2012	6551440	18532	0.28
2013	6598247	20735	0.31
2014	6539692	16483	0.25
2015	7174037	9150	0.13
2016	6427533	7121	0.11
2017	5482570	6668	0.12
2018	5069242	5397	0.11
2019	4862443	4571	0.09
2020	4780624	3035	0.06

数据来源：国家统计局（访问日期：2022年7月19日）。

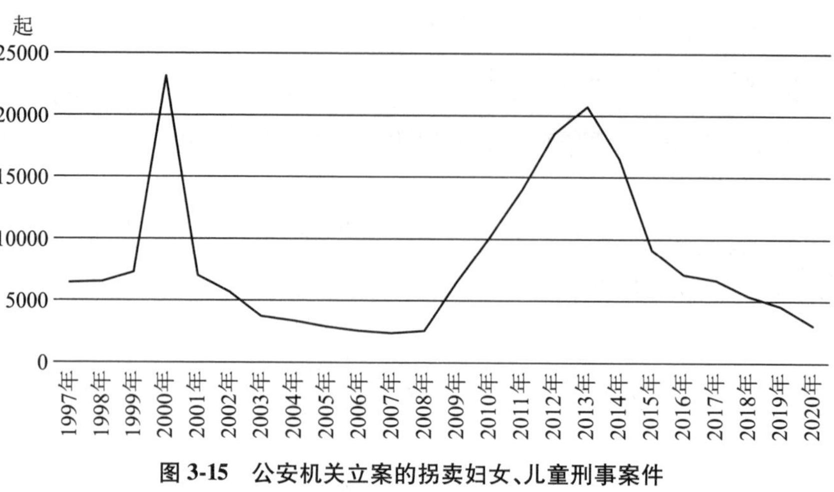

图 3-15 公安机关立案的拐卖妇女、儿童刑事案件

对于这种变化,笔者认为与国家大力开展打击拐卖妇女、儿童专项行动密不可分。2000 年前后,最高人民法院制定了《关于审理拐卖妇女案件适用法律有关问题的解释》,公安部制定了《关于打击拐卖妇女儿童犯罪适用法律和政策有关问题的意见》,国务院印发了《中国妇女发展纲要(2001—2010 年)》和《中国儿童发展纲要(2001—2010 年)》,都将预防、打击和减少拐卖等侵害妇女、儿童合法权益犯罪行为作为重要目标。自 2008 年起,我国持续实施打击拐卖妇女、儿童行动计划,专门成立涵盖 35 个成员单位的国务院反拐工作部联席会议,公安部刑侦局专门设立打拐办并建立全国打拐 DNA 系统。与此同时,我国先后制定发布《中国反对拐卖妇女儿童行动计划(2008—2012 年)》《中国反对拐卖人口行动计划(2013—2020 年)》《中国反对拐卖人口行动计划(2021—2030 年)》,最高人民法院、最高人民检察院、公安部、司法部也联合出台了《关于依法惩治拐卖妇女儿童犯罪的意见》。总体来说,近几年来我国拐卖妇女、儿童犯罪立案数量逐年递减,新发案件数量大幅下降,说明我国治安环境在逐渐变好,拐卖妇女、儿童的犯罪现象也在减少,但拐卖妇女、儿童犯罪现象仍然严重,不可掉以轻心,除了对拐卖犯罪现案的打击,也要加强对拐卖犯罪积案的查处。

另一个值得大家关注的趋势是,根据 2021 年最高人民检察院工作报告,2000 年至 2021 年,检察机关起诉拐卖妇女、儿童犯罪从 14458 人降至 1135 人,年均下降 11.4%,其中约 4 成发生在 2016 年以前;与此同时,起诉收买被拐卖的妇女、儿童犯罪由 155 人增加到 328 人，上升超过 110%。[1]最高人民检察院公布的《未成年人检察工作白皮书（2021）》显示，从 2012 年到 2021 年检察机关起诉拐卖妇女、儿童犯罪分别为 3699 人、2395 人、2038 人、1598 人、1483 人、1394 人、1322 人、1247 人、789 人、1135 人，2021 年较 2012 年下降 69.32%，年均下降 12.3%。同期起诉收买被拐卖的妇女、儿童犯罪分别为 189 人、202 人、163 人、184 人、337 人、506 人、393 人、406 人、276 人、328 人，2021 年较 2012 年上升 73.54%，年均上升 6.3%。[2]也就是说，现阶段除了对拐卖者进行严厉打击外，对收买方的惩罚也在逐步加大。（见图 3-16）

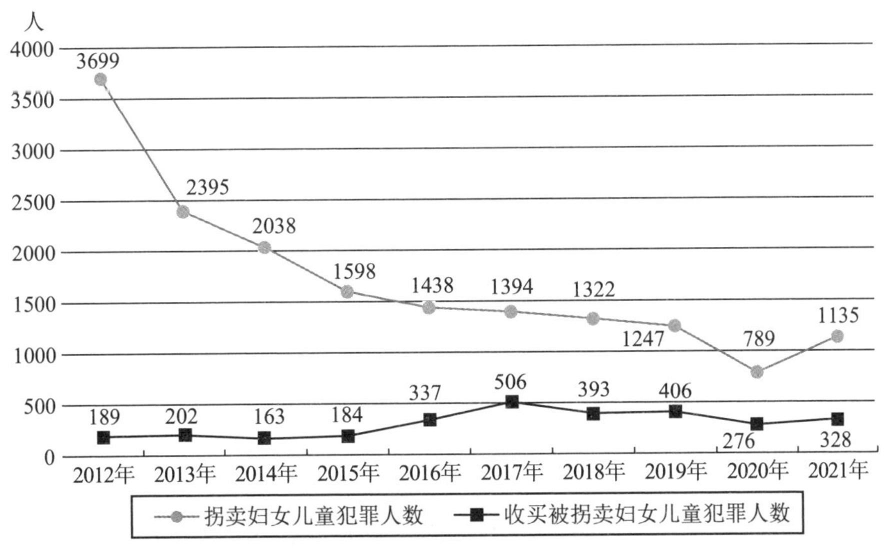

图 3-16　2012—2021 年起诉拐卖妇女儿童相关犯罪情况

（二）犯罪区域不断扩大

拐卖妇女、儿童犯罪现象古来有之，起初多发生于经济文化落后的贫困山区和偏远地区。流向多是由西南地区向东北地区；由山区、边境向平原、内地，据四川省 1989 年统计，农村和偏远地区拐卖人口案占到了全省总数的 80%。[3]随着时间的推

① 最高人民检察院新闻办公室：《追诉拐卖人口买家，严惩网络诽谤，最高检这样做》，载微信公众号“最高人民检察院”，2022 年 3 月 8 日。

② 最高人民检察院：《未成年人检察工作白皮书（2021）》，载最高人民检察院网上发布厅，https://www.spp.gov.cn/xwfbh/wsfbt/202206/t20220601_558766.shtml#2。

③ 庄平：《关于我国买卖妇女社会现象的分析》，载《社会学研究》1991 年第 5 期。

移和社会经济的发展,拐骗人口逐渐从偏远的农村转向经济条件较好的城镇,从原来只集中于几个省份变为了几乎全国每个省都有此类犯罪。此外,由于交通运输的便捷和互联网信息的交互,拐骗者又将目光由国内转向国外,尤其是我国边境地区的跨境拐卖妇女、儿童现象尤为严重。为此,我国政府于 2007 年与柬埔寨、老挝、缅甸、越南、泰国共同签署了《湄公河区域合作反拐人口进程联合宣言》;于 2009 年和 2010 年分别于缅甸、越南政府签署了《关于加强打击拐卖人口犯罪合作谅解备忘录》,进一步增强了与缅甸、越南两国的打拐合作。此外,我国积极与法国、英国、刚果、澳大利亚等国家开展警务合作,侦破大量跨国拐卖妇女案件,解救被拐卖妇女。[①]2021 年,国务院印发的《中国反对拐卖人口行动计划(2021—2030 年)》中明确指出,要加强国际合作,有效预防和严厉打击跨国跨境拐卖人口犯罪,加强对被跨国跨境拐卖受害人的救助。

四、拐卖妇女儿童犯罪特点分析

笔者在裁判文书网进行检索,案由选择“拐卖妇女、儿童罪”,案件类型设置为“刑事案件”,文书类型限定为“判决书”,共检索得到 3525 份拐卖妇女、儿童案件的刑事判决书。[②]通过对该类犯罪的判决书进行分析可以较为清晰地得出其案件特点。

(一)行为人多为社会底层人员

从文化程度来说,3525 份判决书中能够提取到被告人学历的案件有 3175 份,共有被告人 8699 人,其中被告人系文盲的有 2165 人,占比为 24.9%;小学文化的有 3701 人,占比 42.5%;初中文化的有 2139 人,占比 24.6%;中专文化的有 192 人,占比 2.2%;高中文化的有 375 人,占比 4.3%;大专文化的有 113 人,占比 1.3%;本科以上学历的有 14 人,占比 0.16%,其中硕士和博士为 0 人(见图 3-17)。可以看出,此类犯罪人大多受教育程度低,集中在小学和初中文化,法治观念相对淡薄。

---

① 王金玲:《中国拐卖人口问题研究》,社会科学文献出版社 2014 年版,第 125 页。
② 数据统计截至 2021 年 4 月 25 日。

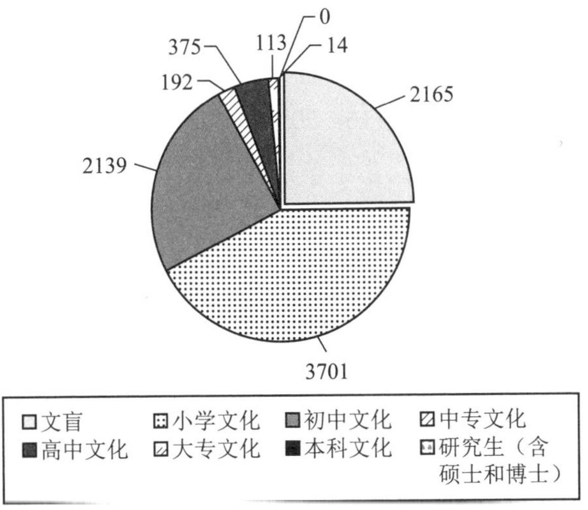

图 3-17 被告人文化程度统计

从社会收入方面来说，3525 份判决书中能够提取到被告人职业的案件有 2968 份，涉及被告人 7421 人，其中 4370 人为务农人员，占比 58.9%；务工人员 800 人，占比 10.8%，无业人员 1092 人，占比 14.7%；无固定职业人员 45 人，占比 0.6%；有职业的人数为 14 人，占比 0.2%（见图 3-18）。总体来看，八成左右的犯罪人没有稳定的收入，还有相当一部分人没有收入来源，且绝大部分人都在从事低收入工作。

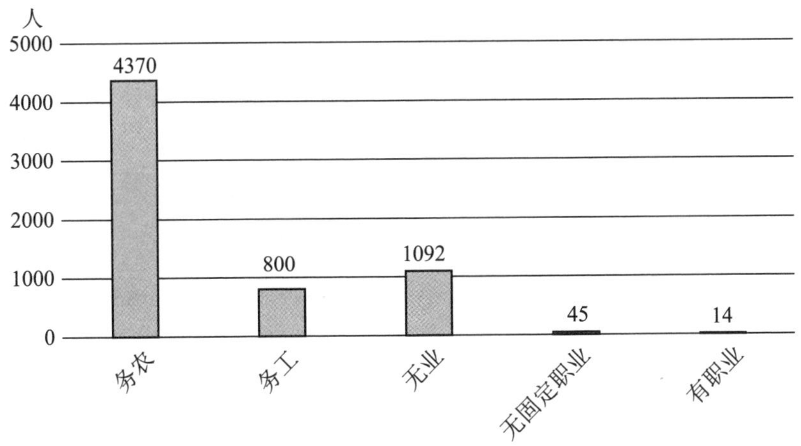

图 3-18 被告人职业统计

(二)受害人年龄普遍较小

一直以来,拐卖人口的对象大多集中于拐卖妇女和儿童,过去拐卖人口犯罪受害者多为成年女性,自1987年后,16—20岁逐渐成为最危险的年龄。尤其以拐卖未婚少女案件最为集中。之所以集中于未婚少女,是因为大多收买妇女的买家都是为了娶妻生子。近年来,犯罪分子把被拐卖妇女的年龄、婚否、是否生育都作为买卖时的筹码。这部分女性大多是来自贫困农村地区的年轻女性,受教育程度相对较低,社会阅历不足,警惕性较差,且都有着强烈的想要改变个人生活环境和经济状况的想法,容易受到不法分子的拐骗。还有一部分年轻女性则是由于精神异常,无自我防卫能力,容易在街头或流浪时被盯上从而被拐骗。①集中于婴幼儿的原因是此时的婴幼儿识别能力较差,没有远距离传递信息的能力,犯罪后不易暴露。此外,根据调查得知,0—6岁的婴幼儿为被拐卖的主要对象:0岁阶段的拐卖多为亲生父母所卖;1—6岁儿童由于其外出机会较多,但自身记忆与辨识危险与否的能力较弱,认知能力较弱,难以辨别人贩子所设置的诱饵和圈套,且发现情形不对也难以自救,所以成为被拐骗的高发对象;7岁以上的儿童普遍开始接受义务教育,防范意识逐渐增强,对危险的辨认能力和对陌生人的警惕心也不断提高,因此被拐卖的风险要低很多。②

(三)空间上呈现"西贩东买"格局

以3525份判决书为基础,近年来,各省拐卖妇女、儿童的刑事案件数量统计结果如下图所示(见图3-19),云南、河南、山东、福建、安徽、河北为拐卖妇女、儿童犯罪的高发区域。具体来说,我国云南、贵州、广西、四川大多为受害人的来源地区,其中有将近28%的受害人来自云南;河南、河北、山东、安徽、福建、浙江等地,其中有超过一半的受害人被卖往河南、安徽、山东、河北这四个省份。总体上来看,被拐对象呈现出明显的从西南地区流向华中和华东地区的格局。

(四)形式上呈现团伙化

拐卖妇女、儿童犯罪涉及环节多,个人通常难以独立完成,需要多人协作共同

---

① 黄忠良、翁文国、翟彬旭:《我国拐卖妇女犯罪特点及治理策略——基于1038份裁判文书的分析》,载《中国人民公安大学学报(社会科学版)》2019年第5期。

② 李刚、王莺莺、杨兰、谭然、荀思远:《拐入侧视域下我国拐卖儿童犯罪的时空格局》,载《陕西师范大学学报(自然科学版)》2019年第3期。

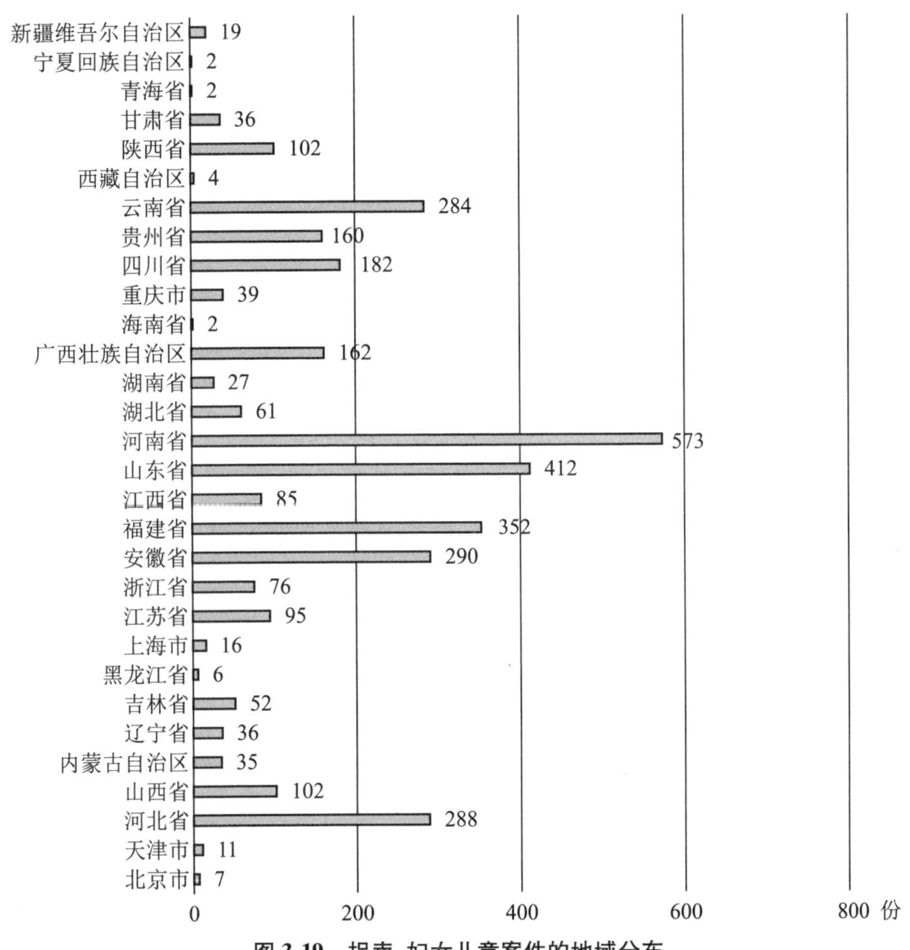

图 3-19　拐卖、妇女儿童案件的地域分布

配合才能顺利进行。因此,团伙作案成为该类犯罪的普遍特征。为了能够更顺利地逃避打击、实施犯罪,原先较为松散的团伙逐步演变为组织化程度高、责任分工明确的拐卖犯罪集团,由"单打独斗"向"一条龙"式发展。各个环节都有专人负责,各司其职,分别承担拐骗、收买、接送、中转、窝藏、出卖等不同"职能",形成了成员众多、组织严密、环节独立的"流水线式"拐卖犯罪产业链。此类团伙型案件中往往拐卖人口数量多,涉及地域广,社会危害巨大。

此外,随着互联网快速发展,通过信息网络为媒介实施该类犯罪的行为越来越多。网络平台的匿名性和快速传播性为买卖双方和中介搭建了更为便利的沟通平台。许多不法分子直接通过贴吧、论坛、微信群等网络社交平台发布信息寻找买家、商谈价格,然后进行线下交易。团伙犯罪与网络犯罪相结合,使得犯罪规模更大、侦破难度更高。

五、拐卖妇女儿童犯罪原因分析

(一)社会原因

1. 地区经济发展水平失衡

经济发展不平衡一直是拐卖妇女、儿童犯罪产生的主要原因,我国幅员辽阔,地区间发展极不均衡,人民的生活水平也存在很大的差距,再加上大龄未婚人口性别比例严重失调,拐卖妇女、儿童犯罪开始出现。由于匮乏的物质基础,许多社会闲散人员开始走上违法犯罪道路,他们认为拐卖妇女、儿童犯罪无本万利,方法简单,只要不被发现,就可以轻松获得收益,因此开始诱拐贩卖农村妇女及儿童。这其中有不少生活在偏远地区的未婚年轻妇女和大龄女童,她们因为想脱离贫困,有着强烈的外嫁或外出打工的意愿。由于她们大都缺乏基础的防范意识,很容易因改善生活、赚钱等理由被诱拐。而收买方大多也是处于贫困地区的家庭,由于当地发展水平低下、因重男轻女导致男女比例严重失衡等,大批农村男青年面临着无法通过正常方式娶妻生子的情况,最终只能转向收买被拐卖来的妇女。

2. 相关法律难以适应实践需要

我国40多年来不断健全和完善有关打击拐卖妇女、儿童犯罪法律的过程中,涉及罪名逐渐全面,处罚力度不断加大,打击对象有所扩大,但总体而言,在法律结构、内容以及体系方面仍然存在着一些亟须完善之处。如我国对收买被拐卖的妇女、儿童的犯罪行为,刑责最高刑期仅为3年有期徒刑。而拐卖妇女、儿童罪的起刑是5年以上10年以下;对情节严重的,可判处无期徒刑甚至死刑,属于较严重的刑责。一般来说,拐卖妇女、儿童罪与收买被拐卖的妇女、儿童罪属于共同对向犯,刑罚应基本相当,现阶段两罪的刑罚差异悬殊,不利于对收买拐卖妇女、儿童犯罪行为的打击。

3. 社会有关部门防控机制不足

针对拐卖妇女、儿童犯罪案件,我国当前仍然存在着大量社会防控机制不足的情况,在流动人口管理、婚姻登记、计划生育等方面尤为严重。首先是被拐人群的落户问题,我国一直实行严格的户口登记制度,如要给孩子落户,办理手续的人要有父母双方的身份证、户口本和结婚证,父母单位或街道、村庄的证明信,正规医院开具的孩子出生医学证明;如要因结婚迁入户口,需要持结婚证、双方户口簿、女方户籍证明和男方村(居)委会证明。被拐人显然不具备上述材料,但是几乎所有被拐人口都可以重新在社会上拥有一套新身份。其次,在婚姻登记方面,以"小花梅案"为例,原本在我国婚姻登记需要携带户口本和身份证,而当时董集村村委会会计邵某征明知小花梅非本村村民、身份不明,仍然违规出具婚姻状况证明。随后,时任欢口镇民政助理于某某未按婚姻登记相关规定要求双方婚检,在女方户口证明、身份证缺失的情况下,违规办理婚姻登记。在计生管理方面,福建警方曾发现不法分子伪造、买卖《出生医学证明》申报户口的线索;湖南发生过卫生计生局工作人员联合"网络上线"变造买卖出生医学证明的案件;河南省商丘市妇幼保健院曾有 4885 份出生证被盗。上述情况都反映出基层职能组织在相关管理工作上存在漏洞,有些基层干部思想觉悟低,对拐卖人口现象视而不见,有的甚至推波助澜,暗地与人贩勾结,但凡上述有一个环节严格管理,此类案件发生概率就会大幅下降。此外,现阶段拐卖妇女、儿童类犯罪具有跨地域性、有组织性,仅仅依靠公安机关对其进行打击常常具有被动性和滞后性,但目前各地的民政、卫生、妇联等有关部门的信息沟通仍不顺畅,不利于对拐卖人口的社会综合治理。

4. 买方市场的利益驱动

没有买卖就没有伤害,买方市场的巨大需求成为该类犯罪的直接诱因。受限于传统文化中传宗接代、延续香火的观念,许多农村以及偏远地区包办婚姻、买卖婚姻大量存在。这些地区的许多家庭通常由于经济落后、身患残疾或男女比例严重失调,正常娶妻十分困难,再加上淡薄的法律意识,他们认为买妻买子是非常便捷的延续家族血脉的方法,况且从人贩子手中买的媳妇比本地娶更便宜,只要周围有一户进行了人口买卖,那么紧接着周围就会有更多的人进行收买妇女、儿童。虽然我国一直严格打击治理拐卖妇女、儿童犯罪,但在实践中,许多收买被拐卖妇女、儿童的人都没有被追究其相应的法律责任。从具体数字看,2021 年有关"卖"被起诉的人数是 1135 人,而因"买"被起诉的人数为 328 人,相差 3 倍多,这部分人感受不到自己触犯了法律,就仍然会促使更多的人进行买卖妇女、儿童的非法交易。据统计,在世界各国,每年从事拐卖妇女、儿童犯罪活动的收益可以高达 170 亿美元。在我国,由于卖方被严重打压而买方又有巨大市场,导致被拐人口的价格从几千块涨到现在的几万块,利润相当客观。成本的极小投入与利润的巨大反差诱惑了一些犯罪团伙铤而走险、以身试法。

(二)个人原因

1. 犯罪人的个人因素

从犯罪人特征可以看出,绝大部分犯罪人来自较为贫困的农村地区,缺少足够的知识和技能,处于社会下层乃至社会底层,他们进行拐卖妇女、儿童犯罪的主要目的就是为了赚钱。从经济学视角看,理性经济人之所以选择这一行为而非其他行为,是成本和效益核算的结果。近年来"购买"一名妇女的成本大约在1万元到7万元之间,个别"售价"高达10万元以上。该类犯罪呈现出来钱多、来钱快的特点。从裁判结果方面来看,绝大多数拐卖者均被判处有期徒刑,只有极少数犯罪人被判处无期徒刑或死刑。被判处有期徒刑的人员中,平均获刑年限为5年左右,在并处罚金方面平均在1万元左右。①相较于犯罪人在拐卖活动中所能获得的巨额利润,目前的惩罚力度尚不足以形成足够的威慑力,许多犯罪人在理性选择下仍然会选择实施此类犯罪行为。

2. 被害人的被害性

被害人的被害性,是指某些社会因素所造成的各类被害人的共同特性。②正是这些特性和条件造成了被害者易受害的特征。就拐卖妇女、儿童类犯罪而言,妇女和儿童作为被害人的被害性有着明显不同。针对妇女受害者,她们大多来自偏远地区,文化程度较低,社会阅历不足。除了部分女性由于精神异常丧失自我防护能力而被拐卖外,她们大都有着强烈的改变个人生活现状的欲望,相当一部分存在无业、离异、遭受家庭暴力等情况,但是受限于自身的生活经历和文化水平,对于整个社会缺乏基本的了解,以至于很容易轻信犯罪分子的花言巧语。犯罪分子通常会抓住这部分人的心理,以介绍工作、赚钱等为由诱使这些妇女上当受骗。由此可见,妇女受害者一般具有三种易受害的特性:一是盲目性,多数人急切地想要脱离现有的生活状态,常常轻易落入犯罪分子设下的陷阱之中;二是轻信性,许多妇女缺乏判断事物的能力,容易随意相信陌生人的承诺,尤其是在外打工的妇女,非常

---

① 参见黄忠良、翁文国、翟彬旭:《我国拐卖妇女犯罪特点及治理策略——基于1038份裁判文书的分析》,载《中国人民公安大学学报(社会科学版)》2019年第5期。

② [德]施耐德:《国际范围内的被害人》,许章润等译,中国人民公安大学出版社1992年版,第18页。

容易因对方和自己是同乡而放松警惕,从而被拐卖;三是怯懦性,在一般情形下,犯罪者在拐卖时通常会几经转手,有些受害人在转送过程中虽然已经发现自己被骗,但却因缺乏自救能力或内心恐惧而放弃挣扎。对于儿童受害者,除了亲生父母出卖子女的情况外,大部分儿童都是因为年纪偏小,缺乏自我保护意识,外加家长疏于看管而被拐。

3. 收买者的个人原因

从犯罪学角度看,拐卖妇女、儿童犯罪是一种“对行性犯罪”,即没有买家的参与和推动,卖家则无法获利。因此,在分析拐卖妇女、儿童犯罪的个体原因时,必须要注重收买者的地位。就收买者而言,驱使他们购买的主要原因在于其一方面受传统传宗接代重男轻女思想影响,另一方面又因为各种原因长期难以娶妻或无子,于是便转向买妻、买子以达到传宗接代的目的。加之大多数收买者文化程度低,对法律知之甚少,或是知其为犯罪但自认为可以逃脱法律制裁,买方市场并未缩减,反而推进了拐卖行为的发生。

六、基于犯罪学角度的治理对策

(一) 完善现有法律制度

结合我国现有法律规定,笔者认为可以从扩大犯罪对象、加大买主责任、延长诉讼时效三方面予以完善。

首先,加大对买主的刑事责任追究。没有市场就没有买卖,可以说“买方”是此类犯罪案件形成和发展的重要环节。①现行刑法对于收买被拐卖妇女、儿童的行为法定刑规定为3年以下有期徒刑、拘役或管制。分析近10年来全国司法实践中打击拐卖妇女、儿童犯罪的现状发现,拐卖妇女、儿童犯罪案件数量一直高于收买被拐卖的妇女、儿童犯罪案件,且二者数据差距悬殊。同时,在进入司法审判程序后,收买方量刑普遍偏低,缓刑适用率比较高,大部分案件判处收买方的刑罚在1年以内,适用缓刑的情况约占七成。笔者认为,有必要加强对收买被拐卖妇女、儿童的处罚力度,降低缓刑的适用率,向社会传达收买犯罪同样会受到严厉打击的信号。

---

① 参见刘宪权:《打击拐卖人口犯罪的法律对策》,上海人民出版社2003年版,第198—202页。

其次,还需延长该类犯罪的诉讼时效。根据2021年检察院公布的办结拐卖妇女、儿童犯罪案件来看,有大约40%的案件发生在2016年以前,其中有40余件发生在2000年前。我国现行法对于诉讼时效的规定为20年,但是拐卖犯罪的危害是长期存在的,目前还有一批陈年积案因为当年的技术原因还未侦破,因此笔者认为对拐卖分子的追责不应当受诉讼时效所限。对于收买方而言,我国规定法定最高刑为不满5年有期徒刑的,犯罪经过5年将不再追诉,这就意味着只要在收买行为终了后5年内没有被立案侦查,收买方的行为将可能不再受到追诉,有些案件可能还没被发现,追诉时效就已经过了。这无疑将对被侵害的妇女、儿童造成严重打击。所以,也应延长对收买方的追诉时效。

(二)建立“打拐”一体化工作机制

打击拐卖妇女、儿童犯罪需要社会各方的综合治理,想要铲除滋生拐卖犯罪的土壤,必须建立起预防、打击、救助、安置一体化工作机制。

第一,在预防方面,应加强对重点人员、重点场所的防控。首先,公安机关应加强人口管理工作,特别是对流动人口、人户分离人口、暂住人口的管理。逐步实现与社会其他部门的信息沟通,与银行、社会保障、医疗等相关信息进行关联。2017年以来公安部门在全国开展的“一标三实”工作,强化了对重点人口、高危人群的管控,同时也对打击拐卖妇女、儿童犯罪起到了重要作用。然后针对一些高发场所,比如宾馆、汽车站、火车站,警方也需采取多种措施加强监管,比如进一步规范宾馆中来访人员的身份验证,运用技术手段对公共场所的可疑人员进行研判。

第二,打击方面,应重点排查疑似被拐人员,敦促犯罪嫌疑人投案自首。公安部在新一轮打拐专项行动中强调,要深化“百万警进千万家”活动,联同社区、街道和村组深入群众家庭,走访福利院、救助管理等机构,全面梳理排查受侵害妇女、儿童权益线索,重点排查疑似被拐人员。应充分发挥各部门职能优势,加强部门联动,及时发现拐卖犯罪新线索。同时,最高人民法院、最高人民检察院和公安部联合发布《通告》,敦促犯罪嫌疑人尽快自首,以此产生强大威慑力,最大程度挤压拐卖犯罪嫌疑人的活动空间。

第三,在救助和安置方面,民政、社会保障、妇联以及卫生等部门协力做好被拐卖人员的安置康复工作,帮助其顺利回归社会,避免遭受二次伤害。应认识到,对被拐人员的救济很难建立跨部门、跨层级的政府服务机构,所以在这件事情上笔者认为应在政府领导下，合理、有效动员社会力量和民间组织参与，充分利用社会救助和社会福利设施提供救助和中转康复服务，解决其临时安置、生活救助、心理康复、家庭功能重建以及社会融入等问题。

最后，应将打击治理拐卖犯罪纳入基层治理。基层政府、村（居）委会应当预防拐卖人口犯罪纳入基层社会治理重点工作中，尤其在婚姻登记、医疗卫生等领域，要严格落实相关制度，及时发现和制止拐卖妇女、儿童的情况；大力提升基层社会组织法治意识、服务意识，克服官僚主义，真正做到以人民为中心，建设现代化的基层治理体系。

（三）运用现代科技手段增强打拐执法力度

随着科技手段的不断提高，在打击治理拐卖妇女、儿童犯罪方面也应充分运用科技手段提高打拐力度。现阶段由公安部主持开发的查找失踪被拐儿童“团圆”系统，以互联网+和大数据作为技术支持，仅在2021年就找回历年失踪被拐儿童超过1万名。“团圆”系统的技术核心在公安部门内部被称为“打拐DNA系统”，与之紧密相关的是“全国公安机关查找被拐卖/失踪儿童信息系统”和“全国公安机关DNA数据库”，但是目前该系统主要是对儿童失踪信息进行发布的权威渠道，针对人群比较单一，笔者认为该系统之后可以扩大目标人群，同时遵循自愿原则将被拐人员近亲属的DNA录入国家DNA数据库中，借此增加被害人被发现的机会。此外，公安、民政等相关部门应加强与互联网科技企业合作，借助AI、人工智能等新型智能系统，将科技运用至公益，协同助力打拐。

（四）缓解男性婚姻挤压现象

近年来，伴随着经济社会发展和生育政策的调整完善，我国的出生人口性别比已呈现稳步下降的态势。根据国家统计局发布的第七次人口普查结果来看，我国出生人口性别比为111.3，较2010年下降6.8。从这次数据来看，虽然性别状况在逐步改善，但是与联合国设定的正常值（103—107）相比仍有些偏高。有关部门还需进一步加大对男女平等的宣传倡导。此外，相关部门还应加强引导，推进婚姻领域移风易俗，传承发展中华优秀婚姻家庭文化，倡导全社会形成正确的婚姻家庭价值取向，遏制“天价彩礼”等婚俗的不正之风。当前，我国脱贫攻坚取得全面胜利，乡村振兴正全面推进，“买方市场”也正逐渐萎缩，但是地区间差异仍然存在，决不能掉以轻心。应继续统筹城乡区域发展，缩小城乡差异，从根本上缓解男性婚姻挤压现象。

(五)强化社会宣传和普法教育

进行此类犯罪的犯罪人和此类犯罪的被害人大多都缺乏相应的法律知识。政府应进一步加强义务教育和普法教育,尤其是偏远山区和农村地区的普法教育工作,[①]既要让潜在犯罪人对法律充满敬畏,也要让潜在被害人提高防范和识别能力。同时,还应充分考虑不同人群接受信息的特点,综合利用电视、广播、标语等传统平台和抖音、微博、微信等新式媒介,发展和支持民间网站、组织机构等作为反拐宣传的载体,全方位开展普法宣传教育。此外,应着重加大对精神病人以及留守儿童等弱势群体的关爱力度,通过点对点上门宣传的方式提高其监护人的监护意识。

第七节　医疗保险骗保犯罪典型案例研究报告:曾某某诈骗案[②]

一、案情简介

2017年7月,曾某某及其同伙王某、万某某、涂某某、熊某某相互邀约,分工负责,开始有组织地在湖北省大悟县实施利用虚假医疗资料骗取医疗保障金犯罪活动。2017年7月至2019年5月,熊某某、涂某某单独或者伙同胡某、殷某、应某以办医保报销、补贴等名义,借用了当地七十余名医保参保人员的居民身份证和农村商业银行卡,通过万某某或者直接提供给曾某某,用于伪造虚假住院病历等医保报销资料。涂某某、殷某、胡某、应某、熊某某将曾某某提供的上述人员的虚假住院资料,拿到大悟县医疗保障局和中华联合财产保险股份有限公司大悟支公司办理医保结算和大病保险理赔,共计骗取医疗保险金和大病保险102.5万余元,诈骗所得由参与各方按比例分成。一审法院认为,在共同犯罪中,曾某某起主要作用,系主犯。且曾某某诈骗医保资金,需酌情从重处罚。一审宣判后,曾某某不服,提起上诉。2021年5月8日,湖北省孝感市中级人民法院二审审理曾某某诈骗上诉案,并

---

① 根据第七次全国人口普查数据显示,我国文盲率由第六次全国人口普查的4.08%下降为2.67%,文盲人口为37750200人。

② 本节由余楚婧完成。

依法裁定驳回曾某某的上诉，维持原判，判处有期徒刑12年6个月，并处罚金人民币10万元。①

二、入选理由

（一）最高人民法院发布7起依法惩处医保骗保犯罪典型案例之一

医保骗保行为是指以非法占有医疗保险基金或非法获取医疗保险待遇为目的，违反医疗保险管理相关法律法规及规章制度，采用虚构或夸大医疗费及其他方法，直接或间接骗取医疗保险金的行为。②近年来，医保骗保案件持续高发，犯罪行为人往往以住院补贴、低价医疗等名义，大肆收集参保人医保信息，伪造虚假就医、住院病历材料，骗取医疗保障基金，这严重损害了医疗保障制度健康持续发展。在本典型案例中，被告人曾某某以非法占有为目的，纠集多名同伙，有组织地利用虚假的医疗资料骗取到的医疗保障金，数额特别巨大，其行为构成诈骗罪。且曾某某在该案的共同犯罪中起到主要作用，其行为体现出极大的主观恶性，人民法院依法对曾某某酌情从重处罚，体现了对此类案件严惩的态度。

（二）国家出台相关解释，高度重视侵害民生等医保骗保犯罪

侵害民生等医保骗保犯罪的治理得到了党和国家的高度重视。2014年4月第十二届人大常委会第八次会议通过了《关于〈中华人民共和国刑法〉第二百六十六条的解释》，明确了以伪造证明材料骗取医疗保险金的，属于《刑法》第266条规定的诈骗公私财物的行为。《最高人民法院、最高人民检察院关于办理诈骗刑事案件具体应用法律若干问题的解释》规定，诈骗医疗款物的酌情从严惩处。曾某某诈骗案的判处既体现了对医保骗保犯罪组织者、职业骗保人依法严惩的精神，也有力维护了医疗保障制度健康持续发展，有利于社会民生的稳定。③2018年9月11日，国家医疗保障局联合国家卫健委、公安部、国家药监局下发《关于开展打击欺骗骗取医疗保障基金专项行动的通知》，要求各地严格开展打击欺诈骗取医疗保障基金的

---

① 《最高人民法院发布7起依法惩处医保骗保犯罪典型案例》，载北大法宝2021年10月28日，https://www.pkulaw.com/chl/22f67c07dc1da42cbdfb.html?tiao=1&keyword=曾某某诈骗案。

② 范转转、王军永、向乐怡、姚东明：《基于扎根理论的医保骗保行为归因分析》，载《中国卫生事业管理》2020年第6期。

③ 《最高人民法院发布7起依法惩处医保骗保犯罪典型案例》，载北大法宝2021年10月28日，https://www.pkulaw.com/chl/22f67c07dc1da42cbdfb.html?tiao=1&keyword=曾某某诈骗案。

行为,此举也直接刺激了医保骗保案件的治理效率。2021年5月1日,我国医疗保障领域的第一部行政法规《医疗保障基金使用监督管理条例》正式实施,这也意味着我国健全严密有力的基金监管机制、严厉打击医保骗保行为的决心。

(三)侵害民生的医保骗保犯罪形式严峻

医保骗保案件性质恶劣。犯罪主体实施的犯罪行为不仅侵犯了国家医疗保障基金的安全,也是对社会公序良俗的侵害。随着目前社会办医准入门槛下降,我国的民营医院数量也开始迅速上升。一部分民营医院因其开办时间短,来院就医人数较少,无法获取市场份额,因此陷入经营困境。部分民营医院从而选择欺骗患者,采取虚报费用或者编造虚假的住院信息来骗取医疗保险。另外,随着医疗体制的改革,一些三甲医院的转移支付减少,其在过去的优势逐渐消失,有的为了维护昔日殊荣采取虚假住院、挂床住院等方式骗取医保基金。[①]除了医院以外,像本案中形成的以曾某某为主犯的医疗保险诈骗团伙的数量也在增长。其行为多表现为纠集团伙,编造虚假的住院信息来骗取保险金。这些骗保行为往往骗取的基金数额巨大,对医疗保险领域造成不利影响,危害国计民生。

(四)医疗保障基金关系民生和法治权威

医保骗保案件的性质恶劣。与一般的犯罪案件不同,犯罪行为人无视相关医疗保障体系,大肆利用各种手段骗取医疗保险金行为会侵犯参保人员所有的健康保障储备资金,严重侵害参保人的健康权益,这造成的社会影响比一般的犯罪更加恶劣。截至2021年底,我国基本医疗保险参保人数达136424万人,参保覆盖面稳定在95%以上。[②]因此侵害医疗保险金的行为可以说影响到了极大部分人民的利益。另外,由于参保人员多为需要报销的患者,如果骗保行为没有得到及时的应对与治理,则会给参保患者带来经济和心理上的双重压力,进而直接损害群众对医保体系的信心,破坏社会公序良俗,扰乱国民经济的稳定与发展,危害严重。

此外,随着社会媒体的不断发展,案情的传播速度不断加快,由于医疗保障基金的损失直接影响到参保人群的利益,关系到基础国计民生,因此必然受到广大关注。人们借助网络平台,对于案情的评价猜测都会加剧社会恐慌,影响舆论导向,

---

① 李新:《基本医疗保险骗保行为分析》,载《湖北经济学院学报(人文社会科学版)》2006年第9期。

② 《2021年医疗保障事业发展统计快报》,载国家医疗保障局2022年3月4日,http://www.nhsa.gov.cn/art/2022/3/4/art_7_7927.html。

也会带来一定的社会治理难题。

三、医保骗保案件的变化趋势

（一）案件数量趋于稳定，但仍有存在

在北大法宝数据库中，以“医疗骗保”“一审判决书”为关键词进行检索，共有79篇裁判文书，其中2010年案件数量为1件，2011年、2015年、2016年的案件数量均为2件，案件数量由2017年到2018年迅速上升，从2018年后逐渐下降，如图3-20所示。

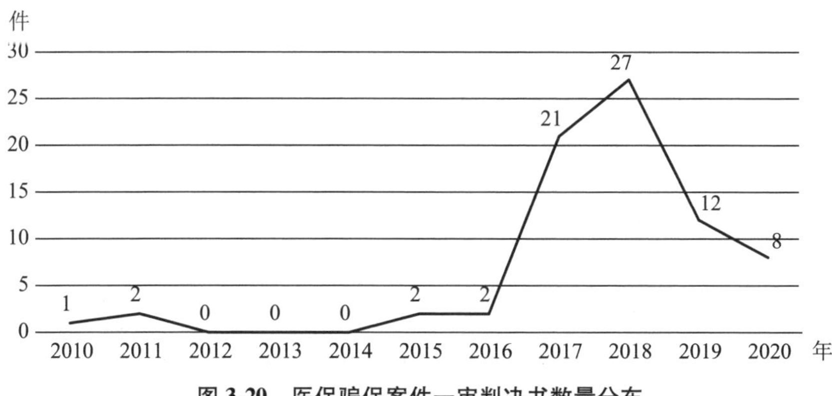

图3-20　医保骗保案件一审判决书数量分布

由图3-20可得，2010年以前我国的医保骗保犯罪案件几乎为0件，但这并不能表明2010年以前的医保骗保行为不构成犯罪，只能说明在这个时期的医保骗保犯罪容易被忽视，或难以达到定罪量刑的标准。2010年至2016年的医保骗保犯罪案件数量趋于平稳，无较大变化，而2018年的犯罪案件数量达到顶峰，这或与2018年国家医疗保障局的成立有较大关系。国家医疗保障局在成立后密切关注对国计民生造成重大影响的医疗骗保行为，对骗保行为的处罚力度不断加大。2018年9月，国家医疗保障局会同有关部门联合开展的打击骗取医疗保障基金专项行动，查出了一批典型案件，涉案单位包括了定点机构、经办机构、医务人员和参保人。此后的医保骗保犯罪案件逐渐得到控制，犯罪数量也开始逐年下降。

（二）案件分布地域广且不均衡

保持上述搜索条件，增加“刑事判决书”的条件，选取2016年至2021年5年的

判决书,检索到有效判决书共计 21 份。根据地域和审理法院,对检索到的医保骗保案件进行分析,可以发现涉及医保骗保的案件分布地域较广。

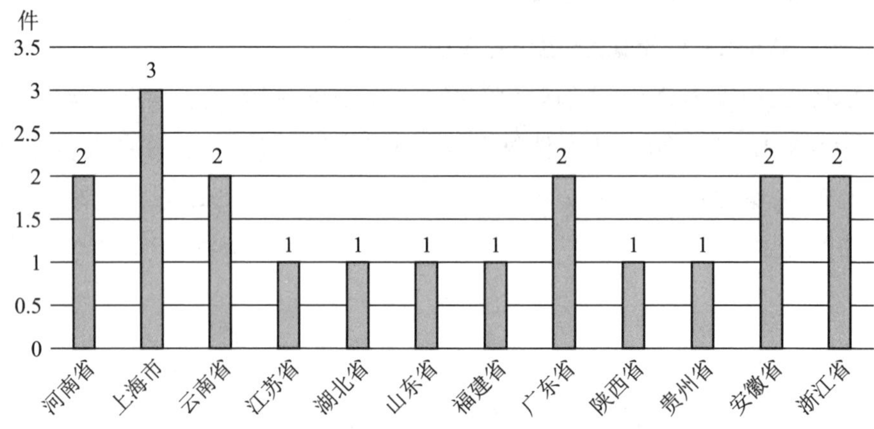

图 3-21　近 5 年医保骗保案件的地域分布

由图 3-21 可得,医保骗保案件在地域分布上,多集中在人口大省。因医疗关系到人身健康,故人口数量密集的省份必然会需要更多的医疗资源与医疗保障基金,这也会带动违法犯罪行为的可能性。另外,沿海经济较发达地区,如上海市、广东省、浙江省的医保骗保案件数量较其他地区有略微增多的趋势。

(三)案件各环节趋于严密

过去骗保的常见做法是医疗机构收买病人、虚假住院、虚记费用等,这种骗保模式往往抓住其中的一个环节就能攻破。以往的骗保案件针对的多为诊疗环节,而目前的医保诈骗手段则多针对药品。针对药品的骗保模式更为复杂与严密。这种模式下的医保骗保案件涉及的机构和人员更多,从药品生产工厂、医保定点医院到诊疗医生、参保患者等,各环节之间及内部相互勾结,形成了严密的模式和组织,表现为一个对外的闭环。在这种模式下,骗保的各环节之间相互掩护,使得其犯罪行为更难被发现。

四、医保骗保案件的特点分析

(一)单一主体与复合主体并存

医保欺诈通常是指医保参保人、定点医疗单位、医保经办人员等相关主体,通过隐瞒或伪造医疗信息、上下勾结等欺骗手段套取医保基金的行为。①医疗保险因其专业性强，涉及的利益主体复杂，故可以实施该类犯罪的主体也有多个。除了本案例中曾某某邀约同伙进行利用虚假医疗资料骗取医疗保险金的行为，现实中也有定点医院单独骗保、医保政府主管部门单独骗保、定点医院与患者或参保人共同骗保、定点医院与医保政府主管部门共同骗保等情况，即医疗服务供应方、医疗服务需求方以及医疗保险基金管理部门这些涉及的主体可以进行单独骗保或共同骗保。②医疗保险体系因其涉及的主体复杂，环节多且链条长，安全防范易有疏漏，容易让不法分子有可乘之机。

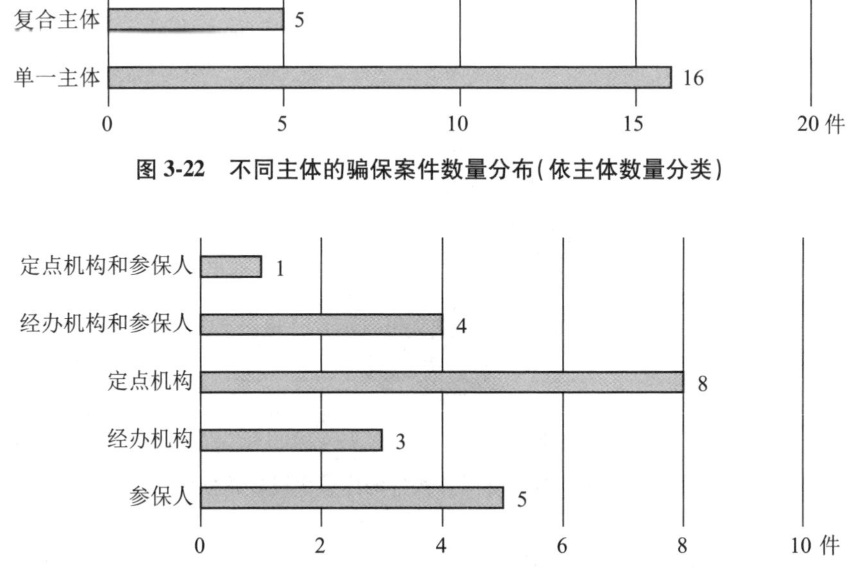

图3-22　不同主体的骗保案件数量分布(依主体数量分类)

图3-23　不同主体的骗保案件数量分布(依主体类型分类)

在北大法宝数据库中，以“医疗骗保”“刑事判决书”为关键词进行检索，并将审结日期定位于最近5年，得到前文所述的21份判决书。对其进行案情分析之后，可以得出图3-22所示的犯罪主体分布图和图3-23所示的不同主体骗保案件数量分布图。

---

① 何蓓蓓、黄方肇、郑先平：《我国医疗保险欺诈现状、原因及对策研究》，载《上海保险》2020年第6期。

② 马鸿鹭：《基本医疗保险骗保的原因及对策分析》，载《中国保险》2020年第3期。

单一主体的骗保案共有 16 起,其中,定点机构参与骗保的犯罪案件有 8 起,这里公立医院的犯罪数量多于民营医院;参保人员实施的骗保行为有 5 起,这里包括参保人员个人实施的犯罪行为和纠集团伙共同进行犯罪;经办机构参与骗保的犯罪案件有 3 起,其主要骗保手段为超范围报销、挪用于其他支出等。

复合主体的骗保案件共 5 起,其中,定点机构和参保人的共同骗保行为有 1 起,其手段为虚增药品金额,与参保人合谋骗保。经办机构和参保人的共同骗保案件有 4 起,其骗保手段多为险种重复报销。

(二) 作案手段多样化

医保骗保犯罪的作案手段多样,不同的主体类型在作案手法上也有不同的倾向性。

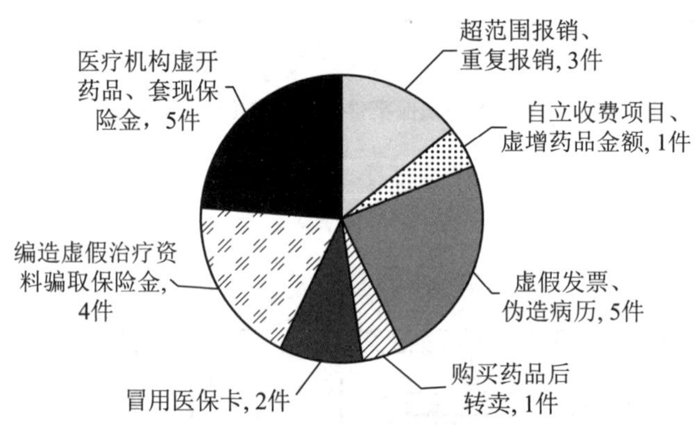

图 3-24 近 5 年医保骗保案件的作案手段数量分布

如图 3-24 所示,以 21 份裁判文书作为样本对医疗保险骗保案件的犯罪行为进行列举,可以得出医保骗保案件犯罪手段多样性的特点。其中以医疗机构虚开药品套现保险金和利用虚假发票或伪造病历进行骗保的手段最多,均为 5 件。且所列举的作案手段多为采用伪造凭证、票据的方式,在手段上多具有隐蔽性,容易迷惑监管人员,给事后的监管查处工作造成困难。

(三) 危害后果严重化

就医保骗保案件的手段而言,由于医疗机构或参保人伪造病历、票据或重复报销,部分案件还涉及国家工作人员利用职务便利,侵占医保基金,其造成的后果较为严重。另外,医保骗保案件的涉案金额往往是巨大的,例如在靳某某、罗某某等诈骗案中，被告人骗取医保基金长达 7 年，骗取医保基金高达 3000 余万元人民币，不仅侵害了投保人的利益，也严重损害了医疗保障制度的健康持续发展。①

五、医保骗保案件的原因分析

（一）现行的医保制度存在法律制度缺陷

我国的医疗保险立法相对滞后，目前《中华人民共和国社会保险法》关于医疗保险的规定有第 88 条："以欺诈、伪造证明材料或者其他手段骗取社会保险待遇的，由社会保险行政部门责令退回骗取的社会保险金，处骗取金额二倍以上五倍以下的罚款"，该规定的惩处力度较小，达不到威慑的作用。且除此项规定外暂无其他相关法律法规，导致在实际管理中缺乏能依据的法律规定，自然无法有效规范医保骗保行为。②此外，我国法律规定，医疗保险欺诈案件如果要进入民事诉讼程序，当事人必须为医疗保险欺诈的直接利害关系人。由相关的司法案例可得，医疗保险欺诈案件的原告多为社会保险经办机构，即经办机构如果失职，医疗保险欺诈则无法进入司法程序，骗保人也无法得到法律的制裁。

（二）医疗保险关系中的不当利益驱动

近年来，在提供诊疗服务时，新药品和新技术的运用使得医疗服务的成本持续攀升。随着医疗服务价格的攀升，国家对医疗的财政投入加大，参保主体的保险负担开始加重，基金补偿的比例提升空间愈来愈小。医疗费用补偿的诸多限制使得政策报销比例与实际补偿比例有所差距，使得一般家庭的大病医疗负担变大。③为了维持治疗，一些经济条件欠缺的患者家庭可能会钻制度的漏洞，利用欺骗医保基金的方式为患者的后续治疗提供经济支持。这也正体现了有关反医保骗保犯罪的社会宣传力度不够，社会公众对医保行为的认识也存在不足，容易被一时的利益蒙蔽双眼，需要对其进行一定的宣传教育。

另外，也有一些无良医生自身法律意识较差，为了增加利润违背自己的职业操守，诱导求医者增加不合理的医疗需求，利用诊断、处方的权力为患者做不必要的

---

① 《最高法研判医保骗保犯罪特点：主体多元、手段多样、危害严重》，载中国新闻网 2021 年 10 月 28 日，https://www.chinanews.com.cn/gn/2021/10-28/9597327.shtml。

② 李梦遥：《医疗保险骗保行为成因分析及对策研究》，载《潍坊学院学报》2021 年第 1 期。

③ 陈起风：《"救命钱"沦为"唐僧肉"：内在逻辑与治理路径——基于百余起骗保案的实证研究》，载《社会保障研究》2019 年第 4 期。

治疗,或直接利用信息优势联合参保患者编造虚假的住院信息,骗取医保基金。这些都是医务人员缺乏基本的职业道德素养,缺乏作为医生治病救人、心系患者责任感的体现。

还有一些社会医疗保险机构的部分工作人员不认真履行职责,对虚假的医疗资料不予审查便向他人支付医疗保险金,或利用自己的职务便利和参保人共同骗保,为医保骗保的欺诈行为提供便利。社会医疗保险机构作为支付保费的第三方,与参保人之间存在的严重信息不对称。而参保人因人性固有的逐利心理,往往易被不法分子所利用,参与到医保骗保中去。

(三) 监管力度不足

当前我国已基本实现全民医保,参保人员数量的庞大和监管人员数量的缺乏给监管经办人员带来不小的压力。在此情况下,有的监督人员素质低下,利用自己的职权便利谋取利益,或者对医保骗保行为采取放任的态度,间接助长了其发展态势。[①]根据破窗理论,一栋建筑物的一扇窗户破损若未得到及时的修缮,其他窗户可能很快也被打破。因此,对医疗保险中的不良行为如果监管不力,或者采取放任的态度,就会诱使更多的人进行效仿,甚至变本加厉。[②]骗保现象在我国的发展壮大,也表明了我国现行的医保制度没能有效发挥防范骗保风险的效应,监管措施还存在一定的法律制度缺陷。完善医疗保险基金监管方面的制度,加大对医疗骗保行为的打击力度是当前医疗保险领域紧迫的任务。

(四) 第三方付费机制不合理

第三方付费机制指的是医疗服务提供方的服务收入不是由医疗消费方支付,而完全由第三方医保经办机构提供。这样第三方付费的形式在扩大社会医疗保障范围、减少单个参保患者的风险的同时,对供方、需方的约束也较小,容易带来道德风险。在医、患、保的三方关系中,医生希望通过自己的专业性来获取患者的信任,从而得到最大经济利益,而参保人员在有医疗保障的情况下,也不再追求经济适用性,而是选择自己可以获得的最好的医疗服务。此时医患双方的利益是一致的,这就为骗保行为的发生创造了条件。长期以来,医疗保险的支付方式都是“后付

① 范转转、王军永、向乐怡、姚东明:《基于扎根理论的医保骗保行为归因分析》,载《中国卫生事业管理》2020 年第 6 期。

② 顾昀:《塌方式骗保,根子在于监管形同虚设》,载《京华时报》2015 年 8 月 18 日。

制”,而这种事后的控制又常常因为医疗行为的不确定性和特异性而难以作出确定的判断,这种支付模式就容易成为定点医院医疗诈骗行为的温床。①

(五)行政执法与刑事司法衔接不畅

对于社会中发生的医保欺诈行为,医保部门通常先介入调查,一旦医保骗保行为的诈骗金额达到人民币1万元的立案标准,案件性质就从行政违法行为变为刑事犯罪案件。在将案件从行政机关移送到司法机关进行处理的过程中,由于行政机关与公安机关在取证手段、取证程序、证据证明标准等方面有较大的差异,故在实际判案中,有大量被医保部门认为构成诈骗的案件,因为证据或取证程序问题而被不予立案或退回补充侦查。有些案件因难以找到有效的证据,在行刑移送环节被积压,大大降低了办案效率的情况。②为了避免形成积案,行政机关也更倾向以行政处罚来结案,使行为人逃脱了刑法的打击,这样造成的结果就是降低了对医保骗保行为的打击力度。

六、基于犯罪学角度的治理对策

(一)丰富立法,细化医保监管的相关法律制度

虽然当前我国刑法中明确规定了医疗骗保行为的处罚规定,但其内容不够完善。因医疗保险骗保行为的主体复杂,故丰富立法,细化有关医保骗保行为的法律法规,建立囊括多种医疗保险骗保行为的法律体系是当前迫切的任务。目前医保骗保行为“入刑”只能依据《刑法》中关于诈骗罪的规定,但医保诈骗和普通的诈骗案件相比,对社会公共利益的损害更大,因此可以完善有关诈骗医保基金行为的法律规定,确定单独的诈骗医保基金入罪门槛,以达到严厉打击医保骗保犯罪的目的。③同时,针对不同主体作出的骗保行为可以分别制定相应的法律,例如对医生和医疗服务机构的违法行为,可以参考医疗服务领域的相关法律法规进行处理,严肃惩处医保骗保行为。④完善医疗保险的相关法律法规,可以对医疗服务机构起震慑警示作用,通过法律的权威性,可迫使其遵守相应的法律约束,从而有效减少医

① 刘潇:《社会医疗保险基金不同支付模式下的保险欺诈行为分析》,载《人口与经济》2008年第2期。
② 张建军:《医保欺诈的行为类型及法律治理》,载《社科纵横》2021年第4期。
③ 李梦遥:《医疗保险骗保行为成因分析及对策研究》,载《潍坊学院学报》2021年第1期。
④ 侯义梅:《基本医疗保险骗保行为与对策分析》,载《临床医药文献电子杂志》2020年第33期。

疗服务机构不诚信的现象,构建健康和谐的医疗环境。

(二)加强监管队伍专业化培训,完善联合监管机制

严格查处医疗骗保行为,首先需要加强建设医保经办机构的监管工作。我国的医保经办机构普遍存在队伍建设滞后、监管能力不足的问题,而从患者的住院信息、药品清单及就诊资料中鉴别出有疑点的部分,发现伪造的线索需要较强的专业能力,除了相关的医学知识外,也涉及一定的财务知识,这就对监管人员的能力有一定的要求。因此,加强医疗保险监督管理,首先需要加强监察人员的专业素质建设,加强其对各类专业知识的学习,强化其专业业务能力和信息检索管理能力,并定时对监管人员开展考核评定,使其适应新时期信息化、高效率的管理要求。

(三)推进现有监管模式改革,发展智能化医保监管

发展信息化技术手段可以在发现和防范医保骗保行为方面起较大作用。首先,利用互联网技术可以从源头进行监测与预防。全国各地的医保机构和定点医药机构之间本身存在较大的信息壁垒,而利用信息化手段可以建立参保人员电子病历信息平台,实现参保人员就医买药过程中的信息共享,持续推进分级诊疗制度,不仅能形成高效有序的就医格局,也可以从源头上减少结算过程中的欺诈风险。①其次,利用互联网技术还可以实现医保智能化监管。可以充分利用全国数据资源以及信息技术识别出不正常的收费或报销信息,在第一时间监测到可能的骗保风险并进行拦截。最后,基于大数据分析的智能监控手段可以极大地提高效率,减少了人力资源的消耗,也避免人工监管不及时的问题。

(四)创新支付手段,改变现有支付制度

现存的第三方支付的医保支付体系,容易间接增加医患勾结参与共同骗保的可能性。改变现有的支付制度,可以从根源上减少医保骗保行为的发生。如落实总额预算制度,明确规定每一家医院所获得的医保基金补贴额度,可以促使医疗机构自行控制成本与支出,以减少骗保行为或其他不良动机的产生。②另外,可以根据不同病种来确定付费方式和付费额度标准,有针对性地设计合理方案。这样为患者提供优质合适的医疗服务的同时,也有利于医院降低成本,确保其医疗保险基

---

① 张建军:《防治医保欺诈的法治"组合拳"》,载中国社会科学网 2020 年 7 月 29 日,http://www.cssn.cn/zx/bwyc/202007/t20200729_5161921.shtml。

② 侯义梅:《基本医疗保险骗保行为与对策分析》,载《临床医药文献电子杂志》2020 年第 33 期。

金的合理使用。只有通过改变创新现有的支付手段,才能从根源上控制和减少骗保行为的发生。

(五)建立高效的行政执法和刑事司法衔接机制

为了保证反医保骗保行为取得实效,医保部门需要加强与各部门之间的联系,也需要构建多元协同治理机制,形成反医保骗保的工作合力。加强部门之间的联防联控,可以建立医保部门、公安机关、司法机关、审计部门的联席制度,通过数据信息的共享,健全多部门协作办案的制度。同时也需要加强行政执法和刑事司法衔接机制,对于一些骗取医疗保险金数额较大,可能涉嫌刑事犯罪的行为,医保部门可以提前邀请公安机关参与到侦查环节中来,并且依照刑事案件的证据要求和证明标准来立案侦查。建立高效的行政执法和刑事司法衔接机制,可以提高案件的查处效率,也能有效防止因证据问题导致的无法惩处医保骗保情况的发生。

(六)加强从业人员职业道德建设,增加社会公众宣传力度

加强医保教育宣传措施,可以让社会公众增进对医保行为的正确认识,对医保管理中的医保骗保行为进行自觉抵制。因此需要进一步创新宣传方式,增加宣传力度,在全社会形成强有力的震慑作用,推动我国社会医保体系建设的健康稳定发展。①如2019年4月,国家医保局在全国范围内开展打击欺诈骗保集中宣传月活动,将每年4月定为全国打击欺诈骗保集中宣传月,建立了日常宣传与集中宣传相结合的制度化安排。②若政府部门、医疗领域的社会组织等都依此加大医疗反欺诈的宣传力度,并畅通投诉举报渠道,规范受理、检查、反馈等工作流程机制,制定奖励制度对举报人予以相应奖赏,激励公众举报医疗欺诈等违法犯罪行为,便能促进社会各方积极参与和监督。同时对医生、经办人员进行反欺诈培训,也能让其明白医疗欺诈的危害,加强其职业道德建设,就更有利于增强全社会维护医保基金安全的责任,营造和谐健康医疗环境。③

---

① 刘婧:《医院医保骗保行为监管对策研究》,载《继续医学教育》2020年第11期。

② 黄华波:《浅议医保基金监管的体制性特点、机制性问题与长效机制建设》,载《中国医疗保险》2020年第4期。

③ 阳义南、肖建华:《医疗保险基金欺诈骗保及反欺诈研究》,载《北京航空航天大学学报(社会科学版)》2019年第2期。

第八节　电信网络诈骗犯罪典型案例研究报告：罗某杰诈骗案①

一、案情简介

2020年2月13日,犯罪人罗某杰在境外与诈骗分子事前通谋,计划将诈骗资金兑换成虚拟货币“泰达币”,并搭建资金非法跨境转移通道。罗某杰通过境外地下钱庄人员戴某明和陈某腾,联系到中国籍虚拟货币商刘某辉,共同约定合作转移诈骗资金。同年2月15日,被害人李某等通过网络平台购买口罩被诈骗分子骗取人民币110.5万元后,该笔资金立即转入罗某杰控制的一级和二级账户,罗某杰将该诈骗资金迅速转入刘某辉账户;刘某辉收到转账后,又迅速向陈某腾的虚拟货币钱包转入14万余个“泰达币”,陈某腾扣除提成,即转给罗某杰13万个“泰达币”。后罗某杰将上述13万个“泰达币”变现共计人民币142万元。同年5月11日,公安机关抓获罗某杰,并从罗某杰处扣押、冻结该笔涉案资金。

2020年5月14日,济宁高新区人民检察院介入案件侦查。同年8月12日,公安机关以罗某杰涉嫌诈骗罪移送起诉。因移送的证据难以证明罗某杰与上游诈骗犯罪分子有共谋,同年9月3日,检察机关以掩饰、隐瞒犯罪所得罪提起公诉,同时开展自行侦查,进一步补充收集到罗某杰与诈骗犯罪分子事前联络、在犯罪团伙中专门负责跨境转移资金的证据,综合全案证据,认定罗某杰为诈骗罪共犯。2021年7月1日,检察机关变更起诉罪名为诈骗罪。同年8月26日,济宁高新区人民法院以诈骗罪判处罗某杰有期徒刑13年,并处罚金人民币10万元。罗某杰提出上诉,同年10月19日,济宁市中级人民法院裁定驳回上诉,维持原判。②

---

① 本节由吕婕完成。

② 案件来源:《最高人民检察院发布10件打击电信网络诈骗及关联犯罪典型案例之六:罗某杰诈骗案——利用虚拟货币为境外电信网络诈骗团伙跨境转移资金》,载北大法宝2022年4月21日,https://www.pkulaw.com/pfnl/95b2ca8d4055fce1cf869b3845c9badeb79d609f8e26e8abbdfb.html?keyword=罗某杰诈骗案。

二、入选理由

（一）电信网络诈骗威胁公民财产安全

电信诈骗即通过电话、网络和短信等形式，捏造虚假信息，设计骗局，诱使被害人赚钱或转移资金的犯罪行为。①近年来，随着信息网络的高速发展，社会生活的方方面面都与网络紧密地联系甚至是绑定在一起，个人身份信息的泄露以及层层转卖使得许多犯罪分子盯上了电信诈骗这一“肥肉”，严重危害了人民群众的切身利益以及财产安全。

基于打击犯罪、保护人民群众财产安全的需要，公安部于 2021 年 5 月部署全国公安机关开展“断流”专案行动，截至同年 10 月，全国公安机关共打掉“3 人以上结伙”非法出境团伙 9419 个，破获刑事案件 4160 起，抓获犯罪嫌疑人 33860 名，其中，组织招募者 931 名、运送接应者等黑灰产人员 913 名、非法出境人员 32016 名，串并破获电诈案件 1021 起，挖出境外电诈窝点 100 个、金主 82 名。②2022 年 4 月，杜航伟在国务院新闻办公室举办的新闻发布会中介绍到，过去一年全国共破获电信网络诈骗案件 39.4 万起，抓获犯罪嫌疑人 63.4 万名，同比上升 28.5%和 76.6%，创历史新高。③

从上述数据中可以看出电信网络诈骗犯罪涉及犯罪人数之多、范围之广、发展之迅速，猖獗与泛滥的形势严重威胁和侵害了公民的财产安全。在此情形下，本案可以作为此类案件的引子，进一步分析电信网络诈骗犯罪的相关情况，并为此类案件的防治提出相应对策。

（二）国家高度重视并采取多种打击方式

电信网络诈骗犯罪侵害人数之多、涉案金额之大，引起党中央、国务院的高度重视。2021 年 4 月，习近平总书记作出重要指示，深刻阐述了打击治理电信网络诈骗违法犯罪的思路方向、基本原则、任务目标和关键举措，在这一指示下，全国各地

---

① 陈心仪、葛高静、袁泽源：《“情报主导警务”背景下电信诈骗犯罪的防控对策研究》，载《电脑与电信》2021 年第 12 期。

② 《公安部新闻发布会通报公安机关打击电信网络诈骗犯罪之“断流”专案行动成效》，载中华人民共和国公安部 2021 年 10 月 26 日，https://www.mps.gov.cn/n2253534/n2253535/c8185300/content.html。

③ 家俊辉：《电信诈骗“资金链”治理步入深水区：攻防对抗升级　部分诈骗资金利用虚拟货币规避监测》，载《21 世纪经济报道》2022 年 4 月 15 日，第 7 版。

区各部门以前所未有的力度和举措深入推进打防管控各项工作:公安部组织全国公安机关始终保持严打高压态势,深入开展“云剑”“长城”“断卡”“断流”“5·10”等专项行动,统筹指挥各地一体作战、整体打击,先后组织开展150次全国集群战役;会同国家移民局组织开展“断流”专案行动,打掉非法出境团伙1.2万个,抓获偷渡犯罪嫌疑人5.1万名;会同最高人民法院、最高人民检察院、工信部、中国人民银行和三大运营商持续推进“断卡”行动,打掉“两卡”违法犯罪团伙4.2万个,查处犯罪嫌疑人44万名,惩戒失信人员20万名,惩处营业网点、机构4.1万个。①

除却全链条高压打击电信网络诈骗犯罪的行动外,国家还通过法律法规、司法解释、相关文件等的制定为打击电信网络诈骗犯罪保驾护航:第十三届全国人大常委会第三十一次会议对《中华人民共和国反电信网络诈骗法(草案)》进行了审议工作,且于2021年底向全社会公开征求意见;最高人民检察院、最高人民法院以及公安部联合发布《电信网络诈骗意见(二)》;中共中央办公厅、国务院办公厅印发了《关于加强打击治理电信网络诈骗违法犯罪工作的意见》。国家通过多角度、多层次的手段对电信网络诈骗犯罪进行严厉打击,引领全民反诈的新态势,体现了对公民财产保护的积极与打击该类犯罪的决心。

(三)本案资金转移手段新颖典型

电信网络诈骗的犯罪分子在得手后会迅速将资金进行转移,一般会采取跨境方式进行,主要手段包括三种:第一,通过银行结算服务进行赃款的跨境转移;第二,通过地下钱庄进行赃款的跨境转移;第三,通过第三方支付平台进行赃款的跨境转移。②上述赃款转移的途径通常会依托于所购买的私人账户进行,但随着央行以及其他商业银行、支付机构对买卖账户行为的打击以及惩戒力度的加大,上述转移资金的方式已经成为高风险的代名词,因而犯罪分子将手伸向了数字货币等新型支付方式,开始利用虚拟货币、跑分平台等方式规避公安机关的侦查与监测。

公安部刑事侦查局局长刘忠义明确表示,诈骗集团利用区块链、虚拟货币、人工智能、GOIP、远程操控、共享屏幕等新技术新业态,不断更新升级犯罪工具,与公

---

① 《国新办举行打击治理电信网络诈骗犯罪工作进展情况发布会》,载国务院新闻办公室2022年4月14日,http://www.scio.gov.cn/xwfbh/xwbfbh/wqfbh/47673/48097/index.htm。

② 许滢、钟实:《电信诈骗犯罪的跨境追赃研究》,载《云南警官学院学报》2020年第3期。

安机关在通信网络和转账洗钱等方面的攻防对抗不断加剧升级。①本案中罗某杰利用“泰达币”这一虚拟货币进行诈骗资金转移的行为反映了当前诈骗资金转移从传统走向新型的态势,作为典型案例值得探讨,并可以此分析当前电信网络诈骗与资金转移手段的智能化。

三、该类犯罪的发展趋势

在北大法宝中以“电信网络诈骗判决书”为关键字进行模糊搜索后获得185份判决书,再与裁判文书网中的判决书进行比对,能够筛选出2017—2021年审结的56份判决书、237名犯罪人以及59个犯罪行为。

从图3-25到图3-27的数据可以看出,除了部分文书并未列举的相关信息外,此类犯罪的犯罪人职业上讲以无业最多,其余职业分布较为均匀。职业上的分布符合该类犯罪的特点,即需要投入大量的时间进行诈骗活动,且根据上述职业可以推测出犯罪人物质生活紧张,故实施侵财类犯罪。从学历的角度看犯罪人多以初中学历为主,其余学历分布较为平均。总体上来说电信网络诈骗犯罪人的学历并不高,基本为接受基础和中等教育的人。但因为电信网络诈骗不仅需要基础的“话

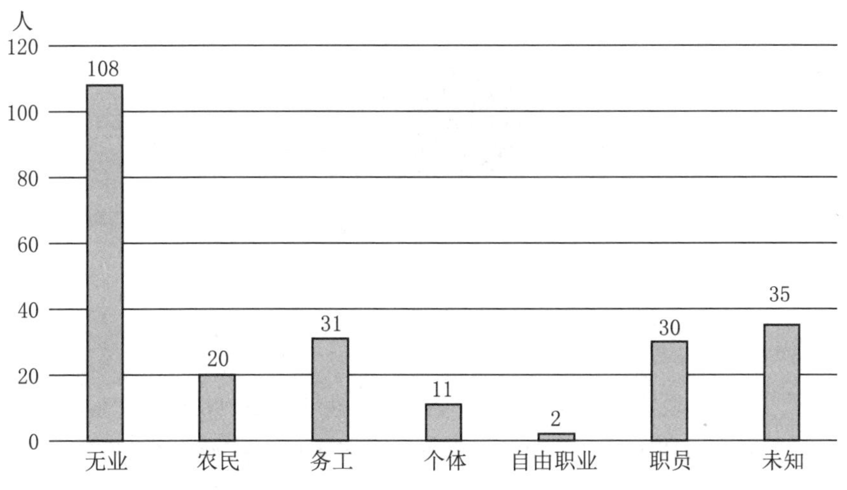

图3-25 电信网络诈骗中犯罪人职业分布

① 家俊辉:《电信诈骗“资金链”治理步入深水区:攻防对抗升级 部分诈骗资金利用虚拟货币规避监测》,载《21世纪经济报道》2022年4月15日,第7版。

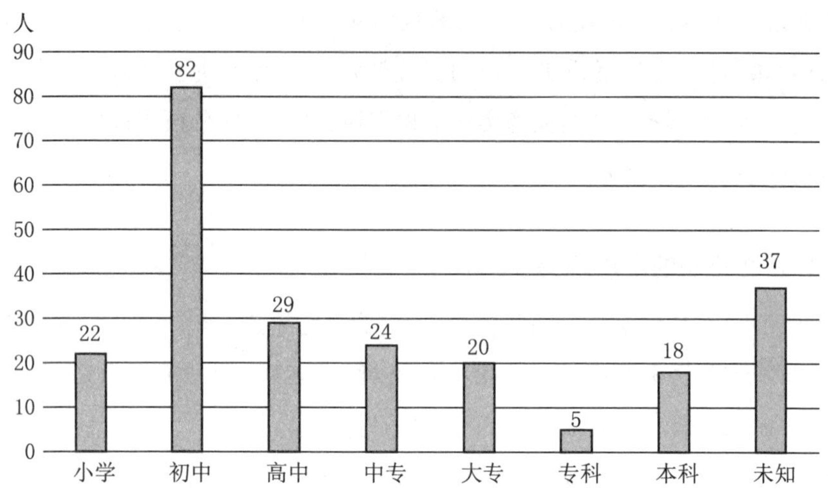

图 3-26 电信网络诈骗中犯罪人学历分布

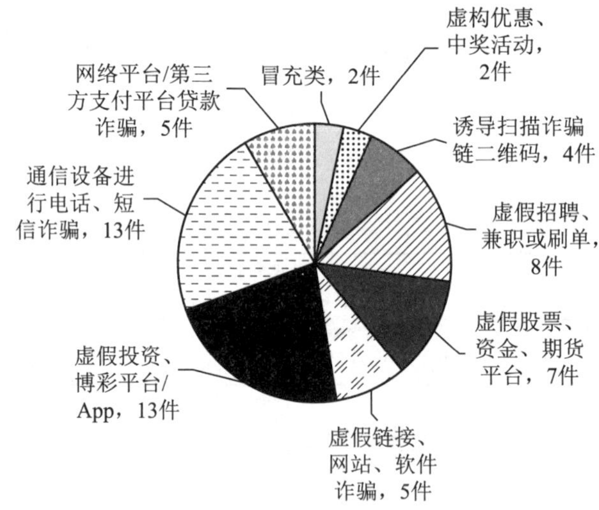

图 3-27 56 个电信网络诈骗案例中不同犯罪行为的数量

务员”这类犯罪人，还需要相应的技术支持者，所以接受过高等学历或相应技能教育的人也占部分。对判决书中的行为进行分析后可以发现共有 9 种不同的电信网络诈骗方式，①其中最多的是利用传统方式即电话或短信诈骗以及利用投资、博彩等借口进行诈骗，其次为投资理财类和兼职刷单类诈骗方式，多以股票、证券、基金

① 此 9 种方式仅为所收集的 56 个案例中能体现的，并不能涵盖所有电信网络诈骗方式。

等为借口诱惑被害人进行投资或小利兼职诱骗;最后是贷款、扫码、虚构冒充类。

由此可以得出电信网络诈骗犯罪的基本发展趋势:第一,手段进行了更新,从诈骗电话与短信居多升级为各种带有诈骗链接的网络平台与App居多,且常见的冒充类、活动类、扫码类减少,可能与该几类方式过于常见、公众警惕性提高有关。第二,学历占比逐渐均分,传统手段当中技术手段较少,因此多为学历不高者从事,而升级后的手段需要技术人员的支持,该类犯罪投入低、收益高的特点能够吸引到相应的技术者,因而学历高者占比有了提高。第三,有职业者犯罪人数量上升与手段升级有关,传统手段需要大量时间与潜在被害人通话,有职业者无法花费大量时间进行此类犯罪;手段升级后犯罪人更多选择以通信软件与潜在被害人交流,使得有职业者可以更好地隐藏自己的身份且有了相对更多的支配时间可以进行此类犯罪。

四、该类犯罪的特点分析

(一)组织层级化和犯罪复合化

一般而言,电信网络诈骗的犯罪分子出于效益最大化的考虑,会以团伙的方式进行作案,成员之间有明确的层级和分工:第一是金主,即组织者、领导者,既是最初的出资方,也是诈骗活动完成后最大的受益方;第二是技术组,负责整个犯罪活动的技术支撑;第三是采购组,主要为诈骗犯罪团伙在互联网黑产中购买诈骗过程中使用的微信号、QQ号、电话号码、银行卡以及公民个人信息;第四是话务组,他们通过短信、电话、微信、QQ等渠道与被害人建立联系,给被害人灌输投资盈利观念并取得被害人信任,且负责多途径宣传网络投资诈骗信息;第五是诈骗组,即负责引诱被害人按照其指示行动,骗取被害人钱财;第六是水房组,也整个犯罪团伙的财务组,主要负责将被害人通过网银、微信、支付宝等平台汇入的赃款通过各种方式迅速转移套现,最终将现金汇集交给金主,同时掌管着整个犯罪团伙的绩效考核和工资奖金发放。①

电信诈骗犯罪团伙的层级化和犯罪链条的不断清晰,由其衍生出的犯罪也越来越多,在犯罪预备、实施的各个环节,完成后的洗钱方面均存在违法犯

① 参见毛坤:《网络投资诈骗犯罪案件侦查研究》,中国人民公安大学2020年硕士学位论文。

罪的行为。[①]电信网络诈骗犯罪属于战线较长的犯罪,犯罪分子为了能够成功骗取被害人的钱财,往往要经过大量的准备活动,在实施过程中也要保证自己能够尽可能地“控制”被害人,因此在整个诈骗过程中会产生大量的衍生犯罪行为:在犯罪预备过程中可能存在非法采集或买卖公民个人信息、冒充国家机关工作人员或军警等行为;诈骗实施过程时可能存在利用钓鱼网站或木马病毒侵入公民个人服务器的行为;在诈骗完成后进行资金转移时则又涉及洗钱等犯罪行为。

(二)手段多样化、更新快

电信网络诈骗犯罪主要通过制造虚假骗局吸引受害者进而骗取钱财,其制造骗局或虚假信息的手段多样,总结起来主要有以下几类:

第一,冒充类。该类主要通过冒充他人身份来骗取被害人的信任,包括冒充公检法、军官、好友、领导、客服、婚恋交友对象等,通过各种话术让被害人放下戒备,而后利用被害人的同情心或信任骗取钱财。

第二,刷单类。这一类别是电信网络诈骗常见的手段,即通过编造虚假岗位或兼职信息,以“为商家刷销售量、刷信誉等”为由先以多次小利润诱惑被害人,使被害人相信自己赚到了钱,在被害人放松警惕后通过大额订单骗取被害人付款,获得其钱财。

第三,网络平台类。这一类别包括网络投资、网络博彩、网络贷款等形式,犯罪分子主要通过博彩游戏或者投资赚钱的名义诱骗被害人进行充值或投资,在对被害人发放一定金额的“返现”“福利”或“收益”后,再诱骗被害人进行更大金额的投入,后以账号错误、需要认证或直接关闭平台等方式套牢被害人的钱财。

电信网络诈骗手段不仅具有多种模式,其更新速度也非常快,往往是追随流行趋势进化。例如在电视节目还是调节人们生活的必备娱乐活动时,就有以“娱乐节目中奖”“节目幸运观众”“节目投票”等为由的诈骗短信,而现在各种视频平台、选秀节目的兴起使得以“打榜”为由的诈骗手段依托网络平台骗到了大量受害者;同时在网购、快递等成为人们日常生活必需时,虚假网购、快递签收、包裹藏毒等手段也随之而来;以前的伪基站发送短信植入木马的诈骗手段也随着互联网的进步更

① 陈心仪、葛高静、袁泽源:《“情报主导警务”背景下电信诈骗犯罪的防控对策研究》,载《电脑与电信》2021 年第 12 期。

新为通过各类软件、网站的后台窃取用户手机隐私，进而开展诈骗活动。

（三）多跨区域犯罪，流动性、隐蔽性强

电信网络诈骗犯罪分子为了逃避警方的追捕，往往会采用“打一枪换一个地方”的策略，同时因其会使用伪基站、隐藏 IP 地址等方式拖延警方的侦查速度，待到侦查人员对其作案地址进行定位并抓捕时犯罪嫌疑人通常已经“收网”并逃往下一个目标地。犯罪嫌疑人在选取作案地点时一般会选择跨区域流窜作案，一来是尽量少的留下集中的犯罪痕迹，二来是跨区域作案会引发侦查人员的侦查协作，相应的程序也会延缓警方的追捕速度，如此一来，在流动性高、痕迹少的情况下，其隐蔽性也会大大增强。

（四）目标性强，被害人通常难以察觉

电信网络诈骗犯罪分子在选取被害人时目标性较强，通常将目标设定为缺乏社会经验的大学生、难以识别诈骗手段的中老年人、投机心理强的人等，通过相应的符合目标心理的话术使被害人放松警惕进而骗取其钱财。

由于电信网络诈骗犯罪分子通常以团伙形式作案，其实施诈骗行为的手段和话术是一环扣一环的，且通过催促性话语和人为的时间限制使被害人无暇思考，在被害人有所怀疑时又用拖延性话语延缓被害人的报警，使得被害人在这一系列过程中无法察觉到自己已经成为电信网络诈骗受害人的事实。

五、该类犯罪的原因分析

（一）个人原因

1. 公民对个人信息保护不敏感

我们在使用各类 App 或者网站时总是会存在注册账号、填写个人信息等情况，一般会要求用户输入自己的姓名、身份证号、手机号等个人信息，否则就会无法正常使用。如今面对智能化的生活，我们已经离不开这些 App，所以人们对于“出卖”自己个人信息以换取 App 中部分功能的使用这一情况已经习惯，故多数人对个人信息保护并不敏感，或者可以说是“被迫”不敏感，因此遇到一些非法网站或公信力不高的 App 也轻易填写自己的个人信息。这种情况就给了犯罪人通过买卖其他 App 收集的个人信息或直接通过非法技术手段获取个人信息留有空间，致使自己成为电信网络诈骗犯罪的潜在受害者。

2. 民众对公权力的信任程度高

全球知名公关咨询公司爱德曼 2022 年 1 月 18 日发布《2022 年度爱德曼信任晴雨表》报告显示,2021 年中国民众对政府信任度高达 91%,同比上升 9 个百分点,蝉联全球第一。①可以看出,中国民众对于政府即公权力的信任程度相当高,而民众对政府的信任一般也会映射在对国家工作人员这一身份的信任上。

电信网络诈骗犯罪分子正是利用了这种心理,选取了对于民众来说不需要熟知甚至认识本人但却抱有信任感的角色,利用这种身份骗取被害人的信任。而被害人出于对国家机关工作人员这一身份的天然信任感,会轻易相信冒充公检法工作人员的犯罪人的话术,不加怀疑地踏入犯罪人所设置的圈套。

(二)法律原因

《刑法》第 25 条规定:"共同犯罪是指两人以上共同故意犯罪。"电信网络诈骗犯罪有着犯罪复合化的特点,即在整个犯罪过程中存在有不同的犯罪行为,对于"帮助者"的行为笔者认为应当以共同犯罪定罪量刑,但司法实践中却并非如此:电信网络诈骗团伙会以诈骗罪进行定罪量刑,而对其上游以及下游所存在的出卖公民个人信息和银行卡、维护平台、转移变现甚至转移赃款等犯罪行为往往是单独进行定罪。出现此情况的原因主要在于共同犯罪认定困难。司法实践中对于电信诈骗犯罪的共同犯罪进行认定主要需要犯罪人"明知"或"事前通谋",而对于"明知"或"事前通谋"该如何进行认定却没有具体规定,上下游犯罪人往往以自己并不知道存在犯罪活动为由进行否认,只能以其他相关犯罪进行定罪量刑。

以提供自己的银行卡或账户给电信网络诈骗分子为例,若以帮助信息网络犯罪活动罪定罪,情节严重的,处 3 年以下有期徒刑或者拘役,并处或者单处罚金。而诈骗罪根据金额较大、巨大、特别巨大分别为 3 年以下有期徒刑、拘役或者管制,并处或者单处罚金;3 年以上 10 年以下有期徒刑,并处罚金;10 年以上有期徒刑或者无期徒刑,并处罚金或者没收财产;若以诈骗罪定罪,根据目前大多数电信网络诈骗犯罪金额来判断至少应处 3 年以上有期徒刑,并处罚金。这种处罚与行为的不适配会使犯罪人衡量其收益与惩罚的大小,通常会因为惩罚力度小于其所获利

① 《报告显示中国民众对政府信任度蝉联全球第一 外交部发言人:并不意外》,载新华网 2022 年 1 月 20 日,http://www.xinhuanet.com/world/2022-01/20/c_1128284254.htm。

益的心理为电信网络诈骗活动提供相应的上下游"服务",进而使得电信网络诈骗犯罪屡禁不止。

(三)社会原因

1. 互联网群体基数大、支付手段便利

根据国家统计局数据显示,2021 年我国互联网上网人数为 10.32 亿人,其中手机上网人数 10.29 亿人;互联网普及率为 73.0%,其中农村地区互联网普及率为 56.7%。①智能手机、互联网的普及与发展造就了基数庞大的互联网使用群体,无疑给依托电信网络进行诈骗的犯罪分子提供了可乘之机,网络使用者的受害可能性也因此大大增加。

在中国支付清算协会所发布的《2021 年移动支付用户问卷调查报告》中可以看到,用户最常使用的移动支付产品是支付宝、微信支付和云闪付,在网上购物等线上场景占比分别为 89.3%、81.3%和 75.4%;除此之外,用户使用手机银行客户端和其他支付机构 App 的占比约为 10%。②移动支付方式的普及和多样化选择使得线上转账成为人们首选,但与以往需要到银行或自动取款机进行转账相比,移动支付的快捷便利很少给被害人留有思考或与周边人商讨的时间,往往是还未作出思考就已经将钱转入诈骗人员账户,即使后来对自己受骗的事实有所认知,但钱款也早已无法追回。

2. 疫情所带来的影响

统计数据显示,2020 年全国检察机关起诉利用电信网络实施犯罪的嫌疑人 14.2 万人,同比上升 47.9%,疫情期间三分之一的诈骗犯罪是利用网络实施的。2021 年 1 月至 3 月,全国检察机关起诉利用电信网络手段实施犯罪的嫌疑人 41847 人,同比增长 1.1 倍;人数占起诉总人数的 11.6%,同比增长 4.3%。③

受到新冠疫情的影响,各个产业都有不同程度的停滞甚至裁员现象,尤其是个体经营者受到的影响更大,不少人在各地疫情防控期间存在着待业甚至失业的情

① 《中华人民共和国 2021 年国民经济和社会发展统计公报》,载国家统计局 2022 年 2 月 28 日,http://www.stats.gov.cn/xxgk/sjfb/zxfb2020/202202/t20220228_1827971.html。

② 《2021 年移动支付用户问卷调查报告:主要关心 3 大问题》,载新浪财经 2022 年 5 月 6 日,https://t.cj.sina.com.cn/articles/view/2550216490/9801372a019013fwh。

③ 靳高风、杨皓翔、何天娇:《疫情防控常态化背景下中国犯罪形势变化与趋势——2020—2021 年中国犯罪形势分析与预测》,载《中国人民公安大学学报(社会科学版)》2021 年第 3 期。

况。出于生存压力,多数人选择利用网络进行线上兼职或者在招聘网站寻找工作机会,这种“病急乱投医”的心理就会落入犯罪人为失业待业者所设置的陷阱。另外对于一些并未有失业压力的工作者以及学生来说,在家隔离的无聊生活会让他们将更多的时间投入互联网冲浪当中,很多人出于投机心理想利用网络投资平台或博彩网站进行投资,导致钱财被骗。

六、基于犯罪学角度的治理对策

在当前国家采取多种手段大力打击电信网络诈骗犯罪的背景下,防止该类犯罪的再生显得尤为重要,因此笔者认为当下对电信网络诈骗犯罪的治理应当从预防入手,主要可以从以下几方面进行:

(一)完善电信网络诈骗的共同犯罪认定制度

第一,与电信网络诈骗犯罪人之间有稳定协作关系的,应当以共犯论处。本案中罗某杰与诈骗分子合作为诈骗资金的跨境转移搭建非法渠道,形成了稳定的协作关系,负责本案的检察机关以及人民法院在综合全案证据后将其认定为诈骗罪共犯进行处理。该案的判决为共同犯罪的认定提供了新思路,即在司法实践中对上下游犯罪的证据进行综合判断,包括犯罪人之间的联络,帮助诈骗犯罪人进行犯罪的次数、频率、金额或提供信息、工具的数量等,若相关证据能够证明上下游犯罪人与诈骗犯罪人之间存在着稳定的协作关系,那么出于罪责刑相适应的原则应当将其认定为共同犯罪进行处理。

第二,对“明知”适用刑事推定。在司法实践中刑事推定的方法一般采用一般人标准说,即在通常情况下,对于社会一般人来说,是否能够有所认识。①《电信网络诈骗意见》也对这种推定方法作出了指示,即“应当结合被告人的认知能力,既往经历,行为次数和手段,与他人关系,获利情况,是否曾因电信网络诈骗受过处罚,是否故意规避调查等主客观因素进行综合分析认定”。笔者认为还应当结合上下游犯罪人的学历、年龄、生活环境、所获利益、帮助诈骗犯罪人次数等情况进行推定。例如在当下全民反诈宣传的大背景下,在校大学生多次将以自己名义所办理

① 魏静华、陆旭:《电信网络诈骗共同犯罪疑难问题探析》,载《西华大学学报(哲学社会科学版)》2018年第3期。

的银行卡以数千元报酬提供给犯罪人时,结合其学历、年龄、次数等便可推定其“明知”。此外,在对推定“明知”进行适用时,笔者认为需注意对上下游犯罪人从犯身份的认定,适用从轻或减轻处罚的条款。

(二)利用大数据提前布局

大数据具有预测性,预测性是大数据最为重要的功能,有科学研究表明,人类社会的大多行为都是可被预测的。①比起知晓案件发生后再采取相应侦查措施这种传统的被动侦查,依托大数据进行信息分析和预测的主动侦查在应对电信网络诈骗这类犯罪中更具优势:目前公安机关依托大数据所建立的各类信息应用平台能够采集到各类人们在互联网上留下的痕迹和信息,侦查人员可以通过相应算法对平台所采集到的实时信息进行分析,及时发现利用电话、链接等进行诈骗的潜在犯罪人并进行追踪;同时运用大数据对电信网络诈骗犯罪高发时间、高发原因、易被害人群等数据进行分析,增加发现电信网络诈骗犯罪分子的概率。

(三)加强各类App与网站的消息管理

除却电话诈骗以外,最常见的电信网络诈骗就是通过各类App以及网站上的虚假广告和钓鱼链接进行诈骗。根据国家互联网信息办公室的消息,今年以来国家网信办反诈中心排查打击涉诈网址87.8万个、App 7.3万个、跨境电话7.5万个,并纳入国家涉诈黑样本库。②

除却自己制作的诈骗网站、链接以及App以外,电信网络诈骗犯罪分子还会通过利用机器人账号在社交软件向大量用户发私信、发评论等手段散布诈骗信息,在招聘平台上发布刷单兼职信息,利用微信公众号发布“广告”等手段进行诈骗。这类手段依托的是正常App及网站,因此需要各App与网站的审核机制与审核人员对此类消息进行及时发现、删除,对相应账号进行禁言、封号等处理,国家也需要对此进行监管与监督,防患于未然。

(四)增强“00后”防范意识

目前大学生的主力军以“00后”为主,这一代人在电信网络诈骗中的受害比例

---

① 赵煜晗、毛欣娟:《大数据时代电信诈骗犯罪发展态势及侦防对策》,载《网络安全技术与应用》2021年第10期。

② 《国家网信办曝光一批电信网络诈骗典型案例》,载中华人民共和国国家互联网信息办公室2022年4月14日,http://www.cac.gov.cn/2022-04/14/c_1651546285887220.htm。

日渐上升,一是因为“00后”并未经历互联网发展期,对互联网的接触年限较少,容易被互联网信息所迷惑;二是因为“00后”在疫情中正处于大学阶段,拥有大量闲暇时间浏览各种App以及网站,容易被诈骗信息所裹挟,且因三观并未完全形成、社会阅历尚浅,容易踏入电信网络诈骗的骗局。

针对此类情况,应当将“00后”作为预防电信网络诈骗犯罪的重点对象,并根据其特点提出有针对性的预防举措:第一,高校可以邀请法律专家、金融专家、警察等对电信网络诈骗有相当了解的专业人士为学生开设讲座,向学生普及防诈骗知识;第二,开拓第二课堂活动,通过拍摄宣传短片、表演短剧等形式将防诈骗主题与第二课堂相结合,让学生在丰富课余的同时能够主动了解和收集电信网络诈骗犯罪的相关知识;第三,组织学生成立“反诈宣传队伍”,鼓励他们向周边社区居民普及防诈知识,既提高自身对电信诈骗的了解,又向其他人宣传了反诈知识。

(五)培养公民核实身份的习惯

冒充类诈骗手段能够得逞的原因一是被害人对“亲朋好友”的防备性低,二是对公权力的信任度高,这两种反应都使得被害人很少会核实对方的身份,导致自己被骗。因此在日常的反诈宣传中可以加入此类内容,尤其是对国家机关工作人员身份的核实方式需要大力宣传,通过制作手册、短片等形式加深民众印象,培养各年龄段群体核实他人身份的习惯,以降低被骗可能。

(六)对虚拟货币以监管代替管制

虚拟货币以其匿名性的特点成为电信网络诈骗犯罪人转移资金的“新宠儿”,在公安部通报的“2021净网行动”成效中,针对虚拟货币洗钱新通道,公安机关紧盯形势变化、创新打击策略,破获相关案件259起,收缴虚拟货币价值110亿余元,①本案中罗某杰也是利用虚拟货币通过地下钱庄转移诈骗资金。

我国对于比特币这种蕴含较高犯罪风险的虚拟货币类型采取的是较为谨慎的态度和相对严格的管制政策,②但由于虚拟货币在世界范围内有巨大的流通市场,其趋势是不可阻挡的,因此需要相应的监管措施对其进行管理,笔者认为最重要的

---

① 《公安部新闻发布会通报部署全国公安机关开展“净网2021”专项行动的工作举措和取得的成效等情况》,载中华人民共和国公安部2022年1月14日,https://www.mps.gov.cn/n2253534/n2253535/c8329772/content.html。

② 李兰英:《虚拟货币洗钱犯罪的风险剖析及治理策略》,载《贵州省党校学报》2020年第2期。

是完善相关法律法规。我国有关虚拟货币规定主要体现在政策以及相关部门的通知、文件中，且采取管制的态度，这容易将虚拟货币交易倒逼至地下进行，导致更大风险，因此最应当做的就是用监管代替管制，完善相关法律法规，以监管手段对虚拟货币进行治理，增加利用虚拟货币进行诈骗资金转移的困难。

第九节　在校学生涉“帮信”犯罪典型案例研究报告：涂某某、万某某帮助信息网络犯罪活动案[①]

一、案情简介[②]

本案被告人涂某某、万某某作案时系在校大学生，于 2020 年 12 月被江油市人民检察院以帮助信息网络犯罪活动罪（以下简称“帮信罪”）提起公诉。

经审理查明，2018 年起，涂某某明知他人利用信息网络实施犯罪，为牟取非法利益，长期收购银行卡提供给他人使用。2018 年，涂某某与万某某通过兼职认识后，涂某某先后收购了万某某的 3 套银行卡（含银行卡、U 盾/K 宝、身份证照片、手机卡），并让万某某帮助其收购银行卡。2019 年 3 月至 2020 年 1 月，万某某为牟利，在明知银行卡被用于信息网络犯罪的情况下，以亲属开淘宝店需要用卡等理由，从 4 名同学处收购 8 套新注册的银行卡提供给涂某某，涂某某将银行卡出售给他人，被用于实施电信网络诈骗等违法犯罪活动。经查，共有 21 名电信网络诈骗被害人向万某某出售的上述银行卡内转入人民币 207 万余元。

2020 年 12 月 31 日，江油市人民法院作出一审判决，判处涂某某有期徒刑 1 年 4 个月，并处罚金人民币 1 万元；判处万某某有期徒刑 10 个月，并处罚金人民币 5000 元。

二、入选理由

（一）“帮信”案件广受关注

近年来，电信网络诈骗犯罪持续高发，而手机卡、银行卡（即“两卡”）则成为犯

① 本节由陈诺完成。
② 参见四川省江油市人民法院（2020）川 0781 刑初 373 号刑事判决书。

罪人实施电信网络诈骗的重要工具。在电信网络诈骗犯罪中,“犯罪分子多利用非法收贩来的电话卡、银行卡进行收取、转移赃款,逃避公安机关追查,导致诈骗资金迅速流转、拆解、混同,极大地增加了打击犯罪和追赃挽损的难度”。[①]

电信网络诈骗犯罪的严峻态势得到了党和国家的高度重视。2021 年 4 月,习近平总书记对打击治理电信网络诈骗犯罪工作作出重要指示强调,坚持以人民为中心,全面落实打防管控措施,坚决遏制电信网络诈骗犯罪多发高发态势。[②]2021 年 6 月,为进一步深刻揭示电信网络诈骗犯罪危害,加强警示教育,努力为在校学生营造更加良好的成长成才环境,最高人民检察院、教育部联合印发一批在校学生涉“两卡”犯罪典型案例,涂某某、万某某帮助信息网络犯罪活动案正是其中之一。[③]作为在校学生涉“两卡”犯罪的典型案件,本案被告人所犯“帮信罪”也是“两卡”犯罪中最为常见的罪名。涂某某、万某某作为在校大学生,在本该积极向上、努力学习的阶段不慎误入歧途,成为电信网络诈骗犯罪活动的“工具人”,并成为学生群体中的“卡商”,令人惋惜。同时,本案所反映出的校园法治宣传不足、校园反诈防线缺失等问题牵动人心。正是出于对在校学生涉“帮信”犯罪的关切,本节选取了涂某某、万某某帮助信息网络犯罪活动案,力图深刻揭示犯罪危害,提出防治建议,助力于为在校学生营造更加良好的成长成才环境。

(二)校园“断卡”刻不容缓

2020 年 10 月,最高人民法院、最高人民检察院、公安部、工业和信息化部、中国人民银行等五部门联合部署开展“断卡”行动,旨在斩断电信网络诈骗违法犯罪的信息流和资金链。至 2021 年 8 月,全国“断卡”行动开展第六轮集中收网。在全国“断卡”行动中,公安机关持续深入打击各类非法开办贩卖“两卡”犯罪团伙,成功斩断一批为诈骗分子提供资金技术服务的犯罪链条,坚决切断一批非法贩运“两

---

① 魏哲哲:《斩断电信网络诈骗犯罪链条》,载《人民日报》2021 年 8 月 5 日,第 19 版。

② 新华社:《坚持以人民为中心 全面落实打防管控措施 坚决遏制电信网络诈骗犯罪多发高发态势》,载《人民日报》2021 年 4 月 10 日,第 1 版。

③ 最高人民检察院网上发布厅:《最高检教育部联合印发相关典型案例 共同筑牢防范电信网络诈骗校园防线》,载最高人民检察院官网 2021 年 6 月 23 日,https://www.spp.gov.cn/xwfbh/wsfbt/202106/t20210623_522065.shtml#3。

卡”的犯罪通道,诈骗分子获取“两卡”途径受到极大限制。①但在各部门的强力“断卡”的同时,犯罪人收集“两卡”的模式与手法也在不断翻新,获取“两卡”的途径不断增加,校园逐渐成为贩卖“两卡”的重灾区。正如涂某某、万某某帮助信息网络犯罪活动案所示,犯罪人利用学生社会阅历不足、防备意识差,在校园内部大肆收购“两卡”,并将在校学生拉入犯罪团体,影响极其恶劣。学生是民族的希望与未来,校园“断卡”刻不容缓。下一步,“断卡行动”的工作重心应当向校园适当倾斜,对校园领域的“两卡”犯罪予以严厉打击。正因如此,本节选取了这一案例,希冀通过对此类案件加以研究分析,为校园“断卡”行动及在校学生涉“帮信”犯罪的治理提供助力。

(三)涉案学生的惩治教育牵动人心

与一般的“帮信罪”案件相比,本案的特别之处在于犯罪主体作案时都是在校学生,且万某某在涂某某的影响下,从一个出售“两卡”的“工具人”转变为非法收买、转卖“两卡”的学生“卡商”,一步步走向犯罪泥潭深处,具有极强的典型意义。本案折射出的是当前校园法治宣传、学生思想教育仍然存在不足。校园安全工作始终是社会治安防控体系建设的重要一环,每一起涉校涉学生案件都受到社会各界关注。根据公安部2021年3月的通报,随着近年来校园安全工作的不断推进,涉校刑事案件连续八年下降,校园安全形式持续向好。②但我们应当看到,校园这方净土仍然受到各类犯罪的侵袭,校园内相对密闭的环境以及学生群体内部相对发达的交际网络,都成为犯罪人加以利用的对象。在此情况下,对于不慎卷入犯罪的在校学生,在对其进行惩治的同时,还应根据其犯罪情节加强教育。正是出于对在校学生的关切,本节选取了涂某某、万某某帮助信息网络犯罪活动案,以在校学生这一视角对“帮信罪”案件进行分析,并探讨其防治对策。

三、在校学生涉“帮信”犯罪的发展趋势

本节拟通过对中国裁判文书网公开发布的案件判决书进行统计分析,对在校

---

① 张天培:《全国“断卡”行动开展第六轮集中收网》,载《人民日报》2021年9月2日,第11版。

② 张潇祎:《公安部:涉校刑事案件连续8年下降　校园安全形势持续向好》,载央广网2021年3月26日,http://news.cnr.cn/dj/20210326/t20210326_525446486.shtml。

学生涉“帮信罪”案件的变化趋势进行大致归纳。

(一) 案件数量不断上升

在中国裁判文书网使用高级检索功能,确定案由为“帮助信息网络犯罪活动罪”;审判程序为“刑事一审”;文书类型为“判决书”。以此为限定条件共得出一审刑事判决书超2万份。①对其中2017年至2021年的判决书数量进行统计,其中2017年共10份,2018年共22份,2019年共85份,2020年共2535份,2021年共18946份。可以看出,“帮信罪”的一审刑事判决书数量在2020年有明显的提升,而在2021年更是显著增加(如图3-28)。

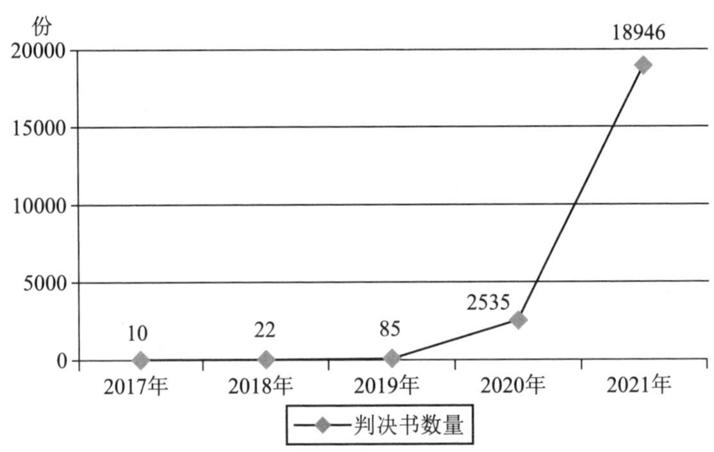

图3-28 “帮信罪”2017—2021年一审刑事判决书数量

保持上述搜索条件不变,增加全文搜索关键词“在校”和“学生”,共得到有在校学生参与“帮信罪”的一审刑事判决书210份(含2022年部分数据)。②同样选取其中2017年至2021年的判决书,其中2017年、2018年、2019年并无数据,2020年为35份,2021年为152份(如图3-29),这一趋势与图3-28基本一致。综合来看,2021年我国“帮信罪”案件数量激增,在校学生涉“帮信罪”案件也同样在这一年高发。究其原因,这和我国自2020年10月开展“断卡”行动后对“两卡”犯罪的大力打击有着直接的关系。

---

① 检索日期为2022年7月19日。

② 由于部分判决书中使用“在校学生”这一称谓,而部分判决书中使用“在校大学生”这一称谓,因此将“在校”和“学生”分开作为两个关键词进行检索。检索日期为2022年4月13日。

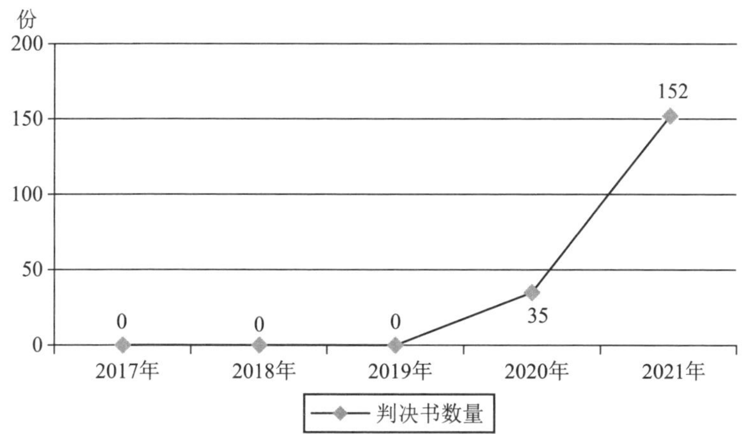

图 3-29 在校学生涉"帮信罪"2017—2021 年一审刑事判决书数量

(二)案件分布广泛且不均衡

以地域及审理法院为视角,对前文所检索到的 2020 年、2021 年共 187 份有在校学生参与的"帮信罪"一审刑事判决书进行分析,可以发现在校学生涉"帮信罪"分布地域较广,且呈现出蔓延趋势,同时在个别省份发案较多。

1. 案件分布地区不断增加

在 2020 年,35 份一审刑事判决书分布于 13 个省份(自治区)之中,其中河南省 14 份、湖南省 4 份、福建省 3 份,其他省份(自治区)皆不超过 2 份。而在 2021 年,152 份一审刑事判决书分布于 26 个省份(自治区),其中数量最多的 6 个省份为河南省 44 份、湖南省 26 份、江西省 8 份、湖北省 8 份、浙江省 7 份、广东省 7 份(见图 3-30)。可以看到,从 2020 年至 2021 年,在校学生涉"帮信罪"案件不仅分布地域在不断扩散,数量也在不断增长。

2. 部分地区案件数量较多

在 2020 年的 35 份一审刑事判决书中,河南省判决书数量最多,其 14 份判决书占比达到全国判决书数量的 40%,同时大幅度领先于判决书数量第二多的湖南省。总体来看,河南、湖南两省的判决书数量超过全国判决书数量的 50%(如图 3-31)。

在 2021 年的 152 份一审刑事判决书中,河南、湖南两省的判决书数量依然居于前二,但河南省判决书数量在全国占比有所下降,湖南省判决书数量在全国占比则有所上升(如图 3-32)。总体上看来,全国的在校学生涉"帮信罪"案件判决书依然集中分布在少部分地区。

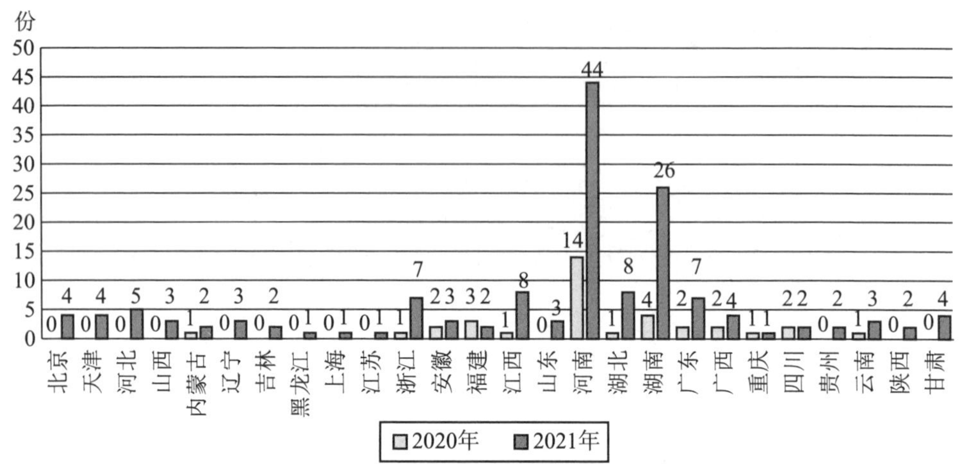

图 3-30　2020 年、2021 年各地区判决书数量对比

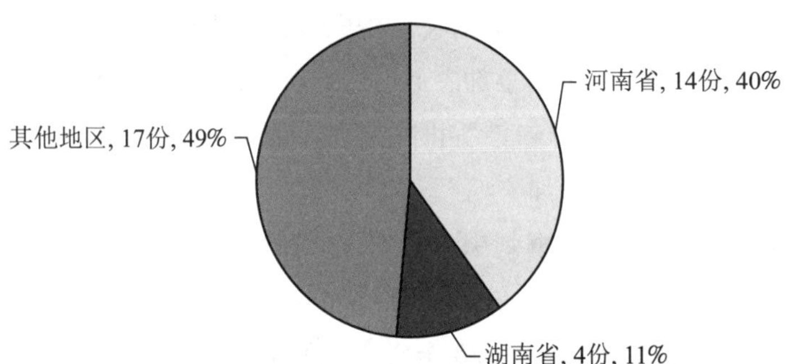

图 3-31　2020 年在校学生涉“帮信罪”判决书地域分布

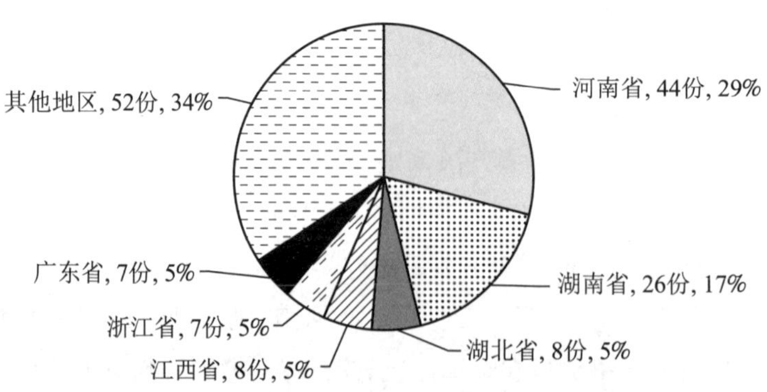

图 3-32　2021 年在校学生涉“帮信罪”判决书地域分布

四、在校学生涉“帮信”犯罪的特点分析

（一）以非法买卖“两卡”为主要作案方式

从整体上来看，在校学生实施“帮信罪”的作案方式比较简单，普遍以非法买卖“两卡”的方式进行牟利，在犯罪手段上呈现出单一性。2015 年，《中华人民共和国刑法修正案（九）》增设了“帮信罪”这一罪名。根据《中华人民共和国刑法》的规定，“帮信罪”的主要手段有“提供互联网接入、服务器托管、网络存储、通讯传输等技术支持，或者提供广告推广、支付结算等帮助”。①但通过对既有判决书进行分析，在校学生涉“帮信罪”的犯罪手段则比较单一，普遍是以为他人提供“两卡”的方式进行牟利，也即“帮信罪”中规定的“为他人提供支付结算帮助”的情形。

对于在校学生实施“帮信罪”，一般存在两种情况：一是明知对方进行犯罪活动而将自己的“两卡”提供给对方；二是明知对方进行犯罪活动而在校园内收购“两卡”并提供给对方。非法买卖“两卡”是在校学生实施“帮信罪”的主要作案方式，这一特点大致可以从两方面去理解：一是在校学生对自己名下的手机卡、银行卡重视不足，容易被犯罪人以各种借口骗取、收买；二是非法买卖“两卡”犯罪成本较低，在校学生很少有时间、有能力为信息网络犯罪人提供技术性、专业性更强的帮助，因而使得在校学生涉“帮信罪”的实施方式如此一致。

（二）以学生人际脉络为主要传播方向

整体上看，在校学生非法买卖“两卡”这一“帮信”行为基本上沿着学生的人际脉络进行传播。一方面，在校学生社会关系相对简单，身边同学是其最主要的人际脉络。在此情况下，当在校学生不慎踏入非法买卖“两卡”犯罪活动并且开始收购“两卡”进行牟利时，会自然而然地以身边同学为基本卡源，或通过线上群聊，或通过线下口头宣传，以各种名义获取身边同学的“两卡”。另一方面，同学关系为收卡人与收卡对象之间构建了基本的信任基础。基于同学关系，收卡人更加容易博取收卡对象的信任，收卡对象在利益诱惑下往往未经太多思考就将自己的“两卡”出售给对方。除此之外，由于在校学生内部消息流动性强，收购“两卡”的消息可以更加迅速、广泛地传播，这为收卡人提供了更加便利的犯罪条件。

---

① 参见《中华人民共和国刑法》第 287 条之二第 1 款。

(三)以“卡农—卡商”为主要层级结构

通过对既有判决书进行分析,在非法买卖“两卡”活动中,在校学生会逐渐形成“卡农—卡商”的层级结构,且存在“卡农”向“卡商”转换的情形。一般来说,涉“两卡”犯罪中的“卡农”指的是通过向犯罪人提供自己名下的“两卡”进行牟利的人;“卡商”则是指收买、租借他人“两卡”并进行贩卖的人。非法买卖“两卡”活动在校园内传播之初,往往是一位“卡商”号召多位“卡农”的结构,但随着犯罪活动的深入,部分“卡农”为增加出售“两卡”的数量,会主动向身边同学收买“两卡”进行转卖,从而获取更多的金钱利益。在这一过程中,其逐步实现了由“卡农”到“卡商”的身份转变,也逐渐在校园内形成多位“卡农”号召更多“卡农”的层级结构。正如涂某某、万某某帮助信息网络犯罪活动案中,万某某最初只是向涂某某出售自己“两卡”的“卡农”,但在利益的诱惑下,其开始从身边同学手里收购“两卡”,转变成为校园内的“卡商”。这种情况在该类案件中并不少见。

五、在校学生涉“帮信”犯罪的原因分析

(一)在校学生防范意识不足

1. 法治意识淡薄

一方面,部分在校学生并没有完全认识到“两卡”的重要性,对非法买卖“两卡”行为的性质也不甚明了。相较于传统犯罪,学生对于“帮信罪”的知识接触较少,对可能涉及“帮信罪”的行为也缺乏了解。由于缺少必要的法律认知,这部分学生并不知晓为他人犯罪活动提供“两卡”的行为已经触犯法律,进而或主动或被动走上犯罪的道路。

另一方面,部分在校学生对于“帮信罪”已经有一定的了解,但对自己非法买卖“两卡”的行为抱有侥幸心理,认为自己并不会受到法律的处罚。“侥幸心理是犯罪嫌疑人自认为可以逃避罪责的一种心理状态,一般在着手实施犯罪前就已经存在了,大部分是凭主观臆断或盲目自信,企图以‘安全感’替代内心的恐惧。”①对这部分学生的侥幸心理进行分析,大致可以从两个方面进行归纳:一是以学生身份

① 王昱颖、王宏玉:《提供支付结算型帮助信息网络犯罪活动的实证研究——以非法买卖“两卡”为切入点》,载《犯罪与改造研究》2022年第3期。

进行自我安慰。这部分学生认为自己还是在校学生,只是不慎走上犯罪道路,即使被公安机关抓到,也不会受到刑事处罚,最多是学校对自己进行处分。通过这样的自我安慰,这部分学生在利益的驱使下进行了犯罪。二是受到从众心理影响,认为"法不责众"。不少在校学生在身边人的蛊惑下卖出了自己的"两卡",与其一起卖出"两卡"的还有很多身边的同学。正是由于一同出售"两卡"的并非自己一人,这无形中淡化了其对法律的敬畏。

2. 抵制诱惑能力不足

一方面,部分在校学生对于经济利益诱惑的抵制能力较差,这使得其在金钱诱惑下选择出卖"两卡"牟利。"无论是为了增加额外收入、还是缓解负债压力,经济需求是大部分'两卡'人员参与犯罪的主要原因。"①首先,从在校学生的日常生活来看,他们的社交范围开始扩大,每天的生活开销、娱乐开销也有所增加,这就使得他们的经济需求不断增长。而与其日益增加的经济需求不相称的,是其经济来源的有限性。在校学生仍以学业为主,其主要的经济来源是家庭的支持。当家庭的经济支持无法满足在校学生全部的开销需求时,在校学生就会寻找其他方法来达到收支平衡,既可能是削减自己的开支,也可能是通过其他方式获取收益,这不仅包括兼职等合法渠道,也包括了非法卖出"两卡"这一非法渠道。从既有案例来看,卖出"两卡"方式简单,经济回报却不低,正是出于逐利心理,部分在校学生走上了犯罪道路。

另一方面,在校学生由于辨识能力不足,对来自熟人的号召与蛊惑缺少抵抗力,"青少年由于缺乏独立性,其行为、思想更容易受到一些'强势'思想或行为的影响"。②从在校学生非法买卖"两卡"的案件来看,有相当一部分的在校学生是在熟人的宣传引诱下踏入犯罪道路。正如本节的涂某某、万某某帮助信息网络犯罪活动案,万某某在涂某某的宣传下卖出了自己的"两卡",之后又以亲属开淘宝店需要用卡等理由在校园内展开收购,利用的正是身边同学的信任。校园内的各种群聊为犯罪人提供了便捷的宣传渠道,而涉世未深的学生在熟人蛊惑和从众心理的影响下,成为犯罪群体一员的可能性也随之增加。

---

① 张函瑜:《"两卡"犯罪中青年人卷入交易的实践分析》,载《犯罪与改造研究》2022年第4期。

② 杨海晨、江世法:《青少年违法分析及心理矫治探索》,载《青少年犯罪问题》2004年第2期。

(二)校园内部教育管理不力

1. 校园法治宣传教育缺位

校园内的思想宣传教育应当是两方面的,一是对学生思想观念的引导,二是对法律知识的宣传和普及。从当前的情况来看,部分学校对于在校学生的思想教育不足,当学生内部存在拜金主义、享乐主义时,学校并没能通过适当的教育引导学生形成正确的价值观念,减少学生因为不良观念而卷入犯罪的可能。同时,学校法治宣传工作的质量对在校学生的行为选择也有着极大的影响。目前,非法买卖“两卡”犯罪在各全日制大学、独立学院、职业技术学校、高等专科学校等都有踪迹,但不同学校对于涉“两卡”犯罪的宣传力度则各有不同。对于宣传力度较强、宣传范围较广的学校来说,学生卷入“两卡”犯罪的可能性就会降低;而对于宣传力度不足甚至法治宣传缺失的学校来说,在校学生既不能认识到“两卡”的重要性,也不能了解到买卖“两卡”的危害,卷入两卡犯罪的可能性就会提升。

2. 校园监管迟滞不力

学校对学生动态了解不足、不能及时阻断非法买卖“两卡”行为在校园内的传播,是此类犯罪发生的另一原因。学校对于学生的管理,不仅需要在教学上花费心血,还应对学生的生活、心理动态保持一定的了解,如此方能更好地发挥引人向善的功能。但从既有案例进行分析,当非法买卖“两卡”的行为渗入校园之后,往往会有多位学生参与其中,然而在公安机关介入之前,学校管理者并没能发现这一情况并作出干预。这也说明,学校对于学生的日常监管并不充分,了解学生动态的信息渠道并不畅通。如果学校在非法买卖“两卡”行为刚刚出现时就及时介入,对学生进行教育批判,向公安机关移送线索,在校学生涉“两卡”犯罪的情况将有所好转。

(三)上游犯罪对“两卡”需求大

在“帮信罪”中,非法买卖“两卡”行为实际上是为上游信息网络犯罪提供作案便利。在此情况下,非法买卖“两卡”行为的变化趋势与电信网络诈骗、网络赌博等上游犯罪的态势是密切相关的。当上游犯罪的犯罪人对于“两卡”的需求增加,其收集“两卡”的途径和范围也会相应扩大。正因如此,上游犯罪人对“两卡”的大量需求也成为校园内非法买卖“两卡”行为发生的一大诱因。

一方面,当前以电信网络诈骗犯罪为代表的上游犯罪仍然多发,犯罪人对于“两卡”的需求仍然较大,但其获取“两卡”的途径在不断减少。由于我国“断卡行动”的持续开展，有关部门对“两卡”的实名监管越发严格，犯罪人获取“两卡”的难度在不断增加。在“需求大”与“获取难”的矛盾冲突下，犯罪人不得不创新买卖“两卡”的模式、扩展获取“两卡”的渠道来满足犯罪需求。另一方面，校园内部对于“两卡”交易的监管相对薄弱，这为上游犯罪人提供了可乘之机。当前，校园内部多设有各大电信运营商的营业厅，同时校园附近往往就有各商业银行的网点，在校学生凭借身份证件办理“两卡”的行为相对便利且不会受到太多关注。同时，利用在校学生基数大的优势，上游犯罪人能够收集到的“两卡”数量也较为可观。正是出于这方面的考量，上游犯罪人选择将在校学生作为获取“两卡”的“工具人”，从而满足其实施上游犯罪的需求。

六、基于犯罪学角度的治理对策

（一）以检校合作优化学生法治教育

当前，校园中的法治宣传教育仍然存在因循守旧、流于形式等不足，相当多的学生对“帮信罪”等并不常见的罪名仍缺乏了解。对此，可进一步健全检校合作机制，优化校园法治工作。2021 年底，最高人民检察院和教育部联合印发了《检察官担任法治副校长工作规定》，明确了司法机关在校园法治宣传教育工作中的责任。根据该规定第 2 条，“检察官在普通中小学、中等职业学校、特殊教育学校、专门学校（以下统称学校）担任法治副校长，适用本规定”。①可以看到，检察官担任法治副校长、开展法治宣传教育工作主要针对的是未成年人学生群体，而对以成年学生为主的大学校园则并不涉及。但从现实情况来看，当前大学校园仍是电信网络诈骗及“帮信”犯罪治理的重要环节，确有必要构建适合高校的检校合作机制。

一是要发挥检察机关专业优势，以案释法精准宣传。各地检察机关在案件办理过程中往往可以敏锐发现本辖区内各类犯罪的变化情况，对涉校案件的趋势特征也有较为清晰的认知。因此，校方可以与检察机关构建常态长效合作机制，如在开学首日、世界电信日等特定时间举行“检察官进校园”活动，由检察官为在校学生开展普法课堂，对近期高发频发案件类型以及作案模式进行归纳，帮助在校学生

---

① 最高人民检察院网上发布厅:《最高人民检察院、教育部联合印发〈检察官担任法治副校长工作规定〉》，载最高人民检察院官网 2022 年 1 月 10 日，https://www.spp.gov.cn/xwfbh/wsfbt/202201/t20220110_541193.shtml#2。

认清犯罪行为,免受糖衣炮弹诱惑。除"检察官进校园"这一模式之外,校方还可以在检察机关指导下设立专门的普法公众号,在其中发布法律法规、典型案例,拓展宣传渠道。

二是通过检察机关实现对涉案学生的教育、挽救。对于不慎走上犯罪道路的在校学生,校方应就涉案学生的学习情况、在校表现等信息与检察机关进行沟通联系,帮助检察机关综合评估其犯罪行为、社会危害、一贯表现、认罪态度等因素。对于采取取保候审足以防止发生社会危险性的,检察机关可以依法不批准逮捕,贯彻"少捕慎押"理念;对于犯罪情节轻微,认罪态度较好的,检察机关可以依法作出不起诉决定;对于依法需要提起公诉,但被告人具有从犯、认罪认罚、退赃退赔等从宽情节的,可以提出轻缓的量刑建议。通过对涉案学生实行惩治、教育、挽救相结合,有助于涉案学生重新回归正常生活。

(二)加强校园内部监管

根据日常活动理论(Routine Activity Theory),缺少有力的监管(absence of capable guardians)是犯罪机会增多、犯罪概率上升的因素之一。①而学生每日生活、学习在校园之中,校方必须承担起学生的监管责任。具体到在校学生涉"帮信罪"的预防,校方对于在校学生的监管应当从两个方面进行完善。

一是校方要加强对学生思想上的引导,坚定教书育人的定位,培育学生形成正确的消费观念。相当一部分在校学生走上犯罪道路,都是出于不正当的逐利心理,这一点在非法买卖"两卡"犯罪活动中同样适用。正如前文所述,部分在校学生因不合理的消费而导致自身收支失衡,在利益的驱使下选择向犯罪人出售"两卡"。正因如此,学校应当开展合适的课程,帮助学生形成正确的消费观念。

二是校方要加强对在校学生心理、行为动态的了解。校方可以从班级班主任、辅导员入手,通过加强班主任、辅导员与学生之间的联系,主动深入学生宿舍了解学生生活,及时对生活上有困难的学生提供帮助,减少学生误入歧途的可能。同时,校方可以同校内电信运营商、银行网点进行沟通,安排工作人员在营业厅内进行值班,及时发现同一学生多次出入营业厅、同一学生短时间内多次开卡等异常信

① Lawrence E. Cohen & Marcus Felson, Social Change and Crime Rate Trends: A Routine Activities A Routine Activity Approach, American Sociological Review, vol.44, pp.588 - 608(1979).

息，及时阻断在校学生卷入犯罪的可能。

（三）斩断犯罪链条以倒逼校园“断卡”

无论是非法买卖“两卡”行为，抑或其他类型的“帮信”行为，其本质上都是在为上游信息网络犯罪提供便利。整体上看，电信网络诈骗、网络赌博等犯罪与非法买卖“两卡”之间呈现出链条化的特征，“断卡行动”的开展可以有效打击上游信息网络犯罪，而上游信息网络犯罪的治理同样有助于遏制非法买卖“两卡”行为。正因如此，在校学生涉“帮信”犯罪的治理同样可以从斩断这一犯罪链条入手，通过加强对上游犯罪的打击来倒逼“帮信”犯罪的减少。对此，学校管理者在发现校园内部有非法买卖“两卡”等可能与信息网络犯罪相关的信息、行为存在时，可以与驻校警务人员或当地公安机关联系，将线索及时移交，公安机关在此基础上快速介入从而对上游信息网络犯罪进行打击，进而斩断犯罪源头，保障校园安宁。同时，当在校学生非法收买“两卡”后，可能会通过校内快递站点进行邮寄转运。对此，学校管理者可以与公安机关、校内快递站点加强沟通，一旦出现大量邮寄“两卡”的行为，快递站点可以在系统后台对邮寄人员身份进行备注，做好线索留存，在必要时为侦查行为提供证据线索。通过对“帮信罪”的上游犯罪进行打击，同时严控校园“两卡”转移渠道，可以对校园“帮信”犯罪形成高压态势，减少在校学生卷入“帮信”犯罪活动。

第十节 涉黑组织利用“套路贷”实施犯罪典型案例研究报告：林某某组织、领导黑社会性质组织案[①]

一、案情简介

2013年9月至2018年9月，林某某通过其实际控制的两个公司，以吸收股东、招收业务人员等方式发展组织成员并大肆实施“套路贷”违法犯罪活动，逐步形成了以林某某为核心的层级明确、人数众多的黑社会性质组织。林某某主导确定实施“套路贷”的具体模式，策划、指挥全部违法犯罪活动，其他成员负责参与“套路贷”的不同环节、实施具体违法犯罪活动、负责以暴力和“软暴力”手段非法占有被

① 本节由余楚婧完成。

害人财物,并长期雇用某律师为该组织规避法律风险提供帮助。该黑社会性质组织及成员实施“套路贷”违法犯罪过程中,以办理房屋抵押贷款为名,诱使、欺骗多名被害人办理赋予借款合同强制执行效力、售房委托、抵押解押的委托公证,并恶意制造违约事实,利用公证书将被害人名下房产过户到该黑社会性质组织或组织成员名下,之后再纠集、指使暴力清房团伙,采用暴力、威胁及其他“软暴力”手段任意占用被害人房产,通过向第三人抵押、出售或者与长期雇用的律师串通、合谋虚假诉讼等方式,将被害人房产处置变现以谋取非法利益,并将违法所得用于该黑社会性质组织的发展壮大、组织成员分红和提成。该黑社会性质组织在长达5年的时间内长期实施上述“套路贷”违法犯罪活动,涉及多个市辖区、70余名被害人及家庭,造成被害人经济损失高达上亿元,且犯罪对象为老年群体,致使部分老年被害人流离失所、无家可归,严重影响社会稳定。其中,2017年4月至2018年6月,林某某为将诈骗所得的房产处置变现,与他人恶意串通,故意捏造抵押借款合同和债务人违约事实,以虚假的债权债务关系向人民法院提起民事诉讼,欺骗人民法院开庭审理并作出民事裁判文书。①2021年最高人民法院发布10起人民法院整治虚假诉讼典型案例,本案例也位列其中。

二、入选理由

(一)案件涉及人数众多且多为老年人

林某某组织、领导黑社会性质组织一案中,被害人人数众多,造成的经济损失巨大。其借由合法公司的外衣,在长达5年的时间内长期实施“套路贷”违法犯罪活动,攫取巨额非法经济利益。其控制被害人房产的行为,严重侵害了被害人的合法权益,使众多老年人无家可归,对社会的稳定安宁造成严重影响。除了主导策划、指挥全部违法犯罪活动,林某某也长期雇用某律师为该组织规避法律风险提供帮助,故意捏造抵押借款合同和债务人违约事实,以虚假的债权债务关系向人民法院提起民事诉讼。其虚假诉讼行为直接破坏了法院的公信力与权威性,具有极大的主观恶性。

---

① 《最高人民法院发布十起人民法院整治虚假诉讼典型案例》,载北大法宝法律数据库2021年11月9日,https://www.pkulaw.com/chl/029b9bd528384d08bdfb.html。

林某某在实施犯罪行为的过程中触犯了多项罪名,其行为符合组织、领导黑社会性质组织罪的构成要件,且在实施“套路贷”的过程中,林某某多种手段并用,行为还构成诈骗罪、敲诈勒索罪、寻衅滋事罪、虚假诉讼罪等多种犯罪,人民法院依法对林某某数罪并罚,决定执行无期徒刑,剥夺政治权利终身,并处没收个人全部财产。基于此,本节选取了林某某组织、领导黑社会性质组织案这一典型案件,针对黑社会性质组织实施“套路贷”违法犯罪活动进行研究。

(二)党中央及社会媒体的高度关注

新中国成立以来,黑社会性质组织犯罪一直是我国刑法和刑事政策打击的重点。改革开放带来的巨变既给社会的发展带来机遇,也在一定程度上刺激了犯罪率的上升,尤其是黑社会性质组织犯罪,在这一时期有愈演愈烈之势。为了有效治理犯罪,维护社会秩序,21 世纪初,中央决定在全国开展两次打击有组织犯罪的专项斗争,集中打击黑社会性质组织犯罪。于 2000 年和 2006 年进行的两次扫黑除恶专项斗争在规模上和力度上都较为宏大,扫黑除恶取得了明显成效。

在当前,中国特色社会主义已经进入新时代,随着人民对美好生活的追求的不断深化,党和国家也愈加重视对黑社会性质犯罪组织的防控与治理。2018 年初,中共中央、国务院出台《关于开展扫黑除恶专项斗争的通知》指出,黑恶势力危害社会经济的健康发展,必须依法予以严厉打击。在以习近平同志为核心的党中央领导下,第三次扫黑除恶专项斗争也重拳出击,并集中整治社会治安乱点和行业领域乱象,取得了重大成果。“套路贷”涉黑犯罪作为新形势下黑社会性质组织常用的犯罪手段,也引起了国家的高度重视。2019 年《关于办理黑恶势力犯罪案件若干问题的指导意见》首次对“套路贷”犯罪的外在表现形式作出规定,使得“套路贷”犯罪正式进入全国视野范围,也成为了扫黑除恶的重点打击对象。[①]本节选取林某某组织、领导黑社会性质组织案也是以“套路贷”作为外在表现形式,其作为符合现状和具有新发展特点的黑社会性质组织犯罪具有典型性。

(三)《反有组织犯罪法》出台背景下该案具有典型性

2021 年 12 月 24 日,中华人民共和国第十三届全国人大常委会第三十二次会

---

① 丁爽:《“套路贷”黑社会性质组织犯罪探析——以 26 例裁判案件为研究样本》,载《中共青岛市委党校青岛行政学院学报》2021 年第 1 期。

议通过《反有组织犯罪法》,自2022年5月1日起施行。制定并颁布《反有组织犯罪法》,是常态化开展扫黑除恶的必然要求,是党中央开展扫黑除恶斗争的标志性成果,也是构建中国特色反有组织犯罪制度的成功探索和伟大实践。其立足于我国有组织犯罪的实际发展状况,有利于更好地运用法治思维和法治方式打击黑恶势力,确保扫黑除恶斗争始终在法制轨道上向前推进。本案中的黑社会性质组织与"套路贷"违法犯罪活动交织在一起,社会危害性极大。《反有组织犯罪法》的出台与实施,体现出我国对黑社会性质组织的高压打击态势,本案的判决体现了人民法院依法严惩犯罪人,切实保护被害人的合法权益,贯彻了《反有组织犯罪法》树立的"惩防并举、标本兼治"的相关规定,也强化了全社会有组织犯罪的防控意识,该案件的合理判决也让人民群众在这一起扫黑除恶案件中感受到了公平正义。

三、黑社会性质组织犯罪的变化趋势

(一)犯罪数量呈上升趋势

笔者通过在北大法宝法律数据库进行关键词检索,检索内容为"组织、领导黑社会性质组织""一审判决书",共检索到36份关于组织、领导黑社会性质组织案件的一审刑事判决书。通过对该类犯罪的36份判决书进行分析,可以较为清楚地得出其发展趋势。由图3-33可得,2018年以前黑社会性质组织犯罪案件数量较少,案件数量由2018年至2020年逐渐攀升,2020年的案件数量达到最高值。

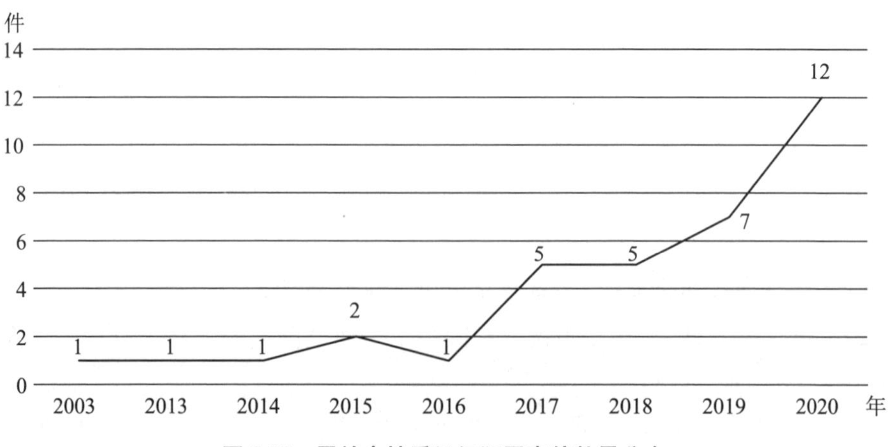

图3-33 黑社会性质组织犯罪案件数量分布

但这数据并不能说明2018年以前的黑社会性质组织的违法犯罪活动不足以构成犯罪，只是说明在三年扫黑除恶时期对黑社会性质组织犯罪的重视程度比以前更高。2018年至2020年三年来，扫黑除恶重拳打击，成果丰硕。第十三届全国人大第五次会议最高人民检察院工作报告中提到，常态化开展扫黑除恶斗争，坚持打早打小、促进常治长效，把三年专项斗争始终坚守的“是黑恶犯罪一个不放过、不是黑恶犯罪一个不凑数”融入日常。专项斗争荡涤效果凸显，社会治安秩序持续向好，最高人民检察院工作报告提到，与2020年相比，2021年起诉涉黑涉恶犯罪下降70.5%，①这也是扫黑除恶斗争取得初步胜利的体现。

（二）犯罪人地域分布上呈现广泛性

全国范围内，由于各地区地理位置、经济状况和文化传统不同，不同地区的有组织犯罪的发展状况也不同。对36例黑社会性质组织犯罪案件的犯罪人进行地域分布分析，得出这些案例中犯罪人的籍贯分布特征。由图3-34可得，在我国中部地区如湖北省、湖南省，西北地区如陕西省、甘肃省，西南地区如云南省、贵州省，东北地区如吉林省、辽宁省，沿海地区如江苏省、广东省等均有黑社会性质组织犯罪的出现。

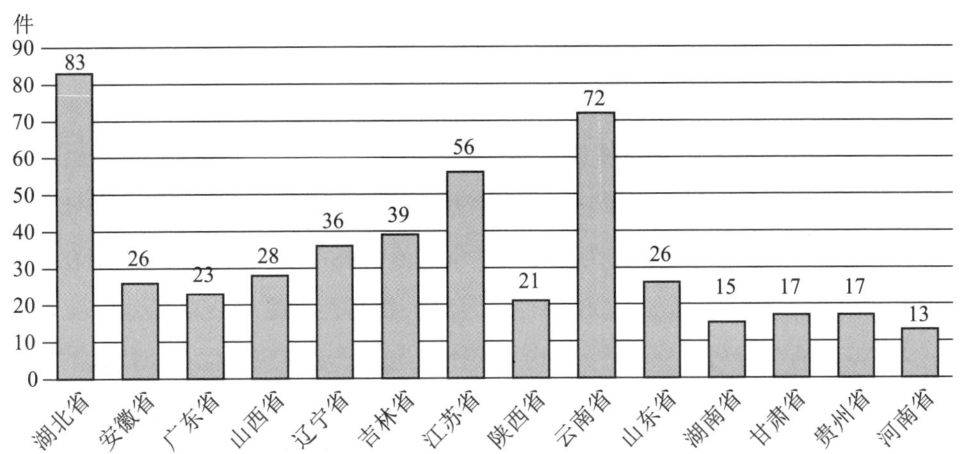

图3-34 黑社会性质组织犯罪人地域分布

① 张军：《第十三届全国人民代表大会第五次会议〈最高人民检察院工作报告〉》，载中华人民共和国最高人民检察院2022年3月8日，https://www.spp.gov.cn/spp/gzbg/202203/t20220315_549267.shtml。

由图3-34可以得出,中部地区如湖北省、河南省的黑社会性质组织犯罪人数在近三年较多,这或与近年国内外一些企业经营重心由我国沿海地区向中部转移有关,中部地区作为沟通东、西的桥梁,其对犯罪的带动作用也有所凸显。而西部地区由于其经济较为落后,少数民族聚居较多,容易形成黑社会性质组织犯罪的温床。沿海地区因其经济较为发达,有组织犯罪活动出现最早,且该地区的黑社会性质组织犯罪案情也较西部地区复杂,犯罪组织凭借公司的合法外衣来掩护实施犯罪的现象也较为频繁。

(三)犯罪涉案类型分布上呈现多样性

黑社会性质组织的犯罪行为通常具有多样性。通过对36例涉黑性质犯罪案件进行分析,可以得知黑社会性质组织在实施犯罪行为时,往往会实行一系列"复合"的违法行为,涉嫌多种罪名。如图3-35所示的黑社会性质组织犯罪案由分布,可以看出相关罪名的出现频率。除了组织、领导、参加黑社会性质组织犯罪之外,敲诈勒索罪有16件,强迫交易罪有13件,故意伤害罪有12件,非法拘禁罪有11件,聚众斗殴罪有11件,这几种复合的犯罪行为所占比例最大。由此可见,黑社会性质组织犯罪通常伴随着多种其他犯罪,对被害人进行一定的财产侵害或人身侵害的行为。

四、黑社会性质组织犯罪的特点分析

(一)组织上呈现高度严密性和稳定性

有组织性是黑社会性质组织犯罪与自然人犯罪的根本区别,且黑社会性质组织的成员与组织之间往往有较为严密的联系和依附关系。黑社会性质组织在一段时间内存续时间较长,通常有固定的活动场所,在特定的区域内从事违法犯罪行为。[①]在涉黑的"套路贷"案件中,这些团伙往往先依托公司或其他单位形成的黑社会性质组织,令某些人担任一定的领导或管理职务,通过制定规矩和严密的纪律,牢固组织基础,实现对人员的控制。进而再利用"套路贷"手段,套取大量人民群众的财产。黑社会性质组织往往有明确的层级分工和组织结构,组织成员之间上传下达、分工配合,对攫取钱财和发展组织有较强的信念感。

---

① 王鹏祥、陶旭蕾:《黑社会性质组织犯罪组织性的法教义学分析》,载《河北法学》2019年第8期。

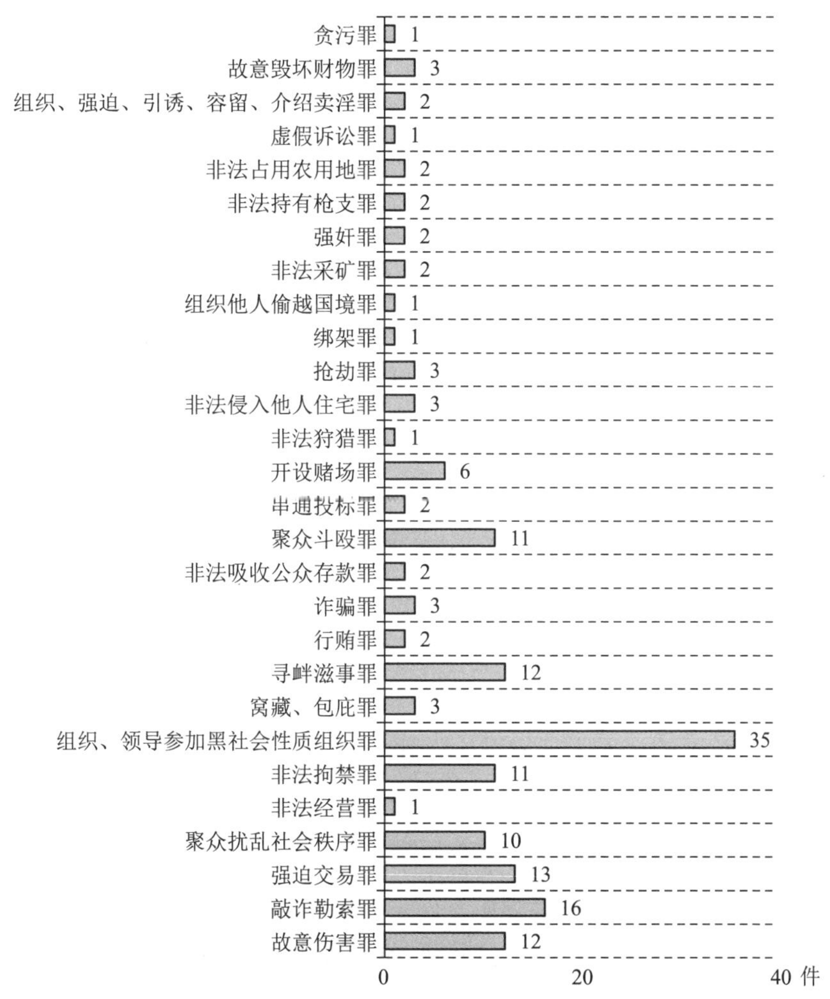

图 3-35　黑社会性质组织犯罪案由分布

（二）经济上呈现出和民间借贷的伴随性特点

利用“套路贷”来实施犯罪的黑社会性质组织在获利途径上更多地以合法公司为外衣，大部分都以注册的小额贷款公司、金融公司等为犯罪提供便利。以公司为外衣，可以使得犯罪团伙在合法外表下实施违法犯罪活动，并为其以暴力手段获取非法经济利益保驾护航。黑社会性质组织以单位的名义实施违法犯罪行为，是出于趋利避害的本能，也更不容易被查获。①正如本节所涉及的案例，林某某即是

① 林毓敏：《黑社会性质组织犯罪中的暴力手段及软性升级》，载《国家检察官学院学报》2018年第6期。

以公司为依托,通过“套路贷”的手段进行黑社会性质组织犯罪。黑社会性质组织依靠“套路贷”这一犯罪渠道,可以在短期内积攒巨额经济利益,为组织的存续发展和未来继续犯罪提供巨大的经济支持。

(三)软暴力的行为方式变得常见

我国传统学说的观点认为,黑社会性质组织的暴力性是其本质特征。这种观点有较高的合理性,暴力手段因其简单粗暴,可以直接有效地达到震慑对方的目的,是传统黑社会性质组织控制被害人的手段。但在与国家公权力作斗争的过程中,为了延续组织、躲避打击,大部分黑社会性质组织会选择较为缓和隐蔽的手段来实行,即“软暴力”。2019 年,“两高两部”印发的《关于办理黑恶势力犯罪案件若干问题的指导意见》对黑社会性质组织的“软暴力”手段给予了高度的关注,明确使用了“软暴力”的提法、相对系统地规定了“软暴力”的各项特征,这也为今后的扫黑除恶指明了打击重点,为依法惩治黑恶势力实施“软暴力”违法犯罪提供了重要法律依据。①软暴力一般表现为对他人进行有组织地纠缠、哄闹、聚众造势等,对他人形成一定的心理强制,造成限制他人人身自由、危及人身和财产安全的后果。虽然“软暴力”在外观上一般不具有明显的犯罪特征,但其危害性实际与硬暴力相当。②在当前的黑社会性质组织犯罪中,往往是软暴力手段更为常见,其也使得犯罪行为更加隐蔽,令破获过程更加困难。

(四)对特定领域形成非法控制

黑社会性质组织往往通过实施违法犯罪活动在一定区域或行业内形成非法控制或重大影响,最终严重破坏经济和社会生活秩序,这也是黑社会性质组织犯罪特征的集中反映。③在利用“套路贷”实施犯罪的涉黑案件中,不法分子往往瞄准老年人和在校大学生,利用其自我保护能力较差、易受社会不良风气影响的特点,对其形成非法控制,使得缺乏分辨能力的被害人落入圈套,影响他们正常的工作生活,对经济、社会生活秩序造成恶劣的危害和影响。

---

① 金泽刚、王振华:《黑社会性质组织犯罪的新特征及社会化治理路径探析》,载《河南警察学院学报》2019 年第 5 期。

② 黄京平:《黑恶势力利用“软暴力”犯罪的若干问题》,载《北京联合大学学报(人文社会科学版)》2018 年第 2 期。

③ 刘玉杨:《“套路贷”中涉黑因素探究及其惩治对策》,载《柳州职业技术学院学报》2020 年第 5 期。

五、涉黑组织利用"套路贷"实施犯罪的原因分析

（一）对刑事法规把握不准

我国刑法虽对黑社会性质组织犯罪的性质作出了明确规定，但黑社会性质组织犯罪仍是一个一般的法律概念，各地的公安机关并没有一个统一的认定标准，在办案的过程中会遇到认定不同的情况。对相关执法依据的把握不相同，容易给案件的办理造成一定的困难，也时常出现因公安机关认定不准问题而退回案件进行补充侦查情况的发生。①其中包括在组织结构特征、经济特征、行为特征和非法控制特征认定中存在的问题，而之所以存在这些问题，很大程度上是由于对黑社会性质组织罪状的叙述较为模糊和抽象，容易造成办案人员对刑事法规把握不准，最后对案件认定困难的局面。

（二）社会亚文化的存在

亚文化是相对于社会主流文化而言的，黑社会性质组织在长期犯罪过程中形成了对组织内部成员具有毒害性和约束性的犯罪文化。一般而言，在黑社会性质组织中，成员往往受到不良文化的影响，通过汲取一些帮派电影中的江湖准则并加以模仿，逐渐发展成为黑社会性质组织。因偏远地区的居民多文化素质不高，且多为出身农村的贫困人士，所谓的江湖规矩往往被组织利用来控制这些成员。而亚文化因其自身的强感染性，很容易对组织成员产生同频共振，产生洗脑的影响，并对凝聚组织成员起到相当大的作用。②一旦黑社会性质组织形成，聚集了一批为追逐经济利益不择手段的人群之后，他们往往会在相似价值观的作用下实施违法犯罪活动。

（三）行业监管存在漏洞

经过几十年的建设发展，我国社会主义市场经济体制已经基本确立，但市场机制仍存在不健全的现象，缺乏完善的市场准入和退出机制，因此会导致一些市场秩序混乱的问题。而黑社会性质组织渗透的合法经济领域非常广泛，而其中

① 周军：《河南省"套路贷"涉黑涉恶犯罪的特点及对策》，载《河南司法警官职业学院学报》2022 年第 1 期。

② 张旭：《黑社会性质组织犯罪实证——以 32 例黑社会性质组织犯罪刑事判决书为样本》，载《上海公安高等专科学校学报》2019 年第 1 期。

以社会准入门槛较低的服务娱乐、建筑工程、矿产资源、集贸市场、交通运输等传统行业较多。①因这些传统行业多对技术含量与资金需求的要求不高,容易从管理层面进行突破,黑社会性质组织可以利用暴力或其他不正当手段对其进行利用,从而造成市场失序的局面,并从中垄断巨额经济利益。相关部门需要对这些重点行业和重点领域加强控制与管理,通过建立社会监管机制以遏制市场的混乱状态。

(四)群众的借贷需求得不到满足

传统金融机构的借贷程序比较繁琐,并且需要借贷人提供相应的担保才能放贷。许多急需资金的群众由此难以在金融机构通过正常的贷款流程获得贷款,于是他们不得不放弃正规的渠道,"套路贷"涉黑组织正是精准抓住了人民群众急于寻求贷款的心理,通过打着"放贷快、少抵押"幌子的"套路贷"的陷阱骗取人民群众的钱财,有的还多次诈骗,使其越陷越深。

六、基于犯罪学角度的治理对策

(一)完善相关刑事法律法规

黑社会性质组织犯罪的影响极大,容易对社会生活秩序造成严重危害,世界各国普遍采取独立立法模式,坚持对其保持严打高压态势。为了预防和惩治此类犯罪,加强和规范反有组织犯罪工作,我国目前已经出台《反有组织犯罪法》,补充完善了相关刑事法律法规,该法也成为常态化开展扫黑除恶斗争的重要法治保障。要根治黑社会性质组织犯罪,需要把贯彻落实《反有组织犯罪法》作为常态化扫黑除恶的牵引,另外,也可以增加相关机构履行职责以及渎职方面的立法规定,加大力度推动其发挥出预防作用,以达到从根源治理和综合预防的功效。②

(二)依托社会治安综合治理进行行业治理

社会治安综合治理,指的是在各级党委、政府的统一领导下,各个有关部门充分发挥职能作用,协调一致,共同管理,利用多种手段整治社会治安的行为。在治

① 蔡军:《我国有组织犯罪刑事防控机制的构建》,载《中国刑事法杂志》2021年第6期。
② 王燕飞:《〈反有组织犯罪法(草案)〉的理论检视》,载《河北法学》2021年第11期。

安形势愈加复杂的当下,做好反黑反恶是维系安全的关键环节,也是社会治安的重点所在。[①]当下需要坚持预防为主、重在治本的原则,将社会治安综合治理的各项措施落实到基层,落实到群众中去。部分涉黑案件起源于基层组织,从基层开始治理,可以进行有效控制和监管,夯实治安防控体系的根基。只有建立健全社会治安防范的各种措施,大大加强防范工作,才能及时发现犯罪,预防犯罪,有效进行风险干预和化解。

除了社会治理外,加强行业监管也是当前应对黑社会性质组织犯罪的迫切任务。有组织犯罪通过经营地下行业或攫取巨额经济利益,有时出现"以黑护商""以商养黑"的情况。[②]行业乱象是滋生黑恶势力的重要土壤,解决行业乱象问题,黑恶势力才有可能根除。实践也证明,对重点行业领域开展"大扫除",是将黑恶势力连根拔起的有效方法。2021年信息网络、自然资源、交通运输、工程建设四大行业领域专项整治工作已经取得初步成效,要在持续深化2021年的行业领域专项治理的前提下,2022年再启动教育、医疗、金融放贷、市场流通新四大行业领域整治,包括严厉打击利用在校学生实施黑恶犯罪以及医疗骗保、扰乱金融市场秩序、"套路贷"、垄断经营、欺行霸市等违法犯罪行为,并加强源头防控,破解监管难题,不断铲除黑恶势力滋生土壤。[③]

(三)依托大数据,严密防控网

公安机关可以依托大数据,对一些小额贷款公司、金融公司的工商注册登记、资质、经营范围、从业人员关系进行有针对性的摸排调查。通过大数据的分析研判,及时找到引起怀疑的重点对象。[④]另外,依托大数据也可以形成线上和线下双层防范机制。随着大数据的普及与应用,越来越多的个人信息日益网络化和透明化,不法分子往往利用数据搜集用户隐私,对其进行目标借贷广告的投放。为了有效防范和治理黑社会性质组织的"套路贷"牟利模式,可以建立线上加线下的双层防范机制。在线上,督促有关部门加强对网络借贷平台的审核和监督管理力度,及

---

① 王占军:《社会治安综合治理亟待解决的若干问题》,载《铁道警察学院学报》2017年第5期。

② 熊丰、刘奕湛:《反有组织犯罪专门立法　如何将扫黑除恶进行到底》,载《中国防伪报道》2021年第1期。

③ 《(扫黑除恶)钟政声:2022年常态化扫黑除恶要继续打好组合》,载模范兴国网2022年4月20日,http://xingguo.yun.jxntv.cn/p/86213.html。

④ 陈志君、梁健:《论套路贷的打击与防范》,载《法律适用》2019年第20期。

时查处各个平台发布的不良虚假网络借贷广告,打击利用网络实施“套路贷”犯罪;在线下,工商、税务、监管部门要联合规制民间抵押、借贷行为,加大对借贷公司的监管力度,强化前端预防模式。①

(四)减批放权,正视群众借贷需求

在社会主义市场经济时代,我们国家应在贷款领域减批放权,正视群众借贷需求。人民群众往往是难以通过正常途径取得贷款,才容易转向一些小额借贷公司,殊不知这些公司很有可能是涉黑组织用来实施犯罪的工具。因此,对民间金融如果一味简单打压,反而会使“套路贷”涉黑犯罪钻空子,找到滋生的土壤。只有引导和鼓励将民间金融纳入法制轨道,并明确地方金融的监管职责,才能减少违法金融活动,以达到更好地治理“套路贷”涉黑犯罪的效果。②

(五)强化全社会意识以营造全民扫黑的氛围

要持续打好扫黑除恶战争,需要探索新形势下依靠人民群众的新办法。通过召开全国扫黑办新闻发布会等形式,正面宣传扫黑除恶斗争的进展,可以及时让人民群众了解到涉黑犯罪治理的进度,有利于增强人民与黑恶势力作斗争的信心。常态化宣传扫黑除恶英雄、见义勇为模范等先进群体,也可以充分发挥先进典型的示范引领作用,鼓舞全社会同黑恶势力作斗争的士气。延续宣传热度的做法也包括对广大人民群众开展“套路贷”黑社会性质组织犯罪的相关主题教育活动,让对黑社会性质组织利用“套路贷”进行违法犯罪活动的防控意识深入人心。

第十一节 网络赌博犯罪典型案例研究报告:刘某某、曾某某等 11 人开设赌场案③

一、案情简介

2018 年,被告人刘某某、曾某某等人经商议后,将原先各自建在国内的“极速”

① 刘玉杨:《“套路贷”中涉黑因素探究及其惩治对策》,载《柳州职业技术学院学报》2020 年第 5 期。
② 张郁、赵文龙:《“套路贷”涉黑涉恶犯罪问题治理》,载《中国刑警学院学报》2020 年第 1 期。
③ 本节由杨万佳完成。

“鼎鑫”两个网络赌盘的软件服务器移设至某国合并运营，并招纳人员出境负责赌场的运营管理。赌场开设“北京赛车”“重庆时时彩”“幸运飞艇”等赌博项目，通过电信网络发布信息等方式，在网络上组织招揽包括福建、湖南、江西等十余省的 9242 人为会员进行赌博，并以给会员“返水”、客服人员提成、发展代理的方式逐渐做大并陆续新增多个赌盘。截至 2019 年 11 月案发，涉案赌资流水达 24 亿余元，该犯罪团伙非法获利 2400 多万元。

福建省连城县人民法院于 2021 年 3 月 2 日以开设赌场罪分别判处刘某某、曾某某等 11 名被告人 1 年至 7 年不等的有期徒刑，并处最高 55 万元的罚金。该案经二审审理，判决已生效。①

二、入选理由

（一）党中央高度重视打击网络赌博工作

2021 年最高人民检察院《检察机关依法惩治开设赌场犯罪典型案例》中五个典型案例均涉及网络赌博。单纯的线上赌博或网络赌场与实体赌场相结合，操作简单的网站、App，隐蔽的宣传方式以及快捷的网络支付方式，成为网络赌博能够迅猛扩散的天然优势。此外，不难发现，为了规避国内法律的制裁，多数赌博网站均设置在东南亚等海外地区，网络赌博与跨境赌博密不可分、互相成就。近年来，以习近平同志为核心的党中央高度重视跨境网络赌博治理工作，部署了一系列的严打行动。2021 年是我国近年来针对跨境网络赌博犯罪打击力度最大的一年，也是打击成果最多的一年，由此可以看出，想要根除跨境网络赌博毒瘤，最根本的就是坚持高压、强力的打击力度。

2021 年，在以习近平同志为核心的党中央坚强领导下，公安部联合国家网信办等部门，全国各地的公安机关在公安部的统一部署下，集中开展打击跨境赌博专项行动，系统整治涉赌黑灰产问题，摧毁了一批特大跨境赌博团伙在我境内招赌吸金网络，侦破了一批重大案件，打击治理工作整体呈现压倒性态势。②

此外，《刑法修正案（十一）》中对于赌博犯罪也有新的修改：《刑法》第 302 条

---

① 参见《检察机关依法惩治开设赌场犯罪典型案例》，载最高人民检察院网上发布厅 2021 年 11 月 29 日，https://www.spp.gov.cn/spp/xwfbh/wsfbh/202111/t20211129_536894.shtml。

② 参见《坚决遏制跨境赌博乱象》，载《人民公安报》2022 年 2 月 16 日，第 1 版。

“开设赌场罪”的最低法定刑被由3年有期徒刑提高到5年有期徒刑,同时还规定了境外赌博的相关内容:“组织中华人民共和国公民参与国(境)外赌博,数额巨大或者有其他严重情节的,依照前款的规定处罚。”罪名为“组织参与国(境)外赌博罪”。

(二)“十赌十输”社会危害大

网络赌博较传统赌博犯罪性质更加恶劣。其一,借助于网络平台的算法,网站经营者可以直接改变赌局形势,占据绝对优势,使得参与者基本是“十赌十输”,经济代价惨重。其二,借助遍布全网的盗版网站、钓鱼网站,参与者往往只是点开一个所谓的视频网站、阅读网站或者游戏网站,就陷入了赌场经营者的营销圈套,广撒网的营销方式使得参与者众多,大量资金外流,严重影响了我国经济秩序和社会秩序,社会危害极大。而且,大多数网站都设置在海外地区,给公安机关的追捕带来了困难,受害者的钱财基本无法追回,使得大量犯罪分子轻易逃脱了制裁,风头过后又卷土重来。公安部负责人称,随着科技的不断发展,网络赌博犯罪集团还在逐渐升级技术手段,更加隐蔽和高端的犯罪手段,使得公安机关滞后性越来越明显,无法及时阻止社会危害的发生,网络赌博犯罪常常能够存活较长时间,变相延长了网络赌博犯罪带来的社会危害蔓延时间。

(三)网络赌博侦查难度大

随着大数据网络的不断发展,网络赌博也借助大数据的“东风”呈现出愈发高科技化的特点,大数据网络空间的虚拟性与非实名制的漏洞更是为网络赌博管理者提供了避风港。

虚拟的网络空间使得赌博不再需要考虑时间、地点的问题,参与者可以随时随地通过电子设备进入赌博网站参与到赌博活动中,这就大大降低了参与赌博、寻找赌场的难度和时间,为参与者提供了巨大的便利,加强了线上赌博参与者的“用户黏性”。此外,各种网络贷款公司只需要简单认证即可秒放大额贷款的行为也助长了网络赌博的风气。试想,线下赌博需要携现金入场,当场结算,但是网络贷款公司从根源上解决了网络赌博现金流的问题,刺激了大量赌民的参与性。这样虚拟的网络空间却提升了公安机关侦查的难度。网络赌博不需要管理者租用实体的赌场,参与者也不需要亲临现场,不会造成大量人聚集的状况,相较于线下赌博的“大张旗鼓”,这无疑降低了公安机关的敏感度,增加了侦查难度。

非实名制事实上为网络赌博组织者隐藏身份和伪装身份提供了便利。网络赌博中，参与者一般会特地选择虚拟账号或以一个随意的 IP 地址参赌，即使公安机关利用计算机技术或人力收集情报等方式，获取了参赌人员的 IP 信息，也无法准确认定使用计算机人员的真实身份。①

三、该类犯罪的发展趋势

笔者以“网络赌博”为检索项在中国裁判文书网中检索，设定刑事案由为“开设赌场罪”和“赌博罪”，审判程序为“刑事一审”，文书类型为“判决书”，裁判日期为“2011 年 1 月 1 日至 2021 年 12 月 31 日”，共选取 12494 份裁判文书进行计量分析，研判近十年网络赌博犯罪发展趋势。

（一）犯罪数量呈增长趋势

根据图 3-36② 数据显示，2011 年至 2021 年网络赌博犯罪数总体呈增长趋势，2021 年相比 2020 年有所下降。2013 年，我国全年网络赌博犯罪案件为 81 件，然而在此后几年中犯罪数成倍增长，2020 年网络赌博犯罪数量达到了顶峰 3054 件，2021 年犯罪数降至 2408 起，但数量仍然十分庞大。随着互联网技术的发展，5G 时代的到来，使用网络门槛的也愈发降低，科技的发展使得网络犯罪数也随之增长。

2021 年，我国针对网络赌博犯罪采取了重大打击措施，公安部会同外交、文化旅游、移民管理、商务、人民银行、网信、财政等部门，以最严措施、最大力度持续深入推进打击治理跨境赌博工作，部署全国公安机关多波次开展全国性集群打击行动和专项治理行动，全链条打击针对招赌吸赌的犯罪团伙。公安机关共侦办跨境赌博及相关犯罪案件 1.7 万余起，抓获犯罪嫌疑人 8 万余名。打掉网络赌博平台 2200 余个、打掉非法支付平台和地下钱庄 1600 余个、非法技术服务团队 930 余个、赌博推广平台 1500 余个，查扣冻结一批涉案资金，处罚教育了一大批参赌人员。③

---

① 黄园：《大数据时代网络赌博案件的新特征与侦查路径探索》，载《辽宁公安司法管理干部学院学报》2021 年第 6 期。

② 参见中国裁判文书网，https://wenshu.court.gov.cn/，2022 年 4 月 30 日最后访问。

③ 参见《打击治理跨境赌博这一年：打掉网络赌博平台 2200 余个》，载中华人民共和国公安部 2022 年 1 月 7 日，https://app.mps.gov.cn/gdnps/pc/content.jsp? id=8310170。

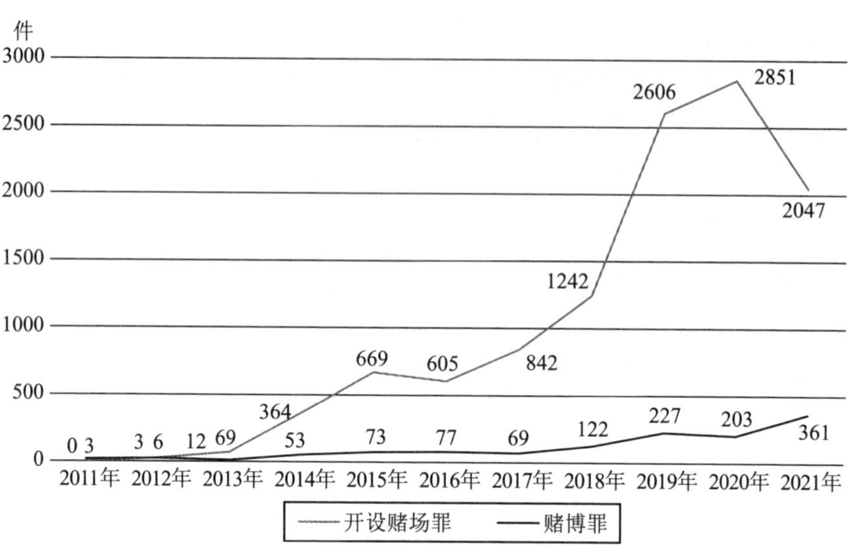

图 3-36 2011—2021 年我国网络赌博犯罪增长趋势

(二) 多发于沿海地区

图 3-37① 数据显示,2011 年至 2021 年间,网络赌博犯罪案件数量最多的三个省份为广东省、浙江省、福建省,其犯罪案件数分别为 1901 件、1474 件、1137 件,由此可见,网络赌博犯罪在地域分布上呈现由外向内扩散的趋势,即我国东南沿海地区为多发地域。出现以上犯罪发展趋势的原因也与我国的地区经济情况息息相关,东南沿海地区较内陆地区的经济更为发达,对外开放效果更为明显,经济条件更为优渥,这也使得该地域更容易滋生网络赌博犯罪。

(三) 招赌方式多样化

如今网络的无界性、隐蔽性为赌博犯罪提供了相当大的便利,犯罪行为人通过在域外架设服务器规避我国的法律制裁,其犯罪成本低、收益高、危害大的特点让犯罪行为人趋之若鹜。网络传播载体的多元化也使得犯罪行为人招赌方式不断更新,通过源源不断地开发网络赌博新玩法吸引着国内的参赌人员。例如传统百家乐赌博类型、网络赛马等体育竞技类型、股票类赌博等随即类型、六合彩等彩票类型、棋牌等在线游戏类型以及微信红包类型等赌博形式,②甚至还有通过手机 App

① 参见中国裁判文书网,https://wenshu.court.gov.cn/, 2022 年 4 月 30 日最后访问。

② 于志刚:《网络开设赌场犯罪的规律分析与制裁思路——基于 100 个随机案例的分析和思索》,载《法学》2015 年第 3 期。

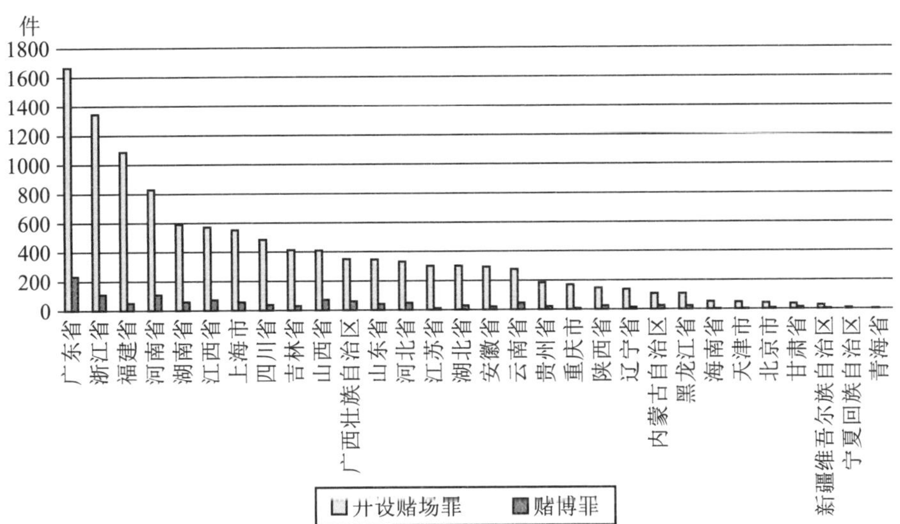

图 3-37　2011—2021 年我国网络赌博犯罪案件地域分布情况

或者网站等方式将色情网站和赌博网站相结合来招赌的手段。

四、该类犯罪的特点分析

（一）犯罪团体科技水平高

网络赌博犯罪团伙往往有着十分严密的组织分工。以中国澳门居民周某某案为例，以周某某为首的跨境赌博犯罪集团，以太阳城博彩中介一人有限公司为依托，在我国境内招募股东级代理等各级赌博代理 12000 余人，通过这种“金字塔式”的代理模式推广其赌博业务，还组织国内公民去往其在菲律宾承包的赌场进行线下赌博，这期间有专人负责对接客户、运送业务等。此外，该集团还开设了专门的资产管理公司，为赌客用资产兑换赌博筹码提供服务，为客户提供讨债的业务。同时还设置了专门的地下钱庄为赌客提供资金结算业务。①为了达成通过网络赌博获利的目的，网络赌博犯罪团伙构建了层级明晰，组织有序，分工明确的网络赌博犯罪组织，以形成流程化、模式化的网络赌博形态。②

除此之外，如今的网络赌博犯罪相较于传统赌博犯罪，犯罪团体的科技水平更

① 参见《周焯华，被批捕！警方最新通报》，载微信公众号“广州日报”，2021 年 11 月 27 日。
② 李枭：《网络赌博犯罪环节及治理对策研究》，载《北京警察学院学报》2021 年第 5 期。

高,犯罪团体中具备专门的高科技专员负责赌博平台的开发、技术支持和日常维护,并提供各种高新技术,诸如人工智能技术、区块链技术等不断升级赌博网站,使之更加稳定且隐蔽。①在网络赌博实施阶段,又有专门的技术人员负责运营工作,负责网站和 App 的日常运营和推广工作,善于利用各种新媒体、短视频、直播平台等方式招揽更多的赌客会员。同时,由于网络赌博犯罪还会滋生洗钱犯罪,专门的技术人员通过赌博平台和 App 帮助开展洗钱工作,将赌资"漂白"变成正常收入,消除客户顾虑,属于网络赌博犯罪这个链条上最后的售后服务。由此,网络赌博犯罪团体的科技化水平不断提高,形成严密的犯罪组织,使得网络赌博犯罪的危害性愈发严重。

(二)社会秩序影响维度多

网络赌博犯罪也不仅仅侵犯到了社会管理秩序,还侵犯了我国的经济秩序以及网络秩序。

在我国,赌博罪位于刑法妨害社会管理秩序罪体系内,毫无疑问,其侵害了我国公共管理秩序,但不能忽视其对于我国的经济造成的巨大影响,据统计,每年有超过千亿美元因跨境网络赌博流向海外,大量资金的流失不利于我国市场经济的发展。同时,在网络成为日常的时代,网络秩序的重要性不言而喻。根据前文所述,网络赌博犯罪分子善于利用网络漏洞、擅自修改网站信息、利用黑客技术强制弹窗赌博广告、开发大量伪装网站等,这些行为都侵犯了正常的网络秩序。综上所述,网络赌博犯罪对我国的社会秩序呈现多维度影响的特点。

(三)犯罪手段隐蔽性强

新型开设赌场犯罪具有较强的欺骗性和隐蔽性,有不法分子将网络棋牌类软件、App 进行包装,以娱乐、返利等形式,招赌、吸赌,诱骗他人一步一步走进赌博的圈套。②当前大量钓鱼网站正在以伪装的页面招摇过市,目前市面上出现了大量第一次打开是正常网络小游戏,第二次打开是赌博网站的 App,一旦有被发现的风险就暂时关闭打开为赌博网站的权限,以此来逃避侦查。虽然目前我国公安机关也将大数据技术投入侦查活动中,但网络赌博犯罪行为人总是在更新犯罪手段,提高其隐蔽性,毕竟如此高回报的生意值得其投入更高成本以维持网站运营。

---

① 姜涛:《论网络赌博罪的认定及其立法建构》,载《河北法学》2006 年第 5 期。

② 刘硕:《最高检:当前开设赌场犯罪呈高发态势:2018 年以来超 25 万人被提起公诉》,载《新华每日电讯》2021 年 11 月 30 日,第 3 版。

除此之外，也有许多借助即时通信App进行聚众赌博的犯罪行为，日常随处可见的微信群聊、QQ群聊甚至是微博粉丝群等都能帮助犯罪行为人快速招揽“客户”，这种以群聊为依托的网络赌博方式同样具备了“快建快散”的特征，犯罪行为人为防止暴露可以及时解散旧微信群、QQ群，或关闭赌博网站，更换域名来逃脱侦查。有的网络赌博犯罪人员为了毁坏网络赌博的线上痕迹，以注销账号、删除网页浏览记录和投注数据的方式来逃避侦控。①

目前来说，网络赌博犯罪的隐蔽性主要是通过高科技反侦查手段隐藏网址，障眼法掩护真实面目，以及“及时止损”的快速反应机制，这种犯罪前中后密不透风的犯罪手段使得网络赌博犯罪的隐蔽性愈来愈强。

（四）跨区域跨境犯罪占比重

目前世界范围内赌博合法化的国家和地区有：缅甸、老挝、越南、菲律宾、马来西亚、美国拉斯维加斯、新加坡等。除美国拉斯维加斯地区，其余各国基本都与我国毗邻，这种天然的地理优势造就了各网络赌博犯罪团体的温床。为了逃避境内的法律规制，许多网络赌博犯罪行为人主动与境外人员勾结，将赌博网站的服务器设置在境外，同时把核心人员转移至境外，这种经营方式使得许多犯罪分子尝到了跨境犯罪的“甜头”，此外，网络赌博依托公开且发达的网络平台，方便全国各地的赌客跨区域参与赌博，使得目前我国网络赌博跨境化跨区域化成为了一大特点。

五、该类犯罪的原因分析

（一）低成本高回报的行业吸引力

网络赌博犯罪的犯罪成本低是该类犯罪受到犯罪行为人“追捧”的内在原因，犯罪行为人在网络上开设赌场进行网络赌博犯罪所需支付的经济成本极低，绝大多数犯罪行为人只需要在域外架设一台服务器，再向专人购买或者租赁赌博网站即可拥有一座“网络赌场”。犯罪行为人只需要维持服务器的营运，再通过各种宣传手段吸引赌徒参赌即可坐收渔翁之利。因此，网络赌博犯罪相较于传统的开设

① 吴丹、龚志平：《大数据背景下网络赌博犯罪特点及侦查对策》，载《辽宁警察学院学报》2022年第1期。

赌场,既不需要支付房租,也不需要各种现实支付,成本优势极为明显。在我国大陆地区以外,有较多国家或者地区的网络赌博属于合法经营,并不受任何限制,这也使得我国执法机关难以抓获部分犯罪行为人。根据国外研究机构的统计,仅需要150万元人民币就足以支付购买网络域名、申请运营网络赌博执照以及保证赌博网站运营的工具和人工的全部费用,而开设一家实体赌场的投入是开设网络赌场费用的数十倍乃至上百倍。①2021年我国公安机关侦破网络赌博案件涉案金额约6000亿美元,由此可见,网络赌博犯罪有着极高的回报率,这也是犯罪行为人铤而走险的重要原因。

(二)缺乏体系化的法律规定

目前,赌博罪仅在我国《刑法》第303条中有所规定,主要罪名包括聚众赌博罪、开设赌场罪以及组织参与国(境)外赌博罪。但是近年新类型的赌博犯罪层出不穷,网络赌博和跨境赌博的治理困难重重,我国缺乏更为体系化和更具有针对性的法律规定。

2021年3月1日开始施行的《刑法修正案(十一)》中有两处关于赌博犯罪的修改,一是将开设赌场罪的起刑点从3年有期徒刑提高至5年有期徒刑,二是增设了"组织参与国(境)外赌博罪"的罪名,主要针对组织中国公民参与境外赌博的行为。但是,网络赌博与传统赌博并不完全相同,"网络赌博在什么情况下仅是娱乐活动,什么条件下仅是违法行为,什么程度构成以网络为犯罪平台的赌博犯罪,没有明确的界定和区分,缺乏操作性"。②

此外,目前我国对于赌客的参赌行为缺乏有效和严厉的管理。买方市场是刺激卖方市场的根源,大量赌徒的参与是网络赌博犯罪发展猖獗的根本原因。当前,针对赌客一般按照《治安管理处罚法》进行行政处罚,惩罚力度不够是导致赌徒反复参赌、屡禁不止的原因之一。

(三)网络平台监管不力

互联网作为网络赌博犯罪的主阵地,同时兼顾网络赌博操作平台和宣传平台

---

① 吴丹、龚志平:《大数据背景下网络赌博犯罪特点及侦查对策》,载《辽宁警察学院学报》2022年第1期。

② 谯冉、张小兵:《跨境网络赌博犯罪分析与预防对策——以近年来H省打击网络赌博犯罪为例》,载《山东警察学院学报》2017年第5期。

的双重身份，网络赌博依托互联网的存在与发展，所以网络平台的经营者必须承担起监督和管理的责任。目前，部分网络平台，如即时通信平台微信、QQ以及支付宝等资金交易平台，会根据账户资金交易频率与金额、敏感文字等判定用户是否涉及赌博或诈骗等犯罪，但这种监管方式并没有对赌博交易双方产生较大影响，仅仅采取以符号、行业黑话代替敏感词的原始方法就能够规避网络平台运营方的管理，收效甚微。

此外，各类网络广告是网络赌博犯罪宣传的主要渠道，但事实是部分网络平台与广告推广方沆瀣一气，导致弹窗广告、弹幕广告数不胜数，这些恶意广告中不仅有关网络招赌，还涉及各类色情广告等。此外，各类“弹窗广告”恶意插件还会窃取用户个人信息，这与网络赌博的宣传方式再一次吻合，如“六合彩”“澳门新葡京”等赌场就偏向于通过手机短信、电子邮箱等发送赌场链接以招揽客户。此外，这类“弹窗广告”通常难以正常关闭，形成一种恶意骚扰，①给用户带来很大烦恼的同时，却能给这些非法博彩行业带来生意。综上所述，网络平台针对网络赌博的监管不力甚至是恶意放行，也是网络赌博犯罪快速扩散的重要原因。

六、基于犯罪学角度的治理对策

（一）加大网络赌博犯罪打击力度

近年来跨境网络犯罪呈现出组织化严密的特点，犯罪行为人形成组织犯罪，内部分工精细、具备专业化技术等产业链特征。在对网络赌博犯罪打击的过程中，如果不从根源上对网络赌博产业链进行打击治理，终究是治标不治本，因此需从以下几点加大对网络赌博产业链的打击。第一，推进网络赌博相关行业治理。网络赌博犯罪离不开相关的黑灰色产业，所以加大对空壳账号、引流广告等方面的侦查，加大对违法出售电话卡、虚拟账号等违法犯罪活动的打击力度，从源头上肃清网络赌博产业链。第二，推进洗钱犯罪治理。网络赌博之所以屡禁不止，一大原因就是在网络赌博犯罪中，赌资流转成为了和黑钱“漂白”的重要途径，所以加大对于相关虚拟货币交易行为的监管，着力打击虚拟货币非法交易活动，整顿虚拟货币交易市场。应强化银行、支付平台等金融机构的监管和协作，构建反洗

① 彭迪：《综合治理“关不掉”的“弹窗广告”》，载《人民论坛》2020年第15期。

钱监测平台,打击治理通过网络赌博洗钱犯罪。第三,坚持网络赌博犯罪“打早打小”。加强网络赌博犯罪案件线索的收集,掌握跨境网络赌博网站相关情况,及时冻结关闭跨境网络赌博网站。第四,推进禁赌反赌常态化宣传机制。在电视媒体、网络媒体、新媒体上广泛宣传禁赌反赌知识,揭露网络赌博的危害性,重点加强对青少年禁赌反赌的教育引导,全面提升社会公众的反赌意识,营造良好的社会风气。①

(二)提高网络赌博犯罪成本

基于网络赌博犯罪低成本高回报的特征,需要从多重维度进行预防打击治理,提高网络赌博犯罪成本是重点手段之一。首先,完善相关法律规制。提高开设赌场罪的法定刑并且降低该罪的入罪门槛,加大对跨境网络赌博犯罪打击的刑法惩戒力度,能够提高刑罚的警示作用,有效遏制网络赌博犯罪。其次,加大精准打击力度。加大司法机关精准打击犯罪力度,利用大数据和人工智能等新科技,推动建立基于资金大数据、网络账号注册大数据、企业工商大数据等可信数据库的查询与出证机制。②通过大数据引导,提高办案效率,提升办案质量,实现精准打击,直击网络赌博犯罪行为人的痛点。最后,加强网络监管。公安机关、执法机关、监督机关以及各平台公司通过联合协作,加强执法部门监管手段。通过“断链”从源头上解决网络赌博犯罪行为人的治理问题。加强对虚假网络账号、无备案软件 App 的筛选和监管,加强对网络赌博犯罪的管控,提高犯罪行为人的犯罪成本。

(三)加强网络赌博犯罪国际协作机制

网络赌博犯罪难以遏制的原因在于部分国家和地区赌博合法化,甚至有些国家离不开赌场缴纳的税收,这也使我国相关执法部门难以有效打击相关犯罪行为。为有效解决跨境网络赌博犯罪人员利用制度差异藏匿国外以躲避法律制裁的现实难题,我国需要加快构建网络赌博犯罪国际协作机制,完善国家与国家、国家与地区之间的联合打击制度。第一,加强国际执法合作。基于互惠互利的原则加强与

---

① 吴浜源、张磊:《跨境网络赌博犯罪形势与治理对策研究》,载《广州市公安管理干部学院学报》2021年第4期。

② 参见《2020年第18批指导性案例》,载最高人民检察院2020年4月18日,https://www.spp.gov.cn/spp/jczdal/202004/t20200408_458415.shtml。

其他国家的警务会晤，巩固和扩大警务合作战果，构建互惠合作的国际联合执法合作关系。[①]同时，基于我国一带一路计划，通过双多边机制，借助既有的、行之有效的区域合作平台推动部分以赌为业的区域经济转型。第二，加强侦查协作。通过公安机关跨境互通、联合行动、信息共享等机制，对重点人员建立数据库，实施管控措施，实现跨境网络赌博犯罪案件的跨区域侦查协作，突破侦查壁垒。第三，加强跨机关合作。加强银行机关的资金流监管、互联网行业的网络监管以及行政执法部门的行政监管，优化和强化网络运营服务主体责任，实现跨部门高效互通，组织开展"断链"专项行动，有效打击整治网络赌博犯罪。

第十二节　新型制毒犯罪典型案例研究报告：王某贩卖、制造毒品案[②]

一、案情简介[③]

王某，四川成都人，生于1979年6月2日，初中文化水平，在该案之前并无犯罪记录。在2013年7月，王某注册成立成都陆柒捌贸易有限公司并担任法定代表人。自2016年始，王某多次以公司名义购入γ-丁内酯，在家独自将该物质与香精混合，制成混合液体命名"香精CD123"。同年5月，王某隐瞒该液体成分内含γ-丁内酯，并委托广东康加德食品实业有限公司为"香精CD123"黏贴"果味香精CD123"的商品标签，并安排该公司将已贴牌的"果味香精CD123"通过物流形式发往其指定的位于广东省中山市的裕豪食品饮料有限公司。该公司在收到物品之后根据王某提供的配方与技术标准，加入大量水与其他辅料进行加工制作，并制成"咔哇氿"液体饮料。王某将上述液体饮料卖给总经销商四川玩道酒业有限公司，并由该公司通过各级经销商将"咔哇氿"液体饮料销往深圳、贵阳、广州等地娱乐场所，各级经销商也自行销售。2017年9月9日，公安机关将王某在家中抓获并在

① 刘为军、张绍武：《移动互联网犯罪侦查对策探析》，载《中国人民公安大学学报（自然科学版）》2016年第3期。

② 本节由倪铁、姚浩亮合作完成。

③ 四川省成都市中级人民法院（2020）川01刑终624号刑事裁定书。

现场及仓库查获"咔哇氿"液体饮料723件零25瓶,各地召回"咔哇氿"液体饮料18505件。

2017年2月至2017年8月间,王某累计购入γ-丁内酯3575公斤;2017年5月至8月间,裕豪公司共收到"果味香精CD123"1853公斤;王某通过玩道酒业公司销售"咔哇氿"52355件(24瓶/件,275 ml/瓶),销售金额11587040元。由于王某贩卖、制造毒品数量大,虽无前科,但基于其重大社会危害性不能从轻处罚。因而判处有期徒刑15年,并处没收个人财产人民币427万元,没收制毒工具与扣押在案的毒品,没收违法所得及其所产生收益,以及通过违法所得购入房产。

二、入选理由

(一)案件社会影响力巨大

王某案作为最高人民法院2021年度十大涉毒犯罪典型案例,最高人民检察院依法惩治新型毒品犯罪典型案例之一,对司法实践的指导意义、民众的影响程度、官方的宣传力度均远超其他同类案件。党的十八大以来,以习近平同志为核心的党中央高度重视禁毒工作,习近平总书记多次发表重要讲话,作出重要指示。在2020年6月24日国际禁毒日前夕,习近平在全国禁毒工作先进集体和先进个人表彰会议上强调:"当前,境内和境外毒品问题、传统和新型毒品危害、网上和网下毒品犯罪相互交织,对群众生命安全和身体健康、对社会稳定带来严重危害,必须一如既往、坚决彻底把禁毒工作深入进行下去。"①因此,对于禁毒工作我们必须坚定地一以贯之。近年来,民众对于禁毒事业也高度关注,提出"反对吸毒艺人复出""对毒品说不"等口号。张从顺、张子权禁毒英雄父子,周剑等英雄事迹的流传,将人民的关注度带到了一个新的巅峰。王某案所带的标签及其巨大危害性使其拥有远超其他同类案件的影响力。

(二)新型制毒犯罪特征典型体现

王某案将"利用公司形式实施犯罪""分区域分步骤制作毒品""利用易制毒化学品制造毒品"等新型制毒犯罪的特点展现于一案之中,通过一案的研习即可发现

---

① 邱烨、罗娜:《习近平:坚持厉行禁毒方针,打好禁毒人民战争》,载人民网,http://jx.people.com.cn/n2/2020/0624/c186330-34109305.html。

其他同类案件所普遍存在的特点,对司法实践、此类犯罪的预防均存在指导意义。区别于传统毒品,新型毒品多为“合成毒品”与“新精神活性物质”,其制作流程也与传统毒品制作流程存在极大区别。在传统制毒犯罪之中,犯罪行为人多以“小作坊”“家庭作坊”等形式生产毒品,产能有限且极易被发现,如同为最高人民法院 2021 年度毒品犯罪十大案例之一的唐某某制造毒品案就为此种形式,因此侦查机关仅用 9 天时间就将唐某某等人缉拿归案。而新型制毒犯罪之中,犯罪行为人多采用“分步骤、分区域”的方式制作毒品。上海市静安区检察院颁布的《新型毒品犯罪典型案例白皮书》指出,新型毒品犯罪具有“毒品交易形式日趋隐蔽,涉网络、寄递和跨地域贩运成为主流”这一特点。①在王某案之中,从制毒原料的获取至毒品的出售共经五个流程且在不同地域进行,其具体流程已有概述,是为新型制毒犯罪特征典型体现(如图 3-38 所示)。

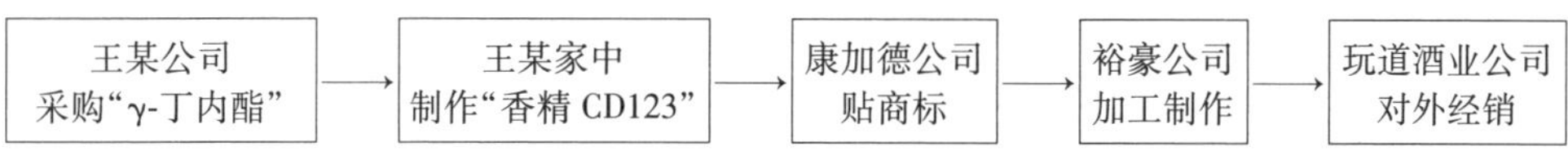

图 3-38　王某制毒流程图

(三)案件社会危害性极大

在该案之中,王某仅用 6 个月时间即可获取 γ-丁内酯 3575 公斤,而裕豪公司在 3 个月的时间内即可收到“果味香精 CD123”1853 公斤,玩道酒业公司销售“咔哇氿”52355 件(24 瓶/件,275 ml/瓶),销售金额 11587040 元。参考《2020 年中国毒情形势报告》,2020 年全国破获制造毒品案件 294 起,捣毁制毒窝点 167 个、缴获冰毒和氯胺酮 1.1 吨,其中破获百公斤以上毒品案件仅两起。②即可窥见王某案所涉及原材料数量、生产数量、获取收益与其他同类案件相比都极为巨大。且近年来,新型毒品形态各异,往往被伪装为饮料、饼干等形式在青少年之中传播。王某案所涉毒品通过经销形式流往全国各地娱乐场所,涉及地域范围广泛,各地监管参差不齐,容易产生重大社会影响。此外,在该案中,回收及查获仅有 19228 件零 25

---

① 参见林中明、苏双丽:《上海静安区:发布新型毒品犯罪典型案例白皮书》,载正义网 2021 年 6 月 24 日,http://www.jcrb.com/procuratorate/jckx/202106/t20210624_2292422.html。

② 中国禁毒:《2020 年中国毒情形势报告》,载贵州省公安厅 2021 年 7 月 20 日,http://gat.guizhou.gov.cn/ztzl/zxzt/jdrmzz/202107/t20210720_69055303.html。

瓶,占其发行总量的36.73%。可见毒品一旦流通于市场之内就极难监管,且形式隐蔽,易为儿童、青少年误食产生重大不利影响。

在2018年6月,习近平即指出"禁毒工作事关国家安危、民族兴衰、人民福祉,毒品一日不除,禁毒斗争就一日不能松懈"。①网络的发展、物流的发达为学习制毒、获取材料提供便利;暗网的存在、跨境的便利又为该犯罪提供了极强的隐蔽性;而犯罪具备传染性使得不少潜在犯罪行为人模仿学习实施犯罪。因此,仅从犯罪预防的角度而言,必须加以制止。从地域覆盖范围、销售金额、涉案毒品数量、产生危害效果出发,王某案所产生的危害与影响具有典型意义,必须以此为例,敲响警钟。

(四)具有典型法治引导意义

对司法工作人员而言,王某案是最高人民法院2021年度十大涉毒犯罪典型案例,最高人民检察院依法惩治新型毒品犯罪典型案例之一。其不仅能够在同类案件侦查过程之中为侦查人员提供侦查经验,也能够为检察人员起诉、审判人员审判提供指导。

对普通民众而言,这一案件能够增强民众对于禁毒活动的了解、强化民众对于毒品犯罪的检举揭发意识、完善民众对于毒品新形态的认识,进而在保障公民的人身健康安全的同时,吸纳公民一同参与禁毒整治工作。这样一方面拓展了官方侦破毒品案件的信息来源,为侦查机关破案快、准、严提供帮助;另一方面真正将民众引入法治工作之中,不仅增强了司法透明度、维护了司法公正,更是增强了民众守法意识。

三、制毒犯罪发展趋势

社会面的高度关注、党中央的积极支持为我国禁毒工作注入了强大的动力。近年来,我国开展一系列禁毒活动,如"禁毒2018两打两控"专项行动、"除冰肃毒"打击制毒犯罪专项行动、"净边"专项行动等对于国内毒品犯罪活动起到了一定的遏制作用,国内制毒犯罪形势受到了一定的约束,但是仍然不容松懈。

(一)涉毒犯罪案件及缴获毒品数量平稳下降

从图3-39可以看出自2015年至2018年我国涉毒犯罪案件及缴获毒品数量总

---

① 新华社:《习近平就禁毒工作作出重要指示》,载中国政府网,http://www.gov.cn/xinwen/2018-06/25/content_5301084.htm。

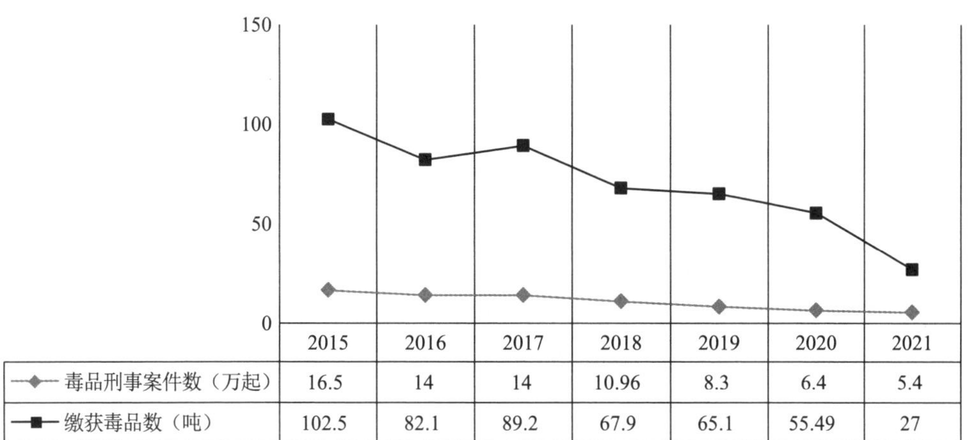

图 3-39　2015—2021 年我国涉毒犯罪案件及缴获毒品数量

体数量及缴获毒品数量呈现逐年下降趋势，是为我国禁毒专项行动之成效体现。且根据 2015 年至 2020 年的《中国毒情形势报告》，上述年份我国吸毒者人数分别为 234.5 万、250.5 万、255.3 万、240.4 万、214.8 万、180.1 万。可见，在对毒品犯罪进行预防的同时，我国禁毒机构与矫正机构协力合作，从需求端控制毒品流通与毒品犯罪也获得成效。

（二）制毒犯罪相关案件治理趋势逐渐好转

从制毒犯罪变化趋势审视我国对毒品犯罪的变化，依据 2016 年至 2020 年《中国毒情形势报告》的数据分析，我国制毒犯罪呈以下发展趋势：

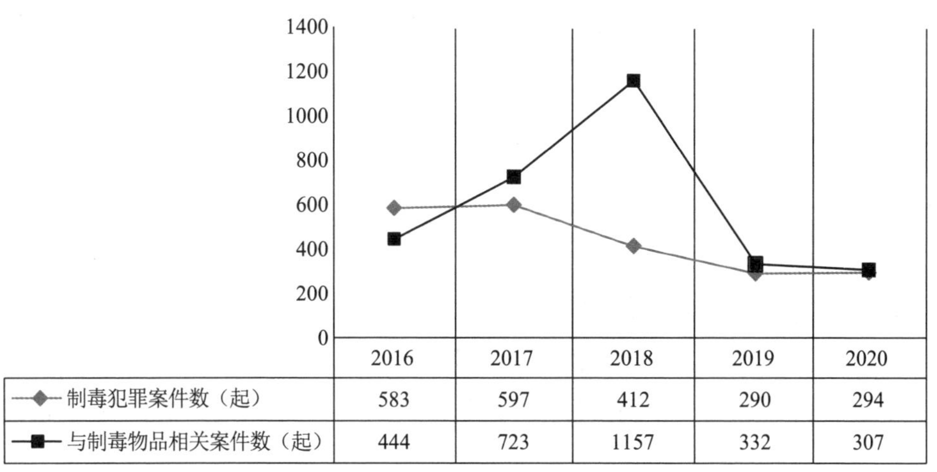

图 3-40　2016—2020 年我国制毒犯罪案件数及与制毒物品相关案件数

参考图 3-40,自 2016 年至 2020 年我国制毒犯罪案件数呈下降趋势,且结合其缴获毒品数量也可发现其下降规律,故国内制毒犯罪逐渐呈现萎缩趋势。但与制毒物品相关案件则呈先升后降趋势,其原因在于法律对于易制毒化学品、列管物质的更新具有滞后性,难以及时控制,但在 2018 年开展专项行动之后,整治效果直接凸显。从上述数据可以看出我国禁毒活动取得的显著成效,国内制毒产业受到严重打击,但是国内毒品犯罪活动出现新的变化,例如境内运输境外制毒、分工分地制作等,在各官方文件中均被单独列出进行分析。此类新型制毒犯罪在近年内对我国禁毒活动造成极大的挑战,因此禁毒工作仍然任重道远。

四、制毒犯罪特征分析

此类犯罪以王某案为例,具有以下鲜明特点:首先,分区域、分步骤加工最后整合形成毒品,因而具备极强的隐蔽性;其次,犯罪行为人能够轻易获取大量管控物品,说明现有监管制度存在部分缺陷;再次,网络学习迅速便捷,能够使犯罪行为人轻易获取制毒信息;最后,毒品形式如饼干、糖果,其形式之隐蔽使人难以肉眼辨析。此外,若将视角转回传统领域,以唐某某制造毒品案为例,则可发现,涉毒犯罪还具备犯罪传习、家族式犯罪等典型特征,现将该类犯罪特征叙述如下:

(一) 制毒团伙内部具有宗亲关系

1. 传统涉毒犯罪以宗族为纽带形成团伙

“12 · 29”行动之前广东省制造冰毒犯罪尤其以陆丰博社村为代表,形成以家庭成员和亲属为纽带,以族群关系和村民密集聚居区为背景在村中制造毒品的模式。①制毒贩卖在为犯罪行为人带来高额利润的同时也伴随着严厉处罚,因此不少犯罪行为人会选择以其家人、宗亲为共同犯罪人一同制造毒品,就如何某某制造毒品案之中,何某某指示其妻子在外租赁楼房为其提供制毒场所。由于亲属关系的存在,在大部分情况下,犯罪行为人的亲属很少会向公安机关主动举报其罪行,反而会选择沉默,抑或是加入制毒活动之中,因此对于犯罪人而言能够保障其自身的人身安全,同时能够增加制毒效率。

2. 新型涉毒犯罪以亲信为纽带形成团伙

在经过一系列整治活动之后,以大规模的“宗族”关系为纽带的犯罪人员构成

① 徐媛媛、丘志馨:《论广东制造毒品犯罪的现状、趋势与对策》,载《政法学刊》2015 年第 5 期。

逐渐减少，取而代之的是犯罪行为人凭借其自身所掌握的制毒技术，在地形偏远地区寻觅制毒场所并联合其朋友、熟人、远亲等具有“亲信”关系的人群组成制毒团伙。以席某某贩卖、制造毒品案为例。席某某通过网络结识王某，通过电话聊天等方式向其学习制毒方法，后与梁某某合作共同制毒。在该案之中，犯罪行为人之间并不存在亲属关系，且分属不同地域。但其相互勾结，利用各自的资源、技术、财力等优势，组成相对完善的制毒团队，从事犯罪活动。跨地域犯罪也给侦查工作带来一定的困难。相较于“宗族式的制毒犯罪”，以亲信为纽带实施的涉毒犯罪只有在抓捕其中某一位犯罪人之后对其讯问才能及时获取其他罪犯信息，将其逮捕归案。

（二）制毒场所隐蔽分散

为了在获取高收益的同时避免法律制裁，犯罪行为人往往会选择隐蔽区域实施制毒。制毒场所越隐蔽，其所需要面临的风险与犯罪成本就越小。而在新型制毒犯罪之中犯罪行为人所采用的“分区域、分步骤”制毒方式则更能满足其所需的“安全感”。

1. 选择偏远地区实施制毒犯罪

在制毒犯罪早期，犯罪行为人往往会选择偏远地区实施犯罪。20 世纪 90 年代制毒犯罪在我国发案率逐渐升高，重点地区为广东省等沿海区域及部分内陆经济欠发达地区。以广东省为例，在初期由于毒品制造需要处理废水、废气的排放问题，因此，犯罪行为人往往会选择治安薄弱地区或废弃工厂、养殖场等相对偏远地区作为其制毒地点。现在，部分犯罪行为人仍会选择上述场所进行毒品制作。如蔡某某贩卖、制造毒品案，蔡某某以生产胶水为借口，于广西壮族自治区合浦县闸口镇租赁一个养殖场作为其制毒窝点。

2. 制毒场所转移至城市密集区域

随着科技的进步发展，以及城市空间的密集隐蔽，部分犯罪行为人将其制毒场所移入城市住宅之内。近年来，由于科技的发展，部分犯罪行为人能够隐藏污染问题进行毒品制作，因此会将制毒地点选在人口稠密、交通方便的城市地带，通常是以别墅小区或高层住宅为其制毒地址。在这些地带生产毒品，有充足的水电资源保证且交通发达方便运输，高层住宅能够较好地散发制毒过程中所产生的刺激性气味，不易为周边住户所发现举报。如前所述的何某某制造毒品案之中,何某某就指使妻子租赁该镇维罗纳小区 10 幢楼 2 单元 903 室,并在此制造毒品。

3.“化整为零”多步骤制作毒品

面对我国愈发严格的禁毒专项活动,犯罪行为人采用“化整为零”“多步骤”的制毒方式,从而更大程度增加了制毒过程的隐蔽性。①换言之,即将毒品制作拆分为不同步骤于不同地点分别进行,例如刘某等贩卖、制造毒品案。在该案中,刘某伙同迁某单独数次购买海洛因用作制造海洛因勾兑液。刘某先在辽宁省沈阳市于洪区伙同侯某制造海洛因勾兑液,后又在新城子区雇用张某某将勾兑液装瓶封口,制成针剂。原料购买、材料加工、制作装瓶分别于不同地方进行,减少了被发现的风险,同时也为侦查工作增加困难。

(三)案件侦查取证困难

依据前述的犯罪趋势分析可以得出国内制毒犯罪近年呈萎缩趋势,但犯罪所生的新变化、犯罪黑数等主客观因素仍然制约着侦查取证。国家禁毒委曾经统计过,毒品犯罪案件查获数与“黑数”之比大致为 1∶6。②而“化整为零”的制毒流程需要各侦查机构打破内部壁垒实现协力办案。这种种因素的存在,形成了现有的侦查取证困局,现展开如下:

1. 缺少证据线索未能立案

毒品在世界范围内具备广阔的需求市场。根据相关数据统计在 2020 年全世界有约 2.7 亿的吸毒人员,而中国就存在 180.1 万名吸毒人员。③吸毒者为保障其吸毒需求得到满足,极少主动向警方提供毒贩信息。缺少这一直接可靠的信息来源,侦查机关在侦查过程之中仅能通过实地走访、群众举报、技术侦查等手段来耗费较多时间进行侦查取证,并且不可能面面俱到。因此,许多案件实际发生但侦查机关不能及时发现,或是不能达到“案件事实清楚、证据确实充分”的要求将犯罪行为人捉拿归案,导致犯罪行为的继续实施。此外,部分犯罪行为人的亲属为保证现有的高额利益来源,抑或是犯罪行为人的安全也会选择隐瞒不报,导致

---

① 赵晓:《国内制造毒品犯罪:特点原因与治理措施》,载《云南警官学院学报》2022 年第 1 期。

② 曾粤兴:《制造毒品犯罪防治论》,载《山东警察学院学报》2011 年第 3 期。

③ 中国禁毒:《2020 年中国毒情形势报告》,载贵州省公安厅,http://gat.guizhou.gov.cn/ztzl/zxzt/jdrmzz/202107/t20210720_69055303.html。

信息缺失。

2. 立案后证据难以获取

近年来，制毒犯罪存在着“分区域分步骤制作”的情形，如前述刘某等贩卖、制造毒品案、王某案等。因此，侦查机关通过传统的侦查形式难以及时获取犯罪信息、证据，给犯罪行为人毁灭罪证留下了时间。并且科技进步使犯罪行为人能够通过各种手段来减少、处理制造毒品所产生的废气废水，所以周边居民不能及时发现并举报。因此，侦查机关不能及时掌握犯罪行为人实施犯罪的关键性证据将其逮捕归案。

（四）跨国性特征明显

虽然国内制毒产业受到打击压制，但中国周边如“金三角”“银三角”等地的制毒产业仍然高速发展，这不仅对于国内禁毒事业、国际联合禁毒是一个巨大挑战，同时也为国内制毒产业提供了跨国的原材料来源以及跨国的销售途径。

1. 制毒原料流往国外

由于国内毒品管制相较于国外而言更为严格，并且国内制毒产业近几年呈现萎缩趋势，因此不少犯罪行为人将制毒原材料或者是易制毒化学品进行提炼之后做成制毒原料，再将原料转移到金三角等地制造毒品，最后将其销往世界各地，同时也会有部分毒品重新流回中国境内。对此，我国于 2020 年开展“净边”专项行动，对其起到了一定的管制作用，但是由于易制毒化学品的管控尚存在问题，且材料提炼技术较成熟，故要在一定期间内取得显著成效，仍然存在极大的困难。就以 2020 年为例，全国总共破获走私、非法买卖、运输及生产制造制毒物品案件共 307 起，缴获各类化学品 2335 吨。①

2. 国外制毒成品流往国内

外国当局对毒品的禁止与规制程度与国内相差甚远。甚至有国家，如墨西哥将“娱乐性”大麻合法化，这为犯罪行为人提供了一线生机及制毒的场所，通过国外制毒输往中国境内的形式，对于国内禁毒活动造成打击。犯罪行为人的运输毒品手段复杂繁多，例如以人体运毒的形式运往国内，吴某制造、运输毒品

---

① 中国禁毒:《2020 年中国毒情形势报告》，载贵州省公安厅，http://gat.guizhou.gov.cn/ztzl/zxzt/jdrmzz/202107/t20210720_69055303.html。

案中,吴某与其同伙通过在缅甸运用互联网招募运毒人员的形式,让运毒者先将毒品吞下,进入国境后从其排泄物中提取毒品成分再卖给吸毒者。又如跨境邮递运输毒品,龙某某走私、运输毒品案中,由加拿大的 Jason 将大麻伪装成蓝莓果干的形式通过国际物流运往国内。更有甚者成立公司通过伪装实施跨国运输毒品业务。

五、制毒犯罪原因分析

"当某一罪犯落网以后,一般来说,他的同伙就立即躲避起来了,他们存亡未卜的命运就给自己判处了流放刑,并使国家摆脱了再受侵害的危险。与此同时,对被抓获者的刑罚达到了它的唯一目的,即以威慑来防止他人再犯类似罪行。"①刑罚的威慑力已然存在但仍有犯罪人铤而走险,可对其剖析如下:

(一)缺乏正常道德伦理观念

1. 不良成长环境形成不良价值观

依据赫希的纽带理论以及萨瑟兰的学习理论,犯罪行为人个性的养成与其童年时期所处环境与所受教育均存在联系。在多数制毒案例中,犯罪行为人多为"小学""初中"文凭。虽然近年内高学历犯罪行为人人数在增加但仍为少数。犯罪行为人由于种种原因未能接受正常的家庭、学校教育或完成学业导致其在童年、青少年时期更易接触犯罪群体、学习犯罪行为,最终乐于接受这一行为模式并且实施。因此,正常道德感、正确辨别能力的缺失最终使得犯罪行为人实施制毒活动。而这一切起源于犯罪行为人童年、青少年时期所处的环境及接受的教育。在传统的宗族式制毒犯罪之中由于犯罪行为人的孩子所处环境与制毒相关,且其父母容易向其灌输相应的理念。因此,在成长过程之中就已树立与正常伦理相悖的价值观念,最后走上制毒犯罪的道路。

2. 暗网隐匿犯罪行踪给予犯罪人"安全感"

依据理性选择理论,犯罪人在实施犯罪之前往往会进行理性选择。当其认为实施犯罪所能带来的好处大于刑罚处罚所能带来的痛苦之时就会选择犯罪。在刑事司法领域中,利用暗网实施犯罪行为是一个热门课题,同时也对于制毒犯罪产生

① [意]切萨雷·贝卡里亚:《论犯罪与刑罚》,黄风译,北京大学出版社 2008 年版,第 42 页。

了一定的影响。网络空间分为三个层次:表层网、深网和暗网。暗网与深网不易为搜索引擎所发掘,同时能够隐藏信息。因而利用这一形式实施制毒犯罪对侦查产生了极大的挑战。①暗网为实施制毒犯罪提供便利条件与所需的“安全感”。第一,在暗网环境中,犯罪行为人基于加密货币建立“数字信任”更易促成交易;第二,暗网环境中相较于表层网分布有更多的毒源信息与制毒信息;第三,暗网环境中基于加密货币进行交易能够绕过国家监管,同时多跨国进行,可以摆脱地域约束同时对于各国的管辖权问题提出挑战;第四,暗网会将犯罪主体的信息隐匿,其采用的IP地址与身份信息均被加密并且基于算法随时变动隐藏其犯罪行踪。

(二)巨额利益催生犯罪动力

依据默顿的失范理论可以得知经济因素是促使犯罪的重要原因,且早在欧洲中世纪贝卡里亚就已提出这一论断。

1. 毒品需求大

根据2021年的《世界毒品报告》全球约有2.75亿人使用毒品,而国内在2020年就已具有180.1万名吸毒人员。毒品一旦沾染就将成瘾,吸毒者在长期吸食毒品之后就会对其产生生理上与心理上的依赖,如果停止使用毒品将会产生一系列生理戒断症状。如意识紊乱、身体不适等,在重新用药或加大剂量之后,可以缓解上述症状。②吸毒者在经过一系列矫正与教育之后能够在一段时间内放弃接触毒品,但是仍然存在着大量的复吸率。海洛因的3年内复吸率在80%至90%以上,可卡因的复吸率超过90%。③因而吸毒者一旦复吸且由于原先就具备获取毒品的途径,将助长毒品犯罪的发展,对我国禁毒工作造成阻碍。这一由原有吸食者、新吸食者、复吸食者三类群体构成的吸毒人群在世界范围内分布广泛且数量巨大,构成了巨大的消费市场,为制毒犯罪提供财力、动力源泉。制毒犯罪行为人多为“小学”“初中”文凭,因此大都难以通过正常的合法途径获取现实意义上的经济成功来满足其经济需求。如此广阔的需求市场所能够产生的巨额利益则是促使其实施犯罪的关键因素。

---

① 参见杨玉晓:《暗网环境中毒品犯罪刑事司法应对研究》,载《铁道警察学院学报》2021年第6期。

② 参见黄明儒:《从供需法则看“严打”毒品犯罪刑事政策》,载《南华大学学报》2020年第1期。

③ 解启文:《毒品形势分析及检验方法研究》,载《自然杂志》2017年第6期。

2. 制毒利润高

据相关数据显示,全球目前的毒品交易额达8000亿至1万亿美元,高于石油贸易额,仅次于军火交易。若从经济学的视角分析这一问题实际即简单的"供需关系"。我国国内乃至世界上的大部分国家仍旧将毒品视为"违禁品",因此吸毒者难以通过正常途径获取毒品满足自身需求,而毒品也难以像正常的交易物品如食品、服装等在市场上正常流通。这就导致在具备广阔需求市场的同时缺少能够满足市场需求的供给市场,所以毒品往往会以高于其制造成本的数十倍甚至是百倍价格卖给吸毒者,进而产生极大的利润。在上官某某制造毒品案中被告人利用其自身的优势,通过制药厂的员工利用虚假资质获取价值144万元的400件感冒药用于制作冰毒。上述药品可提炼麻黄碱145公斤、毒品109.75公斤,加工成冰毒之后毒品价值或将超过1亿元。通过这一案例可以发现在毒品制造中其制造成本几乎可以忽略不计,能够带来极其高的利润,因而吸引不少犯罪人铤而走险实施犯罪。相关数据表明,毒品利润高达100倍,甚至更高。①因此,巨大的经济利益足以驱使犯罪行为人以身试法。

(三)配套制度规范不完备

1. 法律滞后难以应对犯罪新形势

法律管控所存在的问题直指法律的滞后性以及监管不严格。近年来,新精神活性物质毒品犯罪问题日益凸显。每年我国都会新增一批列管物质,但是规制速度远远不及犯罪行为人修改已列管物质的化学结构得到毒品类似物的速度。例如2016年我国新增列管物质22种,而至2019年新增46种,可见其发展速度之快,但法律的滞后性使其规制存在困难。对于易制毒化学品的管控直指法律所存在的滞后性。同时,犯罪行为人通过贿赂药商或者伪造资质证件的方式获取易制毒化学品的形式得不到规制。此外,制毒所需的用品如试剂瓶、烧瓶等材料更是可以轻易获取,导致制毒犯罪如此泛滥。

2. 网络监控缺乏目标导向

我国网络环境管控的漏洞为犯罪行为人提供制毒契机。前述的暗网虽能为犯罪行为人提供"安全感",但仅能为少部分人所利用,大部分犯罪行为人仍是通过网络学习制毒,多为表层网所提供的数据。在搜索引擎中输入"冰毒""毒品制作"

---

① 赵晓:《国内制造毒品犯罪:特点原因与治理措施》,载《云南警官学院学报》2022年第1期。

等关键词能够快速跳出相关内容甚至是化学品合成视频。此外,犯罪行为人通过网络聊天软件沟通"制毒心得"的案例也不在少数,就如前述席某某贩卖、制造毒品案。上述情形直指网络监管、网络实名等相关问题。

3. 正常教育失位可能促成犯罪心理

我国教育资源分配不均衡导致部分青少年在其生命历程早期难以接触正确理念也是一种制度弊端。通过对犯罪行为人的学历、文化水平进行研究,即可发现其多为低文化水平,且处于经济较落后地区,这些地区教育资源难以跟进。教育资源的缺失不仅使其难以形成正确的价值观,更使其难以通过社会所认可的形式来获取经济成功,最终导致犯罪发生。

六、基于犯罪学角度的治理对策

对于犯罪的预防,通常可以从犯罪预防与被害预防两方面出发。但在制毒犯罪中,若从刑法客体角度出发,其侵害客体为社会公共管理秩序,难以实现被害预防。若从犯罪学的角度进行研究,则可将吸毒者作为被害人,同时它也侵害了国家对违禁品的管控制度,故可从这一角度切入研究。此外,刑罚应当注重发挥其威慑作用与法益保护作用,而非将其视作一项惩罚工具,注重其惩罚性。正如贝卡里亚在其《论犯罪与刑罚》所言:"一般来说,刑罚的强度和犯罪的下场应该更注重对他人的效用,而对于受刑人则应尽可能不要那么严酷。"①因此,对于这类犯罪的预防可以从以下角度出发研究:

(一)通过教育树立正常心理

正如前分析所述,个性的形成起源于儿童、青少年时期。而在这一阶段,孩子与其父母的纽带联系、所接受的教育程度均会对于犯罪的发生起到一定的影响作用。因此,必须从教育角度出发制定犯罪预防对策,养成其健康心理。

1. 通过家庭教育形成正常心理

无论是赫希的社会纽带理论还是索恩伯里的交互理论,均提及父母与儿童之间纽带的重要性,这一纽带的联系性越强,儿童在其生命历程之中犯罪的可能性就越低。因此,从家庭教育的角度出发,父母自身需要以身作则,同时向儿童说明毒

① [意]切萨雷·贝卡里亚:《论犯罪与刑罚》,黄风译,北京大学出版社2008年版,第47页。

品危害以及远离毒品。同时,父母需要给孩子创造一个健康积极的家庭生活环境,给予其积极的正反馈,远离与犯罪相关的黑暗面。

2. 利用学校资源加深禁毒教育

传统的学校教育仅注重对学生的学业教育而忽视其道德教育、心理健康教育、生理健康教育。因此学校应当注重全方位的教育模式,培养学生的健康身心,加强对于学生的禁毒教育,利用国家禁毒日等特殊时期举办相关活动加深影响。此外,学校应该改变传统的"填鸭式"教育方式。此种教育方式不仅容易使学生产生厌学心理导致知识与理念难以传输,更会增强学生心理压力最终导致其通过不恰当的方式排解压力。

3. 基于社区优势推广禁毒教育

社会是由一个个基层社区所构成的,而社区更易与民众沟通交流、接触。因此社区应当发挥这一优势加强禁毒教育与宣传活动,利用居民闲暇时间与戒毒所、缉毒警等机构或个人加强合作,形成禁毒教育进社区的局面。

4. 通过矫正教育破除犯罪心理

犯罪行为人一旦被判处刑罚,其在执行场所接受刑罚的过程之中,不应当追求让其通过切身感受,体会到刑罚的严酷。更多的应当是通过执行场所的规章制度的执行,让其破除原先的犯罪心理,建立起正常的、与社会伦理相符合的正常心理。在刑罚执行期间,劳动矫正能够让其形成正常的工作能力,进而在刑满释放之后拥有一技之长而不至于再通过实施犯罪来满足其经济需求;教育矫正能够让其学习到正常的科学知识以及伦理道德,进而为其建立正常心理奠定基础。此外,刑罚的矫正能够让犯罪人切实体会到刑罚的严酷,进而在进行利益衡量之时作出符合社会伦理的选择,不致将来再犯。

(二)从经济层面设计预防策略

1. 发挥政府职能促进民众正常就业

依据默顿的失范理论设计预防对策,其理念核心在于为社会底层阶级创造更多合法途径或机会来实现现实意义上的经济成功。结合我国当前国策可知,我国正大力鼓励开发实体经济。因此,相关政府机构、政策性银行应当在审核其资质及方案可行性之后为个体户创业提供充分的资金支持与技术指导。同时,地方政府在力所能及的情况之下,应当积极扶植小微企业,使其有足够的能力招募员工,缓解社会失业问题，尽力满足社会面的就业需求。通过就业，弥补文化因素所造成的壁垒，使其能够通过正常手段满足经济需求。

2. 增加制毒犯罪违法成本

依据情境预防理论设计预防对策，主要在于降低犯罪行为人的预期收益，其实质就在于通过法律、政策规定来干预市场。因此，首先，从需求端的角度出发，相关机构应当增强对于酒吧、歌舞厅等娱乐场所的管理，严禁毒品流通，而戒毒机构在矫正吸毒者之时应当加强对其禁毒教育，避免复吸。切断市场上的需求，则供给端缺乏足够的财力、动力进行生产，缺少足够的利益来源，制作毒品就失去其意义。其次，从供给端角度出发，增强对于易制毒化学品的管控与流通，同时通过立法增加罚金刑的数额规定，增加其犯罪经济成本。

（三）完善毒品治理相关制度

1. 完善机关协作制度降低法律滞后性影响

法律的滞后性是其自身固有特性，难以改变，因此需要在现有法律框架内通过辅助手段预防犯罪。从国内预防角度出发，应当建立多方合作机制。第一，建立国内毒品犯罪信息智库。涵盖以往案例、犯罪人信息、材料获取途径、侦破方式记载等相关内容。在各相关机关之间共享犯罪治理信息，同时方便类案的查阅，为研究犯罪预防方法以及侦破相似案件提供便利。第二，构建对于大宗药品购买的追踪机制。由于制毒犯罪行为人大都从易制毒化学品中提取原料，因此往往会购买大宗药品。所以，侦查机关可以与药品监管部门、药厂合作掌握购买大宗药品的用户的个人信息，并对其用途、流向进行监管。第三，针对走私制毒材料等案件，侦查机关可与海关、边境保卫部门等相关机构相互合作。加强对于边境转运的管理，严格规范转运流程，建立人员信息规制平台。

2. 衔接国内国际法律构建国际合作基础

从国际联合预防的角度出发。第一，基于《大湄公河次区域禁毒合作谅解备忘录》《联合国禁止非法贩运麻醉药品和精神药物公约》《欧洲反洗钱公约》等相关官方文件，①我国应当在协约范围内积极履行职责，维护国际公约的权威，就跨国制

① 参见李静、李云鹏：《全球化背景下“金三角”地区跨国毒品犯罪研究》，载《云南警官学院学报》2021 年第 3 期。

毒犯罪与成员国国家相互合作,如建立信息共享平台、开展成员国之间的禁毒专项活动。同时,在国际侦查合作之中积极配合他国开展我国境内的毒品犯罪侦查活动,利用国际刑警组织、联合国等平台分享我国禁毒经验与反思。第二,由于制造毒品犯罪中,犯罪行为人往往会持有枪支、管制刀具等杀伤性武器,因此,为保障执法人员的安全。我们应当构建毒品犯罪情报智库,保障执法安全合作信息源。①第三,国内法与国际制度接轨。在禁毒执法过程之中,国内法为执法机构执法的直接依据,因此只有当一个国家对于国际法的认可度较高时,国际公约才能发挥其实际效用,成为各国合作的基础。②

3. 强化网络监管营造健康网络空间

从网络监管层面出发。第一,增强"清网"行动力度及执行度,就网络空间内所涉及的毒品制作流程等相关信息一概严管,对于多次、频繁浏览制毒网页内容的网络用户,网络警察可以基于网络实名制获取其个人信息,通过电话、短信等方式与其联系,在一段时间内对其行为进行监督,防止犯罪行为人借机为犯罪做准备工作。此外,联系现有网络监管新措施,可以要求用户在使用网络资源时显示其 IP 属地。第二,侦查机关公布案件信息应当兼顾侦查的秘密性与侦查的公开性。就程序方面的相关事宜、犯罪嫌疑人相关信息应当向社会公开接受监督,而内容方面例如毒品化学名、材料来源等应当处于秘密状态,不能通过网络向外流传。第三,针对利用暗网实施制毒犯罪的情况,在侦查过程中,吸纳计算机方面的专家加入侦查团队,利用网络技术攻克暗网内容。而在日常监管之中,时刻关注对于暗网的发现。

4. 设计激励制度实现社会共治

在传统侦查活动中,民众、公司举报是主要的证据来源。而新型制毒犯罪所处区域隐蔽、科技手段能够处理污染物,因此社会公众难以发现犯罪行为人实施犯罪之时的可疑之处。并且由于与制毒犯罪相关的影视剧向公众宣传了制毒犯罪行为人属极度危险人群的观念,故社会公众害怕被打击报复,举报意愿并不高。犯罪预防应当吸收公众参与,实现社会共治。因此,就制毒犯罪而言,相关

---

① 参见顾一帆、赵宇:《中国与澜湄五国禁毒执法安全合作的法律问题研究》,载《犯罪研究》2021 年第 5 期。

② 参见王凌:《国际禁毒法的实施:理想与现实》,载《中外法学》1995 年第 5 期。

机构可以根据我国实际经济情况以及财政预算情况，对提供重要线索的公众在保证其身份信息不被泄露的基础上再给予一定的经济鼓励，来增强民众对于提供此类犯罪信息的意愿。

第十三节　金融领域职务犯罪典型案例研究报告：赖某某受贿、贪污、重婚案[①]

一、案情简介[②]

赖某某曾任中国华融资产管理股份有限公司党委书记、董事长等职务。在职期间利用职务上的便利以及职权和地位形成的便利条件，为他人在获得融资、承揽工程、合作经营、调动工作以及职务提拔调整等事项上提供帮助，直接或通过特定关系人非法收受、索取财物，共计折合人民币 17.88 亿余元(其中 1.04 亿余元尚未实际取得)；同时利用职务便利，伙同特定关系人侵吞、套取单位公共资金共计人民币 2513 万余元；此外，赖某某在与妻子合法婚姻关系存续期间，与他人长期以夫妻名义共同居住生活，并育有子女。

2021 年 1 月 5 日天津市第二中级人民法院对赖某某案公开审判，认为被告赖某某的上述行为分别构成受贿罪、贪污罪和重婚罪，并以受贿罪判处死刑，剥夺政治权利终身，并处没收个人全部财产；以贪污罪判处有期徒刑 11 年，并处没收个人财产人民币 200 万元，以重婚罪判处有期徒刑 1 年。数罪并罚，判处死刑立即执行，剥夺政治权利终身，并处没收个人全部财产。

宣判后，赖某某上诉至天津市高级人民法院。2021 年 1 月 21 日天津市高级人民法院组成合议庭公开开庭审理，确认一审判决认定的事实清楚，证据确实充分，定罪准确，量刑适当，审判程序合法，作出驳回上诉、维持原判的裁定，并依法报请最高人民法院核准死刑。

2021 年 1 月 29 日上午，经最高人民法院核准，天津市第二中级人民法院依照

① 本节由王凯妮完成。

② 《赖小民受贿、贪污、重婚案二审宣判》，载最高人民法院网 2021 年 1 月 21 日，https://www.court.gov.cn/fabu-xiangqing-285161.html。

法定程序对赖某某执行了死刑。

二、入选理由

(一) 党和国家及相关部门高度重视金融反腐

金融安全是国家安全的重要组成部分,是经济平稳健康发展的重要基础。①随着改革开放的不断深入,我国金融业取得巨大成就,成为世界重要的金融大国,但同时金融风险问题也愈发凸显。党的十八大以来,以习近平同志为核心的党中央反复强调要把防控金融风险放到更加重要的位置,坚决查处各种风险背后的腐败问题,做好金融反腐和处置金融风险统筹衔接。

针对金融领域的腐败现象,中央纪委全会连续五年释放反腐信号,持续加大反腐力度,从十九届中央纪委二次全会将“审批监管”“金融信贷”列为反腐败重点领域和关键环节,到三次全会首次提出金融“内鬼”的说法,再到四次全会、五次全会、六次全会接连提出“加大金融领域反腐力度”“坚决惩处金融风险背后的腐败问题”“一体推进惩治金融腐败和防控金融风险”“发现一起坚决查处一起”,言词之中充分彰显了党中央金融反腐的决心。而在金融反腐举措上,一方面,严惩党的十八大以来不收敛、不收手、顶风作案、严重危害国家和人民利益的腐败分子,通过慎重适用死刑的方式震慑其侥幸心理;另一方面,2021 年中央巡视组进驻 25 家金融单位,首次在金融领域开展中央常规巡视,大批中央一级金融单位干部、部级、厅级干部接受审查调查,充分体现了党中央对金融工作的高度重视,对金融腐败犯罪绝不姑息、零容忍的态度,以及金融反腐力度的持续提升和不断加码。2021 年是中国共产党成立 100 周年,自党的十八大以来党中央坚定不移推进全面从严治党,坚持以零容忍态度惩治腐败,以高压态势一体推进不敢腐、不能腐、不想腐战略目标,深化金融领域反腐败斗争无疑是其中的一项重要举措。

(二) 金融领域职务犯罪持续高发

金融领域资源相对集中、技术相对专业的特殊性使得该领域的职务犯罪往往涉案金额大、隐蔽性强,严重影响着国家金融秩序的稳定与安全,同时易对社会实体经济造成严重冲击进而引发社会问题,较其他领域的腐败问题危害更大。近年

---

① 2017 年 4 月 25 日习近平总书记在中共中央政治局集体学习时的讲话。

来,随着党和国家金融反腐力度的不断加大,金融领域职务违法犯罪现象更多地“浮出水面”,呈现出高发态势,其中不乏大案、要案。中央纪委全会工作报告显示,2019年全国纪检监察机关共立案审查调查金融系统违纪违法案件6900余件,[①]2020年处分金融系统违纪违法人员9420人,[②]2021年金融系统因行贿被查处的人数达1.2万人次。[③]大量金融“巨虎”“大鳄”被查办,据不完全统计显示,2021年中央纪委国家监委网站公布的金融领域涉嫌重大违规违法、接受纪律审查和监察调查、被“双开”的人员有近70人,其中多为中央一级党和国家机关、国企和金融单位干部,[④]如原银监会副主席蔡锷生,国家开发银行原党委委员何兴祥,银保监会四川监管局原党委委员、副局长李国荣等,而2022年截至5月至少已有44位金融高管被审查调查。[⑤]这些数据既体现了我国金融反腐工作的显著成效,也说明了今后坚持持续推进不断深化金融反腐工作的必要性。

(三)本案为“新中国金融第一贪”,入选多项年度案件榜单

赖某某案受贿数额高达17.88亿余元,是新中国成立以来人民法院审理的职务犯罪案件中受贿数额最大的一例,其中二十二起受贿犯罪事实中,有三起受贿犯罪数额分别在2亿元、4亿元和6亿元以上,另有六起受贿犯罪数额在4000万元以上,犯罪情节特别严重,主观恶性极大。在我国死刑改革背景之下,数十种经济性或其他非暴力性犯罪的死刑被废除,贪污受贿犯罪死刑适用的范围也得到了进一步的限缩,然而在“保留死刑但严格限制和慎重适用死刑”的政策之下,赖某某所犯罪行仍然满足最高人民法院、最高人民检察院《关于办理贪污贿赂刑事案件适用法律若干问题的解释》中有关受贿罪适用死刑的“四个特别”细化标准,且犯罪性质之恶劣、社会危害之严重使其即便具有重大立功表现也仍不足以得到从宽处罚,

---

① 《赵乐际在十九届中央纪委四次全会上的工作报告》,载中央纪委国家监委网站2020年2月24日,https://www.ccdi.gov.cn/xxgkn/hyzl/202002/t20200224_40528.html。

② 《赵乐际在十九届中央纪委五次全会上的工作报告》,载中央纪委国家监委网站2021年3月15日,https://www.ccdi.gov.cn/xxgkn/hyzl/202103/t20210315_40530.html。

③ 《赵乐际在十九届中央纪委六次全会上的工作报告》,载中央纪委国家监委网站2022年2月24日,https://www.ccdi.gov.cn/toutiaon/202202/t20220224_174022.html。

④ 胡萌:《金融反腐风暴:年内近70人落马,银行成重灾区,退休也非安全港》,载新京报2021年11月30日,https://www.bjnews.com.cn/detail/163825560614604.html。

⑤ 《反腐败,中小银行几乎全部沦陷!2022年已有44位金融高管落马》,载搜狐网2022年5月18日,https://www.sohu.com/a/548203632_121321042。

成为党的十八大以来第一个被判处死刑立即执行的职务犯罪案件,具有非常重要的警示意义。

该案也因此被列入新时代推动法治进程2021年度十大案件之一、最高人民检察院十大法律监督案例之一、《中国审判》2021年度十大典型案例之一、南方财经法律研究院2021年中国金融从业人员犯罪十大典型案例之一,同时被央视反腐专题片《国家监察》加以大篇幅地披露。

三、金融领域职务犯罪特点分析

2021年9月20日施行的《中华人民共和国监察法实施条例》对监察机关有权管辖的101个职务犯罪罪名作出了具体规定,其中包括贪污贿赂犯罪、滥用职权犯罪、玩忽职守犯罪、徇私舞弊犯罪以及公职人员在行使公权力过程中涉及的重大责任事故犯罪等几大类犯罪类型。本节择取的案例样本范围将立足于监察机关有权管辖的职务犯罪罪名,在北大法宝数据库中以“贪污贿赂”“渎职”“妨害对公司、企业的管理秩序”“破坏金融管理秩序”四大类犯罪罪名为案由,以银行、保险、证券、投资管理公司为被告人所在单位(或被害单位),检索2017年1月1日至2021年12月31日近5年相关案例,经逐一筛查后得到金融领域职务犯罪案件211例,其中银行业149例,保险业43例,证券、投资管理行业19例。①这些案例呈现出金融领域职务犯罪的以下特点:

(一)银行业始终是高发领域

金融领域一般包括银行业、证券业、保险业、信托业等行业领域,然而金融领域职务犯罪的高发区和重灾区似乎始终是银行业。近20年前,据中国人民银行

---

① 对于案例样本,需要作以下几点说明:首先,关键字检索过程中难免有所遗漏,虽已尽可能扩大范围,但仍无法确保所有相关案例都被囊括其中,这是客观条件所限,也是笔者能力所限。其次,因法律法规并未对职务犯罪作出明确定义,也未细分职务犯罪具体罪名,因此对于职务犯罪的概念和主体范围界定,学术界存在多种观点,部分学者认为职务犯罪的主体必须是国家工作人员,部分学者认为职务犯罪的主体是国家公职人员,也有学者认为职务犯罪的主体就是具有一定职务身份的人,“公权力”并非必要条件。因此对于金融领域职务犯罪的主体界定以及罪名划分也存在广义和狭义之分,大部分论及金融领域职务犯罪的文献都采广义说,也即除了狭义的贪污、贿赂、渎职犯罪外,还包括内幕交易、泄露内幕信息罪,违规出具金融票证罪,金融工作人员购买假币、以假币换取货币罪,职务侵占罪,挪用资金罪等非国家工作人员犯罪类型,而这些罪名与《监察法实施条例》所规定的监察机关有权管辖的101个罪名具有高度的重合性,因此,综合考虑,本节案例样本选取的罪名范围将以监察机关管辖的罪名范围为参考标准。

研究局编制的中国金融腐败指数显示，2002 年至 2003 年度，①中国金融腐败指数为 5.42，其中银行业腐败指数为 4.17。近 8 年前，最高人民检察院发布的数据显示，2014 年 1 月至 2015 年 6 月全国检察机关查办的 701 例涉金融领域职务犯罪案件中，涉案人员为 877 人，其中涉及银行领域的就有 645 人，占金融领域立案总人数的 73.8%。②由中国司法大数据研究院、21 世纪经济报道、京师金融犯罪研究中心、南方财经法律研究院联合发布的《中国金融机构从业人员犯罪问题研究白皮书》（以下简称白皮书）再次显示，在 2018—2021 年这四年中，银行为涉案最多的金融机构类型，占比达半数以上。可见，银行业职务犯罪是金融领域职务犯罪的核心部分，笔者对近 5 年相关案例的检索情况也充分印证了这一特点。

（二）罪名集中且受贿犯罪突出

金融领域职务犯罪虽涵盖罪名诸多，但具体案件所涉罪名的分布却十分集中。

由图 3-41 可知，在银行业 149 个样本案例中，罪名主要分布在受贿类犯罪（74 例，占比 49.7%，其中包括受贿罪 47 例和非国家工作人员受贿罪 27 例）、挪用类犯罪（42 例，占比 28.2%，其中包括挪用公款罪 24 例和挪用资金罪 18 例）以及贪污侵

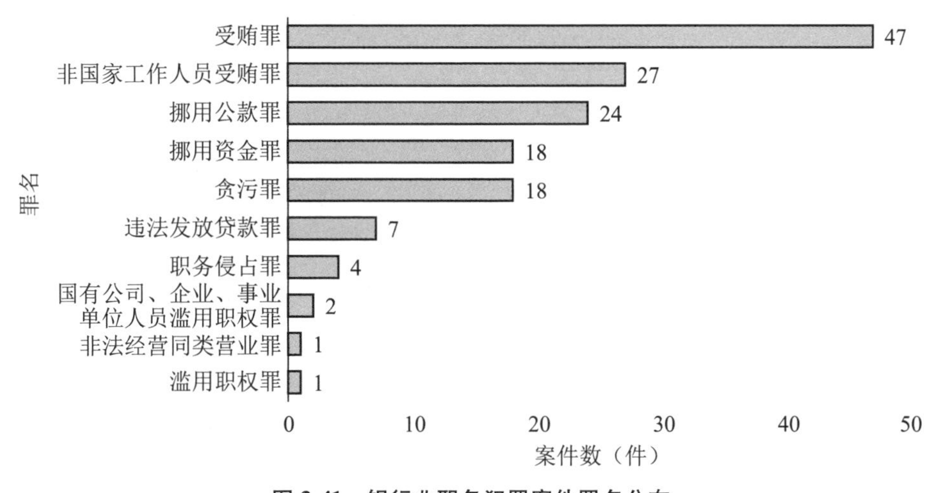

图 3-41　银行业职务犯罪案件罪名分布

---

① 参见吴波、郭建坡：《银行职务犯罪趋势与对策研究》，载《河北法学》2006 年第 2 期。

② 徐日丹：《检察机关保持对金融犯罪高压打击态势》，载最高人民检察院，https://www.spp.gov.cn/zdgz/201509/t20150924_105047.shtml。

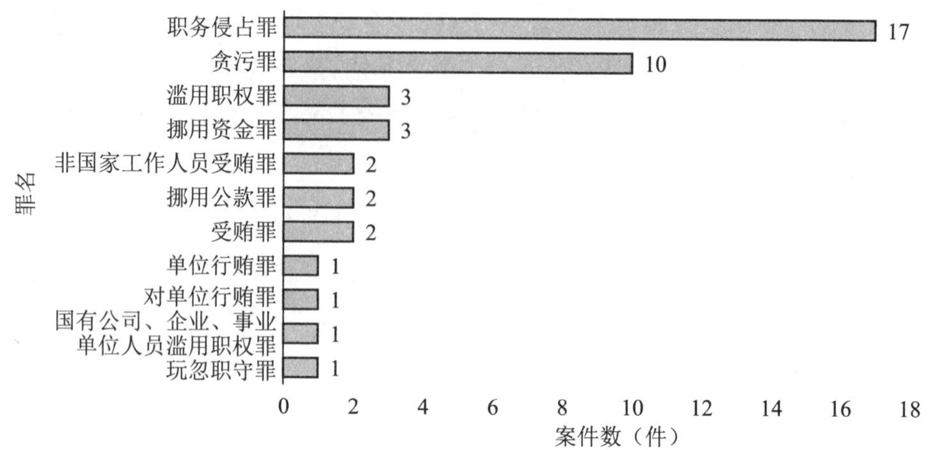

图 3-42　保险业职务犯罪案件罪名分布

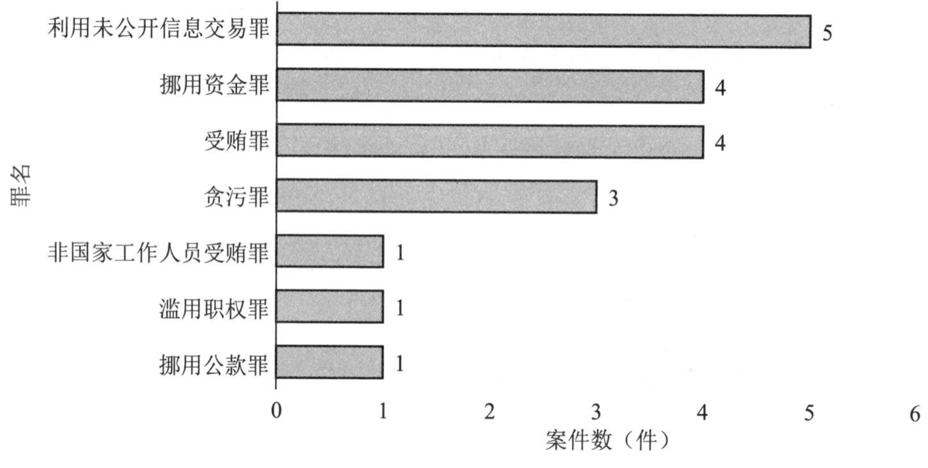

图 3-43　证券、投资管理业职务犯罪案件罪名分布

占类犯罪(22 例,占比 14.8%,其中包括贪污罪 18 例和职务侵占罪 4 例)三项上,①受贿类犯罪案件数量占比高达半数。由图 3-42 可知,在保险业 43 个样本案例中,罪名也主要分布在贪污侵占类犯罪(27 例,占比 62.8%,其中包括职务侵占罪 17 例

① 之所以将受贿罪与非国家工作人员受贿罪、挪用公款罪与挪用资金罪、贪污罪与职务侵占罪两两归类,主要是因为两罪之间的客观犯罪行为是一致和统一的,区别仅仅在于犯罪主体和客体法益上,这一区别对于刑法的定罪量刑至关重要,但对于犯罪学研究而言,似乎并不十分必要,反之,将客观犯罪行为一致的罪名放在一起研究将更有利于探究其行为原因以及治理对策。

和贪污罪10例)、挪用类犯罪(5例,占比11.6%,其中包括挪用资金罪3例和挪用公款罪2例)以及受贿类犯罪(4例,占比9.3%,其中包括受贿罪2例和非国家工作人员受贿罪2例)三项上。在证券、投资管理业的19个样本案例中,上述三类罪名的案件数量同样排在前列,其中挪用类犯罪5例(占比26.3%),受贿类犯罪5例(占比26.3%)以及贪污犯罪3例(占比15.8%)(见图3-43)。由此可见,金融领域职务犯罪罪名十分集中。

而在综合考察211例金融领域职务犯罪案例后发现,受贿类犯罪(包括受贿罪和非国家工作人员受贿罪)占比达到39%,贪污侵占类犯罪(包括贪污罪和职务侵占罪)和挪用类犯罪(包括挪用公款罪和挪用资金罪)分别占比24.6%,其他罪名的案件数量之总和也只占比11.4%(见图3-44),可见金融领域职务犯罪中受贿类犯罪十分突出。

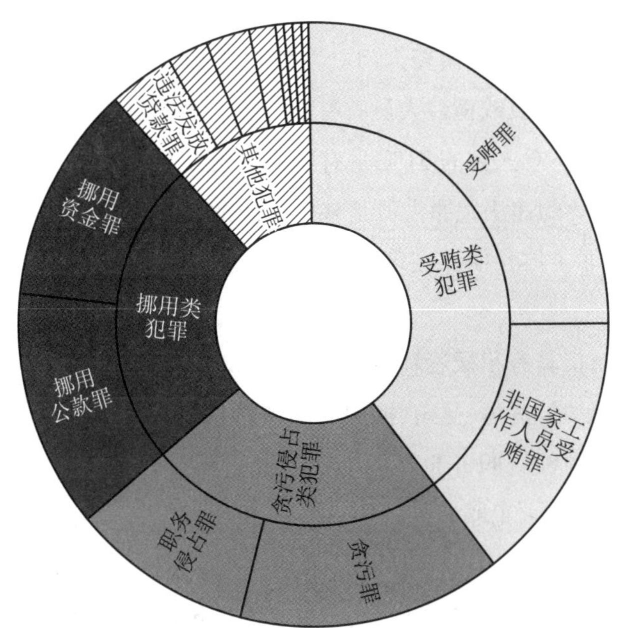

图3-44 金融领域职务犯罪案例罪名分布

这一罪名分布规律在不同时期具有高度相似性。如最高人民检察院公布的数据显示,全国检察机关在2014年至2015年6月立案查办的涉及金融领域职务犯罪的701起案件中,涉案人员有877人,其中贿赂犯罪就有453人,占该领域立案总人数的51.8%,而受贿犯罪有350人,占该领域贿赂犯罪总数的77.3%。①可见,罪名集中且受贿犯罪突出是金融领域职务犯罪罪名分布的常态。

(三)犯罪主体具有多层次性

"高官落马"的新闻报道以及具有影响力的典型案件往往使公众的视线停留在高层管理人员的腐败行为上,然而金融领域的专业性和资源集中性使得该领域不管是高层管理人员还是一线基层员工,都拥有较大的权力以及权力异化的可能,导致该领域职务犯罪的主体呈现出一定的多层次性。除各大国有银行分行行长、部门主任或经理、人保分公司总经理、国有资产经营投资公司总经理等高层管理人员可能以权谋私外,银行出纳员、会计、信贷员、储蓄代办员等掌握"实权"的基层要害岗位工作人员也存在利用职务便利和系统漏洞截留、挪用公款或收受他人好处的腐败现象。以上述银行业案例样本为例,信贷员、出纳员等一线基层岗位工作人员犯职务犯罪的数量占比19.4%,而早在10年前《法制日报》就曾披露,2003年至2009年,北京市职务犯罪侦查部门立案侦查的55件金融系统职务犯罪案件涉案59人中一线经办人员或柜台人员就有20人,占总人数的33%,金融系统高级管理人员共18人,约占总人数的31%。②有研究人员统计2010—2018年的裁判文书数据后也发现,60%的违法犯罪人员是基层单位的负责人和一线职员。由此可见,金融领域职务犯罪主体长期存在多层级发展现象,不可忽视基层单位潜在的职务犯罪问题。

(四)犯罪动机具有积极逐利性

一般的职务犯罪,贪污、受贿、挪用的款项常被用以个人消费或挥霍以及偿还个人债款等,而金融领域职务犯罪的动机除此之外还具有一定的逐利性,此处的"逐利"并非单纯地追求犯罪所得,而是追求"钱生钱",寄希望于通过犯罪所得进一步获得高收益。拥有一定专业性和技术性的金融工作人员,因其所处的环境更易接触到股票、基金、期货等投资内容,了解其中的操作流程,易被投资可能获得的高利润所诱惑。当眼前出现投资利好机会而手中缺少投资资本时,更有可能通过

---

① 徐日丹:《检察机关保持对金融犯罪高压打击态势》,载最高人民检察院,https://www.spp.gov.cn/zdgz/201509/t20150924_105047.shtml。

② 参见李松、黄洁:《金融领域职务犯罪两极分化态势明显》,载《法制日报》2010年12月7日,第4版。

违法犯罪的手段挪用、侵吞公款以进行个人投资活动，部分罪犯在挪用公款时甚至抱有“只是借用一下，投资成功后立马将本金归还，不会被察觉”的侥幸心理。网络赌博和高息放贷同样也是诱发金融领域职务犯罪的高发动机，如天津市南开国有资产经营投资有限公司总经理挪用公款供其对外高息放贷使用，①中国人民财产保险股份有限公司某支公司综合岗工作人员挪用公款用于在东方彩票网站上进行网络赌博②等。投资、放贷等逐利性动机是金融领域职务犯罪区别于其他职务犯罪的重要特点之一。

（五）犯罪手段具有高隐蔽性

金融领域的专业性和技术性为该领域工作人员实施职务犯罪提供了隐蔽的环境。基层工作人员在熟知具体操作流程和系统可能存在的漏洞后，对于如何利用具体环节的操作中饱私囊了然于心。除了利用职务便利直接挪用库款外，银行业一线工作人员还可能在不同环节采取不同的手段来达到挪用公款的目的，如在储蓄环节采取存单客户联与记账联填写不一致的方式挪用吸收的存款；③在信贷环节通过冒用他人名义或编造虚假贷款资料进行贷款的方式挪用公款；④在结算环节采用抹去记账员计算机内数据、改变操作码以及重新记账、复核、变造单据、假设解付汇票等手段非法占有公款，⑤或通过自制虚假信汇凭证及联行报单来挪用公款；⑥在出纳环节采取自填取款凭条、伪制活期储蓄分账户的方式，以储户取款的名义挪用公款⑦等。而保险业一线工作人员则可能通过伪造客户退保金变更合同，擅自更改客户领取退保金的银行卡等手段挪用资金，⑧或通过截留投保单、专用发票加盖假公章、套打保险合同等手段收取他人缴纳的保金⑨（见表3-5）。对于高层管理人员而言，“期权化”犯罪手段使其在职期间得以“光明正大”地为他人谋

① 郑某东滥用职权、挪用公款、贪污、受贿案，天津市南开区人民法院（2016）津0104刑初246号刑事判决书。

② 杨某挪用公款案，新疆维吾尔自治区民丰县人民法院（2021）新3227刑初4号刑事判决书。

③ 任某某挪用资金案，山东省滕州市人民法院（2017）鲁0481刑初610号刑事判决书。

④ 刘某红挪用资金案，山东省平邑县人民法院（2017）鲁1326刑初524号刑事判决书。

⑤ 张某1贪污案，甘肃省白银市白银区人民法院（2017）甘0402刑初516号刑事判决书。

⑥ 王某清挪用公款案，海南省澄迈县人民法院（2017）琼9023刑初496号刑事判决书。

⑦ 骆某挪用公款案，湖北省洪湖市人民法院（2017）鄂1083刑初33号刑事判决书。

⑧ 贺某宇挪用资金案，辽宁省铁岭市银州区人民法院（2017）辽1202刑初217号刑事判决书。

⑨ 李某1贪污案，山西省岚县人民法院（2019）晋1127刑初111号刑事判决书。

取不正当利益、逃脱监管,而在未来的某个时期得到巨额回报。这些犯罪手段具备一定的技术含量,"表面合法性"使其更为隐蔽,如同蛀虫般对金融安全构成潜在的巨大威胁,也加大了监督、预防职务犯罪的难度。

表 3-5　金融领域职务犯罪常见犯罪手段

金融行业	犯罪手段
银行业	自制虚假凭证、伪造账户,挪用公款
	篡改计算机数据,变造单据、假设解付汇票
	伪造印章、开设同业账户
	在储户不知情的情况下,办理假挂失手续
	采取存单客户联与记账联填写不一致方式,挪用吸收的存款
	冒用客户或其他人的身份及相关信息资料办理贷款
	截留不入账或推迟入账以占为己有或挪作他用
	私自承诺提高利息,以高息为诱饵非法吸收资金并转移
保险业	(自己或指使他人投保时)虚报冒领
	未经客户允许伪造退保金变更合同、更改客户领取退保金的银行卡
	截留投保单、保险费不入账
	制造假事故骗取保金
	指使员工将保险直销业务操作成代理业务套取保险佣金
证券、投资管理业	未经批准擅自出借巨额款项
	截留公款,占为己有、挪作他用
	利用未公开信息进行趋同交易
	以虚构第三方协议的方式骗取证券资金
	……

(六)涉案金额巨大

金融领域是资金密集型行业,与其他实业领域不同的是,金融领域仅一个融资就可以达到几十亿,而金融从业人员,尤其是高级管理人员,对金融机构的资金使用权限较大,导致该领域职务犯罪案件往往涉案金额巨大。且不说赖某某级别的高官受贿金额之大，以银行业为例，单就各大国有银行分行的管理人员和工作人员，其职务犯罪涉案金额亦令人咋舌。如图 3-45 所示，137 例案件①中涉案金额百万元以上、千万元以下的案件有 57 个，占比为 41.6%；千万元以上的有 17 个，占比为 12.4%，其中涉案金额最高达 6155 万元；而涉案金额百万元以上的案件总数占比约 54%，高达半数以上，这些数据足以体现“金融无小贪，动辄百万元”的夸张现象，给我国经济造成重大损失。

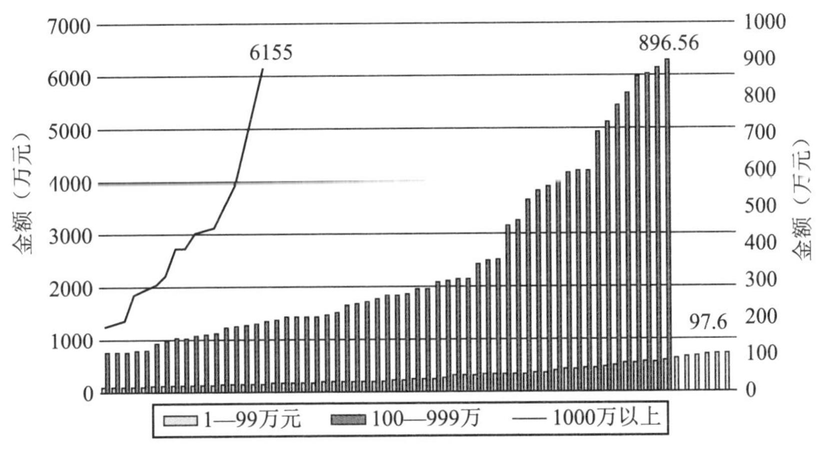

图 3-45　银行业职务犯罪案件涉案金额分布

四、基于犯罪学角度的原因分析

日常活动理论认为犯罪行为与日常活动模式有关，科恩和费尔森提出当有犯罪动机的人、合适的犯罪目标以及缺乏有能力的监察人三个引致犯罪的要素同时出现时，实施犯罪行为的概率就会大大提高。笔者以为金融领域职务犯罪的产生就可以用这三要素加以解释，简言之，金融从业人员置身于聚集了大量金钱和权力的环境之中，本身较一般人就更有可能产生犯罪动机，而其手握实权或身处要职将为其找寻合适的犯罪目标与犯罪时机创造机会，加之金融领域内外监管不到位，导致其实施职务犯罪的概率大大提升。

---

① 银行业职务犯罪案例样本是 149 个，排除了滥用职权类犯罪和违法发放贷款罪等没有具体获益数额的案件，得到 137 个案例样本，保留了贪污罪、职务侵占罪、受贿罪、非国家工作人员受贿罪、挪用公款罪和挪用资金罪这六个常见罪名的涉案金额。

(一)个人贪利思想作祟形成犯罪动机

改革开放以来,社会经济飞速发展,物质利益追求被置于现实需要的层面,而随着社会物质条件的不断改善,人的价值观也开始发生改变,拜金主义、享乐主义、个人极端主义逐渐显现,这种错误的价值观本身就是职务犯罪的一大诱因。而金融从业人员身处市场经济中心,每天与大量权贵人士的交往使其人生观、价值观相较常人更易受到市场趋利的影响。在金融资源仍是稀缺资源的情况下,掌握实权的高级管理人员极易受到周围利益相关人士的劝说、引诱和腐蚀,进而形成贪利思想。而基层从业人员也容易形成两种"殊途同归"的犯罪动机:一方面,对于部分本身负担有大量个人欠款的金融从业人员而言,了解或部分参与他人的富裕生活会使其在无意之中将自己窘迫的经济状况与此进行比较,现实的差距与矛盾容易使其受到强烈的心理冲击进而导致心态变异。另一方面,金融投资交易市场中总是不乏"轻松"赚取高收益的人存在,金融从业人员在与这些人的交往过程中,会产生自己也可以实现"一夜暴富"的错觉,进而千方百计地不惜使用各种手段以求获得投资的基本资金。而金融领域从业人员恰巧每天都需要接触和经手大量资金,这些巨额资金在他们面前无疑是一种诱惑,并且这种诱惑被变异的价值观、窘迫的经济状况、投资一夜暴富的错觉无数倍地放大。对于道德品质低下、意志薄弱的人而言,一时的诱惑或许可以勉强抵挡,但若重复经受这种诱惑,则难免有朝一日会突破道德和法律的防线。如样本案例中,几乎所有案例的犯罪动机都逃脱不了"偿还个人欠款""投资""赌博""放高利贷""个人消费"。

(二)实权实操易产生合适的犯罪目标

如上所述,金融领域从业人员主要可以分为两类,一类是手握实权的高级管理人员,这类群体主要通过权力寻租、设租的方式主动或被动地产生犯罪目标;另一类是负责实际操作的基层岗位工作人员,这类群体因精通业务,在进行实操的过程中会发现系统以外的人无法发现的管理漏洞或者获取到他人无法知晓的资料信息,这些漏洞和私密信息在已经形成犯罪动机或具有潜在犯罪动机的人面前就可能成为其找寻合适的犯罪目标的机会。例如,案例样本中,(2019)粤0882刑初474号被告人陈某通过伪造储蓄存单侵吞公款就是因为在复查《中国银行储蓄存款凭条》时获悉寿保公司存款30万元的信息(包括账号、户名、金额和密码等),后才使用空白的《定期整存整取储蓄单》补打保险公司的存款信息并偷用印鉴及盖章加印至其伪造的《储蓄存单》上以自行保存备用;再如(2017)闽0427刑初88号被告人是在得知银行有尚未到期或仍有剩余的贷款额度时,冒用客户的身份将该笔贷款办出。金融领域基层工作人员在实操过程中获取的信息"优势"(包括具体的操作细节、管理系统存在的漏洞、客户个人的私密信息等)为他们找寻合适的犯罪目标创造了机会。

(三)金融机构内外监管失效致犯罪抑制缺乏

当有潜在犯罪动机的人找到合适的犯罪目标时,是否存在"监督人"以及"监督"的力度将在很大程度上影响潜在犯罪人是否实施犯罪行为的决策,金融机构内部治理结构在相互监督和制约上的失效、金融监管部门对金融机构的行业自律监管制约失效以及金融机构外部监督不力都有可能弱化"监督人"对犯罪抑制的效果。

1. 金融机构内部治理结构制衡不足

就内部组织结构和管理制度而言,一方面,对于高级管理人员,虽然我国建立了以《金融资产管理公司条例》《银行业监督管理法》《银行保险机构公司治理准则》《保险公司董事会运作指引》等制度为代表的治理监管框架,但部分金融机构在实际运行时"三会一层"的职权分立仍存在模糊和弱化的情况,机构领导干部决策权、执行权和监督权过于集中使权力制衡流于形式,使规章制度形同虚设,进而导致金融腐败的发生。①如赖某某案中,华融国际原董事长汪某某对此曾坦言道,"基本上都是老赖(赖小民)说啥就是做啥""每年拿多少绩效,想在内部集团发展,想获取多大资金支持,实际上都是老赖一支笔说了算"。②缺乏内部权力制约就容易导致一家独大,直接左右资金流向,非但不能抑制犯罪,反而形成贪腐团伙,抱团腐败。另一方面,对于一线基层工作人员,机构管理制度得不到严格执行,相互顶班、未经培训就上岗等违纪行为得不到及时惩处,为潜在犯罪人实施犯罪行为和侥幸心理创造了客观条件。

2. 金融监管部门行业自律监管失效

就金融监管部门的行业自律监管而言,我国的金融监管模式大概经历了三个阶段,第一阶段是新中国成立之初的"大一统"监管时期,这一时期基本上只有中

① 参见陈景东、张蕾:《金融机构公司治理中的股东作用》,载《中国金融》2021年第15期。

② 《电视专题片〈国家监察〉第二集〈全面监督〉》,载中央纪委国家监委网站2020年1月13日,http://v.ccdi.gov.cn/2020/01/13/VIDEtO2cXGmzyBRcNb45ejbZ200113.shtml。

国人民银行一家金融机构,因此它既是金融机构又是监管机构;第二阶段是有计划的金融监管时期,这一时期中国人民银行将商业银行分离出去后专门负责监管工作;第三阶段是分业监管时期,这个时期中国人民银行将监管职能也分离出去,成立银监会、证监会、保监会分别负责三个行业的监管职能,而在 2018 年以后,为避免多家监管机构重复监管的局面,由分业监管转向混业监管,银监会和保监会整合成银保监会,与中国人民银行、证监会一同接受国务院金融稳定发展委员会的管理,正式确立"一委一行两会"的金融监管新模式,这种监管模式在我国目前行业经营模式下有着良好的监管效果。但是也存在少数监管干部与金融机构工作人员相互勾结,破坏监管的纯粹性,并最终导致监管失效的现象。如著名的包商银行系列监管腐败案中,多名监管人员在银行人员的拉拢腐蚀下,做出"准入监管避实就虚""现场检查从不处罚""蓄意拔高监管评级""信访举报核查敷衍了事"①的行为,导致监管工作层层失守,助长违法经营野蛮扩张,严重扰乱金融秩序。此外,金融监管机构和金融机构有时会形成一种利益共同体的关系,机构中的人员也存在身份互换的可能,因此在处理违法违纪行为时,监管干部可能会出现"睁一只眼闭一只眼"草草了事的情况。②

3. 金融机构外部他律监管不力

一方面,金融领域职务犯罪隐蔽性较高且专业性较强,财会、计算机等多学科专业知识混杂,提升了案件的复杂程度,对外部监管人员的知识储备要求也相应提高,然而大多数检察人员、监察人员对于金融领域的专业知识并不精通,导致多数犯罪行为不易被及时察觉或侦办;另一方面,金融领域信息保密性较高,不予对外公布或者公布部分专业性较高劝退大多数普通民众,导致在公众监督这方面实际上也缺失严重。

五、基于犯罪学角度的预防治理对策

(一)加强思想教育和法治宣传以减少犯罪动机

防范金融领域职务犯罪必须加强思想道德教育和党风廉政建设。金融工作人

① 韩亚栋、吴晶:《严查原内蒙古银监局系列监管腐败案:铲除监管内鬼 守护金融安全》,载中央纪委国家监委网站,https://www.ccdi.gov.cn/toutiao/202105/t20210525_242499.html。

② 参见贺胜:《监察委介入金融职务犯罪的法律研究》,华中科技大学 2019 年硕士学位论文。

员每天面对着巨大的诱惑和现实落差易造成价值观扭曲，因此必须将职业道德和健康的人生价值取向作为岗前培训以及日常教育的重点内容，通过树立先进典型人物、宣传先进事迹等方式正确引导工作人员的价值取向，通过建立专门的心理咨询室以疏导工作人员在岗期间产生的不良心理情绪。

治理金融领域职务犯罪还必须加强法治宣传教育、创新法治宣传形式。部分工作人员法律意识淡薄，以为暂时挪用公款只要及时归还就不算犯罪，或者抱有侥幸心理认为自己的犯罪行为不会被发现，因此必须将涉及金融犯罪以及金融职务犯罪的法律法规作为金融工作人员必须了解的内容，学习当前各级检察机关、监察机关、法院、银监局等机关部门的做法，积极开展以案促改、以案警示教育活动，重点学习涉金融领域典型案例并组织工作人员发表学习感受。还可以学习"防诈骗"宣传手段，组织工作人员拍摄防范金融领域职务犯罪的短片，以活动比赛的形式鼓励工作人员参与，并可作为日常宣传短片在机构内部进行播放。

预防金融领域职务犯罪不可忽视源头问题，加强思想道德和法治宣传教育应落实到日常细节之处，积极拓宽各种形式，以"润物细无声"的方式引导工作人员的价值取向，而不可浮于表面、流于形式、敷衍了事。

（二）加强金融工作人员准入和审查机制以净化队伍

从源头预防金融领域职务犯罪不能仅依靠工作人员个人的自觉性，还应在客观上设立一定的职业准入门槛，将"烂苹果"排除在金融领域队伍之外。当前部分金融工作人员本身负担有大量的个人欠款，其中部分还是因为投资失利和赌博所导致的，这类群体通常抱有"翻盘"的心理，趋利的动机相较常人更为强烈，进入金融系统无疑是将其置于充满诱惑的世界之中，日常的思想教育和法治宣传工作对于纠正他们的价值观而言似乎无益。因此，金融机构在人事管理制度上应设定较其他行业更为严格的职员准入门槛。坚持以公平、公正、公开的方式选拔、任用人才，既要考察能力，也要考察品德，要求求职者提交个人征信报告等基本信息，排除个人或家庭有大量债款的职员进入金融系统，确保金融队伍的纯洁性。

除此之外，还应建立定期财产申报和审查制度，筛查金融领域工作人员账上突然出现的巨额财产，及时查办金融领域职务犯罪苗头并追回赃款，防止继续腐败的可能。加强金融领域工作人员准入和审查机制可以在一定程度上阻断有潜在犯罪动机的人接近"合适"犯罪目标的机会。

（三）加强内部监控机制

金融领域的专业性以及由此带来的一定程度的排外性意味着最直接、最有效的监管方式就是金融机构内部的自我监督与管理。首先,应通过科学地设置内部组织机构,按照相互制约的原则合理配置业务部门、管理部门和监督部门,实现权力抗衡的稳定三角关系,实行重大事项会议表决制度并全程如实记录会议内容,确保过程可追溯,防止因权力集中、决策不透明带来的腐败问题。①其次,应完善机构规章制度,将各项经营行为都纳入具体的规章细则约束之下,尽量确保各项业务操作均有章可循,推行担保贷款、财产抵押、离岗审计、审贷分离、岗位轮换等配套衔接、科学完善的制度体系,实现内部监控的全方位和系统化。②最后,应通过制定金融监管机关的权力清单,完善金融监管程序性法律制度建设,拓宽对金融监管机关权力监督的渠道,建立全面的金融监管信息披露制度和绩效评估体系,加强金融监管机关与金融机构的独立性关系,设立两者人员交流任职的限制,避免因"旋转门"引起的金融监管腐败等,守好金融行业内部监管的"最后一道防线"。③

（四）建立健全外部联动机制

金融机构在加强自身监督管理的同时,还需要加强同纪检监察机关、司法机关的联系以确保能够及时、有效地打击职务犯罪。因专业壁垒,办案机关对金融业务的特性和漏洞等方面的了解难以达到与金融工作人员同样的程度,而这难免会影响案件侦办的进度和效果。因此,纪检监察机关在查办案件过程中以及检察机关在办理职务犯罪案件过程中就掌握的信息可以及时与金融机构核实与交流,避免因对金融领域专业知识不熟悉而导致案件进展不顺利,阻碍案件侦破,金融机构也应将机构内部监督过程中发现的疑似职务犯罪的行为及时报告给监察机关和检察机关,以免延误破案时机,实现最大限度地减少国有资产的损失。

---

① 参见葛悟:《当前金融犯罪的趋势、原因及防治对策》,载西北政法大学经济法学院主编:《西北金融法制文萃——陕西省法学会金融法研究会2005—2007年学术研讨会论文集》,陕西人民出版社2008年版,第509—512页。

② 参见张亮:《金融职务犯罪的惩防对策》,载《人民检察》2012年第17期。

③ 参见王煜宇、何松龄:《金融监管腐败:结构性制度成因与供给侧结构性改革》,载《现代法学》2018年第5期。

第四章 / Chapter 4

2021 年度中国犯罪学学科发展动态

2021 年度中国犯罪学学科研究仍然围绕着“现代社会与犯罪治理”这一主题。犯罪学的研究紧跟现代社会中的犯罪动态及创新的治理方式，网络犯罪、经济犯罪、青少年犯罪等是本年度犯罪研究的关注热点。

第一节 主要学术活动

一、主要学术活动概述

2021 年疫情对学术活动的影响较 2020 年更为明显。然而，学者们在遵守疫情防控政策的前提下，也探索出了一条更可行的犯罪学学术交流之路，那就是更多地举办小规模的线下或线上单一主题的犯罪学专题研讨会，如 2021 年 5 月 26 日华东政法大学刑事法学院主办的“缘法而行，促进未成年人犯罪治理现代化——关于《预防未成年人犯罪法》实施的思考与对话”论坛。2021 年 12 月 4 日中国政法大学犯罪与司法研究中心等单位举办的以“宪法与罪犯权利及其保障”为主题的《法大预防犯罪论坛》等。这些单一主题的犯罪学专题研讨会，对于深入探讨某一犯罪学问题作用明显，且规模小组织更有效率也更容易畅所欲言、交流思想。纵观 2021 年的犯罪学学术活动呈现如下特点：

（一）犯罪学学术活动的议题仍围绕犯罪治理的现实需要

应该说这几年全国犯罪学领域大型的学术活动议题大部分是回应

社会治理现实需要。我们统计的 12 个较大规模的犯罪学学术会议中论坛主题带有“犯罪治理”词汇的有 10 个,占 83.3%。根据《2021 年全国检察机关主要办案数据》,①2021 年起诉人数最多的五个罪名中排名第三的是帮助信息网络犯罪活动罪,这侧面反映出网络犯罪治理的迫切性,2021 年相当部分的大型犯罪学会议主题与网络犯罪的治理有关就回应了这一现实需要。对于现代社会治理需要的回应一方面能够让犯罪学的学者更多地与实务部门、相关企业的专家学者进行思想交流,了解实务部门在犯罪治理中的手段方法。表 4-1 中的学术活动几乎都有实务部门专家的深度参与,在 2021 年犯罪学学术活动关注度较高的网络诈骗犯罪治理领域,我们可以发现互联网企业安全与法律方面专家为网络诈骗犯罪治理的技术反制提供了宝贵的实务经验。另一方面,为适应合规要求,越来越多地互联网企业愿意参与到对涉网络犯罪治理的学术活动中,他们既会成为一支不可忽视的犯罪治理研究领域的新兴力量,也会在一定程度上影响犯罪学的研究方向。互联网企业的大数据优势让犯罪治理领域的实证研究变得相对容易,结论也相对更接近客观,会吸引更多的犯罪学学者加入类罪治理的研究领域。

(二)企业刑事合规成为 2021 年经济犯罪治理领域的学术交流热点

2020 年 12 月 25 日,最高人民检察院召开企业合规试点工作座谈会,张军在会上开宗明义:“要加强理论研究,深化实践探索,稳慎有序扩大试点范围,以检察履职助力构建有中国特色的企业合规制度,这不仅是建立完善现代企业管理制度的应有之意,也是国家治理体系和治理能力现代化的重要体现。”②张军的讲话推动了对企业刑事合规的研究。在表 4-1 所列举的 12 个较大规模的学术会议中有 2 个学术会议的主题为企业刑事合规,分别为:2021 年 3 月 14 日,中国政法大学青少年犯罪与少年司法研究中心等单位主办的“企业刑事合规的理论与实践论坛”,论坛对我国开展企业刑事合规的理论和实践方面的问题展开了深入而全面的交流。2021 年 6 月 2 日,中国人民大学刑事法律科学研究中心等单位主办的“合规建设与犯罪治理高峰论坛”,论坛对我国开展企业刑事合规实践探索涉及的第三方监

① 最高人民检察院:《2021 年全国检察机关主要办案数据》,载最高人民检察院网 2022 年 3 月 8 日,https://www.spp.gov.cn/spp/xwfbh/wsfbt/202203/t20220308_547904.shtml#1。

② 邱春艳、李钰之:《张军:创新检察履职 助力构建中国特色的企业合规制度》,载最高人民检察院网 2020 年 12 月 27 日,https://www.spp.gov.cn/tt/202012/t20201227_503711.shtml。

管、行政与司法的衔接等方面问题展开务实研究。

2021 年 9 月 23 日,中国犯罪学会第 30 次学术研讨会的主题“现代社会与犯罪治理:经济犯罪专题研讨”也在一定程度上反映了刑事合规对经济犯罪治理的重要影响。

二、主要学术活动列表

表 4-1 2021 年国内犯罪学主要学术活动列表

序号	学术活动	主办方	举办时间	活动内容简介
1	企业刑事合规的理论与实践论坛	中国政法大学青少年犯罪与少年司法研究中心、华东政法大学刑事法学院、北京京师律师事务所	2021 年 3 月 14 日	论坛以深入探索企业合规发展的治理方案,助力正在兴起的刑事合规司法探索为目的,参会人员由来自高校、实务等领域的专家组成。论坛在“公司合规的中国实践”“亟待澄清的刑事合规认识误区”“刑事合规关乎企业犯罪治理”等方面展开研讨。
2	电信网络诈骗犯罪治理与新型证据运用之高端论坛	最高人民检察院网络犯罪研究中心、最高人民检察院检察技术研究中心、中国人民大学法学院证据学研究所	2021 年 5 月 29 日	论坛邀请了来自检察院、法院、公安机关、高校、律所和相关机构的实务专家,论坛既有关于电信网络诈骗案件的新证据运用方面的主旨演讲,也有“以新型电子证据治理电信网络诈骗犯罪”“电信网络诈骗犯罪的综合治理”“侦控技辩审之实践”“实体、程序与证据之理论”等方面的议题讨论。
3	第二届新型犯罪治理论坛	重庆市新型犯罪研究中心	2021 年 6 月 15 日	论坛分为“新型犯罪治理体系与完善路径”“新型犯罪治理模式与实践运行”“电信网络诈骗的现状特征与治理思路调整”“《刑法修正案(十一)》的规范理解及其适用”四个研讨专题进行。
4	第三届毒品问题治理论坛	西南政法大学国家毒品问题治理研究中心	2021 年 6 月 18 日	论坛围绕“毒品问题治理的中国经验”这一主题,分三个阶段进行了研讨。与会专家先后就涉网毒品犯罪治理、如何在毒品问题治理中贯彻国家大政方针、苏州和海南等地的毒品问题治理基层创新模式、控制毒品消费、实现毒品问题打防控相结合、毒品犯罪死刑限制、运输毒品和持有毒品的界分、形成中国特色毒品问题治理之路、毒品犯罪生成的重要影响因素、毒品问题治理的多学科结合、在法治轨道上开展禁毒人民战争、妨害兴奋剂管理罪的法理基础、枫桥经验在毒品问题治理领域的运用、建立毒品问题治理的国际合作长效机制、毒品问题的科技支撑等方面议题展开交流。

续表

序号	学术活动	主办方	举办时间	活动内容简介
5	合规建设与犯罪治理高峰论坛	中国人民大学刑事法律科学研究中心、北京市东卫律师事务所	2021年6月20日	论坛围绕“涉案企业合规第三方监督评估机制”“合规视角下的行政监管与司法保护”“合规体系建设的前沿问题”“合规建设的实务探讨”等主题展开研讨。
6	防范治理电信网络诈骗论坛	中国互联网协会	2021年7月14日	论坛由来自工业和信息化部网络安全管理局、公安部刑事侦查局、中国信息通信研究院、国家互联网应急中心等相关单位负责人、技术专家及互联网企业代表参加。从研讨的内容上看论坛主要围绕行业监管、技术反制的角度展开讨论。
7	新型网络犯罪打击与治理论坛	公安部第三研究所、ISC互联网安全大会	2021年7月28日	论坛的专家来自实务部门、高校、互联网企业、计算机公司等相关单位,与会专家就当前电信诈骗现状及趋势,共商新型网络犯罪打击与治理新策略。
8	第八届犯罪地理和犯罪分析研讨会	广州大学	2021年8月5日	会议围绕当前犯罪地理研究的学术前沿和社会需求,开展了沙龙研讨、方法讲座、学生论文竞赛等活动,共同探讨犯罪地理和犯罪分析研究的热点问题、技术方法、实践应用及未来发展方向。
9	中国犯罪学学会第30届学术研讨会	中国犯罪学学会	2021年9月23日	本次会议研讨主题为“现代社会与犯罪治理:经济犯罪专题研讨”。中国犯罪学会会长万春表示本次犯罪学术研讨会主题的确定既是为回顾过去、总结近年来我国经济社会发展和经济犯罪防控的宝贵经验,也是展望未来、为下一步经济犯罪治理积极献言献策。会议发布了《中国犯罪治理蓝皮书(2020)》。
10	第一届“法大犯罪治理论坛”	中国政法大学刑事司法学院、中国犯罪学学会被害人学专业委员会、《犯罪研究》编辑部	2021年10月16日	论坛采用了“线上+线下”相结合的方式进行,以“新时期下犯罪治理的理论与实践”为主题,分为“犯罪学理论的本土化建构”“网络诈骗犯罪治理”“新时期未成年人犯罪治理”以及“企业刑事风险防控”四个议题对犯罪治理的理论与实践展开探讨。

续表

序号	学术活动	主办方	举办时间	活动内容简介
11	科技创新与信息犯罪防控	中国犯罪学学会、同济大学上海国际知识产权学院	2021 年 10 月 30 日	本届高峰论坛的主题为“科技创新与信息犯罪防控”，旨在交流探讨科技飞速发展的新时代所出现的新型犯罪形态，及为其提供相应的防控措施意见，促进加强知识产权的刑法保护，进一步激发刑事司法在社会治理中的潜能。
12	湖北省法学会犯罪学研究会 2021 年年会暨学术研讨会	湖北省法学会犯罪学研究会	2021 年 12 月 4 日	研讨会由来自高校与科研机构的专家学者，以及湖北省公安、检察、法院、监狱局、律所、媒体等部门与行业的代表参加，研讨会由“犯罪治理能力与体系的现代化”“电信网络诈骗犯罪与被害人过错研究”“社会治安治理中的热点问题研究”三个主题单元组成。

第二节　重大科研项目

一、重大科研项目概述

据不完全统计，2021 年度犯罪学领域的省部级以上科研项目立项数为 55 项，与 2020 年的 52 项相比，稳中有升。其中，国家社科基金项目 13 项，与去年基本持平（17 项），但重点课题仅有一项，略有下降。项目涉及领域主要有犯罪学基础理论研究，如国家社科基金重点项目“犯罪化的理论体系与实践机制研究”；网络犯罪类项目依旧是热点项目之一，2021 年度共有网络犯罪类课题项目 10 项，约占到总项目数的 18.19%，代表性课题如最高人民检察院检察理论研究课题重点课题“网络犯罪涉外法治研究”等；此外还有涉及金融领域犯罪、诈骗犯罪、职务犯罪和社区矫正等领域的重点项目。

本次统计项目立项资助主体主要有国家哲学社会科学基金委、最高人民检察院、教育部、司法部、中国法学会等；犯罪学领域课题能够获得资助，这在一定程度上说明了犯罪学在社会治理和法治建设进程中的重要性获得认可。犯罪行为的事后处罚仅是预防犯罪的一种不得已而为之的手段，基于理论和实践的犯罪学相关领域研究是预防犯罪的先手。随着犯罪学重大科研项目的开展,我国犯罪治理的法治道路也会越来越完善。

二、重大科研项目列表

2021 年度国内犯罪学领域重大科研项目具体条目见表 4-2。

表 4-2 2021 年度国内犯罪学重大科研项目列表①

2021 国内犯罪学重大科研项目列表					
序号	课题名称	姓 名	工作单位	项目类别	批准号
1	犯罪化的理论体系与实践机制研究	何荣功	武汉大学	国家社科基金重点项目	21AFX010
2	犯罪行为的代际传递倾向与阻断机制实证研究	哈洪颖	贵州师范大学	国家社科基金一般项目	21BFX056
3	优化营商环境背景下民营企业犯罪出罪机制研究	钱小平	东南大学	国家社科基金一般项目	21BFX061
4	生态环境犯罪责任归属研究	张志钢	中国社会科学院法学研究所	国家社科基金一般项目	21BFX062
5	中国轻罪治理模式研究	吴宏耀	中国政法大学	国家社科基金一般项目	21BFX068
6	经济犯罪类型化与刑事违法判断相对性研究	蔡道通	南京师范大学	国家社科基金一般项目	21BFX175
7	数字化犯罪参与的归责模式研究	秦雪娜	北京理工大学	国家社科基金一般项目	21BFX176
8	再犯罪风险评估视野下中国社区刑罚改革实证研究	刘崇亮	上海政法学院	国家社科基金一般项目	21BFX178
9	环境犯罪刑事政策转换、刑罚体系调适与制裁模式多元化研究	于阳	天津大学	国家社科基金一般项目	21BFX179
10	非犯罪化视角下的认罪认罚从宽制度研究	史立梅	北京师范大学	国家社科基金一般项目	21BFX184

① 司法部法治建设与法学理论研究部级科研项目课题编号因官方公告未予记录,本书仅记录立项公示文件中的顺序号,特此说明。

续表

序号	课题名称	姓　名	工作单位	项目类别	批准号
11	财产犯罪的财产损失之研究	王琦	中共中央党校(国家行政学院)	国家社科基金青年项目	21CFX023
12	智慧司法背景下犯罪嫌疑人社会风险的大数据评估方法研究	周翔	浙江大学	国家社科基金青年项目	21CFX068
13	轻微犯罪出罪机制研究	孙本雄	北京理工大学	国家社科基金青年项目	21CFX069
14	黑恶犯罪治理的长效机制研究	蔡军	河南大学	最高人民检察院检察理论研究课题重点课题	GJ2021B04
15	犯罪结构变化与“少捕慎诉慎押”理念的贯彻落实	茅仲华	广西壮族自治区人民检察院	最高人民检察院检察理论研究课题重点课题	GJ2021B11
16	涉网侵犯知识产权犯罪追诉标准研究	朱亮 蔡红卫	西南政法大学，江苏省泰州市人民检察院	最高人民检察院检察理论研究课题重点课题	GJ2021B13
17	网络犯罪涉外法治研究	王昶	民进中央社会和法制委员会、中国政法大学	最高人民检察院检察理论研究课题重点课题	GJ2021B14
18	职务犯罪案件适用认罪认罚从宽制度研究	刘家卿	天津市人民检察院第一分院	最高人民检察院检察理论研究课题一般课题	GJ2021C19
19	犯罪结构变化与“少捕慎诉慎押”理念的贯彻落实	徐彪	广东省佛山市顺德区人民检察院	最高人民检察院检察理论研究课题一般课题	GJ2021C20
20	侵犯商业秘密犯罪问题研究——以《刑法修正案(十一)》为背景	王姝文	九三学社安徽省委法律专委会、安徽财经大学	最高人民检察院检察理论研究课题一般课题	GJ2021C26
21	涉数据网络犯罪的司法认定研究	阎二鹏 侯若英	最高人民检察院第四检察厅、最高人民检察院网络犯罪研究指导组	最高人民检察院检察理论研究课题一般课题	GJ2021C27
22	网络犯罪证明问题研究	任开志	四川省都江堰市人民检察院	最高人民检察院检察理论研究课题一般课题	GJ2021C28

续表

序号	课题名称	姓　名	工作单位	项目类别	批准号
23	新型网络黑灰产活动的犯罪化研究	刘太宗 叶玉秋	最高人民检察院第四检察厅，浙江省杭州市人民检察院	最高人民检察院检察理论研究课题一般课题	GJ2021C34
24	金融科技犯罪的刑事合规治理研究	董文蕙	华南理工大学	最高人民检察院检察理论研究课题自筹经费课题	GJ2021D14
25	“降低再犯罪率”检察监督作用机制研究	揭萍 吕献	浙江理工大学，浙江省丽水市人民检察院	最高人民检察院检察理论研究课题自筹经费课题	GJ2021D16
26	优化职务犯罪精准量刑建议衔接机制研究	王译	湘潭大学	最高人民检察院检察理论研究课题自筹经费课题	GJ2021D20
27	新型网络黑灰产活动的犯罪化研究	江阶虎	江西省赣州市人民检察院	最高人民检察院检察理论研究课题自筹经费课题	GJ2021D25
28	涉外网络犯罪刑事管辖权研究	赵天水 高通	天津财经大学 南开大学	最高人民检察院检察理论研究课题自筹经费课题	GJ2021D27
29	犯罪记录封存制度的体系化建构研究	曾新华	对外经济贸易大学	教育部课题青年基金项目	21YJC820005
30	网络犯罪帮助行为的刑事制裁规范体系研究	胡宗金	中国海洋大学	教育部课题青年基金项目	21YJC820017
31	犯罪认定中的法秩序统一性原理研究	陈文涛	中国民航大学	教育部课题青年基金项目	21YJC820006
32	“法法衔接”视阈下恶势力犯罪案件特别没收的适用机制研究	耿佳宁	中国政法大学	教育部课题青年基金项目	21YJC820011
33	电信网络诈骗犯罪刑法治理模式完善研究	梅传强	西南政法大学	法治建设与法学理论研究部级科研项目一般课题	21SFB2020
34	数据犯罪治理的“民行刑”衔接陆军研究	熊波	华东政法大学	法治建设与法学理论研究部级科研项目青年课题	21SFB3045

续表

序号	课题名称	姓　名	工作单位	项目类别	批准号
35	智慧侦查场景中的个人信息保护研究	张可	中国政法大学	法治建设与法学理论研究部级科研项目青年课题	21SFB3048
36	我国禁毒模式之间相互衔接研究	梅象华	南京工业大学	法治建设与法学理论研究部级科研项目专项任务课题	21SFB4092
37	新型金融诈骗犯罪的刑法治理研究	郑洋	北京理工大学	法治建设与法学理论研究部级科研项目专项任务课题	21SFB4095
38	量刑失衡与犯罪率地域差异的相关性研究	赵书鸿	北京师范大学	法治建设与法学理论研究部级科研项目专项任务课题	21SFB4096
39	我国未成年刑事处遇制度之检视与完善——基于未成年重新犯罪的实证调研	张婧	司法部预防犯罪研究所	法治建设与法学理论研究部级科研项目专项任务课题	21SFB4097
40	国家制裁对犯罪生涯阻断效用的实证研究	孔一	浙江警官职业学院	法治建设与法学理论研究部级科研项目专项任务课题	21SFB4098
41	刑罚执行场域内政法干警职务犯罪系统性治理研究——基于“减假暂”典型案例分析	陈宝友	司法部预防犯罪研究所	法治建设与法学理论研究部级科研项目专项任务课题	21SFB4099
42	毒品犯罪新发展与防治机制研究	廖斌	广西民族大学	法治建设与法学理论研究部级科研项目专项任务课题	21SFB4101
43	网络环境下侵犯著作权罪研究	锁福涛	南京理工大学	法治建设与法学理论研究部级科研项目专项任务课题	21SFB4103
44	电信网络诈骗的程序法治理研究	闵丰锦	中国人民大学	法治建设与法学理论研究部级科研项目专项任务课题	21SFB4112

续表

序号	课题名称	姓　名	工作单位	项目类别	批准号
45	跨境网络犯罪治理的困境及其破解——以跨境网络诈骗为视角	梅传强	西南政法大学	中国法学会 2021 年度部级法学研究课题一般课题	CLS(2021)022
46	跨境网络信息犯罪刑事管辖权问题的中国方案	李想	浙江工商大学法学院	中国法学会 2021 年度部级法学研究课题一般课题	CLS(2021)023
47	数字经济新业态背景下网络诈骗犯罪的认定规则研究	郑洋	北京理工大学法学院	中国法学会 2021 年度部级法学研究课题自选课题	CLS(2021)092
48	网络时代我国仇恨犯罪治理研究	郝冠揆	中国人民公安大学犯罪学学院	中国法学会 2021 年度部级法学研究课题自选课题	CLS(2021)102
49	电信诈骗犯罪规律与治理对策研究	姜峰	中国人民公安大学法学院	中国法学会 2021 年度部级法学研究课题自选课题	CLS(2021)104
50	跨境网络犯罪常态化打防管控及前瞻性问题研究	刘伟	山东政法学院刑事司法学院	中国法学会 2021 年度部级法学研究课题自选课题	CLS(2021)105
51	跨境网络犯罪惩治中的司法证明与推定研究	吉冠浩	北京航空航天大学法学院	中国法学会 2021 年度部级法学研究课题自选课题	CLS(2021)106
52	跨境网络犯罪预防性治理研究	刘军	上海政法学院法学院	中国法学会 2021 年度部级法学研究课题自选课题	CLS(2021)107
53	职务犯罪监察调查与刑事司法衔接研究	王霨	重庆市纪委监委	中国法学会 2021 年度部级法学研究课题自选课题	CLS(2021)110
54	监检衔接机制研究——以职务犯罪调查制度为重点	邵聪	苏州大学王健法学院	中国法学会 2021 年度部级法学研究课题自选课题	CLS(2021)111
55	企业犯罪不起诉制度研究	张永进	河北经贸大学法学院	中国法学会 2021 年度部级法学研究课题自选课题	CLS(2021)120

第三节 代表性专著

一、代表性专著概述

（一）网络与信息犯罪研究成为热点话题

据不完全统计，2021年度犯罪学领域外文译著和中文专著共43本，相较于2020年的28本，增加幅度约35%。其中涉及网络犯罪相关议题的专著共有6本。其中，《中国网络犯罪综合报告》搜集近20年来有关网络犯罪的大量统计资料和司法案例，全面客观地回顾和评价了近年来我国网络犯罪的发展态势及立法和司法状况，真实展现了我国打击网络犯罪的实体法和程序法内容，对于完善立法和司法，从而更有效地打击网络犯罪、维护网络安全具有总结性和启发性意义。由任留存和戴奎等编著的《网络犯罪办案手册》总结了10类网络犯罪办案思路并提出了相应的取证指引，系统梳理了39个常见网络犯罪罪名的疑难问题，为公安机关、检察院、法院一线办案人员及刑事律师提供了必要的实践帮助。邵明艳主编的《信息网络犯罪典型案例解析·法官说法丛书（第二辑）》以讲述故事的方式将案件事实一一呈现，在兼顾可读性的同时，将复杂的网络犯罪技术问题进行深入浅出地阐释，并结合相关的法律条文和司法解释，列举同一类型案件的刑罚规制范围，以点带面，尽可能涵盖近年来常见的网络犯罪类型，为司法实践提供了更全面的办案视角。

（二）职务犯罪研究成果较为丰富

2021年度，与职务犯罪有关的专著、编著和工具书合计有5本。如由李高明和戴奎主编的《职务犯罪办案手册：实体篇》和《职务犯罪办案手册：程序和技巧篇》以法律法规为线索同时结合具体案例，阐述职务犯罪办案中遇到的问题，为一线办案人员提供了充分的实践指导。由范雪峰主编的《职务犯罪概论》（修订版）围绕职务犯罪的立法变化进行阐述，为高校相关专业学生、广大实践工作人员更好学习职务犯罪理论提供理论基础。由魏昌东主编的《职务犯罪罪罚标准图表速查》（滥用职权篇）以工作实务为导向，以罪责要素解构为要点，通过表格形式表达滥用职权犯罪各罪名的构成要件及其定罪量刑标准，是司法实务工作者必备的工具书,有助于进一步提升查办职务犯罪案件的工作能力和业务水平。曹静静编著的《详解职务犯罪案例》以42个典型案例为蓝本,深度剖析案例背后的法律法规适用问题,帮助党员干部正确认识职务犯罪相关概念、构成要件及追诉标准。

(三)环境犯罪研究崭露头角

环境犯罪学相较于传统犯罪学研究来说是一个较新的犯罪学研究领域。2021年度共收集环境犯罪学相关领域译著1本,中文专著1本。由董见萌和陈鹏等人翻译的《环境犯罪学与犯罪分析(第2版)》介绍了环境犯罪学理论与研究方法。此书从分析犯罪人的成长环境、社会教育等因素转向分析犯罪事件的特征和趋势,为应对犯罪问题提供了新的思考方式和理论实践指导。由宋强和李国兵主编的《环境犯罪问题调查与研究——以贵州省为例》一书,主要围绕贵州猛增犯罪现状、问题及防治对策开展研究,同时结合一定的案例研究,语言通俗易懂,值得一读。

二、代表性学术专著、教材列表

表4-3 2021年国内犯罪学代表性学术专著、教材列表

序号	书　名	作　者	出版社	出版年月	内容简介
外文译著					
1	《犯罪心理学》	[奥]汉斯·格罗斯著,刘静坤、张蔚译	北京理工大学出版	2021年1月	《犯罪心理学》是“现代侦查学的创始人”和“科学犯罪学的奠基人”、在司法侦察和犯罪学领域拥有无可置疑权威的汉斯·格罗斯博士的两大代表作之一。这部作品是早期重要的犯罪心理学著作,可以说是最早的专门探究犯罪心理的专业性著作,具有无与伦比的地位。《犯罪心理学》出版后,引起了司法界和学术界的广泛重视,不久就被多次重印,并翻译成八种文字,在欧洲和北美产生了巨大的影响,可以说是公检法司及司法专业师生不可不读的专业经典之作。

续表

序号	书　名	作　者	出版社	出版年月	内容简介
2	《论犯罪与刑罚》	[意]切萨雷·贝卡里亚著,钟书峰译	法律出版社	2021 年 10 月	《论犯罪与刑罚》是意大利刑法学家切萨雷·贝卡里亚的著作,1764 年首次出版。 《论犯罪与刑罚》揭露了旧的刑事司法制度的蒙昧主义本质,依据人性论和功利主义的哲学观点分析了犯罪与刑罚的基本特征,明确提出了后来为现代刑法制度所确立的刑法基本原则,即罪刑法定原则、罪刑相适应原则和刑罚人道原则,首次阐述了为现代世界各国共同奉行的无罪推定原则的基本思想。《论犯罪与刑罚》明晰而系统地论述犯罪与刑罚问题,在刑法学史上占有重要的地位,对世界各国的刑事法的理论和实践,都产生了革命性的影响。
3	《环境犯罪学与犯罪分析(第 2 版)》	[英]理查德·沃特利、[澳]迈克尔·汤斯利主编,董见萌、陈鹏等译	清华大学出版社	2021 年 1 月	《环境犯罪学与犯罪分析(第 2 版)》为一本介绍环境犯罪学理论与研究方法的学术著作,是相较于传统犯罪学的新的研究领域。《环境犯罪学与犯罪分析(第 2 版)》从分析犯罪人的成长环境、社会教育等因素转向分析犯罪事件的特征和趋势,为应对犯罪问题提供了新的思考方式和理论实践指导。 《环境犯罪学与犯罪分析(第 2 版)》共分为三个部分,分别介绍了环境视角下犯罪发生的原因和机制、犯罪分析的基本模式以及如何有效地开展和进行犯罪预防。各部分内容均由目前国际上该领域最具代表性的专家学者所撰写,理论性和学术性强,可读性较好。

续表

序号	书　名	作　者	出版社	出版年月	内容简介
4	《刑法总论(第一卷)基础问题及犯罪一般理论》	[葡]乔治·德·菲格雷多·迪亚士著,关冠雄译	社会科学文献出版社	2021年11月	本书是由葡萄牙科英布拉近代伟大的刑法学家迪亚士经多年教学、研究和实践所融会而成的经典专著,收录大量欧美各国的刑法比较研究成果,对现今葡萄牙刑法理论影响深远。书中分别从国家法律体系中的刑法和刑法学、刑法的功能、刑法及其适用、犯罪(可处罚的事实)理论的构建、故意作为的可处罚事实、过失犯罪、不作为犯罪和竞合等角度进行研究,对当时欧洲背景下的葡萄牙刑法总论研究作出了巨大的贡献。
5	《刑事司法与犯罪学研究方法》(第8版)	[美]迈克尔·G.马克斯菲尔德、[美]艾尔·R.巴比著,刘为军等译	中国政法大学出版社	2021年11月	该书的主要内容是:(1)该书认为警察的讯问工作兼具证据获取以及侦查行动的作用,在法庭上需要受到法律的检验,因此警察的讯问并不应当简单地视为语言或者心理科学的范畴,而应当从语言、社会以及法律等不同的层次予以考虑。因而首次提出从"社会语言学"的范畴去规范警察的讯问工作。(2)面对当前跨国犯罪日益增多的趋势,翻译在讯问中所扮演的角色愈发重要,特别是在法律制度有较大差异的国家或地区之间发生的跨境犯罪,警察在讯问中所提到的问题或者搜集的供词会受到法系的影响,作者以"日英"双语作为考察样本,说明了翻译在跨法系犯罪的讯问中的作用以及法律差异对于讯问的不同要求和产生的影响。
中文专著					
1	《网络犯罪的法教义学研究》	刘艳红著	中国人民大学出版社	2021年3月	法教义学是网络刑法学的变革逻辑、发展方向和基本立场,刑法教义学能够优化网络犯罪刑事立法的司法适用。同时作者认为,当下网络犯罪的法教义学研究存在以下三个问题:基础性研究不多;体系化程度不深;方法论提炼不够。本书由此出发,试图从上述三个方面入手,进行网络犯罪的法教义学研究。

续表

序号	书　名	作　者	出版社	出版年月	内容简介
2	《诈骗犯罪论》	张明楷著	法律出版社	2021年4月	本书将“行为人实施欺骗行为—对方陷入或者继续维持认识错误—对方基于认识错误处分财产—行为人或者第三人取得财产—被害人遭受财产损失”作为诈骗罪与金融诈骗罪的基本构造，以“心中永远充满正义、目光不断地往返于刑法规范与生活事实之间”“与其批判刑法不如解释刑法”为解释理念，对诈骗罪的基本问题与金融诈骗罪的疑难问题展开了深入研究。本书既植根于中国的立法与司法现实，又将相关问题置于世界刑法理论之林展开讨论；既对诈骗罪与金融诈骗罪的构成要件作出了创新的解释结论，又对已经存在和可能出现的各种疑难问题提出了合理的解决方案；既注重以妥当的法哲学理念为指导解释刑法条文，又重视从具体生活事实与解释结论中抽象出刑法解释的一般原理。
3	《犯罪心理分析：人为什么犯罪》	刘建清著	中国法制出版社	2021年3月	犯罪是天生的，还是社会造成的？当他们犯下罪行的时候，心里在想什么？本书从犯罪心理学基本理论、犯罪动机、犯罪人格、犯罪心理分析、犯罪人格测试等内容对犯罪心理学的传统理论和各个学派的最新观点进行了详细的介绍和全面的论述。为广大读者了解、走近犯罪心理学提供了一个兼具专业性和可读性的普及范本。
4	犯罪与刑罚论要	阮齐林著	中国政法大学出版社	2021年4月	该书主要涉及刑法学犯罪论体系的比较、构建，罪数论体系的构建，中国刑法配刑制度的特点与量刑的特点，以及刑法分则绑架罪、盗窃罪、抢夺罪定罪处罚等内容。

续表

序号	书 名	作 者	出版社	出版年月	内容简介
5	《犯罪分层的中国路径》	郝冠揆著	中国政法大学出版社	2021 年 4 月	该书在刑法扩张的大背景下,以构建"严而不厉"的刑法结构为目标,通过剖析国外较为成熟的犯罪分层制度,以期对我国传统的一元化犯罪概念进行分层,并对我国一直以来"厉而不严"的刑法结构加以改造,形成具有我国特色的犯罪分层制度。本书从实体和程序两个方面系统地介绍了国外关于犯罪分层的基本情况,深入探究了犯罪分层的理论基础,在充分论证犯罪分层的必要性和可行性的基础之上,确定了我国犯罪分层所应当采用的标准,提出了我国犯罪分层的具体设计。
6	《网络犯罪治理中的证据与证明问题研究》	王志刚著	中国政法大学出版社	2021 年 7 月	网络犯罪的证据构成与证明体系构建区别于传统犯罪。与传统犯罪侦查中"由事到人"的证明模式不同,网络犯罪由于横跨物理和虚拟两个空间,因此网络犯罪的证明往往沿循着"案件事实→涉案计算机→计算机的使用者(被追诉人)"这样一种思路推进。从司法实践情况来看,在网络犯罪案件的追诉过程中,控诉方往往较为看重"涉案计算机",在这个过程中,大量的电子数据会被侦查机关收集和固定,且这些电子数据终会成为控诉方提交到法庭的主要证据。但是,如何保障电子数据无争议地应用于诉讼程序,如何顺畅搭建"案件事实→涉案计算机→计算机的使用者(被追诉人)"这个通道的证据链条则存在诸多障碍,这使得网络犯罪案件的认定陷入证据困境。本书以网络犯罪治理中的证据运用与认定为研究主线,探求网络犯罪中的证据与证明和传统犯罪中的区别,系统研究网络犯罪治理中的证据与证明问题。通过该书的研究,能够厘清网络犯罪与传统犯罪在证据运用和证明逻辑上的区别,推进我国在信息网络时代下证据理论研究的深入,同时通过对相应证据规则的构建,为解决当前网络犯罪案件中的证据认定困境提供思路。

续表

序号	书　名	作　者	出版社	出版年月	内容简介
7	《环境犯罪问题调查与研究——以贵州省为例》	宋强、李国兵主编	中国政法大学出版社	2021年1月	该专著主要围绕贵州猛增犯罪现状、问题及防治对策开展研究,包括部分案例分析。为对该学科领域的学者以及感兴趣的读者,提供了一些参考性建议。
8	《中国暴恐犯罪对策研究》	舒洪水主编	中国政法大学出版社	2021年6月	该书从以下几个方向出发,对相关问题进行论述:第一章对暴恐犯罪的沿革、内涵和相关概念辨析进行了论述。第二章主要从古代恐怖主义犯罪、近代恐怖主义犯罪、现代恐怖主义犯罪三个阶段对世界范围内恐怖主义的历史沿革进行了论述。第三章对我国暴恐犯罪的形成、发展和演变进行分析、介绍。第四章分析了我国暴恐犯罪的现状及特点。第五章对我国暴恐犯罪的原因进行了多角度分析。第六、七、八章将基于世界范围内其他各国目前应对暴恐犯罪的基本措施,结合我国当前应对暴恐犯罪现状与不足,探索有利于发挥我国防治暴恐犯罪的综合对策作用的适当路径。
9	《涉证券、期货犯罪研究(金融刑法专题研究)》	刘宪权著	上海人民出版社	2021年8月	该书是“金融刑法专题研究”丛书中的一本,本书以证券、期货犯罪为研究对象,重点论述金融市场中与证券、期货交易行为相关的罪名,如内幕交易、泄露内幕信息罪,利用未公开信息交易罪,操纵证券、期货市场罪等。本书主要分为四大部分,第一部分重点论述我国涉证券、期货犯罪的刑事立法沿革、立法缺陷以及立法完善路径;第二部分重点论述相关罪名的司法认定问题;第三部分重点论述互联网时代证券、期货犯罪的刑法规制问题;第四部分重点论述人工智能技术下证券、期货市场的刑事风险及刑法应对问题。

续表

序号	书　名	作　者	出版社	出版年月	内容简介
10	《犯罪决策心理问题研究》	李晖著	光明日报出版社	2021年6月	该书以心理学、社会学、经济学、法学等学科为视角,对犯罪行为决策中的心理问题、神经生理机制进行研究和剖析;将横断研究与纵向研究相结合,实验研究、问卷调查与深度访谈等研究方法相结合,运用经济人、满意人、生态人等人性假设,阐释犯罪行为决策的理性、有限理性与非理性;将积极心理学的理念引入犯罪行为决策的研究,以道德人假设,分析犯罪行为的预测、预防和矫治;通过对各类服刑人员与其他群体存在风险决策的过程和特点、积极人格特征、积极情绪等方面可能存在的差异进行比较,为犯罪的个人和社会防控提供研究范式和工作思路上的参考。
11	《老年人犯罪刑事责任研究》	王震著	经济管理出版社	2021年6月	该书是在国内首篇专门以老年人犯罪为研究对象的博士学位论文基础上成书的,论文当初设想的设置刑事责任年龄上限和对老年人禁止适用死刑等内容,在刑法修正案中得到了部分实现,但是大部分内容仍处于学术设想阶段,希望该书在未来能够为老年人犯罪的立法工作提供更多的参考。
12	《知识产权犯罪学的建构及其应用》	杨燮蛟、陈南成著	浙江大学出版社	2021年8月	该书共分为十四章节,主要介绍了知识产权犯罪学概论、古典犯罪学与犯罪、实证犯罪学与犯罪预防、知识产权犯罪比较研究和行为研究等方面的内容。
13	《职务犯罪办案手册:实体篇》	李高明、戴奎编著	法律出版社	2021年11月	该书全面梳理了纪委监委有权管辖的101个职务犯罪罪名,精准阐释罪名释义、定罪量刑标准、实务中的重点难点问题。全书囊括与职务犯罪相关的150余部规范性文件、160多个指引案例,助力纪检监察人员零起点从入门到精通,快速办案,是职务犯罪办案人的掌上指南。

续表

序号	书　名	作　者	出版社	出版年月	内容简介
14	《职务犯罪办案手册:程序与技巧篇》	李高明、戴奎编著	法律出版社	2021年11月	该书内容包括三部分:一是职务犯罪调查从线索受理、启动初核、立案审查调查、移送司法机关、审查起诉、司法审判等环节的程序性规定;二是关于讯问、询问等15种调查措施的规定以及证据的审查、非法证据排除规则等内容;三是办案中运用的银行查询分析、电子数据、笔录制作等8项调查技巧。 该书主要有如下特色:一是本书以《中华人民共和国监察法》的有关规定为主线,将《中华人民共和国刑事诉讼法》等法律规定及司法解释、《中国共产党纪律检查机关监督执纪工作规则》等党内法规、《中华人民共和国监察法实施条例》等监察法规分门别类地拆分到各个知识点下,能够达到让办案人员快速地学懂、弄通、悟透相关办案程序、证据审查及非法证据排除等相关规定;二是书中有关银行查询分析、笔录制作等内容均是办案经验的总结,可以为办案人员提供很多经验启发,并快速入门职务犯罪办案领域;三是本书与《职务犯罪办案手册(实体篇)》构成了一个完整的办案知识体系,纪检监察机关的新人凭借这两本书能够在办案过程中通过边办边学的形式快速掌握职务犯罪办案知识。
15	《家庭暴力"恶逆变"犯罪的实证研究》	刘彬(等)著	江苏人民出版社	2021年12月	该书基于我国家庭暴力妇女权益保障的现状和不足,以比较法分析和实证考察为基本研究方法,通过分析针对女性的家庭暴力的原因,深入研讨"针对女性的家庭暴力"之认定,并依托最新英文资料,系统介绍英国等家庭暴力立法的特色,运用实证研究方法,依据实证研究资料,从心理学、医学、法学、社会工作理论等视角分析针对女性家庭暴力的危害性。最后,通过考察分析我国家庭暴力案件审判、投诉之现状,阐述继续完善人身安全保护裁定制度、修正家庭暴力非法证据排除规则及具体方案,提高家庭暴力女性受害者收集证据的意识,主张建立家庭暴力验伤中心等内容。

续表

序号	书　名	作　者	出版社	出版年月	内容简介
16	《犯罪构成的经验与逻辑》	彭文华著	中国政法大学出版社	2021年5月	该书是关于刑法学基本理论——犯罪构成理论的学术专著。图书具体内容如下:第一章,犯罪构成法源论,包括大陆法系国家的犯罪构成源流;英美法系国家的犯罪构成源流;社会主义法系的犯罪构成源流。第二章,犯罪构成本体论,包括中西文化本体论与犯罪构成本体论;主客观一元化的犯罪构成本体论;主客观二元化的犯罪构成本体论。第三章,犯罪构成方法论,包括中西文化方法论与犯罪构成方法论;意合的犯罪构成;形合的犯罪构成。第四章,犯罪构成认识论,包括中西文化认识论与犯罪构成认识论;平面的犯罪构成;立体的犯罪构成。第五章,犯罪构成模式论,包括中西文化模式论与犯罪构成模式论;机体的犯罪构成;机器的犯罪构成。第六章,犯罪构成逻辑论,包括行为理论及其逻辑构造;犯罪构成要件的判断次序与体系性逻辑;犯罪构成论体系的逻辑推演模式;不同类型的犯罪构成论体系的逻辑缺陷;犯罪构成论体系的逻辑构造。第七章,犯罪构成本土化,包括文化交融与法律本土化;犯罪论体系的本土化历程;犯罪构成本土化的中国经验;犯罪构成本土化的逻辑检视。
17	《中国网络犯罪综合报告》	江溯主编	北京大学出版社	2021年4月	该书搜集近20年来有关网络犯罪的大量统计资料和司法案例,全面客观地回顾和评价了近年来我国网络犯罪的发展态势及立法和司法状况,真实展现了我国打击网络犯罪的实体法和程序法内容,对于完善立法和司法,从而更有效地打击网络犯罪、维护网络安全具有总结性和启发性意义。

续表

序号	书　名	作　者	出版社	出版年月	内容简介
18	《犯罪构成论体系比较研究》	赵秉志主编	法律出版社	2021年9月	该书通过对以德日为代表的大陆法系阶层递进式犯罪成立条件体系、以英美为代表的英美法系双层次控辩式犯罪成立条件体系以及我国传统四要件犯罪构成理论进行对比分析，综合研究上述三大犯罪成立条件体系的相关理论，剖析三大犯罪成立条件体系在处理相关问题方面的利弊得失，并结合我国传统法律文化、司法实践等实际情况，对我国犯罪构成论体系的前景加以展望，试图为我国犯罪成立条件体系探索合理的发展路径。
19	《犯罪论争议问题研究》	贾济东著	法律出版社	2021年8月	该书以行为无价值二元论为研究主线，按照"客观构成要件、排除客观违法的事由、主观构成要件、排除主观责任的事由"四阶层犯罪论体系的架构，从客观要件、主观要件、修正形态三个维度，遴选犯罪论领域的若干争议问题依次展开讨论。本书坚持以问题为导向，围绕司法实践提出的难题，梳理学说的脉络，考察立法的妥当性，对各种理论和观点条分缕析，致力于理论、立法与司法的良性互动和协调发展，提出的方案在一定程度上回答了理论和实践中的疑问。
20	《信息网络犯罪典型案例解析·法官说法丛书（第二辑）》	邵明艳主编	中国法制出版社	2021年7月	该书共分六章，按照《刑法》中涉及网络犯罪的罪名，分为"非法获取计算机信息系统数据罪""非法控制计算机信息系统罪""提供非法侵入、非法控制计算机信息系统程序、工具罪""破坏计算机信息系统罪""非法利用信息网络罪"和"涉计算机信息系统的其他犯罪"。从多个角度刻画出当下高发频发的网络犯罪行为以及相应的法律规制。全书以讲述故事的方式将案件事实一一呈现，在兼顾可读性的同时，将复杂的网络犯罪技术问题进行深入浅出地阐释，并结合相关的法律条文和司法解释，列举同一类型案件的刑罚规制范围，以点带面，尽可能涵盖近年来常见的网络犯罪类型。

续表

序号	书　名	作　者	出版社	出版年月	内容简介
21	《职务犯罪概论(修订本)》	范雪峰主编	中国政法大学出版社	2021年5月	该书围绕职务犯罪以上众多立法变化,为帮助高校相关专业学生、广大实践工作人员更好学习职务犯罪理论,教材编写组及时组织了教材修订。在编写体例上,本次《职务犯罪概论(修订本)》主要有七章,第一章仍为“刑法概述”,涉及刑法基础理论。第二章至第七章,按照《国家监察委员会管辖规定(试行)》中六大类公职人员职务犯罪重新编写,分别是第二章“贪污贿赂犯罪”,第三章“滥用职权犯罪”,第四章“玩忽职守犯罪”,第五章“徇私舞弊犯罪”,第六章“公职人员在行使公权力过程中发生的重大责任事故犯罪”,第七章“公职人员在行使公权力过程中发生的其他职务犯罪”。
22	《市场滥用犯罪与刑事合规》	谢杰、钱列阳著	法律出版社	2021年8月	该书以市场滥用犯罪行为的实质解释与相关法律规范的运作效率评估为基点,解构市场滥用犯罪的行为实质、法律解释与刑事合规实务,跨越市场与监管,覆盖金融与法律,贯穿证券法(包括期货、衍生品法律)与刑法,跨越金融、会计、财务等专业知识,注重运用法律与金融分析的跨学科研究方法,透析市场滥用犯罪的行为机理,反思刑法规制路径,研究刑事法律风险控制措施,在2021年7月6日中共中央办公厅、国务院办公厅发布《关于依法从严打击证券违法活动的意见》、2021年3月1日《刑法修正案(十一)》正式实施、2020年3月1日《证券法》全面推行注册制的背景下,共同探索国家法律制度安排、市场主体刑事合规措施,以及金融市场功能有效发挥的动态关系与合理边界。

续表

序号	书　名	作　者	出版社	出版年月	内容简介
23	《网络犯罪的司法面孔》	刘仁文主编	中国社会科学出版社	2021年6月	该书聚焦网络信息犯罪和互联网金融犯罪司法前沿问题，从侵犯隐私犯罪、危害网络系统安全犯罪、恶意刷单涉罪行为、互联网支付类犯罪、互联网金融类犯罪以及新型网络犯罪六个方面分别加以阐述，旨在通过跟踪和评估刑法有关新罪名之适用，研究和解剖近年来司法实践中发生的典型性案例，并对网络爬虫获取数据行为的刑法定性、新型支付方式下的财产犯罪和经济犯罪之认定等热点难点问题展开研讨，揭示网络犯罪的司法面孔，为促进该领域的中国之治以及在国际上发出刑法学研究的中国之声贡献力量。
24	《职务犯罪罪罚标准图表速查(滥用职权篇)》	魏昌东著	中国方正出版社	2021年6月	该书系《职务犯罪罪罚标准图表速查》系列丛书的滥用职权篇。该书以工作实务为导向，以罪刑要素解构为要点，通过表格形式直观解析滥用职权犯罪各罪名的构成要件及其定罪量刑标准，并从“两高”发布的指导性、典型性案例中精选整理裁判要旨，将适法规则分解至关键要件分析之中，为监察机关、司法机关及执法机关工作者严格把握职务犯罪罪与罚证据标准，进一步提高查办职务犯罪案件工作能力和水平提供参考借鉴。
25	《西方少年犯罪理论》	吴宗宪著	商务印书馆	2021年11月	该书系统深入地论述了西方少年犯罪的主要理论学说，涵盖了西方国家所有主要犯罪学家关于少年犯罪的理论学说。全书分为十四章，对于西方少年犯罪理论进行了系统论述，包括早期的少年犯罪学说、精神分析学理论、社会心理学理论、社会学理论与芝加哥学派的研究、紧张理论、文化越轨理论、控制理论、贴标签理论、发展理论等，不仅有助于我们更好地了解西方社会环境中少年犯罪的原因、规律等问题，其中的一些内容可以直接帮助我们了解中国社会中青少年犯罪的问题，有利于增进我国治理青少年犯罪的成效。

续表

序号	书　名	作　者	出版社	出版年月	内容简介
26	《非法集资犯罪研究与律师实务》	翟呈群著	法律出版社	2021年9月	该书全面梳理了非法集资行为的基本理论、现行法规,并结合实务经验对非法集资案件辩护进行系统总结。
27	《共同过失犯罪理论争鸣与探索》	王东明著	法律出版社	2021年11月	该书从共同犯罪和过失犯罪的基础理论切入论证成立共同过失犯罪的理论基础,内容涉及共同过失犯罪的概念、构成要件、犯罪类型、对共同过失犯罪人的定罪处罚原则以及共同过失犯罪与相关犯罪类型的关联等,立法例、判例和理论评析兼具。
28	《犯罪心理分析与干预》	范辉清、王亮主编	中国政法大学出版社	2021年2月	该书共有五篇二十一章。第一篇犯罪心理分析基础篇,主要阐述犯罪心理分析取向与方法、关于犯罪心理犯罪学理论和关于犯罪心理心理学理论。第二篇犯罪心理基础分析篇,侧重对犯罪心理的分析,包括犯罪心理的原因分析、动机分析和结构分析。第三篇犯罪心理行为类型分析篇,其中侧重对犯罪行为类型进行心理分析,包括财产型犯罪心理分析、暴力犯罪心理(人身危险性犯罪)分析、性犯罪心理分析和网络型犯罪心理分析。第四篇变态犯罪心理分析篇,其中侧重对变态犯罪进行心理分析,包括人格异常犯罪心理分析、性变态犯罪心理分析、精神病犯罪心理分析。第五篇犯罪心理预防干预篇,借鉴相关研究成果对于犯罪人预测、预防以及犯罪嫌疑阶段的侦查和审讯提出有针对的策略。

续表

序号	书　名	作　者	出版社	出版年月	内容简介
29	《恐怖犯罪典型案例评析》	兰迪、冯卫国主编	中国政法大学出版社	2021年8月	该书是阐释恐怖主义与反恐怖基本理论,介绍国内外典型恐怖犯罪案例,分析国内外反恐怖策略基本路径与基本方法的专业性教材,共分为两部分:第一编"恐怖主义的基础理论",主要介绍恐怖主义的基本概念、恐怖主义的主要类型、恐怖主义的历史溯源、当代国际恐怖主义的现状与特征、我国恐怖主义问题与反恐怖对策,阐明恐怖犯罪的基础理论与研究恐怖犯罪的基本方法;第二编"恐怖主义典型案例"选择在世界范围具有代表性的恐怖犯罪经典案例,如德国慕尼黑惨案、英国洛克比恐怖袭击事件、美国"9·11"恐怖袭击事件、挪威恐怖袭击事件等,通过描述案件的经过、处置,分析其社会背景与原因机理,总结经验启示与反恐教训。
30	《新型犯罪治理与刑法现代化研究》	王文华著	人民出版社	2021年4月	该书主体内容共三章。第一章"刑法现代化基本问题研究"主要收录了较为宏观的刑法现代化以及刑法总论问题,探讨在急剧变革的社会大背景下刑法的基本理论问题,包括对"刑法之内""刑法之上""刑法之外"的问题研究。第二章"经济犯罪、腐败犯罪惩治与国际刑事司法合作",关注的是在全球化时代,国际犯罪、跨国犯罪日趋复杂的情况下,怎样通过国际刑事合作和交流,达到惩治犯罪的目的。第三章"电子商务与网络犯罪治理"探讨的是全球化背景下,对知识经济、数字经济时代的常见多发犯罪及国际治理问题的研究与解决。

续表

序号	书　名	作　者	出版社	出版年月	内容简介
31	《腐败犯罪法律治理对策研究》	彭新林著	中国法制出版社	2021年3月	该书对腐败犯罪法律治理对策问题进行专门研究,拟在立足我国国情和腐败犯罪治理实践的基础上,力求廓清我国腐败犯罪法律治理的科学内涵、基本思路和路径选择,在对腐败犯罪及其法律治理的基础性、关键性问题进行研讨的基础上,分别从刑事立法完善、监察体制改革、司法反腐改进、国际追逃追赃四个维度,对新时期我国腐败犯罪法律治理的改革完善及现代化进路提出了对策建言。希冀助力于构建推进不敢腐、不能腐、不想腐的体制机制,裨益于我国腐败犯罪法律治理实践。
32	《"犯罪停顿形态论"中的疑难问题研究》	陆诗忠著	法律出版社	2021年11月	犯罪停顿形态是犯罪过程中停止下来的行为状态,可以大体划分为完成形态与未完成形态。对其进行研究而形成的犯罪停顿形态理论是我国刑法理论中的重要组成部分。由于犯罪停顿形态问题并不是一个孤立的问题,与刑法理论中的其他内容存在诸多密切的联系,以至于在"犯罪停顿形态论"中出现了许多疑难问题。基于此,本书围绕着我国"犯罪停顿形态论"中一些争议问题,进行了较为深入的探讨,希冀能够对我国犯罪法学理论与实务的进一步发展有所裨益。
33	《航空犯罪研究》	张莉琼著	法律出版社	2021年11月	该书以《北京公约》和《北京议定书》等国际航空刑法公约规定的航空犯罪为研究对象,从规范刑法学的角度对航空犯罪的法益侵犯性特征、我国和其他国家转化国际航空犯罪的犯罪构成及其犯罪形态特征、航空犯罪的法人法律责任、国家对航空犯罪的刑事管辖权以及航空恐怖主义犯罪等内容进行了深入系统的研究,以全面认识、理解和把握国际航空刑法公约及其他国家航空犯罪的立法特点和发展趋势,并根据我国航空刑法与国际公约及其他国家相关立法之间的差别,提出完善我国航空刑法规范及其体系的建议,促进我国全面参与惩治航空犯罪的国际刑事司法合作,保护国际、国内航空安全。

续表

序号	书　名	作　者	出版社	出版年月	内容简介
34	《详解职务犯罪案例》	曹静静编著	中国方正出版社	2021年5月	该书对职务犯罪审查调查过程中易出错、易混淆的42个典型案例进行深入剖析,通过案例简述、观点评析以及法规适用等,帮助党员干部正确认识常见职务犯罪的构成要件及追诉标准,正确理解监察法与刑法、刑事诉讼法等法律应该如何有效衔接,是一部深入浅出、贴近党员干部学法用法需要的法律读物。
35	《犯罪学生命历程研究》	王燕飞著	社会科学文献出版社	2021年11月	中国犯罪学如何发展起来?中国犯罪学走过的道路存在什么样的问题?中国犯罪学未来前景是什么?这些问题都是摆在中国犯罪学学者的面前需要冷静思考的系列问题。本书回顾了犯罪学的公众形象、学术面貌等维度的演变历史,立体地透视出其多元要素与丰富构造,检视了其动力机制。
36	《中国犯罪构成理论的现代展开》	欧锦雄著	中国人民公安大学出版社	2021年7月	该书共分为六篇十八章,包括第一编中国四要件犯罪构成理论的理性评价,第二编中国犯罪构成理论的基础,第三编中国犯罪构成基本要件的地位,第四编中外犯罪构成理论的优劣比较,第五编中国犯罪构成理论的拓展,第六编中国犯罪构成理论的发展走向及立法展望。

第四节　代表性论文

一、代表性论文概述

2021年的犯罪学学术论文如果从单一的核心期刊发文数量上看是有所下降的。通过在中国知网上以“犯罪”为主题,勾选北大核心、CSSCI等核心期刊来源选项,从1510篇期刊论文中人工筛选出153篇犯罪学方面的论文。在数量方面与2020年度的数据相比有大幅下降,但与2019年的数据接近。值得注意的是2021年卢建平教授在《中国社会科学》上发表了《犯罪统计与犯罪治理优化》一文,是近年来犯罪治理领域研究的重要成果。虽然在核心期刊上的发文较2020年相比数量下降,但是算上2021年犯罪学年会论文集、犯罪学专业硕士生博士生毕业论文以及传统的犯罪学研究期刊如《犯罪研究》《犯罪与改造研究》《青少年犯罪问题》《预防青少年犯罪研究》、各警察院校学报等期刊论文,犯罪学领域的学者在2021年所发论文数量仍蔚为可观。论文的作者以大学、科研院所的犯罪学学者为主。论文的选题包括犯罪学基础理论研究、犯罪治理、犯罪地理学等领域。在具体分类上网络犯罪、经济犯罪、青少年犯罪等三方面犯罪的治理研究关注度较高。

二、代表性论文列表

表4-4　2021国内犯罪学代表性学术论文列表

序号	篇　名	作　者	期　刊	发表时间	内容简介
1	《东南亚地区中国公民跨境网络犯罪及治理研究》	庄华、马忠红	《南洋问题研究》	2021年12月30日	2020年,全国检察机关起诉涉嫌网络犯罪14.2万人,同比上升47.9%,最高人民检察院成立惩治网络犯罪、维护网络安全研究指导组,统筹协调深化打击治理网络犯罪工作。东南亚地区已经成为中国公民跨境实施网络诈骗、网络赌博犯罪的主要目的地。大量中国公民跨境到东南亚各国实施针对我国境内民众的网络犯罪,不仅给国内民众的生命财产安全造成巨大威胁,也造成与流入国民众的紧张关系。通过分析2011年至2019年东南亚各国移交回国的网络诈骗人员情况,发现移交人数总体上升,并在2019年达到峰值。从犯罪窝点的空间分布和转移来看,实施网络诈骗和网络赌博的犯罪者对犯罪窝点的选择,其考虑因素各有不同,前者主要考虑经济成本和惩罚成本,后者更多受政策法律和执法力度影响;在多种因素作用下,犯罪窝点地有从遍布东南亚向缅甸北部聚集的趋势。从犯罪特征的变化来看,具有犯罪组织公司化、主犯隐蔽化和从犯胁迫化、犯罪的上下游产业链条化以及网络诈骗和网络赌博融合化等特征。有效治理东南亚地区中国公民跨境网络犯罪,需要采取完善打击跨境网络犯罪及其周边产业的法治体系,创新机制推进国际执法合作,严控重点人员出境与回流,全链条管控网络犯罪周边产业等综合策略。

续表

序号	篇名	作者	期刊	发表时间	内容简介
2	《新型网络犯罪的防范与治理》	皮勇	《犯罪研究》	2021年12月20日	当前网络犯罪已发展为庞大的犯罪生态系统,新型网络犯罪为其他网络犯罪提供支持,加重了网络犯罪的危害。新型网络犯罪具有独立性、黑灰产化、微犯罪化、主体作用化等特性,以保护法益为本位的网络犯罪治理体系不适应以上特性,侵犯计算机信息系统安全犯罪立法、传统犯罪立法和侵犯个人信息犯罪立法基本上不能处罚新型网络犯罪,妨害信息网络安全管理秩序犯罪立法的适用存在争议,其部分规定也存在不足,影响其打击新型网络犯罪的效果。只依靠事后的刑法打击不能遏制新型网络犯罪,必须建立起有针对性的、系统化的犯罪预防与治理体系,坚持犯罪生态治理和系统化治理原则,完善相关犯罪立法,协调好行政执法和刑事司法的关系,监督网络服务提供者依法严格履行协助管理义务,实现对新型网络犯罪的共治共管。
3	《聚合支付非法应用风险及治理研究》	刘晶晶、戴蓬	《中国人民公安大学学报(社会科学版)》	2021年12月15日	移动支付的高速发展和扫码支付方式的普及,催生了聚合支付。聚合支付是第三方支付应用的拓展,具有从业门槛低、便捷、灵活等优势。聚合支付企业是收单外包机构的一种,为各家收单机构提供支付通道整合服务,但不得从事资金结算等支付核心业务。在多种原因驱使下,部分聚合支付平台发生角色异化,突破法律定位,形成资金"二清"和非结算通道两种非法应用模式,对支付生态造成了极大的破坏,严重扰乱了金融管理秩序。为防范聚合支付非法应用带来的巨大风险,应从行政、刑事、行业三个维度完善治理,多手段配合,多路径推进,促使聚合支付行业回归健康发展轨道。

续表

序号	篇　名	作　者	期　刊	发表时间	内容简介
4	《基于贝叶斯网络的电信网络诈骗受害人特征分析》	罗文华、张耀文	《网络信息安全》	2021年12月10日	电信网络诈骗是典型的非接触式犯罪,防控工作应侧重对受害人特征的分析。现有研究成果多为针对受害人单一特征进行的研究,且依赖案件数量较少,难以全面深入反映特征规律,应用性较弱。文章将电信网络诈骗受害人的自身特征与案件特征作为指标构造贝叶斯网络,建立受害人特征分析模型,进而从案件类型出发,分析易受骗人群;从特征人群出发,分析受骗类型。
5	《代孕治理的时代之问与应然选择》	田宏杰	《中国应用法学》	2021年11月30日	代孕行为从诞生之初就一直饱受巨大伦理争议,各国立法和司法实践对此也态度不一。而因代孕弃养等引发的法律争端,不仅凸显了代孕问题的种种乱象和非法组织代孕行为的法益侵害性,而且使代孕问题愈益成为我国人口政策调整所必须直面解决的时代课题。对此,一方面应有限许可合理的代孕需求;另一方面对危害严重的非法组织代孕行为应考虑予以犯罪化。犯罪化的具体实施,应在构建完善的前置法律规范体系前提下,谦抑限定非法组织代孕行为的入罪范围,而在入罪化前的当下,则应恪守罪刑法定原则,运用现有刑法规定依法惩治关联犯罪,抑制非法组织代孕行为。

续表

序号	篇　名	作　者	期　刊	发表时间	内容简介
6	《广义刑事政策立场下未成年人犯罪的治理》	吴羽	《青少年犯罪问题》	2021年11月20日	广义刑事政策是犯罪原因论发展和刑罚功能理性反思的产物。有效治理未成年人犯罪的前提是科学认识未成年人犯罪的原因,实证研究表明,未成年人犯罪是由个体因素以及家庭、学校、社会等外部风险因素综合作用的结果。立足于广义刑事政策,治理未成年人犯罪应以预防为主,刑罚则作为迫不得已的最后手段。有效治理未成年人犯罪的基本路径是:完善社会预防体系是"治本"之举;健全罪错未成年人分级干预机制是关键之举;制定专门法律、设立专门机构、组建专业队伍是基本保障。
7	《惩罚:痛苦抑或伤害——以惩罚者为视角》	姚建宗、何永祥	《四川大学学报(哲学社会科学版)》	2021年11月20日	关注惩罚及其正当性的学者们对"惩罚是什么"问题所给出的答案不外乎是以"痛苦"或"伤害"为基础构建起来的定义。然而,痛苦并不适合拿来解释惩罚,这是因为其作为一种内在的感觉体验,不仅会引发严重的理论困惑,而且无法与所公认的惩罚要素相结合。而伤害作为一种客观的实在和行动,不仅能够解决痛苦所引发的问题,而且也与"惩罚"的日常用法一致。
8	《犯罪学视角下网络恶势力团伙犯罪行为模式刍议》	郭一霖、靳高风	《湖北社会科学》	2021年11月10日	"十四五"规划纲要提出,打击新型网络犯罪是未来五年我国司法机关的主要任务之一。当前,我国在网络恶势力团伙犯罪行为模式的司法界定和司法实践方面存在诸多偏差,主要表现在犯罪组织形态不明确,线上犯罪与线下犯罪的关联性存疑以及侵害对象认定界限模糊等问题。网络恶势力团伙犯罪中,线上犯罪是主体,线下犯罪是线上犯罪的行为延伸,且较之传统恶势力犯罪的组织体系更为松散,侵害领域较不固定,属于未完备的恶势力犯罪组织形式。

续表

序号	篇　名	作　者	期　刊	发表时间	内容简介
9	《犯罪统计与犯罪治理的优化》	卢建平	《中国社会科学》	2021年10月25日	完善犯罪治理体系、提升犯罪治理效能,是推进国家治理体系和治理能力现代化的重要方面。犯罪统计数据既是犯罪治理的成果展现,是观察测量犯罪现象的重要工具方法,又是评判犯罪治理绩效的基本依据。通过对新中国成立以来的犯罪数据进行统计分析发现,我国的犯罪现象在内部结构上正呈现"双降"与"双升"的趋势,犯罪治理的绩效相当好。在大数据时代,因应国家治理和犯罪治理的要求,犯罪统计应基于法治主义改进其统计指标体系,基于数据互联的要求改进统计组织体系,基于数据共享的原则改进其发布和应用制度。置身于国家治理体系和治理能力现代化语境中的犯罪治理,是系统作用于犯罪现象的科学之道。以循数治理为切入,优化犯罪治理的战略目标和政策立法,准确定位治理对象,合理配置治理资源,科学评价治理绩效,充分运用科技手段,显著提升治理效能,是新时代犯罪治理现代化的必由之路。将数字、数据、大数据运用于犯罪治理,可以促进犯罪学与刑事政策学、刑法学、大数据、人工智能等的深度融合,促进犯罪学、刑事政策学、刑法学由"事实学""决策学""规范学"共同向"犯罪治理学"转型。
10	《国家制裁对犯罪生涯的影响——基于生涯犯罪人的调查数据与田野资料》	孔一、郭晶英	《北京联合大学学报(人文社会科学版)》	2021年10月20日	国家制裁是否能够阻断犯罪生涯的持续进而遏制再犯是预防刑论立论的根基性问题。根据对J省和N省监狱7次及以上被判刑或劳教的66名在押罪犯的深度访谈资料、刑事判决书和自传综合分析发现:惩罚预防再犯的边际效益递减明显,即随着处罚次数增加,刑罚体验痛苦性不断下降,犯罪人日渐适应监狱和犯罪生活,对犯罪越来越视若平常。犯罪侦查中的"伦理性执法",立法层面的"重复惩罚""延伸惩罚"以及刑罚执行过程中的"整体性惩罚加重,个体性惩罚式弱"等不但未能充分实现惩罚的特殊预防功能,反而消解了犯罪人对刑罚应有的畏惧和顺服。应当通过拒斥"伦理性执法",避免"重复惩罚",限缩"资格刑"扩张,逆转"惩罚错位"来提高国家制裁的效应。

续表

序号	篇　名	作　者	期　刊	发表时间	内容简介
11	《涉众型经济犯罪被害人经济卷入问题研究——基于前景理论的逻辑构建》	李星昊、李辉、张玲	《中国人民公安大学学报(社会科学版)》	2021 年 10 月 15 日	被害人经济卷入的基本逻辑是解锁治理和防范涉众型经济犯罪的重要密码之一。基于被害人个体视角和前景理论从三个方面初步探讨被害人经济卷入的基本问题:第一,被害人个体视角下的经济卷入源自其事前事中博弈运筹过程中趋利避害的天然倾向。第二,前景理论的逻辑暗示了被害人经济卷入是由不法分子柔性主导的一套激励和抑制机制嵌入在内的自发运转循环逻辑。在此过程中,不法分子由台前隐遁至幕后,控制着被害人"自主地"徘徊往复于早已预设好的卷入机制之中。第三,统合被害人个体视角和前景理论逻辑的"被工具化的主观理性计算偏误"一定程度上揭示了被害人经济卷入的深层次原因。这意味着正是不法分子的工具化利用,才使得被害人的"人性弱点"与经济卷入的循环逻辑巧妙对接糅合,并将被害人进一步推入经济卷入的泥沼之中。为破解治理和防范被害人经济卷入的难题,需要多元治理主体同向发力。
12	《入室盗窃临近重复案件与孤立案件分布的影响因素对比研究》	柳林、陈德、徐冲、龙冬平、肖露子、陈悉	《地理科学》	2021 年 10 月 14 日	以中国南方某特大城市 YP 区为例,结合犯罪地理学主要理论选取相关变量构建二元逻辑回归模型,探讨区域环境对入室盗窃临近重复案件和孤立案件分布的影响差异。研究发现:居民数量、银行&ATM 机和公园集聚的区域发生临近重复案件的概率比孤立案件更高,而道路密度高的社区难以发生临近重复案件;青少年人口比重高和低租金住户多的社区会加剧弱势群体、问题人群的集中趋势,临近重复犯罪发生的可能性也会随之上升,其中青少年人口的影响程度高于低租金住户。研究结果可对微观社区层面入室盗窃临近重复犯罪的治安防控与警务政策制定提供一定的参考。

续表

序号	篇　名	作　者	期　刊	发表时间	内容简介
13	《面向人工智能时代的城市危机治理——基于多案例的比较研究》	周利敏、韦莉、温莎	《郑州大学学报(哲学社会科学版)》	2021年9月25日	日益复杂的、可能发生的与不可预知的城市危机已成为各国高度关注的重要议题,人工智能提供了一种颠覆性的治理技术与治理理念。城市危机人工智能治理包括数字治理、智能治理、融合治理和全生命治理四个基本内涵,它由数字、决策、智慧、全生命与平台五个维度构成,国内外已出现一些典型案例。数字治理是人工智能治理的另一种表达,可以称为"默认的智能化",它为城市危机提供了前所未有的治理速度。人工智能以智慧方式治理城市危机,灾害智慧治理是智慧城市的重要组成内容。治理者需要以智能危机信息系统为支撑,以智能危机决策支持系统为核心,以智慧城市发展为契机,构建新的治理体系。但人工智能也可能存在"算法黑箱"、无法自主判断人类设定以外的信息及可能会造成种族歧视风险等局限,故人类智能必须学会控制人工智能,使其为城市危机治理保驾护航。为此,制定可靠的人工智能战略对于城市危机治理极为必要,对于促进城市永续发展也有重要意义。
14	《房价、财富不平等与城市犯罪率——基于中国地级市面板数据的实证分析》	郭冬梅、李昕、刘春晓、孙伟增	《中央财经大学学报》	2021年9月15日	21世纪以来,房价的快速上涨推动了经济的发展,但同时也带来了一系列社会问题。本文利用2002—2016年中国242个地级及以上城市的面板数据实证考察了房价与犯罪率的关系,并对其影响机制进行分析。研究发现:第一,房价上涨对城市犯罪率水平有显著的正向影响,1%的房价上涨将导致本城市刑事犯罪批捕率与起诉率分别上涨0.16%和0.099%,在使用工具变量后影响效果仍然存在且有所提升。第二,房价对犯罪率的影响存在显著的地区和时间异质性,在房价水平更高的东部和中部地区以及2008年以后,房价对犯罪率的影响更大。第三,房价上涨会显著加剧本地居民家庭的财富不平等,从而导致犯罪率水平的提升。第四,保障性住房政策的实施有助于降低房价上涨对城市犯罪率的刺激作用。本文研究结论对于全面理解房价上涨的社会影响以及相关住房市场政策的制定和评估具有重要意义。

续表

序号	篇　名	作　者	期　刊	发表时间	内容简介
15	《网络犯罪治理中公私合作的障碍及其化解》	裴炜	《北京航空航天大学学报(社会科学版)》	2021 年 9 月 15 日	《2021 年最高人民检察院工作报告》中指出,2020 年在刑事案件总量下降背景下,网络犯罪同比上升 47.9%,呈现出逆势增长态势。这一态势反映出的现实背景是,"网络犯罪"这一概念已经不再局限于传统意义上某几个新型犯罪类型,当前社会面临的是全体犯罪的整体网络化。在此背景下,探讨网络空间国际治理下的公私合作模式具有时代意义和价值,这不仅关系到网络犯罪治理的实际效果,还会在更深层次上影响到刑事司法的基本运行肌理。
16	《反腐败刑事政策时代转型的逻辑与法治化思考》	孙国祥	《社会科学辑刊》	2021 年 9 月 9 日	作为国家腐败治理的方针和对策,反腐败刑事政策事关刑罚对象的划定和惩罚手段的选择。反腐败刑事政策的流变,源于党和国家对腐败治理规律性认识的不断深化,同时也是反腐败战略目标以及体制机制不断转型的产物。作为推进国家治理体系和治理能力现代化的组成部分,全面从严治党、全面依法治国的方略以及积极治理主义的理念,正推动着反腐败刑事政策的时代转型。反腐败刑事政策的转型必须践行习近平法治思想中的法治反腐理论,将反腐败刑事政策转型纳入法治的轨道,坚持以法治思维与法治方式反腐败,实现刑事政策的法治化,需要厘清反腐败刑事政策在刑事立法和刑事司法中不同定位。腐败犯罪的立法修正,应当是党和国家的反腐败刑事政策的立法转化。刑事司法中的反腐败刑事政策,只能在罪刑法定原则的框架下、在刑法规范限定的范围内发挥规范适用的指导作用,而不能直接替代规范。

续表

序号	篇 名	作 者	期 刊	发表时间	内容简介
17	《人工智能体的刑事风险及其归责》	刘仁文、曹波	《江西社会科学》	2021 年 8 月 25 日	人工智能在推动人类社会智能化变革的同时,其不确定性(自动性)所衍生的侵害人类法益的刑事风险是亟待认真对待的"真问题",绝非凭空臆造、危言耸听的"伪问题"。对人工智能体被滥用于实施犯罪的刑事风险,应根据现有刑事归责原理,按照具体行为方式以及主观罪过形式,分别追究人工智能体背后的算法设计者、产品制造者与使用者(管理者)故意或过失犯罪的刑事责任。对人工智能体脱离人类控制侵害法益的刑事风险,赋予人工智能体以刑事责任主体地位的肯定论归责方案,存在持论依据及论证路径方面的诸多误区。以刑罚规制人工智能体刑事风险缺乏适宜性,应当借鉴"科技社会防卫论",通过建构保安处分机制,由司法机关在参考专业技术意见的基础上,对严重侵害人类利益的人工智能体适用以技术性危险消除措施为内容的对物保安处分,回避以刑罚规制人工智能体刑事风险必须具备可非难性的局限,进而为人工智能的发展预留必要的法律空间。
18	《制度与出路:专门矫治教育制度困境与重构》	吴静	《重庆社会科学》	2021 年 8 月 16 日	针对因年龄问题不承担刑事责任的触刑未成年人,发挥着对该群体惩处和挽回重要功能的收容教养制度刚被专门矫治教育制度所替代。专门矫治教育制度仍存在法律规定不健全、适用对象及适用条件不明确、程序缺乏科学性、执行机构混乱和矫治教育方式单一等问题,引发学界关于其法律定性、存在必要等问题的探讨和争议,其实际执行效果与实际需要不相适应,收效甚微。新时代应围绕专门矫治教育完善立法与配套法律法规,明确适用对象的年龄范围、适用条件,重构司法程序,对执行机构和矫治教育体系等方面加以重构和规范,使该制度发挥出应有的作用,进一步促进我国少年刑事司法制度的发展。

续表

序号	篇名	作者	期刊	发表时间	内容简介
19	《文化犯罪学兴起与启示——基于西方犯罪学理论演变的考察》	李东	《中国人民公安大学学报(社会科学版)》	2021年8月15日	西方犯罪学理论经历从古典到实证的演变后,形成了以犯因研究为主导的知识生产体系并推动了刑罚矫治的改革。但随着后现代浪潮的来临,实证犯罪学内蕴的还原主义倾向很难再生产出对犯罪与越轨的鲜活解释,进而陷入本体迷失的困境。近年兴起的文化犯罪学范式通过扩展文化的边界和载体,突出主体的经验和叙事,突破了犯罪研究与治理的既有架构。西方犯罪学的文化转向为我国犯罪学的发展和变革提供了有益的借鉴。
20	《“杀猪盘”电信诈骗犯罪的心理控制机制剖析》	向静、刘亚岚	《中国人民公安大学学报(社会科学版)》	2021年8月15日	近几年“杀猪盘”电信诈骗犯罪发案率、案件总数逐年攀升,造成了恶劣的社会影响。该类犯罪的受害人涉及各年龄段、各行业人群,诈骗者深谙心理学原理和心理控制机制,可与受害人建立起深度情感联结,甚至少数受害人在公安机关预警介入的情况下仍对诈骗者抱有幻想与期待。为遏制此类犯罪、保护民众财产、维护社会稳定,选取C市公安局在2019年侦破的跨国电信网络诈骗犯罪团伙系列案件的相关资料,以双轨迹的方式剖析诈骗犯罪团伙的培训课件、诈骗话术、网络聊天文本、案件卷宗等相关信息,总结出在“杀猪盘”电信诈骗犯罪各阶段诈骗者对受害人实施心理控制的心理学原理及具体方法,并提出针对性反制策略。
21	《腐败低龄化的显著特征与针对性预防》	周义程	《人民论坛》	2021年7月15日	近年来,随着干部队伍年轻化趋势,腐败低龄化成为一个非常值得警惕的现象。腐败低龄化通常呈现出行为主体业绩突出或身处关键岗位、经济腐败为主且腐败目的多样、小吏大贪现象较为突出、高智商高科技犯罪较为常见等显著特征。与“夕阳腐败”“中年腐败”相比,腐败低龄化通常难以找到某个单一的主因,而是表现为主客观原因综合作用的结果。为了有效应对腐败低龄化问题,需要从教育、监督、制度等方面采取针对性的预防措施。

续表

序号	篇 名	作 者	期 刊	发表时间	内容简介
22	《加罗法洛的犯罪原因论与犯罪对策论探析》	薛夷风	《政法论坛》	2021年7月5日	作为近代实证主义犯罪学先锋的加罗法洛具有丰富的犯罪学思想,正如其代表作的意大利文版书名《犯罪学:关于犯罪原因和犯罪抑制的方法》所揭示,其核心思想由犯罪原因论与犯罪对策论构成。加罗法洛基于心理学并以侵害基本道德情感为实质判断而提出社会学意义上的犯罪定义,据此划分"自然犯罪"与"法定犯罪",展开犯罪人分类,以及在刑罚个别化思想之下的"消除""赔偿"二元惩罚对策,都具有历史贡献。尤其他基于经验基础的犯罪定义、犯罪被害人的国家补偿制度设计,独具特色,深刻影响着当代刑事政策的走向。当然,其犯罪学思想也深受当时社会达尔文主义等学说的影响而具有时代局限性。
23	《以合规建设推动网络犯罪治理》	时延安	《人民论坛》	2021年7月5日	信息网络时代促使各种社会风险放大和迭代。在网络犯罪领域,突出表现在技术风险、经营风险与伦理风险的彼此促进,最终形成治理风险。网络犯罪治理的重点在于管控和防范风险。而防范犯罪风险的关键又在于促进网络经营者建立有效合规建设体系和机制,即通过引导和外力的方式,推动网络经营者构建内部管理制度和机制、充分认识各类风险并采取防范措施、建立有效合作机制并将其纳入合规建设体系当中,最终促使网络经营者在网络犯罪治理中履行责任、发挥作用。

续表

序号	篇　名	作　者	期　刊	发表时间	内容简介
24	《国外发展犯罪学视角下的女性犯罪研究述评》	李易尚	《河北法学》	2021年7月3日	发展犯罪学以个体的生命历程研究为背景探索犯罪生涯开始、持续、停止的动态发展过程。国外发展犯罪学视角下的女性犯罪研究获得了许多新发现。女性犯罪行为随年龄推移呈现出多种不同的发展轨迹和发展进程,不同年龄段引发犯罪的风险因素不同,所产生的犯罪行为对女性生命历程的影响亦不同。女性犯罪在生命不同阶段的持续,是个体的生理心理问题、被害经历、伴侣的不良影响、犯罪后的社会排斥效应等因素作用的结果。而女性犯罪的停止,得益于高质量婚姻恋爱关系的建立、成为母亲的身份转变、获得稳定的工作以及主观的认知改变等。发展犯罪学对女性犯罪防控具有重要启示,未来可在借鉴国外研究成果的基础上,结合我国的社会现实开展此类研究。
25	《地缘引导:广西边境和民族地区毒品问题综合治理路径探析》	陈静、张晓春	《广西民族研究》	2021年6月20日	受国家整体经济发展不平衡、利益多元格局驱动、广西特殊区位特征等多重因素的交织影响,广西出现贩毒制毒多发的社会问题。毒品问题的治理,既关系着总体国家安全,也关系着国家治理体系和治理能力现代化。应从地缘因素、政治生态、历史、观念、民风等多个角度探究广西制贩毒问题形成原因,并在此基础上探讨宏观把握、注重个体特殊性、长期严抓的毒品问题综合治理路径。

续表

序号	篇　名	作　者	期　刊	发表时间	内容简介
26	《论新业态领域中的社会风险及其治理》	张丽芬	《北京社会科学》	2021年6月16日	新业态领域中的社会风险主要表现为政治安全风险、金融安全风险、社会安全风险、信息安全风险和身心健康风险。引致新业态领域社会风险的成因在于:一是法律法规供给不充分,职能部门执法权受疑;二是犯罪证据取证难度高,涉案资产处置效率低;三是监管主体责任欠清晰,部门协同监管不到位;四是市场主体缺乏自律性,社会责任意识较淡薄。要有效治理新业态领域中的社会风险,就必须要在坚持总体国家安全观的前提下,建设一个人人有责、人人尽责、人人享有的风险治理共同体。一是要完善新业态法律法规,推进新业态风险法治;二是要创新追赃挽损方法,提高资产处置效率;三是要完善政府监管体系,强化部门协调联动;四是要健全风险防控机制,加大违法打击力度;五是要发挥多元主体作用,打造多元共治格局。
27	《中国未成年人司法制度的建构路径》	孙谦	《政治与法律》	2021年6月15日	我国未成年人司法的制度构建不应当继续停留在成年人司法的例外规定层面,而是需要一个专门的解决方案。考察各国少年法所体现出的福利性、保护性乃至惩罚性特征可知,我国应当形成具有专门、独立性质和福利色彩的综合性未成年人司法制度。具体思路是,在坚持最有利于未成年人原则、综合保护原则、比例原则、专门保护原则的前提下,进一步提炼未成年人的司法规则,系统建构包含适合罪错未成年人的保护处分措施、注重保护未成年被害人的权利与救助的临时性保护措施、从仅仅关注未成年人罪错行为扩展为包括未成年人民事行政权利的综合司法保护、国家主导多元化主体共治的保护体系在内的具有中国特色的未成年人司法制度。

续表

序号	篇　名	作　者	期　刊	发表时间	内容简介
28	《基于WSR理论的罪犯重新犯罪风险评估及改造策略研究》	刘博逊、吴旭	《管理评论》	2021年5月31日	重新犯罪问题一直是一个备受关注的复杂社会问题。对服刑罪犯开展准确有效的重新犯罪风险评估,并采取相应的教育矫治措施,是解决其释放后重新犯罪问题的有效途径。重新犯罪风险评估的方法很多,本文首次提出了采用"物理—事理—人理(WSR)方法论"对罪犯开展重新犯罪风险评估。本文把罪犯本身视为客观存在,将评估、控制再犯风险视为要研究解决的复杂问题,通过对影响罪犯重新犯罪因子的梳理分类,研究构建罪犯再犯风险评估中物理、事理、人理之间的关系框架。
29	《基于社会网络理论视角下"三失"青少年的资本缺失问题》	周巍、谭杰、朱展仪	《当代青年研究》	2021年5月20日	"三失"青少年是指失学、失业和失管青少年。对G省1488名"三失"青少年的调查研究发现,该群体位于社会边缘地带,资本缺失严重,在家庭网络、同辈网络、学校网络和社区网络等社会网络建构方面能力不足,难以获取相应资源,较难融入社会主流。帮扶"三失"青少年就要改善其经济环境,构建帮扶部门联动机制,建立信息监测系统,通过精细化帮扶,健全"三失"青少年社会网络,提升"三失"青少年的文化资本。
30	《传染病强制隔离治疗的法律规制》	虞浔	《江汉论坛》	2021年5月10日	强制隔离治疗是国家保障公共卫生安全的必要选择,它以对公民人身自由的限制和健康权的干涉为具体方式。从强制隔离治疗的行为特点上看,它是一种典型的行政强制措施,应受到行政强制法的约束。由于强制隔离治疗所适用的情境十分特殊,具有适用前提的复杂性、时间的紧迫性、危害后果的严重性等特征,对其的约束需辅以有针对性的法律机制。我国《传染病防治法》将强制隔离治疗限定于甲类传染病管制目录中的传染病,造成新发传染病和其他类型传染病的强制隔离治疗缺少法律依据。同时,强制隔离治疗的现有法律规范亦存在结构缺失,实施主体的角色模糊、职权不明和设置不当等问题。未来宜对强制隔离治疗进行类型化规制,明晰在强制隔离治疗不同阶段的法律责任和完善被隔离人的权利保障机制,将程序启动的医学标准转向法律标准,并设置"刚柔并济"的法律程序。

续表

序号	篇　名	作　者	期　刊	发表时间	内容简介
31	《基层治理视角下"村霸"的概念、症结与治理对策》	彭乐颖、罗兰	《领导科学》	2021年5月1日	"村霸"一般可以分为恶性宗族型、寻租村干部型、多势力勾结型三种类型,基本特征为地域边界性、政治渗透性、扩散腐蚀性、幕后隐蔽性。"村霸"乱象的症结为乡村社会生态复杂,基层干部权力异化;缺乏有效的制度约束,基层监督体系待完善;民主监督机制失灵,基层选举规范性不足;违法惩治力度较弱,助长"村霸"不良行为。对此,应加强党的支部建设,重塑乡村价值体系;完善乡村法律制度,建设廉洁法治乡村;构建立体式基层干部监督机制,推进乡村善治;建立科学合理的查处机制,增强排查打击力度。
32	《电信诈骗情境下受害人欺诈信息接受意愿及其分享行为研究》	李辉	《图书情报工作》	2021年4月25日	基于个体信息行为发生动力理论,深入研究受害人诈骗信息接受意愿及其诈骗信息分享行为过程中不同影响因素间的作用机理,对于做好电信诈骗犯罪预防具有重要意义。[方法/过程]基于"动机—机会—能力"(motivation-opportunity-ability, MOA)模型逻辑框架,从受害人动机因素、机会因素、能力因素三方面建构影响受害人欺诈信息接受意愿及其对欺诈信息分享行为的理论模型,借助IBM-SPSS23.0和AMOS23.0统计软件,通过问卷调查方法、多元统计回归方法对1398个受害人调查样本进行实证分析和数据处理。性别和婚姻状况对于受害人接受欺诈信息意愿存在显著影响;虚假信息"权威性"、对欺诈人员的信任度以及自身贪利心理等动机因素是受害人产生欺诈信息接受意愿的重要驱动力;受害人自我效能感和网络安全识别能力对其欺诈信息接受意愿分别具有正向和负向显著影响,且两者均对欺诈信息接受意愿与其欺诈信息分享行为之间关系具有显著正向调节作用;受害人智能手机依赖程度、个体时间成本均对欺诈信息接受意愿与其欺诈信息分享行为之间的作用关系具有显著正向调节作用。结果表明,打击电信诈骗要多措并举,加强针对虚假信息、名人代言与各类媒体的监管,增强受害人网络安全识别能力,防范智能手机网络金融非理性投资。

续表

序号	篇名	作者	期刊	发表时间	内容简介
33	《李大钊社会治理思想探析》	夏菲、左然然	《犯罪研究》	2021年4月20日	李大钊同志是中国共产主义运动的先驱,伟大的马克思主义者,杰出的无产阶级革命家,中国共产党的主要创始人之一。他有关以人民为中心、发展法制、注重道德教化、推动女性解放、建立防腐机制等问题的论述,在他生活的时代是先进的思想,对当前社会治理现代化建设仍然具有启发意义。
34	《网络猥亵儿童行为的犯罪脚本分析及防控策略》	王瑞山	《中国人民公安大学学报(社会科学版)》	2021年4月15日	利用网络实施猥亵儿童行为比传统的猥亵行为更为便利,危害范围更大。通过犯罪脚本分析发现:网络猥亵儿童行为可以概括为犯罪准备、寻找目标并建立联系、初次猥亵、持续猥亵四个阶段。其中,犯罪准备包括工具准备和安全策略;寻找犯罪目标并建立联系的方式包括有选择地添加儿童为好友、广告式地招募或引诱儿童加自己为好友等;初次猥亵的实现策略为利诱式、欺骗式、胁迫式或综合式;持续猥亵包括对同一受害人重复猥亵和对不同受害人实施新的猥亵。对此,可根据犯罪各阶段特点采取防控策略:在犯罪准备阶段,消除犯罪人的匿名性;在寻找目标并建立联系阶段,加强网络生活中的儿童保护,提高儿童的性侵害防范意识和能力;在初次猥亵和持续猥亵阶段,维持良好的亲子关系和师生关系以利于发现被害,提升惩治猥亵儿童犯罪的刑事司法效能等。

续表

序号	篇　名	作　者	期　刊	发表时间	内容简介
35	《民间借贷领域的社会控制逻辑——基于高利贷和套路贷的考察》	邱格屏、梁涛	《江西社会科学》	2021 年 3 月 25 日	近年来,民间借贷领域中的纠纷呈井喷式增长,除民商事案件外,高利贷和套路贷的犯罪行为更是被民众和司法实务部门广泛关注。2018 年,全国开展扫黑除恶专项斗争后,相关文件《关于办理非法放贷刑事案件若干问题的意见》《关于办理套路贷刑事案件若干问题的意见》的颁布标志着对高利贷和套路贷刑事规制的官方标准出台。综观对高利贷和套路贷的刑事规制过程,可发现我国对民间借贷的社会控制逻辑是:允许民间借贷行为存在,但坚决惩治以非法手段放贷收贷,并在司法实践中逐步完善对民间金融犯罪的刑事规制。特别是自 2018 年扫黑除恶专项斗争开展以来,实务部门将以非法手段放贷收贷与黑恶势力联系起来,并制定有关高利贷和套路贷行为的司法解释,同时,高利贷和套路贷的刑事规制又反过来形塑着公安机关介入民间借贷领域的司法实践。
36	《传统宗族文化是否影响城市犯罪率?》	张心仪、孙伟增、陈思宇	《世界经济文汇》	2021 年 4 月 5 日	在快速城镇化背景下,传统宗族文化与现代城市文化之间的碰撞给社会稳定带来了负面冲击。本文基于 2005 年全国 1%人口抽样调查数据,以城市前三大姓人口占比作为宗族文化代理变量,实证考察了传统宗族文化对城市犯罪率水平的影响效果及其背后的作用机制。研究结果表明宗族文化与城市犯罪率存在显著的正向关系,城市前三大姓占比每提高 1 个百分点,将会导致本城市的批捕率和诉讼率分别上升 1.49%和 1.59%。结合中国家庭动态跟踪调查和中国健康与养老追踪调查数据的研究显示,降低劳动参与率、降低社会一般性信任和提高非正规金融是宗族文化提高城市犯罪率水平的三个主要途径。本文的研究结论对于全面理解中国传统宗族文化对城市社会发展的影响,以及快速城镇化背景下影响社会稳定的关键原因具有重要意义。

续表

序号	篇　名	作　者	期　刊	发表时间	内容简介
37	《大数据与司法社会治理:应用及其伦理》	付立华	《山东社会科学》	2021 年 4 月 5 日	随着大数据技术和社会治理的深度融合,大数据应用不断延伸至司法社会治理领域。大数据在犯罪预测、再犯风险评估、教育矫正和帮扶智能决策等多方面有着积极的作用。尽管大数据在司法社会治理领域具有巨大的潜力和价值,但其引发的隐私保护、数据伦理责任主体、污名化、数据独裁等伦理议题为个人信息保护、司法公正、司法权威带来一定损害。因此,基于保障个人隐私、维护司法权威、实现司法公正,避免个人污名化等问题,司法领域大数据的发展必然要受到伦理规制,以规范大数据在司法社会治理中的健康应用和满足司法智慧化的需要。
38	《高空抛物罪的立法反思与教义适用》	林维	《法学》	2021 年 3 月 20 日	最高人民法院的有关意见对于高空抛物行为的处理,在法益确立和责任确定等问题上都存在诸多争议,并可能导致该行为处罚的不当。《刑法修正案(十一)一审稿》对此作了初步回应,而《刑法修正案(十一)》则将该行为由危害公共安全罪彻底转变为扰乱公共秩序罪。考虑到高空抛物行为的多样性,实务上,应当特别重视《刑法》第 291 条之二第 2 款的规定,确保高空抛物行为在发生竞合时仍应按照重罪处罚,同时也要通过对构成要件要素的解释,适当限缩这一轻罪的处罚范围,避免违法行为的轻罪化。
39	《街角青年生存新状况研究——基于 M 帮的田野调查》	冯承才	《中国青年社会科学》	2021 年 3 月 10 日	用田野调查的方法对街角青年生存新状况进行调研,发现混圈子是街角青年形成的主要原因;网络虚拟空间已成为街角青年主要罪错空间;犯罪手段愈加隐蔽已成为街角青年犯罪新态势;其组织结构愈加紧密。基于此,建议加强舆论正向引导、坚决打击涉黑犯罪、加强社区防控力量、为外来青少年提供专项服务等,以预防和减少街角青年犯罪行为。

续表

序号	篇 名	作 者	期 刊	发表时间	内容简介
40	《超常规治理的风险及其控制——以运动式执法为线索》	蒋勇	《学术交流》	2021年3月5日	在"结构—功能"主义的视角下,社会主体的行动有显性功能与隐性功能之分,以运动式执法为代表的超常规治理政策不仅作用于执法对象,还经由科层体制、政治社会系统以及立法系统进行传导。超常规治理政策不仅具有产出执法绩效的显功能,同时还具备强激励、政治社会化以及立法议程督促的隐性功能。然而这种隐性功能在当前的超常规治理中缺乏约束机制,又存在诱导要素,极易引起隐性功能的过度发挥,并挤压显性功能,造成超常规治理过度供给的风险,不仅影响了运动式执法的绩效产出,也加剧了常规执法的失能。因此,规制超常规治理的风险就是要抑制其中的隐性功能,包括实现政策目标的显性化和构建政策目标确证事实的论证机制,在政策方案上匹配相应的执法手段以及对有效性进行检验。
41	《从收容教养到专门矫治教育:触法未成年人处遇机制的检视与形塑》	刘双阳	《云南社会科学》	2021年2月26日	检视当前中国触法未成年人收容教养制度的运行状况,主要存在规范供给不足、适用程序失当、矫治措施异化、执行场所混乱等突出问题。将触法未成年人纳入专门矫治教育的适用对象范围、不再使用"收容教养"的概念,是中国未成年人刑事司法改革的必然选择。专门矫治教育遵循特殊保护触法未成年人与保障社会安全秩序的双向保护理念,是一种兼具保护性、矫治性与修复性的保护处分措施,体现国家监护的本质特征,发挥教育矫治的功能。中国未成年人刑事司法改革应从制定分类化的适用标准、建构司法化的决定程序、设计多元化的处遇措施、建设规范化的执行场所等四个方面形塑触法未成年人专门矫治教育运行机制,从而实现触法未成年人复归社会、受害人权益修复、社会秩序恢复之处遇目的。

续表

序号	篇　名	作　者	期　刊	发表时间	内容简介
42	《从犯罪拐点看社会长期稳定奇迹》	单勇	《人民论坛》	2021 年 2 月 25 日	稳定奇迹的延续发展，有赖于对现实空间传统犯罪与赛博空间网络犯罪的有效治理。传统的组织化调控手段日臻完善，尤其是对于盗窃等街面犯罪和现实空间的立体化防控推动了犯罪拐点的形成。随着数字社会来临，网络犯罪成为影响社会长治久安的顽疾，网络黑产的严峻挑战使传统的组织化调控暴露出系统性危机。为此，推动组织化调控的治理转型成为建设更高水平的平安中国的重中之重。
43	《侵犯公民个人信息罪犯罪圈的"收缩"与出罪化路径——基于个人信息多元化属性的思考》	于冲	《青海社会科学》	2021 年 2 月 25 日	侵犯公民个人信息罪的增设与修正，以及司法解释对个人信息保护范围的扩张，不断彰显出刑法对于个人信息保护的力度。梳理个人信息的刑法保护历程可以发现，自 1997 年《刑法》以来，个人信息多是以附属于其他法益受到刑法的保护，这恰恰是个人信息多元化属性下刑法评价模式的体现。在权利属性上，个人信息同时具有了人格权属性、财产属性、数据属性、信息安全属性、公共属性等"信息复合属性"；在权利外延上，个人信息同时涵盖了信息决定、信息保密、信息查询、信息更正、信息删除、信息可携、被遗忘等权利类型。因此，刑法对个人信息的保护，应当将数据属性、信息安全属性等剥离出个人信息之外，在个人利益与公共利益平衡的基础上，确立侵犯公民个人信息犯罪的豁免事由，实现个人信息合法应用与保护的刑法兼顾。

续表

序号	篇 名	作 者	期 刊	发表时间	内容简介
44	《湖北省拐卖儿童犯罪的时空特征及其影响因素》	王皎贝、李钢、周俊俊、马雪瑶、徐婷婷、薛淑艳	《人文地理》	2021年2月15日	拐卖儿童犯罪对社会的危害严重,对家庭和个体的影响深远。早前研究侧重于犯罪现象的宏观分析,当前亟须转向重点地域与重点人群开展研究。本文聚焦我国拐卖犯罪的高发省份湖北,采用文本分析、数理统计、空间分析等方法探究湖北省拐卖儿童犯罪的时空特征与影响因素。结果表明:(1)被拐儿童的性别年龄结构呈“工”字形特征,高发于1—6岁和13—17岁年龄段,男童为被拐主体,多由城镇拐出;(2)犯罪时间上呈“峰”型态势,1981—2005年为高发时段,多发于夏季、周日、喜庆节日、元旦及寒暑假等;(3)市域空间上以武汉为热点区,区县上表现为“两冷两热”的空间布局,微观地点上高发于居住用地、交通设施用地,以村庄里、街道、车站等地点为最,且各性别年龄段儿童被拐场所存在显著差异;(4)拐卖儿童犯罪与人口性别比及城镇化率显著相关。
45	《美国犯罪记录消灭制度及其启示》	彭新林	《环球法律评论》	2021年1月28日	美国犯罪记录消灭制度在西方国家具有代表性,其关于犯罪记录消灭的立场明显受到不同时期刑事政策的影响。尽管美国联邦和州关于犯罪记录消灭的内容不尽相同,但大都对犯罪记录消灭规定了限制条件,且基本上均允许消灭未成年人犯罪记录、未以判决结案被告人的犯罪记录以及错判案件被告人的犯罪记录。美国犯罪记录消灭主要包括依申请人请求、司法机构依职权、依政府赦免令而启动等三种模式,其法律效应主要体现在删除或封存犯罪记录、否认犯罪记录不构成伪证罪、禁止相关利益主体询问已消灭的犯罪记录和复权等四方面。学习和借鉴美国犯罪记录消灭制度的法治经验,应在制度运行中调和价值冲突、确立合理模式、拓宽对象范围、完善保障措施、构建全覆盖的犯罪记录消灭制度。

续表

序号	篇　名	作　者	期　刊	发表时间	内容简介
46	《论犯罪学名著的判定与选择》	吴宗宪	《犯罪研究》	2021年1月20日	犯罪学名著是指影响大、价值高的犯罪学著作。犯罪学名著的判定和选择是开展犯罪学专业学习和研究等工作的重要内容。犯罪学名著包括不同的种类。在判定犯罪学名著时，可以将书籍内容、作者情况等一般性标准，与对犯罪学学说的系统阐述、书籍作者被公认的历史地位、得到犯罪学重要奖项肯定、犯罪学文献中的高被引率、犯罪学同行们的高度评价、重要翻译项目的入选书籍、书籍被重印和再版的次数等辅助性标准结合起来进行综合判断。在选择犯罪学名著时，应当考虑其对发展学科、传播知识等所具有的价值，避免选择一些没有反映科技进步及不符合国情的犯罪学名著。
47	《欧盟体育腐败问题治理的经验、局限与启示》	任振朋、李利利、肖丽斌、王润斌	《天津体育学院学报》	2021年1月15日	体育腐败糅合体育道德和法律等诸多因素，腐败形式也由体育场内简单的违规违纪、不道德行为，逐渐发展为体育场外复杂的兼具跨国属性的犯罪活动。其治理超越单一国家职权范围，已然成为全球治理的重要议题。欧洲作为国际体育发展的核心区域，拥有高度发达的职业体育，同时也面临着以兴奋剂和操纵比赛为代表体育腐败的严重威胁与挑战。欧盟作为促进欧洲一体化发展的领导者，为保障欧盟体育健康发展积极参与体育腐败治理。一方面，欧盟体育腐败治理依托相对成熟的体育治理框架，依靠衔接紧密的法律规制文本，建立多元协同的治理主体，彰显积极向上的治理价值，卓有成效；另一方面，多元治理主体协同合作与法律统一作为欧盟体育腐败治理的基本要素和变量，既有效促进欧盟体育腐败治理实践，也因二者的不可预知变化，在实践中难免因多方合作出现利益冲突以及各治理主体主观上治理意愿不足、难以执行相关规章等问题，制约着欧盟体育腐败治理进程。国际体育腐败治理进程中，应充分借鉴欧盟体育腐败治理的经验，依托国际合作开展跨国行动，依据区域性国际法健全完善立法，依靠合作平台实施信息共享等具体措施，构建全球腐败治理合作框架，共同面对体育腐败的威胁与挑战。

续表

序号	篇　名	作　者	期　刊	发表时间	内容简介
48	《论刑事一体化视角的危险驾驶罪》	周光权	《政治与法律》	2021年1月5日	近10年来,危险驾驶罪逐步成为我国刑法体系中发案数位列第一的罪名。但是,每年将30万左右的人贴上罪犯标签并使之承担过重的犯罪附随后果,甚至沦为社会的对立面,这无论对于国家、社会还是危险驾驶者个人来说,都是巨大损失,属于司法和个人的“两败俱伤”。基于刑事一体化的理念,有必要对危险驾驶罪进行体系化治理。实务中直接适用“但书”规定得出无罪结论是一种大而化之的做法,存在说理不足、与罪刑法定原则相抵触的“硬伤”。“但书”规定只能在行为缺乏刑事不法,以及虽具备刑事不法但存在免责事由,从而缺乏处罚必要性等事实得以确认之后才能有限适用。为限定本罪的适用范围,在司法上,需要准确理解本罪的客观构成要件要素,尤其要对抽象危险进行必要的司法“印证式”判断,以确定立法者所预设的法益危险是否存在,妥当认定违法阻却事由,准确认定本罪的自首,提高缓刑适用率,将认罪认罚之后的从宽处罚落到实处;在立法政策上,有必要根据犯罪发生的实证数据进行调整,适度提高入罪门槛,将“醉驾型”危险驾驶罪限定为“不能安全驾驶”的情形,同时配套修改公职人员政务处分法,建立轻微犯罪的前科消灭制度,以有效降低犯罪的附随效果;在犯罪的情境预防方面,强制汽车制造商安装车载酒精监测装置是减少犯罪的关键手段。

第五节　科研机构和人才培养

一、代表性科研机构、学术平台

随着中国特色社会主义法治建设的不断推进和完善,犯罪学学科建设也得到进一步完善。各高校和科研机构对犯罪学的重视也得到进一步强化,科研机构的成立和科研活动的成立和开展为犯罪学的发展提供了进一步的理论支持。

在《中国犯罪治理蓝皮书(2020 年)》的基础上,本部分拟对我国犯罪学领域代表性科研机构和学术平台的基本情况作进一步的补充和完善。

表 4-5 国内犯罪学代表性科研、实务、学术平台列表

序号	名 称	基本情况	任务功能、特色成果等
1	公安部打击治理电信网络新型违法犯罪查控中心	从 2016 年 1 月试运行,2016 年 9 月 20 日正式揭牌成立。是全国范围内第一家打击防范电信网络诈骗犯罪的专业机构。 经公安部授权,由北京市公安局依托各金融系统建设的全国公安机关唯一一家电信网络违法犯罪查控中心。	主要承担全国电信网络诈骗案件涉案账号查询、止付、冻结以及通信工具的查询、封停等工作,为全国打击防范电信网络诈骗案件提供查控资金流、通信流支撑。 公安部在北京建立了 1 个查控中心,在上海、苏州、金华、厦门、深圳、珠海等地建立了 6 个研判中心,同时在阿里巴巴集团和腾讯公司建立了 2 个防控中心。
2	甘肃政法大学司法警察学院(公安分院)	司法警察学院(公安分院)前身为甘肃政法学院公安系,初建于 1989 年,1996 年经公安部同意、省政府批准成立甘肃政法学院公安分院,由甘肃政法学院和甘肃省公安厅双重领导。2016 年 4 月,为主动适应国家关于公安院校公安专业人才招录培养制度改革的政策性调整,经学校党委研究决定,在公安分院的基础上组建刑事司法学院。2020 年 12 月甘肃省司法厅决定与甘肃政法大学共同成立、共同领导管理司法警察学院。2021 年 5 月,经学校党委研究决定,撤销刑事司法学院建制。司法警察学院与公安分院实行“两块牌子,一套班子”的管理机制。	学院现有侦查学、刑事科学技术、监狱学、禁毒学、治安学、边防管理等 6 个本科专业,其中监狱学、侦查学、禁毒学、刑事科学技术为甘肃省司法厅与甘肃政法大学共建专业。侦查学、边防管理为国家级特色专业,治安学为甘肃省特色专业;侦查学、刑事科学技术为甘肃省一流本科专业。证据科学为甘肃省一流学科(特色学科),公安学、公安技术学为甘肃省省级重点学科。设有侦查学、司法鉴定技术、诉讼法学(犯罪心理测试技术)、国家安全学等四个学术型硕士研究生点和法律硕士(反恐法务)专业学位授权点。设有国家安全研究院、平安甘肃建设研究院、西北少数民族地区侦查理论与实务研究中心(甘肃省人文社科研究基地)、犯罪心理测试技术研究中心、西北边疆安全研究中心、禁毒理论与实务研究中心、国家安全与反恐战略研究中心、中南财经政法大学反恐研究中心甘肃基地、中国—上海合作组织国际司法交流合作培训基地境内研修中心(建设点)、教育部科技部司法鉴定技术应用与社会治理学科创新基地甘肃基地等在编和非在编研究机构。 学院近 5 年在研国家社科基金项目 6 项,国家自然基金项目 1 项,省部级项目 6 项,地厅级项目 5 项;发表论文 300 余篇,其中 CSSCI 期刊 20 余篇,中文核心和国家权威刊物 50 余篇;出版学术著作 11 部;获得各类科研奖励 15 项,其中省高校社科成果奖等奖励 4 项;主办全国性学术会议 6 次。

续表

序号	名　称	基本情况	任务功能、特色成果等
3	北京市犯罪学研究会	2021年5月29日,北京市犯罪学研究会成立大会暨第一次会员代表大会在北京召开。北京市犯罪学研究会由北京大学犯罪问题研究中心、金杜律师事务所等单位发起,经市法学会批准成立。中国公安大学食品药品环境研究中心主任李春雷教授当选研究会会长,北京大学法学院副院长车浩教授、中国政法大学王志华教授、金杜律师事务所合伙人常俊峰律师、北京警院陈涛教授当选研究会副会长,京都律师事务所合伙人王九川律师当选研究会监事长,陈涛教授当选研究会秘书长。	北京市犯罪学研究会宗旨是坚持以习近平新时代中国特色社会主义思想为指导,团结和组织本市从事犯罪预防、犯罪治理、犯罪改造方面以及公安、检察、审判、辩护等实务人员和从事犯罪学研究的专家学者,推动犯罪预防、治理研究,开展学术研究和交流活动,探索各类犯罪的特点和规律,提高犯罪学科研究、教学和首都犯罪预防与治理工作的理论应用和执法司法实践水平。主要任务:研究首都刑事犯罪新规律,开拓犯罪学研究新领域,促进犯罪学研究成果转化,提升犯罪预防、治理水平。业务范围:开展与犯罪学相关的政策宣传、理论研究、学术交流、专业培训、会议会展、信息咨询、承办委托。研究会现有会员163人,理事53人、常务理事17人。现任会长为中国人民公安大学李春雷教授。
4	阳光诚信联盟(Trust and Integrity Enterprise Alliance)	2017年2月成立,由京东倡议并联合腾讯、百度、沃尔玛中国、宝洁、联想、美的、小米、美团点评、唯品会、李宁、永辉超市、佳沃鑫荣懋等知名企业以及中国人民大学刑事法律科学研究中心发起,旨在通过互联网手段共同打击腐败、欺诈、假冒伪劣、信息安全犯罪,提升联盟成员反腐治理水平,形成人人廉洁、诚信从业的正能量正循环。联盟现成员单位已发展到数百家,员工规模超百万。 京东联合37家企业发布反腐宣言:拒绝录用失信人员。为促进内控领域人才培养和发展,提升成员单位企业内部反腐败治理的水平,联盟邀请中国人民大学法学院副院长、中国人民大学刑事法律科学研究中心主任时延安教授,中国人民大学刑事法律科学研究中心学术委员会委员、中国人民大学反腐败法治研究中心主任、国际足联道德委员会委员何家弘教授,以及中国人民大学刑事法律科学研究中心副主任刘品新教授等多位专家成立咨询委员会,给予成员单位专业指导。	该联盟旨在通过互联网手段共同构筑反腐败、反欺诈、反假冒伪劣、打击信息安全犯罪的安全长城,共同提升联盟成员内控部门的履职能力和员工的职业道德建设,共同打造诚信经营、放心消费的商业环境,带领中国商业文明的发展,打造阳光、透明的商业环境。 联盟还将建立反腐败、反欺诈、打击假冒伪劣产品的交流平台,集联盟力量打击各种欺诈行为及黑色产业链,建立品牌保护合作机制,维护正常商业秩序。 联盟诚邀从事企业内控的资深人士作为专家委员会的专家,在腐败预防、腐败打击、合规体系建设等方面与成员单位分享宝贵经验。 该联盟与华东政法大学刑事法学院等高校科研单位建立了紧密的合作关系。

续表

序号	名　称	基本情况	任务功能、特色成果等
5	腾讯研究院安全研究中心	2007年成立，是腾讯公司设立的社会科学研究机构，旨在依托腾讯公司多元的产品、丰富的案例和海量的数据，围绕产业发展的焦点问题，通过开放合作的研究平台，汇集各界智慧，共同推动互联网产业健康、有序的发展。包含多个研究中心。其中与犯罪治理密切相关的有犯罪研究中心（2019版已经介绍过）、安全研究中心、法律研究中心等。	安全研究中心旨在依托腾讯公司庞大的网络用户及行为数据积累和多元化的平台及产品，通过与国内外知名研究机构开展联盟合作，搭建多视角、系统化、全局化、专业性强的互联网生态安全系统研究智库平台。是以互联网信息安全为核心，结合经济和社会发展规律，通过对治理政策法规、产业及产业链、资本市场及产品安全风险的综合研究，推动行业网络生态安全体系构建的研究机构。
6	绍兴市公安局涉网犯罪侦查支队（电信网络新型违法犯罪研究中心）	2021年2月23日，绍兴市公安局涉网犯罪侦查支队（电信网络新型违法犯罪研究中心）正式成立。	绍兴市公安局涉网犯罪侦查支队利用资源优势，统筹抓好全域服务支撑、专案合成保障，更好服务全警实战；敏锐感知刑事犯罪态势变化，加强涉网犯罪研究，优化打击犯罪策略；持续推进队伍专业化建设，切实把支队打造成人才聚集地、新警实习地和人员培训地，实现更快破大案、更多破小案、更准办好案、更好控发案。 绍兴市公安局涉网犯罪侦查支队实行"以专业打职业"是打击涉网犯罪的有效举措。2020年，绍兴公安坚持整体"智治"，在情指行一体化改革框架下，建立侦查（反诈）中心，打造合成作战侦查体系的核心枢纽，不断优化队伍、完善机制，打处违法犯罪嫌疑人2618人，劝阻拦截止损7400余万元，电信网络诈骗犯罪打防绩效连续两年全省第一。打击的同时，绍兴公安常态化开展事前预警和事中干预工作，大力推进预测预警预防体系建设，2020共计接受"96110"专线举报咨询3476起，处置涉案电话卡3137张、涉案银行账户52681个，冻结涉案资金7200余万元。

续表

序号	名　称	基本情况	任务功能、特色成果等
7	烟台自贸片区知识产权犯罪侦查大队	2020年7月20日烟台自贸片区成立知识产权犯罪侦查大队。为加强知识产权保护、打击知识产权侵权行为,烟台自贸片区在山东省率先成立专业知识产权犯罪侦查大队,积极打造"严保护、大保护、快保护、同保护"工作体系,创造区域协调联动、执法严厉打击的集成保护新模式,构建起知识产权齐抓共管的新格局。	知识产权案件往往具有涉及领域广、专业性强、办理难度大等特点,烟台片区的高新技术企业相对密集,知识产权保护任务重,为精准打击侵犯知识产权行为,保护全区创新活力,专门抽调专业骨干力量,成立知识产权犯罪侦查大队。该大队是继烟台片区建立知识产权保护巡回审判庭、知识产权保护中心、知识产权检察办公室等机构基础上,又成立的一个专业知识产权保护机构。烟台片区为完善知识产权保护相关配置,在顶层设计上发力,率先出台《关于促进知识产权高质量发展的政策措施》和《关于强化知识产权保护的实施方案》,同时设立知识产权保护"单一窗口",打通行政、司法、仲裁、调解、海关、公证等保护渠道和环节,实现知识产权行政保护、司法保护、仲裁调解的协同发力和有效衔接,形成健康良好的知识产权保护"生态环境"。尤其是知识产权犯罪侦查大队的成立,加强了公安对案件侵权高发地执法监管和巡查力度,有效打击了知识产权侵权等违法行为。
8	威海市法学会企业合规研究会	2020年12月7日,威海市法学会企业合规研究会成立,山东众成清泰(威海)律师事务所主任姜华丽当选第一届企业合规研究会会长。	威海市法学会企业合规研究会以深入研究企业合规经营政策,提升威海企业的合规水平和能力,为威海市法制建设和经济发展注入新的动力,助力威海企业向着国际化发展为目标,争取提升广大企业合规意识,培养合规文化,完善合规制度。研究会将紧紧围绕市委关于"精致城市·幸福威海"、法治威海、促进企业经济发展等重大决策部署,开展好多种形式的法学研究和法律服务,开展合规领域理论和趋势研究,借鉴国内外经验为政府合规建设、为企业加强合规体系建设发挥智库作用。

二、犯罪学人才培养简况

2021 年全国高校、科研机构的硕士、博士学位论文中有大量选题属于犯罪学专业、方向，或与犯罪学领域存在直接相关性。为了便于大家进一步了解犯罪学领域的学科建设和人才培养情况，本部分在往年度梳理总结犯罪学专业、方向硕士、博士学位点的情况基础上，将 2021 年全国与犯罪学密切相关的领域中的硕士、博士学位论文选题进行梳理汇总。同时也为在读硕、博士科研选题提供一定的选题思考和指导。

表 4-6　2021 年犯罪学领域硕士、博士论文选题汇总表①

<table>
<tr><th>序号</th><th>培养单位</th><th>学位层次</th><th>学院/导师情况</th><th>专业/方向</th><th>2021 年学位论文选题及作者</th></tr>
<tr><td rowspan="10">1</td><td rowspan="10">中国人民公安大学</td><td>博士</td><td>侦查学院/陈刚</td><td>侦查学</td><td>王一帆：中国与土耳其反恐合作研究</td></tr>
<tr><td rowspan="9">硕士</td><td>侦查学院/马忠红</td><td>侦查学</td><td>黄晗阳：电信网络诈骗犯罪产业链研究及侦查对策</td></tr>
<tr><td>李文君</td><td>侦查学</td><td>许婕：全球化背景下我国禁毒国际合作机制研究</td></tr>
<tr><td>王雪莲</td><td>侦查学</td><td>李宜泽：我国城市轨道交通恐怖活动防范研究</td></tr>
<tr><td>李丽华</td><td>侦查学</td><td>董泽浩：基于内容分析法的宗教场所恐怖袭击特征分析及防范对策研究</td></tr>
<tr><td>李淑华</td><td>侦查学</td><td>吴子丰：基于物元理论的公安情报产品评估研究</td></tr>
<tr><td>陈成鑫</td><td>侦查学</td><td>杨义章：基于时空热点分析的出境旅游涉恐风险防控研究——以菲律宾为例</td></tr>
<tr><td>毛欣娟</td><td>侦查学</td><td>韩美超：基于社交媒体的恐怖主义活动及防控对策研究</td></tr>
<tr><td>王晓伟</td><td>侦查学</td><td>李晏为：少数民族地区黑恶势力犯罪的特征及侦查对策研究——以四川藏区为例</td></tr>
</table>

① 因中国知网收录时间原因，《中国犯罪治理蓝皮书（2020）》未能体现中南财经大学和西南政法大学硕士、博士学位论文，因此在本书中予以摘录。

续表

序号	培养单位	学位层次	学院/导师情况	专业/方向	2021 年学位论文选题及作者
1	中国人民公安大学	硕士	彭玉伟	侦查学	王浩:大数据在审讯中的应用研究
			彭玉伟	侦查学	罗佳鹏:聋哑犯罪嫌疑人审讯研究
			马忠红	侦查学	王康宁:网络传销犯罪侦查中的电子取证研究
			张黎	侦查学	丁硕:我国线人侦查制度构建研究
			毕惜茜	侦查学	陈棒:未成年犯罪嫌疑人侦查讯问研究
			刘涛	侦查学	张博:侦查讯问中情感感化方法研究
			王晓伟	侦查学	郜静雅:“套路贷”犯罪案件侦查对策研究
			王铼	侦查学	潘达:涉毒洗钱犯罪案件侦查研究
			陈刚	侦查学	李白冰:软暴力型黑恶势力犯罪侦查研究
			田光伟	侦查学	陈维健:跨境假冒注册商标犯罪案件侦查研究
			李文君	侦查学	常世栋:寄递渠道贩毒犯罪侦查困境及对策研究
			包涵	侦查学	杨兵:毒品犯罪刑罚适当性研究
			井晓龙	侦查学	金鑫:打击电信诈骗犯罪的困局和突破——以区块链技术应用为视角
			王铼	侦查学	赵东方:区块链技术在网络犯罪侦查中的应用研究
			田光伟	侦查学	孙涛:股权众筹领域集资诈骗犯罪案件侦查研究
			张磊	侦查学	李圣齐:基于空间溢出效应的公安情报分析模型研究
			马德辉	侦查学	刘玉玺:基于社会网络分析的 CIAM 有组织犯罪情报模型研究
			刘为军	侦查学	莫明华:网络空间黑恶势力犯罪案件侦查研究
			李文君	侦查学	李少盈:大数据背景下毒品案件侦查协作研究

续表

序号	培养单位	学位层次	学院/导师情况	专业/方向	2021 年学位论文选题及作者
1	中国人民公安大学	硕士	翟金鹏	侦查学	王炫力:“校园贷”犯罪案件侦查对策研究
			张黎	侦查学	孔凡锦:我国海上走私毒品犯罪侦查对策研究
			田华伟	侦查学	郝昕泽:基于 PRNU 设备指纹提纯的图像来源鉴别技术及其公安情报应用研究
			田光伟	侦查学	陈长文:网络销售假酒犯罪案件侦查研究
			马忠红	侦查学	贾茜:网络涉众型经济犯罪侦查中的资金查控研究
			井晓龙	侦查学	王海林:电信网络诈骗犯罪监控预警系统构建
			毕惜茜	侦查学	孙莹宏:审讯中犯罪嫌疑人的临界供述心理研究
			彭玉伟	侦查学	张函:侦查讯问中的心理同情方法研究
			王铼	侦查学	朱一玮:资金查控技术在职务犯罪调查中的应用
			陈刚	侦查学	刘倚帆:汇兑型地下钱庄犯罪的侦查研究
			王晓伟	侦查学	徐东一:犯罪网络化背景下传统刑事技术的侦查应用研究
			公安管理学院/周延东	治安学	闫煜:网络游戏诈骗问题的治安治理研究——以“英雄联盟”游戏为例
			靳高风	公安学	李昂霖:我国利用网络借贷平台犯罪及对策研究
			杨郁娟	公安学	周欢:人脸识别技术的侦查应用研究
			杨郁娟	公安学	许滢:云数据证据侦查取证研究
			靳高风	公安学	何栋艳:农村基层组织人员黑恶势力犯罪及对策研究
			陈刚	公安学	潘宇:农村黑恶势力犯罪案件侦查对策研究
			刘为军	公安学	廖恒锋:反视频侦查行为识别及应对研究

续表

序号	培养单位	学位层次	学院/导师情况	专业/方向	2021 年学位论文选题及作者
1	中国人民公安大学	硕士	井晓龙	公安学	杨旭征：涉网危害食品安全犯罪案件侦查研究
			李春雷	公安学	房永森在：我国生产销售假冒伪劣白酒犯罪及防控研究
			周俊山	犯罪学	赵全胜：网络媒介接触对犯罪治理评价影响的实证研究
			犯罪学学院/李春雷	犯罪学	王璇：我国生产、销售假冒伪劣化妆品犯罪研究
			张纯琍	犯罪学	王菲菲：城镇化背景下农村留守未成年人犯罪研究——基于某少年犯罪团伙的个案分析
			张纯琍、戴继诚	犯罪学	全湛威：清代嘉庆年间邪教犯罪的治理及启示
			胡隽	犯罪学	杨桐：我国未成年人严重暴力犯罪防治对策研究
			法学院/莫开勤	法律	曲木玥者：家庭暴力犯罪的刑法规制研究
			杨金彪	法律（法学）	罗汉卿：网络开设赌场犯罪的疑难问题研究
			史丹如	法律（法学）	陈航：涉第三方支付侵财犯罪的定性问题研究
			张小玲	法律（非法学）	张启帆：毒品犯罪案件刑事推定适用问题研究
			马明亮、何东青	法律硕士（法学）	彭彦梅：涉众型经济犯罪被害人权利保障研究
			杨金彪	法学	周子云：事后抢劫犯罪特殊形态研究
			陈志军	法学	冯艳艳：中国单位犯罪刑罚制度完善研究
			田力男	法学	孙志文：我国"涉黑案件"污点证人豁免问题研究
			信息网络安全学院/陈鹏	安全防范工程	顾海硕：基于时空异构信息网的盗窃犯罪防控系统

续表

序号	培养单位	学位层次	学院/导师情况	专业/方向	2021 年学位论文选题及作者
1	中国人民公安大学	硕士	陈鹏	安全防范工程	朱冠宇:盗窃类犯罪人跨地域关系网络成因及预测研究
			胡啸峰	安全工程	韩昕格:LSTM 与 ST-GCN 融合的城市盗窃犯罪预测方法
			侦查学院/唐云祁	公安技术	张厚禄:基于行人移动位置数据的犯罪异常轨迹检测算法研究
2	华东政法大学	博士	刑事法学院/刘宪权	刑法学	周光营:持有型犯罪刑法规制体系研究
			张勇	刑法学	李紫阳:解释论视域下数据犯罪问题研究
			何萍	刑法学	张泽辰:资本市场改革背景下证券犯罪法律规制研究
		硕士	卢勤忠	刑法学	宋笑添:职业性放贷行为中非法经营罪的认定
			卢勤忠	刑法学	周婷霜:高空抛物犯罪疑难问题探析
			李翔	刑法学	洪欣秀:论食品安全犯罪的刑事立法规制
			张勇	刑法学	周泉:财产犯罪数额的认识错误问题研究
			何萍	刑法学	张帅:网络犯罪帮助行为的归责障碍与刑法应对
			张勇	刑法学	汪屹然:性侵害未成年人犯罪中职业禁止适用问题研究
			李翔	刑法学	傅星杰:高利贷行为司法犯罪化研究
			李翔	刑法学	王天龙:论被害人同意下性侵犯罪的成立
			李翔	刑法学	周鑫薇:受贿犯罪数额研究
			何萍	刑法学	胡娅君:论帮助信息网络犯罪活动罪的司法认定
			孙万怀	刑法学	许芊芊:自首中如实交代"主要犯罪事实"的认定——基于 402 份裁判文书的分析
			王恩海	刑法学	黄佳虹:权利不当行使与财产犯罪的界限
			刘宪权	刑法学	何阳阳:证券期货领域共同犯罪疑难问题研究

续表

序号	培养单位	学位层次	学院/导师情况	专业/方向	2021 年学位论文选题及作者
2	华东政法大学	硕士	王恩海	刑法学	李锦淮:对结果成立犯罪故意之标准——以认识要素为主导
			王恩海	刑法学	李绮怡:新型传销犯罪的司法适用问题研究
			李振林	刑法学	殷榕榕:监督过失型渎职犯罪注意义务之判断
			卢勤忠	刑法学	周立波:论网络安全的刑法保护
			毛玲玲	刑法学	程夏敏:网络传销犯罪的司法认定
			王恩海	刑法学	孟欣:代购毒品行为定性研究
			陈和华	公安法学	郭风娇:自杀性暴力犯罪的心理机制与防控研究——基于 66 起案例的分析
			应培礼、王瑞山	公安法学	施展:暗网犯罪研究
			邱格屏	公安法学	朱玲瑶:家庭暴力影响下的女性杀夫犯罪研究
			敖琪、王永全	公安法学	刘韩逸:大数据背景下网络非法集资犯罪案件侦查
			倪铁、栾时春	公安法学	黄萌:技术侦查程序中的隐私权保障机制研究
			虞浔	公安法学	王聪:暴力伤医犯罪的被害预防研究
			马贺	公安法学	郭真:网络直播诈骗犯罪被害人研究
			王瑞山、应培礼	公安法学	卢欢:利用棋牌游戏 App 开设赌场犯罪研究
			高慧开	公安法学	吴鑫棋:电信网络诈骗犯罪的侦查困境及完善对策
			虞浔	公安法学	张可盈:电子定位在性犯罪再犯预防中的应用研究
			夏菲	公安法学	白梦琳:电信诈骗犯罪研究——基于广东省裁判文书的分析

续表

序号	培养单位	学位层次	学院/导师情况	专业/方向	2021 年学位论文选题及作者
2	华东政法大学	硕士	孙剑明	法律硕士	周震亚:论未成年人犯罪案件刑事和解制度的完善
			孙万怀	法律硕士	范露怡:帮助信息网络犯罪活动罪司法适用问题研究
			苗梅华	法律硕士	张洪月:前科消灭嵌入犯罪记录封存制度的理论构建
			王玉珏(Karen Wong)	法律硕士	齐姗姗(Susan Qi):非法吸收公众存款犯罪特征及刑事界限分析——基于 P2P 网贷平台犯罪的实证研究
			许建丽	诉讼法学	朱安东:企业犯罪暂缓起诉协议制度本土化借鉴
			邓晓霞	诉讼法学	胡波:网络犯罪中抽样取证的应用
			李振林	法律(法学)	李佳慧:假冒注册商标罪犯罪对象的司法认定
3	中国政法大学	博士	刑事法学院/王志远	刑法学	张玮琦:身份犯共犯问题研究——兼论刑法理论的视域和论域
		硕士	徐久生	刑法学	赵洪涛:司法工作人员滥用职权罪“造成恶劣社会影响”的认定
			董淑君	刑法学	王和琦:袭警罪的司法适用
			于冲	刑法学	谢锋:电信诈骗帮助取款行为的司法认定研究
			刘丽娜	刑法学	刘阳:黑社会性质组织中组织者、领导者的刑事责任
			阮齐林	刑法学	黄思月:共同犯罪中不作为参与研究
			张凌	刑法学	翟家琦:论合规计划要素在单位犯罪认定中的作用
			于国旦	刑法学	吴晨敏:论企业合规不应作为单位犯罪出罪事由
4	甘肃政法大学	硕士	法学院/武晓红	法律(法学)	候岳村:受虐妇女杀夫行为定罪量刑问题研究

续表

序号	培养单位	学位层次	学院/导师情况	专业/方向	2021 年学位论文选题及作者
4	甘肃政法大学	硕士	焦盛荣	法律(法学)	刘悦宏:大数据背景下个人信息犯罪的刑法完善
			秦冠英	法律(法学)	聂友林:我国暴力犯罪死刑适用影响因素研究
			屈耀伦	法律(法学)	高倩:寻衅滋事罪疑难问题探析
			陈君武	法律(法学)	胡占锋:涉众型网络犯罪取证问题及其对策研究
			李波阳	法律(法学)	揭梦霞:被性侵儿童在刑事诉讼中的隐私权保护问题研究
			屈耀伦	法律(法学)	段雅莉:骗取贷款罪司法认定疑难问题研究
			黄荣昌	法律(法学)	韩轩:侵犯公民个人信息罪案件的实证研究——以网络爬虫为例
			武晓红	法律(法学)	刘诗敏:猥亵儿童罪的司法适用研究——以 100 个样本案例分析为视角
			叶竹梅	法律(法学)	桑玉:网络犯罪帮助行为正犯化探析
			屈耀伦	法律(法学)	沈圆:新型网络赌博犯罪研究——以直播平台奖池抽奖行为为研究对象
			叶竹梅	法律(法学)	王方慧:“套路贷”案件罪数问题分析
			武晓红	法律(法学)	王越:洗钱罪司法适用的研究——以《刑法修正案(十一)》第 14 条为视角
			郑高键	法律(法学)	张萌萌:家庭暴力犯罪中正当防卫制度的适用
			马红平	法律(法学)	王梦真:“医闹型”聚众扰乱社会秩序罪的不足与完善建议
			魏克强	法律(法学)	谢曙光:网络恐怖主义犯罪治理困境与对策

续表

序号	培养单位	学位层次	学院/导师情况	专业/方向	2021年学位论文选题及作者
4	甘肃政法大学	硕士	陈君武	法律（法学）	许雨辰：生产、销售有毒、有害食品罪的司法适用研究
			王平	法律（法学）	纪格：网络诽谤犯罪认定问题研究
			张郁	法律（法学）	张显：骗取贷款罪的司法适用研究
			秦冠英	法律（法学）	任宇：帮助恐怖活动罪“帮助行为”的认定研究
			常洁琨	法律（法学）	刘鹏东：大数据侦查背景下公民权利保障研究
			司法警察学院/贺小军	侦查学	黄凯：“套路贷”犯罪侦查问题研究
			马红平	侦查学	贾百胜：电信网络诈骗犯罪侦防对策研究
			王春梅	侦查学	张强胜：有组织犯罪案件侦查合成作战机制研究
			魏克强	侦查学	宋梅琼：“小案”侦查困境及其破解
			秦冠英	侦查学	吴亚萍：技术侦查措施所获证据的合法性判断
			法学院/马红平	诉讼法学	魏一茜：我国职务犯罪监察调查完善研究
			李波阳	诉讼法学	张世海：跨境电信网络诈骗犯罪侦防对策研究
			黄荣昌	诉讼法学	刘倩：我国未成年人犯罪记录封存制度构建
			法学院/郑高键	刑法学	吴婷：非法经营罪司法适用问题研究
			武晓红	刑法学	杨天姣：网络型寻衅滋事罪司法认定问题研究
			武晓红	刑法学	吴杨彩：虚假电商代运营诈骗犯罪的司法适用研究

续表

序号	培养单位	学位层次	学院/导师情况	专业/方向	2021 年学位论文选题及作者
4	甘肃政法大学	硕士	刘宁生	刑法学	宋蕾:新冠疫情防控视角下妨害传染病防治罪解释限度研究
			法学院/张瑞平	环境与资源保护法学	邓建华:环境犯罪规制中恢复性司法适用问题研究
5	北京师范大学	博士	刑事法律科学研究院/吴宗宪	刑法学	张旭芳:城市青年毒品滥用影响因素研究
			王秀梅	刑法学	司伟攀:高校科研领域腐败犯罪研究
			储槐植	刑法学	唐风玉:刑事一体化视域中专利权保护问题研究
		硕士	刑事法律科学研究院/贾济东	刑法学	赵学敏:合规制度下我国单位犯罪刑事规制的完善路径
			法学院/王志祥	刑法学	潘子恒:“软暴力”问题研究
			吴宗宪	刑法学	杨晓庆:独狼型恐怖主义犯罪及其预防研究
			王秀梅	刑法学	侯撼岳:足球领域腐败行为的刑事治理
			赵军	刑法学	房师营:去极端视域下公民教育法治化研究——以新疆职业技能教育培训中心为例
			袁治杰	法律(非法学)	杨振楠:俄罗斯代孕法律制度研究及对中国的借鉴
			左坚卫	法律(非法学)	周彦聪:我国未成年人刑事责任年龄问题研究
			卢建平	法律(非法学)	马颖嘉:网络犯罪主体受教育程度的相关问题研究
			卢建平	法律(非法学)	张诗语:职业打假的法律规制问题研究
			王秀梅	法律(非法学)	孙唯雅:“独狼”式恐怖主义犯罪的刑事规制研究

续表

序号	培养单位	学位层次	学院/导师情况	专业/方向	2021年学位论文选题及作者
5	北京师范大学	硕士	卢建平	法律（非法学）	张梦瑶:准家庭成员犯罪问题研究
			苏明月	法律（非法学）	郑筱雨:降低我国刑事责任年龄问题之证否
			王秀梅	法律（非法学）	孙东媛:生物恐怖主义犯罪的预防与惩治研究
			唐璨	法律（非法学）	董若旸:反恐怖主义帮教制度研究
			赵军	法律（非法学）	郑丹丹:性同意年龄问题研究——以刑法中年龄的逆向调整为视角
			赵军	法律（非法学）	李秀英:反职场性骚扰的体系构建——以企业合规为视角
			吴宗宪	法律（非法学）	陈敏:社会组织参与未成年人社区矫正调查评估研究
			吴宗宪	法律（非法学）	王晓朦:法律硕士研究生参与未成年人社区矫正研究
			吴宗宪	法律（非法学）	夏梦实:论特拉维斯·赫希的社会控制理论
			吴宗宪	法律（非法学）	钟镇:威廉·邦格的犯罪与经济条件学说研究
			周振杰	法律（非法学）	李京北:贪污案件的实证研究——以S省194份判决书为例
			宋英辉	法律（非法学）	于乔:我国未成年人严重不良行为矫治措施研究
6	中南财经政法大学	博士	刑事司法学院/董邦俊	侦查学	赵聪:“互联网+”背景下金融类传销犯罪侦查研究
			董少平	侦查学	琚悦:侦查阶段的错案控制问题研究
			杨宗辉	侦查学	栾兴良:大数据侦查法治化研究
			胡向阳	侦查学	岳佳:毒品犯罪案件侦查方法研究
			董少平	侦查学	王锋:黑恶势力犯罪侦查研究

续表

序号	培养单位	学位层次	学院/导师情况	专业/方向	2021 年学位论文选题及作者
6	中南财经政法大学	硕士	杨宗辉	侦查学	许阳春:我国隐匿身份侦查制度研究
			胡向阳	侦查学	扶亚楠:长江流域涉砂黑社会性质组织犯罪侦查对策研究
			周鑫	侦查学	傅强:网络赌博犯罪侦查难点与侦查对策研究
			胡向阳	侦查学	孙浩:涉人工智能犯罪对策研究
			杨宗辉	侦查学	陈德:检察引导侦查取证研究
			刘国民	侦查学	刘倩:刑事错案中的侦查取证问题研究
			周睦棋	侦查学	漆晨航:“捕诉一体”视野下的检侦关系与问题对策研究
			杨立云	侦查学	孙聪:毒品犯罪案件侦查取证研究
			董邦俊	侦查学	王境:利用即时通信工具的网络诈骗犯罪侦查对策研究
			舒玲华	侦查学	程一笑:大数据背景下视频侦查研究
			王安全	侦查学	徐震宇:网络传销案件侦查对策研究
			彭峰	侦查学	陶辰冉:毒品犯罪侦查问题研究
			杨立云	侦查学	郑楠:论网络公益众筹诈骗犯罪侦查
			董邦俊	侦查学	任育娇:侵犯公民个人信息犯罪的侦查对策研究
			王良顺	刑法学	接学莹:我国未成年人前科消灭制度研究——以犯罪标定理论为视角
			周详	刑法学	周珊:网络犯罪参与行为独立正犯归责模式的提倡
			夏朝晖	刑法学	唐梦莹:我国犯罪工具没收制度研究
			章昌志	治安学	张燕:论我国校园霸凌行为治安治理
			信息与安全工程学院/屈振新、唐涛洲	计算机技术	罗家:基于知识图谱的经侦情报分析系统研究与实现

续表

序号	培养单位	学位层次	学院/导师情况	专业/方向	2021年学位论文选题及作者
6	中南财经政法大学	硕士	刑事司法学院/焦俊峰	法律硕士（非法学）	雷天明:网络恐怖主义犯罪侦防对策研究
			焦俊峰	法律硕士（非法学）	刘晴:黑恶势力犯罪中软暴力问题研究
			法学院/龚春霞	法律硕士（非法学）	程俊彦:社区矫正的基础理论和运行前景——从“三模块”运行模式出发
7	安徽大学	硕士	法学院/储陈城	法律（法学）	宛艳:“套路贷”型犯罪的司法认定
			鲁雪英	法律（法学）	余安淮:移动支付型财产犯罪法律适用研究
			郭志远	法律（非法学）	陈苏茜:网络犯罪电子证据收集研究
			何俊	法律（非法学）	储文杰:网络儿童色情制品犯罪刑法规制研究
			张晶	法律（非法学）	黄倩:当前我国性侵儿童犯罪研究
			张晶	法律（非法学）	桑配尧:“套路贷”犯罪司法认定研究
			行江	法律（非法学）	邵童:恶势力犯罪的行为特征认定
			余经林	诉讼法学	彭雨婷:网络犯罪电子数据保全制度研究
			郭志远、卞建林	诉讼法学	蔡堃:我国大数据侦查中隐私权保护研究
			魏汉涛	刑法学	刘玉杨:风险社会背景下信息网络犯罪立法省思
			张晶	刑法学	陈璐璐:师源型性犯罪中未成年被害人保护研究
			何俊	刑法学	孙盈:财产犯罪数额认定问题研究
			陈结淼	法律硕士	刘思远:职务犯罪非法证据排除研究——以159份相关刑事裁判文书为样本

续表

序号	培养单位	学位层次	学院/导师情况	专业/方向	2021 年学位论文选题及作者
8	吉林大学	博士	法学院/张保生	法学理论	王锐园:毒品犯罪明知之证明与推定研究
			李立丰	刑法学	项艳:论破坏生产经营罪的立法完善——以"罪量"要素的合理建构为切入点
		硕士	法学院/张旭	刑法学	杨丰一:涉人工智能犯罪刑事归责研究
			郑军男	刑法学	董泳新:我国环境犯罪的立法研究
			王军明	刑法学	孙宁:黑社会性质组织犯罪的涉案财产处置问题研究
			徐岱	刑法学	张钟祺:论犯罪中止的有效性
			李立丰	刑法学	张乌云嘎:我国环境犯罪行政从属性的合理解读
			郑军男	刑法学	杨秀昌:醉酒犯罪刑事责任根据研究——关于《刑法》第 18 条第 4 款的探讨
			王勇	法律硕士	段良玉:第三方支付背景下侵财犯罪的定性研究
			郑军男	法律硕士(非法学)	卜俊铁:韩国性犯罪刑事立法研究
			姚建宗	法学理论	黄宝莹:我国未成年人犯罪刑事责任问题研究
			邵正坤	中国史	唐靖雯:北魏军人犯罪及惩罚研究
			任喜荣	法律(非法学)	肖梦婷:性侵未成年人犯罪人员信息公开机制研究
9	南京师范大学	博士	法学院/蔡道通	刑法学	王腾:财产犯罪财产损失评价体系研究——以对价型诈骗为蓝本
			姜涛	刑法学	李谦:网络犯罪刑法解释限度研究
		硕士	法学院/蔡道通	刑法学	蒋浩天:阶层犯罪论体系司法适用的先行思考
			王颜强	刑法学	孙卿:帮助信息网络犯罪活动罪司法适用研究
			蔡道通	法律硕士(非法学)	汪献之:扫黑除恶专项斗争背景下恶势力司法认定的实证分析

续表

序号	培养单位	学位层次	学院/导师情况	专业/方向	2021年学位论文选题及作者
9	南京师范大学	硕士	王彦强	法律硕士（非法学）	孙国恺:“套路贷”犯罪的刑法规制研究
			刘远	法律硕士（非法学）	曹玲:网络爬虫犯罪的刑法规制研究
			秦策	法律（非法学）	王晨:涉第三方支付账户侵财犯罪类型化及定性研究
			刘远	法律硕士（法学）	胡冰璐:涉信用卡信息犯罪的司法认定研究
			刘远	法律硕士	赵子墨:侵犯公民个人信息犯罪刑法规制研究
			张菁	专门史	王采薇:清代中后期奸幼犯罪研究——以《刑科题本》所载奸幼案为中心
			杨文兵	公共管理专业硕士	孙柏威:我国电信诈骗犯罪治理研究
10	广西师范大学	硕士	法学院/郭剑平	法律（非法学）	张洋:电信网络诈骗犯罪的治理困境与对策研究——以N市电信网络诈骗犯罪的治理为例
			蒋人文	法律（非法学）	蒲海桥:校园欺凌法律规制中校园服务令制度构建研究
			李潇	法律硕士	李春媚:性侵犯罪中未成年被害人法律保护研究
			秦建荣	法律硕士	孙婧:农村黑恶势力犯罪的治理对策研究
			谭万霞	法律硕士	唐萧栩:农村黑恶势力犯罪防控问题研究
			郭剑平	法律硕士（法学）	张北平:毒品犯罪中毒品数量认定问题研究
			钟铭佑	法学	杨铭劼:论公安队伍中的黑恶势力“保护伞”及其打击对策
			政治与公共管理学院/周超、郭旺	公共管理	郭子玮:东莞市H镇共青团参与重点青少年违法犯罪预防的实践研究
			张雄	公共管理	廖铭:防城港市预防未成年人毒品犯罪的政府作用研究

续表

序号	培养单位	学位层次	学院/导师情况	专业/方向	2021 年学位论文选题及作者
11	贵州民族大学	硕士	法学院/刘娟、丁昆	法律(非法学)	余崇麟:福建省 H 市林业生态环境犯罪实证研究
			陈孝平、陈捷	法律(法学)	侯梦娟:转移他人支付宝绑定银行卡内资金行为的犯罪定性研究——以史某盗窃罪、闫某盗窃、信用卡诈骗罪案为例
			张雯	法律(非法学)	刘郝梦:未成年人犯罪保安处分制度构建研究——以三个典型案例为研究视角
			封贵平、赵军	法律(法学)	朱晨玮:非法集资犯罪的预防对策研究——以重庆市 Y 区为样本
			陈孝平、朱玉	法律(法学)	梁发泉:恶势力犯罪司法认定问题研究——以三个涉恶案件为例
			吴柯、禄劲松	法律(法学)	杨静:河南省某市黑恶势力犯罪成因及对策研究——基于 2017—2019 年犯罪案件调查
12	河北大学	硕士	法学院/苏永生	法律硕士	刘文浩:乡村振兴视角下涉农领域职务犯罪研究——以河北省 C 市为例
			敦宁、卢艳芬	法律硕士	卢希:电信网络诈骗犯罪中帮助犯的司法认定研究
			冯军	诉讼法学	刘新:我国医疗事故犯罪案件的刑事裁判分析
			冯军	诉讼法学	韩若婷:河北省非法行医犯罪案件的刑事裁判分析
			苏永生	刑法学	李佳蓉:电信网络诈骗共同犯罪司法认定问题研究
			敦宁	刑法学	付莹雪:未成年犯社区矫正制度的体系化建构
13	河南财经政法大学	硕士	法学院/刘用军	法律(非法学)	李慧琦:职务犯罪案件适用认罪认罚从宽制度研究
			司莉	法律(非法学)	庞鹤放:我国性侵犯罪中未成年被害人保护问题研究
			刘用军	法律(法学)	任留昭:职务犯罪案件中监察机关与公安机关协作制约机制研究

续表

序号	培养单位	学位层次	学院/导师情况	专业/方向	2021年学位论文选题及作者
13	河南财经政法大学	硕士	裴小梅	法律（法学）	韩星：黑恶犯罪案件涉案财物处置问题研究
			邸瑛琪	刑法学	秦梦梦：利用影响力受贿罪犯罪主体实证研究
14	河南大学	硕士	法学院/庞冬梅	法律（法学）	郝国宇：黑恶势力犯罪中软暴力行为的司法认定
			庞冬梅	法律（法学）	乔玉萍：帮助信息网络犯罪活动罪的司法认定
			刘夏	法律（法学）	吴帅：代购毒品行为的司法认定
			蔡军	法律硕士（非法学）	郭东坡：电信诈骗犯罪中司法认定问题研究——基于H省L市近五年数据
			哲学与公共管理学院/李敏、陈志伟	工商管理硕士	胡祎琳：内部控制视角下国有商业银行管理者职务犯罪行为研究——以XC银行为例
15	黑龙江大学	博士	法学院/董玉庭	刑法学	全荃：我国犯罪记录制度体系化研究
		硕士	陈建旭	刑法学	程元元：电信网络诈骗犯罪若干问题研究
			陈建旭	刑法学	王赵玉：海外代购型走私犯罪研究
			于逸生	刑法学	顾竟择："套路贷"犯罪若干问题研究
			王静	法律硕士（非法学）	黄国梁：利用第三方支付平台侵财犯罪行为研究
			董玉庭	法律硕士（非法学）	王一霖：人工智能犯罪刑事责任主体资格的探究
			陈建旭	法律硕士（法学）	何亚犇：食品安全犯罪司法认定研究
16	湖南师范大学	硕士	法学院/唐世月	刑法学	陈帅：医疗过失犯罪中信赖原则的适用研究
			张惠芳	刑法学	蔡茳茜：我国白领女性职务犯罪防治研究
			刘健	刑法学	戴琬瑜：互联网传销犯罪防治研究

续表

序号	培养单位	学位层次	学院/导师情况	专业/方向	2021年学位论文选题及作者
16	湖南师范大学	硕士	刘健	刑法学	曹妍:我国性侵害未成年人犯罪的防治——基于若干例性侵害未成年人犯罪案例的实证分析
			吴真文	法律(法学)	李玉星:论性侵未成年人犯罪的防治
			刘湘琛	法律(法学)	张铭铭:论性侵害未成年人犯罪从业禁止制度的完善
			刘健	法律(非法学)	陈倩:性侵未成年人违法犯罪者限制性规定研究
			公共管理学院/王敏	公共管理硕士	谭秀英:近年来S市未成年人犯罪问题的成因分析及其治理对策研究
17	江西财经大学	硕士	黄华生	法学院/法律硕士	郭铣:涉疫情防控犯罪刑法惩治的问题与对策
			巫文勇	法律硕士	孙倩倩:数字加密货币洗钱犯罪法律规制研究
			易有禄	法律硕士	余菊兰:性侵未成年人犯罪典型案例研究——以近十年我国典型案例为考察对象
			郭晓红	刑法学	艾恬:性侵未成年人犯罪及其法律完善研究
			工商管理学院、MBA教育学院/戴丽华	公共管理	殷震文:南昌市电信网络诈骗犯罪问题的治理研究
18	昆明理工大学	硕士	法学院/陈伟强	刑法学	徐力:黑社会性质组织犯罪治理研究
			陈伟强	法律(法学)	孙道镭:“套路贷”犯罪司法认定研究
			姚上怡	法律(法学)	王可欣:论恶势力犯罪的认定
			周建军	法律(非法学)	刘敏娴:P地区暴力犯罪的经济分析
			周建军	法律硕士(非法学)	刘懿宸:Z市暴力犯罪的地理因素研究

续表

序号	培养单位	学位层次	学院/导师情况	专业/方向	2021年学位论文选题及作者
19	兰州大学	硕士	法学院/申伟	法律（非法学）	任卓华:我国的犯罪本质立场选择
			吴双全	法律（非法学）	陈勉:保险诈骗疑难犯罪问题研究
			申伟	法律（非法学）	陈春艳:涉“淫秽物品”犯罪批判
			管理学院/李少惠	公共管理	马凯文:中卫市预防未成年人犯罪协同治理机制研究
20	辽宁大学	硕士	法学院/范森	法律（非法学）	侯森:刑法中黑社会性质组织行为特征之分析
			唐煜枫	法律（非法学）	张浩:代购毒品行为的刑法评价
			唐煜枫	法律（法学）	张胜:“套路贷”犯罪罪数认定问题研究
			唐煜枫	法律（法学）	史佳禾:辽宁省A地区被害人为女性的故意杀人犯罪调研报告
21	南昌大学	硕士	法学院/张志勋	法律（非法学）	朱观芳:我国毒品犯罪诱惑侦查的问题研究
			熊永明	法律（非法学）	方铭达:非法集资犯罪涉案财物处置问题研究
			魏盛礼	法律（非法学）	郭建锋:定点民营医院骗取医保基金犯罪研究——基于92份裁判文书的实证分析
			利子平	法律（非法学）	曾李燕:“套路贷”犯罪的认定分歧及解决路径——基于裁判文书网116份判决书的实证分析
			胡祥福	法律（非法学）	巢嘉会:非法吸收公众存款罪中犯罪数额的认定
			熊永明	法律（法学）	胡英东:放贷收息型受贿犯罪的认定问题研究
			宋三平	中国史	李灵:宋代未成年人犯罪与预防研究
			刘本燕	诉讼法学	夏源:重大职务犯罪异地管辖制度研究

续表

序号	培养单位	学位层次	学院/导师情况	专业/方向	2021 年学位论文选题及作者
22	南京大学	硕士	法学院/杨辉忠	刑法学	宋文莉:违法二元论下行政犯罪的入罪限制
			孙国祥	刑法学	周德轩:共同犯罪违法所得处置问题研究
			秦宗文	诉讼法学	康雪卉:网络犯罪抽样取证问题研究
23	内蒙古大学	硕士	法学院/邢娜、孙志军	法律(非法学)	丁虹晨:未成年人犯罪记录封存制度研究
			陈晓青、王慧	法律(非法学)	司雨晗:性侵未成年人犯罪疑难问题研究
			龙长海、王洪皞	法律(非法学)	宁凝:电信网络诈骗犯罪法律适用疑难问题研究
			张秀玲、孙志军	法律(非法学)	佟婧:网络共同犯罪司法认定争议问题研究
			萨其荣桂、王君	法律(非法学)	哈妮:留守未成年人犯罪研究
			萨其荣桂、王慧	法律(非法学)	王巧:“暴力伤医”型犯罪的法社会学研究
			龙长海、张向晖	法律(法学)	续梅:网络黑恶势力犯罪的刑法规制
			马改然	法律(法学)	赵建敏:网络赌博犯罪的司法认定问题研究
24	山东大学	硕士	法学院/吴丙新	法律(法学)	廖利梅:网络犯罪共犯行为正犯化研究
			张小宁	法律(法学)	张蕊:论“套路贷”犯罪的刑事规制及其完善——基于实证考察的视角
			王瑞君	法律(法学)	杨燕:论伪基站相关犯罪的司法认定
			吴丙新	刑法学	段莹莹:智能机器人“犯罪”的刑法规制
			管理学院/王军洋	公共管理	孙珊:社区警务网格化在犯罪防控中的应用研究——以德州市D区为例

续表

序号	培养单位	学位层次	学院/导师情况	专业/方向	2021年学位论文选题及作者
25	山西大学	硕士	法学院/马秀娟	刑法学	苏耀杰:职务犯罪案件中非法证据的审查与排除
			张天虹	刑法学	李博:论帮助信息网络犯罪活动罪的司法适用
			李麒	刑法学	李娟娟:税收犯罪立法谦抑研究
			张天虹、杨泽民	法律(法学)	贺旭杉:参加黑社会性质组织罪的司法认定
			政治与公共管理学院/曹永胜、张丽霞	公共管理	原亚星:我国网络侵财犯罪治理研究
26	上海师范大学	硕士	法学院/何国锋	法律(非法学)	曲亮:危害珍贵、濒危野生动物罪犯罪对象及认识错误研究
			吴敌铮	法律(非法学)	闫相聿:性侵未成年人犯罪人员信息公开制度研究
			程兰兰	诉讼法学	胡玮铭:职务犯罪调查视野下监检关系探究
			吴敌铮	诉讼法学	戴雅妮:大数据侦查中的个人隐私保护问题研究
27	沈阳师范大学	硕士	法学院/李冬	法律(法学)	盖世钰:单位犯罪暂缓起诉制度研究
			武航宇	法律(非法学)	朱星怡:妨害重大疫情防控犯罪行为刑法规制问题研究
			李冬	法律硕士	庄国栋:未成年人犯罪记录封存制度完善研究
			单晓华	法律硕士	肖尧:关于窃取网络虚拟财产犯罪的实务探索
28	西北大学	硕士	公共管理学院/司林波	公共管理	刘怡新:新媒体环境下梅州市青少年暴力犯罪治理研究
			靳连冬	公共管理	高熙尧:基于社会管理视角的刑释人员再次犯罪预防措施改进研究

续表

序号	培养单位	学位层次	学院/导师情况	专业/方向	2021年学位论文选题及作者
28	西北大学	硕士	法学院/戴炜	法律硕士	姜雪怡:环境犯罪治理中生态修复的适用
			尉琳	法学	孙哲:食品安全犯罪的刑法规制及其完善
29	郑州大学	硕士	法学院/马松建	刑法学	郭融融:犯罪中止自动性问题研究
			许桂敏	刑法学	杨晓宁:论恶势力犯罪集团
			刘德法	刑法学	高亚瑞:携带凶器犯罪若干问题研究
			李淑娟	刑法学	杨玉岩:回扣型受贿犯罪问题研究
			许桂敏	刑法学	常笑笑:论网络犯罪中帮助犯的认定
			刘德法	法律(非法学)	白雅楠:无人驾驶汽车犯罪研究
			吴林生	法律(非法学)	智逸飞:“欺虐”共享单车犯罪的刑法争议问题研究
			王彬	诉讼法学	李思蒙:电信诈骗犯罪侦查管辖问题研究
			马春娟	诉讼法学	王金豪:论未成年人犯罪记录封存制度
30	北京交通大学	硕士	法学院/陶阳	法学	朱李昊明:我国企业犯罪治理中引入刑事合规制度的研究
			高晓莹	法学	董鹏程:“套路贷”犯罪的刑法规制研究
31	渤海大学	硕士	法学院/吴富丽、郭洋	法律硕士(法学)	孟娇:职务犯罪调查与刑事诉讼衔接问题研究
			吴富丽、翟铁琦	法律硕士(非法学)	原子钰:李建雪医疗事故犯罪案件分析
32	贵州大学	硕士	法学院/邹易材	法律(非法学)	魏佳琦:非法集资犯罪中被害人过错适用问题研究
			王占洲	法律硕士	何斌:监察法与刑法在职务犯罪领域的衔接问题研究
33	河北经贸大学	硕士	法学院/王越飞	刑法学	胡彤旭:黑恶势力软暴力犯罪问题研究
			王丽华	法律硕士	宋莹:做市商现货市场犯罪的司法困境与立法探索

续表

序号	培养单位	学位层次	学院/导师情况	专业/方向	2021 年学位论文选题及作者
34	华东交通大学	硕士	法学院/卢宇	刑法学	常玉凤:帮助信息网络犯罪活动罪的司法适用问题研究
			软件学院/黄兆华	软件工程	张志豪:再犯罪改造领域知识管理系统的设计与实现
35	淮北师范大学	硕士	法学院/张训	法律（非法学）	沈玉红:我国未成年人遭受性侵害犯罪的实证研究
			魏在军	法律硕士（法学）	陈媛媛:我国未成年人犯罪记录封存制度的完善研究
36	江西理工大学	硕士	法学院/苏雄华、肖建国	法律（非法学）	石婷婷:性风化犯罪中幼女性权利的刑法保护
			钟健生	法律（法学）	汪前圆:我国刑法中的犯罪数额问题研究
37	辽宁科技大学	硕士	法学院/武婷婷、徐金平	法律（非法学）	马一宁:检察机关适用认罪认罚从宽制度办理民企犯罪案件的研究
			张洪波、金峰	法律（法学）	孟悦:疫情防控期间犯罪"从严从重"处理原则的正确理解与适用
38	南宁师范大学	硕士	法学院/谢恩芝、周忠	法律（法学）	杨玉坤:黑恶势力犯罪软暴力行为侦查难点及解决对策
			卢明威、周忠	法律硕士（非法学）	熊鹏伟:新法视角下未成年人犯罪刑事责任及制度完善
			自然资源与测绘学院/段炼	地图学与地理信息系统	韦英岸:城市犯罪时空分析与场景风险预测
39	青岛大学	硕士	法律学院/耿焰	法律硕士	曹孟欣:虐待未成年人行为的刑法规制研究
			李瑞生	法律硕士（非法学）	杨歌:中美两国生产销售伪劣商品罪比较研究——以食品药品犯罪为中心的美国经验借鉴
			李瑞生	法律（非法学）	贺超:帮助行为正犯化研究——以网络犯罪为中心展开

续表

序号	培养单位	学位层次	学院/导师情况	专业/方向	2021 年学位论文选题及作者
40	汕头大学	硕士	法律学院/赵学军	法律硕士（法学）	赵梓彤：轻微犯罪刑事制裁规范化研究
			怀效锋	法律硕士（法学）	黄盛强：诈骗罪法律适用研究——以涉疫诈骗犯罪案例为视角
				法律（法学）	苏嘉欣：解除社区矫正人员的安置帮教工作问题及对策研究
41	四川师范大学	硕士	地理学院/程武学	人文地理学	唐乙鑫：重庆市主城区“两抢一盗”犯罪时空分布及其影响因素研究
			程武学	人文地理学	饶亚君：凉山州犯罪时空分异特征及影响因子分析
42	太原科技大学	硕士	法学院/扈晓芹	法律硕士（法学）	郝心月：我国校园暴力犯罪法律预防机制研究
			扈晓芹	法律硕士（法学）	张晨：网络犯罪刑事管辖权的思考
			郭相宏	诉讼法学	廉劭南：刑事诉讼中未成年犯罪人隐私保护研究
43	天津工业大学	硕士	法学院/尚绪芝、杨德凯	法律（非法学）	李丹：电信诈骗犯罪问题研究
			刘向东、陈渝	法律硕士（非法学）	胡海飞：“套路贷”犯罪及规制研究
44	天津师范大学	硕士	法学院/张晶、张桂荣	刑法	柴松闯：黑社会性质组织司法认定的实证研究
			彭炳金	法学	李丹阳：《唐律》共同犯罪研究
45	西南大学	硕士	法学院/郝川	民商法学	李贺：未成年人犯罪记录封存制度研究
			汪力	民商法学	庹皓洛：职务犯罪自动投案与自首之衔接研究
			汪力	法律硕士	曾中：工程重大安全事故罪犯罪主体研究

续表

序号	培养单位	学位层次	学院/导师情况	专业/方向	2021年学位论文选题及作者
46	西南科技大学	硕士	法学院/蒋志如	刑法学	李菲菲:职务犯罪自首问题研究
			廖斌	刑法学	刘晓:组织、领导、参加黑社会性质组织罪研究
47	新疆大学	硕士	法学院/罗钢	法律(非法学)	宫再鑫:民营企业涉税犯罪的风险防控
			罗钢	犯罪学	陈晨:比特币洗钱犯罪规制研究
			艾尔肯·沙木沙克	法律硕士	蔡永利:"套路贷"犯罪行为的司法认定疑难问题研究
48	信阳师范学院	硕士	法学院/武向朋、曾厚强	法律硕士	吕怡慧:网络不良信息影响下的未成年人犯罪预防对策
			法学院/武向朋、梅建功	法律硕士	贾艳敏:基于CPTED理论的外侵型校园暴力犯罪预防研究
49	延边大学	硕士	法学院/玄松鹤	刑法学	李士航:未成年人毒品犯罪刑事处遇制度问题研究
			玄松鹤	刑法学	金津延:食品安全犯罪的一般预防
50	燕山大学	硕士	法学院/刘立霞	诉讼法学	李文宁:套路贷诈骗犯罪主观构成要件证明问题研究
			张明、张志诚	法律(非法学)	于冬莉:惩治性侵害未成年人犯罪的刑事立法研究
51	扬州大学	博士	法学院/蔡宝刚	中国法律文化与法治发展	陈凯健:清代贪污贿赂犯罪的治理及其镜鉴研究
		硕士	万国海	法学	赵勇:涉信用卡犯罪研究
			曾凡燕、刘毅	法律硕士	张孔彧:未成年人犯罪缓刑适用实证研究

续表

序号	培养单位	学位层次	学院/导师情况	专业/方向	2021 年学位论文选题及作者
52	浙江工商大学	硕士	法学院/谢治东	法律硕士	苗森:人民武装警察履职行为排除犯罪研究
			方福建	法律硕士	符亦芸:网络犯罪数额认定问题研究
			封利强	法律	何鑫鑫:网络犯罪案件电子证据收集与审查规则研究
53	中南林业科技大学	硕士	法学院/吴献萍	法学	余天:“套路贷”犯罪的司法认定研究
			王飞跃	法学	刘帆:黑恶势力犯罪中的农村宗族势力研究
54	中央民族大学	硕士	法学院/韩轶	法学	王智:网络犯罪的新特点及预防对策研究
			田刚	法律硕士(非法学)	马晶:前科就业限制规定的完善
			韩轶	法律硕士(法学)	余群化:民营企业非法吸收公众存款犯罪防控研究
55	大连理工大学	硕士	电子政务研究院/王宁	信息管理与电子政务	赵森尧:基于数据挖掘的纵火时空分析及团伙纵火识别
			人文学部/张旭泉	新闻与传播	王鑫:框架理论下澎湃新闻未成年人犯罪报道研究
56	重庆工商大学	硕士	法学院/胡霞	法律硕士(法学)	李璇:重庆市女性毒品犯罪的独立性研究
57	重庆邮电大学	硕士	法学院/赵长江	诉讼法学	张硕:DDoS 黑产犯罪法律规制的困境与对策
58	安徽财经大学	硕士	法学院/葛先园	法学	何镭:涉人工智能犯罪刑事责任问题研究
59	北京建筑大学	硕士	电气与信息工程学院/魏东、吴杰	建筑与土木工程	张天祎:基于 Knox 及网格化管理的犯罪时空预测模型
60	东南大学	硕士	法学院/欧阳本祺	刑法学	马伊帆:帮助信息网络犯罪活动罪实行行为研究

续表

序号	培养单位	学位层次	学院/导师情况	专业/方向	2021年学位论文选题及作者
61	广东外语外贸大学	硕士	新闻与传播学院/唐佳梅	新闻与传播	刘芳:未成年人犯罪报道框架和责任归因研究
62	南华大学	硕士	法学院/欧阳爱辉、王如铁	法律硕士(法学)	刘旋:H市性侵害未成年人犯罪实证研究
63	西北民族大学	硕士	法学院/安兵	法律(非法学)	杜国华:"杀猪盘"式网络诈骗犯罪的司法认定研究
64	西华大学	硕士	法学院/夏永全、张锋	法律硕士	杨亚玲:第三方支付方式中冒用型侵财行为的犯罪性质认定研究
65	湘潭大学	硕士	历史与文化学院/彭先国	社会工作	颜晴:论青少年犯罪家庭环境因素及其预防——以×市看守所在押未成年犯罪嫌疑人为例
66	云南财经大学	硕士	会计学院/佘晓燕	审计	王雨晴:高管职务犯罪与内部控制缺陷补救问题研究——以南航腐败案为例
67	中国矿业大学	硕士	法学院/王成礼	法律(法学)	张祥祥:未成年人严重不良行为矫治教育法律制度研究
68	中国社会科学院研究生院	硕士	法学院/祁建建	法律(非法学)	马玉昆:单位犯罪适用认罪认罚从宽制度研究
69	长江大学	硕士	法学院/陈欢	法律硕士	梁顺:侦查程序中犯罪嫌疑人的权利保障研究
70	贵州财经大学	硕士	法学院/赵松、蒋浩	法律(非法学)	周留鑫:海外代购走私犯罪的刑法适用研究
71	桂林电子科技大学	硕士	法学院/宋志国	法律硕士	姬喆:债务催收引发寻衅滋事犯罪的法律问题研究
72	北京外国语大学	硕士	法学院/王文华	法律(法学)	郑悦:网络黑恶势力犯罪研究
73	河北师范大学	硕士	法学院/王丽华	刑法学	葛正:我国激情杀人犯罪实证研究

续表

序号	培养单位	学位层次	学院/导师情况	专业/方向	2021年学位论文选题及作者
74	湖北大学	硕士	法学院/陈焱光	法学	阿依尼尕尔·艾沙:电信网络诈骗犯罪共犯认定问题研究
75	湖北工业大学	硕士	计算机学院/严灵毓	计算机技术	姚姝宇:基于时空特征的犯罪热点数据分析与应用
76	华北电力大学	硕士	法学院/赵旭光	诉讼法学	刘坤:环境污染犯罪侦查主体研究
77	华北理工大学	硕士	法学院/朱勇、赵永存	法律(法学)	王瑶:网络诽谤犯罪的构成要件研究
78	华东师范大学	硕士	法学院/杨彩霞	法律硕士(法学)	丁俊苑:犯罪工具没收制度研究
79	吉林财经大学	硕士	法学院/方也媛	法律硕士(法学)	张敏:未成年人犯罪记录封存制度完善研究
80	江西农业大学	硕士	刘滨、徐鹏	农业推广	杨谨鸿:农村涉众型经济犯罪现状及其防治策略研究——以温州市龙湾区为例
81	辽宁师范大学	硕士	法学院/夏红	诉讼法学	芮蕾:黑社会性质组织犯罪案件程序性问题研究
82	南京邮电大学	硕士	计算机学院/许建	软件工程	施炤:基于机器学习的犯罪分析和预测系统设计与实现
83	内蒙古财经大学	硕士	法学院/张术麟	法律硕士	朱楠:论我国网络环境下著作权犯罪的刑事立法应对
84	青海师范大学	硕士	法学院/马兰花	法律硕士	薛蓓:三江源地区破坏野生动物资源犯罪与防治对策
85	曲阜师范大学	硕士	政治与公共管理学院/赵春雷	公共管理硕士	孙祥成:毒品犯罪问题的社会成因及防控对策研究
86	山东财经大学	硕士	法学院/李震、贾富彬	法律(法学)	徐雪艳:网络犯罪案件管辖问题研究

续表

序号	培养单位	学位层次	学院/导师情况	专业/方向	2021年学位论文选题及作者
87	西北政法大学	硕士	法律硕士教育学院/许志	法律（非法学）	吕恒姗:网络诈骗案件的侦查困境及破解对策研究
88	西南政法大学	硕士	人工智能法学院/付其运	应用法学	赵誉博:行政违法与犯罪的边界研究——以人权保障为视角

第五章 / Chapter 5

电子商务平台网络反欺诈研究

第一节 网络欺诈犯罪的总体特征

一、网络欺诈的定义

随着互联网技术的发展和普及，网络空间已经成为人类生产生活的"第二类生存空间"。[①]网络信息技术在为生产生活带来便利的同时也带来更多的风险，违法犯罪活动也逐渐向网络空间渗透，使网络犯罪具有隐蔽化、去中心化、分工化、跨时空性等特征。如今，网络犯罪已经成为主要的犯罪类型。

网络欺诈是网络犯罪中最常见类型之一。在犯罪学意义上，网络欺诈主要具备三个特征：(1)犯罪手段具有"欺骗性"的行为特征，在犯罪过程中的某一环节具有"骗"的行为方式和外在表现。(2)犯罪空间具有"网络性"的空间特征，犯罪全过程中的主要环节之一发生在信息网络空间。[②](3)犯罪目的具有"谋利性"的心理特征，犯罪人希望通过网络欺诈从受害人或第三人处获得财产或财产性利益。只要具备上述特征，即

① 参见高春东、郭启全、江东等：《网络空间地理学的理论基础与技术路径》，载《地理学报》2019 年第 9 期。

② 根据《最高人民法院、最高人民检察院关于办理利用信息网络实施诽谤等刑事案件适用法律若干问题的解释》（法释〔2013〕21 号），信息网络包括以计算机、电视机、固定电话机、移动电话机等电子设备为终端的计算机互联网、广播电视网、固定通信网、移动通信网等信息网络，以及向公众开放的局域网络。

可称为“网络欺诈”。

犯罪学中的“网络欺诈”与“电信网络诈骗”不同。刑事司法实务中所说的“电信网络诈骗”，是指发生在网络空间，受害人基于有瑕疵的意思而处分财产的诈骗犯罪。而为进一步研究网络欺诈行为特征，最大范围加强相关犯罪防控，本章主要采取的是犯罪学意义上的“网络欺诈”定义。至于在法律适用中定性为盗窃罪、诈骗罪、敲诈勒索罪还是侵犯公民个人信息罪，追究刑事处罚还是治安违法责任不纳入考虑范围，本章重在通过分析网络欺诈犯罪现状、探析犯罪原因，进而提出犯罪防控对策。

二、网络欺诈的现状与趋势

网络欺诈的危害巨大，对人民群众的财产安全和网络秩序产生极大的负面影响。①2021 年网络欺诈现状呈现出行为非接触性、手段多元性、对象扩散性等特征，值得进一步关注。

其一，网络欺诈行为“非接触性”趋势凸显，跨地域犯罪程度加深。

网络犯罪的“非接触性”特征打破了传统犯罪加害行为的时空同一性，从而为确定并抓捕犯罪嫌疑人增大了难度。犯罪嫌疑人出现聚合现象，有实证研究表明，大型的产业链式犯罪团伙的主犯会选择东南亚作为主要聚集地（为了逃避监管），约占犯罪人数的 14.8%。随着柬埔寨、泰国对电信网络犯罪加大打击力度，目前聚集地已转移至缅甸（约占境外的 26.2%）、印度尼西亚（约占 23.3%）、尼泊尔（约占 22.3%）等国。从犯罪团伙的上线 IP 接入情况分析，据 2020 年中国信息通信研究院联合公安机关累计研判，犯罪嫌疑人使用的 IP 地址 95%以上从中国大陆以外地区接入，其中从美国接入的占 27.3%、南非接入的占 6.2%、印度接入的占 3.8%、韩国接入的占 2.9%。②从犯罪团伙的下线现实活跃空间情况分析，据国内某生活服务

---

① 以网络欺诈中的电信网络诈骗案件为例，2021 年 1 月至 11 月，全国公安机关已破获电信网络诈骗案件 37 万余起，抓获违法犯罪嫌疑人 54.9 万余名；全国检察机关批捕电信网络诈骗犯罪分子 2.1 万人，起诉 3.3 万人。据不完全统计，自 2015 年起全国每年电信网络诈骗犯罪涉案金额已经超过 200 亿元，而在个别沿海地区，电信网络诈骗涉案金额过去 4 年增加近 27 倍，部分大中城市电信网络诈骗发案量占当地刑事案件数 50%，网络欺诈风险仍然长期存在并持续高位运行。参见孙风娟：《力推“挂案”清理——专访最高人民检察院第四检察厅厅长郑新俭》，《检察日报》2022 年 2 月 16 日，第 2 版。

② 数据来源：中国信息通信研究院《新形势下电信网络诈骗治理研究报告》。

电子商务平台的数据显示,犯罪下线在国内呈现一定的地域性特征,比如诱导交易类网络欺诈人员在国内现实空间中主要集中于广东等省,营销套利性网络欺诈人员主要集中在河南、吉林等地,仿冒平台类网络欺诈人员主要集中于北京等地。

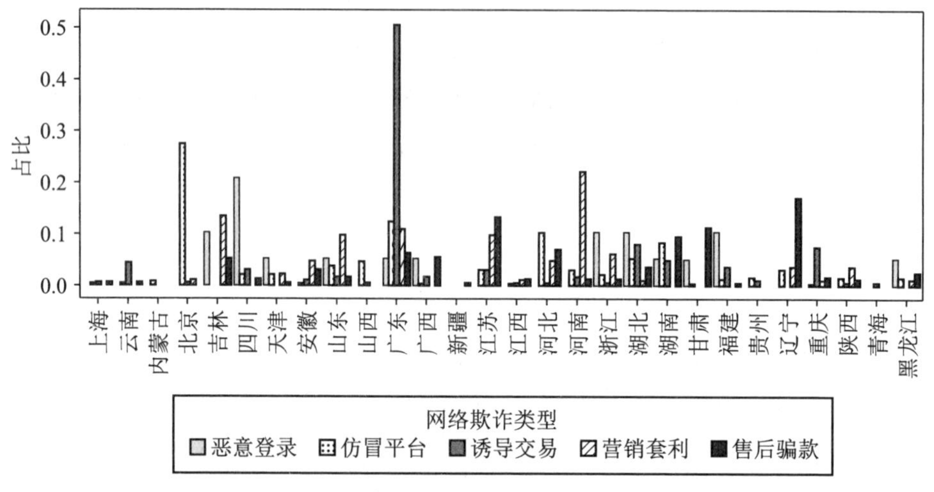

图 5-1　不同类别网络欺诈人员的常住地分析

其二,网络欺诈手段"多元性"趋势加剧,犯罪专业化程度加深。

目前,公安机关现已发现的电信诈骗犯罪手法就超过 48 类 300 余种,包括但不限于虚拟号段诈骗、网银退款诈骗、网络购物诈骗、平台购票诈骗、电信恐吓诈骗、木马链接诈骗、兼职刷单诈骗、伪基站诈骗、集资诈骗、贷款诈骗等。①就生活服务电子商务平台而言,主要存在的网络欺诈手段包括恶意登录、仿冒平台、诱导交易、营销套利、售后骗款等类型。据不完全统计,2019 年末,国内网络欺诈直接从业者超过 40 万人,间接从业者超过 160 万人,"年产值"超过 1100 亿元。以上中下游产业链的形式紧密配合,并逐渐由利用技术方式进行机刷,转变为通过运营方式进行人刷,进一步加大了平台规则识别异常行为的难度。②黑色产业链的上游是为相关犯罪准备资源或技术工具,准备的资源包括手机号、IP 设备等,技术工具如猫池、改机软件、验证码破解、自动化批量操作脚本软件等;产业链的中游是针对网络系统和软件的直接破坏,以及对公民个人信息的侵犯;产业链的下游则是对上中游

① 彭江:《电信诈骗犯罪手法超过 300 种! 这些骗局需防范》,载《经济日报》2020 年 6 月 3 日。

② 人民网研究院:《中国移动互联网发展报告(2020)》。

行为的结果实施如诈骗、赌博、洗钱等相关传统犯罪。犯罪团伙的内部分工日益细化,例如冒充客服注销校园贷诈骗,有的冒充贷款平台"客服",通过专业"话术单"给受害人一步步下套。按照分工,"客服"分为一线、二线,一线"客服"冒充贷款平台"客服"联络受害人,告知其在各平台有学生贷款额度,需要将这些额度回收;二线一对一"客服"获取受害人信任,诱导用户在各平台贷款,并让用户转账到指定银行账户内。犯罪团伙甚至有专门的管理人员对话务员进行绩效考核并分配奖金。

其三,网络欺诈对象"扩散性"趋势加重,受害群体广泛化程度加深。

网络欺诈的犯罪嫌疑人以年轻男性、受教育程度较低人群为主。根据某生活服务电子商务平台掌握的数据,该平台 2021 年遭遇的网络欺诈案件中,嫌疑人平均年龄 29.8 岁,男性占 71.1%,受过高等教育的仅占 36.0%。与之相反,网络欺诈的受害人群逐渐从老年人、受教育程度较低的群体,向中青年、高学历、高收入人士蔓延。在多元化的网络欺诈手段面前,几乎所有群体均是高风险群体,只是对不同欺诈手段的免疫程度不同。中国信息通信研究院发布的《新形势下电信网络诈骗治理研究报告(2020 年)》显示,从受骗用户年龄分布情况看,"90"后年轻人占比达 63.7%。而腾讯 110 发布的《2020 年网络诈骗治理报告》显示,年轻用户被交易欺诈、返利欺诈、交友诈骗的占比较高,中年用户被低价利诱、理财欺诈、仿冒欺诈的占比较高;男性用户被网络色情、交友方面被诈骗可能性偏高,女性用户在兼职、杀猪盘、返利等方面被诈骗的可能性偏高。360 猎网平台发布的《2019 年网络诈骗趋势研究报告》则显示,网络欺诈导致的人均损失由 2017 年的 1.14 万元上升为 2019 年的 2.45 万元,部分案件还引发了受害人自杀、精神抑郁或焦虑等严重后果,对受害人个体和社会秩序都造成侵害。

此外,随着信息技术和数字经济的快速发展,网络欺诈行为正在演化出不同于传统欺诈的鲜明特征,主要表现在以下三个方面:第一,网络欺诈犯罪主体的组织化特征日益显著。许多犯罪分子通过信息网络建立起新型犯罪团伙,犯罪行为人基于各自的立场与目的进行"分布式"的行为参与,其形态呈现"无组织的组织形式"特征。①黑灰色产业链的上中下游犯罪团伙在合作过程有的还呈现出"匿名化"

① 王肃之:《论网络犯罪参与行为的正犯性》,载《比较法研究》2020 年第 1 期。

特征,在互相从未谋面的情况下共同实施犯罪,隐蔽性大幅提升。第二,网络欺诈犯罪手段的多元化特征日益显著。技术手段和非技术手段并存,既有基于钓鱼网站、撞库攻击、木马控制、后门植入、短信嗅探的高科技犯罪方式;也不乏基于话术获取被害人信任转移财产的传统欺诈方式;甚至在个别犯罪中多种手段交织使用,欺骗性较强。第三,网络欺诈犯罪被害的微感化特征日益突出。部分被害人对自己被害的后果不知晓或较长时间后才知晓,被害感受相比线下犯罪而言要更为轻微,不少被害人遭遇小额网络欺诈后会忍气吞声,不会进行报案、举报或控告,犯罪发现难度增大。

第二节　网络欺诈犯罪的行为分析

按照用户对生活服务电子商务平台类 App 的使用过程,网络欺诈行为又可以分为前期的登录访问环节欺诈、中期的下单交易环节欺诈、后期的履约售后环节欺诈。在网络交易的全生命周期都存在不同程度的犯罪风险和欺诈行为。在某生活服务电子商务类平台 2021 年网络欺诈案(事)件样本数据中,事前的登录访问环节案(事)件最多,占 41.1%;事中的下单交易环节的案(事)件次之,占 35.7%;事后的履约售后环节案(事)件较少,占 23.2%,呈现网络欺诈风险前置的特征。①

一、交易前环节的网络欺诈

登录访问环节是用户使用网络平台的首个环节,也是网络欺诈行为最高发的环节。其中按照犯罪空间是否发生在真实平台之上,又可以分为在真实平台的恶意登录类欺诈行为,与客观上不在真实平台发生的仿冒平台类欺诈行为。

(一)恶意登录类欺诈

恶意登录类欺诈是通过各类非法手段,未经授权登录他人的平台账号,在平台上进行消费或套现获利的犯罪行为。虽然恶意登录类案件整体数量不多,但是由于其属于“一对多”犯罪,往往涉及的受害人数量较多,每一个案(事)件的受害人

① 如无特殊说明,本节数据均由国内某大型生活服务电子商务平台提供。

多在 10 人以上。

当前,恶意登录欺诈案(事)件仍保持 20%左右的年增长趋势,根据技术手段不同,又可以分为短信嗅探、扫号盗刷、身份盗用等行为类型。

1. 短信嗅探行为

短信嗅探占恶意登录类欺诈案(事)件总量的 21.9%。该类犯罪中,欺诈人员使用的是一种可以远程获取手机短信信息的方式:GSM 短信嗅探(GSM Sniffing)。

该类欺诈的犯罪机会来自手机短信明文传输的技术缺陷。通常手机所传输的数据是加密数据,即使获取后也无法直接阅读,但是手机短信所采用的 2G 网络的 GSM 协议是开源架构,在传输数据时并未加密,给欺诈人员提供了可乘之机。

由于网络黑灰产业链的发展,短信嗅探的技术难度已经大幅下降。硬件方面,欺诈人员改装的手机设备往往只要花费十几元人民币就能买到,加上数据线等材料和工具,犯罪成本总共算下来也不过数十元人民币。软件方面,欺诈人员往往使用 OSMOCOMBB(Open Source Mobile Communications Baseband)等开源软件,就能通过简单操作在 GSM 协议里按照自己的需求更改或添加功能。实践方面,欺诈人员只需将修改后的 OSMOCOMBB 编译进任意一台手机里,该手机就变成了一台反向获取附近基站发出的无线电波的设备,再通过其他电子设备,欺诈人员就可以获取到手机功率发射电波范围内的短信内容。

为了防止受害人警觉或发现,通常短信嗅探行为发生在深夜,欺诈人员带着伪基站和修改好的 OSMOCOMBB 手机在深夜到达该地点,使用伪基站获取附近手机的手机号码,并通过手机短信登录方式尝试登录电商、银行 App、电信运营商等相应平台网站,如果收到了网站发出的短信验证码即表明号码有效,从中碰撞出机主身份信息,获取姓名、身份证号、银行卡号,最后在支付网站等移动应用的登录环节,通过“短信验证码登录”途径尝试登录,利用嗅探获取到的短信验证码,完成支付校验,实施盗刷和销赃。(见图 5-2)

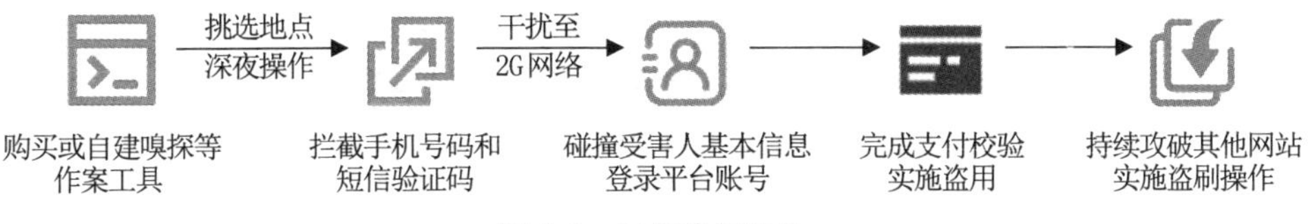

图 5-2　短信嗅探行为

【案例1　谢某某、陆某信用卡诈骗案】被告人谢某某、陆某互相配合，在龙岩市福州市等地，多次使用伪基站设备非法采集他人的手机号码，再使用嗅探软件拦截他人的手机短信，然后通过移动公司网上营业厅等网站或支付宝用户检测软件获取他人身份证号码及银行卡号或支付宝账号，并利用所获取的上述信息将他人银行卡或支付宝绑定到财付通、京东支付、美团等第三方支付平台，非法获取他人银行卡或支付宝账号内的钱款。2017年10月至11月间，谢某某、陆某采取上述手段盗刷15名受害人银行账户内的钱款，共计人民币103789.64元。①

【案例2　张某某信用卡诈骗案】2018年3月至4月，被告人张某某单独或者伙同他人利用短信嗅探设备，非法获取公民短信内容。结合移动公司、支付宝、各银行App软件系统机制与嗅探设备获取的验证码信息，非法收集公民个人手机号码、姓名、身份证号码、银行卡号等。再通过冒用受害人的银行卡在各大银行的网上商城进行消费，并从被告人郑某处通过话费充值的形式进行以85折的价格套现(即充话费名义消费100元人民币，获85元人民币回款)。直至被抓获，张某某共盗刷他人银行卡中的人民币33050元，从郑某处套现人民币26689元。②

短信嗅探欺诈人员的平均年龄36.5岁，中位数36岁(见图5-3)，整体上年龄相对偏大(相比于网络欺诈人员的整体平均年龄29.8岁)，男性占78%，受过高等

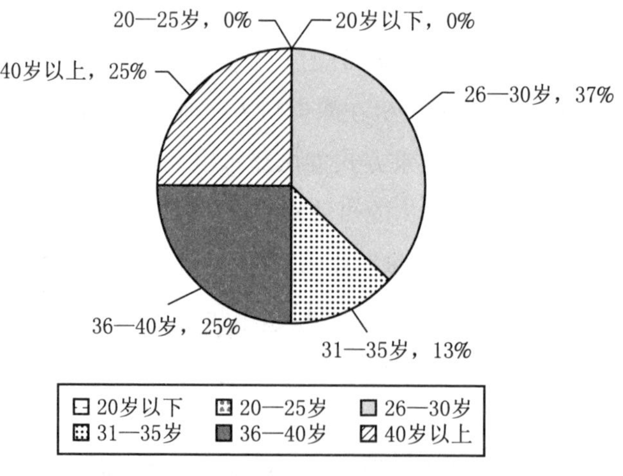

图5-3　短信嗅探案(事)件的欺诈人员年龄情况

① 福建省石狮市人民法院(2018)闽0581刑初1334号刑事判决书。

② 浙江省金华市中级人民法院(2020)浙07刑终60号刑事判决书。

教育的占29%。欺诈地域集中在二三线城市。这可能与一线城市近年来对伪基站犯罪的从严防控和持续打击有关,导致短信嗅探欺诈行为转移到二三线城市。

短信嗅探行为属于"无差别"犯罪,受害人群体并没有表现出明显特征。但可能是由于中老年人对自己信息隐私的保护意识相对薄弱,并且银行卡或支付宝中存有一定余额,导致受害人中40岁以上人群占到52%以上,需要加强对高发受害群体的针对性防范教育。(见图5-4)

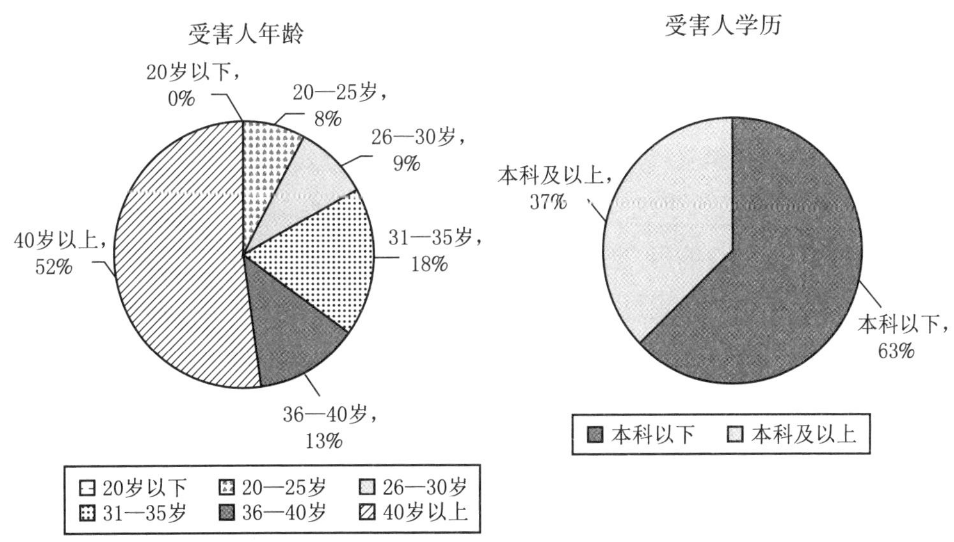

图5-4 短信嗅探案(事)件的受害人年龄与学历分布情况

2. 扫号盗刷行为

扫号盗刷在恶意登录类欺诈犯罪的占比与短信嗅探行为相同,占恶意登录类欺诈案(事)件总量的21.9%。该类犯罪中,欺诈人员使用的是网络犯罪中常见的作案方式——撞库攻击(Credential Stuffing Attack)。如2014年,12306网站曾遭受撞库攻击,大量用户的登录信息、身份信息被泄露;2019年2月,我国某知名短视频类App遭到恶意撞库攻击,也导致上千万账号数据被泄露。

欺诈人员利用用户习惯于在不同的网站使用相同的用户名和密码进行注册登录,只要通过一定方式获取或破解A网站账号数据库,再使用该账号批量登录其他网站,就可以窃取其他网站的部分有效用户账号。①其特点在于登录的目标网站无

① 马宇飞:《数据泄露中企业对用户的损害赔偿问题研究》,载《科技与法律》2021年第5期。

侵入痕迹,且盗取数据后往往无法进行追溯。欺诈人员通过掌握的用户个人信息,尝试登录受害人多个平台账号,试探出受害人支付密码后,再进行批量盗刷操作。过往,盗窃网络账号和密码主要由黑客通过木马等方式盗取,具有一定的技术难度,犯罪准入门槛较高。但是,随着网络数据泄露事件频发、非法买卖公民个人信息的黑灰色产业链发展,犯罪难度大幅降低。

在撞库登录用户账号过程中,存在多种方式:第一,直接撞库网络平台的账号密码;第二,撞库微信、支付宝等第三方软件密码,然后通过第三方小程序授权一键登录其他网络平台;第三,撞库获得用户手机号及运营商服务密码,通过手机运营商办理呼叫转移后,再以平台 App 语音验证码的方式,登录用户的平台账号。

在撞库成功后,黑灰产人员多数会采取静默盗刷方式,少见对账号信息进行篡改(改变支付密码、改绑手机号),以延缓被盗用户的觉察时间。有的案件中,会进行小额盗刷尝试,如订购用户所在城市的团购或外卖,其目的在于试探支付密码。试探完毕,确认掌握用户支付密码后,黑产人员会再次(甚至多次)登录用户账号,集中实施批量盗刷。(见图 5-5)

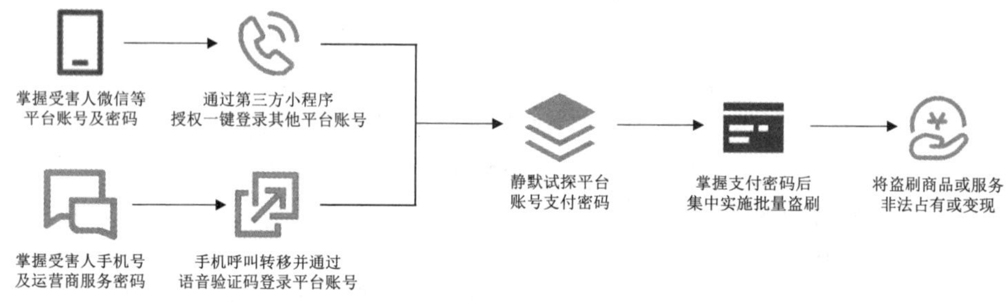

图 5-5 扫号盗刷行为

【案例 3 陈某、宋某非法获取计算机信息系统数据案】2016 年 4 月开始,被告人陈某通过互联网购买大量中国铁路服务中心网(12306)的用户名和密码等数据信息,通过批量导入用户名及密码,并使用所导入的数据对百度糯米、携程等网站进行批量查询、检测,实施撞库攻击,非法获取百度糯米网账号、携程网账号等身份认证信息。后被告人陈某将上述账号发送给李某等人人工查询,以每个账号 40 元至 120 元不等的价格通过互联网出售,共计获利约 16000 余元。①

① 江苏省沭阳县人民法院(2017)苏 1322 刑初 279 号刑事判决书。

【案例4　成某、马某等人非法获取计算机信息系统数据案】2014年至2018年4月间,被告人成某负责编写具备批量导入游戏账号密码,扫描游戏公司系统后台,筛选包含角色等级、装备、金币等信息的游戏账号、密码功能的扫号撞库软件,并雇用他人通过QQ广告出租销售。被告人马某购买使用该软件获取韩国服务器某公司旗下多款游戏的玩家账号密码,雇用他人利用非法获取的账号、密码等信息,通过VPN非法登录韩国游戏服务器上的账号,盗走账号内装备、游戏币等出售获利。从2014年至案发,该工作室共获取游戏玩家身份认证信息达一千多万条,成某个人获利55.9万元,马某个人获利292.9万元。①

扫号盗刷欺诈人员具有几个鲜明特征:第一,年轻男性,平均年龄为27.8岁、中位数为27岁,罕见有女性欺诈人员。第二,网龄较长,能够熟练使用网络工具,尤其是对实施欺诈的网络平台非常了解,88%以上欺诈人员的使用时长在3年以上(见图5-6)。第三,绝大多数未受过高等教育(案例中的欺诈人员均未受过高等教育,说明该类欺诈的技术门槛并没有预想的高)。

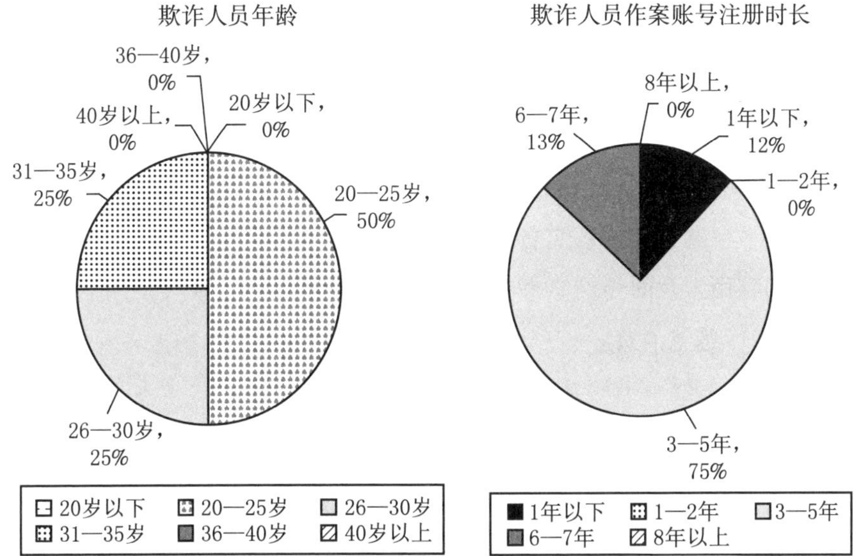

图5-6　扫号盗刷案(事)件的欺诈人员年龄与作案账号注册时长分布情况

与欺诈人员"数据画像"相反的是,扫号盗刷受害人中85%以上接受过高等教

① 福建省龙岩市新罗区人民法院(2019)闽0802刑初110号刑事判决书。

育(见图 5-7),平均年龄 34.7 岁,31—40 岁受害人占到 60%,主要发生在北上广深等一线城市和经济较为发达地区。

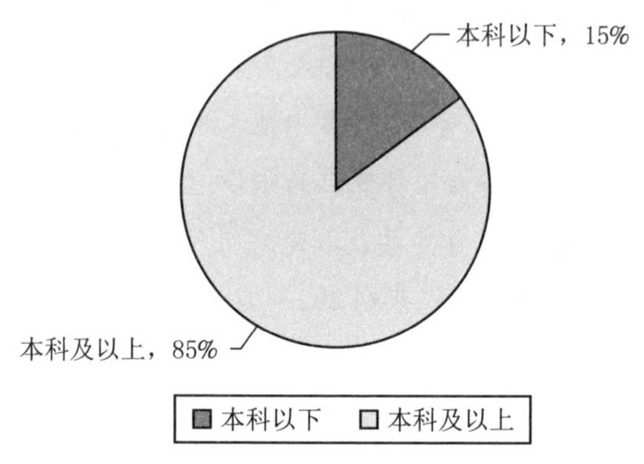

图 5-7　扫号盗刷案(事)件的受害人学历情况

3. 其他身份盗用行为

除短信嗅探、扫号盗刷等具有一定技术色彩的恶意登录犯罪外,还存在其他身份盗用的恶意登录行为,占恶意登录类欺诈案(事)件总量的 56.2%。

由于网络平台识别用户身份的主要依据是用户的身份证、手机短信等信息,有的欺诈人员会通过非法掌控的受害人手机设备直接进行借款和资金转移操作;有的会通过非正规渠道获得的身份证件信息(如受害人不小心遗失的证件)办理银行卡,在网络平台通过四要素实名认证开设账号用于申请网络借款,然后再将资金转移;有的则利用未及时与网络平台解绑或二次放号的手机号,利用手机短信验证码登录方式进行恶意消费。

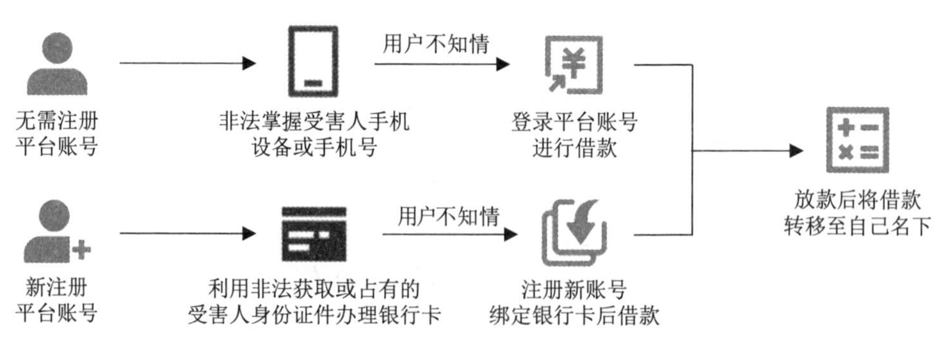

图 5-8　其他身份盗用行为

【案例 5　刘某某盗窃案】受害人殷某曾使用过手机尾号为 3933 的移动手机号，并使用该手机号注册了某电商平台账号，该账号绑定了其父亲的工商银行卡，后殷某将该手机号销号，销号后没有将电商平台账号与手机号、银行卡进行解绑操作。2016 年 8 月 10 日，被告人刘某某依正常程序申请办理了手机尾号为 3933 的移动手机号码，使用时发现该手机号曾注册过某电商平台账号，且绑定了银行卡，只需输入手机验证码即可支付。在此情况下，刘某某多次使用该电商账号消费，致使殷某银行卡累计损失人民币 4701.37 元。①

【案例 6　张某某信用卡诈骗、盗窃案】2016 年 10 月 3 日 23 时许，被告人张某某盗用中域电信员工何某某的账号和密码，登录中国电信 CRM 系统获取受害人曾某的身份、支付宝及银行卡信息后，通过京东、美团等平台消费及支付宝转账共计人民币 24755.18 元。受害人曾某发现并报警后，第三方网络平台公司陆续帮其追回人民币 24655.28 元。②

有的身份盗用行为并不具备典型网络犯罪的非接触性特征，在线下利用受害人对欺诈人员的信任，编造各种借口使用受害人的手机、平板电脑、笔记本电脑等电子设备，然后盗窃受害人电子账号内的钱财或以受害人的名义申请贷款并将贷款占为己有。

【案例 7　赖某某盗窃案】2019 年 9 月，赖某某通过在上班期间窥视获得同事尹某手机支付密码，后以借用手机为名，在尹某不知情的情况下，使用其手机将支付宝借呗、花呗、银行卡内的钱盗走，又在“拍拍贷”“分期乐”等平台贷款，并将所贷款项转出据为己有，共计盗取尹某人民币 61957 元。2020 年 4 月、5 月，赖某某通过窥视获取女友陈某支付宝账号密码，后多次使用陈某手机，在其不知情的情况下将支付宝账号借呗、花呗及绑定的银行卡的钱盗走，还在京东、美团等平台贷款，并将所贷款项转出据为己有，共计盗取陈某人民币 123146 元。③

身份盗用案（事）件中，欺诈人员没有明显的犯罪特征，往往是在具备身份盗用机会后萌生犯意，平均年龄 30 岁，中位数 27.5 岁（见图 5-9），绝大多数为男性，多数未受过高等教育。与其他类行为不同，身份盗用案件中不少欺诈人员和受害人相识，从而使受害人放松警惕。

---

① 河南省洛阳市老城区人民法院（2017）豫 0302 刑初 167 号刑事判决书。

② 广东省广州市中级人民法院（2018）粤 01 刑终 237 号刑事裁定书。

③ 湖南省炎陵县人民法院（2020）湘 0225 刑初 60 号刑事判决书。

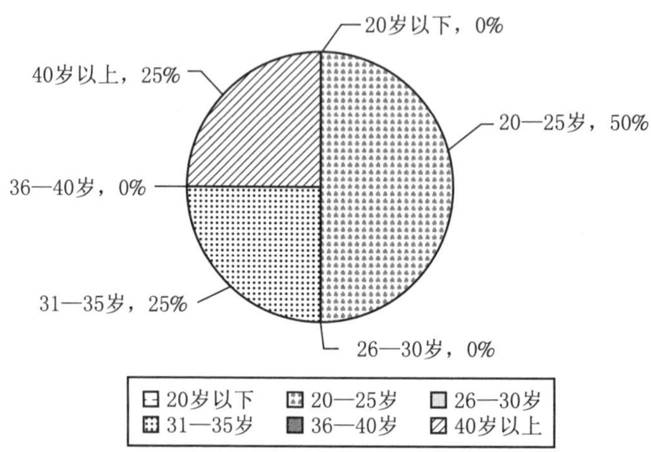

图 5-9　身份盗用案(事)件的欺诈人员年龄分布情况

77%受害人的平台账号使用了 3 年以上,账号本身存在一定余额或与支付宝、微信支付、储蓄卡、信用卡等绑定,为欺诈人员实现非法获利意图提供了可乘之机,样本中受害人损失金额中位数为 1.2 万元。(见图 5-10)

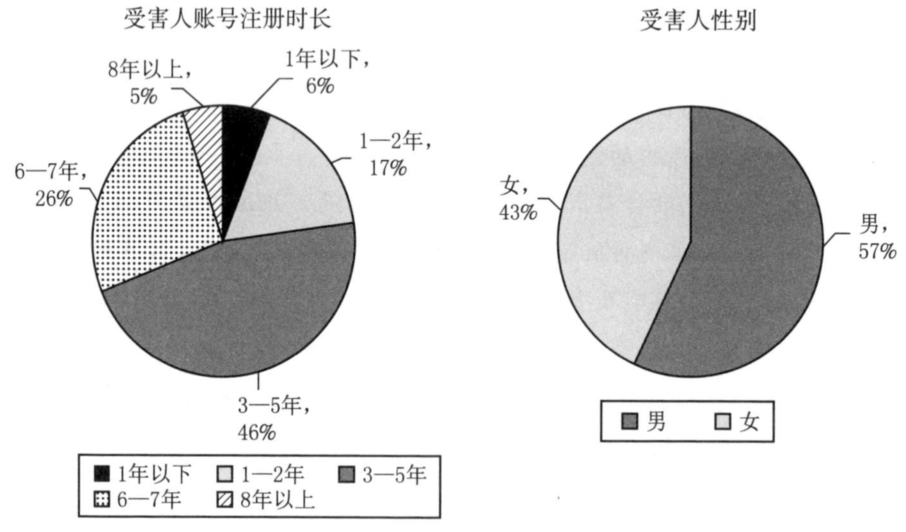

图 5-10　身份盗用案(事)件的受害人账号注册时长与性别分布情况

(二) 仿冒平台类欺诈

仿冒平台类欺诈是通过“以假乱真”的 App、网站、客服等形式,使用户基于对真实平台的信任，平和自愿地转移财物。近年来，仿冒平台类欺诈上涨明显，2021年，此类欺诈案（事）件的发生量相较于2020年增幅达80%。

仿冒平台类欺诈在登录访问环节欺诈犯罪数量占比较高，不仅给用户带来较大数额的财产损失，也给被仿冒网络平台带来一定的负面影响，降低了网络平台的社会信任度和产品美誉度。

1. 钓鱼链接行为

钓鱼链接案（事）件占仿冒平台类欺诈案（事）件总量的17.9%。该类犯罪中，欺诈人员通过即时通信软件、短信通道等向商户发送钓鱼链接，获取用户的关键信息后，再通过三方支付等方式进行盗刷，洗钱变现。

具体来说，该类欺诈主要利用具有群发功能的IM通道或短信通道，如向106短信承包商购买短信发送服务，或获取短信发送端口后自行发送。接收方显示为106开头的特服号码，具备较强的迷惑性，且发送速度快、到达率高。之后再以服务升级、账号认证等话术，诱导用户点击钓鱼网站，并输入身份证号、手机号、银行卡号及密码、验证码等关键信息。有的钓鱼网站网址具有较强的迷惑性，如美团网域名为“meituan.com”，钓鱼网站则会使用“meituam.cn”“meituan6.cn”等相似度极高的域名，若不仔细辨别，极易上当受骗。（见图5-11）

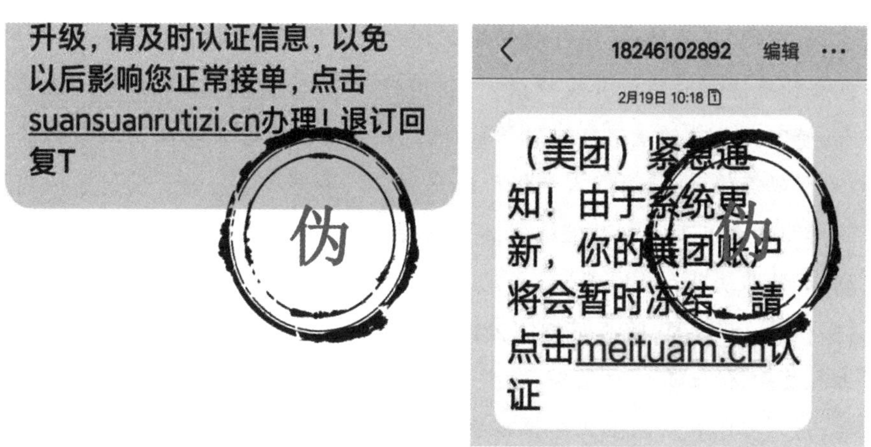

图5-11 含有钓鱼链接的虚假信息举例

钓鱼链接欺诈近年来呈现明显的产业化特征，上游主要负责钓鱼网站架设、域名申请、商家信息爬取，中游主要负责诈骗信息群发和身份信息收集，下游主要负责集中盗刷洗钱。当欺诈人员通过钓鱼获取用户身份信息后,首先会大量注册银联云闪付等三方支付账号,使用多开工具在手机端登录多个三方支付账号,将用户银行卡绑定在三方支付账号后分批多次盗刷。有的利用无验证码扫码转账、消费等方式盗刷变现,更有甚者成立或掌控作为收款人的“伪商户”,通过包装、伪造相关授权书或合作协议,与三方支付机构合作开通代扣通道,获取身份信息后将用户的银行卡开通免密扣款服务,进行大额盗刷。(见图 5-12)

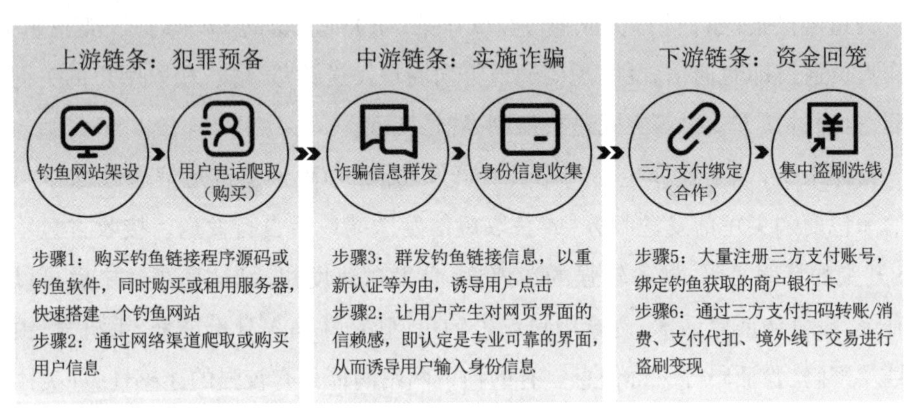

图 5-12 钓鱼链接行为

【案例 8 王某某、赵某某、吴某等信用卡诈骗案】2019 年 4 月至 6 月,被告人王某某、赵某某、吴某结伙,通过购买某电商网站源代码、公民个人信息、钓鱼网站,编辑包含钓鱼链接的账号升级短信,再利用短信平台将虚假账号升级短信发送给受害人,受害人点击钓鱼网址填写信息时,三被告人在后台获取受害人填写的银行卡号、验证码等信息,将受害人的银行账户绑定到事先准备好的云闪付账号内。利用云闪付 500 元以下免密支付机制,对上述绑定的受害人的银行卡进行大批量集中盗刷,共计非法获利 130 余万元。①

【案例 9 邓某某、陈某某侵犯公民个人信息案】2016 年 10 月开始,邓某某通过网上人员购得“百万邮件营销”软件,此软件具有邮箱采集、整理、邮箱密码破解的功能,得到可以利用的企业邮箱账号及密码后,登录企业邮箱并创建 TXT 文本,如“你的 QQ 账号异常或者在异地登录,若非你本人操作请点击发送的链接(实际为钓鱼链接)”。文本创建好后邓某某再利用新星群发机向他人发送邮件。QQ 用户

① 浙江省桐乡市人民法院(2020)浙 0483 刑初 337 号刑事判决书。

收到邮件后，若对邮件中的虚假安全提示和钓鱼链接信以为真，便会点击链接，按照页面内容填写个人信息（包括姓名、身份证号码、手机号码、密保问题等），邓某某将获取的1186组QQ账号身份认证信息出售给被告人陈某某，获利14800元。①

钓鱼链接的欺诈人员平均年龄35岁，中位数33岁，其中女性的占比高于其他犯罪类别，达40.9%。（见图5-13）受限于免密支付金额的限制，该类犯罪单次作案的犯罪金额相对较低，均值为2202元，中位数为999元。

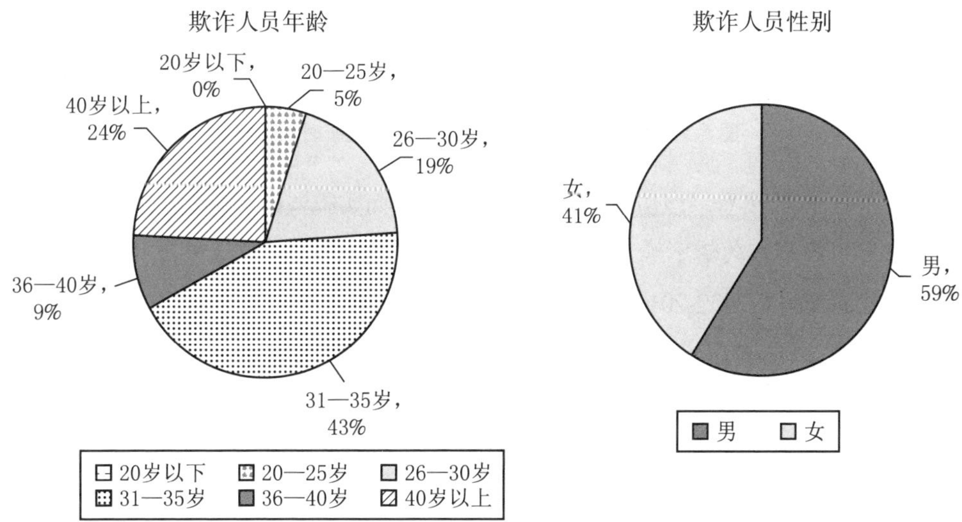

图5-13 钓鱼链接案（事）件的欺诈人员年龄与性别分布情况

由于钓鱼链接多数为群发行为，虽然对单个受害人而言损失金额不高，但是涉及受害人数量较多，部分案件中，受害人高达500人以上，涉案金额高达100万元以上。受害人平均年龄35.9岁，81%在平台的注册时间达3年以上，注册时间在8年以上的甚至达到9%（见图5-14），受过高等教育占比在35%。主要集中在浙江、江苏、四川、广东等地。

2. 仿冒App行为

仿冒App案（事）件占仿冒平台类欺诈案（事）件总量的35.7%。该类犯罪中，欺诈人员制作或购买仿冒App，诱导用户下载和登录使用，然后吸引用户贷款或参与刷单返现、投资理财、网络赌博等项目或任务，再引导受害人进行充值、入金等转账操作

① 浙江省天台县人民法院（2017）浙1023刑初269号刑事判决书。

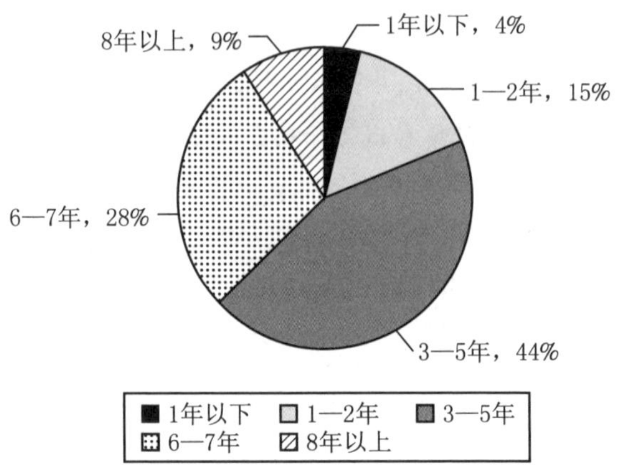

图 5-14　钓鱼链接案(事)件的受害人注册时长情况

以实施诈骗,或收集登录该仿冒 App 的用户信息进而实施盗窃、诈骗等相关犯罪。

该类犯罪一直久禁不绝,根据 2012 年颁布的国家标准《移动互联网恶意程序描述格式》(YD/T 2439-2012),该行为属于八类恶意程序行为中的诱骗欺诈,“冒充其他机构,以诱骗用户,而达到不正当目的”。2020 年,据有关部门报送数据统计,该年度移动互联网中诱骗欺诈类恶意程序就高达 41.34 万个。①仅 2021 年 8 月,全国各地公安机关就排查出 140 多款的涉诈 App,包括仿冒京东、抖音、蚂蚁金

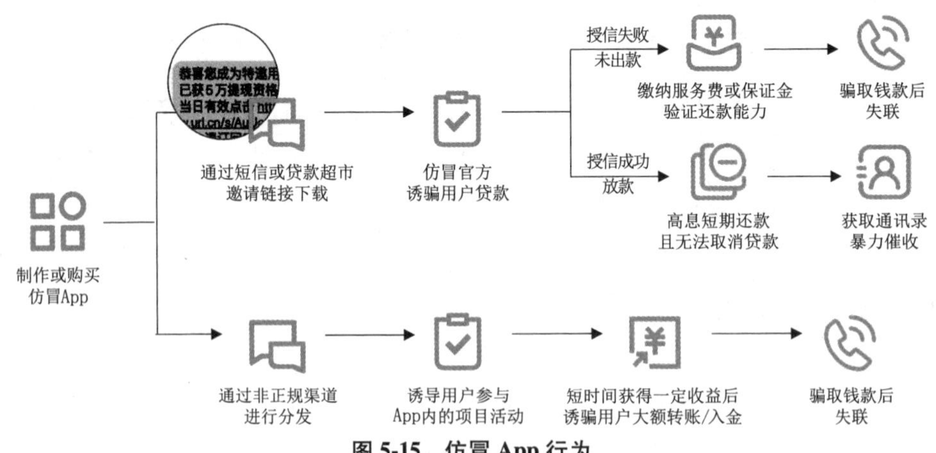

图 5-15　仿冒 App 行为

① 国家计算机网络应急技术处理协调中心:《2020 年中国互联网安全报告》,人民邮电出版社 2021 年版,第 146 页。

融、花呗、借呗、微贷借钱等。

随着大量开源软件的普及和网络黑灰产业链的存在，制作仿冒 App 的技术门槛大幅降低，许多软件均可以实现 App 一键生成。为规避 App 应用商店的监管，欺诈人员往往通过非法网站、域名等非正规的第三方平台进行分发，无需审核即可下载、安装和使用。有的通过线上途径套取用户真实 App 的用户名、密码或直接诱导消费者在仿冒 App 内进行“消费”；有的则通过线下途径冒充 App 平台吸引加盟商等方式骗取钱款。（见图 5-15）

【案例 10　蒋某某、黄某诈骗案】2018 年 11 月，被告人蒋某某等人经商议决定合伙以发放小额贷款为名实施诈骗。由蒋某某在网上联系他人制作虚假的“××贷”App，以每月租金 3400 元的价格租用。之后再申请微信公众号，将仿冒 App 的二维码挂在微信公众号供客户下载。用户下载仿冒 App 并填写了贷款申请资料后，安排工作人员让客户先交 1%手续费，授信成功后，再进入虚假贷款 App 的后台将贷款进行冻结，让客户交贷款金额的 2%到 10%不等的解冻保证金；之后又以银行要求付“回档”为由，再让客户继续交 2%到 10%不等的“回档费”。截至 2019 年 1 月 21 日，该团伙以上述方式骗取受害人钱款合计 413700 元。①

仿冒 App 行为欺诈人员的平均年龄为 27.9 岁，中位数为 25 岁，65%的欺诈人员在真实平台（被仿冒平台）的注册时间超过 3 年以上（见图 5-16），对被仿冒平台的熟悉程度较高，受过高等教育的约占 20%。该类犯罪普遍金额较高，平均单次作案犯罪金额为 6.38 万元，中位数为 2.93 万元。

受害人的平均年龄为 31.3 岁，受过高等教育的约占 32%，欺诈主要发生在中西部地区二三线城市和农村。特别需要注意的是，仿冒 App 欺诈对真实平台（被仿冒平台）注册的老用户存在更高风险。在该类欺诈案（事）件中，76%的受害人是在平台注册时间超过 3 年的老用户，甚至有 4%的受害人在平台注册时间达 8 年以上。（见图 5-17）另外，并不像有些机构或学者所假设的，苹果 iOS 系统相对较难仿冒，仿冒 App 主要集中在 Android 系统，从统计数据中可以发现，该类欺诈的受害人有 31%使用 iOS 系统（高于我国网民使用苹果手机的占比 21.6%）。

① 福建省宁化县人民法院（2019）闽 0424 刑初 243 号刑事判决书。

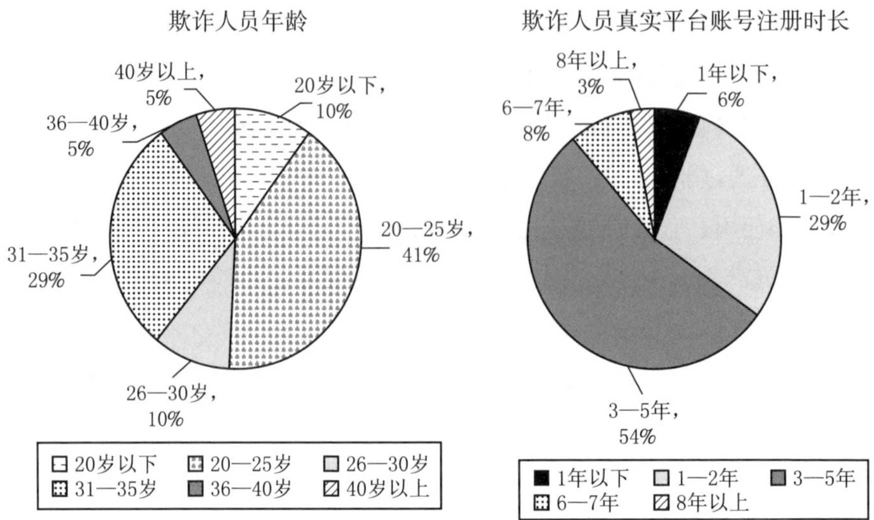

图 5-16　仿冒 App 案(事)件的欺诈人员年龄与真实平台账号注册时长分布情况

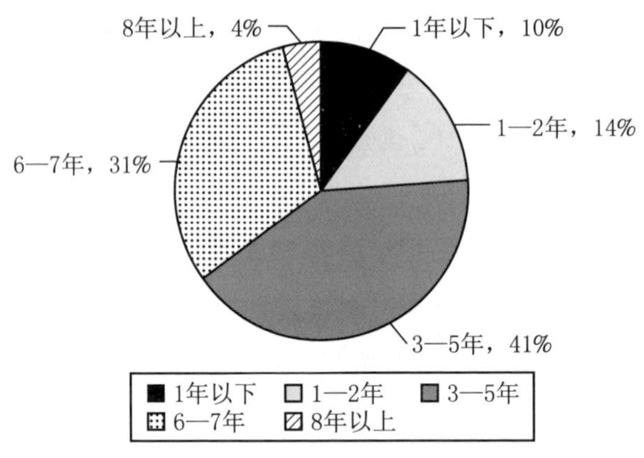

图 5-17　仿冒 App 案(事)件的受害人账号注册时长情况

3. 仿冒客服等行为

仿冒客服等行为案(事)件占仿冒平台类欺诈案(事)件总量的 46.4%,是仿冒类犯罪中技术含量最低、使用最为普遍、受害人数最为广泛的一类犯罪现象。其中,通过电话方式冒充实施电信网络诈骗的占比最高。

该类犯罪中,欺诈人员第一步通常会“广撒网”,冒充平台客服,用相关话术吸引潜在受害对象关注。第二步对于“上钩”的潜在受害对象,出示相关虚假证明进行套牢,如向用户展示伪造的国家资质、身份证明,表示只要配合就可以消除风险。

第三步对被"套牢"的受害对象进行"收网",诱导用户将资金转移到相关账号,然后将用户拉黑后进行撤离。

常见的作案手法是欺诈人员冒充京东、美团、360、分期乐等信贷平台工作人员,利用非法渠道获取的个人信息,在电话中准确报出受害人的姓名、身份证号、家庭住址、贷款等信息,实施精准诈骗。当受害人放松警惕后,欺诈人员谎称根据国家相关政策,需要配合注销校园贷账号,否则会影响个人征信或产生严重后果,诱导用户在各平台贷款,提现后转入他们的"对公账号"来完成"清零"和"销户",并承诺会返还转账资金,在成功诈骗后失联。(见图 5-18)

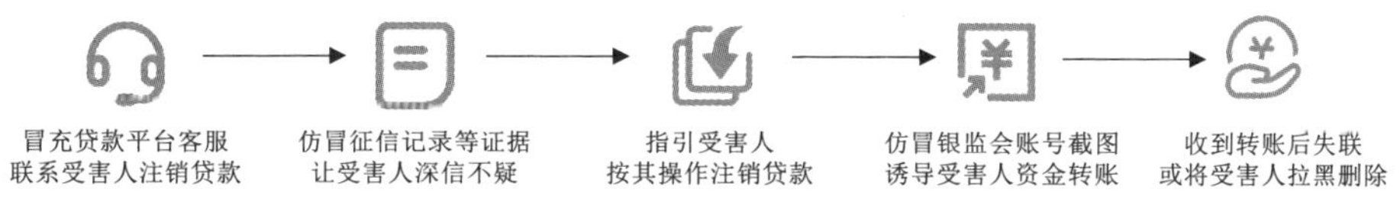

图 5-18　仿冒客服等行为

【案例 11　周某、黄某某诈骗案】周某、黄某某受上家雇用、指派,使用上家事先提供的多卡宝设备、路由器联网,按照上家指示拨打电话 3585 次。电话接通后,上家冒充京东工作人员、银监会工作人员等身份,虚构受害人要注销京东金融、京东白条账号以及注销校园贷款等,然后让受害人添加所谓的京东注销专员或售后人员 QQ,指引受害人从支付宝借呗、58 好借、美团平台各借款平台中借贷资金或自行借款,并将资金转移至指定账号才能注销,先后骗取受害人 716052.7 元。①

【案例 12　李某甲等诈骗案】2015 年 7 月始,李某甲先后纠集李某乙、何某某等人违规申请 400 开头的客服电话后,通过在互联网发布 400 开头的虚假"支付宝""微信支付""美团网"等网络平台客服电话,冒充客服人员接听,降低受害人警惕心理。有电话拨入后,各被告人随机接听,相互配合,诱骗受害人转账到指定的户名。对诈骗所得,犯罪团伙负责人李某甲获得诈骗款的 58%,"客服人员"获得诈骗款的 30%,"取款人"获得诈骗款的 12%,骗取他人钱财共计人民币 93870 元。②

仿冒客服等行为欺诈人员的平均年龄为 30.7 岁,中位数为 29 岁,由于该类行为的技术门槛较低,各年龄段的欺诈人员均有参与,最小的参与者年龄不足 18 岁,最大

① 江西省赣州市南康区人民法院(2021)赣 0703 刑初 236 号刑事判决书。
② 海南省第二中级人民法院(2017)琼 97 刑终 64 号刑事判决书。

的参与者年龄近60岁,欺诈人员中受到过高等教育的占比为32%。(见图5-19)

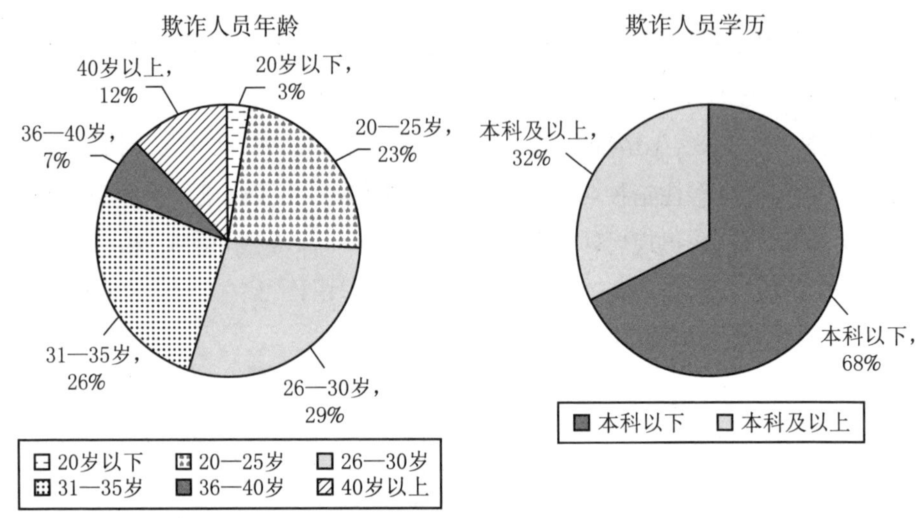

图5-19 仿冒客服案(事)件的欺诈人员年龄与学历分布情况

该类欺诈的受害人普遍较为年轻,受害人年龄平均为26.9岁,绝大多数均为90后(见图5-20),主要集中在江苏、浙江、广东、河南等地。受到过高等教育的占比为59%,存在典型的低学历欺诈人员骗高学历受害人的"倒挂"现象。

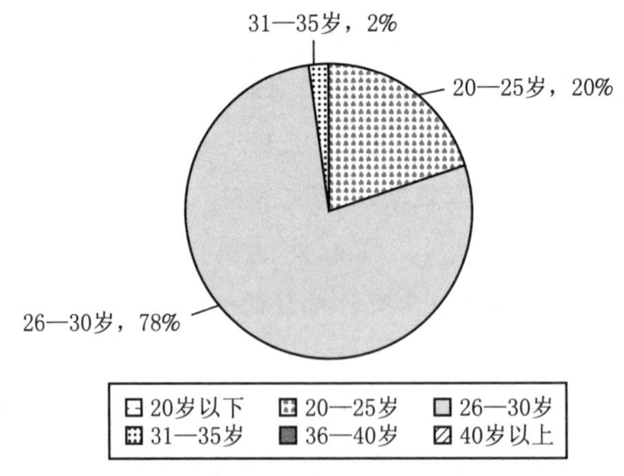

图5-20 仿冒客服案(事)件的受害人年龄情况

总体而言,由于平台企业主要通过用户名、密码或手机号、短信码方式识别用户身份并提供各类服务。因此，登录访问环节欺诈犯罪的核心就是获取并冒用用户身份，犯罪团伙主要利用了用户缺乏足够警惕性和技术漏洞，从而进行欺诈犯罪。也有的利用用户的轻信心理，通过仿冒网站、App、客服等方式使用户产生错误认识，从而主动或被动提供真实身份信息与密码；有的利用用户简易密码或“一套密码走天下”的不良习惯，碰撞得出其他平台用户名、密码，继而实施批量盗刷。该环节的主要犯罪风险是围绕着“数字人”的真实身份信息及密码的攻防展开的，平台企业有必要在身份验证机制方面有针对性地提供安全防控措施，比如对客户使用非常用手机交易的，借鉴金融机构数字交易“刷脸”认证等做法，提高安全级别，同时对消费者进行必要的安全教育，共同减少发案风险。

二、交易中环节的网络欺诈

下单交易环节均发生在平台之中，按照受害人的不同，又可以分为针对用户的诱导交易类欺诈和针对平台的营销套利类欺诈两大类。

（一）诱导交易类欺诈

由于网络公司对交易安全高度重视，采取了相对完备的交易机制和较高的安全防护水平，欺诈人员通过科技手段在下单交易环节进行欺诈的难度较高。因此在交易环节，部分欺诈人员转向对用户实施非技术手段欺诈。诱导交易是下单交易环节中欺诈人员所采取的主要路径。对平台方而言，诱导交易行为和用户本人使用自身账号下的正常交易行为几无二致，因此监管拦截的难度较高。对受害人而言，诱导交易往往基于受害人群体的心理特征进行专门设计，特别是对低龄受害人、学生群体受害人，由于缺乏足够的社会经验和警惕心理，往往成为欺诈人员的重点目标。在某生活服务电子商务类平台2021年网络欺诈案（事）件样本数据中，2021年诱导交易欺诈案（事）件黑产异军突起，较2020年增长7.5倍。

1. 交友代付欺诈行为

交友代付欺诈是网络欺诈的经典做法。不同于放长线、钓大鱼的“杀猪盘”诈骗，[①]交友代付欺诈行为虽然也带有利用感情骗取受害人信任的要素，但本质上仍

① “杀猪盘”电信诈骗起源于东南亚国家，后逐步扩散到中国内地。暗指“放长线养猪（受害人）”诈骗，养得越久，诈骗金额越高，主要分为三个步骤：“找猪”（寻找潜在受害人）、“养猪”（培养感情，骗取受害人信任）和“杀猪”（利用受害人的信任实施诈骗）。

然属于“短平快”的电信网络诈骗,没有长期的“养猪”过程;手段上突出表现为通过让受害人代为支付商品货款实施诈骗。

交友代付欺诈行为有两类:一是基于真实交易的代付欺诈,即欺诈人员首先通过交友聊天骗取受害人信任,在平台下单购买商品或服务,请受害人帮助其代为支付货款,欺诈人员取得商品或服务后,销赃变现获利;二是基于虚假交易的代付欺诈,即欺诈人员以店主身份在平台“经营”商户,通过交友聊天骗取受害人信任,再以用户身份在自己“经营”的商户“下单”,请受害人帮助其代为支付货款,但实际并无相应商品或服务售出,后平台将款项结算给商户后,欺诈人员实现获利。(见图 5-21)

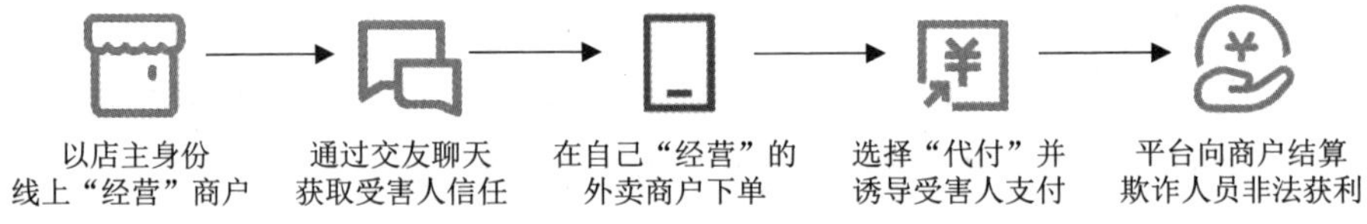

图 5-21 交友代付欺诈行为

【案例 13 李某某诈骗案】2020 年 1 月 20 日,李某某化名“旦果”通过陌陌聊天软件认识受害人郝某某,后双方添加微信,李某某虚构其是成都某公司老总,与受害人郝某某确定恋爱关系。2020 年 1 月 26 日晚,李某某通过微信聊天,以自己微信转账限额为由,要求郝某某代其支付京东订单 8355 元购买交换机、路由器等网络用品。郝某某代为支付 8355 元。后郝某某向李某某催要该笔钱款,李某某不予理会。①

交友代付行为的欺诈人员平均年龄 27.8 岁,中位数 27 岁,男女占比基本持平。(见图 5-22)欺诈人员受过高等教育的占 31%。值得关注的细节是,欺诈人员采用苹果手机的占 57%。

受害人平均年龄为 30.4 岁,中位数 30 岁,男性为主占 77%(见图 5-23),受过高等教育的占 36%。受害人主要集中在广东、福建、重庆、浙江、江苏、北京等较发达地区。

---

① 四川省旺苍县人民法院(2020)川 0821 刑初 68 号刑事判决书。

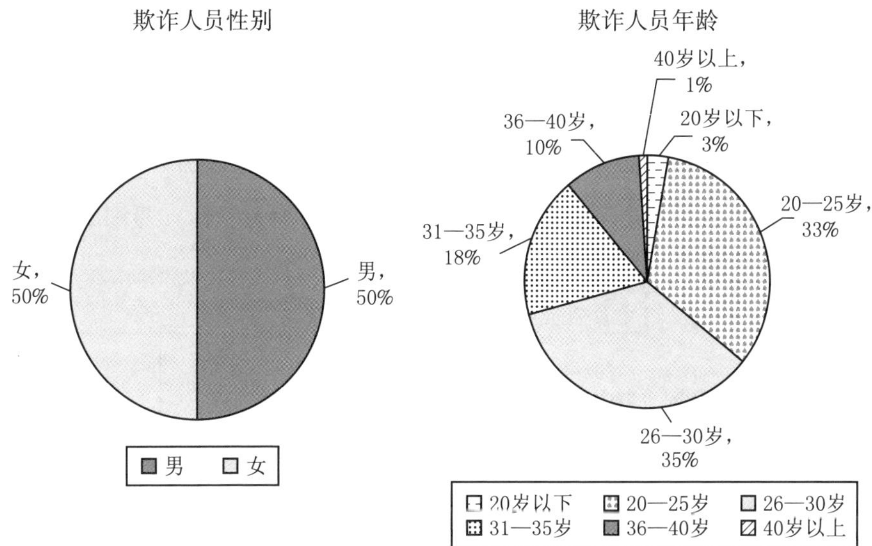

图 5-22 交友代付案(事)件的欺诈人员性别与年龄分布情况

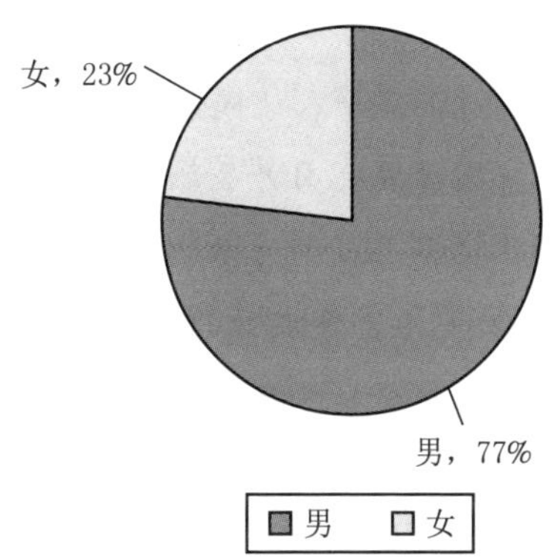

图 5-23 交友代付案(事)件的受害人性别情况

2. 其他诱导主动支付

随着生活服务电子商务平台业务场景的多样化,在不同场景下利用支付通道实施诈骗的黑产犯罪开始蔓延,除通过情感诱导进行代付诈骗外,还存在利用受害人"爱占小便宜"的心理,通过刷单返现、游戏皮肤、明星助力等吸引用户主动进行付款交易等欺诈行为,从中谋取不法利益。主要有如下几类欺诈模式。

第一,充值返现欺诈。欺诈人员一般会以各种话术铺垫"充值返现"原因,如开业大酬宾、双十一促销等,之后诱导用户充值。一种方式是诱导用户向欺诈人员直接或间接掌控的账号“充值”(假充值真诈骗),将充值款占为己有。另一种方式是诱导用户真实充值后,利用其他途径将充值卡券占为己有。比如,在受害人成功购买电子券后,欺诈人员以受害人自己无法返现、需欺诈人员本人操作为由,诱导受害人提供手机号及验证码,然后成功登录受害人账号,换绑为自己的手机号,将非法获取的电子券线上进行转卖,或通过线下背包客进行销赃。(见图 5-24)

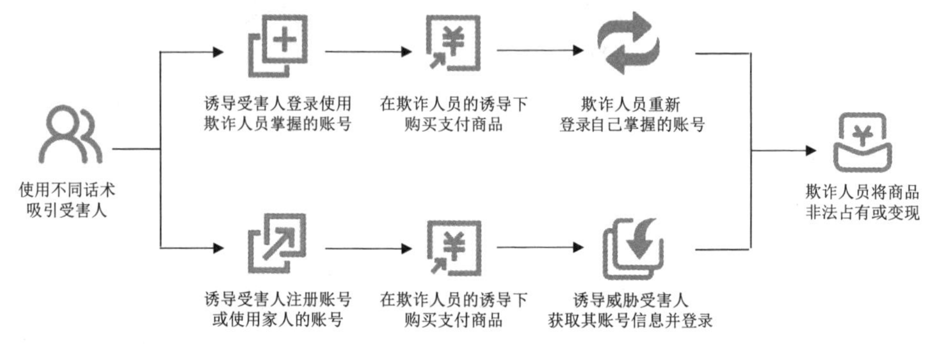

图 5-24 其他诱导主动支付行为

【案例 14 张某等诈骗案】张某等人伙同他人,在网络社交平台添加不特定人员为微信好友,先在微信朋友圈转发公司开业酬宾进行充值返现的虚假活动,再通过微信联系受害人,谎称其已被公司抽中为幸运客户,可以享受公司的充值返现活动。受害人看到对方朋友圈有充值返现成功的截图就信以为真。被告人发送二维码让受害人扫码转账,待受害人扫码转账后,被告人便将受害人的微信拉黑。张某等人采取上述方法共计诈骗 9 万余元。①

第二,低价购买欺诈。欺诈人员一般会以远低于市场价的价格在网络销售虚拟物品,吸引潜在消费者购买。但实际上该物品不具备其所宣称的功能(如许诺高级游戏皮肤,但实际上只是普通游戏皮肤),或者不具备其宣称的时长(如代为充值 VIP 会员一年,分 12 个月充值,实际上只充值第 1 个月),或者通过平台低价网购引导用户到平台外进行交易,从而欺诈消费者,在获得预期的不法收入后,即注销网络店铺。

【案例 15 刘某某诈骗案】2019 年 10 月至 2020 年 8 月,被告人刘某某为谋取

① 杭州法院发布打击治理电信网络诈骗犯罪十大典型案例,载杭州网,https://hznews.hangzhou.com.cn/chengshi/content/2021-05/27/content_7973269_2.htm。

非法利益,通过淘宝等以单价人民币 0.5 元至 8 元的价格购买王者荣耀兑换码,在明知兑换码无法兑换出王者荣耀游戏皮肤的情况下,制作成功兑换限定皮肤的虚假截图,并在闲鱼 App 及微博上发布虚假广告,谎称其所出售的兑换码可以兑换王者荣耀的限定、典藏皮肤,还以学生买一送一的优惠活动吸引客户购买,以每个兑换码 150 元至 200 元不等的价格出售。买家购买后发现无法兑换出想要的游戏皮肤找其退款时,刘某某又以下个月免费赠送 2 个兑换码或兑换码、一经兑换无法退款为由拒绝退款,骗取受害人人民币 90582 元。①

第三,裸聊诱导欺诈。欺诈人员利用青年男性心理特征,通过网络发布交友信息,待受害人上钩后,再利用 QQ、微信等移动通信网络平台,使用"话术"引诱受害人裸聊,同时截取受害人裸聊视频或图片进而实施敲诈勒索,甚至威胁或诱导受害人通过网络贷款平台借款,并将所得款项支付给欺诈人员。

【案例 16　范某某、李某某等诈骗案】陈某等人组织犯罪团伙,利用电信网络跨境实施敲诈勒索、诈骗等犯罪活动。2020 年 5 月 28 日晚,受害人王某在该团伙成员的引诱下进行裸聊,后被该团伙利用截取的裸聊视频及图片进行敲诈勒索。在受害人王某提出"没钱"后,该犯罪团伙成员通过 QQ 平台中的"共享手机"功能等方式,引导受害人在美团 App、支付宝借呗、京东金融金条、微粒贷等网贷平台贷款 22000 元,并通过转账、微信红包、扫码支付等方式支付给该犯罪团伙,范某某、李某某为该犯罪团伙提供洗钱支持。②

(二) 营销套利类欺诈

互联网企业为增强平台影响力,加速消费者聚集,往往会定向或不定向投入一定营销成本(如新人奖励、商户补贴、优惠返现活动等),拉动成交量,在短期内提高交易额。但验证是否符合营销补贴的机制相对简单,从而给营销套利类欺诈以可乘之机。该类欺诈主要表现为滥用平台的各种营销活动机制,通过批量操作大量虚假账号参与平台营销活动,有针对性地伪装消费外观触发补贴条件,不法获取平台消费补贴。近年来相关案(事)件呈现出高速增长趋势,2021 年营销套利类欺诈案(事)件发生量较 2020 年上升 66.7%。

---

① 湖南省津市市人民法院(2020)湘 0781 刑初 156 号刑事判决书。

② 山西省太原市中级人民法院(2021)晋 01 刑终 168 号刑事裁定书。

其中,最典型的是“薅羊毛”行为,欺诈人员首先在平台上开设或预先掌握商户以获取商户之操作权限,而后注册用户账号或勾结他人(如众包、黄牛)形成刷单团体,或者依靠上游“网络批量虚假注册”的黑灰产业链,在这些商户进行刷单并使用补贴折扣,最终欺诈人员返还其冒充或勾结的虚假“消费者”的买单款项,赚取平台补贴。有研究表明,某互联网电商平台2016年发放的没有安全防控措施的红包优惠券中,七成的促销优惠都被“羊毛党”非法牟利。①(见图5-25)

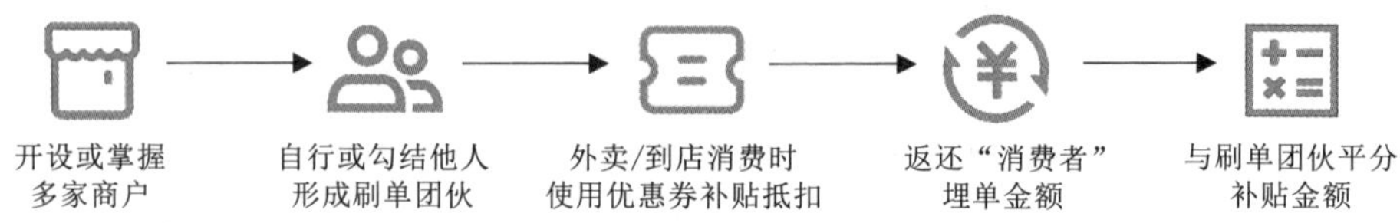

图5-25 营销套利类欺诈

【案例17 杨某某、谢某某、谢某诈骗案】杨某某系美团公司业务员,谢某某、谢某系吉林市昌邑区雾凇岛两家客栈经营人。2020年8月,吉林市文化广播电视和旅游局与美团公司合作开展“惠聚江城”文旅消费券活动。杨某某为完成业绩,先后找到被告人谢某某、谢某,并向其介绍如何通过不正当手段恶意刷单套取该公司补贴款。平均每单扣除佣金后实际套取美团公司补贴款69.2元/单。被告人谢某某采取上述手段,虚假刷单894单,骗取美团公司补贴款人民币61834.8元。被告人谢某采取上述手段,虚假刷单477单,骗取美团公司补贴款人民币33008.40元。被告人杨某某非法获利人民币3000余元。②

【案例18 周某某等诈骗案】美团自2019年1月开始针对在该网站注册的酒店(宾馆)开展“扫码拉新”酒店业务运营活动,酒店商家每成功邀请一名入住客源,给予邀请人15—45元的活动补贴。被告人周某某遂分别伙同被告人李某甲、李某乙等人,利用其身份证、银行卡等信息,编造虚假的宾馆名称、经营地址在美团注册成为酒店商家,以虚构的酒店商家作为邀请人,利用赠送小礼品、小额返利等方式引导线下客源扫描邀请人的二维码预订酒店,骗取美团返利。截至案发,周某某等人骗取美团返利113090元。③

① 方硕蕾:《薅羊毛行为入罪认定分析》,载《江西警察学院学报》2020年第2期。
② 吉林省吉林市昌邑区人民法院(2021)吉0202刑初335号刑事判决书。
③ 河南省偃师市人民法院(2020)豫0381刑初216号刑事判决书。

营销套利行为的欺诈人员平均年龄为34.3岁，中位数为33岁，相比其他欺诈行为的欺诈人员年龄相对较大。男性占比74%，受到高等教育的占比较高，多达48%。（见图5-26）欺诈人员所使用的账号在平台注册时间3年以上的高达83%。在犯罪地域上主要集中在河南、吉林、广东等地。

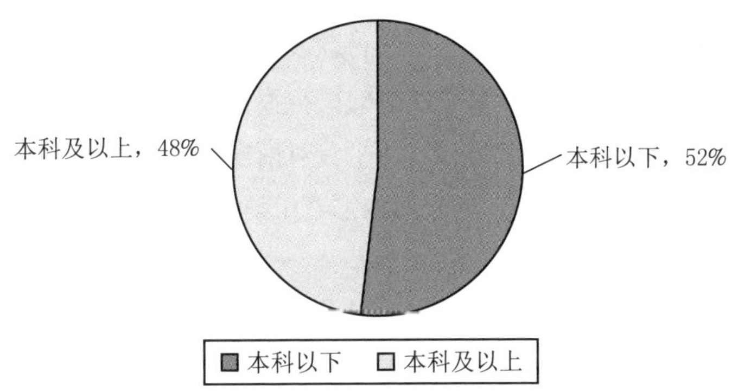

图5-26　营销套利案（事）件的欺诈人员学历情况

总体而言，交易环节的欺诈种类多样，既包括《民法典》《消费者权益保护法》《广告法》中涉及的虚假宣传、夸大功能、假冒伪劣等；也包括诱导交易欺诈，如前文的交友代付欺诈、充值返现欺诈、低价购买欺诈、裸聊诱导欺诈，以及"薅羊毛"等营销套利行为。对于后者，其中部分环节并不发生在电子商务平台，比如交友聊天的关系建立、裸聊诱导行为的信息交互，以及部分诱导交易的广告信息等，集中在社交网络和相关软件之中。这就导致了平台方在电子商务平台的海量交易信息中难以识别上述欺诈行为存在异常。对此，电子商务平台主要应当发挥防范网络欺诈的宣传教育功能，对于大额交易进行必要的风险提示，建立跨平台网络安全协调机制，并配合公安司法机关及时全面收集证据。

三、交易后环节的网络欺诈

售后骗款类欺诈是售后（服务/保障）环节最主要的欺诈类型，通过构建虚假交易，实际目的是为了在交易完成后恶意侵占垫付款、骗取平台赔偿金或保险款项（简称"三骗"行为，骗退、骗赔、骗保）。近年来，售后骗款类欺诈行为明显增多，案发量在所有欺诈类型中排名第一，2021年此类欺诈案（事）件的发生量较2020年上升 168%。

1. 骗取垫付款行为(骗退)

骗取垫付款行为占售后骗款类欺诈案(事)件总量的 7.5%。骗退,即欺诈人员利用平台为保障消费者服务而采取的垫资退款业务和平台与商家结算的时间差进行犯罪。

此类犯罪中,欺诈人员以攫取平台垫付款或结算款为目的,非法获取商家账号(如餐饮平台中的外卖商户、酒旅平台中的民宿商户),而后以消费者身份或串通他人在结算日之前形成多笔大额订单,待平台对商家结算完成后,将结算款立即提现并清空账号,再冒充消费者在 24 小时内恶意申请退款,从而获取平台垫付款项。(见图 5-27)

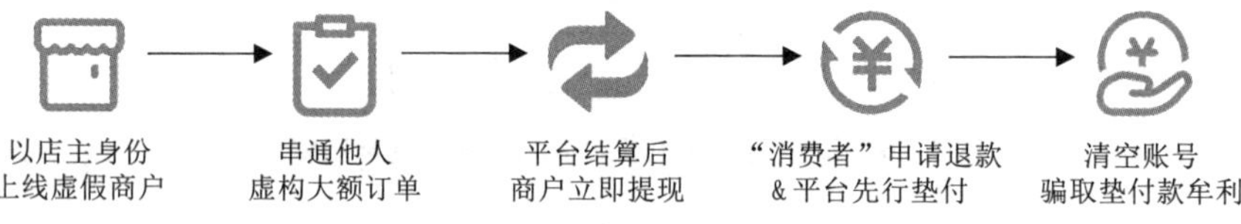

图 5-27　骗取垫付款行为

【案例 19　周某等诈骗、寻衅滋事案】2016 年 7 月、8 月,被告人周某等 43 人分别作为店铺操作者、注册者、提供者、介绍者,经计议,利用平台退款机制,采用先虚假消费订单再申请退款等方式对美团网、大众点评网注册商铺该平台实施恶意操作,骗取平台钱款。被告人周某诈骗金额 578000 余元、被告人葛某某诈骗金额 509000 余元;被告人胥某诈骗金额 260000 余元。①

【案例 20　庞某诈骗案】2016 年至 2018 年,被告人庞某在携×网上频繁购买机票后,再立即向携×网申请退票退款。明知申请成功后,利用携×网部分机票退票后状态变更有延迟的规则,继续在网上值机后乘机;或者向航空公司改签后乘机或再次退票共计 28 次,使航空公司陷入错误认识,并基于错误认识而进行了退票或提供航空服务的处分行为,造成携×网损失人民币 11 万余元。②

恶意退款行为的欺诈人员平均年龄 32.1 岁,中位数 31 岁,男性占比为 68%,欺诈人员账号注册时长 48%在 3—5 年(见图 5-28)。犯罪高发地区在东三省、湖

① 江苏省扬州市中级人民法院(2018)苏 10 刑终 53 号刑事裁定书。

② 上海市长宁区人民法院(2019)沪 0105 刑初 850 号刑事判决书。

北、湖南、河北、广东等地。

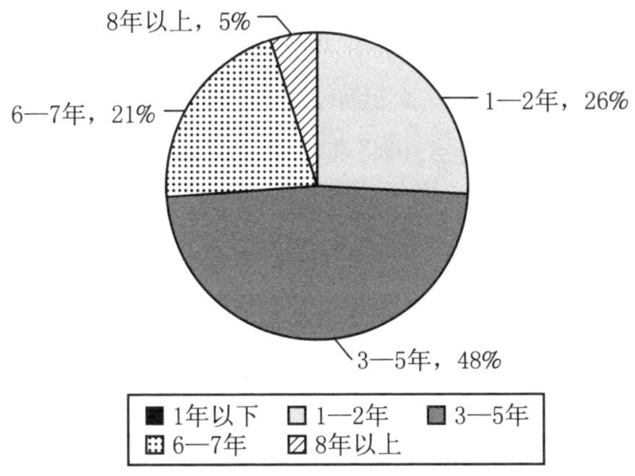

图 5-28　恶意退款案(事)件的欺诈人员作案账号注册时长情况

2. 骗取赔付金行为(骗赔)

骗取赔付金案(事)件占售后骗款类欺诈案(事)件总量的 80.0%。欺诈人员利用平台为保障消费者权益而提供的平台保障服务进行欺诈。

此类犯罪中,欺诈人员首先批量注册平台账号,然后自己虚构事实或串通商家虚构事实(如编造货品或服务质量有问题、货品或服务体验感受不好等),从而实现骗取平台不同业务场景下各类赔付保障服务的目的。比如,有的欺诈人员以"发现平台描述的酒店星级与实际不符,要求平台退还全部房费,并进行订单金额的三

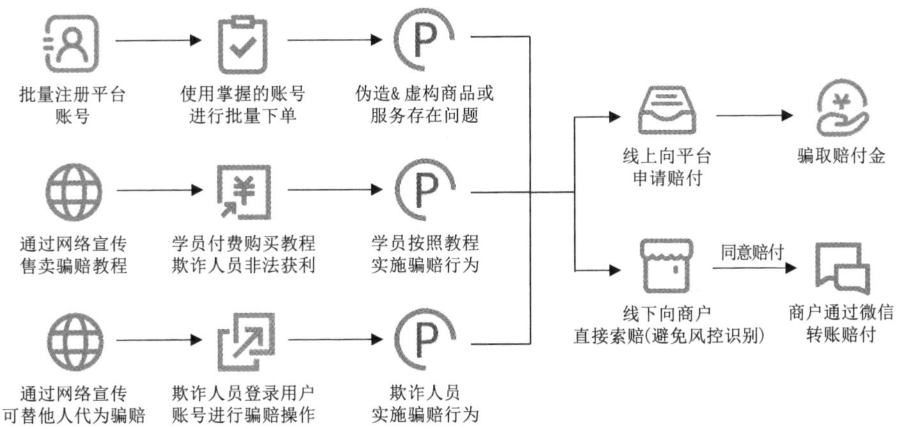

图 5-29　骗取赔付金行为

倍赔偿,否则就向工商机关举报平台虚假宣传”为由,恶意订房(房费在几千元至上万元不等),利用平台商担忧影响公司商誉的心理,骗取较大数额的赔付金。有的则虚构外卖食品安全问题,向平台商和商家申请补偿。此类骗赔欺诈甚至还形成了教程售卖、帮助他人代为骗赔的黑产分支链条,欺诈人员通过一次性售卖的骗赔课程获利,或登录他人设备代为操作骗赔,再将非法获利金额进行分成。(见图 5-29)

【案例 21　俞某某诈骗案】2021 年 3 月至 4 月,被告人俞某某伙同他人通过微信朋友圈发布招聘人员在美团外卖平台兼职刷单给予报酬的虚假信息,承诺刷单用户免费吃外卖并给予几十元佣金等好处,要求刷单用户在外卖平台点餐。之后,被告人俞某某等人骗取刷单用户的外卖账号、密码,再通过自己的手机登录其外卖账号,虚构外卖食品存在质量问题,食用外卖食品后致使消费者身体不适等事实,向外卖平台提出投诉,要求平台赔偿损失。被告人俞某某等人多次通过上述犯罪手段,骗得受害单位退赔费用共计人民币 5227.52 元。①

此外,还存在滥用平台对商户的补偿机制进行骗赔的案(事)件。欺诈人员首先在平台上开设或预先掌握商户以获取商户之操作权限,而后注册用户账号或串通勾结他人形成刷单团体,通过设置虚假地址、挑选特殊时段等方式,积极追求订单无人配送的结果。之后以配送不力为由,通过客服取消订单,并借此向平台申请餐损补贴。(见图 5-30)

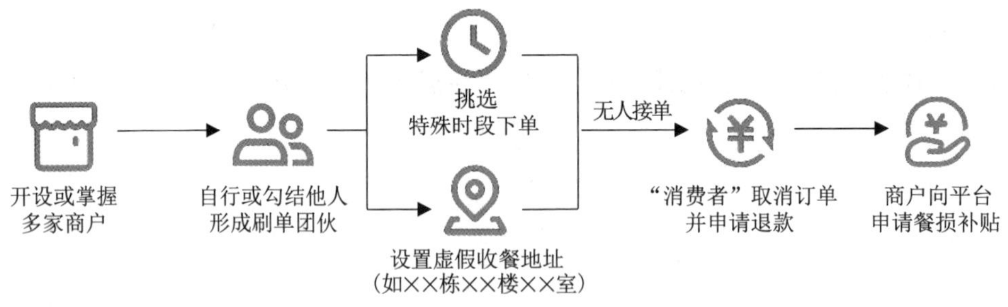

图 5-30　滥用平台补偿机制行为

【案例 22　董某某诈骗案】2020 年 12 月 27 日至 2021 年 1 月 15 日,大连市金州区新冠疫情封闭居家隔离期间,外卖商户经营人董某某利用美团外卖平台餐损订单补贴政策,通过微信好友杨某、王某某、马某等人在该平台虚假刷单 131 笔,骗

① 湖南省长沙市岳麓区人民法院(2021)湘 0104 刑初 1317 号刑事判决书。

取受害单位餐损赔付金共计人民币22706.85元。①

骗取赔付金行为的欺诈人员平均年龄和中位数均为27岁，男性占比72%，受到高等教育的占39%，在平台注册时间3年以上的占77%（见图5-31）。在全国多地呈现偶发多发状态。对于小额的赔付金欺诈行为和一般消费者投诉较难区分，部分欺诈行为呈现团伙作案、多次作案方式，对平台商造成较大的经济损失。

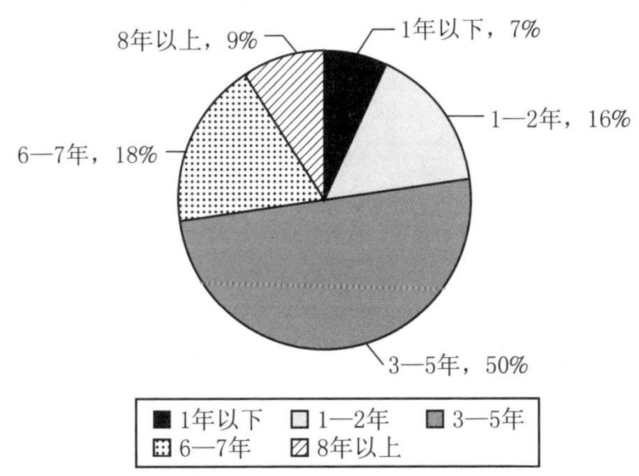

图5-31　骗取赔付金案（事）件的欺诈人员作案账号注册时长情况

3. 骗取保险行为（骗保）

骗取保险行为占售后骗款类欺诈案（事）件总量的12.5%。欺诈人员利用平台或保险公司为用户提供的保险服务进行欺诈。

此类犯罪中，欺诈人员首先批量注册平台账号，然后自己虚构事实、伪造相关证据或利用时间差、信息差等“强势”地位，编造虚假事实或故意触发保险理赔条件，从而实现骗取平台和第三方（保险公司）不同场景下保险服务的目的。涉及的保险服务包括食安险、航延险等生活中常见险种。（见图5-32）

【案例23　王某诈骗案】2017年10月23日至11月1日，被告人王某在凌海市做骑手送餐期间，利用某外卖平台的“准时宝”业务（顾客使用外卖点餐支付订单时，可以同时购买“准时宝”服务，只要该笔订单记录的“实际送达时间”超出“预计送达时间”，即可获得赔付），借用苏某、王某的手机及使用自己手机伪造虚假订单58单，从中骗取该平台“准时宝”赔付金共计10877.04元。②

---

① 辽宁省大连市金州区人民法院（2021）辽0213刑初294号刑事判决书。

② 辽宁省凌海市人民法院（2018）辽0781刑初72号刑事判决书。

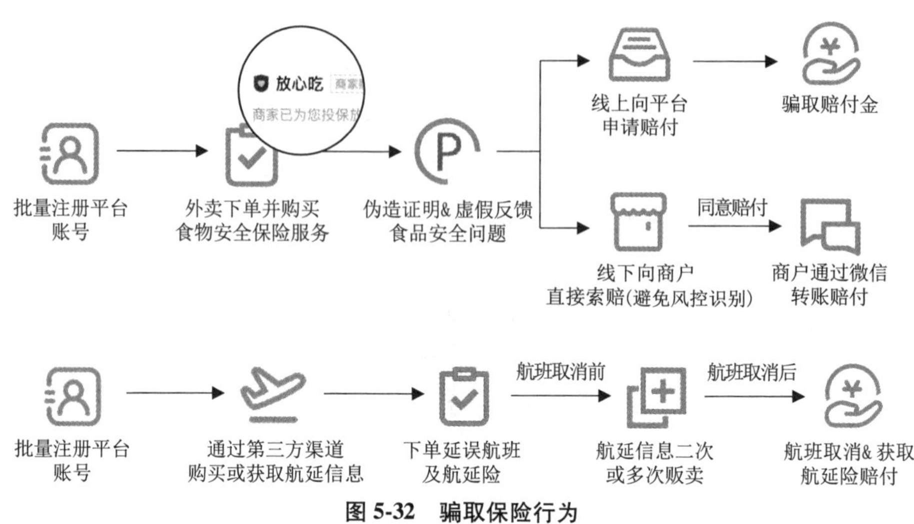

图 5-32 骗取保险行为

【**案例 24 牛某某、孙某某诈骗案**】2018 年 12 月,被告人牛某某伙同孙某某利用中国太平洋财产保险股份有限公司航空延误险自助理赔机制,通过手机上的民生银行信用卡 App,虚构航班延误的保险标的,反复多次以他人名义申请保险标的理赔款,共计骗取人民币 227200 元。①

骗取保险行为的欺诈人员平均年龄为 28.4 岁,男性占比 84%,受到高等教育的占 31%,值得注意的是,骗取保险行为的欺诈人员所使用的账号在平台注册时间

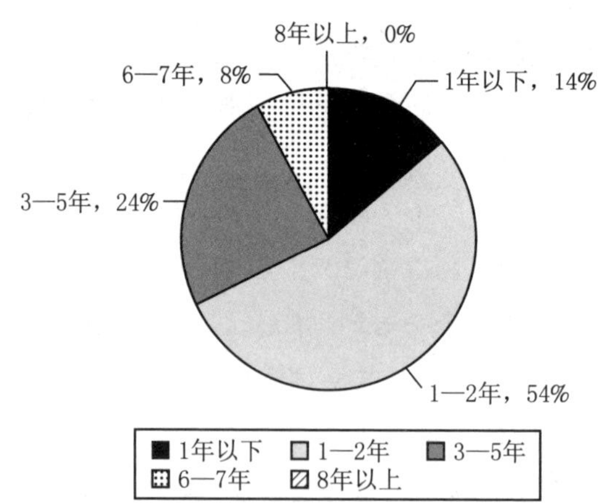

图 5-33 骗取保险案(事)件的欺诈人员作案账号注册时长情况

① 北京市东城区人民法院(2019)京 0101 刑初 951 号刑事判决书。

通常较短，其中注册时间在0—2年的占到68%（见图5-33）。犯罪地域主要集中在二三线城市和乡镇。

总体而言，售后环节的欺诈主要围绕着虚假订单展开，网络电商由于非接触式服务的特点，对订单真实性的核查难度较大。而与此对应的是，相关网络黑灰产链条化和产业化，使得单次订单为主的传统欺诈演变为批量订单欺诈，犯罪数额和社会危害性成倍增长。一旦电子商务平台的相关机制被欺诈人员所利用，比如赔偿机制、保险机制、退款机制，犯罪团伙就会借此快速实施欺诈，有的还与上游的恶意注册产业链、下游的洗钱产业链相结合，导致侦查难度的大幅增加。电商服务平台需要同时在信息流、资金流、管理流上加强和改进服务，一方面提升平台内虚假订单的发现能力，研究异常交易监测和风险预警防控系统，在出现疑似虚假交易特别是批量虚假交易时自动进行风险警示；另一方面加强平台各类运营（营销）政策的完备程度，在正式出台时，除进行合规审查外，还应当进行安全审查，防止出现过多的管理漏洞，从而通过标本兼治，减少售后环节的案发风险。

第三节　网络欺诈犯罪的综合治理

一、反欺诈的综合治理新格局

治理，中文语境中的基本释义为“控制管理”或“整治整修”，前者为事前、静态视角，强调应对某一事务、问题的体制机制安排；后者为事后、动态视角，突出对某一风险、损害的化解修复举措。而在英文语境中，“governance”一词源于拉丁文和古希腊语，原意是控制、引导和操纵，长期以来它一直与“government”一词交叉使用，并且主要用于与国家的公共事务相关的管理活动和政治活动中。由此可见，中外语境中的“治理”，都主要围绕“公共性”“管理性”“修复性”进行定义。

公共行政学将公共治理理论引入，实现了从“传统公共行政”向“现代公共治理”的范式转型，用内涵外延更为丰富的“治理”取代了以服从指令和服务公众为旨趣的“管理”，强调了由传统单一的政府治理向包括私营主体等在内的多元主体治理的转型，由单一的秩序管控向包括提供服务等在内的多元客体的扩展，由单一的硬性治理向包括软性治理等在内的多元方式的延伸。①

① 参见滕世华：《公共治理理论及其引发的变革》，载《国家行政学院学报》2003年第1期。

相关研究通过运用科学知识图谱的方法,对2009—2016年中国知网(CNKI)收录的有关电信网络诈骗的536篇文章进行关键词共词知识图谱绘制并进行分析,分时段研究体现了电信网络诈骗研究的演化路径与发展趋势。2009年主要通过VoIP进行电信网络诈骗;2010年出现高科技犯罪;2011年出现新型犯罪;电信网络诈骗的范围涉及海峡两岸;2012年通过盗取公民个人信息,利用电子支付的漏洞进行诈骗;2013年诈骗案件呈现出跨境诈骗的趋势;2014年通过建立伪基站发送信息进行诈;2015—2016年作案手段更加多样化,涉及范围更广,金钱数额巨大,犯罪分子通过网购、支付宝、冒充公检法机关等进行诈骗,越来越多的老年人和大学生成为受害人。

从这一趋势可以预测,随着网络技术的推广和移动终端的普及,民事欺诈和刑事诈骗的高发领域将从电信终端向网络终端转移,与人们衣食住行需求日益密切的生活服务平台将成为反欺诈的前沿阵地,①而围绕着平台交易所产生的登录环节(仿冒平台或客服、虚假账号恶意登录)、交易环节(空单交易骗取补贴)、售后环节(恶意退单申请赔偿或骗取保险)也就成为了治理的重要节点。

正是由于欺诈行为存在这种向网络终端,特别是电子商务平台迭代更新的特点,传统上行政主管部门和司法机关分别通过行政执法、刑事司法以规制电信诈骗的治理格局亟待调整,较之于惩治违法犯罪活动的公权力机关,以网络平台为代表的网络服务提供商在事先预防欺诈犯罪风险、事中识别监控异常交易行为、事后保存提供涉案证据等方面具有明显的优势。因此,有必要在传统单一公权力"自上而下"的治理格局中,引入包括网络服务提供商在内的各方社会主体,形成多元主体协同共治的新型治理格局,以更为系统化、全面化的姿态因应网络欺诈行为的挑战。

2021年11月,《反电信网络诈骗法(草案)》首次提请第十三届全国人大常委会第三十一次会议审议,草案共七章三十九条,除总则、附则外,还包括通信治理、金融治理、互联网治理、其他防范措施和法律责任。该草案统筹发展和安全,坚持精准防治和问题导向,强化系统观念、注重源头治理、综合治理,针对电信网络诈骗发生的信息链、资金链、技术链、人员链等各环节分别作出了预防性的体制机

① 许振亮、刘喜美:《电信诈骗研究的知识图谱分析》,载《中国刑警学院学报》2017年第3期。

制安排，相关专项立法的启动和通过标志着我国反电信网络诈骗工作进入新阶段，将为前端治理各类网络欺诈行为、全方位打击遏制电信网络诈骗活动提供法治支撑。

二、公共部门反欺诈的犯罪场控制

2021 年 4 月，中共中央总书记、国家主席、中央军委主席习近平对打击治理电信网络诈骗犯罪工作作出重要指示强调，近年来，各地区各部门贯彻党中央决策部署，持续开展电信网络诈骗犯罪打击治理，取得了初步成效。要坚持以人民为中心，统筹发展和安全，强化系统观念、法治思维，注重源头治理、综合治理，坚持齐抓共管、群防群治，全面落实打防管控各项措施和金融、通信、互联网等行业监管主体责任，加强法律制度建设，加强社会宣传教育防范，推进国际执法合作，坚决遏制此类犯罪多发高发态势，为建设更高水平的平安中国、法治中国作出新的更大的贡献。

近年来，为了应对日益猖獗的电信网络诈骗，在行政机关和司法机关的主导和推动下，形成并完善了自上而下、共建共治的公共治理体系，主要包括推动形成各部门合力的体制机制与出台各部门共识的规范文件两个方面。

其中，具有重要意义的体制机制建设是以应对体制搭建和行动机制实施为主要抓手的：

在应对体制搭建方面，2015 年 6 月，国务院批准建立打击治理电信网络新型违法犯罪工作部际联席会议制度，由公安部牵头，最高人民检察院、中国人民银行、工业和信息化部等 23 个部门和单位组成“国务院打击治理电信网络新型违法犯罪工作部际联席会议制度”，为统筹协调全国防范打击电信网络诈骗工作奠定了组织基础，也标志着打击治理电信网络诈骗工作成为一项系统性工程，在中央层面上形成了合理，也形成了“多方加强协作、统筹社会资源”的治理共识。

在行动机制实施方面，自 2015 年 10 月“国务院打击治理电信网络新型违法犯罪工作部际联席会议”首次决定启动开展打击治理电信网络新型犯罪活动专项行动以来，全国公安机关先后开展了以打击网络贩枪、电信网络诈骗等新型犯罪和传统盗抢骗犯罪为内容的“三打击一整治”专项行动（2017 年 5 月至 2017 年 12 月）、为期一年的新一轮打击治理电信网络违法犯罪专项行动（2018 年 12 月至 2019 年

12 月)、以"打诈骗、抓逃犯、保大庆"为主题的"云剑行动"(2019 年 6 月至 2020 年 1 月)以及以依法清理整治涉诈电话卡、物联网卡以及关联互联网账号等黑灰产业链的"断卡"行动(自 2020 年 10 月起历经多轮行动至今)。以上,无论是打击治理典型网络新型违法犯罪工作部级联席会议的层级规格和参与单位数,还是相关专项行动的持续性和密集度,都可以看出推动形成各部门合力的体制机制的高度和力度。

具有重要意义的治理规范共识是以行政法的前端治理和刑事法后端规制为主要抓手的:

在行政法的前端治理方面,2016 年 6 月,最高人民法院、最高人民检察院、公安部、工业和信息化部、中国人民银行、中国银行业监督管理委员会六部门联合发布的《关于防范和打击电信网络诈骗犯罪的通告》,不仅针对公安司法机关就电信网络诈骗进行立案、侦查、起诉、审判提出了指导原则,而且更为重要的是对电信网络诈骗前端违法犯罪活动提出了明确治理目标,并对电信企业、银行、支付机构和银联等相关行业领域的企业提出了具体治理任务。例如,明确要求电信企业严格落实电话用户真实身份信息登记制度,立即开展一证多卡用户的清理;严格要求各商业银行履行主体责任,尽快完成借记卡存量清理工作;督促互联网平台企业履行对互联网上发布的贩卖信息、软件、木马病毒等及时监控、封堵、删除等网络安全保障义务;等等。2016 年 11 月,工业和信息化部出台了《关于进一步防范和打击通讯信息诈骗工作的实施意见》,在其行政监管职能的范围内进一步细化落实了《关于防范和打击电信网络诈骗犯罪的通告》的要求,在电话实名制落实、电信违规业务清查、网络改号查禁、防范技术能力强化、个人信息保护等方面,对属地管理部门、有关行业、相关企业提出了一揽子责任和义务。应当说,《关于防范和打击电信网络诈骗犯罪的通告》不仅明确强化了各级行政监管部门和司法机关的职责任务,而且在政府主导的网络化治理中,广泛地吸收了相关行业、企业参与,充分体现了源头把控、多元参与、综合施治的社会治理理念。

在刑事法的后端规制方面,包括刑事立法和刑事司法两个维度。就刑事立法而言,2015 年 8 月审议通过的《刑法修正案(九)》,增设了第 286 条之一拒不履行信息网络安全管理义务罪、第 287 条之一非法利用信息网络罪、第 287 条之二帮助信息网络犯罪活动罪,强化网络服务提供者作为义务、规制信息网络利用者的预备和帮助帮助行为，并将第253条之一的侵犯公民个人信息罪从国家机关、金融、电信、交通、教育、医疗等单位工作人这一特殊主体扩展到不再具有身份限制的一般主体，将网络服务提供者、网络平台交易方等易于掌握公民个人信息的主体都纳入了本罪范围，从而适应了生活服务平台不断发展下公民个人信息保护的时代需求。就刑事司法而言，最高人民法院、最高人民检察院、公安部先后于2016年12月、2021年6月联合发布《电信网络诈骗意见》《电信网络诈骗意见（二）》，强调针对电信网络诈骗等犯罪的特点，坚持全链条全方位打击，坚持依法从严从快惩处，坚持最大力度最大限度追赃挽损，进一步健全工作机制，加强协作配合，坚决有效遏制电信网络诈骗等犯罪活动，努力实现法律效果和社会效果的高度统一。同时，最高人民法院、最高人民检察院于2019年10月发布了《关于办理非法利用信息网络、帮助信息网络犯罪活动等刑事案件适用法律若干问题的解释》，进一步明确了拒不履行网络管理义务罪、非法利用信息网络罪、帮助信息网络犯罪活动罪的定罪量刑标准。此外，最高人民法院、最高人民检察院还发布了相关指导案例、典型案例用以明确规范适用、指导司法实践。

面对电信诈骗向网络欺诈的迭代升级，典型的犯罪情境已经从电信通话和短信交流转换为平台交易和即时通信，公共治理的视角应当及时地从电信端转移至网络端，聚焦于网络欺诈行为所赖以生存的网络黑灰产业链之中。这将是一个更为宏大复杂的治理工程，涉及新理念、新场景、新技术、新对策，但万变不离其宗，其核心仍然在于对网络欺诈行为的犯罪规律、原因、特性的总结与把握。对此，有必要引入犯罪场的概念及其理论，更好地从影响相关犯罪实施的各个要素上形成具有针对性的遏阻对策。

我国著名犯罪学家储怀植教授于20世纪80年代末提出“犯罪场”理论。①所谓犯罪场，是“存在于潜在犯罪人的主观体验中，促成犯罪原因实现为犯罪行为的特定背景”。这里的“背景”，包括四个方面的因素：时间因素、空间因素、侵犯对象（受害人）因素、社会控制疏漏。犯罪场不是纯客观的实体范畴，而是主体与客体之间的一种关系，即关系范畴。时、空、受害人因素等客观条件作为信息载体，潜在犯罪人作为信息受体，载体与受体接触，信息得以传递，便形成犯罪场，同时或者即

① 储槐植主编：《犯罪场论》，重庆出版社1996年版，第20页。

将实施犯罪行为则是犯罪场效应。控制犯罪的捷径是控制犯罪场,控制犯罪场的任一构成要素便能收到控制犯罪的效果,这比控制犯罪原因简便而且省力。[①]在我国犯罪学研究传统中,犯罪原因和犯罪对策是相对独立的研究领域,而犯罪场的提出,则事实上成为原因论和对策论纽带和桥梁。因为,一方面,犯罪场是关于犯罪原因核心要素的归纳,具体时空环境、受害人的受害性都是制约犯罪行为产生的重要因素;另一方面,犯罪场又是犯罪对策发挥作用的具体场景,时空条件、受害因素、社会控制等都可以相对类型化、明确化。

具体到网络欺诈犯罪场,根据学者相关研究,其具有以下三个方面的突出特点:其一,犯罪人会积极利用网络的优势,将网络场景设定为犯罪的时空因素。例如,有意地选择上班时间、受害人孤身一人在家的时候,或者有意地将受害人限定在孤立的、与他人隔绝的状态。其二,犯罪人会精准地选定潜在的受害人,将其塑造为“完美的受害人”。任何诈骗犯罪都是交互式犯罪,行为人都会利用信息不对称的优势,对受害人进行错误的信息传递,从而诱使对方作出自损行为。电信网络诈骗犯罪人使用“话术与技术”叠加的犯罪手法,在这方面更是表现得“淋漓尽致”。其三,犯罪人会千方百计地钻各种制度的漏洞,使社会控制疏漏被进一步放大。电信网络诈骗犯罪之所以成为高频犯罪,其中一个重要原因是网络的匿名性。进入互联网空间,犹如到了一个陌生的世界,由于缺乏外部的监督和制约,犯罪人的“原罪之心”被极度地放大,从上网、聊天到转账、取款等各个环节,犯罪人总能找到制度漏洞,实现完全隐身,从而金蝉脱壳。[②]申言之,网络空间中时空条件的遍在性、交往互动的匿名性、交易过程的非接触性、财产移转的便利性,这些犯罪场中的核心要素无一不向犯罪人传递了犯罪诱导的信息,进而导致网络欺诈屡禁不止的犯罪场效应。具有针对性的公共治理应当围绕犯罪场的核心来开展,即通过分别调整时空条件、受害人条件以及社会控制条件来有效遏制犯罪的发生。

首先,应当强化对网络欺诈犯罪场时空条件的监管和审查。与物理世界的欺诈不同,网络欺诈行为不需要特定的时空场域,在任何时间、任何地点都可以实施相应的网络欺诈行为。因此,传统犯罪中的时空条件,要在网络欺诈的场合进行相

---

① 参见储槐植:《刑事一体化与关系刑法论》,北京大学出版社 1997 年版,第 100—101 页。

② 叶良芳:《犯罪场理论视角下电信网络诈骗犯罪的治理对策》,载《犯罪研究》2021 年第 6 期。

应的调整。其一,强化对虚假身份的网络使用者的甄别,由此则不仅需要落实网络实名制,而且需要严格监管相关网络账号的注册环节,避免大量虚假账号的产生,从不法利用网络的时空入口端上提升犯罪实施的难度。其二,强化对网络使用时间或空间异常的甄别,对于恶意登录类的欺诈犯罪,特别是通过短信嗅探获取个人信息的犯罪,其实施的时间往往不在交易高发时段,大量非正常时间的交易行为,则可经由网络使用时间的异常加以判定;再如,对于恶意批量刷单骗赔、骗保的欺诈犯罪,特别是外卖、旅馆服务、航空订单等,其送餐地址要么显然异常、无法送达,要么下单地址与消费地址不在一地,要么同时难以接受多项服务,这可经由网络使用空间的异常等要素加以判定。其三,强化对网络使用频率异常的甄别,对于大批量自动化工具的相关操作,在操作频率上显然与自然人个体有别,因而其在时空环节同样会存在异常情状。当然,这些关于网络欺诈犯罪场中时空要素的异常,一方面固然应当由监管部门严格履行相关职责,落实法定制度;但另一方面也应当看到,在这一领域的甄别,离不开网络平台的风险识别机制和异常处置机制,应当通过公私合作治理完成;换言之,时空要素的审查需要监管部门与网络平台双管齐下、齐头并进。

其次,应当努力降低受害人的受害性、强化其受害预防意识。欺诈犯罪的受害人往往存在投机、贪利、盲目、轻率等受害性因素,在网络欺诈犯罪中,犯罪人更倾向于挑选受害性较高的潜在受害人,通过话术引导、情感暗示、团队配合等,引诱甚至胁迫受害人交付财物。对这类交友欺诈定向挑选的受害人而言,其陷入错误认知的原因往往来自对相关欺诈类型的无知、对相关欺诈套路的不明,是一种由犯罪人刻意营造并利用的信息不对称状况。因此,从受害预防的角度,"上医治未病",通过全民反诈宣传、平台交易告示、异常电话屏蔽、转账支付提醒等,向潜在受害人全方位地提示风险、降低受害性。进一步而言,不同欺诈类型的受害人具有不同特点的受害性,相关受害预防应强化针对性、提升实效性。受害预防应当着眼于不同欺诈类型而展开,主要侧重于不同网络欺诈的预警模型,根据不同类型特点,确定风险监测、人群预警以及资金流向监管的工作重点;另外,受害预防应着眼于不同人群类型而展开,针对特定人群的心理特点,形成定向专属的反诈宣传,做好事前宣传、事中劝导、事后安抚等相关工作。

最后,应当综合社会控制手段,形成全链条、源头式治理。一方面,要实现对网络欺诈黑灰产全链条式的打击。实践中普遍认为网络黑灰产中存在上、中、下游犯罪,上游是为相关犯罪提供或准备工具,中游是针对网络系统和软件的直接破坏以及对公民个人信息的侵犯,下游则是对上中游行为的结果实施如诈骗、洗钱等相关传统犯罪。对于上游犯罪而言,更多地涉及破坏性程序的开发、提供、使用,其主要指向恶意注册、扫号盗刷、窃取公民个人信息等行为。对于中游犯罪而言,更多地涉及虚假账号的"打码""养号",其指向的是非法经营、破坏计算机信息系统、帮助信息网络犯罪活动等行为。对于下游犯罪而言,更多地涉及财产犯罪,以直接获得受害人财物为目的,指向的诈骗罪、盗窃罪、职务侵占罪、信用卡诈骗罪等。可以看出,上游和中游犯罪往往是下游犯罪的预备和帮助行为,可以视为下游犯罪手段行为;而下游犯罪则属于实行行为,可以视为上游、中游犯罪的目的行为;上、中、下游紧密相连、彼此形成了稳定的产业业态。因此,仅仅强调财产取得行为的刑事可罚性,不足以应对当前网络欺诈黑灰产所呈现的新业态,如果只侧重打击下游财产犯罪,不足以遏制网络欺诈犯罪的势头。正因如此,公安司法机关应遵循全链条打击的理念,打早打小、线索深挖、一案多查,由此强化各环节社会控制力度。

三、平台企业反欺诈的数智监测预防

在国家治理现代化的战略背景下,新时代平台企业理应作为不可或缺的治理角色,参与网络欺诈犯罪防控,并在信息流、资金流、管理流的防控等方面发挥独特的重要作用。

(一)网络欺诈的平台异常信息流监测与预防

网络欺诈行为往往伴随着异常信息流,从网络犯罪"打早打小"的预防目的出发,平台企业应当加强对平台异常信息流的监测与预防工作,最大限度保护用户安全。常见方式包括:

用户设备信息异常监测。许多交易前环节的网络欺诈行为,在犯罪实施过程中无法使用用户的常用手机进行登录操作,因此平台可以监测到"异设备登录"的用户行为特征。对于"异设备登录",平台企业出于对客户账号安全的保障目的,应当增设"信用判定机制"。如果异常行为具备某异设备以用户名、密码方式短时间内批量登录账号的行为特征,则可能具备扫号盗刷行为的高度风险,由于此类犯罪嫌疑人一般无法获得用户手机并接收短信，平台应当通过短信验证码、历史购物记录等方式进行二次精准加验；如果异设备通过原手机短信验证码方式登录，存在明显设备跳转情况的，则可能具备身份盗用行为的高度风险，平台可通过人脸验证等方式进行二次精准加验，通过针对性的设置验证规则，提升用户账号的安全性。

仿冒平台网站/App监测。部分交易前环节的网络欺诈犯罪，通过仿冒网站、仿冒App、仿冒平台信息等方式获取消费者信任，进而实现网络欺诈行为。平台企业应当组建专门团队或专人进行日常监测，例如，仿冒App无法通过正规应用商城发布，多通过非正规第三方平台或通过社交平台发送涉诈App下载链接或二维码，企业可以日常增加对非正规第三方平台的巡检，社交平台也应当加强对异常链接、二维码的监控力度。再如，仿冒网站多通过与官方网站相近域名欺骗消费者，可以加强对相近域名库（如案件中存在仿冒美团网域名meituan.com的meituam.cn、meituan6.cn等）的日常巡检，引入机器学习和规则引擎等技术手段主动发现和监测仿冒网站并产生告警。发现仿冒行为的应当及时向公安机关报案，同时向监管部门、ISP服务提供商投诉，使ISP第一时间停止为仿冒网站服务，防止产生持续危害。

疑似欺诈信息内容监测。交易前环节的钓鱼链接和交易中环节的诱导支付多具备一定的专业话术，前者主要使用的“话术”包括客诉处置、数据升级、账号认证、功能开通等，后者主要使用的“话术”围绕婚恋关系、借贷关系、追星助力等展开。欺诈信息内容有的在平台外部（如通过SNS社交网络等方式）开展，有的则在平台内部（如通过站内信等方式）实现。对于在平台内部的，平台企业对疑似的欺诈信息内容有条件可以采取“技防+人防”方式，进行全天候监测。如某互联网公司研发的欺诈短信预警系统，每日可识别40万至60万条含欺诈QQ、电话、邮箱等内容的短信，准确率为99.8%。在系统预警后可以再由平台相关工作人员复核，对于复核属实的采取注销账号、提醒潜在受害人等方式减少损害的发生，固定证据后同步向公安机关报案。

（二）网络欺诈的平台资金流识别与预防

网络欺诈的最终目的是谋取非法利益，因此当犯罪团伙通过信息流获得受害人信任后，最终必然通过资金流获取财物，平台企业应当立足于财产型犯罪特征，

监测并阻断异常交易,及时追赃挽损。主要方法包括:

异常夜间交易监测。针对交易前环节的短信嗅探行为,为了防止受害人警觉或发现,犯罪行为通常发生在深夜或凌晨的特征,多存在夜间绑定银行卡动作,之后会进行易变现业务(如购买电话卡、购物卡、游乐场门票等)尝试。为了突破平台企业的金额限制,有的还会进行金额降额尝试,以套利变现。针对上述资金流的夜间异常波动,网络平台可以通过技术手段,调整夜间交易的高频、大额尝试等动作的策略阈值,如果系统判定为高风险账号,可增加人脸校验等多种验证方式,以保障支付交易安全。

异常刷单行为监测。针对交易中环节的刷单套现行为,欺诈人员为获取平台消费补贴,通常会有针对性地伪装消费外观,通过网络"刷单"的方式,骗取补贴或现金奖励。平台企业应当制定作弊识别模型(如关系图谱识别模型、用户行为时序模型、全链路账号检测模型等),准确区分机器作弊(机器刷量、任务分发、流量劫持)、人为作弊(QQ 群/水军、直接人工、诱导)不同刷单类型。如有的互联网平台企业为了防止"双十一"异常刷单现象,建立了 129 套风控模型进行立体式防控。通过异常交易特征的挖掘和研究,平台企业可以对套补风险资金进行高效拦截,防止作弊风险的扩大化,减少补贴成本的损失。对套补金额较大、情节严重的,及时固定证据并向公安机关报案。

异常退赔行为监测。针对交易后环节的骗取平台和保险公司行为,平台企业应当准确设置各类规则,持续进行大数据分析,识别高风险用户。针对恶意退款行为,平台应建立异常退款监测模型,关注冒充消费场景中的消费者或商户身份虚构订单的大量刷单行为,及时定位风险账号、商户、经营人信息,加强退款审核,阻断恶意退款。针对骗取赔偿金行为,应当畅通平台和商家等各方的风险信息共享机制,对于大额、高频申请赔偿用户进行打标风险识别,建立风控模型、落地风控策略,减少平台赔付环节的资金损失。针对骗取保险行为,应当建立平台和第三方(保司)的信息联络,对嫌疑人投保和出险频率、金额与正常用户差异较大,在设备、环境、区域上呈现聚集性特征的,由风险审核团队进行二次判断,在用户投保、理赔各环节实现风控动态识别与决策,并在保险产品基本规则中针对明确的欺诈风险进行限制。对于数额较大、情节较为恶劣的行为,平台应当及时固定证据并向公安机关进行报案。

（三）网络欺诈的平台管理流改进与完善

网络欺诈犯罪预防应由案中预防向全面预防转变，由个别预防向具体预防转变，由危机预防向制度预防转变，网络平台应当以案为鉴、以案促改，全方位改进网络平台反欺诈的管理与服务。关键对策包括：

网络平台对员工的反欺诈管理改进（P-E）。用户数据泄露是网络欺诈犯罪的上游产业链，仅2021年检察机关起诉泄露公民个人信息的“内鬼”就达500余人。针对网络欺诈案件中“内鬼”时有发生的现状，网络平台企业的合规部门、安全管理部门、反舞弊部门、人力资源部门应当加强合作。一是加强网络平台企业员工的用户隐私保护教育与防范。在制度管理上，部分网络平台缺乏对员工使用、拷贝用户信息的必要限制和内部审核。二是加强网络平台企业员工的反营销套利宣传，防止平台企业员工内外勾结，“薅羊毛”损害平台利益。三是加强网络平台企业员工账号的安全设置，内部管理系统中有的管理员账号和员工账号初始密码从未更改，或密码设置较为简单，为相关犯罪提供了可乘之机，应当对平台企业员工账号安全进行定期或不定期监测，并及时提醒员工加强安全防范。

网络平台对商家的反欺诈服务改进（P-B）。网络平台承担着维护平台内经济生态的基础性功能，平台经济生态向好对平台企业和合规商家均具有正向作用。一方面，网络平台应当加强对“异常商家”的监测工作，防止成为网络欺诈的上游黑灰产；建立高投诉、高差评商家的审核退出机制；尝试设立“诚信保障金”等管理机制，提升不良商家欺诈成本。另一方面，网络平台应当加强对合规商家的反欺诈合作与保护，畅通商家反欺诈线索的提供渠道，建立必要激励机制；平台安全管理部门、法务部门可以为平台商家反欺诈维权提供必要的帮助与支持，共同促进网络平台经济生态的可持续发展。

网络平台对用户的反欺诈服务改进（P-C）。平台企业通过反诈信息宣传，可以有效提升受害人防范意识，从而减少犯罪发生。各大平台以不同形式积极履行普法义务和反诈宣传的社会责任。例如，美团公司和公安机关协作，通过“美团骑手送餐入户”的便利机制，暑期在全国1000个县区市，将1亿份反诈垫餐纸等宣传品送到广大消费者。腾讯公司每月会在其自营的腾讯安全中心官网上发布本月打击网络欺诈的基本情况，以漫画的形式，向用户普及不同种类欺诈行为所用的“话术”及其存在的“陷阱”。抖音搜索2021年1月至6月防诈温馨提示展示量超过

1177 万次,其中针对常刷单诈骗的温馨提示展示量超过 126 万次。“春江水暖鸭先知”,网络平台处于反诈斗争的第一线,针对新型网络欺诈案(事)件的反诈宣传作为积极参与社会治理的重要途径,可以切实保护用户权益,有效减少案发风险,共同营造天朗气清的网络空间。

第六章 / Chapter 6

中国企业犯罪治理的本土化探索：企业合规

改革开放 40 多年，随着我国社会主义市场经济体制不断完善，中国经济持续稳定增长，各类市场主体蓬勃成长，已成为社会财富的重要创造者、经济增长的"发动机"和稳就业、稳市场的"顶梁柱"，在国家发展中发挥着十分重要的作用。正如习近平总书记在 2020 年 7 月召开的企业家座谈会上深刻指出，"市场主体是经济的力量载体，保市场主体就是保社会生产力""要千方百计把市场主体保护好"，"为经济发展积蓄基本力量"。

其中，民营经济历经"萌芽—起步—发展—成熟"的艰辛发展过程，不断发展壮大，已经成为国家经济发展中的中坚力量，为推动我国经济发展与促进民生作出了巨大的贡献。正因如此，我国民营经济获得了一个公认的重要身份标签——"五六七八九"。①进入新时代，国有企业深入实施创新驱动发展战略，主动服务国家战略需要，在航天、深海、能源、交通、国防军工等领域取得一批世界级科研成果，在推动经济社会发展、抗击新冠疫情、保障和改善民生、推动共建"一带一路"、服务北京冬奥会等方面发挥了不可替代的重要作用。诚如习近平总书记指出，"国有企

---

① 所谓的"五六七八九"，即民营经济贡献了 50%以上的税收，60%以上的国内生产总值，70%以上的技术创新成果，80%以上的城镇劳动就业，90%以上的企业数量。参见习近平：《在民营企业座谈会上的讲话》，载新华网，http://www.xinhuanet.com/politics/2018-11/01/c_1123649488.htm，2020 年 4 月 10 日最后访问。

业是中国特色社会主义的重要物质基础和政治基础,是党执政兴国的重要支柱和依靠力量","是党领导的国家治理体系的重要组成部分"。

然而,就在我国经济一路高歌猛进的同时,很多企业(家)因为触及刑事红线而戛然而止。诚如有研究指出,我国多数私营企业经营变化频繁,平均寿命不足5年,经营波动性和员工流动性比较大。①这种正反两面形成鲜明对比的现状折射出我国企业在市场经营活动中依法合规经营并不尽如人意。因此,如何为市场经济发展营造良好的法治环境,不仅是检察机关贯彻落实中央提出"两个毫不动摇"和"三个没有变"②的总体要求的一项重大任务,也是检察机关推进国家治理体系和治理能力现代化的一项重大课题。

同时,从国际发展趋势看,开展企业合规已经成为域外法律制度和执法司法机关保护市场主体主要做法。比如,2001年前后随着安然案件、世通案件和安达信案件的发生,美国联邦检察机关对这些企业提起公诉所带来的企业破产、员工失业的重大教训,促使美国司法部转变起诉政策,逐步将"审前转处协议"制度(pre-trial diversion agreement)③适用到涉企犯罪案件中。美国联邦检察机关与涉案企业达成"暂缓起诉协议",要求涉案企业缴纳高额罚款,上缴全部违法所得,向所有因犯罪行为受到损失的被害方进行赔偿,并重建或者完善合规管理体系。如果企业遵守了协议的要求,考验期结束就可以不起诉而结案。这一针对涉案企业的暂缓起

① 黄孟复、邹东涛主编:《中国民营经济发展报告No.5(2007—2008)》,社会科学文献出版社2008年版,第5页。

② "两个毫不动摇",即毫不动摇巩固和发展公有制经济,毫不动摇鼓励、支持、引导非公有制经济发展。"三个没有变",即非公有制经济在我国经济社会发展中的地位和作用没有变!我们毫不动摇鼓励、支持、引导非公有制经济发展的方针政策没有变!我们致力于为非公有制经济发展营造良好环境和提供更多机会的方针政策没有变!参见习近平:《在民营企业座谈会上的讲话》,载新华网,http://www.xinhuanet.com/politics/2018-11/01/c_1123649488.htm,2020年4月10日最后访问。

③ 审前转处协议制度,又称"审前转换协议制度"或者"审前转换制度",起初,这种制度出现在美国少年司法程序之中,被用来处理那些涉嫌犯有轻微犯罪的未成年人,后拓展至毒品案件、公司犯罪等多个领域。审前转换协议制度包括"暂缓起诉协议"(Deferred Prosecution Agreement,简称DPA)和"不起诉协议"(Non-Prosecution Agreement,简称NPA),主要内容是检察官与被告方达成协议,承诺设置一定的考验期,在考验期之内暂时不对其提起公诉,而被告方在此期间要履行一系列的义务,如自愿承认被指控的犯罪事实、赔偿被害方、承诺全力配合调查等。在考验期结束后,检察官经过审核认为被告方履行了协议义务的,就可以放弃对被告方的起诉,案件以被告人受到无罪处理而告终。它与辩诉交易制度不同的是,检察官对于接受上述两种审前转处协议的企业,在考验期结束后一旦认为企业遵守了协议要求的,就可以不起诉而结案。具体内容参见陈瑞华:《企业合规视野下的暂缓起诉协议制度》,载《比较法研究》2020年第1期;陶朗逍:《美国企业犯罪的审前转处协议研究》,载《财经法学》2020年第2期。

诉制度，目前已经被英国、法国、加拿大、新加坡、澳大利亚等国家效仿，在保护企业生存与发展方面发挥了较好作用，也使企业在受到严厉经济制裁中得到教训。

正是基于此，开展涉案企业合规改革试点在中国应运而生，已然成为探索中国企业犯罪治理本土化密钥。

第一节　企业合规改革试点

实践证明，当前我国检察机关开展企业合规改革试点具有积极的政治意义、法治意义、现实意义，有利于进一步深入贯彻落实党中央重大决策部署，及时有效惩治预防企业违法犯罪，推动营造法治化营商环境，为经济社会高质量发展提供更加优质的法治保障。

一、企业合规改革试点的背景

（一）时代大背景

当今世界正经历百年未有之大变局，我国发展环境面临深刻复杂变化，我国经济社会发展面临诸多挑战。加之，新冠疫情全球大流行对世界经济产生巨大冲击，全球产业链供应链受阻，贸易和投资活动持续低迷，我国很多市场主体也面临前所未有的压力。实践中部分司法办案人员机械司法，无差别采取限制人身自由等刑事强制措施，势必加剧市场主体的压力与困难，而对有轻微犯罪行为的企业家依法不捕、不诉后“一放了之”，导致企业违规违法成本极低，也不利于促进企业整改和依法合规发展。因此，检察机关以改进司法办案为切入点，积极探索开展涉案企业合规改革试点，其出发点就是既要防止“办了案子，垮了厂子”，也要体现对市场主体的真严管、真厚爱，促进涉案企业脱胎换骨，走上依法合规经营轨道，进而对推动营造法治化营商环境，加快构建国内国际双循环新发展格局具有积极意义。

（二）国家政策导向

在“使市场在资源配置中起决定性作用”的大格局下，民营企业家与市场、政府、社会的交互关系势必会更为密切。习近平总书记在 2016 年 3 月 4 日看望参加政协会议的民建、工商联委员时首次提出以“亲”“清”为核心内容的政商关系。申言之,新型政商关系,是指建立在制度化法治化基础上的平等、独立、合作和互补的民营企业与政府之间的关系,与完善的市场经济相适应,具有鲜明的非人格化特征。与之相反,传统的政商关系,是建立在非正式的人际关系基础上的,尤其是建立在官商个人利益基础上的政商关系,依存于不完善的市场经济,具有浓厚的人格化特征。①正是基于这种新型政商关系的定位,在协调推进“四个全面”战略布局和“五位一体”总体布局总体引领下,尤其是在更加强调“使市场在资源配置中起决定性作用”和全面推进依法治国的语境下,我国社会经济发展环境正在面临着深刻的变革,此时各类市场也必须顺应时代变革要求,摒弃企图通过政商联姻来获取资本的老路。

2018 年 11 月、2020 年 7 月,党中央先后两次召开企业家座谈会,习近平总书记强调要鼓励、支持、引导、保护民营经济健康发展,给予各类市场主体平等保护。习近平总书记深刻指出:“民营企业家要讲正气、走正道,做到聚精会神办企业、遵纪守法搞经营,在合法合规中提高企业竞争能力。”同时,为贯彻落实党中央关于依法保护民营经济健康发展的决策部署和习近平总书记系列重要讲话精神,最高人民检察院进一步明确了涉案企业办理的司法政策,即涉及民营企业的案件要谨慎采取强制措施,对涉嫌犯罪的民营企业负责人依法能不捕的不捕、能不诉的不诉、能适用缓刑的就不提出判实刑的量刑建议,能不查封扣押冻结财产的就不查封扣押冻结,而不是“构罪即捕”“一诉了之”,努力依法维护涉案民营企业的正常生产经营秩序。

因此,服务保障民营经济决不能搞“一阵风”“走过场”,只有坚持对各类市场主体真“严管”、真“厚爱”,实现“三个效果”有机统一,紧密结合司法办案引导各类市场主体走上合法合规经营的发展正道、坦途,才能做到持之以恒、久久为功。

(三) 经济犯罪形势严峻

近年来,随着经济社会发展,我国刑事案件发生结构性变化,经济犯罪持续增长。如最高人民检察院统计显示,2017 年至 2021 年,检察机关办理的单位犯罪案

---

① 孙丽丽:《关于构建新型政商关系的思考》,载《经济问题》2016 年第 2 期。

件共涉及单位3.9万个，其中，涉及非国有公司企事业单位3.2万个，占比81.8%。并且2020年之前单位犯罪案件数量整体呈递增趋势。①时任最高人民检察院副检察长杨春雷指出，2015年至2019年，全国检察机关受理审查起诉经济犯罪案件人数的平均升幅为8.9%，平均约占总体刑事犯罪受理人数的7.7%。②经济运行中的矛盾风险不断显现，特别是历史积累的金融领域风险逐渐暴露，各类市场主体实施的非法吸收公众存款、非法经营、虚开增值税专用发票等经济犯罪明显增多。经济犯罪因涉及社会治理中的系统性、深层次问题，以自由刑为中心的刑罚体系难以取得良好的社会治理效果。检察机关开展企业合规改革试点，旨在通过灵活运用不捕、不诉、认罪认罚从宽、检察建议等手段，既惩治企业犯罪，又促进企业合法经营，对于促进建立现代企业制度，打造良好法治化营商环境，推动形成国内国际双循环新发展格局，服务保障“六稳”“六保”和促进经济社会高质量发展，具有十分重要的意义。

（四）企业犯罪危及社会根基

与一般普通犯罪相比，企业犯罪造成直接经济损失往往相当惊人，“杀伤力”也很大。例如，深圳航空有限责任公司原董事长、董事、财务总监等6人挪用该公司资金数额竟高达20.3亿元，③又如托普集团创始人宋某某案中，法院认定其挪用资金也高达3.4亿元。④诸如此类案件不胜枚举。与此同时，企业犯罪通常具有持续性，犯罪人的犯罪过程通常持续至案发。实践中，一些实施融资犯罪企业（家）甚至在被举报一刻仍处心积虑“拆东墙补西墙”。

同时，企业犯罪还具有一些间接性危害。首先，企业犯罪将直接导致交易成本增加，阻碍社会生产效率的提高。由于企业犯罪是发生在企业日常经营管理活动中，直接发生在市场经济大环境中，而市场经济有序开展的前提就是诚信基石，企业犯罪将直接动摇社会的诚信基石，导致“潜规则”盛行，吴思在揭示潜规

---

① 《最高检案管办负责人就2022年1至6月全国检察机关主要办案数据答记者问》，载最高人民检察院网，https://www.spp.gov.cn/xwfbh/wsfbt/202207/t20220720_565763.shtml#3，2022年7月24日最后访问。

② 《最高检举行“依法督促涉案企业合规管理　将严管厚爱落到实处”新闻发布会》（2021年6月3日），载最高人民检察院网，https://www.spp.gov.cn/spp/zgjjxyfdcsaqyhggl/xwfbh.shtml，2022年7月3日最后访问。

③ 高鑫：《深圳航空原实际控制人李泽源涉嫌挪用20亿被公诉》，载正义网，http://news.jcrb.com/jxsw/201304/t201304 03_1081580.html，2022年7月23日最后访问。

④ 吴柳锋：《托普创始人宋如华一审获刑九年》，载《华西都市报》2013年10月15日，第A08版。

则的形成时指出,“在潜规则的生成过程中,当事人实际并不是两方,而是三方:交易双方再加上更高层次的正式制度代表”。①这样原本两个人的交易实际上变成了三方的交易,增加了交易成本,使得交易方不得不将原本可以用于改进生产提高产品质量的这种投入用于应付增加的第三方,而在交易中显然这个第三方并不能创造实际价值,那么这种额外负担最终将直接通过各种方式转嫁给普通民众。

其次,企业犯罪本身就意味着企业内部高级管理人员这样一类高质量人力资源的流失。企业犯罪则直接意味着历经多年摸爬滚打而跻身社会中上层这样一批白领人才的流失。据中国企业家调查系统课题组最新统计显示,将近 4 成的企业家学历为本科或以下,仅有 15.5%的企业家拥有研究生及以上学历。同时,全球高级人才搜猎服务公司海德思哲研究显示,中国 CEO 特别是民营企业 CEO 的平均任期相对较短,仅为 4 年。中国人才发展平台 2022 年研究统计显示,民营企业在人均培训的投入和时间上较国有企业、外资企业都明显落后,这种短暂的领导任期可能导致民营企业家过于追求短期业绩,而忽视对企业的长期战略规划和文化建设。②因此,针对我国企业家队伍的这种现状,因为企业犯罪而陨落的企业高管对于我国企业家队伍建设来说无疑是雪上加霜。

另外,企业犯罪直接向社会传递着负面价值导向,不利于社会发展。在现实生活中,企业高级管理者往往是被视为社会精英的,在整个社会结构中往往处于中上层,而这些人往往会被贴上成功“榜样”标签,对于社会成员具有一定的示范效应,尤其对于激励青少年成长意义重大。而企业犯罪则意味着这种示范是一种负面消极的,直接与积极向上的社会主流价值相违背,而且势必会诱发一些安分守己的市场经济主体纷纷效仿,因为“竞业活动强制所有参与竞争者去适应环境,参与竞争者被迫不是面临着守法而处于竞争劣势,就是如法炮制,以非法对非法,形成竞业的对等状态”。③尤其是当其实施犯罪行为者未被及时追究,那么这种行为就会像瘟疫一样迅速蔓延于市场经济的每一个角落,最终将会出现劣币驱逐良币的恶性

---

① 吴思著:《潜规则》,复旦大学出版社 2009 年版,第 194 页。

② 转引自高中华、杨小卜:《新时代民营经济企业家队伍建设:经验成效、当前问题及可能的突破方向》,载《科技和产业》2023 年第 18 期。

③ 林山田、林东茂、林灿章著:《犯罪学》(增订三版),三民书局 2006 年版,第 488 页。

循环。

再次,企业犯罪不仅仅是导致企业高级管理人员自身的毁灭,也会引发一系列的连锁反应,甚至影响社会的稳定。中国民营企业的运转在很大程度上还依赖于民营企业家,尤其是内部治理机制不健全的企业,往往是一旦民营企业家出了问题,也就意味着一个民营企业将会受到巨大的冲击,如资产被冻结、工厂被查封等,甚至倒闭。紧接着,这种危害就会波及企业的全体员工,进而又通过企业员工波及其背后成千上万的家庭。

最后,企业犯罪直接与企业(家)履行社会责任相背离,阻碍社会健康发展。目前,人们要求企业以及企业家承担社会责任的呼声高涨,并逐渐成为共识。随着社会分工日益精细化,以及随着企业社会角色的不断拓展,在 20 世纪 80 年代之后,我国学者也开始对企业社会责任进行研究,正是在这样的一种大背景下,越来越多的企业(家)投身于慈善事业、光彩事业等公益事业,如有关报道显示,自 2007 年有全国性的捐赠统计以来,民营企业的捐赠数额一直都占据企业捐赠总量的一半以上。①而企业犯罪则不仅颠覆了企业家作为我国公益事业中流砥柱的光荣形象,也会因为这种不良的示范效应招致否定评价,进而在一定程度上影响他人投身光彩事业的积极性。因此,当前亟须理性且充分看待企业犯罪及其危害,不可忽略其给我国社会经济发展造成的巨大危害。

正在这样的大背景下,检察机关立足于“检察工作是政治性极强的业务工作,也是业务性极强的政治工作”②的基本定位,深刻理解、把握中央关于支持服务保障经济高质量发展的政策、文件和精神,结合检察机关法律监督属性,依法能动履行检察职能,在实践中不断摸索,积极探索涉案企业合规改革试点工作。

二、企业合规改革试点的内容

(一)企业合规改革试点的基本脉络

2020 年 3 月,最高人民检察院确定上海浦东、金山,江苏张家港,山东郯城,广东深圳南山、宝安等 6 家基层检察院作为试点单位,开展“企业犯罪相对不诉适用

① 杜啸天:《我国慈善捐赠额连续两年下降》,载《南方日报》2013 年 9 月 22 日,第 4 版。
② 检察日报社评:《以空前力度推进政治性很强的业务建设》,载《检察日报》2019 年 2 月 11 日。

机制改革”试点。试点检察院对企业涉经营类犯罪,重在落实“依法能不捕的不捕、能不诉的不诉、能不判实刑的提出适用缓刑的量刑建议”检察司法政策,探索督促涉案企业合规管理,促进“严管”制度化,不让“厚爱”被滥用。通过前期试点,检察机关在办理涉企刑事案件过程中,围绕推进企业合规建设做了一些探索实践,积累了一些经验做法,受到企业普遍欢迎,也得到当地党委政府和社会各界的认可、支持。2020 年 11 月,最高人民检察院专题研究检察机关开展企业合规试点,并决定成立企业合规问题研究指导工作组,统筹推进企业合规问题的理论研究和实务指导,确保相关工作严格依法、稳妥有序。2020 年 12 月,最高人民检察院邀请专家学者、企业、试点地方三级院代表召开检察机关企业合规试点工作座谈会,听取前期试点单位的工作情况汇报以及专家学者、企业代表的意见建议,对下一步依法有序开展试点工作作出部署要求。

为进一步充分发挥检察职能作用,推进企业合规改革试点向纵深发展,并为下一步立法完善积累实践经验,2021 年 3 月最高人民检察院决定扩大试点范围,部署在北京、辽宁、上海、江苏、浙江、福建、山东、湖北、湖南、广东 10 个省份开展为期一年的第二期试点工作,并制发《关于开展企业合规改革试点工作方案》,截至 2022 年 3 月,试点范围扩展到 62 个市级院、387 个基层院,[①]各项相关工作稳步推进。第二期试点工作重在“有序”和“规范”上狠下功夫,并且针对前期试点工作中发现的企业合规监督考察程序有待进一步规范,特别是第三方监督评估机制需要建立和完善的问题,最高人民检察院牵头会同相关部门加快推动建立相关工作机制。

(二)用制度规范固化企业合规改革试点经验

一方面,在总结第一期试点经验基础上,明确了开展企业合规改革试点工作基本内涵、主要目标和基本原则。开展企业合规改革试点工作,是指检察机关对于办理的涉企刑事案件,在依法作出不批准逮捕、不起诉决定或者根据认罪认罚从宽制度提出轻缓量刑建议等的同时,针对企业涉嫌具体犯罪,结合办案实际,督促涉案企业作出合规承诺并积极整改落实,促进企业合规守法经营,减少和预防企业犯罪,实现司法办案政治效果、法律效果、社会效果的有机统一。检察机关开展企业合规改革试点,旨在充分发挥检察职能,加大对民营经济平等保护,更好落实依法

① 李英华:《涉案企业合规改革用好第三方机制》,载《检察日报》2022 年 6 月 28 日。

不捕不诉不提出判实刑量刑建议等司法政策,既给涉案企业以深刻警醒和教育,防范今后可能再发生违法犯罪,也给相关行业企业合规经营提供样板和借鉴,为服务“六稳”“六保”,促进市场主体健康发展,营造良好法治化营商环境,推动形成新发展格局,促进经济社会高质量发展,助推国家治理体系和治理能力现代化提供新的检察产品,贡献更大检察力量。检察机关开展企业合规改革试点,必须坚持党的领导,在党委及其政法委领导下稳步推进改革试点工作。必须坚持检察职责定位,立足于刑事、民事、行政、公益诉讼“四大检察”职能,服务保障经济社会高质量发展。必须坚持严格依法有序推进。同时,将企业范围拓展到各类市场主体,主要是指涉案企业以及与涉案企业相关联企业。国企民企、内资外资、大中小微企业,均可列入试点范围。案件类型也包括企业经济活动涉及的各种经济犯罪、职务犯罪。

另一方面,在总结各地试点经验基础上,加强规范性文件的指定,促进改革试点工作规范有序推进。2021 年 6 月 3 日,最高人民检察院牵头会同司法部、财政部、生态环境部、国务院国有资产监督管理委员会、国家税务总局、国家市场监督管理总局、全国工商联、中国国际贸易促进委员会共同研究制定了《关于建立涉案企业合规第三方监督评估机制的指导意见(试行)》,该文件重在探索建立“检察主导、各方参与、客观中立、强化监督”的第三方机制,同时明确要求第三方机制的启动和运行,应当与检察机关依法作出不批准逮捕、不起诉、变更强制措施等决定,提出宽缓量刑建议或者提出检察建议、检察意见结合起来,在法律规定的框架内积极探索推进试点改革。2021 年 9 月,最高人民检察院、全国工商联等九部门共同成立第三方机制管委会,统筹协调推进第三方机制相关工作。为保障第三方机制规范有序运行,2021 年 11 月,最高人民检察院、全国工商联等九部门又联合下发两个配套文件,即《涉案企业合规第三方监督评估机制专业人员选任管理办法(试行)》《〈关于建立涉案企业合规第三方监督评估机制的指导意见(试行)〉实施细则》;2021 年 12 月,九部门组建国家层面第三方机制专业人员库。试点地区全部会签印发省级第三方机制规范性文件,成立第三方机制管委会。

(三)不断探索地方特色做法,丰富企业合规改革试点

实践中,最高人民检察院牵头会同全国工商联等制定的国家层面相关文件,更是起到纲举目张的作用,是一种方向上的指引。因此,实践中各试点地区立足本地经济发展实际和企业合规发展特点,不断探索地方特色做法。如浙江省检察院与浙江省政府召开府检联席专题会议,并召开省级层面第一次企业合规考察公开听证会。上海市检察院组织召开第三方监督评估机制管委联席会议,与11家市级机关及行业协会,就合力推进企业合规改革试点、建立健全相关工作机制达成共识。湖南省院、江苏省张家港市院已分别成立第三方监督评估机制管委会,为改革试点工作打下坚实基础。江苏省检察机关依托"护航民企"基地平台,坚持"线下+线上"同步推进,联合相关机构先后建设了12处各具特色的企业合规教育基地。江苏、山东、湖北等检察机关立足"借智借力",积极对接高校院所和相关企业,邀请合规领域专家和学者通过举办专题辅导、专家研讨、法律沙龙等形式,进一步提升企业合规理论研究水平。

三、企业合规改革试点取得的成绩

(一)开展企业合规改革日益成为共识

当前,当今世界正在经历百年未有之大变局和世纪疫情冲击,我国经济发展面临需求收缩、供给冲击、预期转弱三重压力。在开展两期试点后,检察机关更加坚定了改革的信心,社会各界充分认识到推进涉案企业合规改革,是立足发展大局大势,以发力靠前的政策导向维护经济安全稳定、服务高质量发展的重要举措,对于稳企业稳预期、保就业保民生,助力企业纾困发展,稳住经济基本盘具有重大的政治意义。推进涉案企业合规改革,是适应我国刑事犯罪结构变化,在涉企犯罪中落实少捕慎诉慎押刑事司法政策,综合运用经济、行政、刑事等手段,对于营造安商惠企法治化营商环境具有重大法治意义。推进涉案企业合规改革,有利于溯源防治企业违法犯罪,助力国家治理体系和治理能力现代化。有助于推动末端处理与前端治理于一体,促进涉案企业守法经营、预防再犯,同时警示其他企业,促进诉源治理。因此,越来越多的人认识到,大力推进涉案企业合规改革试点,能够为经济社会高质量发展提供有力法治保障。

(二)企业合规改革试点促进打造更优营商环境

最高人民检察院业务统计数据表明,2020年之前单位犯罪案件数量整体呈递增趋势,而2021年单位犯罪起诉数明显下降,这一变化表明,检察机关扩大涉案企业合规改革试点,对于预防企业犯罪和治理企业犯罪已经成效初显。截至2022年

6月，全国检察机关已办理合规案件2382件，其中适用第三方监督评估机制案件1584件，各地检察机关在办理合规案件中，坚持与第三方机制相互融通，对整改合规的606家企业、1159人依法作出不起诉决定。①

（三）企业合规改革试点积累了丰富的经验

通过总结前期试点工作情况，主要有以下几方面经验做法：一是推动企业合规与依法适用认罪认罚从宽制度和检察建议相结合。对于涉企案件，在坚持和落实能不捕的不捕、能不诉的不诉、能不判实刑的提出判缓刑的量刑建议等司法政策的同时，通过检察建议督促企业进行合规建设、履行合规承诺。二是推动企业合规与依法清理"挂案"相结合。通过企业合规试点工作，向企业提出整改方向和意见，同时促进"挂案"清理工作，建立长效机制，实现精准监督。如2019年起最高人民检察院会同公安部持续专项清理出"挂案"9815件，对证据不足、促查无果的，坚决落实疑罪从无，督促办结8707件，企业活力得以释放。②三是推动企业合规与依法适用不起诉相结合。依法对涉案企业及其负责人作出不捕、不诉决定，不是简单一放了之，而是通过对企业提出整改意见，推动企业合规建设，建立第三方评估制度，进行合规考察等后续工作，让涉案企业既为违法犯罪付出代价，又吸取教训建立健全防范再犯的合规制度，维护正常经济秩序。四是推动企业合规与经济、行政处罚相衔接。对于涉企案件，依法可以不予追诉但经济上、行政上需要追责的，向有关主管部门提出检察意见；企业不能按照合规承诺落实到位，再涉嫌犯罪的，依法从严追究刑事责任，形成威慑和警示。

第二节　企业合规理论探索

当前，"企业合规"已成为理论界与实务界都十分关注的话题，这一课题之所以能够引发二者同频共振恐怕不仅仅是机缘巧合，更多折射出这一新型课题不仅

① 《最高检案管办负责人就2022年1至6月全国检察机关主要办案数据答记者问》，载最高人民检察院网https://www.spp.gov.cn/xwfbh/wsfbt/202207/t20220720_565763.shtml#3，2022年7月23日最后访问。

② 张军：《最高人民检察院工作报告——2022年3月8日在第十三届全国人民代表大会第五次会议上》，载最高人民检察院网https://www.spp.gov.cn/spp/gzbg/202203/t20220315_549267.shtml，2022年7月23日最后访问。

具有广泛的理论市场,也具有深远的司法改革意义。尤其在当前企业合规改革试点工作不断走深走实的大背景下,急需强有力的理论支撑,进而促进构建中国特色企业合规制度。

一、企业合规理论探索的基本情况

中国学界对于企业合规问题真正高度关注并开展深入研究,应该说时间并不早,通过在中国知网进行检索发现,1997 年至今,我国学界关于“企业合规”这一课题的研究成果共计 1369 篇,2018 年是个转折点,研究成果数量首次过百,并在随后几年大幅上升,2018 年为 104 篇、2019 年为 170 篇、2020 年为 187 篇、2021 年为 361 篇、2022 年(1—7 月)为 384 篇。(如图 6-1 所示)由此可见,随着涉案企业合规改革试点的深入推进,关于这一问题的研究日益呈现出白热化的状况。

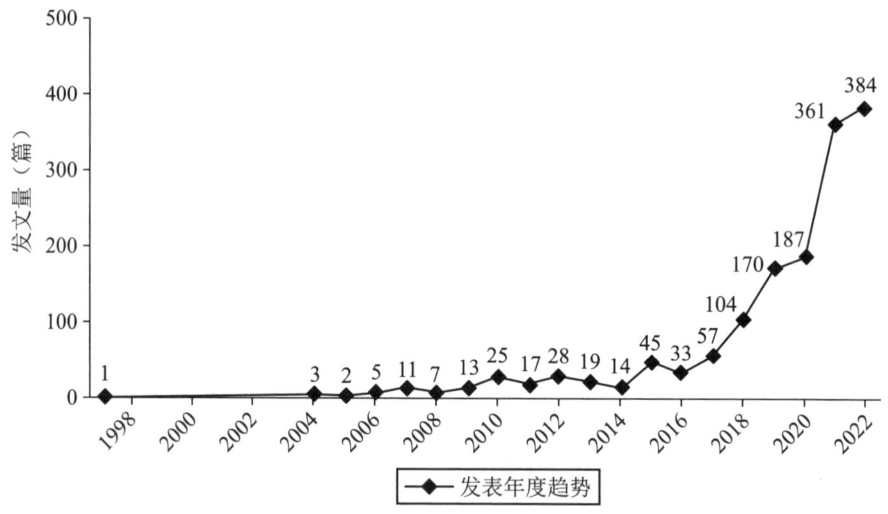

图 6-1 中国关于企业合规理论探索的年度趋势

关于研究主题、研究层次来看,无论是主要主题,还是次要主题,都基本上聚焦于合规管理、合规计划、刑事合规、合规风险、合规经营、合规建设等方面。(如图 6-2、图 6-3 所示)此外,关于这一话题的研究,主要集中在开发研究、应用研究方面,切聚焦于管理研究和政策研究,进一步折射出改革试点中急需政策解读和可操作性的指引。(如图 6-4 所示)

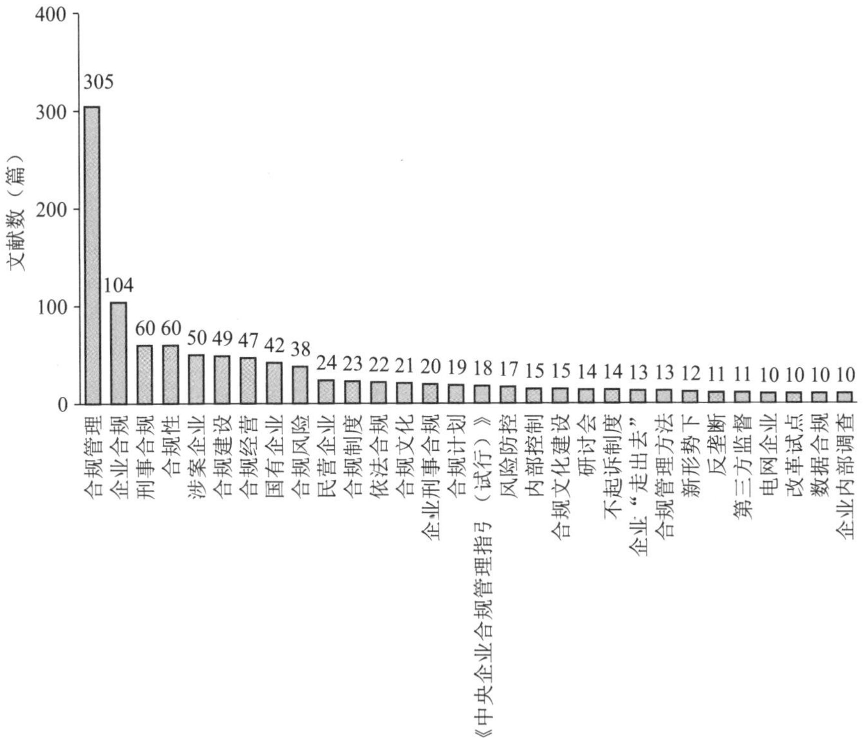

图 6-2　主要主题分布情况

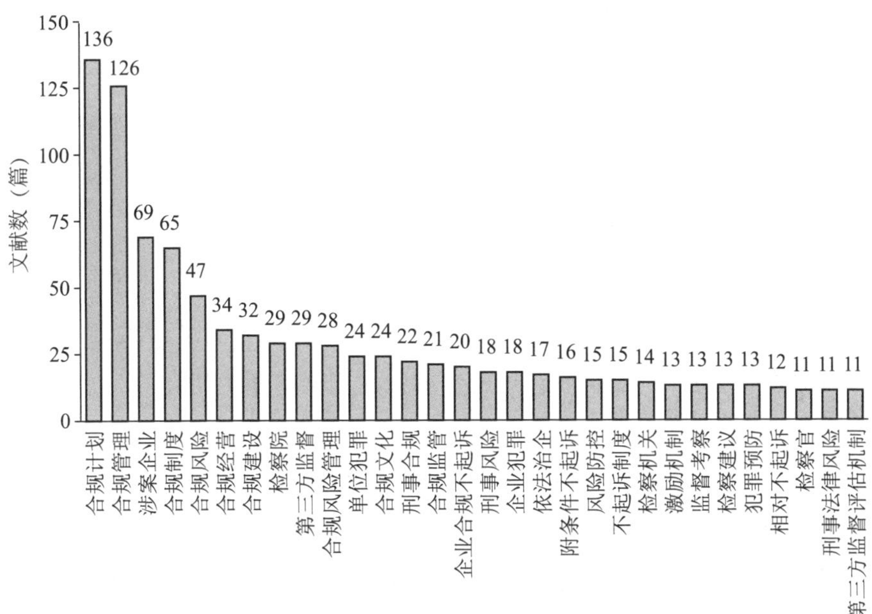

图 6-3　次要主题分布情况

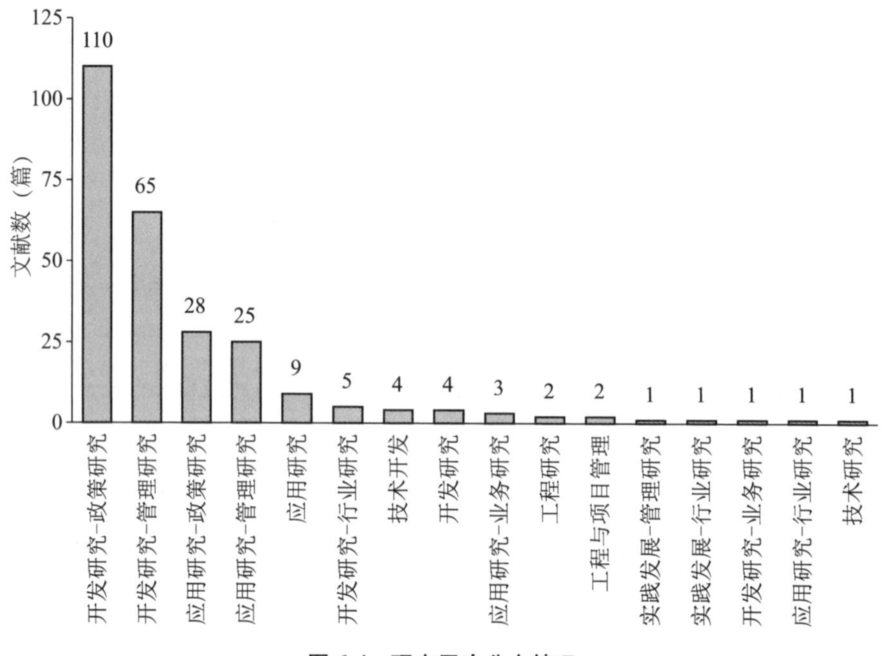

图 6-4　研究层次分布情况

从作者、作者单位的分布的情况来看(如图 6-5、图 6-6 所示),涵盖面较为广泛,既有学者,也有一线实务人员;既有法学研究人员,也有企业管理等非法学研究人员;既有刑事实体法学者,也有刑事程序法学者,如北京大学的陈瑞华教授、山东大学的李本灿教授等在这一领域深耕细作,成果丰硕,在学术界和实务界影响较大。此外,北京师范大学自 2012 年以来,依托"北京师范大学中国企业家犯罪预防研究中心"对企业犯罪持续开展研究,并发布了一系列实证研究报告。

从基金分布情况来看(如图 6-7 所示),关于这一课题的研究,既有国家层面的基金支持,也有一些省市基金支持,其中国家社科基金支持力度最大,遥遥领先于其他基金支持。由此可见,企业合规已然成为我国当前学术研究的一个重大前沿问题。

从上述分析情况来看,关于企业合规理论探索,已经呈现出多学科、跨门类、跨专业等特点,无论是理论界还是实务界,无论是法律界还是企业管理界,都不约而同关注这一问题,呈百家争鸣的学术图景。同时,随着涉案企业合规改革试点在全国全面推开,无论是试点地域范围,还是案件类型、案件数量等都大幅度增加,在办

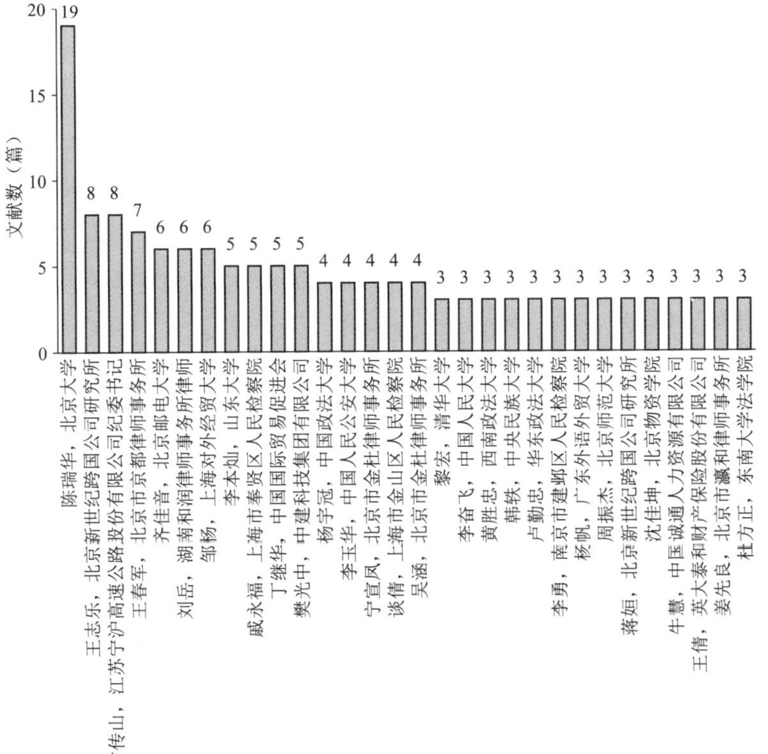

图 6-5　作者分布情况

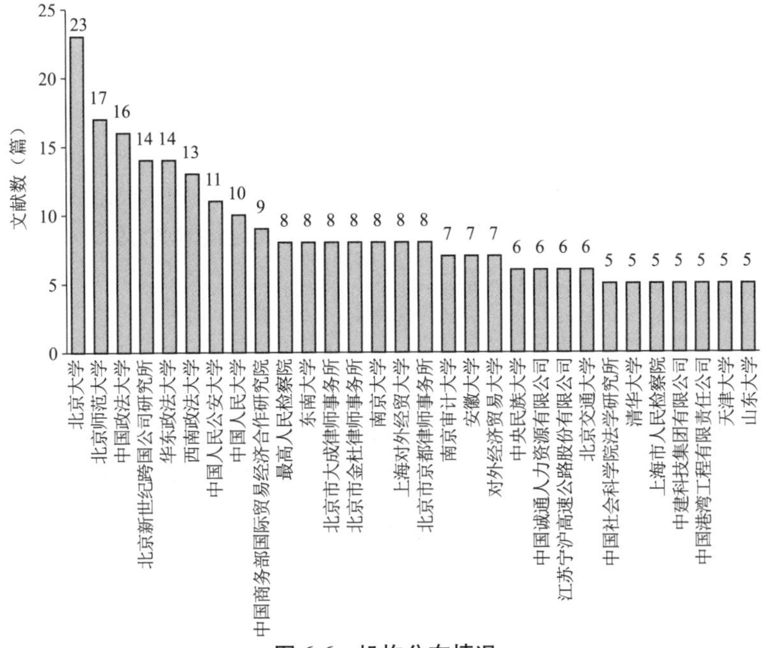

图 6-6　机构分布情况

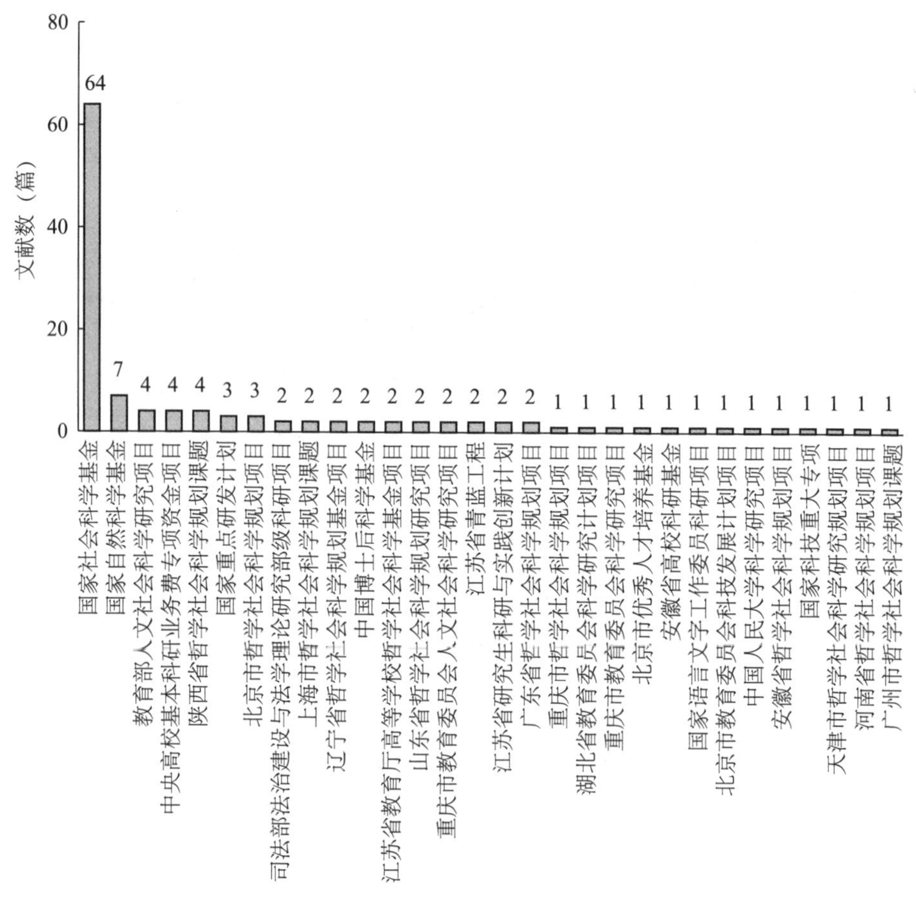

图 6-7　基金分布情况

案实践中积累了较为丰富的研究素材和案例，与之相对的是，关于这一主题的理论成果越来越丰硕，也为改革试点工作中的困惑、纷争提供理论支撑，在一定程度上引领涉案企业合规改革不断走向成熟。

二、企业合规理论探索的主要内容

毋庸置疑，企业合规是“舶来品”，但作为检察机关改革试点的“企业合规”被赋予了特定含义和中国检察特色。关于企业合规理论探索在中国目前呈现出蔚为大观的状态。就研究内容来看，主要集中在以下几方面：

（一）企业合规适用对象

企业合规试点改革适用对象究竟是个体（企业的实际控制人、经营管理人员、关键技术人员等人员)还是企业?对此,学界观点不一。之所以产生这样的分歧,是因为西方国家实施合规机制的一项重要经验是"要放过涉嫌犯罪的企业,就必须严惩负有责任的自然人"。①

第一种观点主张既适用于犯罪的企业,也适用于与犯罪企业相关的企业管理人员。这一观点认为,我国公司、企业的运行具有特殊性,一些中小微企业的高管与公司人格高度纠缠,特别是有些关键技术人员、管理人员对公司的发展起着至关重要的作用,如果不允许对其适用合规,将导致整个企业无法继续经营,对国家经济发展也不利。基于中央保护民营企业家和"六稳""六保"的精神,应当允许企业为其高管、关键技术人员、管理人员等承担一定的负担。而且,我国单位犯罪罪名的最大限度也仅仅是163个,占所有罪名总数的三分之一左右。这就决定了,企业所实施的不法行为可能无法得到刑法的完整评价。例如,企业实施的贷款诈骗行为就无法得到评价。刑法不能完整评价并不代表企业不能实施相关行为,事实上,企业实施的贷款诈骗行为也屡见不鲜。因此,在缺乏单位犯罪条款,但相关行为又能体现企业意志时,可以个人责任为联结点,对企业开展合规考察。如杨帆提出,将《刑事诉讼法》第282条规定的附条件不起诉范围扩大到企业及其负责人、管理者等自然人;将中央企业、境外经营企业首先作为附条件不起诉的试点对象。②陈瑞华教授提出,考虑我国国情,我国很多中小型企业的法定代表人往往是公司的创始人,是决定企业发展乃至生存的灵魂人物。司法机关一旦对这些法定代表人采取羁押性强制措施,提起公诉,甚至追究刑事责任,企业就有可能面临停产停工、中断资金链甚至破产倒闭的危险。检察机关在推行合规不起诉制度时,就不得不考虑这种特殊情况。为避免对公司本身造成灾难性后果和对当地经济发展造成消极的影响,检察机关在推行合规不起诉制度时,就不得不采取"既要放过涉案企业,也要放过涉案自然人"的激励措施。③

第二种观点主张仅适用于犯罪的企业,即合规制度只能适用于单位犯罪的案件,不能适用于自然人犯罪的案件。否则,将导致合规制度适用泛化,对合规制度本身的发展不利。而且从理论基础看,对单位犯罪案件而言,合规考察源自企业的

---

① 陈瑞华:《合规视野下的企业刑事责任问题》,载《环球法律评论》2020年第1期。

② 杨帆:《企业合规中附条件不起诉立法研究》,载《中国刑事法杂志》2020年第3期。

③ 陈瑞华:《刑事诉讼的合规激励模式》,载《中国法学》2020年第6期。

刑事责任,具有刑事责任的代偿功能。但在个人犯罪案件中,既然不涉及企业的刑事责任,也就不存在功能代偿的基础。而且,合规考察是一种负担,不能让企业为个人犯罪承担这种负担。即便是出于保护企业的关键技术人员、管理人员的良好初衷,也不能随意为之。如刘少军提出,企业合规不起诉制度的创设并不是为了保护滥用职权的负有直接责任的主管人员或牟取私利的其他直接责任人员,如若面向自然人也开放适用合规不起诉制度,那么“以罚代刑”“罚不当罪”将为人诟病,也颠覆了刑事实体法和程序法的立法根基。除美国外的大多数国家的企业合规不起诉制度均规定仅适用于单位犯罪,不适用于自然人犯罪。因此,这一制度仅限于单位犯罪。①

(二)企业合规适用的企业类型

赞同观点认为,企业只是单位的一种,对其他单位也应当适用合规制度。根据《刑法》规定,单位的范围包括公司、企业、事业单位、机关、团体。基于平等保护的精神,对公司、企业之外的事业单位、机关、团体也应适用合规制度。而且,有些犯罪,本身体现的就是单位的意志,说明单位内部的管理机制不健全,也有进行合规改造的必要。

反对观点认为,不能任意扩张合规的适用范围,特别是事业单位、机关、团体具有特殊性,涉及司法权和其他权力的关系问题,不是合规制度本身可以解决的。从合规制度的起源来看,其主要是解决企业的合规问题,是基于避免企业的水波效应等而产生的一项制度机制,至于事业单位、机关、团体的合规问题,则应当由主管的机关、部门通过其他方式加以解决,检察机关可以通过检察建议等方式发挥一定的监督作用。也有人从经济成本的角度主张仅适用于一定规模的企业。如王甲国在其博士学位论文中以大型国有企业为依据,分析了企业配备专职合规计划人员的成本后认为,即使在大型国有企业中,为其所有子公司都配备专职合规人员的成本过高,是不现实的。②又如赵恒认为,外国的刑事合规计划具有成本高昂的特征。考虑我国企业中绝大多数的中小微企业的从业人员、营业收入(不是净利润)的实际状况,在这些企业中推行合规计划不具备足够的经济基础条件,而且大型企业可

---

① 刘少军:《企业合规不起诉制度本土化的可能及限度》,载《法学杂志》2021 年第 1 期。

② 王甲国:《大型国有企业法律合规监管制度构建与经济性分析》,对外经济贸易大学 2018 年博士学位论文。

以采取的转嫁合规计划成本的做法也很难适用于这些企业。①

关于中小微企业是否适用合规制度。反对观点认为,中小微企业,尤其是一些带有家族化经营特征的小企业,有些企业只有几十名员工,甚至只有数名员工。这些企业既没有建立基本的公司治理体系,也不具备建立合规管理体系的组织和资源条件,即便在形式上建立了合规管理体系,也难以使其得到有效的运行,各种内控机制可能形同虚设。赞同观点即主流观点则认为,我国的现实国情决定了可以适用于中小微企业。中小微企业虽然规模有限,但在当地可能是支柱产业,从维护当地经济发展的考虑,也有必要适用合规制度。至于合规改造的成本问题,不应成为对中小微企业适用合规制度的反对理由,实际上,试点过程中也考虑到了这个问题,可以通过简式合规计划等进行合规改造,尽量降低合规改造成本。应该说,目前已经对中小微企业适用合规制度问题达成了共识。但在合规整改方面,对于中小微企业与大型企业要作出适当的区别对待。对大型企业进行合规整改的目的是确保其实现可持续发展,而对中小微企业进行合规整改的目的则是为了保证其继续生存下去,恢复正常的生产经营。

(三)企业合规适用的案件类型

第一种观点认为,应当严格限制附条件不起诉适用的罪名范围。杨帆提出,基于当前附条件不起诉适用于"可能判处一年有期徒刑以下刑罚"的刑罚范围过窄的弊端,企业犯罪案件刑罚可放宽至可能判处 3 年以下刑罚的案件。可通过进一步调研统计后从刑法分则第三章"破坏社会主义市场经济秩序罪"、第六章"妨害社会管理秩序罪"、第八章"贪污贿赂罪"中选择具体试点罪名。②时延安认为,检察机关适用附条件不起诉的基础是犯罪嫌疑企业罪行相对较轻,适用不起诉并不影响刑罚报应和特殊预防目的的实现。③陈瑞华认为,企业一旦涉嫌贿赂、洗钱、欺诈等商业犯罪,一般都有较高的涉案金额,显然不属于"轻微刑事案件"。在自由裁量权十分有限的情况下,检察机关只能机械地适用法律,规规矩矩地照章办事。④

---

① 赵恒:《刑事合规计划的内在特征及其借鉴思路》,载《法学杂志》2021 年第 1 期。

② 杨帆:《企业合规中附条件不起诉立法研究》,载《中国刑事法杂志》2020 年第 3 期。

③ 时延安:《单位刑事案件的附条件不起诉与企业治理理论探讨》,载《中国刑事法杂志》2020 年第 3 期。

④ 陈瑞华:《企业合规基本理论》,法律出版社 2020 年版,第 68—69 页。

第二种观点认为,附条件不起诉适用于我国刑法分则中的所有单位犯罪。欧阳本祺认为,我国单位犯罪的范围相对于英美两国来说要狭隘得多,限于“法律规定为单位犯罪的”情形,而且对单位只能判处罚金,对直接负责的主管人员和其他直接责任人员判处的自由刑也较轻,所以,企业犯罪附条件不起诉宜适用于我国刑法分则中的所有单位犯罪。①

第三种观点认为,附条件不起诉适用于扩大后的我国刑法分则中单位犯罪的所有罪名。刘少军提出,要扩大单位犯罪的罪名范围。根据社会经济发展动态和刑事司法实践,通过刑法修正案形式新增单位犯罪的罪名,不遗漏可能存在的单位犯罪情形。同时,推行“责任一体化”,即单位犯罪与自然人犯罪的入罪和出罪标准相统一。②蒋熙辉等提出,我国应当统一单位犯罪和自然人犯罪的罪名。③对于这一主张,李本灿认为是可取的。④

(四)单位犯罪的归责理论研究

我国刑法中的单位犯罪绝大多数采用双罚制,同时追究单位和直接责任人的刑事责任。企业合规改革试点中,如何准确区分单位责任和个人责任,具有现实意义。有学者提出,有必要发展传统单位犯罪理论,采用组织体刑事责任论,将单位的刑事归责建立在其单位内部治理和经营方式上,为单位犯罪确立合理的归责基础。还有学者提出,要将单位责任和责任人员责任加以分离,使得检察机关可以对单位作出无罪处理,而单独追究直接责任人员的刑事责任。如黎宏教授指出,“依据我国《刑法》第30条中蕴涵的单位自身犯罪论的理念,参照域外有关单位犯罪处罚的立法,在保留我国刑法有关单位犯罪和单位处罚原貌的基础上,进行最小限度的修改,增加‘单位建立合规制度并认真执行时可以不负刑事责任’的内容,让单位真正成为不被其组成人员的意思和行为所绑架的独立实体势在必行”。⑤中国人民公安大学的李玉华教授认为,“如何区分企业刑事责任与个人刑事责任?首先,从实体法上来说,企业独立意志是区分认定企业刑事责任的首要标准。其次,从程

---

① 欧阳本祺:《我国建立企业犯罪附条件不起诉制度的探讨》,载《中国刑事法杂志》2020年第3期。
② 刘少军:《企业合规不起诉制度本土化的可能及限度》,载《法学杂志》2021年第1期。
③ 蒋熙辉:《论公司犯罪的刑事政策与刑事立法》,载《云南大学学报(法学版)》2007年第2期。
④ 李本灿:《企业犯罪预防中合规计划制度的借鉴》,载《中国法学》2015年第5期。
⑤ 黎宏:《企业合规不起诉改革的实体法障碍及其消除》,载《中国法学》2022年第3期。

序法上来说,应将涉案企业与相关人员分案处理整改”。①中国政法大学的杨宇冠教授认为,“对企业合规案件涉嫌犯罪的,适用企业合规特别程序。在办理企业合规案件中,有关部门可以对涉嫌犯罪的企业和相关负责人同时或分别追究刑事责任”。②建议惩罚预防保护并重,建议“……运用刑事合规制度,让企业感受到控诉压力,又提供了可以不必承受刑罚处罚的其他解决途径,激发企业主动性,自愿、自查、自我承诺与执行合规整改”。③

(五)企业合规不起诉的适用条件

陈卫东教授指出,“在中国,对于企业是否适用附条件不起诉,除了关注企业犯罪的社会危害后果外,还应当重点考察企业合规建设情况和合规改造意愿,以此判断企业合规责任的大小和合规改造的难度大小,在综合其他案情的情况下,作出是否适用的决定”。④

李玉华教授指出,“企业高管必须在认罪认罚的基础上积极推动企业进行合规整改并取得成效,否则检察机关不得作出不起诉的决定”。⑤

陈瑞华教授指出,赞同适用条件包括“涉案企业或者相关人员认罪认罚,自愿开展合规整改”的意见,建议“检察机关在启动合规考察程序时,应将涉案企业提交内部调查报告和有针对性的合规计划作为法定条件”。⑥

杨宇冠教授指出,“企业合规案件中被告企业和负责人自愿承认违法犯罪事实,愿意接受处罚,自愿接受监管的,检察机关可以适用附条件不起诉,或者建议法院从宽处罚,或者提出检察意见,移送有关主管机关处理”。⑦赞同适用条件包括“(二)企业能够正常生产经营……”,重点反向考虑起诉是否损害正常经营,以致损害公共利益,“英国检察官运用 DPA……衡量公司定罪破产的可能,以及如果公司一旦破产公司中小股东、公司员工和债权人是否受影响,我国检察官起诉企业也

① 李玉华:《企业合规本土化中的“双不起诉”》,载《法制与社会发展》2022 年第 1 期。

② 杨宇冠:《企业合规与刑事诉讼法修改》,载《中国刑事法杂志》2021 年第 6 期。

③ 杨宇冠、张沈锲:《英国 DPA 在处理公司刑事合规案件中的适用及借鉴》,载《经贸法律评论》2021 年第 2 期。

④ 陈卫东:《从实体到程序:刑事合规与企业“非罪化”治理》,载《中国刑事法杂志》2021 年第 2 期。

⑤ 李玉华:《企业合规本土化中的“双不起诉”》,载《法制与社会发展》2022 年第 1 期。

⑥ 陈瑞华:《合规监管人的角色定位——以有效刑事合规整改为视角的分析》,载《比较法研究》2022 年 4 月 20 日网络首发版。

⑦ 杨宇冠:《企业合规与刑事诉讼法修改》,载《中国刑事法杂志》2021 年第 6 期。

得考虑这些因素”,[①]衡量公共利益,尽量兼顾企业相关人的保护。

关于不适用合规从宽情形,李奋飞教授指出:“对于涉嫌犯罪的单位,符合起诉条件,但有承认涉嫌犯罪的事实、积极配合侦查或者调查、承诺进行合规整改等悔罪表现的,人民检察院可以作出附条件不起诉的决定。具有下列情形之一的单位刑事案件,不适用附条件不起诉制度:(一)涉嫌危害国家安全、恐怖活动等犯罪的;(二)造成重大人员伤亡的;(三)其他人民检察院认为不宜适用的……”[②]

企业合规是否需要以认罪认罚为前提。反对观点认为,不能把认罪认罚作为适用企业合规的前提。因为认罪认罚指导意见明确规定认罚是指认可检察院提出的量刑建议,但我们在合规整改的程序当中是先认罪认罚,后整改,最后相当于出一个量刑建议,所以在这个时间上可能有一个倒置的问题,导致它不能与认罪认罚的指导意见相匹配。赞同观点即主流观点认为,适用合规制度应当以认罪认罚为前提。第一,从世界各国适用合规不起诉制度的情况来看,检察机关与涉案单位达成暂缓起诉协议的前提之一是涉案单位必须自愿认罪,承认被指控的犯罪事实,积极配合有关部门的调查,还要采取补救挽损措施。第二,对于单位的责任人员来讲,因为单位合规制度是单位和责任人员的责任分离,在审查起诉阶段对单位附条件不起诉时,对责任人员可以分离处理,也就是说,在决定对单位附条件不起诉时,责任人员完全可以因为认罪认罚而签署具结书,认可检察机关的量刑建议,两者并不冲突。对单位来讲,在审查起诉阶段,其认罪认罚实际上就是认可检察机关提出的附条件不起诉决定,也不存在时间上的倒置问题。

(六)检察机关作出合规不诉后应否行使处罚权

企业合规中,检察机关作出不起诉后,往往存在如何确保“厚爱”而不放纵的难题,行刑衔接是关键,对此,学界围绕检察机关作出合规不诉后应否行使处罚权进行了激烈讨论。主要有以下几种观点:

第一种观点认为,检察机关不能行使处罚权。时延安提出,我国检察机关的法律监督权力并不包含实体性、终局性惩罚的权能。因此,在设计附条件不起诉

---

① 杨宇冠、张沈锲:《英国 DPA 在处理公司刑事合规案件中的适用及借鉴》,载《经贸法律评论》2021年第2期。

② 李奋飞:《“单位形式案件诉讼程序”立法建议条文设计与论证》,载《中国刑事法杂志》2022年第2期。

制度中,检察机关对犯罪嫌疑企业设定的不起诉条件中不应包含罚款以及其他惩罚的内容。①

第二种观点认为,检察机关可以行使有限处罚权。陈瑞华认为,在合规不起诉制度发展到成熟程度时,可以考虑改革我国的行政处罚制度,建立一体化的行政处罚制度,赋予检察机关实施行政处罚的权力,对于那些由行政执法案件转化过来的刑事案件,检察机关在作出合规不起诉决定时,可以直接科处包括罚款在内的行政处罚。但即便如此,西方国家对涉案企业采取动辄科处天价罚款的做法,也并不适合我国的情况。②

第三种观点认为,要赋予检察机关对企业合规类犯罪进行罚款和采取相关措施的权力。杨宇冠提出,我国检察机关在适用附条件不起诉的同时可以对相关企业和负责人进行处罚。这种罚没是企业在与检察机关协商后自愿承担的,相对于审判之后的刑事处罚而言,罚没对企业更为有利,可以减少对企业及其负责人的影响。③

在单位犯罪刑事案件诉讼程序中明确行刑衔接机制,是试点地区改革探索的重要环节,也是理论学术界的共识。行政执法机关和刑事执法机关在对单位执法时,应遵循处罚手段配合原则和处罚结果互认原则,在国家执法机关间形成配合,统筹可用的制裁性措施,以补救危害行为所带来的社会损害,既要追回案件利益相关方的损失,消除其再犯风险,又要防止其因被重复处罚而面临不公正的结果。孙国祥教授认为,"检察机关通过合规考察予以不起诉的案件,只是不再追究刑事责任,但仍需要承担行政责任。如果相关行政处罚已经在合规考察期作出的情况下,该责任是否已经履行(如税款是否补缴、违法所得是否追缴、罚款是否缴纳、环境修复情况等)应当纳入合规考察的内容"。④杨宇冠教授认为,"对企业及其负责人不起诉并不意味着不处罚,检察机关在作出不起诉决定时可以建议市场监管、银行、税务等机关对企业违规行为进行处罚"。⑤"在现行法律制度下,对于企业合规案件的处理,检察机关和法院都不行使罚款的权力,而是由检察机关建议,要求企业主

① 时延安:《单位刑事案件的附条件不起诉与企业治理理论探讨》,载《中国刑事法杂志》2020年第3期。
② 陈瑞华:《刑事诉讼的合规激励模式》,载《中国法学》2020年第6期。
③ 杨宇冠:《企业合规案件不起诉比较研究——以腐败案件为视角》,载《法学杂志》2021年第1期。
④ 孙国祥:《企业合规改革实践的观察与思考》,载《中国刑事法杂志》2021年第5期。
⑤ 杨宇冠:《企业合规案件不起诉比较研究——以腐败案件为视角》,载《法学杂志》2021年第1期。

管部门或者行政机关进行罚款,例如违反证券交易规定的,由证监会进行罚款;违反市场管理的,由市场监督管理部门进行罚款。"①李玉华教授建议:"构建以行政监管为中心的企业合规体系,(一)企业合规计划的制定与实施,应该由行政执法机关予以指导和监督;(二)充分发挥行政执法机关以及第三方独立机构的专业性特点,实现行政执法与刑事司法主体职能的优势互补;(三)将责任主义贯穿于制定与落实企业合规计划的全过程;(四)追究涉案企业和直接责任人员的刑事责任,应该以行政执法机关认定的技术性证据与行政法规的援引作为依据。"②

(七)合规考察期限

在企业合规改革探索过程中,检察机关在现有法律框架内,利用对犯罪嫌疑人取保候审的期限(最长可以达到12个月)所提供的制度空间,一般为被纳入合规考察的涉案企业、相关责任人等设置6个月至1年的考验期。有的试点检察机关甚至仅为涉案企业设置1至2个月的考验期。实际上,涉案单位在如此短的时间内完成有效的合规整改,对商业模式、经营模式、管理模式中的"涉罪因素"进行有针对性的消除,实现"去犯罪化"改造,堵塞和修复经营管理上导致犯罪发生的制度漏洞和缺陷,并针对相关的违法犯罪行为实施专项合规计划,是非常困难的。尤其是对于那些内部治理结构比较复杂的大型企业、公司、事业单位等,要针对特定犯罪行为建立起有效的合规管理体系,真正达到预防违法犯罪的效果,无疑需要更长时间的合规考察期。

有研究认为,要想让企业有效建立和运行合规管理体系,并将合规治理融入业务活动的每个流程之中,至少需要在法定的审查起诉期限之外为涉案企业设置1至3年考验期。如李奋飞教授认为,在附条件不起诉考验期内,由人民检察院对被附条件不起诉的涉嫌犯罪的单位进行监督考察。适用第三方监管人进行监督考察的,人民检察院应当为其了解案件有关情况提供必要的便利。附条件不起诉的考验期为1年以上3年以下,从附条件不起诉决定作出之日起计算。考验期满以前,人民检察院应当启动听证程序,对涉嫌犯罪的单位合规整改情况进行验收。③陈瑞

① 杨宇冠:《企业合规案件撤回起诉和监管问题研究》,载《甘肃社会科学》2021年第5期。

② 张泽涛:《论企业合规中的行政监管》,载《法律科学(西北政法大学学报)》2022年第3期。

③ 李奋飞:《"单位形式案件诉讼程序"立法建议条文设计与论证》,载《中国刑事法杂志》2022年第2期。

华教授认为，建议检察院遴选监管团队及期限，“根据企业所涉嫌实施的犯罪类型，检察机关可以遴选相关领域的合规专家、律师以及相关行政机关的监管官员，组成较为专业的合规监管人团队。……对那些适用附条件不起诉的案件，可以考虑根据涉案企业合规整改的工作难度，设置1年至3年的合规考察期”。①还有研究认为，对于中小微企业来讲，1年的考察期过长，可能不需要考察1年，可以考虑考察期的最低期限设置为6个月。

关于合规考察期的义务。陈卫东教授认为，对于刑事合规改造意义有限的企业而言，应当重点关注企业及其责任人罪后认罪认罚的态度和表现，将考察重心放在退赃退赔、赔偿损失，以及积极配合刑事侦查、行政调查、修复被破坏的社会关系等方面。当然，对于企业内部的管理问题，检察机关同样需要提出整改的检察建议，责令其完善内部监管机制。②李奋飞教授认为，被附条件不起诉的涉嫌犯罪的单位，应当遵守下列规定：(1)遵守法律法规，服从监管；(2)缴纳罚款；(3)赔偿损失；(4)按照监督考察机关的要求进行有效合规整改。③杨宇冠教授认为，“在企业合规案件中，人民检察院可以要求涉罪企业制定合规计划和接受监管，并由人民检察院根据案件情况决定监管期限，引导监管人合法开展工作。第三百一十三条办案机关在处理企业合规案件过程中批准企业制定合规计划，进行整改监管的时间不计入刑事诉讼的办案期限”。④李勇认为，“……被附条件不起诉的公司、企业，应当遵守下列规定：(一)遵守法律法规，服从监督；(二)遵守合规计划全部条款；(三)按照考察机关的规定定期报告企业经营活动情况及财务状况；(四)按照检察机关的要求改善企业管理”。⑤

(八) 合规考察标准

制定科学合理的合规考察标准，是一项专业性极强的工作，也是推进企业合规改革试点工作的一个关键环节。实践中，在确定合规考察标准时有不少问题需要

---

① 陈瑞华：《合规监管人的角色定位——以有效刑事合规整改为视角的分析》，载《比较法研究》2022年4月20日网络首发版。

② 陈卫东：《从实体到程序：刑事合规与企业“非罪化”治理》，载《中国刑事法杂志》2021年第2期。

③ 李奋飞：《“单位形式案件诉讼程序”立法建议条文设计与论证》，载《中国刑事法杂志》2022年第2期。

④ 杨宇冠：《企业合规与刑事诉讼法修改》，载《中国刑事法杂志》2021年第6期。

⑤ 李勇：《企业附条件不起诉的立法建议》，载《中国刑事法杂志》2021年第2期。

研究,比如不同类型、不同规模企业特别是中小微企业的合规考察标准如何确定,涉及不同罪名的合规考察标准如何确定,合规计划可行性、有效性与全面性的审查标准,等等。如陈瑞华指出,一是企业承诺配合公安机关、检察机关的调查工作;二是企业承诺赔偿被害人,或者缴纳相关的行政性罚款,以达到修复受损法益的效果;三是企业按照检察机关的要求制定刑事合规计划,建立有效的合规管理体系,以达到预防犯罪的效果;四是企业指派高级管理人员或聘请律师等专业人员组建合规监管小组,监督合规计划的执行和改进,检察机关也可以聘请有合规管理经验的专业人员作为外部监管人,协助企业制定合规计划并监督计划的执行;五是企业定期向检察机关报告合规计划制定的进度;六是协议考察期限、执行协议以及违反协议的法律后果。①马明亮提出,目前主流的处理方式是采用“最低标准”模式,应当从目的的正当性、设计的充分性与合理性、执行的有效性三方面把握有效性的最低标准。目的的正当性包括合规计划的首要目的是预防与查明犯罪行为,同时兼顾惩罚的公正性与威慑的充分性、保障企业的可持续发展性、事后补救的有效性三方面的价值。设计的充分性与合理性没有通用的标准与公式,主要围绕预防和侦查犯罪行为的计划是否全面、事后的补救计划是否充分。执行的有效性一般根据结果来判断,同时应当采用“过程主义”,只要企业遵循了尽职尽责原则,制定并严格履行了“正当勤勉标准”,也视为有效。②

第三节　企业合规典型案例

习近平总书记多次强调,“一个案例胜过一打文件”。不仅法律政策需要靠一个个具体案件落实,而且公平正义也需要靠一个个具体案件彰显。尤其是在涉案企业合规改革试点工作中,典型案例具有很强的标杆示范意义,为深度解读相关规范性文件提供了鲜活的重要载体,为改革试点工作提供明确的方向指引。不仅有助于解决改革试点中的争议分歧问题,也有助于充分发挥典型案例的评价、指引功

① 陈瑞华:《刑事诉讼的合规激励模式》,载《中国法学》2020年第6期。
② 马明亮:《作为犯罪治理方式的企业合规》,载《政法论坛》2020年第3期。

能和警示、教育意义。基于此,最高人民检察院先后于 2021 年 6 月 3 日、2021 年 12 月 8 日发布了两批共计十个企业合规典型案例。

整体上看,这十个典型案例开展合规整改的对象范围较为广泛,既有民营企业,也有国有企业,还有外资企业;既有高科技企业,也有劳动密集型企业;既有大型企业,也有中小微企业。同时,从涉嫌的犯罪罪名来看,涉及污染环境、虚开增值税专用发票、对非国家工作人员行贿、假冒注册商标、销售假冒注册商标的商品、串通投标、重大责任事故、走私普通货物和掩饰、隐瞒犯罪所得等,地域涉及上海(浙江)、江苏、山东、湖北、广东、海南等省市。本书摘取了其中九个案例。

案例一:张家港市 L 公司、张某甲等人污染环境案

【要旨】

本案中,检察机关积极主动发挥合规主导责任,做好合规前期准备。在企业合规建设过程中,检察机关会同生态环境等部门,对涉案企业合规计划及实施情况进行检查、评估、考察,引导涉案企业实质性合规整改。通过开展合规建设,L 公司实现了快速转型发展,逐步建立起完备的管理体系,改变了野蛮粗放的发展运营模式,企业家和员工的责任感明显提高,企业抵御和防控经济风险的能力得到进一步增强。

【基本案情】

江苏省张家港市 L 化机有限公司(以下简称 L 公司)系从事不锈钢产品研发和生产的省级高科技民营企业,张某甲、张某乙、陆某某分别系该公司的总经理、副总经理、行政主管。2018 年下半年,L 公司在未取得生态环境部门环境评价的情况下建设酸洗池,并于 2019 年 2 月私设暗管,将含有镍、铬等重金属的酸洗废水排放至生活污水管,造成严重环境污染。苏州市张家港生态环境局现场检测,L 公司排放井内积存水样中总镍浓度为 29.4 mg/L、总铬浓度为 29.2 mg/L,分别超过《污水综合排放标准》的 29.4 倍和 19.5 倍。2020 年 6 月,张某甲、张某乙、陆某某主动向张家港市公安局投案,如实供述犯罪事实,自愿认罪认罚。2020 年 8 月,张家港市公安局以 L 公司及张某甲等人涉嫌污染环境罪向张家港市人民检察院移送审查起诉。张家港市人民检察院进行办案影响评估并听取 L 公司合规意愿后,指导该公司开展合规建设。

【企业合规整改情况及处理结果】

检察机关经审查认为,L公司及张某甲等人虽涉嫌污染环境罪,但排放污水量较小,尚未造成实质性危害后果,可以进行合规考察监督并参考考察情况依法决定是否适用不起诉。同时经调查,L公司系省级高科技民营企业,年均纳税400余万元、企业员工90余名、拥有专利20余件,部分产品突破国外垄断。如果公司及其主要经营管理人员被判刑,对国内相关技术领域将造成较大影响。有鉴于此,2020年10月,检察机关向L公司送达《企业刑事合规告知书》,该公司在第一时间提交了书面合规承诺以及行业地位、科研力量、纳税贡献、承担社会责任等证明材料。

检察机关在认真审查调查报告、听取行政机关意见以及综合审查企业书面承诺的基础上,对L公司作出合规考察决定。随后,L公司聘请律师对合规建设进行初评,全面排查企业合规风险,制定详细合规计划,检察机关委托税务、生态环境、应急管理等部门对合规计划进行专业评估。L公司每月向检察机关书面汇报合规计划实施情况。2020年12月,组建以生态环境部门专业人员为组长的评估小组,对L公司整改情况及合规建设情况进行评估,经评估合格,通过合规考察。同月,检察机关邀请人民监督员、相关行政主管部门、工商联等各界代表,召开公开听证会,参会人员一致建议对L公司作不起诉处理。检察机关经审查认为,符合刑事诉讼法相关规定,当场公开宣告不起诉决定,并依法向生态环境部门提出对该公司给予行政处罚的检察意见。2021年3月,苏州市生态环境局根据《水污染防治法》有关规定,对L公司作出行政处罚决定。

通过开展合规建设,L公司实现了快速转型发展,逐步建立起完备的生产经营、财务管理、合规内控的管理体系,改变了野蛮粗放的发展运营模式,企业家和员工的责任感明显提高,企业抵御和防控经济风险的能力得到进一步增强。2021年L公司一季度销售收入同比增长275%,缴纳税收同比增长333%,成为所在地区增幅最大的企业。

【典型意义】

一是检察机关积极主动发挥合规主导责任。本案中,检察机关在办理涉企犯罪案件时,主动审查是否符合企业合规试点适用条件,并及时征询涉案企业、个人的意见,做好合规前期准备。在企业合规建设过程中,检察机关会同有关部门,对涉案企业合规计划及实施情况进行检查、评估、考察,引导涉案企业实质化合规整改,取得明显成效。

二是检察机关推动企业合规与检察听证、刑行衔接相结合。本案中,检察机关召开公开听证会,听取各方面意见后对涉案企业依法作出不起诉决定,以公开促公正,提升司法公信力。同时,检察机关结合企业合规情况,主动做好刑行衔接工作,提出检察意见移送有关主管机关处理,防止不起诉后一放了之。

案例二:上海市 A 公司、B 公司、关某某虚开增值税专用发票案

【要旨】

本案中,检察机关推动企业合规与适用认罪认罚从宽制度、检察建议工作相结合,坚持和落实能不判实刑的提出判缓刑的量刑建议等司法政策,推动涉案企业深化实化合规建设,避免合规整改走过场、流于形式。

【基本案情】

被告单位上海 A 医疗科技股份有限公司(以下简称 A 公司)、上海 B 科技有限公司(以下简称 B 公司),被告人关某某系 A、B 两家公司实际控制人。2016 年至 2018 年间,关某某在经营 A 公司、B 公司业务期间,在无真实货物交易的情况下,通过他人介绍,采用支付开票费的方式,让他人为两家公司虚开增值税专用发票共 219 份,价税合计 2887 余万元,其中税款 419 余万元已申报抵扣。2019 年 10 月,关某某到案后如实供述上述犯罪事实并补缴涉案税款。2020 年 6 月,公安机关以 A 公司、B 公司、关某某涉嫌虚开增值税专用发票罪移送检察机关审查起诉。上海市宝山区人民检察院受理案件后,走访涉案企业及有关方面了解情况,督促企业作出合规承诺并开展合规建设。

【企业合规整改情况及处理结果】

检察机关走访涉案企业了解经营情况,并向当地政府了解其纳税及容纳就业情况。经调查,涉案企业系我国某技术领域的领军企业、上海市高新技术企业,科技实力雄厚,对地方经济发展和增进就业有很大贡献。公司管理人员及员工学历普遍较高,对合规管理的接受度高、执行力强,企业合规具有可行性,检察机关遂督促企业作出合规承诺并开展合规建设。同时,检察机关先后赴多地税务机关对企业提供的纳税材料及涉案税额补缴情况进行核实,并针对关某某在审查起诉阶段提出的立功线索自行补充侦查,认为其具有立功情节。

2020 年 11 月,检察机关以 A 公司、B 公司、关某某涉嫌虚开增值税专用发票罪对其提起公诉并适用认罪认罚从宽制度。12 月,上海市宝山区人民法院采纳检察机关全部量刑建议,以虚开增值税专用发票罪分别判处被告单位 A 公司罚金 15 万元,B 公司罚金 6 万元,被告人关某某有期徒刑 3 年,缓刑 5 年。

法院判决后,检察机关联合税务机关上门回访,发现涉案企业的合规建设仍需进一步完善,遂向其制发检察建议并公开宣告,建议进一步强化合法合规经营意识,严格业务监督流程,提升税收筹划和控制成本能力。检察机关在收到涉案企业对检察建议的回复后,又及时组织合规建设回头看。经了解,涉案企业已经逐步建立合规审计、内部调查、合规举报等有效合规制度,聘请专业人士进行税收筹划,大幅节约生产经营成本,提高市场占有份额。

【典型意义】

一是检察机关推动企业合规与适用认罪认罚从宽制度相结合。本案中,检察机关在督促企业作出合规承诺并开展合规建设的同时,通过适用认罪认罚从宽制度,坚持和落实能不判实刑的提出判缓刑的量刑建议等司法政策,努力让企业“活下来”“留得住”“经营得好”,取得更好的司法办案效果。

二是检察机关推动企业合规与检察建议相结合。本案中,检察机关会同税务机关在回访过程中,发现涉案企业在预防违法犯罪方面制度不健全、不落实,管理不完善,存在违法犯罪隐患,需要及时消除的,结合合规整改情况,向涉案企业制发检察建议,推动其深化实化合规建设,避免合规整改走过场、流于形式。

案例三:新泰市 J 公司等建筑企业串通投标系列案件

【要旨】

本案中,检察机关充分履行自行补充侦查职权,全面查清案件事实,开展社会调查,为适用企业合规提供充分依据。同时,检察机关推动企业合规与不起诉决定、检察听证、检察意见、检察建议等相关工作紧密结合,有效惩治预防涉企犯罪的同时,有力推动当地建筑行业深层次问题的解决,实现“办理一案、教育一片、治理社会面”的目的。

【基本案情】

2013 年以来,山东省新泰市 J 工程有限公司(以下简称 J 公司)等 6 家建筑企业,迫于张某黑社会性质组织的影响力,被要挟参与该涉黑组织骨干成员李某某(新城建筑工程公司经理,犯串通投标罪被判处有期徒刑1年6个月)组织的串通投标。李某某暗箱操作统一制作标书、统一控制报价,导致新泰市涉及管道节能改造、道路维修、楼房建设等全市13个建设工程项目被新城建筑工程公司中标。由张某黑社会性质组织案带出的5起串通投标案件,涉及该市1家民营企业、2家国有企业、3家集体企业,均为当地建筑业龙头企业,牵扯面大,社会关注度高。2020年3月、4月,公安机关将上述5起串通投标案件移送新泰市人民检察院审查起诉。检察机关受理案件后,通过自行补充侦查进一步查清案件事实,同时深入企业开展调查,于2020年5月召开公开听证会,对J公司等6家企业作出不起诉决定。

【企业合规整改情况及处理结果】

检察机关通过自行补充侦查,查清J公司等6家企业被胁迫陪标的案件事实。6家企业案发时均受到涉黑组织骨干成员李某某的要挟,处于张某黑社会性质组织控制范围内,被迫出借建筑资质参与陪标,且没有获得任何非法利益。同时,检察机关实地到6家企业走访调查,掌握企业疫情防控常态化下复工复产情况及存在的困难问题;多次到住建部门座谈,了解到6家企业常年承接全市重点工程项目,年创税均达1000万元以上,其中1家企业年创税1亿余元,在繁荣地方经济、城乡建设、劳动力就业等方面作出了突出贡献。如作出起诉决定,6家企业3年内将无法参加任何招投标工程,并被列入银行贷款黑名单,将对企业发展、劳动力就业和全市经济社会稳定造成一定的影响。

2020年5月,泰安市两级检察机关邀请人民监督员等各界代表召开公开听证会,参会人员一致同意对J公司等6家企业及其负责人作不起诉处理。检察机关当场公开宣告不起诉决定,并依法向住建部门提出对6家企业给予行政处罚的检察意见,同时建议对近年来建筑行业的招投标情况进行全面细致摸排自查,净化建筑业招投标环境。听证会结束后,检察机关组织当地10家建筑企业、连同6家涉案企业负责人召开专题座谈会,宣讲企业合规知识,用身边案例警醒企业依法规范经营,从而实现了“办理一案、教育一片、治理社会面”的目的。

检察机关还向6家涉案企业发出检察建议,要求企业围绕所涉罪名及相关领域开展合规建设,并对合规建设情况进行跟踪监督,最后举办检察建议落实情况公开回复会,对合规建设情况进行验收,从源头上避免再发生类似违法犯罪问题。在合规建设过程中,6 家涉案企业缴纳 171 万余元行政罚款,并对公司监事会作出人事调整,完善公司重大法务风险防控机制。此后 6 家被不起诉企业积极扩大就业规模,安置就业人数 2000 余人,先后中标 20 余项重大民生工程,中标工程总造价 20 余亿元。

【典型意义】

本案中,检察机关充分履行自行补充侦查职权,全面查清案件事实,开展社会调查,为适用企业合规提供充分依据。同时,检察机关推动企业合规与不起诉决定、检察听证、检察意见、检察建议等相关工作紧密结合,既推动对企业违法犯罪行为依法处罚、教育、矫治,使企业能够改过自新、合规守法经营,又能减少和预防企业再犯罪,使企业更主动地承担社会责任,同时推动当地建筑行业深层次问题的解决,为企业合规建设提供了生动的检察实践。

案例四:上海 J 公司、朱某某假冒注册商标案

【要旨】

针对涉案企业注册地、生产经营地和犯罪地分离的情况,依托长三角区域检察协作平台,联合探索建立涉案企业合规异地协作工作机制,合力破解异地社会调查、监督考察、行刑衔接等难题,以检察机关企业合规工作协同化推动长三角营商环境一体化建设,为企业合规异地检察协作提供参考和借鉴。

【基本案情】

上海市 J 智能电器有限公司(以下简称 J 公司)注册成立于 2016 年 1 月,住所地位于浙江省嘉兴市秀洲区,公司以生产智能家居电器为主,拥有专利数百件,有效注册商标 3 件,近年来先后被评定为浙江省科技型中小企业、国家高新技术企业。公司有员工 2000 余人,年纳税总额 1 亿余元,被不起诉人朱某某系该公司股东及实际控制人。

2018 年 8 月,上海 T 智能科技有限公司(以下简称 T 公司)与 J 公司洽谈委托代加工事宜,约定由 J 公司代为加工智能垃圾桶,后因试产样品未达质量标准,且无法按时交货,双方于 2018 年 12 月终止合作。为了挽回前期投资损失,2018 年 12 月至 2019 年 11 月,朱某某在未获得商标权利人 T 公司许可的情况下,组织公司员工生产假冒 T 公司注册商标的智能垃圾桶、垃圾盒,并对外销售获利,涉案金额

达560万余元。2020年9月11日,朱某某主动投案后被取保候审。案发后,J公司认罪认罚,赔偿权利人700万元并取得谅解。2020年12月14日,上海市公安局浦东分局以犯罪嫌疑单位J公司、犯罪嫌疑人朱某某涉嫌假冒注册商标罪移送浦东新区人民检察院审查起诉。

【企业合规整改情况及效果】

一是认真审查,对符合适用条件的企业开展合规试点。浦东新区人民检察院经审查认为,J公司是一家高新技术企业,但公司管理层及员工法律意识淡薄,尤其对涉及商业秘密、专利权、商标权等民事侵权及刑事犯罪认识淡薄,在合同审核、财务审批、采购销售等环节均存在管理不善问题。鉴于J公司具有良好发展前景,犯罪嫌疑人朱某某有自首情节,并认罪认罚赔偿了T公司的损失,且该公司有合规建设意愿,具备启动第三方机制的基本条件,考虑其注册地、生产经营地和犯罪地分离的情况,有必要启动跨区域合规考察。

二是三级联动,开启跨区域合规第三方机制"绿色通道"。2021年4月,浦东新区人民检察院根据沪浙苏皖四地检察院联合制定的《长三角区域检察协作工作办法》,向上海市人民检察院申请启动长三角跨区域协作机制,委托企业所在地的浙江省嘉兴市人民检察院、秀洲区人民检察院协助开展企业合规社会调查及第三方监督考察。两地检察机关签订《第三方监督评估委托函》,明确委托事项及各方职责,确立了"委托方发起""受托方协助""第三方执行"的合规考察异地协作模式,由秀洲区人民检察院根据最高人民检察院等九部门联合下发的《关于建立涉案企业合规第三方监督评估机制的指导意见(试行)》成立第三方监督评估组织。随后,秀洲区人民检察院成立了由律师、区市场监督管理局、区科技局熟悉知识产权工作的专业人员组成的第三方监督评估组织,并邀请人大代表、政协委员对涉案企业同步开展监督考察。

三是有的放矢,确保合规计划"治标更治本"。浦东新区人民检察院结合办案中发现的经营管理不善情况,向J公司制发《合规风险告知书》,从合规风险排查、合规制度建设、合规运行体系及合规文化养成等方面提出整改建议,引导J公司作出合规承诺。第三方组织结合风险告知内容指导企业制定合规计划,明确合规计划的政策性和程序性规定,从责任分配、培训方案到奖惩制度,确保合规计划的针对性和实效性。同时,督促企业对合规计划涉及的组织体系、政策体系、程序体系和风险防控体系等主题进行分解,保证计划的可行性和有效性。J 公司制定了包括制定合规章程、健全基层党组织、建立合规组织体系、制定知识产权专项合规政策体系、打造合规程序体系、提升企业合规意识等方面的递进式合规计划,并严格按照时间表扎实推进。

四是找准定位,动态衔接实现异地监管“客观有效”。监督考察期间,第三方组织通过问询谈话、走访调查,深入了解案件背景,帮助企业梳理合规、风控方面的管理漏洞,督促制定专项整改措施。根据第三方组织建议,J 公司成立合规工作领导小组,修改公司章程,强化管理职责,先后制定知识产权管理、合同审批、保密管理、员工培训、风险控制等多项合规专项制度,设立合规专岗,实行管理、销售分离,建立合规举报途径,连续开展刑事合规、民事合规及知识产权保护专项培训,外聘合规专业团队定期对企业进行法律风险全面体检,并且每半个月提交一次阶段性书面报告。第三方组织通过书面审查、实地走访、听取汇报等形式,对合规阶段性成效进行监督检查。同时,浦东新区人民检察院为确保异地合规监管的有效性,制作了《企业合规监督考察反馈意见表》,实时动态跟进监督评估进度,对第三方组织成员组成、合规计划执行、企业定期书面报告、申诉控告处理等提出意见建议。

五是充分评估,确保监督考察及处理结果“公平公正”。考察期限届满,第三方组织评估认为,经过合规管理,J 公司提升合规意识,完善组织架构,设立合规专岗,开展专项检查,建立制度指引,强化流程管理,健全风控机制,加强学习培训,完成了从合规组织体系建立到合规政策制定,从合规程序完善到合规文化建设等一系列整改,评定 J 公司合规整改合格。浦东新区人民检察院联合嘉兴市人民检察院、秀洲区人民检察院通过听取汇报、现场验收、公开评议等方式对监督考察结果的客观性充分论证。2021 年 9 月 10 日,浦东新区人民检察院邀请人民监督员、侦查机关、异地检察机关代表等进行公开听证。经评议,参与听证各方一致同意对涉案企业及个人作出不起诉决定。

【典型意义】

第一,积极探索,为企业合规异地适用第三方机制开拓实践思路。针对涉案企业注册地、生产经营地和犯罪地分离的情况,上海、浙江检察机关依托长三角区域检察协作平台,通过个案办理探索建立企业合规异地协作工作机制,确立了“委托方发起”“受托方协助”“第三方执行”的合规考察异地协作模式,合力破解异地社会调查、监督考察、行刑衔接等难题，降低司法办案成本，提升办案质效，为推动区域行业现代化治理提供了实践样本。

第二，有序推进，切实防止社会调查“一托了之”。本案中，检察机关采取层层递进的工作方式，确保社会调查重点明确、调查结果全面客观。一是事前细化调查提纲。重点围绕涉案企业社会贡献度、企业发展前景、社会综合评价等开展协助调查，一并考察企业家的一贯表现，确保社会调查结果全面客观。二是事中加强沟通协调。浦东新区人民检察院多次赴浙江会商，就调查方式、调查内容及相关要求达成共识，形成办案合力。秀洲区人民检察院协调区市场监管、人社、税务、科技、工商联及行业协会，对涉案公司及个人开展全面调查。三是事后进行专项研讨。检察机关深入审查全部协查材料，研究认为涉案企业符合企业合规改革试点适用条件，并层报上级机关审核备案。

第三，完善机制，提升监督评估实际效果。本案中，秀洲区人民检察院联合当地 13 个部门出台规范性文件，探索构建企业合规“双组六机制”工作模式。“双组”，即检察机关牵头成立“合规监管考察组”和“合规指导组”两个工作组；“六机制”，即联席会议、合规培育、提前介入、会商通报、指导帮扶、审查监管等六个协作机制。合规考察中，由合规监管考察组和合规指导组共同研究形成专业意见，并邀请人大代表、政协委员全程参与，提高监管考察的透明度和公信力。

第四，标本兼治，有效防治企业违法犯罪。从司法实践看，涉企经济犯罪成因复杂，许多涉及经济社会系统性、深层次矛盾问题，单靠刑事法律的“孤军作战”，难以取得良好的社会治理效果。本案中，检察机关开展企业合规改革以推动源头治理为着力点，针对办案发现的企业经营管理中的突出问题，通过第三方监督评估机制对涉案企业开展扎实有效的合规整改，促进企业依法合规经营发展，对于完善制度机制、形成治理合力具有积极意义。

案例五：张家港 S 公司、睢某某销售假冒注册商标的商品案

【要旨】

检察机关推进涉企“挂案”清理过程中，对尚未进入检察环节的案件，可采取介入侦查的形式开展个案会商，认定“挂案”性质，能动清理。对符合企业刑事合规条件的案件，积极引导涉案企业开展合规建设，引入第三方组织进行监督评估，

规范推进合规监督考察和“挂案”清理工作。检察机关与公安机关等有关部门积极配合,多措并举合力护航民营经济健康发展。

【基本案情】

张家港市S五交化贸易有限公司(以下简称S公司)2015年6月注册成立,注册资本200万元,在职员工3人,睢某某系该公司法定代表人、实际控制人。2018年11月22日,张家港市市场监督管理局在对S公司进行检查时,发现该公司疑似销售假冒“SKF”商标的轴承,并在其门店及仓库内查获标注“SKF”商标的各种型号轴承27829个,金额共计68万余元。2018年12月17日,张家港市市场监督管理局将该案移送至张家港市公安局。2019年2月14日,斯凯孚(中国)有限公司出具书面的鉴别报告,认为所查获的标有“SKF”商标的轴承产品均为侵犯该公司注册商标专用权的产品。2019年2月15日,张家港市公安局对本案立案侦查。

【企业合规整改情况及效果】

一是应公安机关邀请介入侦查。2021年5月初,张家港市人民检察院应张家港市公安局邀请,派员介入听取案件情况。梳理在案证据,本案侦查工作的主要情况如下:第一,睢某某辩称涉案的轴承部分是从山东威海一旧货调剂市场打包购买,部分是从广州H公司、上海J公司购买,认为自己购进的都应该是正品。第二,公安机关经与广州H公司、上海J公司核实,上海J公司系授权的一级代理商,主要经营SKF等品牌轴承。广州H公司从上海J公司进购SKF轴承后进行销售,曾3次通过上海J公司直接发货给S公司,共计54万元。同时,公安机关对山东威海的旧货调剂市场进行了现场调查,发现该市场确实是二手交易市场,无法追溯货品源头。第三,斯凯孚(中国)有限公司出具书面鉴别报告时,未对查获的轴承及包装的真伪进行现场勘查,仅根据清点明细材料出具了鉴别说明和比对示例,且不愿再重新鉴定。此外,该案立案距今超过2年,已属“挂案”状态。

二是及时启动社会调查。检察机关向S公司、睢某某告知企业合规相关政策后,该公司分别向检察机关、公安机关递交了《提请开展刑事合规监督考察的申请书》。随后承办检察官走访企业和市场监督管理局、税务局等行政部门,实地查看公司经营现状、指导填写合规承诺、撰写调查报告。走访调查了解到,该公司系已实际经营6年的小微民营企业,因涉嫌犯罪被立案,一定程度上影响经营,资金周转困难,公司面临危机。该公司规章制度不健全,内部管理不完善,尤其是企业采购程序不规范，对供货商资质和货品来源审查不严，单据留存不全，还曾因接受虚开的增值税发票被税务机关行政处罚。检察机关经综合考虑，鉴于S公司有整改行为和较强的合规愿望，认为可以开展企业合规监督考察。

三是深入会商达成共识。检察机关认为，该案证明S公司及睢某某犯罪故意的证据不确实、不充分，公安机关也难以再查明轴承及包装的来源是否合法，案件久拖不决已处于"挂案"状态，亟待清理。检察机关与公安机关共同分析了相关情况，并就该案下一步处理进行会商，双方就企业合规、"挂案"清理工作达成共识。公安机关明确表示，如该公司通过企业合规监督考察时还没有新的证据进展，将作出撤案处理。

四是扎实推进合规考察。经向上级检察机关请示并向张家港市企业合规监管委员会报告后，张家港市人民检察院联合公安机关对S公司启动合规监督考察程序，确定6个月的整改考察期。同时，张家港市企业合规监管委员会根据第三方监督评估机制，从第三方监管人员库中随机抽取组建监督评估小组，跟踪S公司整改、评估合规计划落实情况。按照合规计划，S公司梳理企业风险点，制定《财务管理合规建设制度》《发票制发流程》《货物销售采购流程》等内部制度，并形成规范的公司合同模板。在税务方面，公司从以往直接与代账会计单线联系，转变为与会计所在单位签订合同，对财务人员应尽责任、单位管理职责进行书面约定。在知识产权方面，公司明确渠道商应提供品牌授权证明并备案，每笔发货都注明产品明细，做到采购来路明晰、底数清晰。合规整改期间，检察机关会同第三方监督评估小组，每月通过座谈会议、电话联系、查阅资料、实地检查等方式，特别是通过"不打招呼"的随机方式，检查企业合规建设情况。同时，检察机关还向公安机关通报企业合规建设进展情况，邀请参与合规检查，并认真吸收公安机关对合规制度完善提出的意见。2021年8月5日，鉴于该公司员工数少、业务单一、合规建设相对简易的情况，第三方监督评估小组提出缩短合规监督考察期限的建议。检察机关听取市场监督管理部门、税务部门意见后，决定将合规监督考察期限缩短至3个月。2021年8月16日至18日，第三方监督评估小组对该公司合规有效性进行评估，出具了合规建设合格有效的评估报告。

五是参考考察结果作出处理。2021年8月20日，张家港市人民检察院组织公开听证，综合考虑企业合规整改效果，就是否建议公安机关撤销案件听取意见，听证与会人员一致同意检察机关制发相关检察建议。当日,检察机关向公安机关发出检察建议,公安机关根据检察建议及时作出撤案处理,并移送市场监督管理部门作行政处罚。检察机关两个月后回访发现,S公司各项经营已步入正轨,因为合规建设,两家大型企业看中S公司合规资质与其建立了长期合作关系,业务预期翻几番,发展势头强劲。

【典型意义】

第一,对尚未进入检察环节的涉企“挂案”进行排查,采取与企业合规改革试点结合等方式能动清理。检察机关推进涉企“挂案”清理过程中,除依托统一业务应用系统中排除出相关数据外,还可以通过控告申诉、日常走访、服务企业平台等了解“挂案”线索。对尚未进入检察环节的案件,可采取介入侦查的形式,积极与公安机关开展个案会商。通过听取案件情况、审查在案证据、实地走访调查等工作,与公安机关共同分析是否属于“挂案”、“挂案”原因、“挂案”影响以及侦查取证方向、可行性等因素,分类施策、妥善处理。对符合合规监督考察的条件的案件,积极引导涉案企业开展合规整改,促进涉企“挂案”清理,最大限度降低“挂案”对企业生产经营的影响。

第二,严格把握企业合规监督考察条件、标准和工作程序,规范清理涉企“挂案”。通过企业合规促进“挂案”清理,在具体操作中应该重点把握三点:一是要通过走访调查,深入了解犯罪嫌疑人认罪悔罪态度、企业经营状况、社会贡献、合规意愿以及违法犯罪既往历史等情况,评估涉案企业是否符合开展合规监督考察的条件。二是要加强对外沟通,向公安机关讲清企业合规政策和涉企“挂案”清理意义,争取理解和支持。三是要依托第三方监督评估机制,客观公正地跟踪指导企业合规建设、评估合规有效性,以第三方监督评估结论为主要依据,听取行政机关以及公开听证等多方意见,做到“阳光”清理、规范清理。本案中,检察机关按照申请、调查、会商、考察等程序,规范推进企业合规,同时引入第三方组织对企业合规建设进行全程监督,值得肯定。

第三,与公安机关等有关部门积极配合,多措并举合力护航民营经济健康发展。为加强民营经济平等保护,2020年10月以来,最高人民检察院与公安部联合部署开展涉民营企业刑事诉讼“挂案”专项清理工作。全国检察机关、公安机关强化协作、多措并举,一大批“挂案”得到有效清理,该撤案的及时撤案,该继续侦办的尽快突破,以实际行动服务"六稳""六保"大局,受到社会各界的广泛好评。同时,检察机关正在深入开展涉案企业合规改革试点,落实少捕慎诉慎押刑事司法政策,依法保护涉案企业和企业家人身和财产合法权益,向涉案企业提出整改意见,督促涉案企业作出合规承诺并积极整改。在日常"挂案"清理工作中,检察机关要针对涉案企业暴露出的经营管理、法律风险方面的突出问题,自觉开展企业合规工作,积极适用第三方监督评估机制,会同公安机关等有关部门综合运用经济、行政、刑事等手段,既促进涉案企业合规守法经营,也警示潜在缺乏规制约束的企业遵纪守法发展,逐步建立长效机制,实现精准监督。

案例六:山东沂南县 Y 公司、姚某明等人串通投标案

【要旨】

在办理企业合规案件过程中,依托第三方监督评估机制,充分发挥异地协作、公开听证、检察建议等作用,促进涉案企业及关联企业共同整改,形成工作合力。组建巡回检查小组,对第三方组织履职情况开展"飞行监管",确保对涉案企业的监督评估客观公正有效。延伸检察职能,推动行业治理,实现"办理一案、治理一片"效果。

【基本案情】

山东省沂南县 Y 有限公司(以下简称 Y 公司)系专门从事家电销售及售后服务的有限责任公司,法定代表人姚某明。除 Y 公司外,姚某明还实际控制由其表哥姚某柱担任法定代表人的沂水县 H 电器有限公司(以下简称 H 公司)。2016 年 9 月、2018 年 3 月、2020 年 6 月,犯罪嫌疑人姚某明为让 Y 公司中标沂水县农村义务教育学校取暖空调设备采购、沂水县第一、第四中学教室空调等招标项目,安排犯罪嫌疑人徐某(Y 公司员工)借用 H 公司等三家公司资质,通过暗箱操作统一制作标书、统一控制报价、协调专家评委等方式串通投标,后分别中标,中标金额共计 1134 万余元。2021 年 1 月,沂水县公安局以 Y 公司、姚某明等人涉嫌串通投标罪移送沂水县人民检察院审查起诉。

【企业合规整改情况及效果】

一是综合审查,确定案件纳入企业合规考察范围。沂水县人民检察院经审查认为,虽然该案中标金额较大,但 Y 公司姚某明等人有自首情节,主动认罪认罚,Y

公司正处于快速发展阶段,在沂南县、沂水县空调销售市场占据较大份额,疫情期间带头捐款捐物,综合考虑企业社会贡献度、发展前景、社会综合评价、企业负责人一贯表现等情况,以及该企业在法律意识、商业伦理、人员管理、财务管理等方面存在的问题,决定对该案适用企业合规试点工作。2021 年 6 月,沂水县人民检察院经征询涉案企业、个人同意,层报山东省人民检察院审核批准,对该案正式启动企业合规考察。

二是探索异地协作,对涉案企业开展第三方监督评估。结合涉案企业 Y 公司所在地为沂南县、犯罪地为沂水县的实际,沂水县人民检察院多次与两地第三方机制管委会及沂南县人民检察院沟通交流,共同签订《企业合规异地协作协议》,并由沂南、沂水两地第三方机制管委会从专业人员名录库中抽取律师、市场监管、工商联人员 5 人组建第三方组织,对 Y 公司合规建设开展监督评估。第三方组织多次深入企业实地走访、考察,主动约谈企业负责人,全面了解企业情况,诊断出 Y 公司在风险防控、日常管理方面存在缺乏招投标管理制度,内部审批不严,账簿登记不实,守法意识不强,工资发放不规范等诸多问题,指导企业制定覆盖生产经营全过程、各环节和管理层级的合规计划,确定 3 个月的考察期。整改过程中,第三方组织每月将合规计划执行情况通报双方检察机关及第三方机制管委会,四方会商后对合规计划及执行情况提出修改完善意见建议,定期跟踪调度,并于考察期满后出具对涉案企业的合规考察报告。同时,沂水县人民检察院积极建议县工商联、县市场监管局指派专人,参照 Y 公司合规计划,一并督促做好关联企业 H 公司的合规整改。

三是组建巡回检查小组,对第三方组织履职情况开展“飞行监管”。沂水县第三方机制管委会制定《沂水县企业合规改革试点巡回检查小组工作方案》,结合本案案情,选取 6 名熟悉企业经营和法律知识的人大代表、政协委员、人民监督员组成巡回检查小组。巡回检查小组和办案检察官通过不预先告知的方式,深入两个企业进行实地座谈,现场抽查 Y 公司近期中标的招标项目,对第三方组织履职情况以及企业合规整改情况进行“飞行监管”。通过现场核查,认为涉案企业整改到位,未发现第三方组织不客观公正履职情况。

四是延伸检察职能,扩大办案效果。承办检察官在全面审查合规考察报告和案件情况的基础上,提出拟不起诉意见。为确保公开公正,检察机关邀请政协委员、人民监督员和第三方机制管委会成员等5人组成听证团,对该案进行合规验收听证,听证人员一致同意检察机关意见。2021年10月,沂水县人民检察院经综合评估案情、企业合规整改、公开听证等情况,认为Y公司、姚某明等人主动投案、认罪认罚,主观恶性较小,串通投标次数较少,且案发后有效进行企业合规整改,建立健全相关制度机制堵塞管理漏洞,依法合规经营不断创造利税,社会危害性较小,对Y公司、姚某明等人依法作出相对不起诉决定。同时,针对办案过程中发现的问题,沂水县人民检察院建议行政主管部门对Y公司及其他公司出借资质的行为依法处理;向财政、教育、市场监管三部门发出完善招投标管理、堵塞制度漏洞等检察建议,建议进一步严格落实行贿犯罪查询、政府采购活动中违法违规行为查询等制度规定,加强对招标代理公司管理。

当地市场监管等部门积极采纳检察建议,开展招投标领域专项整治,对2021年以来60余个招投标项目全面清查,发现标前审查不严格、招标代理机构管理不规范等问题21个,并针对问题逐项整改;举办行业管理人员、招标代理机构专题培训,建立健全投标单位标前承诺制度、违法违规行为强制查询制度,对专项整治以来中标项目进行动态跟踪,畅通违法行为举报途径、加大惩罚力度,强化行政监管,有效遏制了串标、围标等违法行为发生。

【典型意义】

第一,积极探索,对第三方组织开展"飞行监管"。该案中,为确保企业合规建设和第三方组织监督工作依法、规范、有序进行,第三方机制管委会组建巡回检查小组,探索建立"飞行监管"机制,对第三方组织及其组成人员的履职情况开展不预先告知的现场抽查和跟踪监督。实践中,第三方机制管委会可以牵头组建巡回检查小组,邀请人大代表、政协委员、人民监督员、退休法官、检察官以及会计、审计、法律、合规等相关领域的专家学者担任巡回检查小组成员开展巡回检查,并将检查情况及时报告第三方机制管委会及其联席会议,提出改进工作的意见建议。

第二,强化协作配合,促进关联企业共同整改。该案探索建立第三方监督评估异地协作模式,对涉案企业开展合规建设。同时由行政主管部门加强对关联企业合规整改的监督指导。经过共同监管,涉案企业及关联企业专门聘请法律顾问进行合规建设,同时建立每月述职谈合规、合规学习、员工管理、财务管理、举报制度等相关机制。整改期间,Y公司参与了六个项目的招投标,依法合规承揽工程2000

余万元,稳定持续提供就业岗位200余个。同时,各职能部门在各自管理环节落实“谁执法谁普法”,加强正面引导和反面警示,让招投标领域相关从业人员正确判断自己的行为性质,遵规守法,加强行业自律。

第三,注重行业治理,实现“办理一案、治理一片”效果。近年来,不法分子为经济利益所驱动,在工程建设、设备采购等多个领域大肆“串标”“围标”,不仅严重扰乱市场经济秩序,侵害其他招投标当事人合法利益,还给工程质量、安全管理带来隐患,各方务必高度重视,采取有力措施加以解决。该案中,检察机关积极延伸办案职能,主动作为,注重加强与相关行政主管部门的沟通协作,用好公开听证、检察意见、检察建议组合拳,促进从个案合规提升为行业合规,助力在招投标领域形成合规建设的法治氛围,努力实现“办理一起案件、扶助一批企业、规范一个行业”的良好示范效应。

案例七:随州市Z公司康某某等人重大责任事故案

【要旨】

针对涉案企业安全生产管理中漏洞,检察机关深入开展社会调查,积极引导企业开展合规建设。检察机关委托应急管理局、市场监督管理局、工商联等第三方监督评估机制管委会成员单位以及安全生产协会,共同组成第三方监督评估组织,指导涉案企业及其相关人员结合履行合规计划,认真落实安全生产职责。检察机关对合规考察结果认真审查,组织召开公开听证会,确保合规整改效果,推动当地企业强化安全生产意识。

【基本案情】

湖北省随州市Z有限公司(以下简称Z公司)系当地重点引进的外资在华食品加工企业,康某某、周某某、朱某某分别系该公司行政总监、安环部责任人、行政部负责人。2020年4月15日,Z公司与随州市高新区某保洁经营部法定代表人曹某某签订污水沟清理协议,将食品厂洗衣房至污水站下水道、污水沟内垃圾、污泥的清理工作交由曹某某承包。2020年4月23日,曹某某与其同事刘某某违规进入未将盖板挖开的污水沟内作业时,有硫化氢等有毒气体溢出,导致二人与前来救助的吴某某先后中毒身亡。随州市政府事故调查组经调查后认定该事故为一起生产安全责任事故。曹某某作为清污工程的承包方,不具备有限空间作业的安全生产条件,在未为作业人员配备应急救援装备及物资,未对作业人员进行安全培训的情况下,违规从事污水沟清淤作业,导致事故发生,对事故负有直接责任。康某某、周某某、朱某某作为Z公司分管和负责安全生产的责任人,在与曹某某签订合同以及曹某某实施清污工程期间把关不严,未认真履行相关工作职责,未及时发现事故隐患,导致发生较大生产安全事故。案发后,康某某、周某某、朱某某先后被公安机关采取取保候审措施,Z公司分别对曹某某等三人的家属进行赔偿,取得了谅解。2021年1月22日,随州市公安局曾都区分局以康某某、周某某、朱某某涉嫌重大责任事故罪移送随州市曾都区人民检察院审查起诉。

【企业合规整改情况及效果】

一是审查启动企业合规考察。曾都区人民检察院经审查认为,康某某等人涉嫌重大责任事故罪,属于企业人员在生产经营履职过程中的过失犯罪,同时反映出涉案企业存在安全生产管理制度不健全、操作规程执行不到位等问题。事故报告认定被害人曹某某对事故负有直接责任,结合三名犯罪嫌疑人的相应管理职责,应当属于次要责任。三人认罪认罚,有自首情节,依法可以从宽、减轻处罚。Z公司系外资在华企业,是当地引进的重点企业,每年依法纳税,并解决2500余人的就业问题,对当地经济助力很大。且Z公司所属集团正在积极准备上市,如果公司管理人员被判刑,对公司发展将造成较大影响。2021年5月,检察机关征询Z公司意见后,Z公司提交了开展企业合规的申请书、书面合规承诺以及企业经营状况、纳税就业、社会贡献度等证明材料,检察机关经审查对Z公司作出合规考察决定。

二是精心组织第三方监督评估。检察机关委托当地应急管理局、市场监督管理局、工商联等第三方监督评估机制管委会成员单位以及安全生产协会,共同组成了第三方监督评估组织。第三方组织指导涉案企业结合事故调查报告和整改要求,按照合规管理体系的标准格式制定、完善合规计划;建立以法定代表人为负责人、企业部门全覆盖的合规组织架构;健全企业经营管理需接受合规审查和评估的审查监督、风险预警机制;完善安全生产管理制度和定期检查排查机制,从制度上预防安全事故再发生,初步形成安全生产领域"合规模板"。Z公司在合规监管过程中积极整改并向第三方组织书面汇报合规计划实施情况。2021年8月,第三方组织对Z公司合规整改及合规建设情况进行评估,并报第三方机制管委会审核,Z公司通过企业合规考察。

三是公开听证依法作出不起诉决定。检察机关在收到评估报告和审核意见后组织召开公开听证会,邀请省人大代表、省政协委员、人民监督员、公安机关和行政监管部门代表、工商联代表以及第三方组织代表参加听证,参会人员一致同意检察机关对康某某等三人作不起诉处理。2021 年 8 月 24 日,检察机关依法对康某某、周某某、朱某某作出不起诉决定。Z 公司通过开展合规建设,逐步建立起完备的生产经营、安全防范、合规内控的管理体系,企业管理人员和员工的安全生产意识和责任感明显增强,生产效益得到进一步提升。

【典型意义】

第一,检察机关积极稳妥在涉企危害生产安全犯罪案件中适用企业合规,推动当地企业强化安全生产意识。检察机关为遏制本地生产安全事故多发频发势头,保护人民群众生命财产安全,教育警示相关企业建立健全安全生产管理制度,积极稳妥选择在安全生产领域开展企业合规改革试点。涉企危害生产安全犯罪具有不同于涉企经济犯罪、职务犯罪的特点,检察机关需要更加深入细致开展社会调查,对涉企危害生产安全犯罪的社会危害性以及合规整改的必要性、可行性进行全面评估,确保涉案企业“真整改”“真合规”,切实防止“边整改”“边违规”。

第二,检察机关在企业合规试点中注意“因罪施救”“因案明规”。在合规整改期间,检察机关针对危害生产安全犯罪的特点,建议第三方组织对企业合规整改情况定期或不定期进行检查,确保企业合规整改措施落实落细。同时,第三方组织还根据检察机关建议,要求企业定期组织安全生产全面排查和专项检查,组织作业人员学习生产安全操作规程,加强施工承包方安全资质审查,配备生产作业防护设备,聘请专家对企业人员进行专项安全教育培训并考试考核。涉案企业通过合规整改,提高了安全生产隐患排查和事故防范能力,有效防止再次发生危害生产安全违法行为。

第三,检察机关积极适用第三方机制,确保监督评估的专业性。本案中,检察机关紧密结合涉企危害生产安全犯罪特点,有针对性加强与第三方机制管委会沟通协调,由安全生产领域相关行政执法机关、行业协会人员组成第三方组织,应急管理部门相关人员担任牵头人,提升监督评估专业性。第三方组织围绕本案中造成生产安全责任事故的重要因素,如未认真核验承包方作业人员劳动防护用品、应急救援物资配备等情况,未及时发现承包方劳动防护用品配备不到位等问题,指导涉案企业及其相关人员结合履行合规计划,认真落实安全生产职责,细致排查消除安全生产隐患,确保合规整改取得实效。

案例八:深圳 X 公司走私普通货物案

【要旨】

积极探索检察履职与企业合规的结合方式,发挥少捕、慎诉等刑事司法政策的优势,激励企业加强合规管理。在涉案企业进行合规整改的过程中,检察机关应发挥程序性主导作用及保持中立性,推动企业真正依法合规经营。通过检察履职传导合规理念,加强与行政机关的沟通协作,促进“合规互认”,提升合规效果,增强参与力量,形成保护民营经济健康发展合力。

【基本案情】

X 股份有限公司(以下简称 X 公司)系国内水果行业的龙头企业。2018 年开始,X 公司从其收购的 T 公司进口榴莲销售给国内客户。张某某为 T 公司总经理,负责在泰国采购榴莲并包装、报关运输至香港;曲某某为 X 公司副总裁,分管公司进口业务;李某、程某分别为 X 公司业务经理,负责具体对接榴莲进口报关、财务记账、货款支付等。X 公司进口榴莲海运主要委托深圳、珠海两地的 S 公司(另案处理)代理报关。在报关过程中,由 S 公司每月发布虚假“指导价”,X 公司根据指导价制作虚假采购合同及发票用于报关,报关价格低于实际成本价格。2018 年至 2019 年,X 公司多次要求以实际成本价报关,均被 S 公司以统一报价容易快速通关等行业惯例为由拒绝。2019 年 4 月后,经双方商议最终决定以实际成本价报关。2019 年 12 月 12 日,张某某、曲某某、李某、程某被抓获归案。经深圳海关计核,2018 年 3 月至 2019 年 4 月,X 公司通过 S 公司低报价格进口榴莲 415 柜,偷逃税款合计 397 万余元。案发后,X 公司规范了报关行为,主动补缴了税款。2020 年 1 月 17 日,深圳市人民检察院以走私普通货物罪对张某某、曲某某批准逮捕,以无新的社会危险性为由对程某、李某作出不批准逮捕决定。2020 年 3 月 3 日,为支持疫情期间企业复工复产,根据深圳市人民检察院建议,张某某、曲某某变更强制措施为取保候审。2020 年 6 月 17 日,深圳海关缉私局以 X 公司、张某某、曲某某、李某、程某涉嫌走私普通货物罪移送深圳市人民检察院审查起诉。

【企业合规整改情况及效果】

一是精准问诊,指导涉案企业扎实开展合规建设。2020年3月,在深圳市人民检察院的建议下,X公司开始启动为期一年的进口业务合规整改工作。X公司制定的合规计划主要针对与走私犯罪有密切联系的企业内部治理结构、规章制度、人员管理等方面存在的问题,制定可行的合规管理规范,构建有效的合规组织体系,完善相关业务管理流程,健全合规风险防范报告机制,弥补企业制度建设和监督管理漏洞,防止再次发生类似违法犯罪。经过前期合规整改,X公司在集团层面设立了合规管理委员会,合规部、内控部与审计部形成合规风险管理的三道防线。加强代理报关公司合规管理,明确在合同履行时的责任划分。聘请进口合规领域的律师事务所、会计师事务所对重点法律风险及其防范措施提供专业意见,完善业务流程和内控制度。建立合规风险识别、合规培训、合规举报调查、合规绩效考核等合规体系运行机制,积极开展合规文化建设。X公司还制定专项预算,为企业合规体系建设和维护提供持续的人力和资金保障。合规建设期间,X公司被宝安区促进企业合规建设委员会(以下简称宝安区合规委)列为首批合规建设示范企业。鉴于该公司积极开展企业合规整改,建立了较为完善的合规管理体系,实现合规管理对所有业务及流程的全覆盖,取得阶段性良好效果,为进一步支持民营企业复工复产,深圳市人民检察院于2020年9月9日对X公司及涉案人员作出相对不起诉处理,X公司被不起诉后继续进行合规整改。

二是认真开展第三方监督评估,确保企业合规整改效果。为检验合规整改效果,避免“纸面合规”“形式合规”,深圳市宝安区人民检察院受深圳市人民检察院委托,于2021年6月向宝安区合规委提出申请,宝安区合规委组织成立了企业合规第三方监督评估工作组,对X公司合规整改情况进行评估验收和回访考察。第三方工作组通过查阅资料、现场检查、听取汇报、针对性提问、调查问卷等方式进行考察评估并形成考察意见。工作组经考察认为,X集团的合规整改取得了明显效果,制定了可行的合规管理规范,在合规组织体系、制度体系、运行机制、合规文化建设等方面搭建起了基本有效的合规管理体系,弥补了企业违法违规行为的管理漏洞,从而能够有效防范企业再次发生相同或者类似的违法犯罪。通过合规互认的方式,相关考察意见将作为深圳海关对X公司作出行政处理决定的重要参考。为了确保合规整改的持续性,考察结束后,第三方工作组继续对X集团进行为期一年的回访考察。

三是强化合规引导,做好刑事司法与行政管理、行业治理的衔接贯通。深圳市人民检察院在该案办理过程中,在合规整改结果互认、合规从宽处理等方面加强与深圳海关的沟通协作,形成治理合力,共同指导 X 公司做好合规整改,发挥龙头企业在行业治理的示范作用。整改期间,X 公司积极推动行业生态良性发展,不仅主动配合海关总署关税司工作,不定期提供公司进口水果的采购价格,作为海关总署出具验估价格参数的参照标准,还参与行业协会调研、探讨开展定期价格审查评估与监督机制。针对案件办理过程中发现的行政监管漏洞、价格低报等行业普遍性问题,深圳市人民检察院依法向深圳海关发出《检察建议书》并得到采纳。深圳海关已就完善进口水果价格管理机制向海关总署提出合理化建议,并对报关行业开展规范化管理以及加强普法宣讲,引导企业守法自律。开展合规整改以来,X 集团在合法合规的基础上,实现了年营业收入 25%、年进口额 60% 的逆势同比增长。2021 年 8 月 10 日 X 集团被评为深圳市宝安区"3A"信用企业(3A:海关认证、纳税信用、公共信用),同年 9 月 9 日被评为诚信合规示范企业。

【典型意义】

第一,落实少捕慎诉慎押刑事司法政策,降低办案对企业正常生产经营的影响。该案中,鉴于 X 公司长期以正规报关为主,不是低报走私犯意的提起者,系共同犯罪的从犯,案发后积极与海关、银行合作,探索水果进口合规经营模式,深圳市人民检察院经过社会危险性量化评估,对重要业务人员李某、程某作出不捕决定。在跟踪侦查进展、深入了解涉案企业复工复产状况的基础上,深圳市人民检察院对两名高管张某某、曲某某启动捕后羁押必要性审查。经审查,深圳市人民检察院认为该案事实已经查清,主要证据已收集完毕,建议侦查机关将两名高管变更强制措施回归企业。后侦查机关根据建议及时对张某某、曲某某变更为取保候审,有效避免企业生产停顿带来的严重影响。

第二,坚守法定办案期限,探索合规考察不局限于办案期限的模式。企业合规改革试点要依法有序推进,不能随意突破法律。改革试点中,如何处理合规考察期限和办案期限的关系是亟须厘清的重要问题。根据案件采取强制措施方式的不同,至多存在六个半月或一年的不同办案期限。本案中,涉案企业作为大型民营企业,其涉案合规风险点及合规管理体系建设较为复杂,合规整改时间无法在案件办理期限内完成。作为企业合规改革第一批试点地区,深圳检察机关根据涉案企业阶段性的合规整改情况作出不起诉决定后,持续督促其进行合规整改,合规考察期限届满后通过第三方工作组开展合规监督评估,确保合规整改充分开展、取得实效。

第三,积极促成“合规互认”,彰显企业合规程序价值。检察机关对涉案企业作出不起诉决定后,行政执法机关仍需对涉案企业行政处罚的,检察机关可以提出检察意见。在企业合规整改期限较长的情况下,合规程序往往横跨多个法律程序,前一法律程序中已经开展的企业合规能否得到下一法律程序的认可,是改革试点实践中普遍存在的问题。本案中,深圳市检察机关对涉案企业开展第三方监督评估后,积极促成“合规互认”,将企业合规计划、定期书面报告、合规考察报告等移送深圳海关,作为海关作出处理决定的重要参考,彰显了企业合规的程序价值。

第四,设置考察回访程序,确保合规监管延续性。企业合规监督评估后,涉案企业合规体系是否能实现持续有效地运转,直接关系到合规整改的实效。本案中,第三方工作组针对涉案企业合规管理体系建设尚待完善之处,再进行为期一年的企业合规跟踪回访,助力企业通过持续、全面合规打造核心竞争力。

案例九:海南文昌市S公司、翁某某掩饰、隐瞒犯罪所得案

【要旨】

非试点地区严格按照法律规定和企业合规改革的精神,在本地选择符合条件的涉案高新技术民营企业开展企业合规考察。结合案发原因指导企业制定切实可行的合规计划,根据地方实际,推动第三方监督评估机制规范运行。企业合规整改结束后,检察机关组织公开听证,综合考虑案情及合规考察效果,对涉案企业及责任人依法提起公诉,并提出轻缓量刑建议。

【基本案情】

海南省文昌市S科技开发有限公司(以下简称S公司)系当地高新技术民营企业,翁某某系该公司厂长。2015年至2016年,张某某(另案处理)在海南省文昌市翁田镇某处实施非法采矿,经张某某雇请的王某某(另案处理)联系,将采挖的石英砂出售给S公司。S公司厂长翁某某为解决生产原料来源问题,在明知石英砂

为非法采挖的情况下，仍予以收购，共计 3.69 万吨。随后，翁某某安排公司财务部门通过公司员工陈某某及翁某某个人账户，将购砂款转账支付给王某某，王某某再将钱取出交给张某某。经审计，S 公司支付石英砂款共计 125 万余元。2020 年 2 月，文昌市公安局在侦查张某某涉恶犯罪团伙案件时，发现翁某某涉嫌掩饰、隐瞒犯罪所得犯罪线索。2021 年 1 月，翁某某经公安机关传唤到案后，如实供述犯罪事实，自愿认罪认罚。2021 年 2 月，文昌市公安局以翁某某涉嫌掩饰、隐瞒犯罪所得罪移送文昌市人民检察院审查起诉。检察机关经审查，以涉嫌掩饰、隐瞒犯罪所得罪追加 S 公司为被告单位。

【企业合规整改情况及效果】

一是认真审查启动企业合规。检察机关经审查了解，S 公司、翁某某涉嫌掩饰、隐瞒犯罪所得罪，反映出该公司及其管理人员过度关注生产效益，片面追求经济利益，法律意识较为淡薄。S 公司系高新技术民营企业，生产的产品广泛应用于航天、新能源、芯片等领域，曾荣获全国优秀民营科技企业创新奖，现有员工 80 余人，年产值 2000 余万元。2021 年 3 月，经 S 公司申请，检察机关启动合规整改程序，要求该公司对自身存在的管理漏洞进行全面自查并开展合规整改。2021 年 4 月，S 公司提交了合规整改承诺书，由公司董事会审核通过，并经检察机关审查同意，企业按照要求进行合规整改。

二是扎实开展第三方监督评估。2021 年 7 月，由文昌市自然资源和规划局、市场监督管理局、税务局、综合行政执法局、工商联等单位的相关人员以及人大代表、政协委员、律师代表等组成的第三方监督评估组织，对 S 公司合规整改情况进行评估验收。2021 年 8 月，第三方监督评估组织出具评估验收报告，认为 S 公司已经按照要求进行合规整改，建立了较为完善的内控制度和管理机制，可以对类似的刑事合规风险进行识别并有效预防违法犯罪。检察机关就 S 公司是否符合从宽处理条件及案发后合规整改评估情况举行公开听证会，充分听取人大代表、政协委员、律师代表和相关行政部门负责人的意见，还邀请人民监督员参加，全程接受监督。听证会上，听证员、人民监督员一致同意检察机关对 S 公司和翁某某的从宽处理意见，同时认可该企业的整改结果。

三是综合考虑提出轻缓量刑建议。2021 年 9 月，文昌市人民检察院根据案情，结合企业合规整改情况，以 S 公司、翁某某涉嫌掩饰、隐瞒犯罪所得罪依法提起公诉,并提出轻缓量刑建议。2021年11月,文昌市人民法院采纳检察机关全部量刑建议,以掩饰、隐瞒犯罪所得罪分别判处被告单位S公司罚金3万元;被告人翁某某有期徒刑1年,缓刑1年6个月,并处罚金人民币1万元;退缴的赃款125万余元予以没收,上缴国库。判决已生效。

【典型意义】

第一,非试点地区在法律框架内积极开展企业合规改革相关工作。文昌市人民检察院充分认识开展涉案企业合规改革工作的重大意义,作为非试点地区积极主动作为,全面梳理排查2020年以来受理的涉企刑事案件,建立涉企案件台账,通过严把企业合规案件的条件和范围,精心选定开展企业合规改革工作的重点案件。

第二,结合案发原因,指导企业制定切实可行的合规计划。检察机关经审查认为,S公司在合规经营方面主要存在两个方面的明显漏洞,首先是合同签订履行存在违法风险,其次是财务管理存在违规漏洞。鉴于此,有针对性地指导企业重点围绕建立健全内部监督管理制度进行整改,督促企业在业务审批流程中增加合规性审查环节,建立起业务流程审批—法律事务审核(合规性审查)—资金收支规范—集团公司审计等四个方面全流程监管体系,有效防控无书面合同交易、坐支现金等突出问题。

第三,根据本地实际,推动第三方监督评估机制规范运行。作为非试点地区,检察机关商请当地自然资源和规划局、市场监督管理局、税务局、综合行政执法局、工商联等单位的业务骨干以及人大代表、律师代表组成第三方组织对S公司合规整改情况进行评估验收,评估方式包括召开座谈会、查阅公司资料和台账、对经营场所检查走访等。各方面专业人员在此基础上结合各自职责范围出具评估验收报告,督促涉案企业履行合规承诺,促进企业合规经营。

第四,充分履行检察职能,确保合规工作取得实效。本案中,检察机关结合办案发现、研判企业管理制度上的漏洞,向涉案企业制发检察建议,有针对性地指出问题,提出整改建议要求,督促涉案企业履行合规承诺。同时,还派员不定期走访S公司及相关单位,持续对合规整改进行跟踪检查并提出意见建议。整改完成后,及时公开听证,做到“能听证、尽听证”。目前,S公司在合规整改完成后,已妥善解决生产原料来源问题,经营状况良好。

第四节 企业合规全面展开

2022年4月2日,全国检察机关全面推开涉案企业合规改革试点工作部署会召开,标志着涉案企业合规改革试点在全国检察机关全面推开,意味着涉案企业合规改革试点向纵深发展。不仅明确了企业合规案件的类型及适用企业的范围、适用条件等,还紧紧围绕"提质增效",对未来的发展走向进行了谋划。

一、正确理解和把握适用企业合规案件的类型及适用企业的范围

涉案企业合规改革适用的案件类型,包括公司、企业等市场主体在生产经营活动涉及的各类犯罪案件,既包括公司、企业等实施的单位犯罪案件,也包括公司、企业实际控制人、经营管理人员、关键技术人员等实施的与生产经营活动密切相关的犯罪案件。申言之,企业的意志需要通过特定人员的行为得以体现,这些特定人员包括企业的实际控制人、经营管理人员、关键技术人员等人员。当这些人员实施与生产经营活动密切相关犯罪行为时,尽管形式上表现为自然人犯罪,但是实质上该犯罪行为与企业的利益密切相关。同时,这些人身份较为特殊,实践中一些民营企业尤其是一些中小微企业往往会因为这些人涉嫌犯罪导致企业经营停滞、员工失业等系列问题。因此,涉案企业合规改革的适用对象既包括企业涉嫌单位犯罪的案件,也包括企业的实际控制人、经营管理人员、关键技术人员等人员实施的与生产经营活动密切相关的犯罪案件。

二、进一步明确企业合规刑事案件适用条件

无论是民营企业还是国有企业,无论是中小微企业还是上市公司,只要涉案企业认罪认罚,能够正常生产经营、承诺建立或者完善企业合规制度、具备启动第三方机制的基本条件,自愿适用的,都可以适用第三方机制。然而,对于个人为进行违法犯罪活动而设立公司、企业,公司、企业设立后以实施犯罪为主要活动,以及涉嫌危害国家安全犯罪、恐怖活动犯罪等情况的,不能适用合规改革,不能办凑数案。

由此可见,适用企业合规要求涉企业刑事案件必须同时具备两个条件:一是涉

案企业或者相关人员认罪认罚,自愿开展合规整改。实践中,对涉案企业启动合规整改包括依企业申请和检察院依职权建议两种情形,但无论是哪一种情形,都以涉案企业自愿同意开展为基础,申言之,即便是检察机关建议涉案企业开展合规整改,涉案企业如果不同意开展,也不能适用本程序。当然,涉案企业自愿开展合规整改,也意味涉案企业或者企业的特定人员对涉嫌犯罪认罪认罚,体现的是涉案企业或者企业特定人员的一个基本态度问题。二是企业能够正常生产经营,具备开展合规整改的基本条件。实践中,各个企业的具体情况不尽相同,考虑到开展企业合规整改既要有一定人力物力财力成本还要有时间成本,同时为了防止出现为了合规而合规的情形,这就要求自愿开展合规整改的涉案企业还必须具备开展合规整改的基本条件,涉案企业开展合规整改不是目的而是手段,所以涉案企业还应能够正常生产经营。这两个条件必须同时具备,二者缺一不可。

与此同时,基于涉案企业合规改革试点的初衷,即服务保障经济社会高质量发展,推动企业依法守规经营,营造安商惠企法治化营商环境,以法治稳企业稳预期、保就业保民生、促进高质量发展,落实总体国家安全观、建设更高水平的法治中国。因此,对于形式上符合上述两个条件的涉企业刑事案件,如果具有下列情形之一的,也要排除适用企业合规刑事案件诉讼程序:一是个人为进行违法犯罪活动而设立企业,或者企业设立后以实施犯罪为主要活动的。1999 年 6 月 25 日《最高人民法院关于审理单位犯罪案件具体应用法律有关问题的解释》第 2 条规定,个人为进行违法犯罪活动而设立的公司、企业、事业单位实施犯罪的,或者公司、企业、事业单位设立后,以实施犯罪为主要活动的,不以单位犯罪论处。由此可见,这种情况下,犯罪主体由于单位犯罪主体不适格而被排除在单位犯罪之列。二是实施危害国家安全犯罪、恐怖活动犯罪、有组织犯罪、重大毒品犯罪。由于这几类犯罪社会危害性极其严重,直接危及国家安全、社会稳定,历来都属于严厉惩治的对象,在刑事程序上有一定的特殊性,这从《刑事诉讼法》第 4 条、第 21 条、第 39 条、第 48 条、第 64 条、第 75 条、第 81 条、第 85 条、第 150 条、第 291 条的相关规定就可以发现。例如,一审由中级法院管辖;侦查期间,辩护律师会见危害国家安全犯罪、恐怖活动犯罪案件的在押犯罪嫌疑人,应当经侦查机关许可;辩护律师有保密义务,但在执业活动中知悉委托人或者其他人,准备或者正在实施危害国家安全、公共安全以及严重危害他人人身安全的犯罪的,应当及时告知司法机关;该类案件的证人、鉴定人、被害人本人或者其近亲属的人身安全面临危险的，应当由人民法院、人民检察院和公安机关采取保护措施；该类案件的犯罪嫌疑人可以采取指定居所监视居住；该类案件采取取保候审尚不足以防止危害发生的，应当逮捕；拘留后不需要在24小时内通知家属；该类案件可以采取技术侦查；该类案件可以适用缺席审判程序。

三、高度重视涉案企业合规整改的有效性

自从1991年美国将企业合规纳入量刑指南以后，涉案企业合规管理体系的有效性问题就一直受到关注，检察官必须区分真诚的合规和虚假的合规。这就需要建立一套评估合规有效性的标准，美国司法部从一开始就制定了这套标准，而且越来越详细，经常更新，譬如2019年、2020年先后都进行了更新。合规管理体系有效性的评估，通常是指第三方组织对涉案企业合规管理体系是否有效进行调查和评价。合规管理体系有效性的审查，通常是指检察机关对第三方组织评估过程和结论的审查。

在涉案企业改革试点工作中，由于有关合规管理建设、有效性评估和审查的规则不明确等问题比较突出，如最高人民检察院会同全国工商联等八部门制发了《关于建立涉案企业合规第三方监督评估机制的指导意见（试行）》，规定第三方组织具有评估涉案企业合规管理体系有效性的职责，但未及规定第三方组织评估的标准。又如，最高人民检察院等部门2021年11月联合发布的《〈关于建立涉案企业合规第三方监督评估机制的指导意见〉实施细则》第六章“第三方机制的运行”中有些关于合规计划的审查、履行情况的检查和评估程序，但是没有具体地、系统地规定评估和审查的标准，可操作性存在一定的局限。这在一定程度上制约了办案的数量和质量。

与此同时，考虑到涉案企业合规改革毕竟是一项崭新的改革探索，现行法律在实体上和程序上有诸多局限，需要谨慎地避免违法。尽管我国先后在国资委、财政部、证券监督管理委员会主导下制定了企业合规管理体系建设和有效性评估的指引，如《中央企业合规管理指引（试行）》《证券公司合规管理试行规定》《企业内部控制基本规范》《小企业内部控制规范（试行）》等，但是这些规则有两个共同的局限性，一是它们都不是针对涉嫌犯罪的企业制定的，因而对于涉嫌犯罪的企业建设合规管理体系的指导性不够。二是它们在理念和灵活性上都存在相对不足，都比

较适合大型企业,不太适用于中小微型企业。在我国,涉案企业合规改革试点实践中,适用的企业主要是中小微企业,急需具体明确的规则和可遵循的先例。改革试点地方在人才、资料等方面都不同程度地存在局限性,合规承诺、合规计划、评估报告、审查意见等相关法律文书应有哪些内容,涉案企业如何进行合规建设,第三方组织如何评估涉案企业合规管理体系的有效性,检察机关如何审查第三方组织的评估结论,等等,在这些方面基层检察院去探索解决,确实有一定的难度。因此,从试点工作情况来看,当前最为紧迫的需要就是制定相关的操作规则,特别是关于涉案企业合规管理体系建设、有效性评估和审查的规则以及合规计划和相关制度的样本。

鉴于此,2022 年 4 月,全国工商联、最高人民检察院等部门制定出台《涉案企业合规建设、评估和审查办法(试行)》。这个办法是适合涉案企业遵循参照的合规样本。具体而言,首先,该办法规定了涉案企业合规管理体系建设的理念。把合规管理与企业和员工的责任结合起来,把合规管理与企业可持续发展结合起来,把合规管理体系运行与领导表率作用结合起来,把合规管理与企业价值观和合规文化建设结合起来,既明确了合规管理体系建设的意义,又规定了合规管理体系建设的方法。其次,规定了涉案企业建设合规管理体系的五个具体步骤:从停止违规到制定专项合规计划、明确政策导向、设置合规机构、建设合规制度。最后,规定了建设合规管理体系所必需的合规风险评估、调查、处理、绩效考评和持续整改等九个制度机制。

区分了第三方组织的评估与人民检察院的审查,将其分别作为两种程序来设置,并厘清了两种程序之间的关系,建立了衔接机制,突出了检察机关的主导责任。推进涉案企业合规改革,重在落实第三方机制。检察机关还必须落实第三方机制启动和运行重点环节的主导责任。具体来说就是:主导选好案,准确把握涉案企业合规改革适用的案件类型、企业范围,严把第三方机制的启动关,防止不符合适用条件或者有重大办案瑕疵的涉企案件"带病"进入第三方监督评估程序;主导立好规,支持协助第三方组织深入了解企业涉案情况,严把合规计划审查关;主导督促改,加强对涉案企业合规计划执行、第三方组织合规考察书面报告等审查把关,及时提出意见建议,必要时可以开展调查核实。同时,充分运用公开听证形式审查;主导促进治,不断健全行政执法和刑事司法双向衔接机制,深化异地适用第三方机制、跟踪回访等经验做法,把第三方监督评估的成效切实转化为依法办案、能动履职的效果。

同时,积极探索合规建设有效无效的标准。这一标准既要体现对涉案企业"严管厚爱"的精神,也要为未来的合规改革立法探索留出空间,但不宜突破现行立法,尺度不宜过大。结合当前试点工作实际,将其明确为:对于涉案企业认罪认罚并承诺实行或者改进合规的,人民检察院可以根据其合规有效性依法作出不批准逮捕、变更强制措施、不起诉的决定,或者提出从宽处罚的量刑建议,向主管行政机关提出从宽处罚的检察意见。对于涉案企业实行虚假合规或者其合规经评估、审查无效的,人民检察院可以依法作出逮捕、起诉决定,向主管行政机关提出从严处罚的检察意见。

四、积极推动企业合规立法,推动建立中国特色现代企业规制司法制度

(一)开展企业合规立法具有重大理论意义

党的十八大以来,以习近平同志为核心的党中央高度重视依法平等保护各种所有制企业产权和自主经营权,要求完善各类市场主体公平竞争的法治环境,大力支持企业发展壮大。习近平总书记多次发表重要讲话、作出重要指示,对弘扬企业家精神、加强合规管理、实现合规发展提出希望和要求。现阶段,积极推动企业合规立法,具有十分重大的政治意义、法治意义和现实意义。

一是有利于贯彻落实党中央重大决策部署,服务保障经济社会高质量发展。企业作为市场主体是经济的细胞,企业有活力,经济才能健康发展。积极开展企业合规立法,明确司法机关在办理涉企单位犯罪案件时,要督促涉案企业作出合规承诺并积极整改,同时将合规整改成效与刑事责任评价相结合,能够防止司法实践中对涉案企业"一诉了之"和"一放了之"两种极端做法,体现对市场主体的真严管、真厚爱,对于稳企业稳预期、保就业保民生,助力企业纾困发展,稳住经济基本盘具有重大的政治意义。

二是有利于溯源防治企业违法犯罪,助力国家治理体系和治理能力现代化。近年来随着经济社会发展,我国刑事案件发生结构性变化,严重暴力犯罪下降,涉企单位犯罪持续增长。实践中,一些企业犯罪,有的反映出深层次矛盾问题,有的凸显苗头性、倾向性问题,单靠刑事法律的"孤军作战"难以取得良好的社会治理

效果。开展企业合规立法,既督促涉案企业合规守法经营,也警示潜在缺乏规制约束的企业遵纪守法发展,集末端处理与前端治理于一体,对于促进司法、执法、行业监管部门形成合力,综合运用民事、行政、经济、刑事手段,营造安商惠企法治化营商环境具有重大的法治意义。

三是有利于推动构建中国特色现代企业规制司法制度,补齐涉外法治建设短板。从国际范围看,合规日益成为企业核心竞争力的重要方面,是各国企业开展对外贸易、境外投资等相关业务的重要制度保障。开展企业合规立法,对于运用法治手段开展国际斗争,延伸保护我国海外利益的安全链,为更高水平对外开放提供司法保障具有重大的现实意义。

(二)开展企业合规立法具有厚实的实践基础

两年多试点工作为企业合规立法建议积累了丰富的实践经验。2021 年以来,全国两会最高人民检察院工作报告中两次专门报告改革试点工作,得到全国人大代表、政协委员的广泛认同,是新时代服务保障经济社会高质量发展的重要举措。改革试点实践表明,对涉案企业合规承诺和合规整改开展监督评估,涉及司法、执法、行业监管等多方面、多领域,只有联合各相关部门、专业组织共同开展,真正做到客观、中立、专业、公正,才能实现最佳的司法办案效果,这就需要进行顶层设计,突出改革重点,持续推进第三方监督评估规范化制度化。同时,通过前期试点工作也发现一些问题和困难,如适用对象受限、合规考察期限受限、合规考察期限受限等,主要是由于刑事激励措施缺乏配套法律制度支撑,改革红利难以充分释放,有必要通过修改现行法律加以解决。

五、涉案企业合规改革试点的未来走向

经过两期涉案企业合规改革试点工作,虽然取得了喜人的成绩,但是也暴露出一些问题,如适用第三方机制的案件数量增多,但缺乏有代表性、有影响力的重大案件,一些地方合规案件类型不够丰富,涉虚开发票类简单案件多,重大疑难复杂案件少,影响力有限。又如,一些地方领会《关于建立涉案企业合规第三方监督评估机制的指导意见(试行)》精神不够精准,政策把握尺度不一,有的"为了合规而合规",导致部分企业合规案件办理效果不理想。此外,各地企业合规办案工作不平衡。有的省市已率先实现合规办案全覆盖,办案规模与案件质量同步提升,但还

有相当数量的检察院尚未办理合规案件,消除空白院的任务还很艰巨。还有一些地方第三方监督评估机制推进较慢,在监督评估费用、合规考察期限上有思想包袱,工作力度不够。有的地方检察机关与公安机关、行政机关、工商联、法院沟通协调不够,改革合力有待提升,等等。

针对当前改革试点中的这些问题,可以预测随着涉案企业合规改革试点在全国检察机关全面推开,下一步工作必将围绕这些突出问题,以强有力举措积极推动企业合规办案工作普遍开展、提质增效。一方面,向提升办案质效发力,坚持依法"能用尽用",加大办案力度,逐步拓展案件范围,加强行政执法和刑事司法"双向衔接",会同工商联等相关部门建好、用好第三方机制,提升合规整改质效,促推行业治理。另一方面,向依法规范开展发力。切实落实好对涉案企业的"真严管、真厚爱""真合规、真整改",构筑以合规为名办人情案、关系案、金钱案的"防火墙",切实防止虚假合规、合规腐败和问题案件。进而真正将对各类企业平等保护落到实处,推动企业犯罪诉源治理,助力各类企业纾困发展,积极营造安商惠企法治化营商环境。

后 记

“国家安全是民族复兴的根基，社会稳定是国家强盛的前提。”党的二十大报告指出，“必须坚定不移贯彻总体国家安全观，把维护国家安全贯穿党和国家工作各方面全过程，确保国家安全和社会稳定”。犯罪治理是社会治理体系的重要组成，是贯彻总体国家安全观，提升社会治理效能，维护国家安全和社会稳定的重要内容。

以习近平法治思想为指导，“坚持自信自立”“坚持守正创新”“坚持问题导向”“坚持系统观念”“坚持胸怀天下”，对当下一系列长期积累和新出现的犯罪问题开展统计分析，对人民群众广泛关注的典型案例开展深入剖析和对犯罪对策开展考察探讨，是理解、预防犯罪和开展犯罪治理工作的关键，是提升社会治理效能的逻辑起点，也是我们犯罪学理论学习者、研究者和工作者义不容辞的使命担当。

《中国犯罪治理蓝皮书》（以下简称《蓝皮书》）正是我们犯罪学研究者对这一重大责任和光荣使命所做出的不懈努力。2019 年 1 月起，受中国犯罪学学会委托，依托华东政法大学犯罪学学科基础和研究团队，吸纳校内外专家学者组成项目团队，正式启动《蓝皮书》编撰工作。华东政法大学犯罪学学科办学历史悠久，自 1985 年创建新中国第一个犯罪学系以来，始终致力于犯罪学理论与实践的深度融合、创新发展，开创了本领域的诸多第一：编写国内第一本犯罪学教材，招收第一批犯罪学专业方向硕士研究生，创办第一本犯罪学类学术期刊《犯罪研究》，成立国内第一个省级政法综治研究机构——上海市社会治安综合治理研究所，创办了国内唯一综治领域理论内部月刊《综治研究》。厚重的历史底蕴和充实的专业力量使得《蓝皮书》成为华东政法大学犯罪学学科建设团队的使命与责任担当。

时光荏苒,转瞬已是3年。华东政法大学项目团队在最高人民检察院、中国犯罪学学会等机构和专家学者的帮助下,经过持续不懈的努力,分别于2019年10月、2020年12月、2021年11月发布第一部、第二部、第三部《蓝皮书》,为我国犯罪学理论研究人员持续提供了完整的数据,结束了我国犯罪学研究缺少数据的历史,开创了犯罪学实证研究的新局面。

而今,克服新冠疫情带来的困难,在中国犯罪学学会和国内多位犯罪学专家的指导下,历经数次专家论证、体例调整、内容修正,经过近一年时间努力和付出,终于完成本书即第四部《蓝皮书》的编纂工作,并得到学会的充分肯定。

经过三部《蓝皮书》积累的丰富经验,第四部《蓝皮书》的编纂团队更加专业,内容体系更加成熟,数据分析更加完善,特色更加鲜明,具体而言:

一是内容体系更加成熟,《蓝皮书》的研究范式初步形成。第四部《蓝皮书》在充分总结前三部《蓝皮书》编纂经验,认真听取吸收专家学者和读者的意见建议的基础上,基本形成了以中国特色社会主义法治体系的进一步完善为导向,以犯罪数据的科学、客观统计分析为基础,以典型犯罪案例剖析为抓手,以总结评述犯罪学研究进展为依托,以年度犯罪治理研究专题为特色的研究范式,并得到了专家学者的充分肯定。

二是犯罪态势的分析更加成熟完善,犯罪治理指数模型的设计更加客观准确。对犯罪现象的准确、客观分析是犯罪实证研究的重要基础。对于犯罪治理的评价是否客观准确,关系到犯罪治理研究的实践意义。第四部《蓝皮书》的数据处理和统计分析更为科学、完善,力求完整全面地反映出年度治理状况,为理论研究提供更为广泛的参考。同时,在犯罪治理指数模型的设计上,应用了模型数据归一化等多种方法,并对常用犯罪预测模型进行了比较分析和评价。

三是典型案例的选取更加聚焦对国家安全和社会稳定具有重大影响,以及人民群众广泛关注的典型案件。第四部《蓝皮书》优化了典型案件的选择标准,筛选出利用社交网络危害国家安全、侵害妇女儿童权益、电信网络诈骗等涉及国家安全和社会关注度高的典型案件,具有重要的犯罪学研究和参考价值。

四是犯罪学年度研究特色更加鲜明。在继续关注新冠疫情下的相关犯罪问题的基础上,第四部《蓝皮书》专章总结和分析了中国企业犯罪治理的本土化探索:企业合规。分析评述了当前涉案企业合规试点工作取得的阶段性进展和突出问题,总结了涉案企业合规理论探索的重要内容,并结合涉案企业合规试点工作的典型案例探讨了涉案企业合规本土化探索的未来走向,为企业犯罪治理的本土化研究提供了重要基础。

本书的章节安排和作者分工如下:第一章:夏菲、虞浔、胡裕岭、南楠;第二章:王永全、王弈、廖根为、刘洋、张耀辉、钟莎、申佳辉、罗逸捷、江娟、薛豪、沈小眯、董可欣、刘万婷;第三章:倪铁、吴烨彬、魏丽、姚浩亮、杨万佳、林舫舟、李生婷、余楚婧、吕婕、陈诺、王凯妮;第四章:栾时春、孙大明、王强、张振晓;第五章:时延安、任奎、徐然、金鸿浩、虞浔、李政印、季刚、李梦洋、郑平心;第六章:操宏均。

承蒙中国犯罪学学会各位同人的看重和厚爱,犯罪治理蓝皮书项目基地落户在华东政法大学,这既是对华政犯罪学学科悠久历史和学术底蕴的充分肯定,更是对提升犯罪理论研究社会影响、助力犯罪学学科建设的殷切期盼。我们团队努力以打造精品、塑造品牌、形成风格为己任,力求汇聚、凝练国内目前最系统研究犯罪治理的成果,通过本书的出版对相关理论发展和实践进步有所推动和促进。同时,项目团队以高校教师、科研人员为主,兼职从事《蓝皮书》的研究与编纂工作,囿于研究能力和研究精力等问题,本书难免存在不足之处,衷心欢迎读者批评指正,以便日后进一步完善。

最后,我们要衷心地感谢中国犯罪学学会会长、《蓝皮书》主编万春同志一直以来对蓝皮书项目以及目前四部《蓝皮书》的亲切指导与有力支持,感谢学会其他领导专家对本书的充分论证和中肯建议。领导与专家们的指导支持是本书成功付梓、蓝皮书项目持续发展的重要保障。希望犯罪学研究在习近平法治思想引领下,能够积极回应人民群众新要求、新期待,系统研究谋划和解决犯罪治理领域人民群众反映强烈的突出问题,"完善社会治理体系""健全共建共治共享的社会治理制度,提升社会治理效能""畅通和规范群众诉求表达、利益协调、权益保障通道""建设人人有责、人人尽责、人人享有的社会治理共同体"。

中国犯罪学学会副会长、《蓝皮书》项目基地主任
华东政法大学中国犯罪治理研究院院长 应培礼

2022年10月10日

图书在版编目(CIP)数据

中国犯罪治理蓝皮书:犯罪态势与研究报告.2021/
中国犯罪学学会组织编纂;万春主编.—上海:上海
人民出版社,2023
ISBN 978-7-208-18639-2

Ⅰ.①中… Ⅱ.①中… ②万… Ⅲ.①犯罪控制-研
究报告-中国-2021 ②犯罪预测-研究报告-中国-
2021 Ⅳ.①D917.6

中国国家版本馆 CIP 数据核字(2023)第 214432 号

责任编辑 伍安洁
封面设计 夏 芳

中国犯罪治理蓝皮书
——犯罪态势与研究报告(2021)
中国犯罪学学会 组织编纂
万 春 主编
应培礼 执行主编
王永全 徐 然 虞 浔 副主编

出 版 上海人民出版社
(201101 上海市闵行区号景路 159 弄 C 座)
发 行 上海人民出版社发行中心
印 刷 上海商务联西印刷有限公司
开 本 720×1000 1/16
印 张 32.25
插 页 2
字 数 511,000
版 次 2023 年 12 月第 1 版
印 次 2023 年 12 月第 1 次印刷
ISBN 978-7-208-18639-2/D·4234
定 价 118.00 元